2020

CHINA CITY STATISTICAL YEARBOOK

中国城市统计年鉴

国家统计局城市社会经济调查司 编

中国统计出版社
China Statistics Press

图书在版编目（CIP）数据

中国城市统计年鉴. 2020 : 汉英对照 / 国家统计局城市社会经济调查司编. -- 北京 : 中国统计出版社, 2021.2
ISBN 978-7-5037-9465-0

Ⅰ. ①中… Ⅱ. ①国… Ⅲ. ①城市－统计资料－中国－2020－年鉴－汉、英 Ⅳ. ①C832-54

中国版本图书馆 CIP 数据核字(2021)第 035121 号

中国城市统计年鉴—2020
China City Statistical Yearbook—2020

作　　者/国家统计局城市社会经济调查司
责任编辑/许立舫
封面设计/李雪燕
出版发行/中国统计出版社
通信地址/北京市丰台区西三环南路甲 6 号　邮政编码/100073
电　　话/邮购（010）63376909　书店（010）68783171
网　　址/ http://www.zgtjcbs.com/
印　　刷/河北鑫兆源印刷有限公司
经　　销/新华书店
开　　本/880mm×1230mm　1/16
字　　数/800 千字
印　　张/25.5
版　　别/2021 年 2 月第 1 版
版　　次/2021 年 2 月第 1 次印刷
定　　价/358.00 元

《中国城市统计年鉴—2020》

编委会与编辑部

China City Statistical Yearbook—2020

EDITORIAL BOARD AND EDITORIAL STAFF

Editorial Board

Editorial Staff

编辑说明

《中国城市统计年鉴》是全面反映中国城市社会经济发展情况的资料性年刊。《中国城市统计年鉴—2020》收录了2019年全国各级城市社会经济发展等方面的主要统计数据。

本年鉴内容共分四个部分：第一部分是全国城市行政区划，列有不同区域、不同级别的城市分布情况；第二、三部分分别是地级以上城市统计资料和县级城市统计资料，具体包括人口、资源环境、经济发展、科技创新、人民生活、公共服务、基础设施等方面的数据；第四部分是附录，为主要统计指标解释。需要说明的是，从1997年开始，地级以上城市和县级城市分别采用不同的统计制度，有些指标在两类城市之间不具有可比性，故本年鉴将地级以上城市和县级城市统计资料分为独立的两部分。

本年鉴所涉及的全国或全部城市统计资料，均未包括香港特别行政区、澳门特别行政区和台湾省。年鉴表中所列“全市”为城市的全部行政区域，包括城区、辖县、辖市；“市辖区”包括所有城区，不包括辖县和辖市。

本年鉴各表中的空格表示该项统计指标数据不详或无该项数据。本年鉴适用于各级政府管理部门、城市规划设计部门、城市社会经济研究机构、市政建设及房地产机构、各种中介服务及信息咨询机构等单位的工作者，也是大专院校师生、工商界人士、境外投资者以及关心中国城市发展的各界人士的重要参考资料。

本年鉴的编辑出版得到了国家统计局农村社会经济调查司、各省（区、市）统计局、各调查总队、各市统计局和调查队以及中国统计出版社的鼎力支持，在此表示衷心的感谢。

本年鉴编印工作量大，出版时间紧，难免有不当之处，诚恳欢迎广大读者批评指正。

国家统计局城市社会经济调查司

2020年12月

EDITOR'S NOTES

China City Statistical Yearbook is an annual statistical publication. *China City Statistical Yearbook 2020* reflects comprehensively the economic and social development of Cities in China. It covers the main socio-economic statistical data of cities at all levels for 2019.

The Yearbook contains four parts: Part Ⅰ is the administrative division of all cities, listing city distribution by region and level; Part Ⅱ and Part Ⅲ are the statistical data of cities at prefecture level and above, and county-level respectively on population, resources and environment, economy development, scientific and technological innovation, people's livelihood, public service, infrastructure; Part Ⅳ is appendix of explanatory notes on main statistical indicators. It is necessary to point out that cities at prefecture level and above and county-level have used different indicator systems of statistics since 1997, and some indicators in two categories of cities are not comparable. So the data of cities at prefecture level and above and the data of cities at county-level are divided into two independent parts in the yearbook.

The national data in this yearbook do not include those of Hong Kong Special Administrative Region, Macao Special Administrative Region and Taiwan Province. "Total City" listed in the data refers to all administrative regions of the city, including the city districts, counties and the city at lower level; "Districts under City" includes all the city districts, not including counties and the city at lower level.

The blank forms in the tables in this yearbook indicates that relevant statistical data are unknown or not available.

The Yearbook is compiled for the users working in government departments, city planning departments, institutes of urban socio-economic research, municipal construction and real estate agencies, intermediary services, information consulting agencies and other so on, and it is an important reference book for college teachers and students, businessmen, overseas investors as well as users paying close attention to the development of Chinese cities.

The editing and publishing of the yearbook have been fully supported by the Department of Rural Surveys of NBS, Bureaus of Statistics and Survey Offices of NBS at provincial prefecture and county level, and China Statistics Press. Here we would like to express our sincere thanks to them.

Department of Urban Surveys

National Bureau of Statistics of China

December, 2020

目　　录

CONTENTS

三、县级城市统计资料
Statistical Data of County-level Cities

一、全国城市行政区划

Divisions of Administrative Areas of Cities in China

一、全国城市行政区划
Divisions of Administrative Areas of Cities in China

1－1 城市行政区划和区域分布
Administrative Division and Regional Distribution of Cities

地区	Region	城市合计 Total	按行政级别分组 Grouped by Administrative Levels			
			直辖市 Municipality Directly under the Central Government	副省级市 Vice-provincial City	地级市 Prefecture-level City	县级市 County-level City
全国总计	**National Total**	**684**	**4**	**15**	**278**	**387**
北京	Beijing	1	1			
天津	Tianjin	1	1			
河北	Hebei	32			11	21
山西	Shanxi	22			11	11
内蒙	Inner Mongolia	20			9	11
辽宁	Liaoning	30		2	12	16
吉林	Jilin	28		1	7	20
黑龙江	Heilongjiang	33		1	11	21
上海	Shanghai	1	1			
江苏	Jiangsu	35		1	12	22
浙江	Zhejiang	31		2	9	20
安徽	Anhui	25			16	9
福建	Fujian	21		1	8	12
江西	Jiangxi	22			11	11
山东	Shandong	43		2	14	27
河南	Henan	39			17	22
湖北	Hubei	37		1	11	25
湖南	Hunan	31			13	18
广东	Guangdong	41		2	19	20
广西	Guangxi	23			14	9
海南	Hainan	9			4	5
重庆	Chongqing	1	1			
四川	Sichuan	36		1	17	18
贵州	Guizhou	15			6	9
云南	Yunnan	25			8	17
西藏	Tibet	6			6	
陕西	Shaanxi	16		1	9	6
甘肃	Gansu	17			12	5
青海	Qinghai	6			2	4
宁夏	Ningxia	7			5	2
新疆	Xinjiang	30			4	26

1–2 分地区城市情况一览表
List of City's Basic Conditions by Region

省级单位 Province	地级及以上城市 City at Prefecture Level and above	下辖的县级城市 County-level City	省级单位 Province	地级及以上城市 City at Prefecture Level and above	下辖的县级城市 County-level City
北京 Beijing					汾阳 Fenyang
天津 Tianjin			**内蒙古**	呼和浩特 Hohhot	
河北 Hebei	石家庄 Shijiazhuang	辛集 Xinji	**Inner Mongolia**	包头 Baotou	
		晋州 Jinzhou		乌海 Wuhai	
		新乐 Xinle		赤峰 Chifeng	
	唐山 Tangshan	遵化 Zunhua		通辽 Tongliao	霍林郭勒 Huolinguole
		迁安 Qian'an		呼伦贝尔 Hulunbuir	满洲里 Manzhouli
	秦皇岛 Qinhuangdao				扎兰屯 Zhalantun
	邯郸 Handan	武安 Wuan			牙克石 Yakeshi
	邢台 Xingtai	南宫 Nangong			根河 Genhe
		沙河 Shahe			额尔古纳 Eerguna
	保定 Baoding	定州 Dingzhou		鄂尔多斯 Erdos	
		涿州 Zhuozhou		乌兰察布 Ulanqab	丰镇 Fengzhen
		安国 Anguo		巴彦淖尔 Bayannur	
		高碑店 Gaobeidian			(二连浩特) Erlianhaote
	张家口 Zhangjiakou				(乌兰浩特) Wulanhaote
	承德 Chengde	平泉 Pingquan			(锡林浩特) Xilinhaote
	沧州 Cangzhou	任丘 Renqiu			(阿尔山) Aershan
		泊头 Botou	**辽宁**	沈阳 Shenyang	新民 Xinmin
		黄骅 Huanghua	**Liaoning**	大连 Dalian	瓦房店 Wafangdian
		河间 Hejian			庄河 Zhuanghe
	廊坊 Langfang	霸州 Bazhou		鞍山 Anshan	海城 Haicheng
		三河 Sanhe		抚顺 Fushun	
	衡水 Hengshui	深州 Shenzhou		本溪 Benxi	
山西 Shanxi	太原 Taiyuan	古交 Gujiao		丹东 Dandong	东港 Donggang
	大同 Datong				凤城 Fengcheng
	阳泉 Yangquan			锦州 Jinzhou	凌海 Linghai
	长治 Changzhi	潞城 Lucheng			北镇 Beizhen
	晋城 Jincheng	高平 Gaoping		营口 Yingkou	大石桥 Dashiqiao
	朔州 Shuozhou				盖州 Gaizhou
	晋中 Jinzhong	介休 Jiexiu		阜新 Fuxin	
	忻州 Xinzhou	原平 Yuanping		辽阳 Liaoyang	灯塔 Dengta
	临汾 Linfen	侯马 Houma		盘锦 Panjin	
		霍州 Huozhou		铁岭 Tieling	调兵山 Diaobingshan
	运城 Yuncheng	永济 Yongji			开原 Kaiyuan
		河津 Hejin		朝阳 Chaoyang	北票 Beipiao
	吕梁 Lvliang	孝义 Xiaoyi			凌源 Lingyuan

注：加括号的城市为省（自治区）直辖县级市，或地区（自治州、盟）管辖的县级市。
a) The cities with brackets are county-level cities directly under provinces(autonomous regions) or under regions(autonomous prefectures,leagues).

1-2 续表 1 continued 1

省级单位 Province	地级及以上城市 City at Prefecture Level and above	下辖的县级城市 County-level City	省级单位 Province	地级及以上城市 City at Prefecture Level and above	下辖的县级城市 County-level City
	葫芦岛 Huludao	兴城 Xingcheng		黑河 Heihe	北安 Beian
吉林 Jilin	长春 Changchun	榆树 Yushu			五大连池 Wudalianchi
		德惠 Dehui			嫩江 Nenjiang
		桦甸 Huadian		绥化 Suihua	安达 Anda
	吉林 Jilin	蛟河 Jiaohe			肇东 Zhaodong
		舒兰 Shulan			海伦 Hailun
		磐石 Panshi			(抚远) Fuyuan
	四平 Siping	公主岭 Gongzhuling	**上海 Shanghai**		
		双辽 Shuangliao	**江苏 Jiangsu**	南京 Nanjing	
	辽源 Liaoyuan			无锡 Wuxi	江阴 Jiangyin
	通化 Tonghua	梅河口 Meihekou			宜兴 Yixing
		集安 Ji'an		徐州 Xuzhou	新沂 Xinyi
	白山 Baishan	临江 Linjiang			邳州 Pizhou
	白城 Baicheng	洮南 Taonan		常州 Changzhou	溧阳 Liyang
		大安 Daan		苏州 Suzhou	常熟 Changshu
	松原 Songyuan	扶余 Fuyu			张家港 Zhangjiagang
		(延吉) Yanji			昆山 Kunshan
		(图们) Tumen			太仓 Taicang
		(敦化) Dunhua		南通 Nantong	启东 Qidong
		(珲春) Hunchun			如皋 Rugao
		(龙井) Longjing			海门 Haimen
		(和龙) Helong		连云港 Lianyungang	
黑龙江 Heilongjiang	哈尔滨 Harbin	尚志 Shangzhi		淮安 Huaian	
		五常 Wuchang		盐城 Yancheng	东台 Dongtai
	齐齐哈尔 Qiqihar	讷河 Nehe		扬州 Yangzhou	仪征 Yizheng
	鸡西 Jixi	密山 Mishan			高邮 Gaoyou
		虎林 Hulin		镇江 Zhenjiang	丹阳 Danyang
	鹤岗 Hegang				扬中 Yangzhong
	双鸭山 Shuangyashan				句容 Jurong
	大庆 Daqing			泰州 Taizhou	兴化 Xinghua
	伊春 Yichun	铁力 Tieli			泰兴 Taixing
	佳木斯 Jiamusi	同江 Tongjiang			靖江 Jingjiang
		富锦 Fujin		宿迁 Suqian	
	七台河 Qitaihe	绥芬河 Suifenhe	**浙江 Zhejiang**	杭州 Hangzhou	建德 Jiande
	牡丹江 Mudanjiang	海林 Hailin		宁波 Ningbo	余姚 Yuyao
		宁安 Ning'an			慈溪 Cixi
		穆棱 Muling		温州 Wenzhou	瑞安 Ruian
		东宁 Dongning			乐清 Leqing
					龙港 Longgang
				嘉兴 Jiaxing	海宁 Haining
					平湖 Pinghu

1-2 续表 2 continued 2

省级单位 Province	地级及以上城市 City at Prefecture Level and above	下辖的县级城市 County-level City
		桐　乡 Tongxiang
	湖　州 Huzhou	
	绍　兴 Shaoxing	诸　暨 Zhuji
		嵊　州 Shengzhou
	金　华 Jinhua	兰　溪 Lanxi
		义　乌 Yiwu
		东　阳 Dongyang
		永　康 Yongkang
	衢　州 Quzhou	江　山 Jiangshan
	舟　山 Zhoushan	
	台　州 Taizhou	临　海 Linhai
		温　岭 Wenling
		玉　环 Yuhuan
	丽　水 Lishui	龙　泉 Longquan
安　徽 Anhui	合　肥 Hefei	巢　湖 Chaohu
	芜　湖 Wuhu	无　为 Wuwei
	蚌　埠 Bengbu	
	淮　南 Huainan	
	马鞍山 Maanshan	
	淮　北 Huaibei	
	铜　陵 Tongling	
	安　庆 Anqing	桐　城 Tongcheng
	黄　山 Huangshan	
	阜　阳 Fuyang	界　首 Jieshou
	亳　州 Bozhou	
	宿　州 Suzhou	
	滁　州 Chuzhou	天　长 Tianchang
		明　光 Mingguang
	六　安 Lu'an	
	池　州 Chizhou	
	宣　城 Xuancheng	宁　国 Ningguo
		广　德 Guangde
福　建 Fujian	福　州 Fuzhou	福　清 Fuqing
	厦　门 Xiamen	
	莆　田 Putian	
	三　明 Sanming	永　安 Yong'an
	泉　州 Quanzhou	石　狮 Shishi
		晋　江 Jinjiang
		南　安 Nan'an
	漳　州 Zhangzhou	龙　海 Longhai
	南　平 Nanping	邵　武 Shaowu
		武夷山 Wuyishan
		建　瓯 Jian'ou
	龙　岩 Longyan	漳　平 Zhangping
	宁　德 Ningde	福　安 Fu'an
		福　鼎 Fuding
江　西 Jiangxi	南　昌 Nanchang	
	景德镇 Jingdezhen	乐　平 Leping
	萍　乡 Pingxiang	
	九　江 Jiujiang	瑞　昌 Ruichang
		共青城 Gongqingcheng
	新　余 Xinyu	
	鹰　潭 Yingtan	贵　溪 Guixi
	赣　州 Ganzhou	瑞　金 Ruijin
	上　饶 Shangrao	德　兴 Dexing
	抚　州 Fuzhou	
	吉　安 Ji'an	井冈山 Jinggangshan
	宜　春 Yichun	樟　树 Zhangshu
		丰　城 Fengcheng
		高　安 Gaoan
		(庐　山) Lushan
山　东 Shandong	济　南 Jinan	
	青　岛 Qingdao	胶　州 Jiaozhou
		平　度 Pingdu
		莱　西 Laixi
	淄　博 Zibo	
	枣　庄 Zaozhuang	滕　州 Tengzhou
	东　营 Dongying	
	烟　台 Yantai	龙　口 Longkou
		莱　阳 Laiyang
		莱　州 Laizhou
		蓬　莱 Penglai
		招　远 Zhaoyuan
		栖　霞 Qixia
		海　阳 Haiyang
	潍　坊 Weifang	青　州 Qingzhou
		诸　城 Zhucheng
		寿　光 Shouguang
		高　密 Gaomi
		昌　邑 Changyi
		安　丘 Anqiu
		昌　邑 Changyi
		安　丘 Anqiu
	济　宁 Jining	曲　阜 Qufu
		邹　城 Zoucheng

1-2 续表 3 continued 3

省级单位 Province	地级及以上城市 City at Prefecture Level and above	下辖的县级城市 County-level City	省级单位 Province	地级及以上城市 City at Prefecture Level and above	下辖的县级城市 County-level City
	泰安 Tai'an	新泰 Xintai		十堰 Shiyan	丹江口 Danjiangkou
		肥城 Feicheng		荆州 Jingzhou	石首 Shishou
	德州 Dezhou	乐陵 Laoling			洪湖 Honghu
		禹城 Yucheng			松滋 Songzi
	威海 Weihai	荣成 Rongcheng		宜昌 Yichang	宜都 Yidu
		乳山 Rushan			当阳 Dangyang
	聊城 Liaocheng	临清 Linqing			枝江 Zhijiang
	临沂 Linyi			襄阳 Xiangyang	老河口 Laohekou
	莱芜 Laiwu				枣阳 Zaoyang
	日照 Rizhao				宜城 Yicheng
	菏泽 Heze			鄂州 Ezhou	
	滨州 Binzhou			荆门 Jingmen	钟祥 Zhongxiang
河南 Henan	郑州 Zhengzhou	巩义 Gongyi		孝感 Xiaogan	应城 Yingcheng
		新密 Xinmi			安陆 Anlu
		荥阳 Xingyang			汉川 Hanchuan
		新郑 Xinzheng		黄冈 Huanggang	麻城 Macheng
		登封 Dengfeng			武穴 Wuxue
	开封 Kaifeng			咸宁 Xianning	赤壁 Chibi
	洛阳 Luoyang	偃师 Yanshi		随州 Suizhou	广水 Guangshui
	平顶山 Pingdingshan	汝州 Ruzhou			(利川) Lichuan
		舞钢 Wugang			(恩施) Enshi
	安阳 Anyang	林州 Linzhou			(仙桃) Xiantao
	鹤壁 Hebi				(天门) Tianmen
	新乡 Xinxiang	辉县 Huixian			(潜江) Qianjiang
		卫辉 Weihui	湖南 Hunan	长沙 Changsha	浏阳 Liuyang
		长垣 Changyuan			宁乡 Ningxiang
	焦作 Jiaozuo	沁阳 Qinyang		株洲 Zhuzhou	醴陵 Liling
		孟州 Mengzhou		湘潭 Xiangtan	湘乡 Xiangxiang
	濮阳 Puyang				韶山 Shaoshan
	许昌 Xuchang	禹州 Yuzhou		衡阳 Hengyang	耒阳 Leiyang
		长葛 Changge			常宁 Changning
	漯河 Luohe			邵阳 Shaoyang	武冈 Wugang
	三门峡 Sanmenxia	义马 Yima			邵东 Shaodong
		灵宝 Lingbao		岳阳 Yueyang	汨罗 Miluo
					临湘 Linxiang
	商丘 Shangqiu	永城 Yongcheng		益阳 Yiyang	沅江 Yuanjiang
	南阳 Nanyang	邓州 Dengzhou		常德 Changde	津市 Jinshi
	信阳 Xinyang			郴州 Chenzhou	资兴 Zixing
	周口 Zhoukou	项城 Xiangcheng		永州 Yongzhou	
	驻马店 Zhumadian			怀化 Huaihua	洪江 Hongjiang
		(济源) Jiyuan		张家界 Zhangjiajie	
湖北 Hubei	武汉 Wuhan			娄底 Loudi	冷水江 Lengshuijiang
	黄石 Huangshi	大冶 Daye			

1-2 续表 4 continued 4

省级单位 Province	地级及以上城市 City at Prefecture Level and above	下辖的县级城市 County-level City	省级单位 Province	地级及以上城市 City at Prefecture Level and above	下辖的县级城市 County-level City
		涟源 Lianyuan		百色 Baise	靖西 Jingxi
		(吉首) Jishou			平果 Pingguo
广东	广州 Guangzhou			来宾 Laibin	合山 Heshan
Guangdong	韶关 Shaoguan	乐昌 Lechang		崇左 Chongzuo	凭祥 Pingxiang
		南雄 Nanxiong		贺州 Hezhou	
	深圳 Shenzhen			河池 Hechi	
	珠海 Zhuhai		**海南**	海口 Haikou	
	汕头 Shantou		**Hainan**	三亚 Sanya	
	佛山 Foshan			三沙 Sansha	
	江门 Jiangmen	台山 Taishan		儋州 Danzhou	
		鹤山 Heshan			(五指山) Wuzhishan
		开平 Kaiping			(琼海) Qionghai
		恩平 Enping			(文昌) Wenchang
	湛江 Zhanjiang	廉江 Lianjiang			(万宁) Wanning
		雷州 Leizhou			(东方) Dongfang
		吴川 Wuchuan	**重庆**		
	惠州 Huizhou		**Chongqing**		
	茂名 Maoming	高州 Gaozhou	**四川**	成都 Chengdu	都江堰 Dujiangyan
		化州 Huazhou	**Sichuan**		彭州 Pengzhou
		信宜 Xinyi			邛崃 Qionglai
	肇庆 Zhaoqing	四会 Sihui			崇州 Chongzhou
				自贡 Zigong	
	潮州 Chaozhou			攀枝花 Panzhihua	
	梅州 Meizhou	兴宁 Xingning		泸州 Luzhou	
	中山 Zhongshan			德阳 Deyang	广汉 Guanghan
	东莞 Dongguan				什邡 Shifang
	汕尾 Shanwei	陆丰 Lufeng			绵竹 Mianzhu
	河源 Heyuan			绵阳 Mianyang	江油 Jiangyou
	阳江 Yangjiang	阳春 Yangchun		广元 Guangyuan	
	清远 Qingyuan	连州 Lianzhou		遂宁 Suining	射洪 Shehong
		英德 Yingde		内江 Neijiang	隆昌 Longchang
	揭阳 Jieyang	普宁 Puning		资阳 Ziyang	简阳 Jianyang
	云浮 Yunfu	罗定 Luoding		乐山 Leshan	峨眉山 Emeishan
广西	南宁 Nanning			宜宾 Yibin	
Guangxi	柳州 Liuzhou			南充 Nanchong	阆中 Langzhong
	桂林 Guilin			达州 Dazhou	万源 Wanyuan
	梧州 Wuzhou	岑溪 Cenxi		广安 Guang'an	华蓥 Huaying
	北海 Beihai			雅安 Yaan	
	防城港 Fangchenggang	东兴 Dongxing		眉山 Meishan	
	钦州 Qinzhou			巴中 Bazhong	康定 Kangding
	玉林 Yulin	北流 Beiliu			马尔康 Maerkang
	贵港 Guigang	桂平 Guiping			(西昌) Xichang

1-2 续表 5 continued 5

省级单位 Province	地级及以上城市 City at Prefecture Level and above	下辖的县级城市 County-level City
贵州	贵阳 Guiyang	清镇 Qingzhen
Guizhou	六盘水 Liupanshui	盘州 Panzhou
	遵义 Zunyi	赤水 Chishui
		仁怀 Renhuai
	安顺 Anshun	
	铜仁 Tongren	
	毕节 Bijie	
		（凯里）Kaili
		（兴义）Xingyi
		（福泉）Fuquan
		（都匀）Duyun
云南	昆明 Kunming	安宁 Anning
Yunnan	玉溪 Yuxi	澄江 Chengjiang
	曲靖 Qujing	宣威 Xuanwei
	昭通 Zhaotong	
	丽江 Lijiang	
	保山 Baoshan	腾冲 Tengchong
	普洱 Puer	
	临沧 Lincang	
		（大理）Dali
		（楚雄）Chuxiong
		（芒市）Mangshi
		（瑞丽）Ruili
		（开远）Kaiyuan
		（个旧）Gejiu
		（景洪）Jinghong
		（文山）Wenshan
		（蒙自）Mengzi
		（弥勒）Mile
		（香格里拉）Shangri-La
		（泸水）Lushui
西藏	拉萨 Lasa	
Tibet	日喀则 Xigaze	
	昌都 Qamdo	
	林芝 Linzhi	
	山南 Shannan	
	那曲 Naqu	
陕西	西安 Xi'an	
Shaanxi	铜川 Tongchuan	
	宝鸡 Baoji	
	咸阳 Xianyang	兴平 Xingping
	延安 Yan'an	子长 Zichang
	汉中 Hanzhong	
	渭南 Weinan	韩城 Hancheng
		华阴 Huayin
	榆林 Yulin	神木 Shenmu
	商洛 Shangluo	
	安康 Ankang	
甘肃	兰州 Lanzhou	
Gansu	嘉峪关 Jiayuguan	
	金昌 Jinchang	

省级单位 Province	地级及以上城市 City at Prefecture Level and above	下辖的县级城市 County-level City
	白银 Baiyin	
	天水 Tianshui	
	武威 Wuwei	
	张掖 Zhangye	
	平凉 Pingliang	
	酒泉 Jiuquan	玉门 Yumen
		敦煌 Dunhuang
	庆阳 Qingyang	
	定西 Dingxi	
	陇南 Longnan	
		（临夏）Linxia
		（合作）Hezuo
青海	西宁 Xining	
Qinghai	海东 Haidong	
		（格尔木）Golmud
		（德令哈）Delingha
		（玉树）Yushu
宁夏	银川 Yinchuan	灵武 Lingwu
Ningxia	石嘴山 Shizuishan	
	吴忠 Wuzhong	青铜峡 Qingtongxia
	固原 Guyuan	
	中卫 Zhongwei	
新疆	乌鲁木齐 Urumqi	
Xinjiang	克拉玛依 Karamay	
	吐鲁番 Turpan	
	哈密 Hami	
		（石河子）Shihezi
		（可克达拉）Cocodala
		（昌吉）Changji
		（奎屯）Kuitun
		（伊宁）Yining
		（塔城）Tacheng
		（昆玉）Kunyu
		（阿勒泰）Aletai
		（博乐）Bole
		（库尔勒）Korla
		（阿克苏）Akesu
		（阿图什）Atus
		（喀什）Kashi
		（和田）Hetian
		（阜康）Fukang
		（乌苏）Wusu
		（阿拉尔）Alar
		（图木舒克）Tumushuke
		（北屯）beitun
		（阿拉山口）Alashankou
		（铁门关）Tiemenguan
		（霍尔果斯）Horgos
		（五家渠）Wujiaqu
		（双河）Shuanghe
		（胡杨河）Huyanghe
		（库车）Kuche

二、地级以上城市统计资料

Statistical Data of Cities at Prefecture Level and Above

(一)人口
Population

2-1 人口及户数
Population and Number of Households

城市	City	年末户籍人口(万人) Household Registered Population at Year-end (10 000 persons)		年平均人口(万人) Annual Average Population (10 000 persons)		年末总户数(万户) Number of Households at Year-end (10 000households)	
		全市 Total City	市辖区 Districts under City	全市 Total City	市辖区 Districts under City	全市 Total City	市辖区 Districts under City
北京市	**Beijing**	**1397**	**1397**	**1387**	**1387**	**554**	**554**
天津市	**Tianjin**	**1108**	**1108**	**1087**	**1087**	**406**	**406**
河北省	**Hebei**						
石家庄市	Shijiazhuang	1052	427	1049	424	311	123
唐山市	Tangshan	756	335	757	335	231	106
秦皇岛市	Qinhuangdao	301	147	301	146	118	59
邯郸市	Handan	1061	382	1059	381	274	100
邢台市	Xingtai	801	92	799	91	250	30
保定市	Baoding	1215	289	1211	289	417	97
张家口市	Zhangjiakou	465	156	465	156	195	65
承德市	Chengde	383	60	382	60	142	23
沧州市	Cangzhou	787	59	785	58	227	18
廊坊市	Langfang	483	88	481	88	152	26
衡水市	Hengshui	458	102	457	101	161	35
山西省	**Shanxi**						
太原市	Taiyuan	384	300	380	298	124	92
大同市	Datong	318	160	318	168	128	62
阳泉市	Yangquan	132	69	132	70	53	26
长治市	Changzhi	340	157	340	159	119	52
晋城市	Jincheng	222	40	222	40	83	14
朔州市	Shuozhou	164	68	163	68	67	26
晋中市	Jinzhong	335	64	335	63	130	23
运城市	Yuncheng	514	71			169	24
忻州市	Xinzhou	307	55	307	55	132	23
临汾市	Linfen	431	82	432	82	152	27
吕梁市	Lvliang	394	29	394	29	147	11
内蒙古自治区	**Inner Mongolia**						
呼和浩特市	Hohhot	249	141	247	139	103	56
包头市	Baotou	225	157	224	157	90	60
乌海市	Wuhai	44	44	56	56	16	16
赤峰市	Chifeng	460	128	460	127	193	51
通辽市	Tongliao	317	84	318	84	125	33
鄂尔多斯市	Erdos	164	31	163	31	70	12
呼伦贝尔市	Hulunbuir	255	37	256	37	110	17
巴彦淖尔市	Bayannur	174	52	179	52	73	21
乌兰察布市	Ulanqab	269	32	270	32	127	12
辽宁省	**Liaoning**						
沈阳市	Shenyang	756	613	751	607	286	236
大连市	Dalian	599	405	597	403	218	154
鞍山市	Anshan	340	146	341	147	121	57
抚顺市	Fushun	207	135	208	136	84	58
本溪市	Benxi	145	88	145	88	56	36
丹东市	Dandong	233	77	234	78	84	31
锦州市	Jinzhou	293	95	294	95	103	37
营口市	Yingkou	231	94	231	94	89	38
阜新市	Fuxin	184	74	184	74	68	31

2-1 续表 1 continued

城市	City	年末户籍人口(万人) Household Registered Population at Year-end (10 000 persons)		年平均人口(万人) Annual Average Population (10 000 persons)		年末总户数(万户) Number of Households at Year-end (10 000households)	
		全市 Total City	市辖区 Districts under City	全市 Total City	市辖区 Districts under City	全市 Total City	市辖区 Districts under City
辽阳市	Liaoyang	174	85	175	85	68	34
盘锦市	Panjin	130	103	130	102	47	38
铁岭市	Tieling	289	42	290	42	105	16
朝阳市	Chaoyang	335	61	335	61	112	20
葫芦岛市	Huludao	276	97	276	97	99	38
吉林省	**Jilin**						
长春市	Changchun	754	445			284	178
吉林市	Jilin	412	180	413	180	158	71
四平市	Siping	318	67	319	68	125	31
辽源市	Liaoyuan	117	45	117	45	45	20
通化市	Tonghua	215	43	215	43	86	18
白山市	Baishan	117	52	117	53	56	25
松原市	Songyuan	275	56	275	56	107	24
白城市	Baicheng	189	48	189	48	86	22
黑龙江省	**Heilongjiang**						
哈尔滨市	Harbin	951	553	951	552	393	234
齐齐哈尔市	Qiqihar	527	131	528	132	213	59
鸡西市	Jixi	169	76	171	77	75	36
鹤岗市	Hegang	98	60	99	60	46	30
双鸭山市	Shuangyashan	141	46	141	46	61	23
大庆市	Daqing	272	137	272	137	105	53
伊春市	Yichun	112	71	112	71	57	37
佳木斯市	Jiamusi	233	76	233	76	100	35
七台河市	Qitaihe	77	47	77	37	36	22
牡丹江市	Mudanjiang	250	86	251	87	105	36
黑河市	Heihe	158	18	158	18	72	8
绥化市	Suihua	522	81			213	32
上海市	**Shanghai**	**1469**	**1469**	**1466**	**1466**	**556**	**556**
江苏省	**Jiangsu**						
南京市	Nanjing	710	710	703	703	253	253
无锡市	Wuxi	503	268	500	266	172	96
徐州市	Xuzhou	1042	343	1043	343	282	100
常州市	Changzhou	385	306	384	305	137	110
苏州市	Suzhou	723	375	713	369	238	124
南通市	Nantong	760	215	761	215	287	86
连云港市	Lianyungang	534	225	534	224	150	69
淮安市	Huai'an	560	334	561	334	168	103
盐城市	Yancheng	821	244	823	244	270	85
扬州市	Yangzhou	457	233	458	233	148	78
镇江市	Zhenjiang	270	103	270	103	102	41
泰州市	Taizhou	501	164	502	164	166	55
宿迁市	Suqian	592	178	592	177	153	46
浙江省	**Zhejiang**						
杭州市	Hangzhou	795	657	785	646	248	201
宁波市	Ningbo	608	301	606	298	237	120
温州市	Wenzhou	832	174	831	173	241	54
嘉兴市	Jiaxing	364	94	362	93	113	32

2-1 续表 2 continued

城 市	City	年末户籍人口(万人) Household Registered Population at Year-end (10 000 persons)		年平均人口(万人) Annual Average Population (10 000 persons)		年末总户数(万户) Number of Households at Year-end (10 000households)	
		全市 Total City	市辖区 Districts under City	全市 Total City	市辖区 Districts under City	全市 Total City	市辖区 Districts under City
湖州市	Huzhou	268	112	267	112	87	36
绍兴市	Shaoxing	448	224	448	223	162	79
金华市	Jinhua	492	100	490	99	192	38
衢州市	Quzhou	258	85	258	85	96	35
舟山市	Zhoushan	97	72	97	72	37	27
台州市	Taizhou	607	163	606	163	192	51
丽水市	Lishui	271	42	270	42	109	20
安徽省	**Anhui**						
合肥市	Hefei	770	291	764	286	255	100
芜湖市	Wuhu	390	151	389	151	131	53
蚌埠市	Bengbu	386	116	385	116	113	39
淮南市	Huainan	391	183	390	182	124	60
马鞍山市	Maanshan	229	82	229	82	75	28
淮北市	Huaibei	219	105	218	105	73	36
铜陵市	Tongling	171	91	171	82	54	31
安庆市	Anqing	529	74	529	74	155	26
黄山市	Huangshan	149	47	149	47	51	17
滁州市	Chuzhou	455	56	455	56	141	20
阜阳市	Fuyang	1077	232	1074	230	285	58
宿州市	Suzhou	658	193	657	192	198	61
六安市	Lu'an	591	222	590	221	190	74
亳州市	Bozhou	663	170	660	169	180	54
池州市	Chizhou	162	67	162	67	52	22
宣城市	Xuancheng	279	86	279	86	99	31
福建省	**Fujian**						
福州市	Fuzhou	710	290	706	287	221	95
厦门市	Xiamen	261	261	252	252	82	82
莆田市	Putian	364	246	362	244	101	68
三明市	Sanming	289	29	289	29	79	10
泉州市	Quanzhou	761	118	758	117	213	35
漳州市	Zhangzhou	522	64	522	64	147	22
南平市	Nanping	318	86	320	86	95	26
龙岩市	Longyan	318	107	318	106	100	37
宁德市	Ningde	356	52	355	51	107	17
江西省	**Jiangxi**						
南昌市	Nanchang	536	314	534	313	170	103
景德镇市	Jingdezhen	171	48	171	48	55	18
萍乡市	Pingxiang	200	88	200	88	61	28
九江市	Jiujiang	525	102	524	101	164	36
新余市	Xinyu	125	91	119	87	41	31
鹰潭市	Yingtan	129	64	129	64	37	19
赣州市	Ganzhou	983	231	982	230	276	67
吉安市	Ji'an	540	60	540	60	168	18
宜春市	Yichun	604	117	604	117	191	34
抚州市	Fuzhou	433	172	432	171	136	57
上饶市	Shangrao	793	229	791	228	227	61

2-1 续表 3 continued

城 市	City	年末户籍人口(万人) Household Registered Population at Year-end (10 000 persons)		年平均人口(万人) Annual Average Population (10 000 persons)		年末总户数(万户) Number of Households at Year-end (10 000households)	
		全市 Total City	市辖区 Districts under City	全市 Total City	市辖区 Districts under City	全市 Total City	市辖区 Districts under City
山东省	**Shandong**						
济南市	Jinan	797	695	791	686	270	236
青岛市	Qingdao	831	529	824		274	
淄博市	Zibo	434	290	434	289	154	104
枣庄市	Zaozhuang	424	249	423	248	124	72
东营市	Dongying	198	113	197	113	69	42
烟台市	Yantai	653	194	654	193	238	72
潍坊市	Weifang	918	196	916	195	292	66
济宁市	Jining	894	191	892	190	270	58
泰安市	Tai'an	573	173	573	172	196	58
威海市	Weihai	257	137	257	137	94	50
日照市	Rizhao	308	140	307	140	111	51
临沂市	Linyi	1190	286	1185	284	384	91
德州市	Dezhou	599	126	598	126	197	43
聊城市	Liaocheng	647	187	645	158	210	61
滨州市	Binzhou	398	111	397	111	137	42
菏泽市	Heze	1026	237	1026	236	333	73
河南省	**Henan**						
郑州市	Zhengzhou	882	397	873	390	235	122
开封市	Kaifeng	561	172	561	172	167	54
洛阳市	Luoyang	745	209	743	208	217	67
平顶山市	Pingdingshan	570	111	570	111	161	34
安阳市	Anyang	629	119	628	119	185	39
鹤壁市	Hebi	171	65	171	65	49	21
新乡市	Xinxiang	664	110	660	109	181	35
焦作市	Jiaozuo	373	98	373	98	102	27
濮阳市	Puyang	434	75	434	75	120	23
许昌市	Xuchang	511	135	510	134	157	45
漯河市	Luohe	268	135	268	135	75	38
三门峡市	Sanmenxia	227	63	227	63	73	22
南阳市	Nanyang	1239	204	1239	203	364	64
商丘市	Shangqiu	1005	189	1002	188	305	57
信阳市	Xinyang	912	158	886	157	287	51
周口市	Zhoukou	1257	64	1258	64	338	20
驻马店市	Zhumadian	964	86	964	85	268	24
湖北省	**Hubei**						
武汉市	Wuhan	906	906	895	895	330	330
黄石市	Huangshi	273	62	273	134	79	22
十堰市	Shiyan	346	119	346	119	120	41
宜昌市	Yichang	391	128	391	127	153	49
襄阳市	Xiangyang	590	228	591	228	219	85
鄂州市	Ezhou	112	112	107	107	38	38
荆门市	Jingmen	291	65	292	59	99	26
孝感市	Xiaogan	515	96	516	96	166	33
荆州市	Jingzhou	637	108	639	109	199	39
黄冈市	Huanggang	738	35	739	35	249	15
咸宁市	Xianning	305	63	305	63	90	20
随州市	Suizhou	249	66	250	66	90	28

2-1 续表 4 continued

城市	City	年末户籍人口(万人) Household Registered Population at Year-end (10 000 persons)		年平均人口(万人) Annual Average Population (10 000 persons)		年末总户数(万户) Number of Households at Year-end (10 000households)	
		全市 Total City	市辖区 Districts under City	全市 Total City	市辖区 Districts under City	全市 Total City	市辖区 Districts under City
湖南省	**Hunan**						
长沙市	Changsha	738	364	734	360	243	129
株洲市	Zhuzhou	402	132	402	132	121	45
湘潭市	Xiangtan	289	86	289	86	96	31
衡阳市	Hengyang	797	101	799	101	247	38
邵阳市	Shaoyang	826	69	827	70	250	24
岳阳市	Yueyang	570	111	569	111	195	45
常德市	Changde	604	141	605	141	209	47
张家界市	Zhangjiajie	169	54	170	54	62	21
益阳市	Yiyang	473	135	475	135	161	46
郴州市	Chenzhou	534	80	535	80	175	31
永州市	Yongzhou	644	117	644	118	202	40
怀化市	Huaihua	524	40	524	40	175	16
娄底市	Loudi	455	62	455	62	160	25
广东省	**Guangdong**						
广州市	Guangzhou	954	954	941	941	314	314
韶关市	Shaoguan	337	92	337	92	105	31
深圳市	Shenzhen	551	551	526	526	126	126
珠海市	Zhuhai	133	133	130	130	36	36
汕头市	Shantou	572	564	571	563	130	128
佛山市	Foshan	461	461	449	449	141	141
江门市	Jiangmen	400	146	400	146	121	47
湛江市	Zhanjiang	854	170	851	169	213	47
茂名市	Maoming	818	305	814	303	212	77
肇庆市	Zhaoqing	454	146	452	145	125	43
惠州市	Huizhou	390	171	385	168	109	53
梅州市	Meizhou	546	97	547	97	146	29
汕尾市	Shanwei	357	52	356	52	76	11
河源市	Heyuan	373	32	310	53	101	9
阳江市	Yangjiang	301	124	301	123	78	34
清远市	Qingyuan	446	149	445	148	113	38
东莞市	Dongguan	251		241		73	
中山市	Zhongshan	183		183		51	
潮州市	Chaozhou	276	169			65	40
揭阳市	Jieyang	707	212	706	212	162	49
云浮市	Yunfu	301	69	301	69	79	17
广西壮族自治区	**Guangxi**						
南宁市	Nanning	782	398	776	392	236	127
柳州市	Liuzhou	394	185	392	184	116	57
桂林市	Guilin	541	134	539	133	166	42
梧州市	Wuzhou	353	81	353	80	100	25
北海市	Beihai	180	70	180	68	46	20
防城港市	Fangchenggang	100	59	100	59	26	15
钦州市	Qinzhou	418	154	417	153	100	35
贵港市	Guigang	565	205	563	205	158	61
玉林市	Yulin	737	115	735	115	209	32

2–1 续表 5 continued

城 市	City	年末户籍人口(万人) Household Registered Population at Year-end (10 000 persons)		年平均人口(万人) Annual Average Population (10 000 persons)		年末总户数(万户) Number of Households at Year-end (10 000households)	
		全市 Total City	市辖区 Districts under City	全市 Total City	市辖区 Districts under City	全市 Total City	市辖区 Districts under City
百色市	Baise	423	37	422	37	110	10
贺州市	Hezhou	248	123	247	122	65	32
河池市	Hechi	434	102	433	102	125	32
来宾市	Laibin	270	115	270	114	79	32
崇左市	Chongzuo	252	38	252	38	71	11
海南省	**Hainan**						
海口市	Haikou	183	183	180	180	58	58
三亚市	Sanya	63	63	62	62	14	14
三沙市	Sansha						
儋州市	Danzhou	98		97		23	
重庆市	**Chongqing**	**3416**	**2479**	**3410**	**2472**	**1277**	**959**
四川省	**Sichuan**						
成都市	Chengdu	1500	876	1488	864	574	344
自贡市	Zigong	320	147	321	148	108	53
攀枝花市	Panzhihua	108	65	108	65	37	24
泸州市	Luzhou	509	152	509	152	158	53
德阳市	Deyang	384	94	386	94	156	38
绵阳市	Mianyang	531	175	534	174	203	68
广元市	Guangyuan	299	92	300	92	114	35
遂宁市	Suining	362	146	364	147	138	54
内江市	Neijiang	408	139	410	139	153	50
乐山市	Leshan	350	116	350	116	127	44
南充市	Nanchong	724	194	726	194	262	68
眉山市	Meishan	342	120	343	120	128	50
宜宾市	Yibin	552	230	552	230	169	75
广安市	Guang'an	459	126	461	126	153	40
达州市	Dazhou	659	176	573	187	238	68
雅安市	Ya'an	153	62	153	62	57	23
巴中市	Bazhong	366	135	367	135	129	48
资阳市	Ziyang	342	107	344	107	127	42
贵州省	**Guizhou**						
贵阳市	Guiyang	428	267	423	263	135	86
六盘水市	Liupanshui	353	50	351	49	105	14
遵义市	Zunyi	819	227	816	226	251	77
安顺市	Anshun	307	132	306	131	90	40
毕节市	Bijie	938	169	934	168	256	42
铜仁市	Tongren	446	51	445	50	136	17
云南省	**Yunnan**						
昆明市	Kunming	578	325	575	323	208	125
曲靖市	Qujing	667	142	665	142	207	47
玉溪市	Yuxi	221	75	221	74	80	29
保山市	Baoshan	264	94	264	94	79	29
昭通市	Zhaotong	629	96	627	95	189	29
丽江市	Lijiang	123	16	123	16	40	5
普洱市	Pu'er	254	24	254	24	80	8
临沧市	Lincang	241	33	241	33	81	10

2-1 续表 6 continued

城 市	City	年末户籍人口(万人) Household Registered Population at Year-end (10 000 persons)		年平均人口(万人) Annual Average Population (10 000 persons)		年末总户数(万户) Number of Households at Year-end (10 000households)	
		全市 Total City	市辖区 Districts under City	全市 Total City	市辖区 Districts under City	全市 Total City	市辖区 Districts under City
西藏自治区	**Tibet**						
拉萨市	Lasa	56	31			21	14
日喀则市	Xigaze	81	13	80		19	3
昌都市	Qamdo	78	12	77	12	16	3
林芝市	Linzhi	20	5				
山南市	Shannan	36	7	38	9	12	3
那曲市	Naqu	54	11	54	11	12	3
陕西省	**Shaanxi**						
西安市	Xi'an	957	821	940	773	301	263
铜川市	Tongchuan	79	70	79	70	28	24
宝鸡市	Baoji	377	139	378	139	115	45
咸阳市	Xianyang	458	55	459	55	138	19
渭南市	Weinan	543	95	530	91	169	32
延安市	Yan'an	234	67	234	67	87	25
汉中市	Hanzhong	381	114	381	113	139	42
榆林市	Yulin	385	58	371	58	137	22
安康市	Ankang	304	102	304	102	106	35
商洛市	Shangluo	250	56	250	56	86	20
甘肃省	**Gansu**						
兰州市	Lanzhou	332	212	330	211	115	78
嘉峪关市	Jiayuguan	21		21		8	
金昌市	Jinchang	45	21	45	21	18	9
白银市	Baiyin	181	50	181	50	56	19
天水市	Tianshui	372	132	372	132	99	37
武威市	Wuwei	189	104	189	104	60	33
张掖市	Zhangye	131	52	131	51	46	18
平凉市	Pingliang	234	53	234	53	73	18
酒泉市	Jiuquan	99	41	99	41	33	14
庆阳市	Qingyang	270	40	270	39	82	12
定西市	Dingxi	304	47	304	47	87	15
陇南市	Longnan	286	60	287	57	84	19
青海省	**Qinghai**						
西宁市	Xining	209	101	208	100	62	35
海东市	Haidong	173	41	149	40	48	13
宁夏回族自治区	**Ningxia**						
银川市	Yinchuan	200	125	197	108	74	47
石嘴山市	Shizuishan	75	44	75	43	29	17
吴忠市	Wuzhong	143	41	143	41	49	15
固原市	Guyuan	147	46	149	47	44	15
中卫市	Zhongwei	122	42	117	41	39	15
新疆维吾尔自治区	**Xinjiang**						
乌鲁木齐市	Urumqi	227	222	225	222	88	86
克拉玛依市	Karamay	31	31	31	31	12	12
吐鲁番市	Turpan	63	29	63	29	20	8
哈密市	Hami	56	43	56	43	20	16

2-2 人口变动情况
Changes in Population

城市	City	出生人口(人) Birth Population(person)		死亡人口(人) Dead Population(person)		自然增长率(‰) Natural Growth Rate(‰)	
		全市 Total City	市辖区 Districts under City	全市 Total City	市辖区 Districts under City	全市 Total City	市辖区 Districts under City
北京市	**Beijing**	**153133**	**153133**	**49152**	**49152**	**7.44**	**7.44**
天津市	**Tianjin**	**106604**	**106604**	**75752**	**75752**	**2.78**	**2.78**
河北省	**Hebei**						
石家庄市	Shijiazhuang	106688	49593	32109	11552	7.09	8.91
唐山市	Tangshan	65426	27650	62278	25733	0.42	0.57
秦皇岛市	Qinhuangdao	25112	13229	16357	7483	2.91	3.90
邯郸市	Handan	111974	41769	42411	18061	6.55	6.21
邢台市	Xingtai	88600	10173	23422	2400	8.13	8.50
保定市	Baoding	115870	28534	43306	11619	5.97	5.84
张家口市	Zhangjiakou	36469	12968	25575	6588	2.34	4.09
承德市	Chengde	33267	5465	14293	2296	4.96	5.27
沧州市	Cangzhou	79348	7385	22083	1520	7.28	9.90
廊坊市	Langfang	53778	10311	18750	3106	7.25	8.20
衡水市	Hengshui	38697	9679	17146	3158	4.71	6.38
山西省	**Shanxi**						
太原市	Taiyuan	44550	35892	12415	7978	8.38	9.30
大同市	Datong	26096	13594	16587	7287	2.99	3.95
阳泉市	Yangquan	11801	6784	8643	4965	2.39	2.62
长治市	Changzhi	37225	18175	19055	8154	5.35	6.38
晋城市	Jincheng	20420	5608	10569	1050	4.44	11.29
朔州市	Shuozhou	19625	9201	12312	6839	4.47	3.46
晋中市	Jinzhong	33058	7115	12504	1889	6.13	8.21
运城市	Yuncheng	49326	7857	20981	2803	5.52	7.17
忻州市	Xinzhou	25980	5137	14488	1877	3.74	5.92
临汾市	Linfen	40898	8949	24109	3952	3.89	6.12
吕梁市	Lvliang	47629	4235	19998	1416	7.02	9.81
内蒙古自治区	**Inner Mongolia**						
呼和浩特市	Hohhot	26110	16575	13397	6122	5.11	7.42
包头市	Baotou	18635	13243	9454	4705	4.09	5.42
乌海市	Wuhai	3702	3702	2035	2035	3.77	3.77
赤峰市	Chifeng	37398	11957	21683	6052	3.42	4.61
通辽市	Tongliao	20607	5509	13692	3761	2.18	2.08
鄂尔多斯市	Erdos	19651	4294	8482	693	6.83	11.56
呼伦贝尔市	Hulunbuir	15380	2760	16685	2518	-0.51	0.65
巴彦淖尔市	Bayannur	14535	4570	7930	2232	3.80	4.49
乌兰察布市	Ulanqab	19203	2900	20050	1410	-0.31	4.71
辽宁省	**Liaoning**						
沈阳市	Shenyang	62688	54265	62441	51902	0.03	0.39
大连市	Dalian	49818	35833	44389	30337	0.91	1.36
鞍山市	Anshan	20579	8105	28208	14694	-2.25	-4.50
抚顺市	Fushun	10742	6663	15132	10633	-2.12	-2.94
本溪市	Benxi	7556	3947	12577	8538	-3.47	-5.22
丹东市	Dandong	14265	5183	18710	6916	-1.91	-2.24
锦州市	Jinzhou	16723	6101	18836	4706	-0.72	1.46
营口市	Yingkou	16226	7328	15560	6219	0.29	1.18
阜新市	Fuxin	10733	4034	14814	7442	-2.22	-4.63

2-2 续表 1 continued

城　市	City	出生人口(人) Birth Population(person)		死亡人口(人) Dead Population(person)		自然增长率(‰) Natural Growth Rate(‰)	
		全市 Total City	市辖区 Districts under City	全市 Total City	市辖区 Districts under City	全市 Total City	市辖区 Districts under City
辽阳市	Liaoyang	10228	5025	11433	6268	-0.69	-1.47
盘锦市	Panjin	10802	8530	6296	4580	3.47	3.85
铁岭市	Tieling	14765	2245	18972	3209	-1.45	-2.28
朝阳市	Chaoyang	25293	4850	18470	2983	2.04	3.04
葫芦岛市	Huludao	18322	5529	14959	4160	1.22	1.41
吉林省	**Jilin**						
长春市	Changchun	57409	40498	41233	28281	2.15	2.74
吉林市	Jilin	23267	11476	19950	9402	0.81	1.15
四平市	Siping	17324	3795	14684	3259	0.83	0.79
辽源市	Liaoyuan	6301	2586	6355	3242	-0.05	-1.47
通化市	Tonghua	13106	2603	11777	2354	0.62	0.58
白山市	Baishan	4904	2222	5875	2549	-0.83	-0.62
松原市	Songyuan	15580	3585	7957	1626	2.78	3.48
白城市	Baicheng	9673	2804	13922	2670	-2.25	0.28
黑龙江省	**Heilongjiang**						
哈尔滨市	Harbin	53692	36159	48236	34076	0.57	0.38
齐齐哈尔市	Qiqihar	21907	5796	25793	9929	-0.74	-3.15
鸡西市	Jixi	6604	2998	11701	4734	-3.01	-2.27
鹤岗市	Hegang	3910	2208	6151	4046	-2.28	-3.08
双鸭山市	Shuangyashan	5679	1621	6907	2537	-0.87	-1.99
大庆市	Daqing	14481	8539	12614	6201	0.69	1.70
伊春市	Yichun	3879	2293	8403	5568	-4.02	-4.59
佳木斯市	Jiamusi	10858	3703	11509	4943	-0.28	-1.63
七台河市	Qitaihe	3364	2162	3646	1999	-0.37	0.35
牡丹江市	Mudanjiang	11154	4299	13406	5703	-0.90	-1.63
黑河市	Heihe	6205	973	8447	1080	-1.42	-0.58
绥化市	Suihua	21871	3566	20990	3450	0.17	0.14
上海市	**Shanghai**	**91350**	**91350**	**125202**	**125202**	**-2.30**	**-2.30**
江苏省	**Jiangsu**						
南京市	Nanjing	67572	67572	38533	38533	4.09	4.09
无锡市	Wuxi	37981	21864	32074	15620	1.17	2.33
徐州市	Xuzhou	106644	35671	55763	16212	4.88	5.67
常州市	Changzhou	29936	24124	25261	19934	1.21	1.37
苏州市	Suzhou	61916	34367	45037	21869	2.34	3.34
南通市	Nantong	44615	14926	65589	17025	-2.76	-0.97
连云港市	Lianyungang	52604	23724	28044	11598	4.60	5.39
淮安市	Huai'an	49227	30986	36966	22645	2.19	2.50
盐城市	Yancheng	59474	18252	42349	13282	2.08	2.03
扬州市	Yangzhou	31843	16606	34572	17428	-0.60	-0.35
镇江市	Zhenjiang	17960	6444	19620	6260	-0.61	0.18
泰州市	Taizhou	35263	11170	43357	12746	-1.62	-0.96
宿迁市	Suqian	61649	19677	35263	11716	4.45	4.48
浙江省	**Zhejiang**						
杭州市	Hangzhou	91450	78168	36774	27683	6.87	7.69
宁波市	Ningbo	49464	26680	36526	15666	2.13	3.66
温州市	Wenzhou	98779	21060	43336	7984	6.66	7.50
嘉兴市	Jiaxing	31322	8668	24585	5734	1.85	3.13

2-2 续表 2 continued

城 市	City	出生人口(人) Birth Population(person)		死亡人口(人) Dead Population(person)		自然增长率(‰) Natural Growth Rate(‰)	
		全市 Total City	市辖区 Districts under City	全市 Total City	市辖区 Districts under City	全市 Total City	市辖区 Districts under City
湖州市	Huzhou	23066	9260	18528	8530	1.70	0.65
绍兴市	Shaoxing	36049	19186	29390	13867	1.49	2.38
金华市	Jinhua	52031	10185	30258	5750	4.43	4.45
衢州市	Quzhou	23521	8059	16390	5544	2.77	2.95
舟山市	Zhoushan	5748	4703	7172	4956	-1.47	-0.35
台州市	Taizhou	55495	14695	36848	9825	3.07	2.98
丽水市	Lishui	29840	5022	17239	2523	4.65	5.99
安徽省	**Anhui**						
合肥市	Hefei	103646	45181	29369	7796	9.64	12.86
芜湖市	Wuhu	36483	15176	18720	7109	4.56	5.33
蚌埠市	Bengbu	49830	12014	16387	4451	8.66	6.50
淮南市	Huainan	41351	17951	8685	5323	8.36	6.91
马鞍山市	Maanshan	20882	6456	12528	4973	3.65	1.80
淮北市	Huaibei	26479	10124	7812	3817	8.53	6.01
铜陵市	Tongling	15442	7885	9592	4786	3.43	3.41
安庆市	Anqing	57212	6459	27544	4042	5.61	3.28
黄山市	Huangshan	14448	4886	7278	2486	4.81	5.14
滁州市	Chuzhou	52169	6121	18214	1985	7.46	7.35
阜阳市	Fuyang	132530	29399	44606	8094	8.16	9.19
宿州市	Suzhou	78714	23422	33975	9523	6.80	7.21
六安市	Lu'an	61725	24593	16491	5600	7.65	8.56
亳州市	Bozhou	90032	22504	15318	4572	11.27	10.55
池州市	Chizhou	14205	6015	7394	3501	4.20	3.74
宣城市	Xuancheng	22933	7233	14641	4760	2.97	2.86
福建省	**Fujian**						
福州市	Fuzhou	91419	37383	39896	16024	7.26	7.37
厦门市	Xiamen	46235	46235	10093	10093	13.84	13.84
莆田市	Putian	57860	39815	18769	13132	10.75	10.85
三明市	Sanming	39769	3338	20563	2543	6.66	2.75
泉州市	Quanzhou	132347	20147	47369	7843	11.17	10.40
漳州市	Zhangzhou	73092	8679	35270	4488	7.24	6.50
南平市	Nanping	33343	8526	25950	7292	2.32	1.44
龙岩市	Longyan	47166	14364	21809	7513	7.97	6.40
宁德市	Ningde	57972	8985	21279	3493	10.32	10.61
江西省	**Jiangxi**						
南昌市	Nanchang	61497	36923	23349	13255	7.12	7.53
景德镇市	Jingdezhen	17789	4909	4997	1602	7.48	6.92
萍乡市	Pingxiang	18816	7701	10691	4769	4.06	3.32
九江市	Jiujiang	57539	11717	18519	3264	7.43	8.29
新余市	Xinyu	14088	9725	6531	4993	6.03	5.22
鹰潭市	Yingtan	14072	7260	5981	2904	6.27	6.79
赣州市	Ganzhou	116832	27301	50792	10826	6.72	7.14
吉安市	Ji'an	61162	7226	21153	1929	7.40	8.82
宜春市	Yichun	64318	13821	42434	5200	3.62	7.38
抚州市	Fuzhou	44645	16378	17613	5481	6.24	6.35
上饶市	Shangrao	92546	27466	25183	7370	8.50	8.77

2-2 续表 3 continued

城　市	City	出生人口(人) Birth Population(person)		死亡人口(人) Dead Population(person)		自然增长率(‰) Natural Growth Rate(‰)	
		全市 Total City	市辖区 Districts under City	全市 Total City	市辖区 Districts under City	全市 Total City	市辖区 Districts under City
山东省	**Shandong**						
济南市	Jinan	101723	90406	52396	44517	6.19	6.60
青岛市	Qingdao						
淄博市	Zibo	38450	25541	21867	14715	3.82	3.74
枣庄市	Zaozhuang	50700	28720	21958	10707	6.78	7.25
东营市	Dongying	23578	13613	11033	5523	6.35	7.13
烟台市	Yantai	57326	21190	57323	13748		3.84
潍坊市	Weifang	113293	26096	62498	11248	5.53	7.57
济宁市	Jining	112778	23521	55248	12180	6.44	5.95
泰安市	Tai'an	61380	18585	37432	11634	4.18	4.02
威海市	Weihai	20197	12863	21248	8850	-0.41	2.93
日照市	Rizhao	35460	16413	17681	7495	5.77	6.36
临沂市	Linyi	178850	52239	66811	14037	9.41	13.34
德州市	Dezhou	66779	15214	36660	7462	5.03	6.15
聊城市	Liaocheng	80900	23083	37574	11959	6.70	5.94
滨州市	Binzhou	45565	13073	24955	6627	5.18	5.81
菏泽市	Heze	110703	28542	57024	12184	5.23	6.92
河南省	**Henan**						
郑州市	Zhengzhou	119060	58675	58000	23042	6.93	8.97
开封市	Kaifeng	57981	16438	27162	10297	5.49	3.57
洛阳市	Luoyang	82640	23842	17789	4135	8.70	9.42
平顶山市	Pingdingshan	60982	12127	41264	6077	3.46	5.45
安阳市	Anyang	61191	12330	23064	3800	6.06	7.15
鹤壁市	Hebi	16032	6340	5233	2027	6.32	6.59
新乡市	Xinxiang	69674	11593	29185	3490	6.09	7.37
焦作市	Jiaozuo	36347	9722	21907	5667	3.88	4.13
濮阳市	Puyang	45522	8026	28749	3828	3.86	5.62
许昌市	Xuchang	47485	12626	18432	4211	5.68	6.25
漯河市	Luohe	24410	12927	17643	9396	2.53	2.62
三门峡市	Sanmenxia	22412	6143	8761	2542	6.01	5.71
南阳市	Nanyang	111999	19581	43442	4937	5.53	7.19
商丘市	Shangqiu	122990	21225	42139	5187	8.05	8.48
信阳市	Xinyang	89200	33500	61600	9900	3.03	14.97
周口市	Zhoukou	141797	7575	99632	4728	3.35	4.43
驻马店市	Zhumadian	94568	8569	58890	5027	3.70	4.13
湖北省	**Hubei**						
武汉市	Wuhan	114610	114610	51221	51221	6.99	6.99
黄石市	Huangshi	32763	5031	11757	2377	7.68	4.28
十堰市	Shiyan	39712	14225	24272	5896	4.46	6.99
宜昌市	Yichang	29330	11362	27123	6146	0.56	4.08
襄阳市	Xiangyang	57314	23041	38291	11033	3.23	5.27
鄂州市	Ezhou	10221	10221	6762	6762	3.10	3.10
荆门市	Jingmen	20824	4718	15354	2957	1.88	2.71
孝感市	Xiaogan	52029	8657	23666	3967	5.51	4.90
荆州市	Jingzhou	58227	8424	32706	6396	4.01	1.89
黄冈市	Huanggang	81866	3962	40186	1621	5.65	6.61
咸宁市	Xianning	38897	7474	14094	2277	8.12	8.24
随州市	Suizhou	27597	8476	13449	2369	5.67	9.23

2–2 续表 4 continued

城市	City	出生人口(人) Birth Population(person)		死亡人口(人) Dead Population(person)		自然增长率(‰) Natural Growth Rate(‰)	
		全市 Total City	市辖区 Districts under City	全市 Total City	市辖区 Districts under City	全市 Total City	市辖区 Districts under City
湖南省	**Hunan**						
长沙市	Changsha	91202	50394	57928	25277	4.51	6.89
株洲市	Zhuzhou	38143	13384	26820	10637	2.82	2.08
湘潭市	Xiangtan	27072	7367	14787	5479	4.25	2.19
衡阳市	Hengyang	70317	9464	43901	7041	3.31	2.39
邵阳市	Shaoyang	85597	7106	48390	5324	4.51	2.57
岳阳市	Yueyang	62848	12136	25494	4647	6.55	6.77
常德市	Changde	50914	12969	37292	7626	2.25	3.79
张家界市	Zhangjiajie	16708	6125	13113	2574	2.12	6.61
益阳市	Yiyang	45743	12490	37496	11743	1.74	0.55
郴州市	Chenzhou	57877	8513	31918	2858	4.86	7.06
永州市	Yongzhou	66250	11982	35860	5941	4.72	5.14
怀化市	Huaihua	54486	5181	31023	1844	4.48	8.28
娄底市	Loudi	52345	6765	27717	2439	5.42	7.02
广东省	**Guangdong**						
广州市	Guangzhou	139773	139773	48317	48317	9.59	9.59
韶关市	Shaoguan	41368	10189	13768	3734	8.19	7.02
深圳市	Shenzhen	116187	116187	9317	9317	19.41	19.41
珠海市	Zhuhai	20785	20785	4101	4101	12.52	12.52
汕头市	Shantou	77156	76246	25773	25291	8.99	9.03
佛山市	Foshan	67371	67371	20532	20532	10.15	10.15
江门市	Jiangmen	40773	15850	25359	8603	3.85	4.96
湛江市	Zhanjiang	135838	25637	18172	4066	13.78	12.67
茂名市	Maoming	133039	50992	18360	6241	14.02	14.70
肇庆市	Zhaoqing	64951	20843	14962	6303	11.01	9.95
惠州市	Huizhou	56930	28885	11431	3271	11.67	14.95
梅州市	Meizhou	65315	11204	28200	6048	6.80	5.29
汕尾市	Shanwei	50422	5605	9264	906	11.53	9.05
河源市	Heyuan	52963	5611	16419	1443	9.81	13.15
阳江市	Yangjiang	36675	15328	9045	4511	9.17	8.74
清远市	Qingyuan	61791	19704	19179	3528	9.55	10.86
东莞市	Dongguan	40305		10583		11.84	
中山市	Zhongshan	43737		9599		18.67	
潮州市	Chaozhou	32322	19732	16351	10340	5.79	5.55
揭阳市	Jieyang	99639	26726	26848	10645	10.29	7.58
云浮市	Yunfu	39269	9226	13718	2032	8.48	10.41
广西壮族自治区	**Guangxi**						
南宁市	Nanning	100351	57723	35091	12261	8.35	11.43
柳州市	Liuzhou	44814	22486	20420	7273	6.20	8.21
桂林市	Guilin	60080	15897	32463	5136	5.11	8.02
梧州市	Wuzhou	30993	6366	11168	2502	5.61	4.80
北海市	Beihai	23119	9230	5374	1998	9.85	10.34
防城港市	Fangchenggang	14374	8899	5249	2830	9.09	10.21
钦州市	Qinzhou	57135	20005	18976	6084	9.14	9.06
贵港市	Guigang	73470	26231	22609	8547	9.01	8.61
玉林市	Yulin	109426	16573	39017	5736	9.55	9.38

2-2 续表 5 continued

城市	City	出生人口(人) Birth Population(person)		死亡人口(人) Dead Population(person)		自然增长率(‰) Natural Growth Rate(‰)	
		全市 Total City	市辖区 Districts under City	全市 Total City	市辖区 Districts under City	全市 Total City	市辖区 Districts under City
百色市	Baise	44913	4649	27316	2401	4.16	6.05
贺州市	Hezhou	35324	17927	13871	6516	8.67	9.31
河池市	Hechi	53836	10966	33709	6308	4.64	4.57
来宾市	Laibin	30190	13687	15899	5399	5.30	7.23
崇左市	Chongzuo	28779	5128	14723	1842	5.57	8.65
海南省	**Hainan**						
海口市	Haikou	25883	25883	11576	11576	7.82	7.82
三亚市	Sanya	9462	9462	1845	1845	12.01	12.01
三沙市	Sansha	19		5		17.50	
儋州市	Danzhou	13808		2651		11.44	
重庆市	**Chongqing**	**333839**	**238472**	**238368**	**170652**	**2.79**	**2.74**
四川省	**Sichuan**						
成都市	Chengdu	200735	135851	169056	93355	2.11	4.85
自贡市	Zigong	28321	12441	39229	18055	-3.41	-3.82
攀枝花市	Panzhihua	9716	4125	6280	3513	3.17	0.95
泸州市	Luzhou	52625	14281	51138	14960	0.29	-0.45
德阳市	Deyang	30377	7921	49090	10169	-4.87	-2.38
绵阳市	Mianyang	43539	14127	36444	9829	1.34	2.46
广元市	Guangyuan	28694	10019	30358	8860	-0.56	1.25
遂宁市	Suining	40550	19805	45919	22675	-1.48	-1.96
内江市	Neijiang	38333	13468	53433	18036	-3.70	-3.29
乐山市	Leshan	33095	9948	39607	11991	-1.86	-1.76
南充市	Nanchong	66900	18300	38500	9700	3.92	4.44
眉山市	Meishan	36760	12575	55961	11588	-5.61	0.82
宜宾市	Yibin	52301	22656	31689	13458	3.74	4.01
广安市	Guang'an	47877	13130	53098	13175	-1.14	-0.04
达州市	Dazhou	46059	12520	31977	8477	2.14	2.30
雅安市	Ya'an	15366	5882	14924	5840	0.29	0.07
巴中市	Bazhong	38858	14983	19244	6890	5.36	6.01
资阳市	Ziyang	29878	10009	52108	15338	-6.49	-4.99
贵州省	**Guizhou**						
贵阳市	Guiyang	66806	41313	16029	8718	11.87	12.22
六盘水市	Liupanshui	62844	7667	15972	1962	13.27	11.53
遵义市	Zunyi	111610	33479	37665	8059	9.03	11.20
安顺市	Anshun	47889	19044	12874	5629	11.40	10.18
毕节市	Bijie	178004	27737	46551	7142	14.01	12.21
铜仁市	Tongren	56401	7039	20270	2146	8.09	9.65
云南省	**Yunnan**						
昆明市	Kunming	70974	40956	33656	17651	6.45	7.16
曲靖市	Qujing	94351	21618	41368	9314	7.95	8.65
玉溪市	Yuxi	25285	9020	13986	4244	5.11	6.41
保山市	Baoshan	29080	10511	19447	8224	3.64	2.42
昭通市	Zhaotong	96552	16512	28807	3701	10.77	13.36
丽江市	Lijiang	15387	2148	10257	945	4.15	7.49
普洱市	Pu'er	32251	3100	23900	1400	3.29	7.03
临沧市	Lincang	28174	4112	14315	1835	5.74	6.90

2-2 续表 6 continued

城 市	City	出生人口(人) Birth Population(person)		死亡人口(人) Dead Population(person)		自然增长率(‰) Natural Growth Rate(‰)	
		全市 Total City	市辖区 Districts under City	全市 Total City	市辖区 Districts under City	全市 Total City	市辖区 Districts under City
西藏自治区	**Tibet**						
拉萨市	Lasa	5752	3413	2527	1274	5.77	6.86
日喀则市	Xigaze	11103	1911	4675	704	7.98	9.63
昌都市	Qamdo	21513	2396	6314	529	19.56	15.23
林芝市	Linzhi						
山南市	Shannan	3617	726	1705	382	5.36	5.28
那曲市	Naqu	10931	1855	2800	739	15.00	9.88
陕西省	**Shaanxi**						
西安市	Xi'an	120564	107270	27119	19687	9.77	10.66
铜川市	Tongchuan	6806	6056	4821	4319	2.51	2.48
宝鸡市	Baoji	34027	12945	19729	5758	3.79	5.16
咸阳市	Xianyang	41550	4850	23906	1795	3.85	5.58
渭南市	Weinan	59203	13212	42783	5017	3.03	8.62
延安市	Yan'an	22311	7986	9931	2735	5.30	7.82
汉中市	Hanzhong	35791	10795	26199	6759	2.52	3.55
榆林市	Yulin	45792	7451	12326	1105	8.69	11.03
安康市	Ankang	32131	12758	20808	6016	3.73	6.62
商洛市	Shangluo	25937	5911	18238	5357	3.08	0.99
甘肃省	**Gansu**						
兰州市	Lanzhou	40727	25504	18116	10667	6.81	7.00
嘉峪关市	Jiayuguan	2548		900		7.86	
金昌市	Jinchang	4314	2078	3335	1120	2.17	4.56
白银市	Baiyin	22627	5574	9472	2109	7.26	6.96
天水市	Tianshui	48143	16052	26601	9219	5.79	5.18
武威市	Wuwei	21680	12914	12418	5826	4.91	6.82
张掖市	Zhangye	14003	5795	9790	3580	3.21	4.29
平凉市	Pingliang	28354	6687	17937	3632	4.46	5.81
酒泉市	Jiuquan	11251	4516	7163	3456	4.13	2.56
庆阳市	Qingyang	34756	5010	17174	2342	6.51	6.75
定西市	Dingxi	31592	6817	22409	3244	3.02	7.62
陇南市	Longnan	38584	7995	30875	7720	2.69	0.46
青海省	**Qinghai**						
西宁市	Xining	19859	9703	11277	5234	4.10	4.41
海东市	Haidong	24189	2858	10138	1653	8.14	2.91
宁夏回族自治区	**Ningxia**						
银川市	Yinchuan	29956	19072	8060	3714	10.97	12.30
石嘴山市	Shizuishan	7239	3769	4743	2714	3.31	2.38
吴忠市	Wuzhong	20626	5209	10774	3351	6.89	4.49
固原市	Guyuan	21736	7335	12421	3792	6.35	7.63
中卫市	Zhongwei	18006	5445	7310	2270	8.76	7.61
新疆维吾尔自治区	**Xinjiang**						
乌鲁木齐市	Urumqi	23889	23371	11059	10742	5.66	5.70
克拉玛依市	Karamay	2920	2920	1268	1268	5.31	5.31
吐鲁番市	Turpan	5087	2312	4448	2090	1.02	0.77
哈密市	Hami	4884	3772	2558	2080	4.17	3.93

(二)资源环境
Resources and Environment

2—3 行政区域土地面积及水资源总量
Total Land Area Administrative Region and Total Water Resources

城　市	City	行政区域土地面积(平方公里) Total Land Area of Administrative Region (sq.km)		建成区面积 Built-up Area	水资源总量(万立方米) Total Water Resources (10 000 cu.m)
		全市 Total City	市辖区 Districts under City	市辖区 Districts under City	全市 Total City
北京市	**Beijing**	**16410**	**16410**	**1469**	**245600**
天津市	**Tianjin**	**11967**	**11967**	**1151**	**80900**
河北省	**Hebei**				
石家庄市	Shijiazhuang	15848	2240	309	112600
唐山市	Tangshan	14198	4181	249	165500
秦皇岛市	Qinhuangdao	7802	2132	142	135765
邯郸市	Handan	12065	2663	188	77300
邢台市	Xingtai	12433	135	108	60400
保定市	Baoding	22185	2565	199	168600
张家口市	Zhangjiakou	36797	4373	101	147900
承德市	Chengde	39490	1253	78	158800
沧州市	Cangzhou	14304	200	87	42200
廊坊市	Langfang	6419	292	71	34300
衡水市	Hengshui	8837	1520	76	34000
山西省	**Shanxi**				
太原市	Taiyuan	6988	1500	340	
大同市	Datong	14056	3551	125	
阳泉市	Yangquan	4559	654	59	50600
长治市	Changzhi	13955	2631	81	83689
晋城市	Jincheng	9425	143		76106
朔州市	Shuozhou	10625	4095	36	82812
晋中市	Jinzhong	16392	1318	56	120352
运城市	Yuncheng	14183	1205	66	118305
忻州市	Xinzhou	25236	1982	37	180378
临汾市	Linfen	20275	1316		99556
吕梁市	Lvliang	21239	1339	33	
内蒙古自治区	**Inner Mongolia**				
呼和浩特市	Hohhot	17186	2065	261	103010
包头市	Baotou	27768	2965	212	61400
乌海市	Wuhai	1754	1754	62	23224
赤峰市	Chifeng	90021	7077	114	389800
通辽市	Tongliao	59629	3212	63	374688
鄂尔多斯市	Erdos	86882	2530	118	292200
呼伦贝尔市	Hulunbuir	261570	1840	95	3161900
巴彦淖尔市	Bayannur	65140	2333	51	526590
乌兰察布市	Ulanqab	54456	542	75	86400
辽宁省	**Liaoning**				
沈阳市	Shenyang	12860	5116	563	304900
大连市	Dalian	13739	5539	444	210700
鞍山市	Anshan	9263	792	175	202766
抚顺市	Fushun	11271	1368	142	249000
本溪市	Benxi	8414	1519	109	221613
丹东市	Dandong	15290	941	85	460700
锦州市	Jinzhou	10048	826	77	131302
营口市	Yingkou	5427	859	180	70550
阜新市	Fuxin	10327	480	77	74066

2-3 续表 1 continued

城 市	City	行政区域土地面积(平方公里) Total Land Area of Administrative Region (sq.km)		建成区面积 Built-up Area	水资源总量(万立方米) Total Water Resources (10 000 cu.m)
		全市 Total City	市辖区 Districts under City	市辖区 Districts under City	全市 Total City
辽阳市	Liaoyang	4788	1111	107	87296
盘锦市	Panjin	4103	2067	107	37400
铁岭市	Tieling	12985	652	70	325600
朝阳市	Chaoyang	19698	1138	60	119257
葫芦岛市	Huludao	10416	2347	93	131400
吉林省	**Jilin**				
长春市	Changchun	20594	7293	543	563534
吉林市	Jilin	27711	3774	193	1293756
四平市	Siping	14382	1097	63	384927
辽源市	Liaoyuan	5140	432	46	150234
通化市	Tonghua	15612	746	59	405023
白山市	Baishan	17505	2729	48	654329
松原市	Songyuan	21170	1541	54	138300
白城市	Baicheng	25759	2578	47	212634
黑龙江省	**Heilongjiang**				
哈尔滨市	Harbin	53076	10193	446	
齐齐哈尔市	Qiqihar	42469	4365	140	426800
鸡西市	Jixi	22598	2300	80	940100
鹤岗市	Hegang	14665	4553	54	315400
双鸭山市	Shuangyashan	22682	1760	58	257700
大庆市	Daqing	21205	5105	248	239000
伊春市	Yichun	32800	10442	96	1830000
佳木斯市	Jiamusi	32704	1875	97	523500
七台河市	Qitaihe	6190	3800	68	88600
牡丹江市	Mudanjiang	38827	2699	82	1271900
黑河市	Heihe	69345	14446	20	
绥化市	Suihua	34873	2753	45	
上海市	**Shanghai**	**6341**	**6341**	**1238**	**483500**
江苏省	**Jiangsu**				
南京市	Nanjing	6587	6587	823	87500
无锡市	Wuxi	4627	1644	347	211277
徐州市	Xuzhou	11765	3063	282	353100
常州市	Changzhou	4372	2838	273	143000
苏州市	Suzhou	8657	4653	478	381000
南通市	Nantong	10549	2140	241	307294
连云港市	Lianyungang	7616	3012	223	180000
淮安市	Huai'an	10030	4476	198	187000
盐城市	Yancheng	16931	5131	166	311000
扬州市	Yangzhou	6591	2349	179	58110
镇江市	Zhenjiang	3840	1088	145	67000
泰州市	Taizhou	5788	1568	143	62000
宿迁市	Suqian	8524	2153	100	122815
浙江省	**Zhejiang**				
杭州市	Hangzhou	16853	8292	648	1881152
宁波市	Ningbo	9816	3730	355	1222238
温州市	Wenzhou	12110	1332	268	1459486
嘉兴市	Jiaxing	4223	987	135	332078

2−3 续表 2 continued

城 市	City	行政区域土地面积(平方公里) Total Land Area of Administrative Region (sq.km)		建成区面积 Built-up Area	水资源总量(万立方米) Total Water Resources (10 000 cu.m)
		全市 Total City	市辖区 Districts under City	市辖区 Districts under City	全市 Total City
湖州市	Huzhou	5820	1565	125	519697
绍兴市	Shaoxing	8279	2965	242	929261
金华市	Jinhua	10942	2049	108	1410525
衢州市	Quzhou	8845	2354	78	1373495
舟山市	Zhoushan	1459	1036	67	150360
台州市	Taizhou	10050	1680	143	1496677
丽水市	Lishui	17275	1493	42	2341881
安徽省	**Anhui**				
合肥市	Hefei	11445	1339	481	215200
芜湖市	Wuhu	6004	1491	183	241800
蚌埠市	Bengbu	5951	969	151	106400
淮南市	Huainan	5532	1492	106	77613
马鞍山市	Maanshan	4049	733	100	104600
淮北市	Huaibei	2741	760	89	48000
铜陵市	Tongling	2992	1519	81	139400
安庆市	Anqing	13538	810	130	696300
黄山市	Huangshan	9678	2358	71	1070300
滁州市	Chuzhou	13516	1405	92	171800
阜阳市	Fuyang	10118	1957	145	171000
宿州市	Suzhou	9939	2907	90	178320
六安市	Lu'an	15451	4139	80	527200
亳州市	Bozhou	8521	2263	72	146921
池州市	Chizhou	8399	2539	41	534500
宣城市	Xuancheng	12313	2585	63	969400
福建省	**Fujian**				
福州市	Fuzhou	12255	1756	301	743900
厦门市	Xiamen	1701	1701	398	109380
莆田市	Putian	4131	2290	99	278100
三明市	Sanming	22965	1151	40	2792700
泉州市	Quanzhou	11015	855	245	958400
漳州市	Zhangzhou	12888	377	69	1741200
南平市	Nanping	26280	6036	49	3782700
龙岩市	Longyan	19063	4901	74	982356
宁德市	Ningde	13433	1509	42	1481500
江西省	**Jiangxi**				
南昌市	Nanchang	7195	2777	297	738600
景德镇市	Jingdezhen	5262	430	101	561900
萍乡市	Pingxiang	3831	1070	52	650000
九江市	Jiujiang	19077	1366	154	1219100
新余市	Xinyu	3178	1789	82	421100
鹰潭市	Yingtan	3560	1067	55	534100
赣州市	Ganzhou	39363	5324	190	4608900
吉安市	Ji'an	25284	1341	60	3472900
宜春市	Yichun	18669	2538	88	2335700
抚州市	Fuzhou	18799	3394	102	2932100
上饶市	Shangrao	22757	3887	103	3043500

2–3 续表 3 continued

城　市	City	行政区域土地面积（平方公里）Total Land Area of Administrative Region (sq.km) 全市 Total City	市辖区 Districts under City	建成区面积 Built-up Area 市辖区 Districts under City	水资源总量（万立方米）Total Water Resources (10 000 cu.m) 全市 Total City
山东省	**Shandong**				
济南市	Jinan	10244	8367	716	157900
青岛市	Qingdao	11293	5226	758	47290
淄博市	Zibo	5965	2989	288	146489
枣庄市	Zaozhuang	4564	3069	156	99000
东营市	Dongying	8243	5777	153	76824
烟台市	Yantai	13865	2741	339	85600
潍坊市	Weifang	16143	2646	180	203523
济宁市	Jining	11187	1677	246	106540
泰安市	Tai'an	7762	2233	161	82764
威海市	Weihai	5800	2607	199	47330
日照市	Rizhao	5371	2056	116	78866
临沂市	Linyi	17191	2293	235	458800
德州市	Dezhou	10358	1751	165	73013
聊城市	Liaocheng	8628	2446	151	62600
滨州市	Binzhou	9660	3258	144	109273
菏泽市	Heze	12155	2274	179	123100
河南省	**Henan**				
郑州市	Zhengzhou	7446	1010	581	76050
开封市	Kaifeng	6240	1816	177	78867
洛阳市	Luoyang	15236	879	218	203990
平顶山市	Pingdingshan	7882	443	73	86444
安阳市	Anyang	7352	637	88	66863
鹤壁市	Hebi	2182	679	64	18083
新乡市	Xinxiang	8291	432	126	68362
焦作市	Jiaozuo	4071	578	117	51475
濮阳市	Puyang	4188	330	64	28280
许昌市	Xuchang	4997	1099	124	
漯河市	Luohe	2692	1020		32489
三门峡市	Sanmenxia	10496	1927	61	174600
南阳市	Nanyang	26509	2135	160	239791
商丘市	Shangqiu	10704	1797	145	100436
信阳市	Xinyang	18803	3604	103	280558
周口市	Zhoukou	11961		78	122998
驻马店市	Zhumadian	15065	1365	95	131993
湖北省	**Hubei**				
武汉市	Wuhan	8569	8569	812	310700
黄石市	Huangshi	4583	237	82	231932
十堰市	Shiyan	23666	5025	135	577905
宜昌市	Yichang	21230	4234	179	659690
襄阳市	Xiangyang	19728	3671	206	253311
鄂州市	Ezhou	1596	1596	36	81474
荆门市	Jingmen	12404	2391	66	167437
孝感市	Xiaogan	8904	1018	93	181800
荆州市	Jingzhou	14242	1576	94	522400
黄冈市	Huanggang	17457	362	59	738540
咸宁市	Xianning	9752	1503	73	656589
随州市	Suizhou	9614	1425	80	69687

2-3 续表 4 continued

城 市	City	行政区域土地面积(平方公里) Total Land Area of Administrative Region (sq.km)		建成区面积 Built-up Area	水资源总量(万立方米) Total Water Resources (10 000 cu.m)
		全市 Total City	市辖区 Districts under City	市辖区 Districts under City	全市 Total City
湖南省	**Hunan**				
长沙市	Changsha	11816	2151	484	1011000
株洲市	Zhuzhou	11248	1915	155	1420000
湘潭市	Xiangtan	5006	656	80	456600
衡阳市	Hengyang	15299	698	137	838700
邵阳市	Shaoyang	20830	436	78	2264000
岳阳市	Yueyang	15074	1413	114	916900
常德市	Changde	18177	2752	105	1243000
张家界市	Zhangjiajie	9534	2567	39	738800
益阳市	Yiyang	12320	1851	87	1197000
郴州市	Chenzhou	19342	2246	79	2335700
永州市	Yongzhou	22260	3181	68	28486000
怀化市	Huaihua	27572	673	65	1509900
娄底市	Loudi	8109	628	60	952300
广东省	**Guangdong**				
广州市	Guangzhou	7434	7434	1324	993000
韶关市	Shaoguan	18413	2871	119	2209000
深圳市	Shenzhen	1997	1997	928	
珠海市	Zhuhai	1736	1736	153	174500
汕头市	Shantou	2199	2085	296	178900
佛山市	Foshan	3798	3798	161	356700
江门市	Jiangmen	9507	1786	158	1401500
湛江市	Zhanjiang	13263	1705	111	803300
茂名市	Maoming	11428	2717	123	1143472
肇庆市	Zhaoqing	14891	2989	130	1619500
惠州市	Huizhou	11347	2697	286	1455100
梅州市	Meizhou	15865	3047	65	1527900
汕尾市	Shanwei	4865	393	34	566000
河源市	Heyuan	15654	362	40	1853456
阳江市	Yangjiang	7956	2483	98	1205500
清远市	Qingyuan	19036	3650	200	2392344
东莞市	Dongguan	2460			247271
中山市	Zhongshan	1784			206500
潮州市	Chaozhou	3146	1414	118	320173
揭阳市	Jieyang	5266	1047	152	674700
云浮市	Yunfu	7787	1967	30	681000
广西壮族自治区	**Guangxi**				
南宁市	Nanning	22245	9947	320	1439800
柳州市	Liuzhou	18597	3554	240	2349300
桂林市	Guilin	27667	2805	128	3510000
梧州市	Wuzhou	12572	1793	72	1345000
北海市	Beihai	3989	1227	86	271000
防城港市	Fangchenggang	6238	2836	51	732000
钦州市	Qinzhou	12187	4839	91	744000
贵港市	Guigang	10602	3533	86	951100
玉林市	Yulin	12824	1265	77	1068404

2-3 续表 5 continued

城 市	City	行政区域土地面积（平方公里） Total Land Area of Administrative Region (sq.km)		建成区面积 Built-up Area	水资源总量（万立方米） Total Water Resources (10 000 cu.m)
		全市 Total City	市辖区 Districts under City	市辖区 Districts under City	全市 Total City
百色市	Baise	36202	3718	55	2167200
贺州市	Hezhou	11753	5517	55	1493100
河池市	Hechi	33476	6204	45	2727040
来宾市	Laibin	13382	4403	52	1100000
崇左市	Chongzuo	17332	2918	38	1190200
海南省	**Hainan**				
海口市	Haikou	2297	2297	196	264300
三亚市	Sanya	1922	1922	52	93800
三沙市	Sansha				
儋州市	Danzhou	3285			145900
重庆市	**Chongqing**	**82402**	**43263**	**1515**	**4980880**
四川省	**Sichuan**				
成都市	Chengdu	14335	3677	950	1018692
自贡市	Zigong	4381	1434	128	142248
攀枝花市	Panzhihua	7414	2016	82	
泸州市	Luzhou	12232	2133	172	762509
德阳市	Deyang	5911	1096	93	331668
绵阳市	Mianyang	20248	2751	163	1131400
广元市	Guangyuan	16319	4581	64	925300
遂宁市	Suining	5322	1874	85	138648
内江市	Neijiang	5386	1569	90	227817
乐山市	Leshan	12723	2506	78	1299800
南充市	Nanchong	12479	2527	153	548118
眉山市	Meishan	7140	1798	67	653200
宜宾市	Yibin	13271	4775	152	803107
广安市	Guang'an	6333	1533	37	245900
达州市	Dazhou	16587	3134	88	969635
雅安市	Ya'an	15046	1681	41	1645900
巴中市	Bazhong	12293	2560	61	1151500
资阳市	Ziyang	5747	1633	51	240485
贵州省	**Guizhou**				
贵阳市	Guiyang	8043	2525	369	478600
六盘水市	Liupanshui	9914	472	54	511600
遵义市	Zunyi	30762	3284	155	1947000
安顺市	Anshun	9267	2703	70	643200
毕节市	Bijie	26849	3411	38	1379790
铜仁市	Tongren	18014	1848	54	1262400
云南省	**Yunnan**				
昆明市	Kunming	21013	5952	446	472500
曲靖市	Qujing	28935	5957	103	1070410
玉溪市	Yuxi	14942	1755	38	190676
保山市	Baoshan	19637	5011	38	1246800
昭通市	Zhaotong	22439	2163	47	1104000
丽江市	Lijiang	20554	1263	24	636900
普洱市	Pu'er	44266	3876	27	1508404
临沧市	Lincang	23620	2557	23	925600

2-3 续表 6 continued

城市	City	行政区域土地面积(平方公里) Total Land Area of Administrative Region (sq.km) 全市 Total City	市辖区 Districts under City	建成区面积 Built-up Area 市辖区 Districts under City	水资源总量(万立方米) Total Water Resources (10 000 cu.m) 全市 Total City
西藏自治区	**Tibet**				
拉萨市	Lasa	29518	4328	77	814000
日喀则市	Xigaze	182000	3665		
昌都市	Qamdo	109817	10794	9	4880500
林芝市	Linzhi	117175	10238	14	22728
山南市	Shannan	79699	2185	26	7629900
那曲市	Naqu	352192	16195	16	3838700
陕西省	**Shaanxi**				
西安市	Xi'an	10758	5807	701	276200
铜川市	Tongchuan	3882	2406	49	22950
宝鸡市	Baoji	18117	3625	97	183500
咸阳市	Xianyang	9544	146	73	74300
渭南市	Weinan	13134	1264	81	81753
延安市	Yan'an	37037	6491	41	133500
汉中市	Hanzhong	27096	3358	57	2096400
榆林市	Yulin	42921	7053	73	267200
安康市	Ankang	23536	3646	45	1365800
商洛市	Shangluo	19292	2672	26	393100
甘肃省	**Gansu**				
兰州市	Lanzhou	13192	1574	235	51500
嘉峪关市	Jiayuguan	2935			47823
金昌市	Jinchang	8928	3060	44	53740
白银市	Baiyin	20099	3361	67	29281
天水市	Tianshui	14277	5858	56	163000
武威市	Wuwei	32347	4907	34	149340
张掖市	Zhangye	38592	3661	45	265000
平凉市	Pingliang	11118	1930	42	86453
酒泉市	Jiuquan	168080	3386	54	353100
庆阳市	Qingyang	27117	996	30	81983
定西市	Dingxi	19609	3646	25	199668
陇南市	Longnan	27839	4642	14	68605
青海省	**Qinghai**				
西宁市	Xining	7607	477	98	169300
海东市	Haidong	10340	3269	34	183000
宁夏回族自治区	**Ningxia**				
银川市	Yinchuan	9025	2306	191	11260
石嘴山市	Shizuishan	5310	2262	103	11960
吴忠市	Wuzhong	16758	1107	56	13780
固原市	Guyuan	10523	2739	44	74020
中卫市	Zhongwei	17562	6877	30	14760
新疆维吾尔自治区	**Xinjiang**				
乌鲁木齐市	Urumqi	13788	9577	488	124965
克拉玛依市	Karamay	7735	7735	77	45078
吐鲁番市	Turpan	69764	13651	22	126000
哈密市	Hami	137222	80791	52	124300

2-4 城市建设用地状况(市辖区)
Land Used for Urban Construction(Districts under City)

城 市	City	城市建设用地面积(平方公里) Area of Land Used for Urban Construction (sq.km)	居住用地面积 Area of Land Used for Living	城市建设用地占市区面积比重(%) Land Used for Urban Construction as Percentage to Urban Area (%)
北京市	**Beijing**	**1046**	**350**	**6.37**
天津市	**Tianjin**	**998**	**263**	**8.34**
河北省	**Hebei**			
石家庄市	Shijiazhuang	57	19	2.54
唐山市	Tangshan	241	62	5.76
秦皇岛市	Qinhuangdao	139	39	6.52
邯郸市	Handan	197	77	7.40
邢台市	Xingtai	108	43	80.00
保定市	Baoding	193	68	7.52
张家口市	Zhangjiakou	97	26	2.22
承德市	Chengde	74	19	5.91
沧州市	Cangzhou	83	31	41.50
廊坊市	Langfang	71	24	24.32
衡水市	Hengshui	75	26	4.93
山西省	**Shanxi**			
太原市	Taiyuan	478	165	31.87
大同市	Datong			
阳泉市	Yangquan	48	17	7.34
长治市	Changzhi	79	34	3.00
晋城市	Jincheng			
朔州市	Shuozhou	36	8	0.88
晋中市	Jinzhong	56	21	4.25
运城市	Yuncheng	42	14	3.49
忻州市	Xinzhou	36	11	1.82
临汾市	Linfen			
吕梁市	Lvliang	32	11	2.39
内蒙古自治区	**Inner Mongolia**			
呼和浩特市	Hohhot	243	78	11.77
包头市	Baotou	196	59	6.61
乌海市	Wuhai	41	19	2.34
赤峰市	Chifeng	103	32	1.46
通辽市	Tongliao	63	14	1.96
鄂尔多斯市	Erdos	104	27	4.11
呼伦贝尔市	Hulunbuir	84	26	4.57
巴彦淖尔市	Bayannur	51	15	2.19
乌兰察布市	Ulanqab	61	18	11.25
辽宁省	**Liaoning**			
沈阳市	Shenyang	—		
大连市	Dalian	—		
鞍山市	Anshan	175	59	22.10
抚顺市	Fushun	142	35	10.38
本溪市	Benxi	92	28	6.06
丹东市	Dandong	96	30	10.20
锦州市	Jinzhou	107	42	12.95
营口市	Yingkou	173	38	20.14
阜新市	Fuxin	77	21	16.04

2-4 续表 1 continued

城 市	City	城市建设用地面积（平方公里）Area of Land Used for Urban Construction (sq.km)	居住用地面积 Area of Land Used for Living	城市建设用地占市区面积比重(%) Land Used for Urban Construction as Percentage to Urban Area (%)
辽阳市	Liaoyang	107	38	9.63
盘锦市	Panjin	104	38	5.03
铁岭市	Tieling	68	29	10.43
朝阳市	Chaoyang	60	18	5.27
葫芦岛市	Huludao	120	46	5.11
吉林省	**Jilin**			
长春市	Changchun	537	157	7.36
吉林市	Jilin	193	60	5.11
四平市	Siping	62	22	5.65
辽源市	Liaoyuan	46	28	10.65
通化市	Tonghua	58	18	7.77
白山市	Baishan	43	19	1.58
松原市	Songyuan	51	17	3.31
白城市	Baicheng	47	12	1.82
黑龙江省	**Heilongjiang**			
哈尔滨市	Harbin	438	141	4.30
齐齐哈尔市	Qiqihar			
鸡西市	Jixi	80	47	3.48
鹤岗市	Hegang	49	18	1.08
双鸭山市	Shuangyashan	58	16	3.30
大庆市	Daqing	323	78	6.33
伊春市	Yichun	97	40	0.93
佳木斯市	Jiamusi	90	30	4.80
七台河市	Qitaihe	68	39	1.79
牡丹江市	Mudanjiang	272	31	10.08
黑河市	Heihe	20	6	0.14
绥化市	Suihua	44	19	1.60
上海市	**Shanghai**	**1899**	**552**	**29.95**
江苏省	**Jiangsu**			
南京市	Nanjing	802	224	12.18
无锡市	Wuxi	300	92	18.25
徐州市	Xuzhou	280	92	9.14
常州市	Changzhou	273	61	9.62
苏州市	Suzhou	476	139	10.23
南通市	Nantong	238	73	11.12
连云港市	Lianyungang	223	80	7.40
淮安市	Huai'an	198	44	4.42
盐城市	Yancheng	163	43	3.18
扬州市	Yangzhou	178	49	7.58
镇江市	Zhenjiang	145	41	13.33
泰州市	Taizhou	141	33	8.99
宿迁市	Suqian	100	23	4.64
浙江省	**Zhejiang**			
杭州市	Hangzhou	612	188	7.38
宁波市	Ningbo	397	91	10.64
温州市	Wenzhou	300	56	22.52
嘉兴市	Jiaxing	134	36	13.58

2-4 续表 2 continued

城　　市	City	城市建设用地面积（平方公里）Area of Land Used for Urban Construction (sq.km)	居住用地面积 Area of Land Used for Living	城市建设用地占市区面积比重（%）Land Used for Urban Construction as Percentage to Urban Area (%)
湖州市	Huzhou	125	39	7.99
绍兴市	Shaoxing	244	83	8.23
金华市	Jinhua	108	34	5.27
衢州市	Quzhou	77	17	3.27
舟山市	Zhoushan	56	21	5.41
台州市	Taizhou	135	43	8.04
丽水市	Lishui	42	13	2.81
安徽省	**Anhui**			
合肥市	Hefei	464	144	34.65
芜湖市	Wuhu	178	40	11.94
蚌埠市	Bengbu	149	50	15.38
淮南市	Huainan	106	46	7.10
马鞍山市	Maanshan	94	23	12.82
淮北市	Huaibei	96	34	12.63
铜陵市	Tongling	74	21	4.87
安庆市	Anqing	127	39	15.68
黄山市	Huangshan	57	21	2.42
滁州市	Chuzhou	92	27	6.55
阜阳市	Fuyang	120	47	6.13
宿州市	Suzhou	86	28	2.96
六安市	Lu'an	80	26	1.93
亳州市	Bozhou	72	20	3.18
池州市	Chizhou	41	15	1.61
宣城市	Xuancheng	62	15	2.40
福建省	**Fujian**			
福州市	Fuzhou	225	96	12.81
厦门市	Xiamen	383	104	22.52
莆田市	Putian	98	49	4.28
三明市	Sanming	36	11	3.13
泉州市	Quanzhou	268	88	31.35
漳州市	Zhangzhou	69	24	18.30
南平市	Nanping	87	17	1.44
龙岩市	Longyan	68	21	1.39
宁德市	Ningde	41	13	2.72
江西省	**Jiangxi**			
南昌市	Nanchang			
景德镇市	Jingdezhen	100	44	23.26
萍乡市	Pingxiang	52	19	4.86
九江市	Jiujiang	133	42	9.74
新余市	Xinyu	73	21	4.08
鹰潭市	Yingtan	47	15	4.40
赣州市	Ganzhou	190	51	3.57
吉安市	Ji'an	59	15	4.40
宜春市	Yichun	88	23	3.47
抚州市	Fuzhou	99	33	2.92
上饶市	Shangrao	101	35	2.60

2–4 续表 3 continued

城市	City	城市建设用地面积(平方公里) Area of Land Used for Urban Construction (sq.km)	居住用地面积 Area of Land Used for Living	城市建设用地占市区面积比重(%) Land Used for Urban Construction as Percentage to Urban Area (%)
山东省	**Shandong**			
济南市	Jinan	702	205	8.39
青岛市	Qingdao	651	163	12.46
淄博市	Zibo	284	99	9.50
枣庄市	Zaozhuang	144	60	4.69
东营市	Dongying	153	42	2.65
烟台市	Yantai	297	73	10.84
潍坊市	Weifang	172	57	6.50
济宁市	Jining	206	67	12.28
泰安市	Tai'an	161	53	7.21
威海市	Weihai	195	55	7.48
日照市	Rizhao	111	36	5.40
临沂市	Linyi	216	59	9.42
德州市	Dezhou	163	44	9.31
聊城市	Liaocheng	149	39	6.09
滨州市	Binzhou	150	38	4.60
菏泽市	Heze	176	66	7.74
河南省	**Henan**			
郑州市	Zhengzhou	563	142	55.74
开封市	Kaifeng	133	52	7.32
洛阳市	Luoyang			
平顶山市	Pingdingshan	73	29	16.48
安阳市	Anyang	88	26	13.81
鹤壁市	Hebi	64	15	9.43
新乡市	Xinxiang	118	43	27.31
焦作市	Jiaozuo	117	40	20.24
濮阳市	Puyang	64	23	19.39
许昌市	Xuchang	121	46	11.01
漯河市	Luohe			
三门峡市	Sanmenxia	58	29	3.01
南阳市	Nanyang	159	47	7.45
商丘市	Shangqiu	142	45	7.90
信阳市	Xinyang	96	28	2.66
周口市	Zhoukou	61	17	
驻马店市	Zhumadian	77	26	5.64
湖北省	**Hubei**			
武汉市	Wuhan			
黄石市	Huangshi	82	24	34.60
十堰市	Shiyan	115	33	2.29
宜昌市	Yichang	179	50	4.23
襄阳市	Xiangyang	175	48	4.77
鄂州市	Ezhou	36	8	2.26
荆门市	Jingmen	66	14	2.76
孝感市	Xiaogan	56	15	5.50
荆州市	Jingzhou	94	24	5.96
黄冈市	Huanggang	59	19	16.30
咸宁市	Xianning	56	25	3.73
随州市	Suizhou	80	32	5.61

2–4 续表 4 continued

城 市	City	城市建设用地面积 (平方公里) Area of Land Used for Urban Construction (sq.km)	居住用地面积 Area of Land Used for Living	城市建设用地占市区面积比重 (%) Land Used for Urban Construction as Percentage to Urban Area (%)
湖南省	**Hunan**			
长沙市	Changsha	392	170	18.22
株洲市	Zhuzhou	145	68	7.57
湘潭市	Xiangtan	110	43	16.77
衡阳市	Hengyang	131	42	18.77
邵阳市	Shaoyang	77	29	17.66
岳阳市	Yueyang	100	28	7.08
常德市	Changde	105	34	3.82
张家界市	Zhangjiajie	34	16	1.32
益阳市	Yiyang	75	29	4.05
郴州市	Chenzhou	70	31	3.12
永州市	Yongzhou	67	16	2.11
怀化市	Huaihua	54	19	8.02
娄底市	Loudi	72	23	11.46
广东省	**Guangdong**			
广州市	Guangzhou			
韶关市	Shaoguan	119	43	4.14
深圳市	Shenzhen	940	213	47.07
珠海市	Zhuhai	391	118	22.52
汕头市	Shantou	265	121	12.71
佛山市	Foshan	144	43	3.79
江门市	Jiangmen	158	31	8.85
湛江市	Zhanjiang	110	43	6.45
茂名市	Maoming	95	33	3.50
肇庆市	Zhaoqing	198		6.62
惠州市	Huizhou	279	89	10.34
梅州市	Meizhou	55	23	1.81
汕尾市	Shanwei	24	10	6.11
河源市	Heyuan			
阳江市	Yangjiang	87	30	3.50
清远市	Qingyuan			
东莞市	Dongguan			
中山市	Zhongshan			
潮州市	Chaozhou	100	30	7.07
揭阳市	Jieyang	83		7.93
云浮市	Yunfu	29	9	1.47
广西壮族自治区	**Guangxi**			
南宁市	Nanning	315	99	3.17
柳州市	Liuzhou	240	65	6.75
桂林市	Guilin	100	38	3.57
梧州市	Wuzhou	62	21	3.46
北海市	Beihai	85	29	6.93
防城港市	Fangchenggang	50	12	1.76
钦州市	Qinzhou	90	18	1.86
贵港市	Guigang	84	24	2.38
玉林市	Yulin	72	27	5.69

2–4 续表 5 continued

城 市	City	城市建设用地面积（平方公里）Area of Land Used for Urban Construction (sq.km)	居住用地面积 Area of Land Used for Living	城市建设用地占市区面积比重(%) Land Used for Urban Construction as Percentage to Urban Area (%)
百色市	Baise	51	16	1.37
贺州市	Hezhou	54	15	0.98
河池市	Hechi	42	9	0.68
来宾市	Laibin	51	12	1.16
崇左市	Chongzuo	26	7	0.89
海南省	**Hainan**			
海口市	Haikou	157	54	6.84
三亚市	Sanya	47	15	2.45
三沙市	Sansha			
儋州市	Danzhou			
重庆市	**Chongqing**	**1319**	**412**	**3.05**
四川省	**Sichuan**			
成都市	Chengdu	879	301	23.91
自贡市	Zigong	128	42	8.93
攀枝花市	Panzhihua	80	22	3.97
泸州市	Luzhou	172	40	8.06
德阳市	Deyang	93	27	8.49
绵阳市	Mianyang	163	50	5.93
广元市	Guangyuan	63	15	1.38
遂宁市	Suining	75	24	4.00
内江市	Neijiang	90	33	5.74
乐山市	Leshan	75	25	2.99
南充市	Nanchong	153	57	6.05
眉山市	Meishan	60	24	3.34
宜宾市	Yibin	137	30	2.87
广安市	Guang'an	52	16	3.39
达州市	Dazhou	88	24	2.81
雅安市	Ya'an	38	10	2.26
巴中市	Bazhong	19	1	0.74
资阳市	Ziyang	48	10	2.94
贵州省	**Guizhou**			
贵阳市	Guiyang	345	96	13.66
六盘水市	Liupanshui	54	25	11.44
遵义市	Zunyi	168	45	5.12
安顺市	Anshun	69	25	2.55
毕节市	Bijie	38	13	1.11
铜仁市	Tongren	46	18	2.49
云南省	**Yunnan**			
昆明市	Kunming	458	191	7.69
曲靖市	Qujing	100	38	1.68
玉溪市	Yuxi	38	8	2.17
保山市	Baoshan	38	10	0.76
昭通市	Zhaotong	37	11	1.71
丽江市	Lijiang	24	5	1.90
普洱市	Pu'er	26	5	0.67
临沧市	Lincang	22	8	0.86

2–4 续表 6 continued

城 市	City	城市建设用地面积（平方公里）Area of Land Used for Urban Construction (sq.km)	居住用地面积 Area of Land Used for Living	城市建设用地占市区面积比重(%) Land Used for Urban Construction as Percentage to Urban Area (%)
西藏自治区	**Tibet**			
拉萨市	Lasa	77	27	25.41
日喀则市	Xigaze			
昌都市	Qamdo	8	1	0.07
林芝市	Linzhi	10	3	0.10
山南市	Shannan	9	3	0.41
那曲市	Naqu	16	6	0.10
陕西省	**Shaanxi**			
西安市	Xi'an	701	246	12.07
铜川市	Tongchuan	49	17	2.04
宝鸡市	Baoji	94	22	2.59
咸阳市	Xianyang	67	18	45.89
渭南市	Weinan	73	28	5.78
延安市	Yan'an	41	14	0.63
汉中市	Hanzhong	56	13	1.67
榆林市	Yulin	66	28	0.94
安康市	Ankang	45	13	1.23
商洛市	Shangluo	20	3	0.75
甘肃省	**Gansu**			
兰州市	Lanzhou	223	68	14.17
嘉峪关市	Jiayuguan			
金昌市	Jinchang	44	8	1.44
白银市	Baiyin	67	18	1.99
天水市	Tianshui	56	11	0.96
武威市	Wuwei	34	14	0.69
张掖市	Zhangye	45	19	1.23
平凉市	Pingliang	42	14	2.18
酒泉市	Jiuquan	49	12	1.45
庆阳市	Qingyang	25	5	2.51
定西市	Dingxi	25	6	0.69
陇南市	Longnan	13	7	0.28
青海省	**Qinghai**			
西宁市	Xining	95	28	19.92
海东市	Haidong			
宁夏回族自治区	**Ningxia**			
银川市	Yinchuan			
石嘴山市	Shizuishan	72	22	3.18
吴忠市	Wuzhong	56	18	5.06
固原市	Guyuan	40	11	1.46
中卫市	Zhongwei	29	9	0.42
新疆维吾尔自治区	**Xinjiang**			
乌鲁木齐市	Urumqi	456	128	4.76
克拉玛依市	Karamay	73	24	0.94
吐鲁番市	Turpan	22	9	0.16
哈密市	Hami	52	20	0.06

2–5 绿地面积及建成区绿化覆盖面积(市辖区)

Area of Green Land and Green Covered Area of Completed Area(Districts under City)

城 市	City	绿地面积 (公顷) Area of Green Land (hectare)	公园绿地面积 Area of Parks and Green Land	建成区绿化覆盖率 (%) Green Covered Area as % of Completed Area (%)
北京市	**Beijing**	**88704**	**35157**	**48.50**
天津市	**Tianjin**	**42921**	**12002**	**37.50**
河北省	**Hebei**			
石家庄市	Shijiazhuang	14655	4804	42.90
唐山市	Tangshan	9718	3245	42.31
秦皇岛市	Qinhuangdao	6260	2402	41.71
邯郸市	Handan	8372	3294	44.00
邢台市	Xingtai	4720	1600	46.70
保定市	Baoding	8051	1906	42.82
张家口市	Zhangjiakou	3673	1025	40.12
承德市	Chengde	3636	1156	40.98
沧州市	Cangzhou	3011	796	38.88
廊坊市	Langfang	4855	894	47.26
衡水市	Hengshui	3742	808	40.15
山西省	**Shanxi**			
太原市	Taiyuan	13788	4601	45.93
大同市	Datong			
阳泉市	Yangquan	2282	626	37.90
长治市	Changzhi	4331	1189	43.81
晋城市	Jincheng	2067	617	45.65
朔州市	Shuozhou	2513	575	
晋中市	Jinzhong	6334	986	37.04
运城市	Yuncheng	2165	623	37.76
忻州市	Xinzhou	1272	494	39.00
临汾市	Linfen	1981	661	39.41
吕梁市	Lvliang	1240	445	40.64
内蒙古自治区	**Inner Mongolia**			
呼和浩特市	Hohhot	15695	4137	40.10
包头市	Baotou	8471	2952	44.55
乌海市	Wuhai	2567	1070	43.00
赤峰市	Chifeng	4244	1817	39.70
通辽市	Tongliao	2383	962	42.19
鄂尔多斯市	Erdos	11865	1967	42.39
呼伦贝尔市	Hulunbuir	2044	491	36.36
巴彦淖尔市	Bayannur	1657	463	36.40
乌兰察布市	Ulanqab	9919	2693	37.12
辽宁省	**Liaoning**			
沈阳市	Shenyang	23223	7290	39.19
大连市	Dalian	19967	4117	44.00
鞍山市	Anshan	6764	1970	42.14
抚顺市	Fushun	5361		45.02
本溪市	Benxi	23242	952	49.90
丹东市	Dandong	3402	833	38.73
锦州市	Jinzhou	3929	1395	38.87
营口市	Yingkou	6444	868	35.71
阜新市	Fuxin	3197	919	41.94

2-5 续表 1 continued

城　市	City	绿地面积（公顷） Area of Green Land (hectare)	公园绿地面积 Area of Parks and Green Land	建成区绿化覆盖率（%） Green Covered Area as % of Completed Area (%)
辽阳市	Liaoyang	4269	925	42.65
盘锦市	Panjin	4235	1205	43.48
铁岭市	Tieling	2390	340	34.16
朝阳市	Chaoyang	1750	789	29.63
葫芦岛市	Huludao	3491	843	38.50
吉林省	**Jilin**			
长春市	Changchun	42066	5292	40.83
吉林市	Jilin	7456	1754	44.00
四平市	Siping	2119	549	37.38
辽源市	Liaoyuan	1541	489	37.30
通化市	Tonghua	2002	666	38.44
白山市	Baishan	11239	311	34.75
松原市	Songyuan	2133	862	36.01
白城市	Baicheng	1558	227	36.04
黑龙江省	**Heilongjiang**			
哈尔滨市	Harbin	15335	5143	35.70
齐齐哈尔市	Qiqihar	4423	865	37.69
鸡西市	Jixi	2812	742	39.80
鹤岗市	Hegang	2998	754	41.31
双鸭山市	Shuangyashan	2196	558	43.63
大庆市	Daqing	10262	1942	44.00
伊春市	Yichun	2964	1544	33.95
佳木斯市	Jiamusi	3732	860	41.40
七台河市	Qitaihe	2707	536	44.57
牡丹江市	Mudanjiang	2161	393	27.87
黑河市	Heihe	722	194	40.70
绥化市	Suihua	252		
上海市	**Shanghai**	**157785**	**21425**	**39.70**
江苏省	**Jiangsu**			
南京市	Nanjing	92553	10543	45.20
无锡市	Wuxi	19538	3934	43.00
徐州市	Xuzhou	16793	3194	43.70
常州市	Changzhou	11934	3047	43.30
苏州市	Suzhou	22347	4685	42.10
南通市	Nantong	10871	3326	44.40
连云港市	Lianyungang	23049	1571	41.80
淮安市	Huai'an	8951	2439	42.40
盐城市	Yancheng	7951	2001	43.00
扬州市	Yangzhou	8866	2406	44.10
镇江市	Zhenjiang	8984	1607	43.10
泰州市	Taizhou		1506	42.60
宿迁市	Suqian	9849	1319	36.50
浙江省	**Zhejiang**			
杭州市	Hangzhou	47304	9246	40.58
宁波市	Ningbo	15861	4556	41.69
温州市	Wenzhou	9404	2920	38.22
嘉兴市	Jiaxing	5985	1321	39.00

2-5 续表 2 continued

城 市	City	绿地面积（公顷）Area of Green Land (hectare)	公园绿地面积 Area of Parks and Green Land	建成区绿化覆盖率（%）Green Covered Area as % of Completed Area (%)
湖州市	Huzhou	5443	1701	46.38
绍兴市	Shaoxing	9291	2344	43.73
金华市	Jinhua	4277	1000	41.14
衢州市	Quzhou	2975	615	43.15
舟山市	Zhoushan	14150	1043	42.05
台州市	Taizhou	6200	1516	44.41
丽水市	Lishui	1659	425	43.00
安徽省	**Anhui**			
合肥市	Hefei	19870	5836	43.08
芜湖市	Wuhu	7586	2089	43.06
蚌埠市	Bengbu	5756	1324	42.73
淮南市	Huainan	5073	1550	44.64
马鞍山市	Maanshan	6201	1130	45.28
淮北市	Huaibei	4759	1349	45.38
铜陵市	Tongling	6932	964	45.15
安庆市	Anqing	5366	1141	40.44
黄山市	Huangshan	13489	620	47.91
滁州市	Chuzhou	5140	1103	45.91
阜阳市	Fuyang	6647	1881	40.58
宿州市	Suzhou	3263	801	38.57
六安市	Lu'an	3337	910	42.59
亳州市	Bozhou	3842	614	37.32
池州市	Chizhou	1780	545	44.90
宣城市	Xuancheng	4159	568	41.68
福建省	**Fujian**			
福州市	Fuzhou	12833	4804	45.39
厦门市	Xiamen	23328	5237	45.13
莆田市	Putian	4159	1240	45.43
三明市	Sanming	1815	367	44.34
泉州市	Quanzhou	9595	2062	43.24
漳州市	Zhangzhou	2852	840	45.46
南平市	Nanping	1978	500	43.37
龙岩市	Longyan	2966	739	44.68
宁德市	Ningde	1694	497	42.50
江西省	**Jiangxi**			
南昌市	Nanchang	13696	3466	
景德镇市	Jingdezhen	5033	844	50.06
萍乡市	Pingxiang	2553	764	45.50
九江市	Jiujiang	7020	1237	48.68
新余市	Xinyu	4558	972	50.65
鹰潭市	Yingtan	1914	476	44.79
赣州市	Ganzhou	10367	2512	49.89
吉安市	Ji'an	2673	857	46.42
宜春市	Yichun	3942	1109	48.00
抚州市	Fuzhou	4561	1411	48.90
上饶市	Shangrao	4466	1496	

2-5 续表 3 continued

城　市	City	绿地面积 (公顷) Area of Green Land (hectare)	公园绿地面积 Area of Parks and Green Land	建成区绿化覆盖率 (%) Green Covered Area as % of Completed Area (%)
山东省	**Shandong**			
济南市	Jinan	26367	7750	41.38
青岛市	Qingdao	40844	8922	40.22
淄博市	Zibo	19886	3666	45.05
枣庄市	Zaozhuang	7353	1516	41.45
东营市	Dongying	9660	2607	42.24
烟台市	Yantai	12561	3876	40.48
潍坊市	Weifang	11169	3008	41.84
济宁市	Jining	9384	2868	40.93
泰安市	Tai'an	7243	2410	45.06
威海市	Weihai	9538	2582	45.61
日照市	Rizhao	4839	1625	42.10
临沂市	Linyi	12435	4724	41.55
德州市	Dezhou	6789	2222	40.03
聊城市	Liaocheng	5410	1827	41.99
滨州市	Binzhou	6415	1887	45.68
菏泽市	Heze	6843	1270	40.55
河南省	**Henan**			
郑州市	Zhengzhou	23194	9704	41.05
开封市	Kaifeng	5709	1251	40.92
洛阳市	Luoyang	8144	2969	44.15
平顶山市	Pingdingshan	2993	1186	41.62
安阳市	Anyang	3238	925	41.90
鹤壁市	Hebi	2507	727	43.19
新乡市	Xinxiang	4803	950	40.10
焦作市	Jiaozuo	4303	1298	41.95
濮阳市	Puyang	2522	913	40.59
许昌市	Xuchang	4233	911	41.54
漯河市	Luohe	2536	965	42.00
三门峡市	Sanmenxia	2050	623	36.80
南阳市	Nanyang	8423	2289	42.29
商丘市	Shangqiu	3577	1594	42.50
信阳市	Xinyang	5111	896	44.36
周口市	Zhoukou	3418	620	39.03
驻马店市	Zhumadian	3740	786	45.10
湖北省	**Hubei**			
武汉市	Wuhan	29035	9530	40.02
黄石市	Huangshi	3006	1096	38.72
十堰市	Shiyan	4645	1129	42.07
宜昌市	Yichang	6449	1185	40.33
襄阳市	Xiangyang	7392	2338	40.49
鄂州市	Ezhou	1370	476	43.21
荆门市	Jingmen	2461	771	40.78
孝感市	Xiaogan	1869	561	39.26
荆州市	Jingzhou	3203	1099	37.49
黄冈市	Huanggang	1203	390	41.54
咸宁市	Xianning	4236	615	41.39
随州市	Suizhou	1963	551	40.60

2–5 续表 4 continued

城 市	City	绿地面积 (公顷) Area of Green Land (hectare)	公园绿地面积 Area of Parks and Green Land	建成区绿化覆盖率 (%) Green Covered Area as % of Completed Area (%)
湖南省	**Hunan**			
长沙市	Changsha	13324	4444	41.40
株洲市	Zhuzhou	5965	1652	43.23
湘潭市	Xiangtan	4879	985	41.85
衡阳市	Hengyang	5300	1937	41.94
邵阳市	Shaoyang	3123	950	41.82
岳阳市	Yueyang	5328	1114	42.71
常德市	Changde	4134	1118	44.40
张家界市	Zhangjiajie	1440	223	41.00
益阳市	Yiyang	3202	658	40.06
郴州市	Chenzhou	3293	834	46.54
永州市	Yongzhou	2471	663	37.68
怀化市	Huaihua	2311	532	39.48
娄底市	Loudi	1850	501	41.05
广东省	**Guangdong**			
广州市	Guangzhou	147720	32081	45.50
韶关市	Shaoguan	4781	1053	50.19
深圳市	Shenzhen	97709	20077	43.40
珠海市	Zhuhai	15542	6360	46.87
汕头市	Shantou	11790	4335	43.33
佛山市	Foshan	7130	3417	45.09
江门市	Jiangmen	6875	2411	45.34
湛江市	Zhanjiang	4632	1571	43.96
茂名市	Maoming	5043	1528	42.18
肇庆市	Zhaoqing	13687	1631	44.14
惠州市	Huizhou	11432	4191	43.64
梅州市	Meizhou	2693	802	42.96
汕尾市	Shanwei	1174	369	37.66
河源市	Heyuan	1617	464	42.46
阳江市	Yangjiang	12383	1450	41.83
清远市	Qingyuan	5452	790	40.57
东莞市	Dongguan			
中山市	Zhongshan			
潮州市	Chaozhou	3141	1055	32.34
揭阳市	Jieyang	10958	1394	44.15
云浮市	Yunfu	1496	495	42.20
广西壮族自治区	**Guangxi**			
南宁市	Nanning	13520	4499	39.81
柳州市	Liuzhou	10317	2625	43.98
桂林市	Guilin	4984	1433	40.81
梧州市	Wuzhou	3506	766	41.06
北海市	Beihai	3005	605	41.22
防城港市	Fangchenggang	2064	673	42.58
钦州市	Qinzhou	11288	472	40.02
贵港市	Guigang	3215	606	41.79
玉林市	Yulin	3003	1033	38.18

2–5 续表 5 continued

城 市	City	绿地面积 (公顷) Area of Green Land (hectare)	公园绿地面积 Area of Parks and Green Land	建成区绿化覆盖率 (%) Green Covered Area as % of Completed Area (%)
百色市	Baise	2086	366	38.01
贺州市	Hezhou	2144	394	41.86
河池市	Hechi	1597	380	38.03
来宾市	Laibin	1728	384	38.20
崇左市	Chongzuo	1538	422	39.02
海南省	**Hainan**			
海口市	Haikou	7128	1958	41.00
三亚市	Sanya	2275	875	41.05
三沙市	Sansha			
儋州市	Danzhou			
重庆市	**Chongqing**	**67694**	**25589**	
四川省	**Sichuan**			
成都市	Chengdu	44846	11911	43.46
自贡市	Zigong	3544	279	43.30
攀枝花市	Panzhihua	3170	891	41.33
泸州市	Luzhou	7462	2299	42.10
德阳市	Deyang	3334	911	42.40
绵阳市	Mianyang	6099	1850	40.74
广元市	Guangyuan	3771	701	40.29
遂宁市	Suining	5763	869	41.28
内江市	Neijiang	3183	1023	35.29
乐山市	Leshan	7124	1210	41.92
南充市	Nanchong	6299	1975	44.50
眉山市	Meishan	2690	805	42.40
宜宾市	Yibin	4568	2055	40.21
广安市	Guang'an			
达州市	Dazhou	3956	984	38.15
雅安市	Ya'an	1479	451	40.76
巴中市	Bazhong	2353	570	37.97
资阳市	Ziyang	1835	590	37.85
贵州省	**Guizhou**			
贵阳市	Guiyang	19782	5196	40.39
六盘水市	Liupanshui	5406	436	38.18
遵义市	Zunyi	7243	2320	42.65
安顺市	Anshun	5341	1036	38.84
毕节市	Bijie	1552	607	36.12
铜仁市	Tongren	2226	529	38.11
云南省	**Yunnan**			
昆明市	Kunming	21207	4499	41.95
曲靖市	Qujing	3765	1061	38.83
玉溪市	Yuxi	2085	606	41.54
保山市	Baoshan	1520	375	37.35
昭通市	Zhaotong	1286	408	32.55
丽江市	Lijiang	871	389	39.90
普洱市	Pu'er	1144	275	40.58
临沧市	Lincang	727	178	37.01

2-5 续表 6 continued

城 市	City	绿地面积 (公顷) Area of Green Land (hectare)	公园绿地面积 Area of Parks and Green Land	建成区绿化覆盖率 (%) Green Covered Area as % of Completed Area (%)
西藏自治区	**Tibet**			
拉萨市	Lasa			
日喀则市	Xigaze			
昌都市	Qamdo	321	79	39.88
林芝市	Linzhi			
山南市	Shannan	311	63	38.00
那曲市	Naqu	418	167	
陕西省	**Shaanxi**			
西安市	Xi'an	31994	6363	39.57
铜川市	Tongchuan	1933	496	39.73
宝鸡市	Baoji	4747	1166	41.00
咸阳市	Xianyang	2546	798	38.70
渭南市	Weinan	2337	743	39.98
延安市	Yan'an	1575	520	41.00
汉中市	Hanzhong	2243	768	38.30
榆林市	Yulin	2706	965	37.55
安康市	Ankang	1734	293	39.98
商洛市	Shangluo	821	345	36.21
甘肃省	**Gansu**			
兰州市	Lanzhou	8286	2899	38.55
嘉峪关市	Jiayuguan			
金昌市	Jinchang	1557	475	39.57
白银市	Baiyin	2182	389	36.48
天水市	Tianshui	1999	705	39.49
武威市	Wuwei	1059	338	36.03
张掖市	Zhangye	1716	655	35.82
平凉市	Pingliang	1490	397	39.54
酒泉市	Jiuquan	1698	457	37.50
庆阳市	Qingyang	964	245	32.04
定西市	Dingxi	596	353	26.97
陇南市	Longnan	110	73	36.00
青海省	**Qinghai**			
西宁市	Xining	3845	1688	40.58
海东市	Haidong	845	196	21.42
宁夏回族自治区	**Ningxia**			
银川市	Yinchuan	7783	2431	41.25
石嘴山市	Shizuishan	4626	1290	43.16
吴忠市	Wuzhong	3007	467	42.29
固原市	Guyuan	1752	731	39.45
中卫市	Zhongwei	2148	392	42.47
新疆维吾尔自治区	**Xinjiang**			
乌鲁木齐市	Urumqi	32328	3778	41.97
克拉玛依市	Karamay	5656	528	42.55
吐鲁番市	Turpan	981	171	48.17
哈密市	Hami	2085	338	40.17

2-6 工业废水排放量和二氧化硫及氮氧化物排放量(全市)

Industrial Waste Water Discharged,Industry Sulphur Dioxide Produced and Industry Nitrogen Dioxide Emission(Total City)

城　市	City	工业废水排放量（万吨）Volume of Industrial Waste Water Discharged (10 000 tons)	工业二氧化硫排放量（吨）Volume of Sulphur Dioxide Emission (ton)	工业氮氧化物排放量（吨）Volume of Nitrogen Dioxide Emission (ton)
北京市	**Beijing**	**7716**	**1132**	**12961**
天津市	**Tianjin**			
河北省	**Hebei**			
石家庄市	Shijiazhuang	6953	20326	33845
唐山市	Tangshan	9676	76959	118489
秦皇岛市	Qinhuangdao	2269	14269	37279
邯郸市	Handan	1903	44142	55402
邢台市	Xingtai	4011	10902	21046
保定市	Baoding	7329	4668	17777
张家口市	Zhangjiakou	1432	12227	17014
承德市	Chengde	927	25812	31336
沧州市	Cangzhou	3185	9248	13235
廊坊市	Langfang	1018	4621	7424
衡水市	Hengshui	809	1320	2295
山西省	**Shanxi**			
太原市	Taiyuan			
大同市	Datong			
阳泉市	Yangquan	404	4721	8863
长治市	Changzhi			
晋城市	Jincheng	2622	8850	17092
朔州市	Shuozhou			
晋中市	Jinzhong	952	9182	18654
运城市	Yuncheng			
忻州市	Xinzhou	778	15962	17987
临汾市	Linfen			
吕梁市	Lvliang			
内蒙古自治区	**Inner Mongolia**			
呼和浩特市	Hohhot			
包头市	Baotou			
乌海市	Wuhai			
赤峰市	Chifeng			
通辽市	Tongliao			
鄂尔多斯市	Erdos			
呼伦贝尔市	Hulunbuir			
巴彦淖尔市	Bayannur			
乌兰察布市	Ulanqab			
辽宁省	**Liaoning**			
沈阳市	Shenyang	5255	17052	31603
大连市	Dalian	6900	13428	28488
鞍山市	Anshan	1753	30178	45808
抚顺市	Fushun	2400	6360	9957
本溪市	Benxi	2369	14086	31502
丹东市	Dandong	750	7238	5370
锦州市	Jinzhou	1860	7488	9040
营口市	Yingkou	1763	23988	32175
阜新市	Fuxin	474	7724	7879

2-6 续表 1 continued

城　　市	City	工业废水排放量(万吨) Volume of Industrial Waste Water Discharged (10 000 tons)	工业二氧化硫排放量(吨) Volume of Sulphur Dioxide Emission (ton)	工业氮氧化物排放量(吨) Volume of Nitrogen Dioxide Emission (ton)
辽阳市	Liaoyang			
盘锦市	Panjin	2824	7663	10623
铁岭市	Tieling	1492	6642	10103
朝阳市	Chaoyang	390	10327	18932
葫芦岛市	Huludao	1768	6162	9722
吉林省	**Jilin**			
长春市	Changchun	2816	15396	37423
吉林市	Jilin	8574	19116	31822
四平市	Siping	618	7021	11111
辽源市	Liaoyuan	637	4363	6148
通化市	Tonghua	1333	8339	11457
白山市	Baishan	305	2741	2606
松原市	Songyuan	715	3665	4158
白城市	Baicheng	735	3174	3236
黑龙江省	**Heilongjiang**			
哈尔滨市	Harbin			
齐齐哈尔市	Qiqihar	2484	8451	13697
鸡西市	Jixi			
鹤岗市	Hegang	3448	4832	10726
双鸭山市	Shuangyashan	1985	9880	7190
大庆市	Daqing	3780	13309	30519
伊春市	Yichun	337	4160	5290
佳木斯市	Jiamusi	379	3521	5137
七台河市	Qitaihe	254	5792	10731
牡丹江市	Mudanjiang	402	3999	7201
黑河市	Heihe			
绥化市	Suihua			
上海市	**Shanghai**	**34138**	**7646**	**25510**
江苏省	**Jiangsu**			
南京市	Nanjing	13021	9969	26108
无锡市	Wuxi	19840	28198	42437
徐州市	Xuzhou	3248	24104	211
常州市	Changzhou	11807	19656	41075
苏州市	Suzhou	36586	50393	77497
南通市	Nantong	13653	6224	12263
连云港市	Lianyungang	3484	6348	13257
淮安市	Huai'an			
盐城市	Yancheng			
扬州市	Yangzhou	7066	9714	17566
镇江市	Zhenjiang	5052	6058	10274
泰州市	Taizhou	4638	7750	12985
宿迁市	Suqian	6662	20164	4128
浙江省	**Zhejiang**			
杭州市	Hangzhou	20346	8177	21088
宁波市	Ningbo	15623	13458	28709
温州市	Wenzhou	4614	4658	7934
嘉兴市	Jiaxing	18871	11988	16177

2-6 续表 2 continued

城 市	City	工业废水排放量(万吨) Volume of Industrial Waste Water Discharged (10 000 tons)	工业二氧化硫排放量(吨) Volume of Sulphur Dioxide Emission (ton)	工业氮氧化物排放量(吨) Volume of Nitrogen Dioxide Emission (ton)
湖州市	Huzhou	7786	15298	27156
绍兴市	Shaoxing	26852	7262	14217
金华市	Jinhua	7320	8489	12446
衢州市	Quzhou	8998	8532	20453
舟山市	Zhoushan	1448	1384	3240
台州市	Taizhou	5105	6034	9567
丽水市	Lishui	2620	4216	2716
安徽省	**Anhui**			
合肥市	Hefei			
芜湖市	Wuhu	3607	11929	39931
蚌埠市	Bengbu			
淮南市	Huainan			
马鞍山市	Maanshan	9182	14968	33775
淮北市	Huaibei			
铜陵市	Tongling			
安庆市	Anqing			
黄山市	Huangshan	743	2364	591
滁州市	Chuzhou			
阜阳市	Fuyang			
宿州市	Suzhou			
六安市	Lu'an			
亳州市	Bozhou			
池州市	Chizhou			
宣城市	Xuancheng			
福建省	**Fujian**			
福州市	Fuzhou	6255	35854	31947
厦门市	Xiamen	24039	829	2764
莆田市	Putian	2825	1830	10047
三明市	Sanming	4754	12323	28980
泉州市	Quanzhou	11217	13985	42514
漳州市	Zhangzhou	96501	11917	18764
南平市	Nanping	2866	4835	4539
龙岩市	Longyan			
宁德市	Ningde	1204	9724	14418
江西省	**Jiangxi**			
南昌市	Nanchang	3990	6032	9449
景德镇市	Jingdezhen	1990	5004	9800
萍乡市	Pingxiang	403	9982	14489
九江市	Jiujiang	8812	12524	22607
新余市	Xinyu	2227	15740	15982
鹰潭市	Yingtan	948	2483	1931
赣州市	Ganzhou	5874	19783	16643
吉安市	Ji'an	2848	15771	9456
宜春市	Yichun	3412	22626	50444
抚州市	Fuzhou	1927	5476	4354
上饶市	Shangrao	6569	13822	15091

2–6 续表 3 continued

城　市	City	工业废水排放量(万吨) Volume of Industrial Waste Water Discharged (10 000 tons)	工业二氧化硫排放量(吨) Volume of Sulphur Dioxide Emission (ton)	工业氮氧化物排放量(吨) Volume of Nitrogen Dioxide Emission (ton)
山东省	**Shandong**			
济南市	Jinan			
青岛市	Qingdao	5780	3512	11007
淄博市	Zibo	11369	20851	34917
枣庄市	Zaozhuang	7216	6469	18183
东营市	Dongying	8150	12111	19666
烟台市	Yantai	7609	13462	22893
潍坊市	Weifang			
济宁市	Jining	12279	18743	22941
泰安市	Tai'an			
威海市	Weihai	1995	2782	6120
日照市	Rizhao	8327	14942	36299
临沂市	Linyi	7554	49625	54681
德州市	Dezhou	8861	28603	25769
聊城市	Liaocheng			
滨州市	Binzhou	18909	34939	33622
菏泽市	Heze	6895	16032	15981
河南省	**Henan**			
郑州市	Zhengzhou	7234	11336	15065
开封市	Kaifeng	1625	1083	1910
洛阳市	Luoyang			
平顶山市	Pingdingshan			
安阳市	Anyang			
鹤壁市	Hebi	2443	2052	3431
新乡市	Xinxiang			
焦作市	Jiaozuo			
濮阳市	Puyang	2490	1003	2324
许昌市	Xuchang	2764	6084	10772
漯河市	Luohe	1287	1589	1165
三门峡市	Sanmenxia	1137	4536	8232
南阳市	Nanyang			
商丘市	Shangqiu			
信阳市	Xinyang	556	4540	8998
周口市	Zhoukou	1466	1483	1726
驻马店市	Zhumadian			
湖北省	**Hubei**			
武汉市	Wuhan	13427	12785	30454
黄石市	Huangshi	3251	12950	21314
十堰市	Shiyan	709	1181	3437
宜昌市	Yichang	10089	12751	18269
襄阳市	Xiangyang	3826	5440	8101
鄂州市	Ezhou	1452	3828	10861
荆门市	Jingmen	2286	7972	14352
孝感市	Xiaogan	3863	4816	6473
荆州市	Jingzhou			
黄冈市	Huanggang	2650	3314	8817
咸宁市	Xianning	1771	3647	8904
随州市	Suizhou	331	1304	335

2–6 续表 4 continued

城　市	City	工业废水排放量 (万吨) Volume of Industrial Waste Water Discharged (10 000 tons)	工业二氧化硫排放量 (吨) Volume of Sulphur Dioxide Emission (ton)	工业氮氧化物排放量 (吨) Volume of Nitrogen Dioxide Emission (ton)
湖南省	**Hunan**			
长沙市	Changsha	3954	2590	7907
株洲市	Zhuzhou	2073	7167	8675
湘潭市	Xiangtan	2228	11269	18151
衡阳市	Hengyang	2743	12665	10404
邵阳市	Shaoyang	1543	5896	5750
岳阳市	Yueyang	6287	7530	20810
常德市	Changde	484	819	2010
张家界市	Zhangjiajie	96	520	1732
益阳市	Yiyang	1014	2540	5727
郴州市	Chenzhou	3629	11952	11285
永州市	Yongzhou	585	4076	8124
怀化市	Huaihua	1435	5440	3200
娄底市	Loudi	2463	16889	26592
广东省	**Guangdong**			
广州市	Guangzhou	14019	3910	16001
韶关市	Shaoguan	9006	9416	18324
深圳市	Shenzhen			
珠海市	Zhuhai	4127	3191	6519
汕头市	Shantou	3244	4196	4034
佛山市	Foshan	15780	9838	28794
江门市	Jiangmen	9753	7249	18839
湛江市	Zhanjiang	4616	12561	17338
茂名市	Maoming	2472	2977	6108
肇庆市	Zhaoqing	5734	17421	41080
惠州市	Huizhou	5958	11576	26054
梅州市	Meizhou			
汕尾市	Shanwei	752	891	5035
河源市	Heyuan	601	1487	
阳江市	Yangjiang	746	4850	14078
清远市	Qingyuan			
东莞市	Dongguan	21275	8477	21679
中山市	Zhongshan	6836	2553	8348
潮州市	Chaozhou	1062	2403	4522
揭阳市	Jieyang	409	2010	3637
云浮市	Yunfu	1696	6786	19947
广西壮族自治区	**Guangxi**			
南宁市	Nanning	4681	6922	18138
柳州市	Liuzhou	3689	10001	27769
桂林市	Guilin	1381	9534	9070
梧州市	Wuzhou	2459	3304	5824
北海市	Beihai	1478	4427	5551
防城港市	Fangchenggang			
钦州市	Qinzhou			
贵港市	Guigang			
玉林市	Yulin	2951	3204	10589

2-6 续表 5 continued

城　市	City	工业废水排放量(万吨) Volume of Industrial Waste Water Discharged (10 000 tons)	工业二氧化硫排放量(吨) Volume of Sulphur Dioxide Emission (ton)	工业氮氧化物排放量(吨) Volume of Nitrogen Dioxide Emission (ton)
百色市	Baise			
贺州市	Hezhou	1095	2220	3942
河池市	Hechi	6888	4695	5198
来宾市	Laibin	4997	10305	7880
崇左市	Chongzuo			
海南省	**Hainan**			
海口市	Haikou	897	75	239
三亚市	Sanya	437	252	1117
三沙市	Sansha			
儋州市	Danzhou	140	225	609
重庆市	**Chongqing**	**22526**	**115089**	**85946**
四川省	**Sichuan**			
成都市	Chengdu	9290	6104	15621
自贡市	Zigong	1051	1356	2688
攀枝花市	Panzhihua	4912	44828	18045
泸州市	Luzhou	4192	10354	8783
德阳市	Deyang	3579	5550	5679
绵阳市	Mianyang	1922	4579	8376
广元市	Guangyuan	670	2448	4982
遂宁市	Suining	1254	1958	2418
内江市	Neijiang	948	35248	32246
乐山市	Leshan	4371	16609	25626
南充市	Nanchong	1526	9528	16728
眉山市	Meishan	1651	6904	7758
宜宾市	Yibin	6586	13038	15242
广安市	Guang'an	992	4643	7597
达州市	Dazhou	1099	1435	15530
雅安市	Ya'an	786	3693	3887
巴中市	Bazhong	155	991	1918
资阳市	Ziyang	332	1373	857
贵州省	**Guizhou**			
贵阳市	Guiyang	5848	17656	15967
六盘水市	Liupanshui	6016	46388	27064
遵义市	Zunyi	1381	29612	21549
安顺市	Anshun	390	24582	13316
毕节市	Bijie	2129	44253	37140
铜仁市	Tongren			
云南省	**Yunnan**			
昆明市	Kunming	3204	28011	32216
曲靖市	Qujing	1633	77009	43383
玉溪市	Yuxi	2033	20877	21111
保山市	Baoshan	861	4549	5349
昭通市	Zhaotong	3046	10344	8265
丽江市	Lijiang	306	3665	4368
普洱市	Pu'er	2875	5404	7803
临沧市	Lincang	1167	1958	5212

2–6 续表 6 continued

城　市	City	工业废水排放量 (万吨) Volume of Industrial Waste Water Discharged (10 000 tons)	工业二氧化硫排放量 (吨) Volume of Sulphur Dioxide Emission (ton)	工业氮氧化物排放量 (吨) Volume of Nitrogen Dioxide Emission (ton)
西藏自治区	**Tibet**			
拉萨市	Lasa	223	931	2660
日喀则市	Xigaze			
昌都市	Qamdo	13	301	459
林芝市	Linzhi			
山南市	Shannan	17	270	337
那曲市	Naqu		350	364
陕西省	**Shaanxi**			
西安市	Xi'an	3914	2079	3896
铜川市	Tongchuan	482	4731	12432
宝鸡市	Baoji	2327	2689	10064
咸阳市	Xianyang	5678	1627	7308
渭南市	Weinan	4235	93287	80257
延安市	Yan'an	1836	5497	4111
汉中市	Hanzhong	330	6634	9030
榆林市	Yulin			
安康市	Ankang	126	3245	1245
商洛市	Shangluo	510	4467	1528
甘肃省	**Gansu**			
兰州市	Lanzhou	3260	17443	30149
嘉峪关市	Jiayuguan			
金昌市	Jinchang	535	37635	4709
白银市	Baiyin	658	9933	10452
天水市	Tianshui			
武威市	Wuwei			
张掖市	Zhangye			
平凉市	Pingliang	757	5852	7186
酒泉市	Jiuquan	367	2152	3600
庆阳市	Qingyang	164	3703	2280
定西市	Dingxi	133	9196	5444
陇南市	Longnan	221	2721	3364
青海省	**Qinghai**			
西宁市	Xining	1456	21172	10302
海东市	Haidong			
宁夏回族自治区	**Ningxia**			
银川市	Yinchuan	4666	8183	16080
石嘴山市	Shizuishan	1212	43165	26094
吴忠市	Wuzhong	1599	18501	16707
固原市	Guyuan	48	5506	1711
中卫市	Zhongwei	1183	10733	11002
新疆维吾尔自治区	**Xinjiang**			
乌鲁木齐市	Urumqi	2822	14434	17929
克拉玛依市	Karamay	1636	4799	12595
吐鲁番市	Turpan	1	9326	11426
哈密市	Hami	545	22440	9290

2–7　工业烟(粉)尘排放量和工业固体废物综合利用率(全市)
Industrial Soot(dust) Discharged and Ratio of Industrial Solid Wastes Comprehensively Utilized(Total City)

城　市	City	工业烟(粉)尘排放量 (吨) Volume of Industrial Soot(dust) Emission (ton)	一般工业固体废物综合利用率 (%) Ratio of Industrial Solid Wastes Comprehensively Utilized (%)
北京市	**Beijing**	**3349**	**63.93**
天津市	**Tianjin**		
河北省	**Hebei**		
石家庄市	Shijiazhuang	26696	
唐山市	Tangshan	213693	72.01
秦皇岛市	Qinhuangdao	17063	71.00
邯郸市	Handan	61686	
邢台市	Xingtai	12626	
保定市	Baoding	7508	
张家口市	Zhangjiakou	14603	
承德市	Chengde	31808	
沧州市	Cangzhou	15996	
廊坊市	Langfang	8167	76.49
衡水市	Hengshui	4610	
山西省	**Shanxi**		
太原市	Taiyuan		
大同市	Datong		
阳泉市	Yangquan	2790	
长治市	Changzhi		
晋城市	Jincheng	7223	53.00
朔州市	Shuozhou		
晋中市	Jinzhong	4865	88.00
运城市	Yuncheng		
忻州市	Xinzhou	21310	38.00
临汾市	Linfen		
吕梁市	Lvliang		
内蒙古自治区	**Inner Mongolia**		
呼和浩特市	Hohhot		
包头市	Baotou		42.32
乌海市	Wuhai		
赤峰市	Chifeng		
通辽市	Tongliao		
鄂尔多斯市	Erdos		
呼伦贝尔市	Hulunbuir		
巴彦淖尔市	Bayannur		
乌兰察布市	Ulanqab		
辽宁省	**Liaoning**		
沈阳市	Shenyang	12413	73.00
大连市	Dalian	15320	94.00
鞍山市	Anshan	47726	36.00
抚顺市	Fushun	11927	27.00
本溪市	Benxi	61318	44.00
丹东市	Dandong	6262	7.00
锦州市	Jinzhou	9812	82.00
营口市	Yingkou	64131	
阜新市	Fuxin	4001	63.00

2-7 续表 1 continued

城 市	City	工业烟(粉)尘排放量 (吨) Volume of Industrial Soot(dust) Emission (ton)	一般工业固体废物综合利用率 (%) Ratio of Industrial Solid Wastes Comprehensively Utilized (%)
辽阳市	Liaoyang		
盘锦市	Panjin	2873	83.00
铁岭市	Tieling	14935	50.00
朝阳市	Chaoyang	48696	69.00
葫芦岛市	Huludao	2669	60.00
吉林省	**Jilin**		
长春市	Changchun	15181	87.00
吉林市	Jilin	24618	46.00
四平市	Siping	8294	85.95
辽源市	Liaoyuan	8293	100.00
通化市	Tonghua	18560	82.00
白山市	Baishan	3965	62.00
松原市	Songyuan	3156	74.00
白城市	Baicheng	4001	94.00
黑龙江省	**Heilongjiang**		
哈尔滨市	Harbin		
齐齐哈尔市	Qiqihar	17668	73.90
鸡西市	Jixi		
鹤岗市	Hegang	18519	54.00
双鸭山市	Shuangyashan	16071	79.00
大庆市	Daqing	7842	59.00
伊春市	Yichun	9860	11.62
佳木斯市	Jiamusi	3995	57.00
七台河市	Qitaihe	4392	80.20
牡丹江市	Mudanjiang	7818	61.00
黑河市	Heihe		
绥化市	Suihua		
上海市	**Shanghai**	**13308**	**92.00**
江苏省	**Jiangsu**		
南京市	Nanjing	31287	
无锡市	Wuxi	36204	96.00
徐州市	Xuzhou	38522	98.00
常州市	Changzhou	39580	100.00
苏州市	Suzhou	35107	
南通市	Nantong	5397	96.00
连云港市	Lianyungang	9690	96.00
淮安市	Huai'an		
盐城市	Yancheng		
扬州市	Yangzhou	8708	94.00
镇江市	Zhenjiang	4447	
泰州市	Taizhou	4914	96.00
宿迁市	Suqian	4564	81.00
浙江省	**Zhejiang**		
杭州市	Hangzhou	12022	98.00
宁波市	Ningbo	18374	94.60
温州市	Wenzhou	9691	99.06
嘉兴市	Jiaxing	12841	99.00

2-7 续表 2 continued

城　　市	City	工业烟(粉)尘排放量 (吨) Volume of Industrial Soot(dust) Emission (ton)	一般工业固体废物综合利用率 (%) Ratio of Industrial Solid Wastes Comprehensively Utilized (%)
湖州市	Huzhou	11223	100.00
绍兴市	Shaoxing	6513	94.00
金华市	Jinhua	11776	97.46
衢州市	Quzhou	16998	100.00
舟山市	Zhoushan	792	98.85
台州市	Taizhou	11124	97.77
丽水市	Lishui	5935	100.00
安徽省	**Anhui**		
合肥市	Hefei		
芜湖市	Wuhu	27597	80.00
蚌埠市	Bengbu		
淮南市	Huainan		
马鞍山市	Maanshan	57197	86.99
淮北市	Huaibei		
铜陵市	Tongling		
安庆市	Anqing		
黄山市	Huangshan	2251	96.30
滁州市	Chuzhou		
阜阳市	Fuyang		
宿州市	Suzhou		
六安市	Lu'an		
亳州市	Bozhou		
池州市	Chizhou		
宣城市	Xuancheng		
福建省	**Fujian**		
福州市	Fuzhou	68907	95.00
厦门市	Xiamen	639	87.99
莆田市	Putian	1017	90.00
三明市	Sanming	23553	93.30
泉州市	Quanzhou	25063	96.00
漳州市	Zhangzhou	10199	95.00
南平市	Nanping	6762	99.00
龙岩市	Longyan		
宁德市	Ningde	7972	58.00
江西省	**Jiangxi**		
南昌市	Nanchang	15534	94.00
景德镇市	Jingdezhen	4649	85.00
萍乡市	Pingxiang	15337	99.00
九江市	Jiujiang	17132	100.00
新余市	Xinyu	21926	91.15
鹰潭市	Yingtan	2169	87.00
赣州市	Ganzhou	20077	99.00
吉安市	Ji'an	9895	99.00
宜春市	Yichun	36357	99.00
抚州市	Fuzhou	7645	94.00
上饶市	Shangrao	23542	98.00

2-7 续表 3 continued

城 市	City	工业烟(粉)尘排放量(吨) Volume of Industrial Soot(dust) Emission (ton)	一般工业固体废物综合利用率(%) Ratio of Industrial Solid Wastes Comprehensively Utilized (%)
山东省	**Shandong**		
济南市	Jinan		
青岛市	Qingdao	4745	87.00
淄博市	Zibo	17624	67.00
枣庄市	Zaozhuang	6308	98.00
东营市	Dongying	3339	84.94
烟台市	Yantai	10801	68.00
潍坊市	Weifang		
济宁市	Jining	8406	95.00
泰安市	Tai'an		
威海市	Weihai	1795	95.00
日照市	Rizhao	27563	98.00
临沂市	Linyi	46643	92.26
德州市	Dezhou	13155	90.00
聊城市	Liaocheng		
滨州市	Binzhou	24877	81.50
菏泽市	Heze	8770	97.00
河南省	**Henan**		
郑州市	Zhengzhou	9928	90.88
开封市	Kaifeng	505	91.00
洛阳市	Luoyang		
平顶山市	Pingdingshan		
安阳市	Anyang		
鹤壁市	Hebi	1054	89.00
新乡市	Xinxiang		
焦作市	Jiaozuo		
濮阳市	Puyang	1072	91.00
许昌市	Xuchang	5975	96.00
漯河市	Luohe	296	100.00
三门峡市	Sanmenxia	2328	37.70
南阳市	Nanyang		
商丘市	Shangqiu		
信阳市	Xinyang	4747	
周口市	Zhoukou	583	95.50
驻马店市	Zhumadian		
湖北省	**Hubei**		
武汉市	Wuhan	181157	97.64
黄石市	Huangshi	28183	70.00
十堰市	Shiyan	2658	83.12
宜昌市	Yichang	14112	52.00
襄阳市	Xiangyang	7682	68.26
鄂州市	Ezhou	13298	86.55
荆门市	Jingmen	13589	34.34
孝感市	Xiaogan	7672	76.00
荆州市	Jingzhou		
黄冈市	Huanggang	5791	93.90
咸宁市	Xianning	6350	85.70
随州市	Suizhou	848	

2-7 续表 4 continued

城　　市	City	工业烟(粉)尘排放量 (吨) Volume of Industrial Soot(dust) Emission (ton)	一般工业固体废物综合利用率 (%) Ratio of Industrial Solid Wastes Comprehensively Utilized (%)
湖南省	**Hunan**		
长沙市	Changsha	6583	82.00
株洲市	Zhuzhou	5727	89.63
湘潭市	Xiangtan	20275	80.00
衡阳市	Hengyang	12261	74.53
邵阳市	Shaoyang	7710	76.01
岳阳市	Yueyang	7804	72.44
常德市	Changde	1457	99.87
张家界市	Zhangjiajie	2754	98.98
益阳市	Yiyang	4533	93.96
郴州市	Chenzhou	10836	58.00
永州市	Yongzhou	7240	96.00
怀化市	Huaihua	4184	95.00
娄底市	Loudi	33298	91.46
广东省	**Guangdong**		
广州市	Guangzhou	10638	95.00
韶关市	Shaoguan	19691	62.00
深圳市	Shenzhen		
珠海市	Zhuhai	2644	
汕头市	Shantou	1020	95.00
佛山市	Foshan	14367	87.00
江门市	Jiangmen	10216	90.00
湛江市	Zhanjiang	9320	96.00
茂名市	Maoming	3022	99.00
肇庆市	Zhaoqing	28222	94.00
惠州市	Huizhou	12643	79.52
梅州市	Meizhou		99.00
汕尾市	Shanwei	506	99.97
河源市	Heyuan	3200	81.00
阳江市	Yangjiang	6959	99.00
清远市	Qingyuan		
东莞市	Dongguan	6832	81.00
中山市	Zhongshan	5037	79.00
潮州市	Chaozhou	613	98.00
揭阳市	Jieyang	1941	42.00
云浮市	Yunfu	6280	95.00
广西壮族自治区	**Guangxi**		
南宁市	Nanning	10741	96.41
柳州市	Liuzhou	61889	86.43
桂林市	Guilin	5934	91.85
梧州市	Wuzhou	4102	93.00
北海市	Beihai	9589	96.00
防城港市	Fangchenggang		99.30
钦州市	Qinzhou		
贵港市	Guigang		
玉林市	Yulin	7815	97.00

2-7 续表 5 continued

城　市	City	工业烟(粉)尘排放量(吨) Volume of Industrial Soot(dust) Emission (ton)	一般工业固体废物综合利用率(%) Ratio of Industrial Solid Wastes Comprehensively Utilized (%)
百色市	Baise		
贺州市	Hezhou	3690	72.00
河池市	Hechi	7618	74.00
来宾市	Laibin	7111	84.00
崇左市	Chongzuo		
海南省	**Hainan**		
海口市	Haikou	79	94.00
三亚市	Sanya	5964	
三沙市	Sansha		90.00
儋州市	Danzhou	1890	82.80
重庆市	**Chongqing**	**77409**	**75.00**
四川省	**Sichuan**		
成都市	Chengdu	8925	92.36
自贡市	Zigong	2367	95.11
攀枝花市	Panzhihua	34992	18.36
泸州市	Luzhou	5251	96.36
德阳市	Deyang	5947	79.80
绵阳市	Mianyang	9472	92.70
广元市	Guangyuan	3777	87.78
遂宁市	Suining	1651	84.21
内江市	Neijiang	14927	
乐山市	Leshan	19448	72.60
南充市	Nanchong	1832	48.30
眉山市	Meishan	6269	
宜宾市	Yibin	10465	95.15
广安市	Guang'an	4547	79.45
达州市	Dazhou	12530	86.80
雅安市	Ya'an	3322	60.15
巴中市	Bazhong	1246	83.85
资阳市	Ziyang	2020	98.06
贵州省	**Guizhou**		
贵阳市	Guiyang	10733	48.31
六盘水市	Liupanshui	18035	63.23
遵义市	Zunyi	14453	70.00
安顺市	Anshun	4768	71.76
毕节市	Bijie	10388	66.04
铜仁市	Tongren		
云南省	**Yunnan**		
昆明市	Kunming	47185	29.00
曲靖市	Qujing	32458	84.00
玉溪市	Yuxi	29269	74.00
保山市	Baoshan	6646	91.00
昭通市	Zhaotong	8006	55.00
丽江市	Lijiang	4444	84.00
普洱市	Pu'er	13077	57.00
临沧市	Lincang	2289	74.00

2-7 续表 6 continued

城 市	City	工业烟(粉)尘排放量 (吨) Volume of Industrial Soot(dust) Emission (ton)	一般工业固体废物综合利用率 (%) Ratio of Industrial Solid Wastes Comprehensively Utilized (%)
西藏自治区	**Tibet**		
拉萨市	Lasa	3739	1.61
日喀则市	Xigaze		
昌都市	Qamdo	1287	1.00
林芝市	Linzhi		
山南市	Shannan	583	
那曲市	Naqu	481	
陕西省	**Shaanxi**		
西安市	Xi'an	4490	86.00
铜川市	Tongchuan	9477	94.00
宝鸡市	Baoji	5222	34.00
咸阳市	Xianyang	2177	86.00
渭南市	Weinan	9574	100.00
延安市	Yan'an	2638	53.58
汉中市	Hanzhong	19649	61.00
榆林市	Yulin		
安康市	Ankang	2091	86.00
商洛市	Shangluo	2087	2.00
甘肃省	**Gansu**		
兰州市	Lanzhou	24879	96.00
嘉峪关市	Jiayuguan		
金昌市	Jinchang	19600	18.41
白银市	Baiyin	10961	75.66
天水市	Tianshui		
武威市	Wuwei		
张掖市	Zhangye		
平凉市	Pingliang	4867	73.32
酒泉市	Jiuquan	3473	23.00
庆阳市	Qingyang	1385	91.21
定西市	Dingxi	2618	94.00
陇南市	Longnan	2951	11.00
青海省	**Qinghai**		
西宁市	Xining	24338	92.30
海东市	Haidong		
宁夏回族自治区	**Ningxia**		
银川市	Yinchuan	6031	36.00
石嘴山市	Shizuishan	92628	36.78
吴忠市	Wuzhong	9869	47.00
固原市	Guyuan	1280	69.00
中卫市	Zhongwei	19954	56.30
新疆维吾尔自治区	**Xinjiang**		
乌鲁木齐市	Urumqi	25476	97.00
克拉玛依市	Karamay	1657	96.00
吐鲁番市	Turpan	8427	32.89
哈密市	Hami	140010	30.00

2-8 可吸入细颗粒物年平均浓度和污水及生活垃圾处理率(全市)

Annual Mean Concentration of PM2.5,Ratio of Waste Water and Consumption (Total City)

城　市	City	可吸入细颗粒物年平均浓度(微克/立方米) Annual Mean Concentration of PM2.5 (ug/m3)	污水处理厂集中处理率(%) Ratio of waste Water Centralized Treated of Sewage Work (%)	生活垃圾无害化处理率(%) Ratio of Consumption Wastes Treated (%)
北京市	**Beijing**	**42**		**99.98**
天津市	**Tianjin**			
河北省	**Hebei**			
石家庄市	Shijiazhuang	67	99.84	100.00
唐山市	Tangshan	54	99.00	100.00
秦皇岛市	Qinhuangdao	44	96.90	100.00
邯郸市	Handan	65	98.80	100.00
邢台市	Xingtai	64	98.14	100.00
保定市	Baoding	59	91.34	91.93
张家口市	Zhangjiakou	27	97.86	99.87
承德市	Chengde	32	96.62	99.49
沧州市	Cangzhou	54	99.91	100.00
廊坊市	Langfang	48	99.90	100.00
衡水市	Hengshui	58	99.62	100.00
山西省	**Shanxi**			
太原市	Taiyuan	56	95.22	
大同市	Datong			
阳泉市	Yangquan	51	96.66	86.70
长治市	Changzhi		95.63	100.00
晋城市	Jincheng	54	100.00	100.00
朔州市	Shuozhou			
晋中市	Jinzhong	45	96.60	99.92
运城市	Yuncheng	61	100.00	
忻州市	Xinzhou	41	96.65	100.00
临汾市	Linfen		97.00	100.00
吕梁市	Lvliang		94.00	97.19
内蒙古自治区	**Inner Mongolia**			
呼和浩特市	Hohhot		98.15	99.90
包头市	Baotou	38	95.88	100.00
乌海市	Wuhai		98.30	100.00
赤峰市	Chifeng		95.61	100.00
通辽市	Tongliao		98.16	99.74
鄂尔多斯市	Erdos	22	98.24	99.13
呼伦贝尔市	Hulunbuir		97.45	99.49
巴彦淖尔市	Bayannur		98.20	99.76
乌兰察布市	Ulanqab		96.14	97.79
辽宁省	**Liaoning**			
沈阳市	Shenyang	43	95.65	100.00
大连市	Dalian	35	98.30	100.00
鞍山市	Anshan	43	95.09	92.61
抚顺市	Fushun	45		100.00
本溪市	Benxi	37	99.98	100.00
丹东市	Dandong	32	71.34	100.00
锦州市	Jinzhou	47	97.07	100.00
营口市	Yingkou		95.11	100.00
阜新市	Fuxin	37	100.00	79.24

2-8 续表 1 continued

城　市	City	可吸入细颗粒物年平均浓度(微克/立方米) Annual Mean Concentration of PM2.5 (ug/m^3)	污水处理厂集中处理率(%) Ratio of waste Water Centralized Treated of Sewage Work (%)	生活垃圾无害化处理率(%) Ratio of Consumption Wastes Treated (%)
辽阳市	Liaoyang		99.46	100.00
盘锦市	Panjin	39	98.43	100.00
铁岭市	Tieling	41		
朝阳市	Chaoyang	37	99.60	98.39
葫芦岛市	Huludao	47	92.42	100.00
吉林省	**Jilin**			
长春市	Changchun		94.46	96.17
吉林市	Jilin	38	97.18	99.81
四平市	Siping	36	95.88	93.92
辽源市	Liaoyuan	36	94.98	100.00
通化市	Tonghua	29	99.21	46.86
白山市	Baishan	29	93.54	57.55
松原市	Songyuan	29	96.11	100.00
白城市	Baicheng	26	94.69	99.93
黑龙江省	**Heilongjiang**			
哈尔滨市	Harbin			
齐齐哈尔市	Qiqihar	28	90.90	
鸡西市	Jixi	31	95.00	
鹤岗市	Hegang		78.70	84.76
双鸭山市	Shuangyashan	27	95.63	100.00
大庆市	Daqing	29	95.51	96.85
伊春市	Yichun	22	80.59	90.70
佳木斯市	Jiamusi	29	87.50	94.00
七台河市	Qitaihe	34	94.67	100.00
牡丹江市	Mudanjiang	33	81.36	100.00
黑河市	Heihe			
绥化市	Suihua			
上海市	**Shanghai**	**35**		**100.00**
江苏省	**Jiangsu**			
南京市	Nanjing	40		100.00
无锡市	Wuxi	39	97.20	100.00
徐州市	Xuzhou	57	95.20	100.00
常州市	Changzhou	44	90.10	100.00
苏州市	Suzhou	36	92.00	100.00
南通市	Nantong	37	88.70	100.00
连云港市	Lianyungang	42	92.10	100.00
淮安市	Huai'an		84.90	100.00
盐城市	Yancheng	39	89.10	100.00
扬州市	Yangzhou	43	89.20	100.00
镇江市	Zhenjiang	45	90.10	99.00
泰州市	Taizhou	41	87.30	100.00
宿迁市	Suqian		95.10	100.00
浙江省	**Zhejiang**			
杭州市	Hangzhou		95.96	100.00
宁波市	Ningbo	29	84.19	100.00
温州市	Wenzhou	26	96.54	100.00
嘉兴市	Jiaxing	35	96.94	100.00

2-8 续表 2 continued

城 市	City	可吸入细颗粒物年平均浓度（微克/立方米） Annual Mean Concentration of PM2.5 (ug/m3)	污水处理厂集中处理率 (%) Ratio of waste Water Centralized Treated of Sewage Work (%)	生活垃圾无害化处理率 (%) Ratio of Consumption Wastes Treated (%)
湖州市	Huzhou	32	97.49	100.00
绍兴市	Shaoxing	36	96.58	100.00
金华市	Jinhua	31	96.39	100.00
衢州市	Quzhou	33	96.80	100.00
舟山市	Zhoushan	20	79.16	100.00
台州市	Taizhou	25	96.93	100.00
丽水市	Lishui	23	95.86	100.00
安徽省	**Anhui**			
合肥市	Hefei	44	94.98	100.00
芜湖市	Wuhu	44	95.04	100.00
蚌埠市	Bengbu		95.13	100.00
淮南市	Huainan		94.25	100.00
马鞍山市	Maanshan	43	94.52	100.00
淮北市	Huaibei	54	94.94	100.00
铜陵市	Tongling	47	62.89	100.00
安庆市	Anqing	45	93.20	100.00
黄山市	Huangshan		94.03	100.00
滁州市	Chuzhou	48	95.89	100.00
阜阳市	Fuyang	51	95.81	100.00
宿州市	Suzhou	50	95.20	100.00
六安市	Lu'an	41	94.57	100.00
亳州市	Bozhou		96.41	100.00
池州市	Chizhou	45	95.93	100.00
宣城市	Xuancheng	41	95.28	89.91
福建省	**Fujian**			
福州市	Fuzhou		94.66	100.00
厦门市	Xiamen	24	92.70	100.00
莆田市	Putian	25	95.15	99.50
三明市	Sanming	17	91.63	99.84
泉州市	Quanzhou	24	90.89	100.00
漳州市	Zhangzhou	24	94.24	99.95
南平市	Nanping	21	93.81	99.89
龙岩市	Longyan			
宁德市	Ningde	21	89.75	100.00
江西省	**Jiangxi**			
南昌市	Nanchang	35	93.24	100.00
景德镇市	Jingdezhen	27	95.48	99.95
萍乡市	Pingxiang	40	93.97	100.00
九江市	Jiujiang	46	93.90	100.00
新余市	Xinyu	35	97.24	100.00
鹰潭市	Yingtan	37	97.99	100.00
赣州市	Ganzhou	32	89.95	100.00
吉安市	Ji'an	34	92.12	100.00
宜春市	Yichun	36	94.88	100.00
抚州市	Fuzhou	22	95.63	100.00
上饶市	Shangrao	35	93.90	100.00

2-8 续表 3 continued

城 市	City	可吸入细颗粒物年平均浓度（微克/立方米）Annual Mean Concentration of PM2.5 (ug/m3)	污水处理厂集中处理率（%）Ratio of waste Water Centralized Treated of Sewage Work (%)	生活垃圾无害化处理率（%）Ratio of Consumption Wastes Treated (%)
山东省	**Shandong**			
济南市	Jinan	53	97.73	100.00
青岛市	Qingdao	37	97.52	100.00
淄博市	Zibo	56	97.82	100.00
枣庄市	Zaozhuang	59	97.30	100.00
东营市	Dongying	48	100.00	99.37
烟台市	Yantai	35	97.68	100.00
潍坊市	Weifang	54	97.85	100.00
济宁市	Jining	54	97.63	100.00
泰安市	Tai'an	53	96.99	100.00
威海市	Weihai	29	97.62	100.00
日照市	Rizhao	45	97.62	100.00
临沂市	Linyi	57	95.11	100.00
德州市	Dezhou	53	97.58	98.98
聊城市	Liaocheng	58	97.44	100.00
滨州市	Binzhou	53	97.81	100.00
菏泽市	Heze	57	97.54	100.00
河南省	**Henan**			
郑州市	Zhengzhou	58	98.06	100.00
开封市	Kaifeng	61	96.36	100.00
洛阳市	Luoyang	62	90.20	100.00
平顶山市	Pingdingshan	60	98.33	98.91
安阳市	Anyang	71	97.71	100.00
鹤壁市	Hebi	100	96.54	100.00
新乡市	Xinxiang	56	93.56	100.00
焦作市	Jiaozuo	63	98.89	100.00
濮阳市	Puyang	63	97.13	98.43
许昌市	Xuchang	60	98.04	100.00
漯河市	Luohe	59	100.00	100.00
三门峡市	Sanmenxia	55	97.60	99.07
南阳市	Nanyang	60	97.63	98.66
商丘市	Shangqiu	55	95.37	98.50
信阳市	Xinyang	58	97.09	100.00
周口市	Zhoukou	56	96.79	100.00
驻马店市	Zhumadian	52	98.00	99.78
湖北省	**Hubei**			
武汉市	Wuhan	45	95.05	100.00
黄石市	Huangshi	40	94.00	100.00
十堰市	Shiyan	36	96.46	100.00
宜昌市	Yichang	45	95.90	100.00
襄阳市	Xiangyang	60	95.00	100.00
鄂州市	Ezhou	42	121.90	100.00
荆门市	Jingmen	56	94.47	100.00
孝感市	Xiaogan	43	96.51	100.00
荆州市	Jingzhou		95.49	100.00
黄冈市	Huanggang	40	79.90	100.00
咸宁市	Xianning	36	90.58	100.00
随州市	Suizhou	42	96.46	99.00

2-8 续表 4 continued

城　市	City	可吸入细颗粒物年平均浓度(微克/立方米) Annual Mean Concentration of PM2.5 (ug/m3)	污水处理厂集中处理率(%) Ratio of waste Water Centralized Treated of Sewage Work (%)	生活垃圾无害化处理率(%) Ratio of Consumption Wastes Treated (%)
湖南省	**Hunan**			
长沙市	Changsha	47	98.40	100.00
株洲市	Zhuzhou	47	94.01	100.00
湘潭市	Xiangtan		96.29	100.00
衡阳市	Hengyang	42	80.45	99.55
邵阳市	Shaoyang	39	95.00	99.50
岳阳市	Yueyang	43	86.58	97.51
常德市	Changde	48	97.83	100.00
张家界市	Zhangjiajie	31	96.10	100.00
益阳市	Yiyang	54	96.35	100.00
郴州市	Chenzhou	30	95.30	100.00
永州市	Yongzhou	31	97.90	100.00
怀化市	Huaihua	29	93.13	100.00
娄底市	Loudi	40	96.06	100.00
广东省	**Guangdong**			
广州市	Guangzhou	30	97.00	100.00
韶关市	Shaoguan	26	94.42	100.00
深圳市	Shenzhen	24	97.72	100.00
珠海市	Zhuhai	25	96.62	100.00
汕头市	Shantou	23	97.06	100.00
佛山市	Foshan	30	99.17	100.00
江门市	Jiangmen	27	96.25	100.00
湛江市	Zhanjiang		95.23	98.96
茂名市	Maoming	25	96.14	100.00
肇庆市	Zhaoqing	29	94.56	100.00
惠州市	Huizhou	25	96.80	100.00
梅州市	Meizhou	23	100.00	100.00
汕尾市	Shanwei	21	91.75	100.00
河源市	Heyuan			100.00
阳江市	Yangjiang	24	87.11	100.00
清远市	Qingyuan		95.00	99.00
东莞市	Dongguan	32	99.52	100.00
中山市	Zhongshan	27		100.00
潮州市	Chaozhou	28	88.72	100.00
揭阳市	Jieyang	31	90.16	99.58
云浮市	Yunfu	29	78.68	100.00
广西壮族自治区	**Guangxi**			
南宁市	Nanning	33	95.42	100.00
柳州市	Liuzhou	38	82.51	100.00
桂林市	Guilin	37	95.78	100.00
梧州市	Wuzhou	33	69.23	98.56
北海市	Beihai	28	95.40	100.00
防城港市	Fangchenggang	29	60.93	100.00
钦州市	Qinzhou	32	91.05	99.72
贵港市	Guigang		76.51	
玉林市	Yulin	38	93.38	100.00

2-8 续表 5 continued

城 市	City	可吸入细颗粒物年平均浓度(微克/立方米) Annual Mean Concentration of PM2.5 (ug/m3)	污水处理厂集中处理率(%) Ratio of waste Water Centralized Treated of Sewage Work (%)	生活垃圾无害化处理率(%) Ratio of Consumption Wastes Treated (%)
百色市	Baise		81.53	100.00
贺州市	Hezhou	33	93.21	100.00
河池市	Hechi	30	88.95	100.00
来宾市	Laibin	38	95.53	100.00
崇左市	Chongzuo		61.54	99.88
海南省	**Hainan**			
海口市	Haikou	17	107.29	100.00
三亚市	Sanya	14	91.80	100.00
三沙市	Sansha	11	96.60	100.00
儋州市	Danzhou	17	100.00	100.00
重庆市	**Chongqing**	**38**		**100.00**
四川省	**Sichuan**			
成都市	Chengdu	43		100.00
自贡市	Zigong	45	93.30	100.00
攀枝花市	Panzhihua	30	44.84	100.00
泸州市	Luzhou	41	88.22	100.00
德阳市	Deyang	40	94.05	100.00
绵阳市	Mianyang	36	94.88	
广元市	Guangyuan	28	93.91	100.00
遂宁市	Suining	31	92.02	100.00
内江市	Neijiang	35	90.22	99.65
乐山市	Leshan	42	91.73	100.00
南充市	Nanchong	42	93.10	99.90
眉山市	Meishan	36	100.00	
宜宾市	Yibin	47	94.45	100.00
广安市	Guang'an	56	92.00	100.00
达州市	Dazhou	37	92.00	92.00
雅安市	Ya'an	31	93.61	96.34
巴中市	Bazhong	32	81.70	100.00
资阳市	Ziyang	35	97.04	97.10
贵州省	**Guizhou**			
贵阳市	Guiyang	27	98.36	98.00
六盘水市	Liupanshui	22	93.75	93.86
遵义市	Zunyi	22	95.08	81.14
安顺市	Anshun	25	93.20	73.25
毕节市	Bijie	23		91.40
铜仁市	Tongren		93.18	60.03
云南省	**Yunnan**			
昆明市	Kunming	26	94.97	100.00
曲靖市	Qujing	21	97.15	100.00
玉溪市	Yuxi	23	94.54	95.75
保山市	Baoshan	20	92.50	100.00
昭通市	Zhaotong	21	96.58	99.29
丽江市	Lijiang	16	94.61	100.00
普洱市	Pu'er	24	94.22	98.68
临沧市	Lincang	31	94.57	98.42

2—8 续表 6 continued

城 市	City	可吸入细颗粒物年平均浓度（微克/立方米）Annual Mean Concentration of PM2.5 (ug/m3)	污水处理厂集中处理率(%) Ratio of waste Water Centralized Treated of Sewage Work (%)	生活垃圾无害化处理率(%) Ratio of Consumption Wastes Treated (%)
西藏自治区	**Tibet**			
拉萨市	Lasa	12	97.49	96.42
日喀则市	Xigaze			
昌都市	Qamdo	11	68.43	91.84
林芝市	Linzhi	7	93.58	98.51
山南市	Shannan	19	100.00	100.00
那曲市	Naqu	19		
陕西省	**Shaanxi**			
西安市	Xi'an	57	96.38	98.87
铜川市	Tongchuan	47	93.73	96.05
宝鸡市	Baoji	44	95.13	96.40
咸阳市	Xianyang	66	92.77	99.30
渭南市	Weinan	57	97.01	98.79
延安市	Yan'an	31	91.89	98.60
汉中市	Hanzhong	42	92.25	99.67
榆林市	Yulin			
安康市	Ankang	39	91.72	99.57
商洛市	Shangluo	32	91.42	95.72
甘肃省	**Gansu**			
兰州市	Lanzhou	47	97.70	99.95
嘉峪关市	Jiayuguan	22	98.00	100.00
金昌市	Jinchang	22	96.30	100.00
白银市	Baiyin	27	93.13	100.00
天水市	Tianshui		95.44	100.00
武威市	Wuwei		97.03	99.77
张掖市	Zhangye			
平凉市	Pingliang	24	96.76	100.00
酒泉市	Jiuquan	25	97.64	100.00
庆阳市	Qingyang	36	96.49	97.70
定西市	Dingxi	26	92.80	98.90
陇南市	Longnan	19	91.41	99.53
青海省	**Qinghai**			
西宁市	Xining	44	94.91	96.19
海东市	Haidong	34		95.30
宁夏回族自治区	**Ningxia**			
银川市	Yinchuan	33	95.60	100.00
石嘴山市	Shizuishan	36	99.84	100.00
吴忠市	Wuzhong	32	93.97	98.12
固原市	Guyuan	26	94.02	100.00
中卫市	Zhongwei	33	97.39	99.56
新疆维吾尔自治区	**Xinjiang**			
乌鲁木齐市	Urumqi	50	99.00	100.00
克拉玛依市	Karamay	26	95.28	100.00
吐鲁番市	Turpan		96.07	100.00
哈密市	Hami	30	95.09	92.47

(三)经济发展
Economic Development

2–9 地区生产总值
Gross Regional Product

城 市	City	地区生产总值(当年价格)(亿元) Gross Regional Product (Current Prices) (100 000 000 yuan)		人均地区生产总值(元) Per Capita GRP (yuan)		地区生产总值增长率(%) GRP Growth Rate (%)	
		全 市 Total City	市辖区 Districts under City	全 市 Total City	市辖区 Districts under City	全 市 Total City	市辖区 Districts under City
北京市	**Beijing**	**35371**	**35371**	**164220**	**164220**	**6.10**	**6.10**
天津市	**Tianjin**	**14104**	**14104**	**90371**	**90371**	**4.80**	**4.80**
河北省	**Hebei**						
石家庄市	Shijiazhuang	5810	3547	52859	70448	6.70	7.10
唐山市	Tangshan	6890	3553	86667	97214	7.30	7.61
秦皇岛市	Qinhuangdao	1612	773	51334	53907	6.70	6.70
邯郸市	Handan	3486	1435	36546	39992	7.20	6.80
邢台市	Xingtai	2120	380	28707	39717	7.00	5.80
保定市	Baoding	3772	1490	31856	48700	6.66	6.69
张家口市	Zhangjiakou	1551	760	35025	43216	6.86	6.44
承德市	Chengde	1471	383	41080	55569	6.46	6.12
沧州市	Cangzhou	3588	985	47663	133588	6.90	6.80
廊坊市	Langfang	3196	727	65512	80741	6.70	6.96
衡水市	Hengshui	1505	514	33599	52184	6.80	6.30
山西省	**Shanxi**						
太原市	Taiyuan	4029	3721	90698	102378	6.60	6.40
大同市	Datong	1319	1022	38122	47974	6.70	6.70
阳泉市	Yangquan	719	477	50775	64039	5.00	5.10
长治市	Changzhi	1640	928	47219	55193	6.00	6.70
晋城市	Jincheng	1355	343	57714	68150	6.50	7.60
朔州市	Shuozhou	1062	535	59552		6.50	
晋中市	Jinzhong	1460	315	43125	46973	6.30	7.20
运城市	Yuncheng	1563	290	29126	40469	6.30	7.10
忻州市	Xinzhou	1002	182	31573	32085	5.40	6.90
临汾市	Linfen	1453	333	32250	33655	6.00	7.30
吕梁市	Lvliang	1512	137	38890	40442	5.70	12.60
内蒙古自治区	**Inner Mongolia**						
呼和浩特市	Hohhot	2791	2209	89138	70524	5.50	6.20
包头市	Baotou	2714	2404	93835	103282	6.00	6.10
乌海市	Wuhai	551	551	97565	97565	9.50	9.50
赤峰市	Chifeng	1708	727	39488	51844	5.10	4.70
通辽市	Tongliao	1267	306	40410	38459	4.00	3.60
鄂尔多斯市	Erdos	3605	800	173069	118770	4.00	4.80
呼伦贝尔市	Hulunbuir	1193	303	47116	68599	2.70	3.00
巴彦淖尔市	Bayannur	875	297	51722	53478	5.20	3.60
乌兰察布市	Ulanqab	808	211	38622	50900	6.20	7.50
辽宁省	**Liaoning**						
沈阳市	Shenyang	6470	5936	77777	85656	4.15	4.01
大连市	Dalian	7002	5655	99996		6.50	5.40
鞍山市	Anshan	1745	911	49123		6.14	5.91
抚顺市	Fushun	847	710	41382	50979	-3.60	-3.90
本溪市	Benxi	781	561	46673	51061	3.50	3.40
丹东市	Dandong	768	296	32256		2.00	2.10
锦州市	Jinzhou	1073	608	35431	63750	2.49	1.09
营口市	Yingkou	1328	859	54545	78484	7.00	7.80
阜新市	Fuxin	488	235	27945	33689	7.30	4.40

2-9 续表 1 continued

城 市	City	地区生产总值(当年价格)(亿元) Gross Regional Product (Current Prices) (100 000 000 yuan)		人均地区生产总值(元) Per Capita GRP (yuan)		地区生产总值增长率(%) GRP Growth Rate (%)	
		全 市 Total City	市辖区 Districts under City	全 市 Total City	市辖区 Districts under City	全 市 Total City	市辖区 Districts under City
辽阳市	Liaoyang	831	546	45498	58787	2.50	-0.27
盘锦市	Panjin	1281	1059	88983	90281	9.00	7.44
铁岭市	Tieling	640	146	24382	33639	2.90	3.98
朝阳市	Chaoyang	843	218	28761	34183	5.30	2.87
葫芦岛市	Huludao	807	398	31802	42382	5.30	3.90
吉林省	**Jilin**						
长春市	Changchun	5904	5196	78456	121054	3.00	3.70
吉林市	Jilin	1417		34335		1.50	
四平市	Siping	796	173	24979	24854	4.47	2.90
辽源市	Liaoyuan	410	200	35108	44645	2.00	2.07
通化市	Tonghua	726		33702		4.30	
白山市	Baishan	509		43744		3.80	
松原市	Songyuan	730	237	26559	42082	2.60	2.60
白城市	Baicheng	492	157	25980	32401		-0.90
黑龙江省	**Heilongjiang**						
哈尔滨市	Harbin	5249	4093	55175	74149	4.35	3.88
齐齐哈尔市	Qiqihar	1129	472	22667	36304	6.00	6.90
鸡西市	Jixi	552	175	32278	22553	4.60	3.00
鹤岗市	Hegang	336	183	33981	30360	3.70	3.80
双鸭山市	Shuangyashan	476	186	33857		4.80	
大庆市	Daqing	2568	2171	94289	158306	4.00	3.00
伊春市	Yichun	299	124	26384	28869	5.51	7.09
佳木斯市	Jiamusi	763	206	32788	27069	3.60	4.60
七台河市	Qitaihe	231	177	29912	37753	3.80	3.10
牡丹江市	Mudanjiang	825	287	32811	33112	4.20	2.80
黑河市	Heihe	579	38	36478	38308	6.00	6.70
绥化市	Suihua	1101	195	21045	24052	3.50	3.50
上海市	**Shanghai**	**38156**	**38156**	**157279**	**157279**	**6.00**	**6.00**
江苏省	**Jiangsu**						
南京市	Nanjing	14031	14031	165681	165681	7.80	7.80
无锡市	Wuxi	11852	6081	180044	165510	6.70	6.50
徐州市	Xuzhou	7151	3646	81138	108727	6.00	6.50
常州市	Changzhou	7401	6390	156390	161018	6.80	6.70
苏州市	Suzhou	19236	9049	179174	162503	5.60	5.20
南通市	Nantong	9383	3472	128294	145933	6.20	6.00
连云港市	Lianyungang	3139	1872	69523	88899	6.00	6.00
淮安市	Huai'an	3871	2595	78543		6.60	6.60
盐城市	Yancheng	5702	2298	79149	96460	5.10	5.50
扬州市	Yangzhou	5850	3507	128856	142321	6.80	6.80
镇江市	Zhenjiang	4127	1856	128981	150279	5.80	6.20
泰州市	Taizhou	5133	2198	110731	134241	6.40	6.60
宿迁市	Suqian	3099	1152	62840	65584	7.00	6.80
浙江省	**Zhejiang**						
杭州市	Hangzhou	15373	14349	152465	162236	6.75	6.79
宁波市	Ningbo	11985	7671	143157	172508	6.80	6.70
温州市	Wenzhou	6606	2611	71225	86114	8.16	8.50
嘉兴市	Jiaxing	5370	1445	112751	111091	7.00	7.20

2-9 续表 2 continued

城　市	City	地区生产总值(当年价格)(亿元) Gross Regional Product (Current Prices) (100 000 000 yuan)		人均地区生产总值(元) Per Capita GRP (yuan)		地区生产总值增长率(%) GRP Growth Rate (%)	
		全　市 Total City	市辖区 Districts under City	全　市 Total City	市辖区 Districts under City	全　市 Total City	市辖区 Districts under City
湖州市	Huzhou	3122	1423	102593	104506	7.90	7.60
绍兴市	Shaoxing	5781	3426	114561	123420	7.16	7.36
金华市	Jinhua	4560	878	81224	75988	6.45	6.25
衢州市	Quzhou	1574	740	71087	87787	6.66	6.21
舟山市	Zhoushan	1372	1009	116781	113308	9.15	6.67
台州市	Taizhou	5134	1894	83555	95807	5.05	4.17
丽水市	Lishui	1477	390	66936	80803	8.25	7.15
安徽省	**Anhui**						
合肥市	Hefei	9409	6416	115623	161565	7.56	7.87
芜湖市	Wuhu	3618	2246	96154	131760	8.24	8.10
蚌埠市	Bengbu	2057	1074	60469	87431	5.06	5.41
淮南市	Huainan	1296	784	37140	42643	5.23	6.42
马鞍山市	Maanshan	2111	1217	89867	122449	8.01	7.69
淮北市	Huaibei	1078	617	47654	58815	3.00	1.88
铜陵市	Tongling	960	802	58726	87272	-1.74	1.88
安庆市	Anqing	2381	759	50574	102886	7.00	4.80
黄山市	Huangshan	818	397	57853	80080	7.74	7.78
滁州市	Chuzhou	2909	862	70429	144828	9.70	9.80
阜阳市	Fuyang	2705	848	32855	36739	9.00	9.00
宿州市	Suzhou	1979	816	34773	46696	8.70	9.50
六安市	Lu'an	1620	754	33370	37554	8.44	8.63
亳州市	Bozhou	1749	678	33314	44412	9.44	10.03
池州市	Chizhou	832	451	56217	71255	7.90	8.20
宣城市	Xuancheng	1561	426	58819	49321	7.80	7.50
福建省	**Fujian**						
福州市	Fuzhou	9392	5693	120879	144304	7.90	7.50
厦门市	Xiamen	5995	5995	142739	142739	7.90	7.90
莆田市	Putian	2595	2062	89342	101072	6.62	6.39
三明市	Sanming	2602	583	100641	148321	8.00	9.20
泉州市	Quanzhou	9947	2375	114067	149252	7.95	7.98
漳州市	Zhangzhou	4742	1133	92075	142194	6.50	6.80
南平市	Nanping	1992	654	74036	82050	5.95	5.05
龙岩市	Longyan	2679	1214	101476	114389	7.10	6.40
宁德市	Ningde	2452	679	84251	149312	9.20	16.50
江西省	**Jiangxi**						
南昌市	Nanchang	5596	4246	100415	113786	8.00	7.90
景德镇市	Jingdezhen	926	450	55228	89356	7.80	7.70
萍乡市	Pingxiang	930	597	48007	62009	7.50	7.70
九江市	Jiujiang	3121	1164	63584	112294	8.37	8.45
新余市	Xinyu	972	793	81641	91114	7.60	7.50
鹰潭市	Yingtan	941	451	79883	75836	8.10	8.40
赣州市	Ganzhou	3474	1406	39968	68115	8.54	8.78
吉安市	Ji'an	2085	348	42060	62447	8.10	8.21
宜春市	Yichun	2688	436	48182	40377	7.60	8.60
抚州市	Fuzhou	1511	646	37272	40811	7.90	7.75
上饶市	Shangrao	2513	1051	36839	54197	7.70	7.50

2-9 续表 3 continued

城 市	City	地区生产总值(当年价格)(亿元) Gross Regional Product (Current Prices) (100 000 000 yuan)		人均地区生产总值(元) Per Capita GRP (yuan)		地区生产总值增长率(%) GRP Growth Rate (%)	
		全 市 Total City	市辖区 Districts under City	全 市 Total City	市辖区 Districts under City	全 市 Total City	市辖区 Districts under City
山东省	**Shandong**						
济南市	Jinan	9443	8530	106416	107515	7.00	7.00
青岛市	Qingdao	11741	9344	124282	145944	6.50	6.20
淄博市	Zibo	3642	2594	77510	79638	3.53	3.83
枣庄市	Zaozhuang	1694	946	43100	41528	3.60	3.10
东营市	Dongying	2916	2106	134022	157198	4.20	4.10
烟台市	Yantai	7653	3630	107343	144486	5.50	6.30
潍坊市	Weifang	5689	1809	60760	84891	3.70	5.98
济宁市	Jining	4370	1604	52331	76230	3.83	3.95
泰安市	Tai'an	2664	1020	47248	54778	6.31	6.66
威海市	Weihai	2964	1756	104615	111434	3.60	4.60
日照市	Rizhao	1949	1381	66313	95713	7.20	8.20
临沂市	Linyi	4600	2116	43213	74561	3.00	3.90
德州市	Dezhou	3022	930	52295	69943	6.10	6.20
聊城市	Liaocheng	2260	1024	37129	54643	3.70	4.50
滨州市	Binzhou	2457	800	62639		4.12	5.17
菏泽市	Heze	3410	1041	38867	50803	6.28	6.34
河南省	**Henan**						
郑州市	Zhengzhou	11590	7973	113139	132030	6.49	7.20
开封市	Kaifeng	2364	895	51733	142466	7.20	6.70
洛阳市	Luoyang	5035	2184	72912	95798	7.80	7.20
平顶山市	Pingdingshan	2373	868	47201	76761	7.50	7.70
安阳市	Anyang	2229	898	43003	50794	2.68	-0.63
鹤壁市	Hebi	989	457	60672	68759	7.10	6.60
新乡市	Xinxiang	2918	962	50277	81465	6.96	7.98
焦作市	Jiaozuo	2761	743	76827	70932	7.96	7.82
濮阳市	Puyang	1581	624	43810	80058	6.80	7.20
许昌市	Xuchang	2831	806	63996	61568	9.00	8.00
漯河市	Luohe	1578	965	59190	63120	7.54	7.49
三门峡市	Sanmenxia	1444	531	63473	78522	7.50	7.90
南阳市	Nanyang	3815	981	38064	51555	7.00	7.30
商丘市	Shangqiu	2911	646	39719	35073	7.40	5.90
信阳市	Xinyang	2758	706	42641	46692	6.31	6.55
周口市	Zhoukou	3198	317	36891	43928	7.50	5.60
驻马店市	Zhumadian	2742	536	38943	39302	7.40	7.60
湖北省	**Hubei**						
武汉市	Wuhan	16223	16223	145545	145545	7.40	7.40
黄石市	Huangshi	1767	908	71511	103985	8.20	8.90
十堰市	Shiyan	2013	1310	59163	94155	7.00	8.10
宜昌市	Yichang	4461	1974	107830	131330	8.10	7.30
襄阳市	Xiangyang	4813	2540	84815	108250	7.90	7.86
鄂州市	Ezhou	1140	1140	106678	106678	7.80	7.80
荆门市	Jingmen	2034	707	70203	100312	7.50	7.47
孝感市	Xiaogan	2301	430	46772	46185	8.00	8.10
荆州市	Jingzhou	2516	885	45097	87363	7.50	9.90
黄冈市	Huanggang	2323	259	36685	65115	6.80	8.10
咸宁市	Xianning	1595	382	62650	71904	8.10	8.33
随州市	Suizhou	1162	536	52380	83829	7.80	8.20

2-9 续表 4 continued

城 市	City	地区生产总值(当年价格)(亿元) Gross Regional Product (Current Prices) (100 000 000 yuan)		人均地区生产总值(元) Per Capita GRP (yuan)		地区生产总值增长率(%) GRP Growth Rate (%)	
		全 市 Total City	市辖区 Districts under City	全 市 Total City	市辖区 Districts under City	全 市 Total City	市辖区 Districts under City
湖南省	**Hunan**						
长沙市	Changsha	11574	7386	139877	164455	8.08	8.12
株洲市	Zhuzhou	3003	1588	74618	99571	7.85	7.66
湘潭市	Xiangtan	2258	1231	78575	113515	7.56	7.76
衡阳市	Hengyang	3373	1255	46379	86972	8.10	8.50
邵阳市	Shaoyang	2152	400	29339	51585	7.97	7.34
岳阳市	Yueyang	3780	1607	65357	113900	8.02	8.15
常德市	Changde	3624	1623	62493	103807	8.00	7.00
张家界市	Zhangjiajie	552	276	35767	51481	7.63	7.77
益阳市	Yiyang	1792	762	40578	57689	7.06	7.46
郴州市	Chenzhou	2411	716	50760	81871	7.80	7.82
永州市	Yongzhou	2017	558	37013	49723	7.05	7.05
怀化市	Huaihua	1617	398	32453	63478	8.03	7.77
娄底市	Loudi	1641	580	41675	93130	8.10	8.70
广东省	**Guangdong**						
广州市	Guangzhou	23629	23629	156427	156427	6.80	6.80
韶关市	Shaoguan	1318	653	43743	61911	6.00	5.80
深圳市	Shenzhen	26927	26927	203489	203489	6.70	6.70
珠海市	Zhuhai	3436	3436	175533	175533	6.80	6.80
汕头市	Shantou	2694	2665	47669	47678	6.10	6.10
佛山市	Foshan	10751	10751	133850	133850	6.90	6.90
江门市	Jiangmen	3147	1763	68194	91748	4.30	5.40
湛江市	Zhanjiang	3065	1409	41720	82921	4.00	3.72
茂名市	Maoming	3252	1586	51119	60691	4.30	4.84
肇庆市	Zhaoqing	2249	1166	53936	73269	6.26	6.09
惠州市	Huizhou	4177	2804	86043	111018	4.20	4.10
梅州市	Meizhou	1187	487	27096	47377	3.40	3.50
汕尾市	Shanwei	1080	313	35958	58769	6.70	7.20
河源市	Heyuan	1080	429	34842	81174	5.50	4.80
阳江市	Yangjiang	1292	778	50412	65212	8.20	10.00
清远市	Qingyuan	1698	883	43770	55726	6.30	6.75
东莞市	Dongguan	9482		112507		7.42	
中山市	Zhongshan	3101		92709		1.20	
潮州市	Chaozhou	1081	811	40664	45541	5.00	4.80
揭阳市	Jieyang	2102	996	34471	50359	3.00	3.50
云浮市	Yunfu	922	307	36354	45795	6.10	5.80
广西壮族自治区	**Guangxi**						
南宁市	Nanning	4507	3668	61738	82344	4.98	5.12
柳州市	Liuzhou	3128	2482	77056	108619	2.39	1.39
桂林市	Guilin	2106	914	41294	57582	6.54	6.52
梧州市	Wuzhou	991	468	32303	56221	4.20	4.86
北海市	Beihai	1301	1000	76955	133990	8.12	8.36
防城港市	Fangchenggang	701	549	73163	95114	5.40	5.84
钦州市	Qinzhou	1356	640	40922	49166	7.82	7.65
贵港市	Guigang	1258	642	28451	39523	9.02	11.81
玉林市	Yulin	1680	571	28647	49730	7.22	6.86

2-9 续表 5 continued

城 市	City	地区生产总值(当年价格)(亿元) Gross Regional Product (Current Prices) (100 000 000 yuan)		人均地区生产总值(元) Per Capita GRP (yuan)		地区生产总值增长率(%) GRP Growth Rate (%)	
		全 市 Total City	市辖区 Districts under City	全 市 Total City	市辖区 Districts under City	全 市 Total City	市辖区 Districts under City
百色市	Baise	1258	313	34194	77373	9.00	8.10
贺州市	Hezhou	701	412	33676	38300	11.80	14.30
河池市	Hechi	878	317	24703	33707	6.00	6.58
来宾市	Laibin	654	336	29215	34350	4.30	6.00
崇左市	Chongzuo	760	198	36129	56898	8.50	9.00
海南省	**Hainan**						
海口市	Haikou	1672	1672	72218	72218	7.50	7.50
三亚市	Sanya	678	678	87105	87105	6.40	6.40
三沙市	Sansha						
儋州市	Danzhou	358		39065		6.50	
重庆市	**Chongqing**	**23606**	**20510**	**75828**	**83683**	**6.30**	**6.50**
四川省	**Sichuan**						
成都市	Chengdu	17013	13578	103386	122972	7.80	7.50
自贡市	Zigong	1428	880	48904	54476	7.80	7.60
攀枝花市	Panzhihua	1010	738	82460	93061	6.30	6.24
泸州市	Luzhou	2081	1150	48105	77339	8.00	8.73
德阳市	Deyang	2336	824	65745	75542	7.20	7.80
绵阳市	Mianyang	2856	1592	58685	85111	8.10	8.30
广元市	Guangyuan	942	455	35262	48746	7.50	8.10
遂宁市	Suining	1346	592	42113	44799	8.10	8.30
内江市	Neijiang	1433	514	38743	38724	7.80	7.90
乐山市	Leshan	1863	829	56999	68196	7.60	7.40
南充市	Nanchong	2322	847	36073	43267	8.00	8.20
眉山市	Meishan	1380	654	46168	56232	7.50	6.87
宜宾市	Yibin	2602	1611	57003	79407	8.82	9.18
广安市	Guang'an	1250	363	38522	40731	7.50	7.40
达州市	Dazhou	2042	689	35625	37597	7.70	8.20
雅安市	Ya'an	724	300	46984	47367	8.00	7.90
巴中市	Bazhong	754	300	22716	24411	6.00	7.20
资阳市	Ziyang	778	338	31019	36713	7.00	6.90
贵州省	**Guizhou**						
贵阳市	Guiyang	4040	3251	81995	92387	7.40	8.40
六盘水市	Liupanshui	1266	296	43003	48451	7.50	3.10
遵义市	Zunyi	3483	1122	55411	52696	9.70	8.30
安顺市	Anshun	924	510	39177	45284	8.10	8.20
毕节市	Bijie	1901	469	28378	33156	8.00	8.00
铜仁市	Tongren	1249	285	39298	57370	8.00	10.80
云南省	**Yunnan**						
昆明市	Kunming	6476	5069	93853	115033	6.50	6.20
曲靖市	Qujing	2638	1180	42774	81951	9.60	9.00
玉溪市	Yuxi	1950	975	81667	121271	6.80	10.33
保山市	Baoshan	961	361	36548	36816	9.80	9.50
昭通市	Zhaotong	1194	338	21255	39345	9.80	11.50
丽江市	Lijiang	473	173	36369	77996	9.90	8.00
普洱市	Pu'er	875	217	33097	68335	8.10	9.70
临沧市	Lincang	759	163	29926	47938	8.50	8.00

2-9 续表 6 continued

城 市	City	地区生产总值(当年价格)(亿元) Gross Regional Product (Current Prices) (100 000 000 yuan)		人均地区生产总值(元) Per Capita GRP (yuan)		地区生产总值增长率(%) GRP Growth Rate (%)	
		全 市 Total City	市辖区 Districts under City	全 市 Total City	市辖区 Districts under City	全 市 Total City	市辖区 Districts under City
西藏自治区	**Tibet**						
拉萨市	Lasa	618	535	86750		8.00	
日喀则市	Xigaze	279	111	35249	69014	8.10	8.40
昌都市	Qamdo	221	72	27844	48720	8.30	8.40
林芝市	Linzhi	172	85	73224	129918	8.10	8.00
山南市	Shannan	187	57	49550	66220	8.30	8.30
那曲市	Naqu	158	67	30420	59377	7.90	8.30
陕西省	**Shaanxi**						
西安市	Xi'an	9321	8999	92256	100278	7.00	7.10
铜川市	Tongchuan	355	322	44794	45695	6.80	6.60
宝鸡市	Baoji	2224	1101	59050	75523	3.50	6.20
咸阳市	Xianyang	2195	600	50338	106571	2.10	-1.60
渭南市	Weinan	1828	428	34481	46814	4.20	7.20
延安市	Yan'an	1664	479	73703	71250	6.70	7.07
汉中市	Hanzhong	1548	594	45033	58421	6.10	5.70
榆林市	Yulin	4136	937	120908	136460	7.10	9.50
安康市	Ankang	1182	381	44241	43040	7.90	7.80
商洛市	Shangluo	837	157	35181	29006	5.30	4.20
甘肃省	**Gansu**						
兰州市	Lanzhou	2837	2292	75217	84720	6.00	3.20
嘉峪关市	Jiayuguan	283		112219		6.50	
金昌市	Jinchang	340	262	73390	112231	9.70	10.80
白银市	Baiyin	486	289	27990	57543	6.20	6.70
天水市	Tianshui	633	363	18819	29329	6.70	6.60
武威市	Wuwei	488	314	26744	30953	4.00	4.20
张掖市	Zhangye	449	193	36314	37267	6.50	6.70
平凉市	Pingliang	457	148	21514	27728	6.40	6.70
酒泉市	Jiuquan	618	191	54729	42552	7.70	9.10
庆阳市	Qingyang	743	240	32690	63740	5.30	6.80
定西市	Dingxi	416	106	14746	24550	6.20	6.00
陇南市	Longnan	445	136	16868	23897	7.40	6.60
青海省	**Qinghai**						
西宁市	Xining	1328	1025	55812	73129	7.00	7.60
海东市	Haidong	497	187	32806	33120	7.00	7.75
宁夏回族自治区	**Ningxia**						
银川市	Yinchuan	1897	1140	83492	77581	6.30	6.30
石嘴山市	Shizuishan	511	344	63494	66790	7.00	7.10
吴忠市	Wuzhong	580	193	40889	46094	7.10	5.00
固原市	Guyuan	323	137	25886	31659	6.50	6.20
中卫市	Zhongwei	438	190	37358	45982	6.00	5.80
新疆维吾尔自治区	**Xinjiang**						
乌鲁木齐市	Urumqi	3413	3386	96723	64539	6.50	6.50
克拉玛依市	Karamay	973	973	188857	188857	6.00	6.00
吐鲁番市	Turpan	384	118	60985	40810	5.87	7.27
哈密市	Hami	605	450	98148	91844	6.42	6.62

2-10 地区生产总值构成
Composition of Gross Regional Product

单位：% (%)

城　市	City	第一产业占地区生产总值的比重 Primary Industry as Percentage to GRP		第二产业占地区生产总值的比重 Secondary Industry as Percentage to GRP		第三产业占地区生产总值的比重 Tertiary Industry as Percentage to GRP	
		全　市 Total City	市辖区 Districts under City	全　市 Total City	市辖区 Districts under City	全　市 Total City	市辖区 Districts under City
北京市	**Beijing**	**0.32**	**0.32**	**16.16**	**16.16**	**83.52**	**83.52**
天津市	**Tianjin**	**1.31**	**1.31**	**35.23**	**35.23**	**63.46**	**63.46**
河北省	**Hebei**						
石家庄市	Shijiazhuang	7.74	2.30	31.53	27.15	60.74	70.54
唐山市	Tangshan	7.71	4.16	52.44	49.61	39.85	46.23
秦皇岛市	Qinhuangdao	12.80	6.68	32.89	22.09	54.31	71.18
邯郸市	Handan	9.82	6.66	44.59	40.72	45.59	52.63
邢台市	Xingtai	13.37	0.78	39.30	38.49	47.33	60.63
保定市	Baoding	11.75	5.31	34.95	42.51	53.30	52.20
张家口市	Zhangjiakou	15.72	7.36	28.72	29.51	55.57	63.13
承德市	Chengde	20.26	1.18	33.21	43.97	46.53	54.86
沧州市	Cangzhou	8.16	1.51	39.86	48.73	51.98	49.73
廊坊市	Langfang	6.65	2.69	32.92	30.69	60.44	66.55
衡水市	Hengshui	14.40	4.46	32.70	38.01	52.90	57.59
山西省	**Shanxi**						
太原市	Taiyuan	1.05	0.45	37.69	36.36	61.24	63.19
大同市	Datong	5.38	2.14	37.20	40.02	57.40	57.84
阳泉市	Yangquan	1.64	0.41	45.53	42.08	52.83	57.57
长治市	Changzhi	3.08	1.82	53.35	50.02	43.56	48.18
晋城市	Jincheng	3.51	0.16	54.32	30.28	42.18	69.47
朔州市	Shuozhou	5.69	2.84	39.82	38.25	54.46	58.82
晋中市	Jinzhong	7.90	6.85	44.81	27.37	47.28	65.74
运城市	Yuncheng	15.87	6.39	34.60	24.20	49.54	69.31
忻州市	Xinzhou	8.56	6.02	43.47	26.80	47.93	67.18
临汾市	Linfen	7.12	2.40	43.25	19.64	49.60	78.08
吕梁市	Lvliang	4.61	1.71	59.75	34.85	35.65	63.70
内蒙古自治区	**Inner Mongolia**						
呼和浩特市	Hohhot	4.09	1.10	29.52	25.66	66.41	73.22
包头市	Baotou	3.55	1.24	39.30	39.27	57.17	59.47
乌海市	Wuhai	0.94	0.94	62.17	62.17	36.88	36.88
赤峰市	Chifeng	18.95	10.62	29.76	33.47	51.31	55.90
通辽市	Tongliao	22.30	11.91	30.78	26.95	46.94	60.99
鄂尔多斯市	Erdos	3.43	0.20	58.04	33.62	38.53	66.22
呼伦贝尔市	Hulunbuir	23.39	3.02	27.88	46.35	48.73	50.54
巴彦淖尔市	Bayannur	22.97	18.38	32.51	29.34	44.52	52.30
乌兰察布市	Ulanqab	15.91	2.35	39.15	40.02	44.99	57.55
辽宁省	**Liaoning**						
沈阳市	Shenyang	4.39	2.24	33.67	34.63	61.94	63.14
大连市	Dalian	6.55	3.16	39.99	40.10	53.46	56.73
鞍山市	Anshan	6.01	0.79	42.74	51.40	51.27	47.77
抚顺市	Fushun	6.67	1.82	49.33	54.22	44.01	43.92
本溪市	Benxi	6.65	2.33	47.77	55.01	45.59	42.74
丹东市	Dandong	18.91	5.29	25.00	23.90	56.09	70.68
锦州市	Jinzhou	18.48	2.28	26.02	34.52	55.50	63.26
营口市	Yingkou	8.15	2.74	45.27	48.90	46.59	48.31
阜新市	Fuxin	21.77	1.40	26.53	35.22	51.71	63.45

2–10 续表 1 continued

单位：% (%)

城 市	City	第一产业占地区生产总值的比重 Primary Industry as Percentage to GRP		第二产业占地区生产总值的比重 Secondary Industry as Percentage to GRP		第三产业占地区生产总值的比重 Tertiary Industry as Percentage to GRP	
		全 市 Total City	市辖区 Districts under City	全 市 Total City	市辖区 Districts under City	全 市 Total City	市辖区 Districts under City
辽阳市	Liaoyang	9.71	3.01	47.35	53.99	42.94	43.02
盘锦市	Panjin	7.89	5.55	53.62	52.64	38.49	41.81
铁岭市	Tieling	24.16	2.95	27.98	25.38	47.87	71.55
朝阳市	Chaoyang	23.09	7.71	29.42	31.95	47.51	60.54
葫芦岛市	Huludao	16.49	4.89	37.45	51.69	46.08	43.51
吉林省	**Jilin**						
长春市	Changchun	5.90	1.49	42.27	46.30	51.84	52.21
吉林市	Jilin	11.49		36.01		52.47	
四平市	Siping	29.34	2.95	20.81	38.28	49.87	58.83
辽源市	Liaoyuan	9.80	1.07	29.41	40.06	60.88	59.06
通化市	Tonghua	10.36		31.46		58.15	
白山市	Baishan	10.85		27.76		61.52	
松原市	Songyuan	26.40	4.90	19.58	34.14	53.99	60.98
白城市	Baicheng	25.24	14.91	16.34	20.76	58.33	64.34
黑龙江省	**Heilongjiang**						
哈尔滨市	Harbin	10.85	4.90	21.48	24.52	67.68	70.58
齐齐哈尔市	Qiqihar	29.95	6.37	21.69	30.03	48.35	63.69
鸡西市	Jixi	37.19	4.70	22.15	46.73	40.65	48.33
鹤岗市	Hegang	28.93	7.95	29.33	47.63	41.86	44.16
双鸭山市	Shuangyashan	31.94	13.31	21.36	47.77	46.80	38.73
大庆市	Daqing	8.56	2.44	52.62	58.73	38.82	38.84
伊春市	Yichun	36.95	20.27	19.81	23.71	43.19	55.88
佳木斯市	Jiamusi	46.95	15.38	11.70	21.69	41.34	63.02
七台河市	Qitaihe	14.35	9.70	41.32	45.78	44.48	44.77
牡丹江市	Mudanjiang	21.71	5.48	21.39	24.29	56.90	70.31
黑河市	Heihe	42.50		12.08	30.00	45.40	70.71
绥化市	Suihua	46.41	41.21	10.68	12.97	42.92	45.85
上海市	**Shanghai**	**0.27**	**0.27**	**26.99**	**26.99**	**72.73**	**72.73**
江苏省	**Jiangsu**						
南京市	Nanjing	2.05	2.05	35.93	35.93	62.02	62.02
无锡市	Wuxi	1.03	0.60	47.48	43.77	51.48	55.63
徐州市	Xuzhou	9.55	3.75	40.36	40.90	50.10	55.36
常州市	Changzhou	2.12	1.64	47.69	47.19	50.19	51.18
苏州市	Suzhou	1.02	0.73	47.46	45.74	51.51	53.53
南通市	Nantong	4.57	1.79	49.05	45.90	46.39	52.30
连云港市	Lianyungang	11.55	7.80	43.43	45.31	45.03	46.90
淮安市	Huai'an	9.98	8.00	41.78	42.36	48.25	49.65
盐城市	Yancheng	10.87	7.85	41.59	43.46	47.54	48.68
扬州市	Yangzhou	5.01	2.97	47.49	45.31	47.51	51.71
镇江市	Zhenjiang	3.40	1.57	48.58	44.97	48.03	53.47
泰州市	Taizhou	5.70	3.33	49.21	49.24	45.10	47.43
宿迁市	Suqian	10.47	6.08	42.73	45.66	46.80	48.26
浙江省	**Zhejiang**						
杭州市	Hangzhou	2.12	1.58	31.71	30.91	66.17	67.51
宁波市	Ningbo	2.69	1.24	48.25	43.95	49.06	54.80
温州市	Wenzhou	2.30	0.66	42.57	37.60	55.14	61.72
嘉兴市	Jiaxing	2.25	1.81	53.87	46.99	43.89	51.17

2–10 续表 2 continued

单位：% (%)

城市	City	第一产业占地区生产总值的比重 Primary Industry as Percentage to GRP		第二产业占地区生产总值的比重 Secondary Industry as Percentage to GRP		第三产业占地区生产总值的比重 Tertiary Industry as Percentage to GRP	
		全市 Total City	市辖区 Districts under City	全市 Total City	市辖区 Districts under City	全市 Total City	市辖区 Districts under City
湖州市	Huzhou	4.29	3.35	51.10	50.44	44.63	46.18
绍兴市	Shaoxing	3.60	2.90	47.93	47.13	48.46	49.98
金华市	Jinhua	3.20	3.86	40.20	35.79	56.60	60.34
衢州市	Quzhou	5.50	3.85	41.37	40.45	53.11	55.65
舟山市	Zhoushan	10.67	7.23	34.66	34.46	54.64	58.30
台州市	Taizhou	5.49	2.93	45.58	43.64	48.93	53.44
丽水市	Lishui	6.77	5.27	38.68	31.64	54.52	62.99
安徽省	**Anhui**						
合肥市	Hefei	3.10	0.19	36.30	35.16	60.60	64.65
芜湖市	Wuhu	4.05	1.39	48.56	47.01	47.40	51.60
蚌埠市	Bengbu	11.39	2.83	41.12	45.07	47.50	52.07
淮南市	Huainan	10.04	5.65	40.71	40.26	49.27	54.09
马鞍山市	Maanshan	4.46	1.06	48.95	51.92	46.59	47.03
淮北市	Huaibei	6.76	3.86	42.73	36.84	50.51	59.29
铜陵市	Tongling	5.49	3.03	46.33	50.64	48.19	46.28
安庆市	Anqing	9.08	2.23	44.92	42.31	45.98	55.45
黄山市	Huangshan	7.55	4.66	34.64	32.57	57.82	62.64
滁州市	Chuzhou	8.57	2.44	49.08	56.59	42.35	41.02
阜阳市	Fuyang	12.95	8.36	38.20	34.41	48.85	57.23
宿州市	Suzhou	14.53	8.59	35.89	39.45	49.57	51.91
六安市	Lu'an	13.40	11.74	36.14	32.91	50.47	55.38
亳州市	Bozhou	13.62	11.00	35.55	41.72	50.83	47.30
池州市	Chizhou	10.08	7.75	44.15	48.00	45.73	44.34
宣城市	Xuancheng	9.60	10.38	47.30	38.72	43.12	50.90
福建省	**Fujian**						
福州市	Fuzhou	5.61	1.29	40.79	35.17	53.61	63.54
厦门市	Xiamen	0.44	0.44	41.60	41.60	57.96	57.96
莆田市	Putian	4.77	4.99	53.10	52.82	42.15	42.19
三明市	Sanming	11.65	3.09	53.92	54.02	34.42	42.88
泉州市	Quanzhou	2.20	0.77	58.86	52.94	38.93	46.31
漳州市	Zhangzhou	10.14	1.52	48.82	41.80	41.03	56.66
南平市	Nanping	15.83	11.37	41.73	43.14	42.41	45.55
龙岩市	Longyan	10.76	6.99	45.46	47.12	43.77	45.85
宁德市	Ningde	12.78	6.08	51.22	61.64	35.99	32.34
江西省	**Jiangxi**						
南昌市	Nanchang	3.80	1.70	47.42	46.31	48.78	52.00
景德镇市	Jingdezhen	6.62	1.33	44.23	39.58	49.16	59.12
萍乡市	Pingxiang	7.32	3.58	44.50	44.91	48.18	51.56
九江市	Jiujiang	6.79	2.23	48.38	43.48	44.83	54.33
新余市	Xinyu	6.45	5.33	46.64	49.60	46.86	45.10
鹰潭市	Yingtan	6.88	6.64	52.76	43.52	40.39	49.76
赣州市	Ganzhou	10.83	3.75	39.38	43.44	49.79	52.78
吉安市	Ji'an	10.28	4.81	45.34	39.86	44.40	55.30
宜春市	Yichun	11.03	8.68	42.28	34.65	46.67	56.71
抚州市	Fuzhou	14.24	11.32	37.98	45.24	47.77	43.41
上饶市	Shangrao	10.88	5.11	38.95	43.04	50.17	51.80

2-10 续表 3 continued

单位：% (%)

城　　市	City	第一产业占地区生产总值的比重 Primary Industry as Percentage to GRP		第二产业占地区生产总值的比重 Secondary Industry as Percentage to GRP		第三产业占地区生产总值的比重 Tertiary Industry as Percentage to GRP	
		全　市 Total City	市辖区 Districts under City	全　市 Total City	市辖区 Districts under City	全　市 Total City	市辖区 Districts under City
山东省	**Shandong**						
济南市	Jinan	3.63	3.12	34.58	35.15	61.79	61.74
青岛市	Qingdao	3.49	1.89	35.63	34.35	60.89	63.75
淄博市	Zibo	4.09	2.51	49.92	49.61	45.99	47.88
枣庄市	Zaozhuang	9.38	8.87	43.51	38.70	47.11	52.39
东营市	Dongying	5.00	3.61	57.45	57.56	37.56	38.81
烟台市	Yantai	7.19	2.67	41.62	42.27	51.19	55.08
潍坊市	Weifang	9.10	3.08	40.27	44.29	50.62	52.64
济宁市	Jining	11.53	4.56	40.27	44.69	48.20	50.75
泰安市	Tai'an	10.84	7.21	38.90	33.45	50.25	59.33
威海市	Weihai	9.74	6.31	40.36	44.29	49.89	49.38
日照市	Rizhao	8.61	7.10	42.68	44.37	48.73	48.53
临沂市	Linyi	8.90	1.86	37.88	39.73	53.22	58.42
德州市	Dezhou	10.32	4.43	41.82	41.41	47.87	54.16
聊城市	Liaocheng	14.05	6.93	35.70	39.29	50.24	53.79
滨州市	Binzhou	9.37	7.70	42.37	37.37	48.27	54.94
菏泽市	Heze	9.49	6.33	42.63	38.61	47.88	55.11
河南省	**Henan**						
郑州市	Zhengzhou	1.22	0.24	39.84	36.28	58.95	63.47
开封市	Kaifeng	13.46	7.68	40.15	35.69	46.39	56.60
洛阳市	Luoyang	4.87	0.84	46.29	42.32	48.84	56.84
平顶山市	Pingdingshan	7.32	0.64	46.04	53.06	46.62	46.29
安阳市	Anyang	8.88	1.73	44.79	51.64	46.34	46.64
鹤壁市	Hebi	6.45	2.95	59.98	59.11	33.54	37.96
新乡市	Xinxiang	8.69	0.66	45.87	46.46	45.44	52.89
焦作市	Jiaozuo	5.42	0.98	53.61	42.35	40.97	56.60
濮阳市	Puyang	12.21	3.86	36.11	40.81	51.71	55.26
许昌市	Xuchang	5.24	2.92	57.75	54.31	37.00	42.76
漯河市	Luohe	8.73	6.57	46.26	44.79	45.04	48.64
三门峡市	Sanmenxia	9.43	5.63	48.82	44.37	41.74	50.07
南阳市	Nanyang	14.93	5.91	33.23	30.65	51.84	63.45
商丘市	Shangqiu	14.73	11.45	41.00	39.67	44.27	48.92
信阳市	Xinyang	18.05	11.57	36.58	38.37	45.39	50.12
周口市	Zhoukou	14.84	2.35	43.97	46.05	41.21	51.65
驻马店市	Zhumadian	17.06	5.85	40.19	43.53	42.75	50.64
湖北省	**Hubei**						
武汉市	Wuhan	2.34	2.34	36.92	36.92	60.75	60.75
黄石市	Huangshi	5.88	0.90	50.96	51.41	43.18	47.74
十堰市	Shiyan	8.52	2.56	43.92	49.36	47.55	48.10
宜昌市	Yichang	9.33	3.86	46.05	48.04	44.62	48.08
襄阳市	Xiangyang	9.33	5.36	48.39	50.43	42.27	44.20
鄂州市	Ezhou	8.81	8.81	48.27	48.27	42.92	42.92
荆门市	Jingmen	11.94	5.22	47.27	48.25	40.78	46.51
孝感市	Xiaogan	13.49	8.37	42.73	35.08	43.80	56.46
荆州市	Jingzhou	17.27	7.01	37.11	40.56	45.63	52.40
黄冈市	Huanggang	17.35	5.85	37.73	36.64	44.91	57.33
咸宁市	Xianning	12.54	8.08	44.19	46.39	43.27	45.47
随州市	Suizhou	13.44	5.77	46.82	44.31	39.75	49.84

2−10 续表 4 continued

单位：% (%)

城 市	City	第一产业占地区生产总值的比重 Primary Industry as Percentage to GRP		第二产业占地区生产总值的比重 Secondary Industry as Percentage to GRP		第三产业占地区生产总值的比重 Tertiary Industry as Percentage to GRP	
		全 市 Total City	市辖区 Districts under City	全 市 Total City	市辖区 Districts under City	全 市 Total City	市辖区 Districts under City
湖南省	**Hunan**						
长沙市	Changsha	3.11	0.90	38.36	31.99	58.54	67.12
株洲市	Zhuzhou	7.35	3.37	45.25	47.43	47.41	49.25
湘潭市	Xiangtan	6.42	1.76	49.30	48.25	44.27	49.96
衡阳市	Hengyang	11.27	1.63	32.36	31.92	56.36	66.47
邵阳市	Shaoyang	16.32	3.74	27.68	36.49	56.02	59.86
岳阳市	Yueyang	10.07	3.33	40.37	38.14	49.58	58.54
常德市	Changde	10.92	4.53	40.36	48.88	48.72	46.60
张家界市	Zhangjiajie	12.58	8.69	14.74	12.82	72.70	78.45
益阳市	Yiyang	15.64	8.92	42.60	50.34	41.79	40.76
郴州市	Chenzhou	9.81	4.06	38.34	36.07	51.84	59.91
永州市	Yongzhou	17.37	13.52	31.03	31.40	51.59	55.02
怀化市	Huaihua	13.88	2.81	27.72	18.42	58.37	78.80
娄底市	Loudi	10.63	3.55	38.55	45.99	50.79	50.41
广东省	**Guangdong**						
广州市	Guangzhou	1.06	1.06	27.31	27.31	71.62	71.62
韶关市	Shaoguan	13.23	4.56	33.64	41.53	53.16	53.95
深圳市	Shenzhen	0.09	0.09	38.98	38.98	60.93	60.93
珠海市	Zhuhai	1.67	1.67	44.49	44.49	53.84	53.84
汕头市	Shantou	4.49	4.16	47.50	47.90	48.01	47.93
佛山市	Foshan	1.46	1.46	56.22	56.22	42.32	42.32
江门市	Jiangmen	8.08	3.35	42.98	44.92	48.93	51.74
湛江市	Zhanjiang	19.09	5.10	34.42	48.62	46.48	46.31
茂名市	Maoming	17.88	11.10	34.59	44.99	47.54	43.90
肇庆市	Zhaoqing	17.16	8.82	41.15	46.80	41.68	44.35
惠州市	Huizhou	4.92	1.91	51.93	57.53	43.16	40.56
梅州市	Meizhou	18.45	12.32	31.25	38.05	50.31	49.54
汕尾市	Shanwei	14.10	10.37	37.33	36.70	48.60	53.05
河源市	Heyuan	11.22	0.77	34.43	45.95	54.36	53.32
阳江市	Yangjiang	19.12	14.42	34.53	40.04	46.37	45.53
清远市	Qingyuan	15.54	8.71	33.25	35.45	51.23	55.85
东莞市	Dongguan	0.30		56.54		43.16	
中山市	Zhongshan	2.02		49.08		48.91	
潮州市	Chaozhou	9.16	4.24	48.88	53.83	41.96	41.90
揭阳市	Jieyang	8.88	5.30	38.96	42.72	52.15	51.97
云浮市	Yunfu	18.71	8.97	31.03	37.43	50.26	53.73
广西壮族自治区	**Guangxi**						
南宁市	Nanning	11.26	7.65	23.19	21.60	65.55	70.76
柳州市	Liuzhou	7.14	2.88	49.61	53.63	43.25	43.51
桂林市	Guilin	23.12	6.28	22.55	28.05	54.31	65.72
梧州市	Wuzhou	16.35	4.26	34.47	39.88	49.22	55.86
北海市	Beihai	16.27	10.61	42.88	49.19	40.84	40.17
防城港市	Fangchenggang	15.61	10.92	47.19	54.31	37.23	34.71
钦州市	Qinzhou	20.63	21.52	33.32	26.74	46.07	51.68
贵港市	Guigang	17.12	11.75	36.55	42.40	46.29	45.85
玉林市	Yulin	19.23	8.54	27.93	29.02	52.83	62.51

2–10 续表 5 continued

单位：% (%)

城 市	City	第一产业占地区生产总值的比重 Primary Industry as Percentage to GRP		第二产业占地区生产总值的比重 Secondary Industry as Percentage to GRP		第三产业占地区生产总值的比重 Tertiary Industry as Percentage to GRP	
		全 市 Total City	市辖区 Districts under City	全 市 Total City	市辖区 Districts under City	全 市 Total City	市辖区 Districts under City
百色市	Baise	19.49	11.45	40.41	43.67	40.08	44.96
贺州市	Hezhou	19.15	14.90	34.93	37.89	45.78	47.01
河池市	Hechi	21.53	20.56	28.17	20.67	50.32	58.78
来宾市	Laibin	25.15	20.57	27.86	34.41	47.01	45.04
崇左市	Chongzuo	22.39	16.06	28.12	28.92	49.55	54.81
海南省	**Hainan**						
海口市	Haikou	4.26	4.26	16.51	16.51	79.23	79.23
三亚市	Sanya	10.55	10.55	16.57	16.57	72.86	72.86
三沙市	Sansha						
儋州市	Danzhou	37.47		10.60		51.83	
重庆市	**Chongqing**	**6.57**	**5.48**	**40.23**	**40.71**	**53.20**	**53.81**
四川省	**Sichuan**						
成都市	Chengdu	3.60	1.49	30.83	28.23	65.57	70.28
自贡市	Zigong	14.17	7.98	40.11	41.19	45.76	50.84
攀枝花市	Panzhihua	9.08	4.40	54.53	56.95	36.41	38.58
泸州市	Luzhou	10.43	5.37	49.10	51.82	40.48	42.81
德阳市	Deyang	10.04	6.70	50.70	49.41	39.25	43.90
绵阳市	Mianyang	10.59	5.24	40.31	44.40	49.10	50.38
广元市	Guangyuan	16.24	9.01	41.37	46.28	42.37	44.77
遂宁市	Suining	13.76	10.97	45.71	44.22	40.51	44.87
内江市	Neijiang	16.78	14.86	34.19	29.06	49.05	56.01
乐山市	Leshan	13.03	9.77	43.04	46.16	43.95	44.10
南充市	Nanchong	17.41	11.63	40.38	41.26	42.22	47.16
眉山市	Meishan	14.43	10.77	38.20	41.25	47.38	48.00
宜宾市	Yibin	10.67	6.67	50.30	57.98	39.02	35.34
广安市	Guang'an	16.35	13.71	32.88	29.78	50.81	56.40
达州市	Dazhou	16.89	11.54	34.59	34.86	48.50	53.59
雅安市	Ya'an	17.69	17.74	31.38	29.53	50.90	52.89
巴中市	Bazhong	16.45	13.90	32.11	29.14	51.48	56.89
资阳市	Ziyang	18.26	13.34	30.55	35.49	51.17	51.27
贵州省	**Guizhou**						
贵阳市	Guiyang	3.99	1.41	37.02	36.26	58.98	62.34
六盘水市	Liupanshui	12.22	2.37	46.01	34.75	41.77	62.96
遵义市	Zunyi	12.40	10.28	45.74	32.92	41.87	56.89
安顺市	Anshun	17.01	11.96	31.65	39.33	51.34	48.67
毕节市	Bijie	23.09	18.12	27.39	23.03	49.52	58.85
铜仁市	Tongren	20.41	9.33	26.09	34.30	53.51	56.34
云南省	**Yunnan**						
昆明市	Kunming	4.17	1.29	32.10	30.14	63.73	68.57
曲靖市	Qujing	16.62	7.87	38.07	45.45	45.30	46.66
玉溪市	Yuxi	9.31	4.18	43.72	56.59	46.95	39.23
保山市	Baoshan	21.31	18.29	38.21	37.40	40.44	44.36
昭通市	Zhaotong	16.51	10.42	38.46	44.66	45.04	45.06
丽江市	Lijiang	13.58	4.09	31.71	21.76	54.60	73.87
普洱市	Pu'er	22.74	8.58	26.43	32.10	50.86	59.40
临沧市	Lincang	27.53	12.96	25.90	22.86	46.61	64.08

2–10 续表 6 continued

单位：% (%)

城市	City	第一产业占地区生产总值的比重 Primary Industry as Percentage to GRP 全市 Total City	市辖区 Districts under City	第二产业占地区生产总值的比重 Secondary Industry as Percentage to GRP 全市 Total City	市辖区 Districts under City	第三产业占地区生产总值的比重 Tertiary Industry as Percentage to GRP 全市 Total City	市辖区 Districts under City
西藏自治区	**Tibet**						
拉萨市	Lasa	3.25	1.11	38.21	37.73	58.52	61.19
日喀则市	Xigaze	15.66	6.76	34.02	33.59	50.49	59.96
昌都市	Qamdo	13.12	4.98	41.43	45.62	45.43	48.71
林芝市	Linzhi	6.80	1.94	35.37	34.06	58.09	63.52
山南市	Shannan	4.01	2.38	49.35	38.84	47.05	59.17
那曲市	Naqu	12.28	5.73	25.23	27.22	62.19	66.86
陕西省	**Shaanxi**						
西安市	Xi'an	2.99	2.39	33.98	34.42	63.03	63.18
铜川市	Tongchuan	7.54	6.37	36.80	37.15	55.58	56.34
宝鸡市	Baoji	8.04	2.95	57.28	58.27	34.68	38.74
咸阳市	Xianyang	13.86	1.14	46.09	50.09	40.07	48.84
渭南市	Weinan	17.78	12.01	37.17	30.05	45.07	57.85
延安市	Yan'an	8.97	6.24	60.09	43.95	30.93	49.72
汉中市	Hanzhong	14.70	8.31	42.82	43.26	42.45	48.50
榆林市	Yulin	6.06	4.32	65.05	58.24	28.90	37.46
安康市	Ankang	11.63	9.17	46.86	36.82	41.51	54.00
商洛市	Shangluo	12.35	10.13	45.03	30.26	42.64	59.45
甘肃省	**Gansu**						
兰州市	Lanzhou	1.82	0.68	33.32	30.94	64.87	68.38
嘉峪关市	Jiayuguan	1.65		62.95		35.55	
金昌市	Jinchang	7.08	2.25	64.68	75.97	28.33	21.91
白银市	Baiyin	17.90	3.71	37.20	50.08	44.97	46.07
天水市	Tianshui	18.15	9.09	25.21	35.71	56.58	55.09
武威市	Wuwei	29.52	24.75	15.60	17.30	54.98	58.08
张掖市	Zhangye	25.59	19.77	19.51	18.46	54.84	62.01
平凉市	Pingliang	19.98	7.13	27.06	27.09	52.87	65.82
酒泉市	Jiuquan	15.14	15.86	41.07	23.10	43.83	61.08
庆阳市	Qingyang	11.47	2.84	50.14	48.99	38.38	47.97
定西市	Dingxi	18.74	13.16	15.93	16.59	65.42	70.50
陇南市	Longnan	17.73	16.74	23.99	11.04	58.30	72.12
青海省	**Qinghai**						
西宁市	Xining	3.87	0.16	30.03	23.79	66.09	76.07
海东市	Haidong	14.17	11.33	37.21	38.62	48.76	50.05
宁夏回族自治区	**Ningxia**						
银川市	Yinchuan	3.41	1.73	43.69	28.73	52.89	69.49
石嘴山市	Shizuishan	5.62	2.33	48.73	48.42	45.70	49.12
吴忠市	Wuzhong	12.11	11.68	44.34	38.53	43.59	49.96
固原市	Guyuan	17.58	11.57	19.39	16.98	62.92	71.31
中卫市	Zhongwei	13.74	13.67	42.72	41.33	43.46	45.07
新疆维吾尔自治区	**Xinjiang**						
乌鲁木齐市	Urumqi	0.81	0.60	26.55	26.59	72.65	72.82
克拉玛依市	Karamay	1.65	1.65	67.04	67.04	31.30	31.30
吐鲁番市	Turpan	14.05	20.59	44.18	16.24	41.89	63.08
哈密市	Hami	6.82	5.94	56.39	52.97	36.77	40.99

2-11 地方一般公共预算收支状况(全市)
Local General Public Budget Revenue and Expenditure (Total City)

单位：万元 (10 000 yuan)

城　市	City	地方一般公共预算收入 Local General Public Budget Revenue	地方一般公共预算支出 Local General Public Budget Expenditure	科学技术支出 Expenditure for Science and Technology	教育支出 Expenditure for Education
北京市	**Beijing**	**58170994**	**74082503**	**4334165**	**11360185**
天津市	**Tianjin**	**24102520**	**35087128**	**1099548**	**4669789**
河北省	**Hebei**				
石家庄市	Shijiazhuang	5691283	10513884	123373	2144377
唐山市	Tangshan	4653484	7975076	98211	1560263
秦皇岛市	Qinhuangdao	1441360	3179413	31044	607284
邯郸市	Handan	2620683	6972080	66530	1358561
邢台市	Xingtai	1598450	5504747	30392	1101023
保定市	Baoding	3048669	8777475	56776	1860080
张家口市	Zhangjiakou	1686238	6110403	23308	836265
承德市	Chengde	1124678	4218239	18670	787054
沧州市	Cangzhou	2836418	6863022	49422	1506790
廊坊市	Langfang	3883388	6397682	74277	1237214
衡水市	Hengshui	1220490	3942764	55720	685082
山西省	**Shanxi**				
太原市	Taiyuan	3866164	6105530	232044	830649
大同市	Datong	1301336	3633627	22603	541117
阳泉市	Yangquan	573929	1322650	7447	210066
长治市	Changzhi	1619482	3545092	16841	537016
晋城市	Jincheng	1382122	2525199	28419	375418
朔州市	Shuozhou	922886	1929168	6581	272249
晋中市	Jinzhong	1630075	3710587	27282	538654
运城市	Yuncheng	866265	3741868	15386	674644
忻州市	Xinzhou	909300	3710149	13478	524577
临汾市	Linfen	1380623	4112039	8229	584573
吕梁市	Lvliang	1926635	4306614	21344	729461
内蒙古自治区	**Inner Mongolia**				
呼和浩特市	Hohhot	2031169	4179245	71868	501030
包头市	Baotou	1518173	3645308	42806	531860
乌海市	Wuhai	464824	1029679	8888	123395
赤峰市	Chifeng	1103985	5452234	17697	934271
通辽市	Tongliao	762166	3793068	12769	547405
鄂尔多斯市	Erdos	5010156	6266762	49245	743864
呼伦贝尔市	Hulunbuir	839602	4598012	13596	536350
巴彦淖尔市	Bayannur	556881	3053865	6329	289486
乌兰察布市	Ulanqab	498646	3712074	5927	368331
辽宁省	**Liaoning**				
沈阳市	Shenyang	7302853	10476460	199013	1184021
大连市	Dalian	6928397	10162849	274946	1159337
鞍山市	Anshan	1532720	3269833	12357	405821
抚顺市	Fushun	752104	2081401	2917	201322
本溪市	Benxi	675647	1648167	2242	175673
丹东市	Dandong	751301	2233460	3874	294579
锦州市	Jinzhou	1020258	3609910	49387	329736
营口市	Yingkou	1331147	2544913	10941	266280
阜新市	Fuxin	426614	1781731	2695	227894

2-11 续表 1 continued

单位：万元 (10 000 yuan)

城 市	City	地方一般公共预算收入 Local General Public Budget Revenue	地方一般公共预算支出 Local General Public Budget Expenditure	科学技术支出 Expenditure for Science and Technology	教育支出 Expenditure for Education
辽阳市	Liaoyang	953148	1854741	5804	186991
盘锦市	Panjin	1479627	2329156	5723	213973
铁岭市	Tieling	499437	2272629	8899	305647
朝阳市	Chaoyang	746564	3005607	4025	452435
葫芦岛市	Huludao	842903	2483790	3485	351788
吉林省	**Jilin**				
长春市	Changchun	4200168	8960220	112892	1346070
吉林市	Jilin	978882	4206010	17580	524645
四平市	Siping	507600	3250169	3486	369750
辽源市	Liaoyuan	174594	1331042	2651	173287
通化市	Tonghua	533019	2672969	30684	313956
白山市	Baishan	237500	2006272	4803	212962
松原市	Songyuan	478797	2696766	6170	366459
白城市	Baicheng	439873	2499874	9782	286468
黑龙江省	**Heilongjiang**				
哈尔滨市	Harbin	3709066	11011389	156306	1194121
齐齐哈尔市	Qiqihar	727662	4825811	13142	598905
鸡西市	Jixi	332705	1734778	5430	181102
鹤岗市	Hegang	249401	1429543	4927	143543
双鸭山市	Shuangyashan	270544	1750379	2747	157354
大庆市	Daqing	1641364	3159091	33781	447771
伊春市	Yichun	193438	1750626	2140	130125
佳木斯市	Jiamusi	430404	2979246	4740	278840
七台河市	Qitaihe	304236	1365975	2815	86265
牡丹江市	Mudanjiang	587884	2063561	10647	253227
黑河市	Heihe	388098	2232248	3840	198010
绥化市	Suihua	648896	4709672	2817	580486
上海市	**Shanghai**	**71650984**	**81792842**	**3895424**	**9956956**
江苏省	**Jiangsu**				
南京市	Nanjing	15800300	16580700	976200	2890500
无锡市	Wuxi	10363300	11175200	552100	1782000
徐州市	Xuzhou	4683200	8822100	258900	1789600
常州市	Changzhou	5900300	6541900	267300	1067200
苏州市	Suzhou	22218100	21414500	1815800	3491874
南通市	Nantong	6192600	9726400	330100	1720700
连云港市	Lianyungang	2424400	4660300	140700	862800
淮安市	Huai'an	2573100	5291500	90700	843200
盐城市	Yancheng	3830000	8775200	266400	1458900
扬州市	Yangzhou	3287900	6119500	173400	977500
镇江市	Zhenjiang	3068500	4662500	183100	758400
泰州市	Taizhou	3656700	5942400	177500	758600
宿迁市	Suqian	2126000	5057400	148400	843300
浙江省	**Zhejiang**				
杭州市	Hangzhou	19659731	19528530	1481879	3635648
宁波市	Ningbo	14685072	17678895	1241564	2514461
温州市	Wenzhou	5789706	10841222	235282	2067136
嘉兴市	Jiaxing	5656945	7668853	330388	1310320

2-11 续表 2 continued

单位：万元 (10 000 yuan)

城市	City	地方一般公共预算收入 Local General Public Budget Revenue	地方一般公共预算支出 Local General Public Budget Expenditure	科学技术支出 Expenditure for Science and Technology	教育支出 Expenditure for Education
湖州市	Huzhou	3160702	4668656	187149	768283
绍兴市	Shaoxing	5283698	6408697	468932	1314831
金华市	Jinhua	4113010	6643295	247933	1266907
衢州市	Quzhou	1371245	4490028	153971	560654
舟山市	Zhoushan	1548600	3233611	74615	360395
台州市	Taizhou	4384983	7703304	287879	1473112
丽水市	Lishui	1398293	5264959	114303	766949
安徽省	**Anhui**				
合肥市	Hefei	7459934	11226669	1303222	1940527
芜湖市	Wuhu	3217921	5024765	511512	780743
蚌埠市	Bengbu	1632802	3375154	166238	592131
淮南市	Huainan	1094096	2620841	50272	479160
马鞍山市	Maanshan	1583489	2533325	108798	373770
淮北市	Huaibei	754910	1900091	8315	328446
铜陵市	Tongling	775782	1689119	94664	255654
安庆市	Anqing	1370088	4635724	113557	851921
黄山市	Huangshan	810665	1968199	60796	216771
滁州市	Chuzhou	2146056	4551158	140483	758791
阜阳市	Fuyang	2006296	6552803	72288	1180586
宿州市	Suzhou	1301651	4498613	34949	832081
六安市	Lu'an	1261894	4739907	115201	825818
亳州市	Bozhou	1261104	3733929	57857	765756
池州市	Chizhou	635875	1646024	24401	236855
宣城市	Xuancheng	1650707	3256389	156972	461852
福建省	**Fujian**				
福州市	Fuzhou	6680760	9497604	287913	1819641
厦门市	Xiamen	7683751	9129770	384332	1476725
莆田市	Putian	1431215	2358640	24260	580855
三明市	Sanming	1077607	3165751	32087	642519
泉州市	Quanzhou	4577535	6582451	157351	1509125
漳州市	Zhangzhou	2194126	4404412	55114	836216
南平市	Nanping	962277	3104115	33879	570662
龙岩市	Longyan	1556192	3222765	133880	687776
宁德市	Ningde	1268005	3394394	102543	629459
江西省	**Jiangxi**				
南昌市	Nanchang	4769998	8341066	339770	1264296
景德镇市	Jingdezhen	996919	2361873	46447	360764
萍乡市	Pingxiang	1050209	2757979	71819	427829
九江市	Jiujiang	2838617	6517998	175898	1154744
新余市	Xinyu	779580	1560860	26417	236193
鹰潭市	Yingtan	879068	1550628	102705	267638
赣州市	Ganzhou	2803678	10074419	275305	2062474
吉安市	Ji'an	1779561	5427662	129078	1025944
宜春市	Yichun	2461558	6207195	252209	1133573
抚州市	Fuzhou	1292424	4748730	130288	768167
上饶市	Shangrao	2324068	7319409	137951	1247450

2–11 续表 3 continued

单位：万元 (10 000 yuan)

城市	City	地方一般公共预算收入 Local General Public Budget Revenue	地方一般公共预算支出 Local General Public Budget Expenditure	科学技术支出 Expenditure for Science and Technology	教育支出 Expenditure for Education
山东省	**Shandong**				
济南市	Jinan	8741898	11973158	431758	1858212
青岛市	Qingdao	12417359	15759729	668363	2750716
淄博市	Zibo	3686683	4997410	154076	1021078
枣庄市	Zaozhuang	1472629	2671355	37152	587495
东营市	Dongying	2451019	3061932	57537	576127
烟台市	Yantai	5954203	7745446	298557	1286107
潍坊市	Weifang	5710571	7779024	216735	1850600
济宁市	Jining	4050125	6673016	86927	1496400
泰安市	Tai'an	2247115	4145498	40196	819343
威海市	Weihai	2498531	3431670	127260	829781
日照市	Rizhao	1703736	2674478	91396	558964
临沂市	Linyi	3300090	7108073	58571	1703364
德州市	Dezhou	2062687	4373599	114850	790198
聊城市	Liaocheng	1966287	4270773	20881	855548
滨州市	Binzhou	2429629	3785451	130977	616861
菏泽市	Heze	2219223	6190017	17844	1151378
河南省	**Henan**				
郑州市	Zhengzhou	12225346	19106727	633557	2470587
开封市	Kaifeng	1548566	4246028	66753	671497
洛阳市	Luoyang	3697835	6475723	259827	1128514
平顶山市	Pingdingshan	1713919	4047227	58260	774072
安阳市	Anyang	1640567	4045206	47624	810543
鹤壁市	Hebi	694510	1444942	35811	239313
新乡市	Xinxiang	1872125	4647038	112710	873974
焦作市	Jiaozuo	1564690	2976022	47970	449012
濮阳市	Puyang	1004761	3499458	26352	681788
许昌市	Xuchang	1798569	3624263	73373	692558
漯河市	Luohe	959052	2151496	55684	364721
三门峡市	Sanmenxia	1313726	2671828	51508	443784
南阳市	Nanyang	1961463	7024315	120479	1547911
商丘市	Shangqiu	1717116	5375388	92806	931222
信阳市	Xinyang	1190026	5958160	24110	1185690
周口市	Zhoukou	1409166	6562183	43637	1207467
驻马店市	Zhumadian	1602721	6100037	71186	1165492
湖北省	**Hubei**				
武汉市	Wuhan	15641163	22371003	1764277	2911958
黄石市	Huangshi	1195463	2656790	48485	419319
十堰市	Shiyan	1199629	4069458	60996	561004
宜昌市	Yichang	2407853	5969918	165567	746132
襄阳市	Xiangyang	3002394	7296831	270417	962739
鄂州市	Ezhou	600491	1253075	14597	200181
荆门市	Jingmen	1104768	2936776	85184	355795
孝感市	Xiaogan	1355315	4088361	112247	609947
荆州市	Jingzhou	1394244	4895679	95583	676720
黄冈市	Huanggang	1414039	5343399	97139	923912
咸宁市	Xianning	946224	2802677	66219	399041
随州市	Suizhou	491011	1579845	16210	243967

2-11 续表 4 continued

单位：万元 (10 000 yuan)

城 市	City	地方一般公共预算收入 Local General Public Budget Revenue	地方一般公共预算支出 Local General Public Budget Expenditure	科学技术支出 Expenditure for Science and Technology	教育支出 Expenditure for Education
湖南省	**Hunan**				
长沙市	Changsha	9502290	14259810	492477	2111796
株洲市	Zhuzhou	2009647	5233776	258653	625141
湘潭市	Xiangtan	1155151	3165869	129926	406236
衡阳市	Hengyang	1702028	6000208	52103	969117
邵阳市	Shaoyang	1029374	5816831	47772	990588
岳阳市	Yueyang	1501827	5324337	116174	699479
常德市	Changde	1835249	6085388	98346	764465
张家界市	Zhangjiajie	376921	1879511	13832	262138
益阳市	Yiyang	748272	3824188	48347	573576
郴州市	Chenzhou	1403426	4405446	91039	753880
永州市	Yongzhou	1252703	4970007	74520	915699
怀化市	Huaihua	952870	4703075	85523	823410
娄底市	Loudi	766996	3208750	36915	572765
广东省	**Guangdong**				
广州市	Guangzhou	16990383	28653263	2439456	5239743
韶关市	Shaoguan	1010467	3825719	90824	588578
深圳市	Shenzhen	37733831	45527336	5484249	7165514
珠海市	Zhuhai	3444865	6157366	488867	1042080
汕头市	Shantou	1382535	3865350	63821	937080
佛山市	Foshan	7316156	9413223	981555	1597130
江门市	Jiangmen	2568298	4212384	153988	850385
湛江市	Zhanjiang	1312654	5031027	43753	1104425
茂名市	Maoming	1398925	4581230	37030	1247054
肇庆市	Zhaoqing	1142081	3516452	87078	712588
惠州市	Huizhou	4008561	6149163	251859	1194088
梅州市	Meizhou	915872	4438412	69695	834771
汕尾市	Shanwei	424509	2789245	21029	555056
河源市	Heyuan	774732	3731270	38868	718301
阳江市	Yangjiang	642994	2423425	39689	397757
清远市	Qingyuan	1185366	3952770	84106	839230
东莞市	Dongguan	6732663	8630134	253628	1853932
中山市	Zhongshan	2833824	4117302	333279	739036
潮州市	Chaozhou	480118	1971576	19282	420325
揭阳市	Jieyang	730161	3496928	30494	769720
云浮市	Yunfu	604807	2429923	42823	481004
广西壮族自治区	**Guangxi**				
南宁市	Nanning	3709283	7891986	106667	1408642
柳州市	Liuzhou	2214490	4991352	56431	797454
桂林市	Guilin	1527929	4956951	27301	765734
梧州市	Wuzhou	846156	2936628	14519	575193
北海市	Beihai	780938	2005587	23220	370234
防城港市	Fangchenggang	474089	1395345	3993	198680
钦州市	Qinzhou	573824	2243801	12815	507416
贵港市	Guigang	626870	2930910	16853	640254
玉林市	Yulin	1110882	4191671	18409	927419

2-11 续表 5 continued

单位：万元 (10 000 yuan)

城市	City	地方一般公共预算收入 Local General Public Budget Revenue	地方一般公共预算支出 Local General Public Budget Expenditure	科学技术支出 Expenditure for Science and Technology	教育支出 Expenditure for Education
百色市	Baise	940106	4787359	22186	809768
贺州市	Hezhou	361588	2201233	4572	388916
河池市	Hechi	425908	3902876	8198	652973
来宾市	Laibin	343543	1894006	1794	316576
崇左市	Chongzuo	337367	2892559	7899	378549
海南省	**Hainan**				
海口市	Haikou	1853425	2658645	23696	414403
三亚市	Sanya	1090980	2153861	142459	224140
三沙市	Sansha				
儋州市	Danzhou	205951	1013017	973	183145
重庆市	**Chongqing**	**21349326**	**48476795**	**792329**	**7282575**
四川省	**Sichuan**				
成都市	Chengdu	14829607	20069493	1057709	2883936
自贡市	Zigong	612455	2325764	58264	427373
攀枝花市	Panzhihua	629645	1373279	14904	271686
泸州市	Luzhou	1596417	4430935	51891	791341
德阳市	Deyang	1249635	2881965	34433	413964
绵阳市	Mianyang	1311475	4534296	143576	660366
广元市	Guangyuan	484859	2590870	9004	412429
遂宁市	Suining	692712	2680713	20754	423335
内江市	Neijiang	636352	2720495	16049	474825
乐山市	Leshan	1167253	3171142	10056	440407
南充市	Nanchong	1232950	5551943	17227	927582
眉山市	Meishan	1107681	2593227	6883	419323
宜宾市	Yibin	1754916	4636228	53730	851881
广安市	Guang'an	856692	3048394	9760	637902
达州市	Dazhou	1076040	4199785	17171	785683
雅安市	Ya'an	430142	1456480	27921	215786
巴中市	Bazhong	476650	3117540	6396	510257
资阳市	Ziyang	530859	1908888	23973	282935
贵州省	**Guizhou**				
贵阳市	Guiyang	4172610	7188224	284573	1268289
六盘水市	Liupanshui	1068113	3213086	55103	787139
遵义市	Zunyi	2544540	7433951	109631	1551964
安顺市	Anshun	646485	3005059	43945	551648
毕节市	Bijie	1302506	6802894	186433	1599114
铜仁市	Tongren	635516	4426640	64292	960611
云南省	**Yunnan**				
昆明市	Kunming	6300303	8208590	188652	1356934
曲靖市	Qujing	1490726	5415779	17074	1179724
玉溪市	Yuxi	1331987	2926903	37781	487968
保山市	Baoshan	672152	2709248	7069	455998
昭通市	Zhaotong	818100	6406400	10026	1102933
丽江市	Lijiang	454102	1729756	10066	268852
普洱市	Pu'er	498448	3014284	14400	456759
临沧市	Lincang	464671	2741096	9290	538640

2-11 续表 6 continued

单位：万元 (10 000 yuan)

城 市	City	地方一般公共预算收入 Local General Public Budget Revenue	地方一般公共预算支出 Local General Public Budget Expenditure	科学技术支出 Expenditure for Science and Technology	教育支出 Expenditure for Education
西藏自治区	**Tibet**				
拉萨市	Lasa	1170407	3654116	23222	537790
日喀则市	Xigaze	156911	3232612	5406	496720
昌都市	Qamdo	180334	3094485	3266	424441
林芝市	Linzhi	99618	1232636	3807	160244
山南市	Shannan	192820	1820624	2055	231636
那曲市	Naqu	87195	2350188	3434	357662
陕西省	**Shaanxi**				
西安市	Xi'an	7025624	12470153	347911	2018994
铜川市	Tongchuan	241231	1235897	3825	201373
宝鸡市	Baoji	879796	3502199	81763	640169
咸阳市	Xianyang	891009	4037620	16095	645932
渭南市	Weinan	860051	4668762	29676	839893
延安市	Yan'an	1559251	4471761	28323	634252
汉中市	Hanzhong	490858	3838962	27551	658860
榆林市	Yulin	4056309	7435183	40202	1241819
安康市	Ankang	276966	3687237	12964	631595
商洛市	Shangluo	209609	2985711	8491	430771
甘肃省	**Gansu**				
兰州市	Lanzhou	2332261	4566617	78947	882874
嘉峪关市	Jiayuguan	194873	318623	2323	44775
金昌市	Jinchang	208276	663076	3164	90606
白银市	Baiyin	311220	1902167	7074	350849
天水市	Tianshui	503587	3114115	11632	619524
武威市	Wuwei	283739	2045965	8031	358948
张掖市	Zhangye	269221	1536599	8773	247301
平凉市	Pingliang	325388	2417967	4533	458973
酒泉市	Jiuquan	370123	1575967	6539	229008
庆阳市	Qingyang	586428	2811493	11641	517098
定西市	Dingxi	246705	2601640	10079	546810
陇南市	Longnan	236087	2785296	9922	475276
青海省	**Qinghai**				
西宁市	Xining	1017897	3280436	20169	584938
海东市	Haidong	203247	2469180	5279	392446
宁夏回族自治区	**Ningxia**				
银川市	Yinchuan	1547084	3464668	87788	408302
石嘴山市	Shizuishan	227902	1166359	24604	146380
吴忠市	Wuzhong	353637	2193369	28066	324678
固原市	Guyuan	162380	2358056	10726	358557
中卫市	Zhongwei	220549	1729013	22955	243069
新疆维吾尔自治区	**Xinjiang**				
乌鲁木齐市	Urumqi	4724647	6202786	100828	900900
克拉玛依市	Karamay	1057381	1200741	13458	251793
吐鲁番市	Turpan	455712	1114427	1780	208501
哈密市	Hami	492815	1205164	4463	180983

2-12 地方一般公共预算收支状况(市辖区)
Local General Public Budget Revenue and Expenditure (Districts under City)

单位：万元 (10 000 yuan)

城 市	City	地方一般公共预算收入 Local General Public Budget Revenue	地方一般公共预算支出 Local General Public Budget Expenditure	科学技术支出 Expenditure for Science and Technology	教育支出 Expenditure for Education
北京市	**Beijing**	**58170994**	**74082503**	**4334165**	**11360185**
天津市	**Tianjin**	**24102520**	**35087128**	**1099548**	**4669789**
河北省	**Hebei**				
石家庄市	Shijiazhuang	4070684	5664174	94205	1150434
唐山市	Tangshan	3275985	5176274	78441	953014
秦皇岛市	Qinhuangdao	1172989	2211534	29142	387960
邯郸市	Handan	1314525	3025084	29709	615447
邢台市	Xingtai	555084	1272801	4287	320193
保定市	Baoding	1414802	2760521	26428	526945
张家口市	Zhangjiakou	1043676	2757555	17006	383297
承德市	Chengde	493779	1171933	8860	233740
沧州市	Cangzhou	1279667	1913968	28236	388810
廊坊市	Langfang	1366228	1792690	42980	340310
衡水市	Hengshui	596562	1314368	30867	255615
山西省	**Shanxi**				
太原市	Taiyuan	1034060	1929335	46172	374466
大同市	Datong	1098791	2143765	18681	331069
阳泉市	Yangquan	439849	789051	5129	121174
长治市	Changzhi	986049	1743502	10009	285436
晋城市	Jincheng	527681	897816	3253	122314
朔州市	Shuozhou	580392	961630	4857	139046
晋中市	Jinzhong	141628	369655	1725	78617
运城市	Yuncheng	184489	684558	1298	63309
忻州市	Xinzhou	60002	239886	146	48847
临汾市	Linfen	182923	449415	1160	71525
吕梁市	Lvliang	146126	244196	515	52597
内蒙古自治区	**Inner Mongolia**				
呼和浩特市	Hohhot	1135700	1199393	11402	249936
包头市	Baotou	1361222	2982859	40066	453066
乌海市	Wuhai	464824	1029679	8888	123395
赤峰市	Chifeng	617774	1018162	6851	254483
通辽市	Tongliao	104412	517471	659	97585
鄂尔多斯市	Erdos	2513062	2537247	1997	157866
呼伦贝尔市	Hulunbuir	124823	433692	398	49467
巴彦淖尔市	Bayannur	170821	460975	777	72766
乌兰察布市	Ulanqab	127050	551456	118	50246
辽宁省	**Liaoning**				
沈阳市	Shenyang	6096674	5226988	66505	773423
大连市	Dalian	5913886	8604910	271738	889493
鞍山市	Anshan	1041540	2191974	10934	226312
抚顺市	Fushun	583153	1481069	2690	127603
本溪市	Benxi	538141	1182101	1976	113853
丹东市	Dandong	277346	286010	482	41521
锦州市	Jinzhou	731527	2169898	46007	139481
营口市	Yingkou	1230132	1639405	10566	150320
阜新市	Fuxin	295800	970349	2472	96543

2-12 续表 1 continued

单位：万元 (10 000 yuan)

城市	City	地方一般公共预算收入 Local General Public Budget Revenue	地方一般公共预算支出 Local General Public Budget Expenditure	科学技术支出 Expenditure for Science and Technology	教育支出 Expenditure for Education
辽阳市	Liaoyang	419895	463996	1660	47648
盘锦市	Panjin	1263216	1905329	5680	174769
铁岭市	Tieling	128514	188258	3311	25285
朝阳市	Chaoyang	362298	795561	1775	107078
葫芦岛市	Huludao	416471	522484	492	98387
吉林省	**Jilin**				
长春市	Changchun	3973434	6715897	111205	904961
吉林市	Jilin	755945	2245388	13325	234106
四平市	Siping	239935	809138	2194	78207
辽源市	Liaoyuan	108169	584453	1846	67211
通化市	Tonghua	162849	788687	11029	91693
白山市	Baishan	142496	835915	1677	83281
松原市	Songyuan	218978	667676	5364	97937
白城市	Baicheng	162995	645698	6239	72604
黑龙江省	**Heilongjiang**				
哈尔滨市	Harbin				
齐齐哈尔市	Qiqihar	395188	1400627	9734	208560
鸡西市	Jixi	223086	830440	1294	76602
鹤岗市	Hegang	194026	924900	755	90300
双鸭山市	Shuangyashan	167581	797203	1830	58427
大庆市	Daqing	1511719	2117566	32825	297777
伊春市	Yichun	151163	1289784	1503	71682
佳木斯市	Jiamusi	240801	932758	3116	77377
七台河市	Qitaihe	263123	924788	2695	63155
牡丹江市	Mudanjiang	86869	115164	5178	25100
黑河市	Heihe	117993	351043	1027	15778
绥化市	Suihua	58219	460999	86	65450
上海市	**Shanghai**	**71650984**	**81792842**	**3895424**	**9956956**
江苏省	**Jiangsu**				
南京市	Nanjing	15800300	16580700	976200	2890500
无锡市	Wuxi	6558972	7353387	405050	1107060
徐州市	Xuzhou	2784347	4006838	152943	820983
常州市	Changzhou	5197564	5522766	209646	889781
苏州市	Suzhou	12015177	12115453	952922	1948033
南通市	Nantong	2872070	3860383	157791	622004
连云港市	Lianyungang	1722630	2759271	100889	498992
淮安市	Huai'an	1927919	3513467	44636	580962
盐城市	Yancheng	1993294	3477720	132235	510832
扬州市	Yangzhou	2167468	3867568	121957	574204
镇江市	Zhenjiang	1573247	2532374	105232	326778
泰州市	Taizhou	1876185	2903056	124997	356432
宿迁市	Suqian	1126247	2237222	57286	338129
浙江省	**Zhejiang**				
杭州市	Hangzhou	18800198	17796386	1417913	3327779
宁波市	Ningbo	10473187	12605023	774613	1605873
温州市	Wenzhou	2598995	3632627	135730	718311
嘉兴市	Jiaxing	1805018	2567954	92423	345886

2–12 续表 2 continued

单位：万元 (10 000 yuan)

城　市	City	地方一般公共预算收入 Local General Public Budget Revenue	地方一般公共预算支出 Local General Public Budget Expenditure	科学技术支出 Expenditure for Science and Technology	教育支出 Expenditure for Education
湖州市	Huzhou	1310192	2145483	68831	326761
绍兴市	Shaoxing	3491329	3900728	267404	803137
金华市	Jinhua	950131	1604437	56529	260869
衢州市	Quzhou	759228	1914838	77807	245298
舟山市	Zhoushan	1294598	2421737	60635	282007
台州市	Taizhou	1787223	2812368	182304	538373
丽水市	Lishui	546278	1281321	38175	178148
安徽省	**Anhui**				
合肥市	Hefei	5594749	7250100	1102014	1203772
芜湖市	Wuhu	2139255	3104053	440957	428180
蚌埠市	Bengbu	1118069	1749826	65439	242634
淮南市	Huainan	638173	1391726	42240	235742
马鞍山市	Maanshan	941921	1249279	41309	163829
淮北市	Huaibei	548129	1188047	6592	189573
铜陵市	Tongling	686857	1257290	89374	181839
安庆市	Anqing	691732	1328992	30196	167230
黄山市	Huangshan	501819	1001375	29007	94891
滁州市	Chuzhou	775096	1381875	68001	211765
阜阳市	Fuyang	927783	2290242	37628	371738
宿州市	Suzhou	717073	1904957	28627	276509
六安市	Lu'an	692414	2407077	87759	379905
亳州市	Bozhou	699405	1552169	42419	324540
池州市	Chizhou	370332	847046	20037	106209
宣城市	Xuancheng	564099	1118111	35969	121446
福建省	**Fujian**				
福州市	Fuzhou	3915393	4634130	129239	948633
厦门市	Xiamen	7683751	9129770	384332	1476725
莆田市	Putian	1169201	1792105	23191	434361
三明市	Sanming	376625	728052	9880	122385
泉州市	Quanzhou	1282004	1883523	53203	379632
漳州市	Zhangzhou	830495	1304230	15652	204051
南平市	Nanping	411138	1104372	12146	180722
龙岩市	Longyan	934696	1465005	44900	307640
宁德市	Ningde	510166	1120277	64080	150782
江西省	**Jiangxi**				
南昌市	Nanchang	1875130	3468191	282624	546914
景德镇市	Jingdezhen	133483	403047	2007	45342
萍乡市	Pingxiang	564701	1194465	39835	172836
九江市	Jiujiang	1140273	2233921	70629	345420
新余市	Xinyu	645240	1255902	18827	186643
鹰潭市	Yingtan	464131	932399	64946	121901
赣州市	Ganzhou	894157	2355733	84140	430385
吉安市	Ji'an	188669	560807	14444	103161
宜春市	Yichun	561376	1831885	107065	265457
抚州市	Fuzhou	447460	1422703	46883	252806
上饶市	Shangrao	999473	2523171	64333	462592

2–12 续表 3 continued

单位：万元 (10 000 yuan)

城市	City	地方一般公共预算收入 Local General Public Budget Revenue	地方一般公共预算支出 Local General Public Budget Expenditure	科学技术支出 Expenditure for Science and Technology	教育支出 Expenditure for Education
山东省	**Shandong**				
济南市	Jinan	7572441	6785596	217702	1306155
青岛市	Qingdao	10313341	12819467	631093	2074025
淄博市	Zibo	2943663	3875088	121303	760323
枣庄市	Zaozhuang	792613	1784540	30368	378466
东营市	Dongying	1838097	2259694	49138	387331
烟台市	Yantai	3010767	3929875	219615	618402
潍坊市	Weifang	2093238	3130242	169474	534651
济宁市	Jining	1878008	2599116	67002	535919
泰安市	Tai'an	1184553	2034848	21951	308961
威海市	Weihai	1497319	1344457	69389	327699
日照市	Rizhao	1332018	1751224	70590	293083
临沂市	Linyi	1821074	2916737	34678	626836
德州市	Dezhou	660435	758657	32880	162844
聊城市	Liaocheng	1130233	2192684	12202	341610
滨州市	Binzhou	865895	1650188	101620	213234
菏泽市	Heze	834035	2243635	9036	325139
河南省	**Henan**				
郑州市	Zhengzhou	9297173	14420095	556484	1639234
开封市	Kaifeng	763180	1816622	30411	267215
洛阳市	Luoyang	2077832	3067446	133397	403497
平顶山市	Pingdingshan	859759	1485138	18104	299445
安阳市	Anyang	860657	1623669	28893	318068
鹤壁市	Hebi	505179	857128	23202	151004
新乡市	Xinxiang	695867	1464607	67665	270380
焦作市	Jiaozuo	727554	1331065	17339	188080
濮阳市	Puyang	558572	1128009	13011	251408
许昌市	Xuchang	912335	1584281	41446	279580
漯河市	Luohe	666383	1353326	33678	223430
三门峡市	Sanmenxia	540077	1115606	22852	198797
南阳市	Nanyang	765604	1736013	29730	427794
商丘市	Shangqiu	696931	1626652	23066	280965
信阳市	Xinyang	518358	1483101	10870	279381
周口市	Zhoukou	377610	1085253	2795	154696
驻马店市	Zhumadian	591463	1333167	26025	257933
湖北省	**Hubei**				
武汉市	Wuhan	15641163	22371003	1764277	2911958
黄石市	Huangshi	583679	1199544	19426	151091
十堰市	Shiyan	666543	1735083	38286	271587
宜昌市	Yichang	1429782	2843844	125644	368580
襄阳市	Xiangyang	1993147	3896133	185943	500486
鄂州市	Ezhou	600491	1253075	14597	200181
荆门市	Jingmen	618023	1135479	44047	154024
孝感市	Xiaogan	450595	1172694	36478	181443
荆州市	Jingzhou	735445	1576555	38810	217195
黄冈市	Huanggang	76128	237402	4660	30796
咸宁市	Xianning	385548	954502	31414	129027
随州市	Suizhou	173560	386223	5488	52852

2-12 续表 4 continued

单位：万元 (10 000 yuan)

城市	City	地方一般公共预算收入 Local General Public Budget Revenue	地方一般公共预算支出 Local General Public Budget Expenditure	科学技术支出 Expenditure for Science and Technology	教育支出 Expenditure for Education
湖南省	**Hunan**				
长沙市	Changsha	7049726	9924422	331579	1423258
株洲市	Zhuzhou	1476611	3367505	189320	341907
湘潭市	Xiangtan	792565	1849384	98534	194197
衡阳市	Hengyang	783201	1626587	30951	167202
邵阳市	Shaoyang	397954	1174870	18275	153541
岳阳市	Yueyang	969397	2245296	90139	242152
常德市	Changde	1251575	2544741	73681	302869
张家界市	Zhangjiajie	255094	946273	12195	104980
益阳市	Yiyang	431387	1450249	26321	194283
郴州市	Chenzhou	148279	620043	24392	122169
永州市	Yongzhou	276359	913519	16165	160231
怀化市	Huaihua	362994	890774	32940	137168
娄底市	Loudi	413896	968121	21711	157444
广东省	**Guangdong**				
广州市	Guangzhou	16990383	28653263	2439456	5239743
韶关市	Shaoguan	596968	1552913	52688	201932
深圳市	Shenzhen	37733831	45527336	5484249	7165514
珠海市	Zhuhai	3444865	6157366	488867	1042080
汕头市	Shantou	1355909	3720090	63285	923731
佛山市	Foshan	7316156	9413223	981555	1597130
江门市	Jiangmen	1529586	2208131	112105	468594
湛江市	Zhanjiang	890647	2013379	32136	394782
茂名市	Maoming	980765	2317424	32818	585488
肇庆市	Zhaoqing	758582	1707661	66082	321773
惠州市	Huizhou	3097665	3845893	198617	682980
梅州市	Meizhou	439810	1379772	23372	266900
汕尾市	Shanwei	212274	864004	11612	138410
河源市	Heyuan	263677	755865	5874	114186
阳江市	Yangjiang	424481	1355595	31018	205229
清远市	Qingyuan	731343	1762382	54351	376778
东莞市	Dongguan				
中山市	Zhongshan				
潮州市	Chaozhou	397117	1358092	15062	259207
揭阳市	Jieyang	420057	1383503	15471	280875
云浮市	Yunfu	238644	867796	26360	146208
广西壮族自治区	**Guangxi**				
南宁市	Nanning	3376980	5659280	100001	965305
柳州市	Liuzhou	1924571	3263843	49490	477717
桂林市	Guilin	974980	1927399	16988	285266
梧州市	Wuzhou	476345	1129294	5665	145599
北海市	Beihai	684620	1467422	22889	244941
防城港市	Fangchenggang	389116	1002696	2710	123960
钦州市	Qinzhou	431368	1214315	9515	237237
贵港市	Guigang	404647	1407492	15532	277190
玉林市	Yulin	510421	1299668	9159	245452

2-12 续表 5 continued

单位：万元 (10 000 yuan)

城 市	City	地方一般公共预算收入 Local General Public Budget Revenue	地方一般公共预算支出 Local General Public Budget Expenditure	科学技术支出 Expenditure for Science and Technology	教育支出 Expenditure for Education
百色市	Baise	233547	836357	2676	129639
贺州市	Hezhou	132903	669090	659	140306
河池市	Hechi	77986	520318	1548	115053
来宾市	Laibin	176250	736940	1145	120844
崇左市	Chongzuo	122339	992428	1696	99400
海南省	**Hainan**				
海口市	Haikou	1853425	2658645	23696	414403
三亚市	Sanya	1090980	2153861	142459	224140
三沙市	Sansha				
儋州市	Danzhou				
重庆市	**Chongqing**	**12078840**	**26865980**	**460520**	**4498178**
四川省	**Sichuan**				
成都市	Chengdu	10496357	11428186	698387	1779313
自贡市	Zigong	441382	1520997	56399	224678
攀枝花市	Panzhihua	453572	984002	12712	197653
泸州市	Luzhou	1098646	2468092	43389	319733
德阳市	Deyang	523807	1219047	19743	145865
绵阳市	Mianyang	593118	1213662	48145	205640
广元市	Guangyuan	121072	704019	2270	131241
遂宁市	Suining	441832	1515165	12422	194179
内江市	Neijiang	204026	789022	6310	131669
乐山市	Leshan	689111	1439642	6914	157883
南充市	Nanchong	680054	2353888	14121	354521
眉山市	Meishan	385853	776679	3096	131581
宜宾市	Yibin	1154441	2579367	43543	412318
广安市	Guang'an	236208	574266	3895	60376
达州市	Dazhou	251242	998002	1956	190659
雅安市	Ya'an	52897	278855	786	60094
巴中市	Bazhong	144151	841228	1484	159560
资阳市	Ziyang	358629	1062232	19236	100347
贵州省	**Guizhou**				
贵阳市	Guiyang	3780250	5936026	271157	936738
六盘水市	Liupanshui	167409	359638	1139	124618
遵义市	Zunyi	622066	1628589	15584	424814
安顺市	Anshun	472243	1755116	24912	297873
毕节市	Bijie	282838	966563	44471	287650
铜仁市	Tongren	184293	584080	22957	132074
云南省	**Yunnan**				
昆明市	Kunming	5137261	5880955	163005	832932
曲靖市	Qujing	816735	1744462	7730	339664
玉溪市	Yuxi	234453	552129	8366	122713
保山市	Baoshan	197868	608480	685	121716
昭通市	Zhaotong	140355	853644	1395	136002
丽江市	Lijiang	107808	249295	2774	37518
普洱市	Pu'er	90849	245901	3113	39254
临沧市	Lincang	85863	348469	916	63085

2–12 续表 6 continued

单位：万元 (10 000 yuan)

城市	City	地方一般公共预算收入 Local General Public Budget Revenue	地方一般公共预算支出 Local General Public Budget Expenditure	科学技术支出 Expenditure for Science and Technology	教育支出 Expenditure for Education
西藏自治区	**Tibet**				
拉萨市	Lasa	967058	2843623	22745	405639
日喀则市	Xigaze	25913	226948	467	45485
昌都市	Qamdo	81067	656713	1058	112088
林芝市	Linzhi	23000	139155	99	17533
山南市	Shannan	17094	132071	43	18817
那曲市	Naqu	12364	271179	33	50231
陕西省	**Shaanxi**				
西安市	Xi'an	3262663	5064707	31339	1232736
铜川市	Tongchuan	110789	706478	2345	146172
宝鸡市	Baoji	625719	1781807	72430	240435
咸阳市	Xianyang	436254	1063625	9831	129130
渭南市	Weinan	91477	535633	15742	134204
延安市	Yan'an	241598	603635	3144	132777
汉中市	Hanzhong	194341	768123	3246	164669
榆林市	Yulin	521022	766658	8116	241164
安康市	Ankang	44007	620638	449	116690
商洛市	Shangluo	33014	413367	311	73354
甘肃省	**Gansu**				
兰州市	Lanzhou	1963627	3328248	31918	640992
嘉峪关市	Jiayuguan				
金昌市	Jinchang	43113	146848	401	11502
白银市	Baiyin	111173	426199	1741	92095
天水市	Tianshui	388512	1502672	9988	239297
武威市	Wuwei	187027	874558	3763	181728
张掖市	Zhangye	87750	409206	1128	78920
平凉市	Pingliang	71420	408680	574	72835
酒泉市	Jiuquan	84738	422470	502	67959
庆阳市	Qingyang	101112	325581	1966	69404
定西市	Dingxi	42674	454370	781	79796
陇南市	Longnan	46609	486550	1119	81967
青海省	**Qinghai**				
西宁市	Xining	364851	738427	4534	153874
海东市	Haidong	48986	579778	1624	88296
宁夏回族自治区	**Ningxia**				
银川市	Yinchuan	223321	638225	5531	159917
石嘴山市	Shizuishan	145151	783131	20919	96505
吴忠市	Wuzhong	33382	202726	2508	11946
固原市	Guyuan	17979	416019	829	77177
中卫市	Zhongwei	112242	661660	16490	77934
新疆维吾尔自治区	**Xinjiang**				
乌鲁木齐市	Urumqi	4664627	6063308	99874	877299
克拉玛依市	Karamay	1057381	1200741	13458	251793
吐鲁番市	Turpan	105007	346136	515	66299
哈密市	Hami	300563	577896	696	92058

2-13 年末金融机构存贷款余额
Deposits and Loans of National Banking System at Year-end

单位：万元 (10 000 yuan)

城 市	City	年末金融机构人民币各项存款余额 Deposits of National Banking System at Year-end		住户存款余额 Household Saving Deposits at Year-end		年末金融机构人民币各项贷款余额 Loans of National Banking System at Year-end	
		全 市 Total City	市辖区 Districts under City	全 市 Total City	市辖区 Districts under City	全 市 Total City	市辖区 Districts under City
北京市	**Beijing**	**1643494898**	**1643494898**	**373096750**	**373096750**	**735759400**	**735759400**
天津市	**Tianjin**	**306998030**	**306998030**	**126396371**	**126396371**	**348740384**	**348740384**
河北省	**Hebei**						
石家庄市	Shijiazhuang	149567778	100992110	76300235	38706943	113418631	90459065
唐山市	Tangshan	101379765	65241250	67027713	38513864	60848002	45449881
秦皇岛市	Qinhuangdao	36219883	26670502	25918648	17873092	22059692	18503614
邯郸市	Handan	64428167	29690796	45269237	18693194	41562822	22930313
邢台市	Xingtai	47039193	14872360	34777637	9052168	32064237	13578520
保定市	Baoding	90666854	35386820	60004362	20263436	50636574	21764157
张家口市	Zhangjiakou	39982044	22782011	27257160	15268190	33211642	21365927
承德市	Chengde	29075346	11260073	20845826	6919710	24701930	11183374
沧州市	Cangzhou	56703078	15013958	41556325	8461965	32717377	12808741
廊坊市	Langfang	65093832	24940809	38838710	11917358	67542387	24711759
衡水市	Hengshui	35668749	15005072	26864553	9615365	21194185	10609727
山西省	**Shanxi**						
太原市	Taiyuan	126637200	120593564	52520800	47939208	137074700	133112624
大同市	Datong	31732220	24461840	22262041	16469396	15581189	12979255
阳泉市	Yangquan	17342687	12860941	10100865	6425035	11335790	8503191
长治市	Changzhi	29646048	20677969	18996213	12205084	17434518	12588922
晋城市	Jincheng	26134605	18008709	13710584	7837752	15341854	11887014
朔州市	Shuozhou	16808477	10048705	11977669	6427878	8615270	5753885
晋中市	Jinzhong	29710072	11553535	21809598	7010545	20419496	12066023
运城市	Yuncheng	24840041	8027011	18754974	4885917	12697405	5738998
忻州市	Xinzhou	23544178	6680926	18001164	4419660	10497741	4261725
临汾市	Linfen	26660203	11088016	19449575	7020519	16553180	8887917
吕梁市	Lvliang	25360544	5693348	17933643	2966987	11994076	3800335
内蒙古自治区	**Inner Mongolia**						
呼和浩特市	Hohhot	58763685	53743000	23916363	20999500	85138176	81922400
包头市	Baotou	32922978	30504527	18445537	17564849	29983519	27970901
乌海市	Wuhai	8458921	8458921	4790029	4790029	6664040	6664040
赤峰市	Chifeng	24215065	13456620	17256647	8881938	20081119	12279354
通辽市	Tongliao	11950948	6332146	8791054	4366578	10345502	6171846
鄂尔多斯市	Erdos	40157633	24093234	22005140	11090637	32510730	23644136
呼伦贝尔市	Hulunbuir	17135102	5543830	11364524	2767737	11509272	4126840
巴彦淖尔市	Bayannur	10466500	5218000	7726472	3384574	9265630	4766000
乌兰察布市	Ulanqab	12553300	5190455	9289900	3405725	7839900	3567945
辽宁省	**Liaoning**						
沈阳市	Shenyang	186913173	181607212	83376061	78481024	166192404	163392830
大连市	Dalian	141638282	127758955	68422887	56400446	119974672	111529920
鞍山市	Anshan	39851372	25544675	29567952	16997110	25279777	18905870
抚顺市	Fushun	20104553	16600769	15704262	12722929	10387465	8741221
本溪市	Benxi	15636025	12522128	10372144	772123	14445379	12901425
丹东市	Dandong	23279308	12044034	19560673	9160282	13598009	8148551
锦州市	Jinzhou	36240149	26628235	24338869	15515635	32882006	28805750
营口市	Yingkou	33776255	24882079	24826916	17443547	23076180	18157197
阜新市	Fuxin	12434479	9129771	9414444	6582835	10168855	8423503

2-13 续表 1 continued

单位：万元 (10 000 yuan)

城 市	City	年末金融机构人民币各项存款余额 Deposits of National Banking System at Year-end		住户存款余额 Household Saving Deposits at Year-end		年末金融机构人民币各项贷款余额 Loans of National Banking System at Year-end	
		全 市 Total City	市辖区 Districts under City	全 市 Total City	市辖区 Districts under City	全 市 Total City	市辖区 Districts under City
辽阳市	Liaoyang	28705956	23174810	13030013	8592060	24186023	20868547
盘锦市	Panjin	22067975	20497041	13552639	12205217	11601033	10924223
铁岭市	Tieling	15520968	6967650	13225394	5651503	8931537	4365549
朝阳市	Chaoyang	19958635	9588582	16195728	7161098	11030476	6421169
葫芦岛市	Huludao	22898635	13955683	16233063	8424734	14783851	8791499
吉林省	**Jilin**						
长春市	Changchun	125976695	115102889	58890932	49847244	130768508	124102344
吉林市	Jilin	28885400	19635800	22408800	14850400	22003000	15923800
四平市	Siping	159997622	5553070	12374653	4063412	9561962	3793860
辽源市	Liaoyuan	6251789	3568753	5134219	2842563	4381253	2436792
通化市	Tonghua	13573317	4316200	10624117	3060683	8901075	3497600
白山市	Baishan	8001300	4185000	5703100	2909400	5087100	3043000
松原市	Songyuan	13867072	5346605	9830966	3728067	9047353	2991136
白城市	Baicheng	9056939	3590958	6078081	2252234	7369703	2744921
黑龙江省	**Heilongjiang**						
哈尔滨市	Harbin	122505382	108947483	62918401	51754432	120530403	113235860
齐齐哈尔市	Qiqihar	22705140	12638540	17500338	9339574	14490230	9456199
鸡西市	Jixi	11919762	6591724	9302068	4997349	8365274	4336869
鹤岗市	Hegang	7571057	4872194	5869384	3775043	4660211	1114195
双鸭山市	Shuangyashan	9447991	4722987	7177374	2982803	9195039	6435252
大庆市	Daqing	28140874	27321162	19909258	19263069	11201507	10789698
伊春市	Yichun	7915833	5743442	5583477	3873637	1649264	1260911
佳木斯市	Jiamusi	14832341	6991326	11423636	5566607	17909796	1977996
七台河市	Qitaihe	5068876	3837707	3803799	2928882	2222245	1384733
牡丹江市	Mudanjiang	16529918	7857017	13532177	6291643	6690655	4263915
黑河市	Heihe	8961590	2806494	6793708	1689182	5006712	905574
绥化市	Suihua	18041806	4662143	14658626	3303876	10484179	3100250
上海市	**Shanghai**	**1233300600**	**1233300600**	**317277300**	**317277300**	**738236600**	**738236600**
江苏省	**Jiangsu**						
南京市	Nanjing	355360800	355360800	82996400	82996400	335858800	335858800
无锡市	Wuxi	176054600	107524700	63161200	36130900	135566700	84631100
徐州市	Xuzhou	81233500	51467918	40389800	21144586	58260700	38160418
常州市	Changzhou	111769400	95859377	43677100	36855550	85934600	75659815
苏州市	Suzhou	316520972	192817177	104666641	54493444	301167299	195648267
南通市	Nantong	137253100	59249463	71355300	25320572	102119200	48815122
连云港市	Lianyungang	36215600	25079710	16219300	9525773	34602200	25313948
淮安市	Huai'an	41374900	29427900	18122300	11450900	38618000	29160700
盐城市	Yancheng	70382000	37661745	36755600	14191001	58710800	35839139
扬州市	Yangzhou	67004610	46776075	32175140	20380593	53748536	39050562
镇江市	Zhenjiang	56134800	26942891	24393200	9479629	52845800	24671868
泰州市	Taizhou	69661500	35360951	32751100	13984994	55317300	29008507
宿迁市	Suqian	31033700	15605956	15275300	5340022	30838200	15247341
浙江省	**Zhejiang**						
杭州市	Hangzhou	436441695	421811972	116773374	108701693	412374333	399189461
宁波市	Ningbo	202908596	143510049	74754684	43239945	217742284	163558864
温州市	Wenzhou	131564400	69696894	76018319	34459667	115295544	61484198
嘉兴市	Jiaxing	93184427	31138742	43134368	12394202	80044316	27250873

2-13 续表 2 continued

单位：万元 (10 000 yuan)

城市	City	年末金融机构人民币各项存款余额 Deposits of National Banking System at Year-end		住户存款余额 Household Saving Deposits at Year-end		年末金融机构人民币各项贷款余额 Loans of National Banking System at Year-end	
		全市 Total City	市辖区 Districts under City	全市 Total City	市辖区 Districts under City	全市 Total City	市辖区 Districts under City
湖州市	Huzhou	51637465	27117940	24449737	12735933	48184632	23842483
绍兴市	Shaoxing	94081554	62979759	47232839	29001511	85275161	58817124
金华市	Jinhua	97306082	21400169	53486444	9438792	83791743	22186509
衢州市	Quzhou	27651251	13725494	13823455	5492714	25547528	14177146
舟山市	Zhoushan	22213094	18703863	9716492	7860543	24259327	21998277
台州市	Taizhou	93454500	42635048	53335154	22219969	85046532	38405028
丽水市	Lishui	29549692	9604164	18413399	4766422	22328464	8974906
安徽省	**Anhui**						
合肥市	Hefei	161538599	131095686	46672164	27720437	153073898	130076720
芜湖市	Wuhu	41211501	28023921	19726335	9867487	37558065	28264794
蚌埠市	Bengbu	22638000	14629034	11761733	6128325	20827443	14337813
淮南市	Huainan	21530547	14511678	13191018	8489708	15651416	10583211
马鞍山市	Maanshan	24374873	15938859	13024127	6792390	18349491	13004055
淮北市	Huaibei	15709046	10754724	8851620	5312724	10798896	7759439
铜陵市	Tongling	14363080	10214411	8669318	5361672	12113031	10460814
安庆市	Anqing	33675095	11794846	21765084	5989194	22354238	10158710
黄山市	Huangshan	13394533	6948168	8333408	3446076	9524490	5247015
滁州市	Chuzhou	27950054	10732150	15335527	3686776	24211164	10697516
阜阳市	Fuyang	43422654	18173484	26936185	9491588	31951862	16665034
宿州市	Suzhou	24996140	12133248	15976541	6441254	18958730	10333389
六安市	Lu'an	29441808	15019746	16875344	7655451	22001097	12575833
亳州市	Bozhou	22881545	10122098	14656558	5260186	19899639	10677732
池州市	Chizhou	10894418	5711991	7402807	3403459	6856914	3976622
宣城市	Xuancheng	19422332	7258881	11391730	3484970	15044454	6180356
福建省	**Fujian**						
福州市	Fuzhou	153674681	119566597	60271085	38820803	171373708	141561325
厦门市	Xiamen	110959433	110959433	30622136	30622136	110415642	110415642
莆田市	Putian	20209533	16138752	13800506	10545374	19695011	16957167
三明市	Sanming	18905898	6003147	10668165	2331203	15233295	5927786
泉州市	Quanzhou	76472280	24096469	42906048	10152622	71101508	27042780
漳州市	Zhangzhou	31473979	12366451	17701382	5251488	29176740	12610090
南平市	Nanping	20227264	8007714	12253173	4100445	15329960	7533978
龙岩市	Longyan	20959245	12112014	10858224	5647717	21232933	14156617
宁德市	Ningde	20352580	8378109	10155956	2241994	20009517	7250165
江西省	**Jiangxi**						
南昌市	Nanchang	119800370	106210608	36180632	27980100	138646906	127224946
景德镇市	Jingdezhen	12821529	8243552	8203674	4037946	9520543	6106840
萍乡市	Pingxiang	13309943	9023424	7099043	4541396	9965831	6904995
九江市	Jiujiang	38090103	19645755	19085606	7042008	29331881	15948530
新余市	Xinyu	12719356	11062382	6372452	5284036	9675204	8135377
鹰潭市	Yingtan	8937091	6148949	5305200	3373059	7762773	5469110
赣州市	Ganzhou	54299116	25305168	33795415	12977338	48243395	25116319
吉安市	Ji'an	31414267	8727826	20055408	4201732	22218745	7250533
宜春市	Yichun	36069318	10547489	21494612	4377277	26990831	8430568
抚州市	Fuzhou	22459344	11180626	14853768	6731974	18819937	9733893
上饶市	Shangrao	39103236	16906527	24189205	8442640	31334513	17035045

2-13 续表 3 continued

单位：万元 (10 000 yuan)

城市	City	年末金融机构人民币各项存款余额 Deposits of National Banking System at Year-end		住户存款余额 Household Saving Deposits at Year-end		年末金融机构人民币各项贷款余额 Loans of National Banking System at Year-end	
		全市 Total City	市辖区 Districts under City	全市 Total City	市辖区 Districts under City	全市 Total City	市辖区 Districts under City
山东省	**Shandong**						
济南市	Jinan	183032033	178416221	64380943	61166011	176242063	173224393
青岛市	Qingdao	172829678	150667174	67552370	53707595	173318261	156113995
淄博市	Zibo	49709477	40666988	30965086	25082891	35770305	27938405
枣庄市	Zaozhuang	21881802	14025647	14611489	8896857	15562262	10179891
东营市	Dongying	38133446	30396982	18308084	13845261	31908418	23669040
烟台市	Yantai	85201605	44860164	50534167	21079866	54823439	33136867
潍坊市	Weifang	86598024	36101676	53017700	15904157	64555673	26618859
济宁市	Jining	58559944	25144304	37948222	13529344	40752486	21172600
泰安市	Tai'an	40938242	20349617	26651088	11203701	26964253	15020030
威海市	Weihai	41531730	28554925	24868807	15882540	28675065	20324983
日照市	Rizhao	27272065	18752954	15622937	9033310	25450983	19889875
临沂市	Linyi	70583841	36013644	44698279	17876797	59163099	36649334
德州市	Dezhou	37824309	14894469	26005566	8763479	22139911	9838441
聊城市	Liaocheng	38628651	18681420	26810594	10612290	26378266	14126471
滨州市	Binzhou	29370224	12323693	17036314	5820800	26585557	10938741
菏泽市	Heze	43401586	14517488	33365154	9528236	26259754	12086303
河南省	**Henan**						
郑州市	Zhengzhou	233561328	203187846	79570399	58606138	253643277	232368660
开封市	Kaifeng	22448318	12593283	16077820	8295888	17044504	11293629
洛阳市	Luoyang	61475917	41120199	33584225	18749995	48524998	33091217
平顶山市	Pingdingshan	30557786	16335258	20468105	8994778	20703268	12536099
安阳市	Anyang	29164979	11617685	21133043	6938713	16720100	8407533
鹤壁市	Hebi	7613003	4592241	5309387	2881459	6434843	3762723
新乡市	Xinxiang	31170188	11984722	22866561	7165376	20277809	10658136
焦作市	Jiaozuo	20343142	10371704	13793618	5739674	15152661	8661965
濮阳市	Puyang	18776472	9284870	13654911	6038048	10224264	5304420
许昌市	Xuchang	25168392	12198061	17200575	6629239	19928993	11653477
漯河市	Luohe	12636909	8817004	8937958	5680176	9088864	7401408
三门峡市	Sanmenxia	14671763	6246066	10043652	3817715	9190446	4615574
南阳市	Nanyang	46482938	17373770	33275726	10257818	26438351	11461574
商丘市	Shangqiu	32549950	11346430	24810273	7631020	19806747	9371723
信阳市	Xinyang	34826205	11566153	27038209	7784909	19085836	8590324
周口市	Zhoukou	34101781	6167056	27925179	3841511	15020618	5002486
驻马店市	Zhumadian	34317130	9044321	26753240	5448735	19232369	7964952
湖北省	**Hubei**						
武汉市	Wuhan	279804300	279804300	89929600	89929600	305695200	305695200
黄石市	Huangshi	18751167	10789834	10759135	5585264	13797329	7880531
十堰市	Shiyan	25335644	14445681	16437414	8693725	15204147	9191038
宜昌市	Yichang	38631187	22505333	22502292	10721478	35255038	23175935
襄阳市	Xiangyang	37865676	20658346	26408149	13101409	25021819	15046045
鄂州市	Ezhou	7721400	7721400	4440900	4440900	5966000	5966000
荆门市	Jingmen	21596883	8992182	14674502	5214336	12552605	6552117
孝感市	Xiaogan	25943160	8432277	18442284	5130579	13765311	5068357
荆州市	Jingzhou	33952746	13966983	23765937	8169291	19026234	9483209
黄冈市	Huanggang	36058922	5377097	25743280	2568364	18594984	4024446
咸宁市	Xianning	15947000	5809600	9511400	2799400	11074800	4689500
随州市	Suizhou	14652304	7086188	10501537	4354738	7674584	5070305

2-13 续表 4 continued

单位：万元 (10 000 yuan)

城市	City	年末金融机构人民币各项存款余额 Deposits of National Banking System at Year-end		住户存款余额 Household Saving Deposits at Year-end		年末金融机构人民币各项贷款余额 Loans of National Banking System at Year-end	
		全市 Total City	市辖区 Districts under City	全市 Total City	市辖区 Districts under City	全市 Total City	市辖区 Districts under City
湖南省	**Hunan**						
长沙市	Changsha	208201726	180270379	65305194	49702879	210613299	186794600
株洲市	Zhuzhou	32561570	22109928	19975698	11742904	21645952	15388283
湘潭市	Xiangtan	21961262	12642388	14801898	7368134	20259038	13766818
衡阳市	Hengyang	38921189	16702787	27846168	9626283	21837769	11158965
邵阳市	Shaoyang	30076967	7846054	22397418	4336905	16270786	5828457
岳阳市	Yueyang	27510961	14303884	16850420	7133327	19876704	10579444
常德市	Changde	32954848	14383553	22192522	7544225	21027074	11378175
张家界市	Zhangjiajie	8690701	4839806	5438622	2490985	7805456	4920490
益阳市	Yiyang	20466624	9124344	14785704	6029959	12628833	6797813
郴州市	Chenzhou	24916507	10641733	17411785	6271282	16444754	8183608
永州市	Yongzhou	23100728	7494662	17472476	5041566	15562355	6577056
怀化市	Huaihua	21003627	6961419	15638980	4070627	12796671	5518257
娄底市	Loudi	19654987	7383932	14622476	4545554	11684222	4902560
广东省	**Guangdong**						
广州市	Guangzhou	567017540	567017540	179805558	179805558	461557781	461557781
韶关市	Shaoguan	19441669	10163994	13159437	6150000	11105777	6581288
深圳市	Shenzhen	795523500	795523500	160107700	160107700	559982000	559982000
珠海市	Zhuhai	87107305	87107305	19570793	19570793	62565125	62565125
汕头市	Shantou	38204286	38204286	25945387	25945387	21626252	21626252
佛山市	Foshan	166558265	166558265	83161575	83161575	120620954	120620954
江门市	Jiangmen	48311622	27570371	30595299	15594241	36177222	21968004
湛江市	Zhanjiang	36372940	20509488	23305798	10575835	24979291	17674631
茂名市	Maoming	30088792	15598601	19937500	8873500	15812279	9474680
肇庆市	Zhaoqing	26201848	12534634	16376390	6052880	21523681	12003255
惠州市	Huizhou	61498065	47992392	26006998	17182355	55883102	45428334
梅州市	Meizhou	22456664	10245335	15141093	5926293	13521252	7306963
汕尾市	Shanwei	9993549	4087487	5326927	1344271	5192363	2634473
河源市	Heyuan	14480913	6035278	8640713	2761960	13461232	5465336
阳江市	Yangjiang	14829721	9298640	9747428	5795404	11730891	8387079
清远市	Qingyuan	25468571	14788459	15140079	7586948	18740704	12744793
东莞市	Dongguan	154114179		63169006		95997294	
中山市	Zhongshan	59887685		28709166		48208816	
潮州市	Chaozhou	14809151	12040381	10112874	8052984	4645279	3996567
揭阳市	Jieyang	24229476	10584969	17310185	7291326	11734197	6253393
云浮市	Yunfu	13251554	4578039	8688747	2684735	8780719	3555122
广西壮族自治区	**Guangxi**						
南宁市	Nanning	107183153	98437593	39603083	32548147	139643528	133898647
柳州市	Liuzhou	38907688	32676846	18270257	13535400	32187630	27390599
桂林市	Guilin	36034886	21983100	22375705	11005936	28291932	16911194
梧州市	Wuzhou	13611657	7530546	8858484	3937583	10385492	6043461
北海市	Beihai	12388296	9197273	7279622	4716548	8418363	6682007
防城港市	Fangchenggang	7755324	5406588	4339400	2555686	7053079	5652030
钦州市	Qinzhou	11821444	7063826	7955974	3980224	8577518	5989911
贵港市	Guigang	14977592	7328891	11018949	4687259	11347388	6294311
玉林市	Yulin	22046103	8525136	16360651	4924763	16584012	7094282

2–13 续表 5 continued

单位：万元 (10 000 yuan)

城市	City	年末金融机构人民币各项存款余额 Deposits of National Banking System at Year-end		住户存款余额 Household Saving Deposits at Year-end		年末金融机构人民币各项贷款余额 Loans of National Banking System at Year-end	
		全市 Total City	市辖区 Districts under City	全市 Total City	市辖区 Districts under City	全市 Total City	市辖区 Districts under City
百色市	Baise	13609075	4517946	8826639	1975682	11480962	3941974
贺州市	Hezhou	7927235	4780154	5171941	2723796	5914652	3713460
河池市	Hechi	12127294	4698271	8516067	2268905	7975028	2979128
来宾市	Laibin	7506472	3448868	4668149	1826724	6091121	3595268
崇左市	Chongzuo	9153543	2409201	6147006	1073105	5934488	1833409
海南省	**Hainan**						
海口市	Haikou	48662195	48662195	18386884	18386884	53300238	53300238
三亚市	Sanya	15228904	15228904	6832518	6832518	13086260	13086260
三沙市	Sansha	287101		8820		6642	
儋州市	Danzhou	3610730		2176829		2346924	
重庆市	**Chongqing**	**379531111**	**340255030**	**178603966**	**148625305**	**362332030**	**335381636**
四川省	**Sichuan**						
成都市	Chengdu	385928394		149005522		351313924	
自贡市	Zigong	20684825	13121096	13012884	7390376	11984308	8453290
攀枝花市	Panzhihua	10806417	8850258	7128615	5901570	8263331	7192190
泸州市	Luzhou	28028202	17222714	18330490	9769262	20010868	13864268
德阳市	Deyang	29117928	12111102	19039551	6550839	16500880	7995675
绵阳市	Mianyang	44577971	28957931	25240254	12977833	24761790	16138709
广元市	Guangyuan	15604161	7772369	10999206	4727442	9208687	5214556
遂宁市	Suining	16505141	8602329	12445344	5834807	11719567	7170529
内江市	Neijiang	17990735	8143427	14113871	5517246	10207000	5054017
乐山市	Leshan	24778645	12703333	17896803	7879970	17263576	9515670
南充市	Nanchong	35407269	16357587	26684820	10538212	22686143	13036465
眉山市	Meishan	23229533	9509776	16513801	5539525	12571908	5375836
宜宾市	Yibin	33668028	24238195	15971331	9089938	19716891	13716754
广安市	Guang'an	18682946	7419108	15353135	5268000	9302287	3892715
达州市	Dazhou	31871620	15012990	23059789	8656833	17131615	9022779
雅安市	Ya'an	12064909	6892194	7646697	3827584	7647915	4386480
巴中市	Bazhong	12981492	5893786	10163575	4066627	8043049	4276441
资阳市	Ziyang	14694121	7498468	10698139	4212610	8176179	4925478
贵州省	**Guizhou**						
贵阳市	Guiyang	119361672	112057027	31641230	27844308	140575879	132355508
六盘水市	Liupanshui	13123760	7600688	7484300	3812609	14254300	8597180
遵义市	Zunyi	50158024	19171879	23115842	9773130	39040889	20105782
安顺市	Anshun	10887725	6508174	6110194	3904944	10773964	7316604
毕节市	Bijie	19021368	6569837	11428808	2901800	18600652	5964917
铜仁市	Tongren	13711667	4044437	8504132	1980066	14844323	4526547
云南省	**Yunnan**						
昆明市	Kunming	149092580	127418039	53554466	44720995	178544302	148511856
曲靖市	Qujing	24849790	12525123	15052236	6378577	16549136	8941306
玉溪市	Yuxi	19568092	12688169	9660409	4745811	13405681	8367937
保山市	Baoshan	10603617	4751698	7116904	2849872	9276457	4229653
昭通市	Zhaotong	17724857	6408219	9521030	2501847	10551478	4253022
丽江市	Lijiang	7683746	3963917	4600192	1876059	5650633	3319442
普洱市	Pu'er	9280421	3483228	5689580	1570177	8509206	4087786
临沧市	Lincang	6916649	2430859	4165586	1016063	5689243	2209853

2-13 续表 6 continued

单位：万元 (10 000 yuan)

城市	City	年末金融机构人民币各项存款余额 Deposits of National Banking System at Year-end		住户存款余额 Household Saving Deposits at Year-end		年末金融机构人民币各项贷款余额 Loans of National Banking System at Year-end	
		全市 Total City	市辖区 Districts under City	全市 Total City	市辖区 Districts under City	全市 Total City	市辖区 Districts under City
西藏自治区	**Tibet**						
拉萨市	Lasa	28829972		4717810		33037042	
日喀则市	Xigaze	5648579	269158	1274599	182023	2352669	101858
昌都市	Qamdo	3890500	328640	827439	122542	3841467	91641
林芝市	Linzhi	3294354	2349300	858432	538100	3010012	2148800
山南市	Shannan	3768505	314442	988071	160691	2968389	78419
那曲市	Naqu	2881190	186069	605202	110307	1314407	151480
陕西省	**Shaanxi**						
西安市	Xi'an	230668531	226575957	95539290	92290954	222641217	220525117
铜川市	Tongchuan	5673353	5349308	4089410	3868614	2738351	2556740
宝鸡市	Baoji	31750894	18642562	19102472	8807998	18000675	12515530
咸阳市	Xianyang	34136143	17908701	22560632	9660826	17426448	11148963
渭南市	Weinan	25896476	7334521	19594844	4498442	12398313	3244555
延安市	Yan'an	16748829	8858950	10525432	4950661	13194321	8005543
汉中市	Hanzhong	22973427	10409332	16731205	7001216	9605275	5232953
榆林市	Yulin	41757418	15021852	24663079	7049579	21224922	9005649
安康市	Ankang	15320400	7024031	10405900	4180334	8552100	4549156
商洛市	Shangluo	11394900	4083186	8169300	2452554	5724700	2253466
甘肃省	**Gansu**						
兰州市	Lanzhou	88344650	74989452	35711760	31351169	120285107	76142310
嘉峪关市	Jiayuguan	3830426		2063870		5356563	
金昌市	Jinchang	4136585	3064527	2727739	1871893	3083487	2129134
白银市	Baiyin	8037455	4780369	5409920	1076786	6704888	3745945
天水市	Tianshui	14808600	8571069	10536055	6690156	10809189	7585108
武威市	Wuwei	9507427	6454510	7062194	4599533	8480653	5121189
张掖市	Zhangye	7532196	4023200	5363419	2773000	6450495	3577800
平凉市	Pingliang	9160750	3714612	6753191	2318091	6563713	2841903
酒泉市	Jiuquan	10527508	4662385	6596648	3046751	7697086	3638971
庆阳市	Qingyang	11521629	4465786	8923174	3094302	71492229	3098894
定西市	Dingxi	9621715	2788000	6791488	1652546	7706283	2101394
陇南市	Longnan	9755173	2966700	6732477	1556200	6982039	2636900
青海省	**Qinghai**						
西宁市	Xining	40208936	3400810	15489274	2340499	53476892	2335240
海东市	Haidong	6013000	2859995	3723000	1638003	4108000	2489257
宁夏回族自治区	**Ningxia**						
银川市	Yinchuan	40137730	34875947	18670136	14837104	51506746	47138595
石嘴山市	Shizuishan	6450399	4902303	4826754	3589900	5966242	4741137
吴忠市	Wuzhong	7292592	3454293	4708183	2271647	6262873	2867317
固原市	Guyuan	4968269	2331075	2894125	1349577	3928308	2356678
中卫市	Zhongwei	5585269	2803118	3362238	1706080	4503713	2057631
新疆维吾尔自治区	**Xinjiang**						
乌鲁木齐市	Urumqi	88626829	88408571	31717101	31602379	77953947	77829262
克拉玛依市	Karamay	16878803	16878803	3952413	3952413	7544973	7544973
吐鲁番市	Turpan	3129831	1354022	1847873	736083	2308162	1054927
哈密市	Hami	6934946	6359162	4177119	3854589	6629867	6161255

2-14 房地产投资情况
Basic Conditions of Investment in Real Estate Development

单位：万元 (10 000 yuan)

城市	City	房地产开发投资完成额 Investment in Real Estate Development 全市 Total City	市辖区 Districts under City	住宅 Residential Buildings 全市 Total City	市辖区 Districts under City
北京市	**Beijing**				
天津市	**Tianjin**	**27278199**	**27278199**	**22000095**	**22000095**
河北省	**Hebei**				
石家庄市	Shijiazhuang	8876439	4421959	6720162	3212296
唐山市	Tangshan	3801571	2785792	3310009	2436261
秦皇岛市	Qinhuangdao	1989253	1721603	1512556	1263080
邯郸市	Handan	4259304	3321206	3365406	2591155
邢台市	Xingtai	2664882	1113467	2310391	920459
保定市	Baoding	6472844	2064811	5037503	1666350
张家口市	Zhangjiakou	2916291	1665574	2444607	1379042
承德市	Chengde	1816067	666708	1364654	438716
沧州市	Cangzhou	3187080	1157970	2482013	907476
廊坊市	Langfang	5114322	1347661	3945137	952282
衡水市	Hengshui	2370261	1296996	2064838	1080528
山西省	**Shanxi**				
太原市	Taiyuan	6982451	6874712	5381684	4982005
大同市	Datong	1474637	1404378	1153769	1091666
阳泉市	Yangquan	290939	157469	230246	120105
长治市	Changzhi	1283077	931385	1001109	724849
晋城市	Jincheng	772119	566230	592301	435483
朔州市	Shuozhou	303890	155420	260158	133717
晋中市	Jinzhong	2079706	1149311	1575699	842046
运城市	Yuncheng	1501344	807839	1279732	677907
忻州市	Xinzhou	345779	195442	250550	140732
临汾市	Linfen	1087662	594462	883119	454003
吕梁市	Lvliang	443401	91889	356393	70832
内蒙古自治区	**Inner Mongolia**				
呼和浩特市	Hohhot				
包头市	Baotou				
乌海市	Wuhai				
赤峰市	Chifeng				
通辽市	Tongliao				
鄂尔多斯市	Erdos				
呼伦贝尔市	Hulunbuir				
巴彦淖尔市	Bayannur				
乌兰察布市	Ulanqab				
辽宁省	**Liaoning**				
沈阳市	Shenyang	11748040	11482630	9561635	9352957
大连市	Dalian	7110560	6761094	5138607	4879116
鞍山市	Anshan	1295042		979546	
抚顺市	Fushun	653938	611703	553699	519663
本溪市	Benxi	484297	267706	370417	202504
丹东市	Dandong	1000280	611393	731872	425221
锦州市	Jinzhou	787368	628286	451770	351280
营口市	Yingkou	1158052	827612	910010	644680
阜新市	Fuxin	278310	166823	202735	116834

2-14 续表 1 continued

单位：万元 (10 000 yuan)

城市	City	房地产开发投资完成额 Investment in Real Estate Development		住宅 Residential Buildings	
		全市 Total City	市辖区 Districts under City	全市 Total City	市辖区 Districts under City
辽阳市	Liaoyang	376579	305255	259666	206326
盘锦市	Panjin	723984	667643	572075	526973
铁岭市	Tieling	497333	176344	440164	158766
朝阳市	Chaoyang	823398	307234	669143	255869
葫芦岛市	Huludao	1402322	619967	1042163	481780
吉林省	**Jilin**				
长春市	Changchun	8767880	8180532	6313176	5837877
吉林市	Jilin	1194113	973286	965167	794230
四平市	Siping	786745	257998	644645	180007
辽源市	Liaoyuan	163525	73846	134686	57562
通化市	Tonghua	865976	162886	689391	126887
白山市	Baishan	126551	95130	101482	78578
松原市	Songyuan	353562	205275	243234	129897
白城市	Baicheng	203876	127620	160895	10968
黑龙江省	**Heilongjiang**				
哈尔滨市	Harbin				
齐齐哈尔市	Qiqihar	629581	455038	422708	286830
鸡西市	Jixi	126679	54747	91593	40468
鹤岗市	Hegang	34960	6365	26014	2644
双鸭山市	Shuangyashan	66100	4300	56200	4100
大庆市	Daqing	758581	652240	488419	405883
伊春市	Yichun	95137	90637	85252	83252
佳木斯市	Jiamusi	450812	311319	352894	242573
七台河市	Qitaihe	30683	30683	25396	25396
牡丹江市	Mudanjiang	625295	508610	493368	406062
黑河市	Heihe	195929	50877	138916	42665
绥化市	Suihua	360360	51135	273336	25338
上海市	**Shanghai**	**42313761**	**42313761**	**23181257**	**23181257**
江苏省	**Jiangsu**				
南京市	Nanjing	25012573	25012573	17358489	17358489
无锡市	Wuxi	13582905	9442410	11146936	7569442
徐州市	Xuzhou	8529360	5463557	7105562	4515065
常州市	Changzhou	8933606	8110815	7251591	6569386
苏州市	Suzhou	26864679	16475945	22092696	13333591
南通市	Nantong	9143861	5141324	7384831	4099293
连云港市	Lianyungang	3174068	2330097	2629082	1933967
淮安市	Huai'an	2864996	99584	2154872	55201
盐城市	Yancheng	4261476	2693583	3444630	2145070
扬州市	Yangzhou	6961827	4925377	5026692	3494929
镇江市	Zhenjiang	4033662	1922440	3395221	1661497
泰州市	Taizhou	3525772	1600863	2849642	1221009
宿迁市	Suqian	3258110	1455177	2819352	1246098
浙江省	**Zhejiang**				
杭州市	Hangzhou	33967460	32781983	21987044	21045301
宁波市	Ningbo	17035861	11859118	12013536	8139878
温州市	Wenzhou	11998530	5777505	9396741	4464636
嘉兴市	Jiaxing	9797034	2987118	7818052	2323217

2–14 续表 2 continued

单位：万元 (10 000 yuan)

城 市	City	房地产开发投资完成额 Investment in Real Estate Development 全市 Total City	市辖区 Districts under City	住宅 Residential Buildings 全市 Total City	市辖区 Districts under City
湖州市	Huzhou	5862681	3568176	4919810	3020868
绍兴市	Shaoxing	8252279	5628085	6301705	4227433
金华市	Jinhua	5537842	1742734	4086927	1448734
衢州市	Quzhou	2204532	1199708	1758774	985293
舟山市	Zhoushan	2109077	1947038	1711635	1576817
台州市	Taizhou	7909506	3825367	5786269	2739258
丽水市	Lishui	2154911	1243240	1509870	832834
安徽省	**Anhui**				
合肥市	Hefei	15560807	10440842	12428831	8139938
芜湖市	Wuhu	4842550	3237206	4011664	2633021
蚌埠市	Bengbu	6532053	4165877	4789925	2966794
淮南市	Huainan	3038424	1963022	2508625	1545299
马鞍山市	Maanshan	2417710	1242675	2111094	1106947
淮北市	Huaibei	1734203	1338368	1463382	1096927
铜陵市	Tongling	1692328	1427823	1357972	1114026
安庆市	Anqing	2284700	1274734	1710409	944372
黄山市	Huangshan	1611060	1027050	1052204	668672
滁州市	Chuzhou	4698327	1905961	3784366	1493523
阜阳市	Fuyang	7721042	4078254	5934313	3048600
宿州市	Suzhou	3495811	1779247	2655988	1254234
六安市	Lu'an	3859027	2409625	2972532	1857725
亳州市	Bozhou	4152648	2183966	3120403	1541154
池州市	Chizhou	799088	436045	656517	370858
宣城市	Xuancheng	2265007	852306	1922415	697319
福建省	**Fujian**				
福州市	Fuzhou	18127732	10986881	12888421	7460575
厦门市	Xiamen	8995349	8995349	5592424	5592424
莆田市	Putian	4176633	3183653	3113776	2379150
三明市	Sanming	1356329	443690	1076998	385061
泉州市	Quanzhou	9166417	3148297	6626195	1986401
漳州市	Zhangzhou	7687070	3040533	5641021	1968111
南平市	Nanping	2175262	796181	1713261	649832
龙岩市	Longyan	2785485	2039126	2221871	1623152
宁德市	Ningde	2261011	735241	1889106	583138
江西省	**Jiangxi**				
南昌市	Nanchang	9130359	6559524	6563772	4612228
景德镇市	Jingdezhen				
萍乡市	Pingxiang	575017	394308	461995	299148
九江市	Jiujiang	1514196	642239	1301193	573336
新余市	Xinyu	219712	186912	179177	152477
鹰潭市	Yingtan	580296	428083	450839	328983
赣州市	Ganzhou	3283675	1814353	2408091	1251175
吉安市	Ji'an	1023987	200538	819980	144424
宜春市	Yichun	2168363	658147	1738816	493280
抚州市	Fuzhou	1335764	683894	1055325	511268
上饶市	Shangrao	2039337	1118249	1548110	849500

2-14 续表 3 continued

单位：万元 (10 000 yuan)

城市	City	房地产开发投资完成额 Investment in Real Estate Development		住宅 Residential Buildings	
		全市 Total City	市辖区 Districts under City	全市 Total City	市辖区 Districts under City
山东省	**Shandong**				
济南市	Jinan	15769302	15025094	11356997	10706402
青岛市	Qingdao	18038081	14645461	12390688	9868937
淄博市	Zibo	3133055	2473041	2475582	1911868
枣庄市	Zaozhuang	2574935	1578275	2082506	1368657
东营市	Dongying	1854059	1359093	1575564	1153076
烟台市	Yantai	6618587	4382745	5562286	3897961
潍坊市	Weifang	7626382	3815177	6376731	3118788
济宁市	Jining	4571319	1918008	3910998	1654168
泰安市	Tai'an	2058881	1086647	1678180	869924
威海市	Weihai	3832249	2940622	3074678	2265949
日照市	Rizhao	1920562	1587993	1441860	1136965
临沂市	Linyi	5955414	3655506	4816027	2858578
德州市	Dezhou	3536195	1408871	3031795	1218652
聊城市	Liaocheng	3600333	1927702	2723319	1340530
滨州市	Binzhou	1926982	822713	1684194	715603
菏泽市	Heze	3132609	1456856	2540804	1178172
河南省	**Henan**				
郑州市	Zhengzhou	33498577	27270993	25550246	20762584
开封市	Kaifeng	3107727	1922164	2554454	1534757
洛阳市	Luoyang	3664911	2677238	2805102	1964329
平顶山市	Pingdingshan	1467500	779319	1174100	630003
安阳市	Anyang	1734775	859462	1477748	740151
鹤壁市	Hebi	936628	568303	778523	453471
新乡市	Xinxiang				
焦作市	Jiaozuo	1054010	534559	946939	498192
濮阳市	Puyang	2406298	1285562	2042809	1044936
许昌市	Xuchang	3967951	2768945	3581624	2558329
漯河市	Luohe	1461276	1092760	1282546	915217
三门峡市	Sanmenxia	1522398	990237	1288039	826499
南阳市	Nanyang	2364140	1241278	1956730	1075110
商丘市	Shangqiu	3343223	1314720	2840869	1132039
信阳市	Xinyang	3902062	1341144	3353306	1187573
周口市	Zhoukou	2671239	563774	2548137	523878
驻马店市	Zhumadian	3802886	1069557	3202959	949290
湖北省	**Hubei**				
武汉市	Wuhan	29662060	29662060	21833116	21833116
黄石市	Huangshi	1705741	986703	1298309	756601
十堰市	Shiyan	953418	694891	730648	520911
宜昌市	Yichang	2636311	2055601	2478686	1664267
襄阳市	Xiangyang	2635292	1391635	2187956	1099187
鄂州市	Ezhou	594141	594141	546734	546734
荆门市	Jingmen	1403728	857670	1117545	682987
孝感市	Xiaogan	1981750	1016620	1771622	891668
荆州市	Jingzhou	2706809	1380011	2137870	1092592
黄冈市	Huanggang	2681588	519036	2240460	440422
咸宁市	Xianning	544153	224375	481073	197252
随州市	Suizhou	576706	492807	492792	417336

2-14 续表 4 continued

单位：万元 (10 000 yuan)

城市	City	房地产开发投资完成额 Investment in Real Estate Development		住宅 Residential Buildings	
		全市 Total City	市辖区 Districts under City	全市 Total City	市辖区 Districts under City
湖南省	**Hunan**				
长沙市	Changsha	16684029	12485569	10208477	7447219
株洲市	Zhuzhou	4028645	3028455	2949668	2258446
湘潭市	Xiangtan	2681991	1942135	2173952	1641016
衡阳市	Hengyang	2909171	1260029	2401118	1041519
邵阳市	Shaoyang	2188013	1022898	1684309	819509
岳阳市	Yueyang	2053807	1268593	1615364	945454
常德市	Changde	3249723	1807728	2470078	1351684
张家界市	Zhangjiajie	1188841	896770	881015	650674
益阳市	Yiyang	1382482	807013	1108615	683062
郴州市	Chenzhou	1873968	856519	1273048	558810
永州市	Yongzhou	1529111	643144	1224135	517272
怀化市	Huaihua	2384057	981004	1979004	747425
娄底市	Loudi	1152379	651090	871646	502799
广东省	**Guangdong**				
广州市	Guangzhou	31022573	31022573	20870742	20870742
韶关市	Shaoguan	1956932	1043328	1578844	820021
深圳市	Shenzhen	30599372	30599372	15188839	15188839
珠海市	Zhuhai	8933618	8933618	5648297	5648297
汕头市	Shantou	3406530	3328867	2105615	2037546
佛山市	Foshan	21468447	21468447	15275652	15275652
江门市	Jiangmen	7174549	3883328	5562472	2791614
湛江市	Zhanjiang	4982004	2854490	3807502	2067624
茂名市	Maoming	3066725	1625045	2341872	1230579
肇庆市	Zhaoqing	4567884	3047428	3624151	2393939
惠州市	Huizhou	11499441	8208370	9597596	6591095
梅州市	Meizhou	2538863	1523767	2068002	1228225
汕尾市	Shanwei	1690118	881264	1376744	778295
河源市	Heyuan	2588277	1119277	1980539	737590
阳江市	Yangjiang	1663098	1060126	1400104	877464
清远市	Qingyuan	4246373	3177564	3373832	2486999
东莞市	Dongguan	7965436		5732781	
中山市	Zhongshan	5264100		3996385	
潮州市	Chaozhou	914998	781354	606932	500100
揭阳市	Jieyang	1720441	989210	1407962	808337
云浮市	Yunfu	1251841	391823	982829	304460
广西壮族自治区	**Guangxi**				
南宁市	Nanning	14610763	13785572	10340639	9674147
柳州市	Liuzhou	4655204	4226589	3682634	3319450
桂林市	Guilin	3642539	2409511	2813679	1850886
梧州市	Wuzhou	1182872	587769	1048927	538674
北海市	Beihai	2038783	1862356	1624765	1472092
防城港市	Fangchenggang	1110457	956675	926789	800981
钦州市	Qinzhou	1471233	922297	1231309	797455
贵港市	Guigang	1977807	1354311	1741462	1148873
玉林市	Yulin	3284839	1600122	2676945	1320286

2-14 续表 5 continued

单位：万元 (10 000 yuan)

城 市	City	房地产开发投资完成额 Investment in Real Estate Development		住宅 Residential Buildings	
		全市 Total City	市辖区 Districts under City	全市 Total City	市辖区 Districts under City
百色市	Baise	1099162	455856	872956	342971
贺州市	Hezhou	877813	633793	673319	493854
河池市	Hechi	459996	199523	353826	164961
来宾市	Laibin	905384	603577	656821	438038
崇左市	Chongzuo	827273	213307	597773	162544
海南省	**Hainan**				
海口市	Haikou	4807292	4807292	3526794	3526794
三亚市	Sanya	2999315	2999315	2177357	2177357
三沙市	Sansha				
儋州市	Danzhou	1016127		916010	
重庆市	**Chongqing**	**44393034**	**41429626**	**32467657**	**30269761**
四川省	**Sichuan**				
成都市	Chengdu	26068447	22174688	15730335	12801391
自贡市	Zigong	2130953	1305860	1620872	986481
攀枝花市	Panzhihua	1028381	757699	785306	548234
泸州市	Luzhou	3990427	3016273	3060739	2351322
德阳市	Deyang	1680474	897396	1321319	693138
绵阳市	Mianyang				
广元市	Guangyuan	880407	620900	619268	435399
遂宁市	Suining	1760506	1071146	1509977	911546
内江市	Neijiang	1597038	783902	1054045	517375
乐山市	Leshan	2221986	848026	1801454	685785
南充市	Nanchong	3832592	1822953	3082302	1453626
眉山市	Meishan	3987477	1721472	3173511	1353905
宜宾市	Yibin	3574039	2214708	2701822	1645554
广安市	Guang'an	2911714	1822065	2424199	1520434
达州市	Dazhou	2022881	1176780	1490884	855512
雅安市	Ya'an	881520	697534	647858	516561
巴中市	Bazhong	1336099	1006047	1004484	760343
资阳市	Ziyang	1444246	788534	1263663	733725
贵州省	**Guizhou**				
贵阳市	Guiyang				
六盘水市	Liupanshui				
遵义市	Zunyi				
安顺市	Anshun				
毕节市	Bijie				
铜仁市	Tongren				
云南省	**Yunnan**				
昆明市	Kunming	20962510	17819863	14983164	12587092
曲靖市	Qujing	1844490	1105101	1522519	915154
玉溪市	Yuxi	1765407	828448	1066457	564069
保山市	Baoshan	2475907	1351045	2087337	1101197
昭通市	Zhaotong	1635020	1085760	1148587	733258
丽江市	Lijiang	487117	377441	364719	297034
普洱市	Pu'er	872766	636504	597800	443286
临沧市	Lincang	513811	289315	400940	264791

2-14 续表 6 continued

单位：万元 (10 000 yuan)

城市	City	房地产开发投资完成额 Investment in Real Estate Development 全市 Total City	市辖区 Districts under City	住宅 Residential Buildings 全市 Total City	市辖区 Districts under City
西藏自治区	**Tibet**				
拉萨市	Lasa				
日喀则市	Xigaze	17891	12265	15239	9839
昌都市	Qamdo	36437	31287	27190	27190
林芝市	Linzhi	39480	35356	17898	13774
山南市	Shannan	123666	107828	102772	93047
那曲市	Naqu	8540	1500	6523	900
陕西省	**Shaanxi**				
西安市	Xi'an	24647783	23500511	18051619	17253344
铜川市	Tongchuan	290759	282413	245176	237002
宝鸡市	Baoji	2725170	2266152	2470792	2049922
咸阳市	Xianyang	1869495	1464395	1693983	1343431
渭南市	Weinan	2848819	1550449	2154381	1121184
延安市	Yan'an	1562654	1359432	1086978	907172
汉中市	Hanzhong	1540691	1065459	1167335	821561
榆林市	Yulin	1210774	854200	925405	626564
安康市	Ankang	1627662	1398204	1218107	1037316
商洛市	Shangluo	273791	131412	223207	131412
甘肃省	**Gansu**				
兰州市	Lanzhou	5524047	3457984	3468400	2038063
嘉峪关市	Jiayuguan	251481		192472	
金昌市	Jinchang	89910	78698	60686	51228
白银市	Baiyin	488610	264680	398736	181535
天水市	Tianshui	1566360	1099616	1158794	775213
武威市	Wuwei	570261	495672	409222	360800
张掖市	Zhangye	564845	386928	418148	279943
平凉市	Pingliang	854717	443731	651846	352898
酒泉市	Jiuquan	599664	349078	599664	239831
庆阳市	Qingyang	584591	289329	371416	163587
定西市	Dingxi	777801	303605	600011	231745
陇南市	Longnan	230030	82662	171309	62688
青海省	**Qinghai**				
西宁市	Xining	2909923	2747290	2202365	1912648
海东市	Haidong	928280	466855	766105	179691
宁夏回族自治区	**Ningxia**				
银川市	Yinchuan	2753536	2188437	1918808	1506665
石嘴山市	Shizuishan	16665	6275	12899	4341
吴忠市	Wuzhong	511370	232514	363393	172402
固原市	Guyuan	419130	168067	291107	121402
中卫市	Zhongwei	328880	196870	229938	150358
新疆维吾尔自治区	**Xinjiang**				
乌鲁木齐市	Urumqi				
克拉玛依市	Karamay	163083	163083	130695	130695
吐鲁番市	Turpan	195097	132673	102414	78375
哈密市	Hami	237129	232108	176762	172176

2–15 商品房销售面积
Sales Area of Commercial Residential Building

单位：万平方米 (10 000 m^3)

城市	City	商品房销售面积 Sales Area of Commercial Residential Building		住宅 Residential Buildings		待售面积 Area for Sale	
		全市 Total City	市辖区 Districts under City	全市 Total City	市辖区 Districts under City	全市 Total City	市辖区 Districts under City
北京市	**Beijing**	**939**	**939**	**789**	**789**	**2490**	**2490**
天津市	**Tianjin**	**1479**	**1479**	**1383**	**1383**	**658**	**658**
河北省	**Hebei**						
石家庄市	Shijiazhuang	711	368	606	281	77	58
唐山市	Tangshan	634	403	586	376	126	85
秦皇岛市	Qinhuangdao	317	264	279	216	77	58
邯郸市	Handan	453	294	411	266	122	104
邢台市	Xingtai	338	104	316	102	17	9
保定市	Baoding	585	102	519	99	91	8
张家口市	Zhangjiakou	306	141	294	136	123	65
承德市	Chengde	237	33	204	30	80	30
沧州市	Cangzhou	432	118	402	110	18	2
廊坊市	Langfang	743	87	661	77	197	12
衡水市	Hengshui	454	168	422	155	69	26
山西省	**Shanxi**						
太原市	Taiyuan	744	665	648	578	102	71
大同市	Datong	225	217	203	195	139	136
阳泉市	Yangquan	47	30	46	29	13	12
长治市	Changzhi	272	194	235	168	138	114
晋城市	Jincheng	70	37	67	36	54	32
朔州市	Shuozhou	74	42	69	40	67	42
晋中市	Jinzhong	288	141	274	132	60	5
运城市	Yuncheng	261	101	256	98	121	66
忻州市	Xinzhou	72	24	68	24	88	59
临汾市	Linfen	247	132	239	129	99	52
吕梁市	Lvliang	67	16	65	16	84	12
内蒙古自治区	**Inner Mongolia**						
呼和浩特市	Hohhot	326	238	296	215	190	132
包头市	Baotou	461	433	420	396	127	83
乌海市	Wuhai	39	39	37	37	32	32
赤峰市	Chifeng	367	235	327	212	102	22
通辽市	Tongliao	177	41	158	37	88	6
鄂尔多斯市	Erdos	52	18	37	11	152	121
呼伦贝尔市	Hulunbuir	158	65	136	55	121	63
巴彦淖尔市	Bayannur	135	107	128	101	55	39
乌兰察布市	Ulanqab	91	46	89	45	65	41
辽宁省	**Liaoning**						
沈阳市	Shenyang	1454	1379	1361	1298	405	359
大连市	Dalian	659	576	603	533	641	534
鞍山市	Anshan	243	147	225	137	301	134
抚顺市	Fushun	128	117	123	114	126	101
本溪市	Benxi	44	20	38	20	63	58
丹东市	Dandong	180	82	166	73	186	32
锦州市	Jinzhou	95	55	86	48	164	96
营口市	Yingkou	225	170	194	149	226	148
阜新市	Fuxin	75	55	66	49	264	173

2–15 续表 1 continued

单位：万平方米 (10 000 m^3)

城市	City	商品房销售面积 Sales Area of Commercial Residential Building 全市 Total City	市辖区 Districts under City	住宅 Residential Buildings 全市 Total City	市辖区 Districts under City	待售面积 Area for Sale 全市 Total City	市辖区 Districts under City
辽阳市	Liaoyang	59	42	58	40	67	32
盘锦市	Panjin	100	82	89	74	123	121
铁岭市	Tieling	63	13	59	13	145	19
朝阳市	Chaoyang	119	38	113	36	103	46
葫芦岛市	Huludao	251	100	233	93	98	49
吉林省	**Jilin**						
长春市	Changchun	1342	1182	1156	1011	589	482
吉林市	Jilin	240	186	225	172	112	52
四平市	Siping	140	77	126	66	66	44
辽源市	Liaoyuan	45	33	44	32	26	19
通化市	Tonghua	157	38	149	37	59	27
白山市	Baishan	23	6	21	5	55	26
松原市	Songyuan	44	15	39	14	83	49
白城市	Baicheng	17	8	14	6	17	3
黑龙江省	**Heilongjiang**						
哈尔滨市	Harbin	965	859	825	733	646	589
齐齐哈尔市	Qiqihar	115	63	104	58	188	123
鸡西市	Jixi	37	19	33	16	82	52
鹤岗市	Hegang	4	2	3	2	14	12
双鸭山市	Shuangyashan	27	3	23	3	32	2
大庆市	Daqing	87	63	78	54	87	68
伊春市	Yichun	15	8	12	8	22	5
佳木斯市	Jiamusi	69	49	64	47	67	35
七台河市	Qitaihe	13	11	11	10	40	27
牡丹江市	Mudanjiang	169	110	148	101	170	58
黑河市	Heihe	64	16	54	15	29	6
绥化市	Suihua	119	13	103	11	124	18
上海市	**Shanghai**	**1696**	**1696**	**1354**	**1354**	**2360**	**2360**
江苏省	**Jiangsu**						
南京市	Nanjing	1321	1321	1137	1137	405	405
无锡市	Wuxi	1380	902	1253	814	660	383
徐州市	Xuzhou	1474	810	1371	763	167	76
常州市	Changzhou	917	820	759	669	398	364
苏州市	Suzhou	2178	1191	1984	1076	805	479
南通市	Nantong	1744	858	1571	752	584	288
连云港市	Lianyungang	556	328	528	307	75	55
淮安市	Huai'an	825	11	736	11	208	
盐城市	Yancheng	850	499	738	433	306	135
扬州市	Yangzhou	727	516	642	449	239	181
镇江市	Zhenjiang	584	202	553	189	312	127
泰州市	Taizhou	644	321	571	277	239	132
宿迁市	Suqian	772	289	702	279	220	82
浙江省	**Zhejiang**						
杭州市	Hangzhou	1514	1413	1284	1198	451	397
宁波市	Ningbo	1715	911	1439	719	418	217
温州市	Wenzhou	1140	350	918	308	93	38
嘉兴市	Jiaxing	1069	334	937	294	229	82

2-15 续表 2 continued

单位：万平方米 (10 000 m^3)

城市	City	商品房销售面积 Sales Area of Commercial Residential Building 全市 Total City	市辖区 Districts under City	住宅 Residential Buildings 全市 Total City	市辖区 Districts under City	待售面积 Area for Sale 全市 Total City	市辖区 Districts under City
湖州市	Huzhou	824	432	761	394	201	60
绍兴市	Shaoxing	1105	719	824	534	347	174
金华市	Jinhua	552	163	499	154	209	36
衢州市	Quzhou	209	104	175	88	96	50
舟山市	Zhoushan	150	129	135	114	62	55
台州市	Taizhou	851	422	630	302	130	54
丽水市	Lishui	250	109	202	91	29	13
安徽省	**Anhui**						
合肥市	Hefei	1322	916	1156	783	226	179
芜湖市	Wuhu	500	263	456	237	111	53
蚌埠市	Bengbu	818	396	720	337	56	40
淮南市	Huainan	336	217	322	207	60	34
马鞍山市	Maanshan	283	149	256	132	65	37
淮北市	Huaibei	229	172	207	153	31	26
铜陵市	Tongling	250	209	218	180	147	126
安庆市	Anqing	392	124	341	105	132	46
黄山市	Huangshan	195	114	166	94	102	47
滁州市	Chuzhou	1076	502	957	431	111	52
阜阳市	Fuyang	1144	558	1067	552	42	21
宿州市	Suzhou	753	348	692	321	101	62
六安市	Lu'an	652	372	604	345	118	81
亳州市	Bozhou	672	320	622	291	40	12
池州市	Chizhou	180	102	159	89	70	40
宣城市	Xuancheng	425	191	328	165	119	65
福建省	**Fujian**						
福州市	Fuzhou	1708	776	1330	598	375	96
厦门市	Xiamen	541	541	275	275	227	227
莆田市	Putian	440	337	379	291	137	119
三明市	Sanming	344	57	251	44	51	13
泉州市	Quanzhou	1542	352	1275	278	385	91
漳州市	Zhangzhou	866	328	686	240	348	88
南平市	Nanping	342	134	301	113	105	61
龙岩市	Longyan	404	255	326	212	190	122
宁德市	Ningde	270	89	252	85	44	11
江西省	**Jiangxi**						
南昌市	Nanchang	1906	1003	1581	793	163	106
景德镇市	Jingdezhen	181	76	154	73	30	2
萍乡市	Pingxiang	220	152	208	142	48	15
九江市	Jiujiang	738	363	681	333	90	33
新余市	Xinyu	192	158	175	146	44	40
鹰潭市	Yingtan	141	105	128	96	20	18
赣州市	Ganzhou	1103	448	982	392	115	70
吉安市	Ji'an	278	64	252	58	55	10
宜春市	Yichun	580	218	539	203	90	58
抚州市	Fuzhou	483	230	436	208	37	17
上饶市	Shangrao	638	297	545	271	127	31

2-15 续表 3 continued

单位：万平方米 (10 000 m³)

城市	City	商品房销售面积 Sales Area of Commercial Residential Building 全市 Total City	商品房销售面积 市辖区 Districts under City	住宅 Residential Buildings 全市 Total City	住宅 市辖区 Districts under City	待售面积 Area for Sale 全市 Total City	待售面积 市辖区 Districts under City
山东省	**Shandong**						
济南市	Jinan	1247	1141	1021	928	107	103
青岛市	Qingdao	1652	1250	1476	1105	459	347
淄博市	Zibo	525	418	476	378	69	64
枣庄市	Zaozhuang	440	277	385	261	165	75
东营市	Dongying	264	170	248	157	34	29
烟台市	Yantai	1175	677	1105	653	145	58
潍坊市	Weifang	1184	506	1084	470	272	97
济宁市	Jining	991	374	910	355	120	35
泰安市	Tai'an	411	235	390	219	79	43
威海市	Weihai	629	439	570	387	290	167
日照市	Rizhao	302	208	290	198	49	34
临沂市	Linyi	1327	707	1155	597	253	210
德州市	Dezhou	752	297	697	276	74	48
聊城市	Liaocheng	536	237	439	178	38	13
滨州市	Binzhou	383	131	343	124	38	24
菏泽市	Heze	910	298	841	279	242	124
河南省	**Henan**						
郑州市	Zhengzhou	3593	2461	3242	2224	617	440
开封市	Kaifeng	543	235	499	224	43	24
洛阳市	Luoyang	935	606	806	507	137	120
平顶山市	Pingdingshan	531	241	505	235	176	108
安阳市	Anyang	483	219	455	209	60	2
鹤壁市	Hebi	238	131	215	110	47	43
新乡市	Xinxiang	753	237	713	217	86	16
焦作市	Jiaozuo	239	71	226	66	28	10
濮阳市	Puyang	450	181	437	178	29	9
许昌市	Xuchang	638	363	622	353	71	22
漯河市	Luohe	334	234	322	222	12	11
三门峡市	Sanmenxia	285	167	270	156	62	49
南阳市	Nanyang	698	280	596	253	99	58
商丘市	Shangqiu	1276	312	1160	287	205	33
信阳市	Xinyang	935	234	845	226	285	49
周口市	Zhoukou	823	80	724	73	274	24
驻马店市	Zhumadian	1436	302	1266	251	288	48
湖北省	**Hubei**						
武汉市	Wuhan					192	192
黄石市	Huangshi	392	202	374	194	34	8
十堰市	Shiyan	280	192	254	183	173	112
宜昌市	Yichang	520	401	499	382	104	82
襄阳市	Xiangyang	665	369	639	351	113	65
鄂州市	Ezhou	157	157	155	155	3	3
荆门市	Jingmen	392	183	355	177	150	52
孝感市	Xiaogan	376	170	365	164	103	48
荆州市	Jingzhou	469	182	446	171	78	27
黄冈市	Huanggang	550	55	529	54	183	4
咸宁市	Xianning	460	160	423	145	132	73
随州市	Suizhou	187	160	179	152	11	3

2-15 续表 4 continued

单位：万平方米 (10 000 m^3)

城市	City	商品房销售面积 Sales Area of Commercial Residential Building		住宅 Residential Buildings		待售面积 Area for Sale	
		全市 Total City	市辖区 Districts under City	全市 Total City	市辖区 Districts under City	全市 Total City	市辖区 Districts under City
湖南省	**Hunan**						
长沙市	Changsha	2335	1631	2006	1398	522	338
株洲市	Zhuzhou	684	404	587	332	103	86
湘潭市	Xiangtan	440	264	400	249	48	34
衡阳市	Hengyang	577	156	555	151	147	60
邵阳市	Shaoyang	439	174	389	167	117	50
岳阳市	Yueyang	622	318	528	258	102	61
常德市	Changde	621	307	597	298	56	25
张家界市	Zhangjiajie	152	88	136	75	9	5
益阳市	Yiyang	415	171	368	159	53	22
郴州市	Chenzhou	767	381	655	315	42	15
永州市	Yongzhou	519	166	471	152	829	466
怀化市	Huaihua	815	265	755	245	77	45
娄底市	Loudi	327	160	292	152	72	23
广东省	**Guangdong**						
广州市	Guangzhou	1465	1465	1107	1107	887	887
韶关市	Shaoguan	337	170	306	152	161	77
深圳市	Shenzhen	827	827	658	658	396	396
珠海市	Zhuhai	438	438	387	387	281	281
汕头市	Shantou	388	375	335	323	364	357
佛山市	Foshan	2134	2134	1650	1650	456	456
江门市	Jiangmen	667	257	562	196	310	163
湛江市	Zhanjiang	530	229	498	211	71	44
茂名市	Maoming	445	214	410	193	77	43
肇庆市	Zhaoqing	676	395	610	344	218	53
惠州市	Huizhou	1725	1192	1643	1122	396	304
梅州市	Meizhou	368	198	341	181	169	106
汕尾市	Shanwei	224	59	212	59	31	
河源市	Heyuan	462	148	435	134	150	108
阳江市	Yangjiang	339	184	314	167	205	129
清远市	Qingyuan	719	495	628	434	413	310
东莞市	Dongguan	712		558		334	
中山市	Zhongshan	693		572		553	
潮州市	Chaozhou	144	114	138	109	82	77
揭阳市	Jieyang	274	121	258	115	81	51
云浮市	Yunfu	280	92	247	79	84	33
广西壮族自治区	**Guangxi**						
南宁市	Nanning	1805	1590	1550	1344	251	204
柳州市	Liuzhou	652	515	582	452	62	48
桂林市	Guilin	702	454	652	424	104	62
梧州市	Wuzhou	359	161	341	157	86	59
北海市	Beihai	403	298	380	280	154	114
防城港市	Fangchenggang	312	261	281	236	31	21
钦州市	Qinzhou	361	227	336	213	103	70
贵港市	Guigang	398	179	383	168	62	17
玉林市	Yulin	662	345	620	330	95	33

2-15 续表 5 continued

单位：万平方米 (10 000 m³)

城市	City	商品房销售面积 Sales Area of Commercial Residential Building 全市 Total City	市辖区 Districts under City	住宅 Residential Buildings 全市 Total City	市辖区 Districts under City	待售面积 Area for Sale 全市 Total City	市辖区 Districts under City
百色市	Baise	363	130	316	104	98	28
贺州市	Hezhou	196	120	182	114	42	16
河池市	Hechi	134	69	119	58	50	24
来宾市	Laibin	165	79	148	73	100	65
崇左市	Chongzuo	201	51	185	43	32	4
海南省	**Hainan**						
海口市	Haikou	441	441	373	373	147	147
三亚市	Sanya	121	121	102	102	47	47
三沙市	Sansha						
儋州市	Danzhou	29		27		50	
重庆市	**Chongqing**	**6105**	**5477**	**5149**	**4593**	**1959**	**1857**
四川省	**Sichuan**						
成都市	Chengdu	3531	2548	2557	1719	957	848
自贡市	Zigong	410	245	364	219	63	23
攀枝花市	Panzhihua	153	101	139	94	48	47
泸州市	Luzhou	928	610	721	468	68	48
德阳市	Deyang	468	217	394	166	155	65
绵阳市	Mianyang	713	445	592	379	111	50
广元市	Guangyuan	224	158	161	107	70	46
遂宁市	Suining	757	344	695	309	25	7
内江市	Neijiang	469	170	342	142	14	11
乐山市	Leshan	522	242	433	191	37	4
南充市	Nanchong	1241	480	1036	386	118	85
眉山市	Meishan	602	308	544	267	97	88
宜宾市	Yibin	859	469	647	312	101	50
广安市	Guang'an	574	327	525	303	25	11
达州市	Dazhou	568	255	472	215	27	5
雅安市	Ya'an	149	106	125	86	28	5
巴中市	Bazhong	348	244	289	207	38	32
资阳市	Ziyang	259	125	251	125		
贵州省	**Guizhou**						
贵阳市	Guiyang	1100	868	869	675	107	99
六盘水市	Liupanshui	212	79	194	75	71	31
遵义市	Zunyi	1145	436	1017	354	109	44
安顺市	Anshun	276	179	246	160	35	27
毕节市	Bijie	615	164	545	141	56	32
铜仁市	Tongren	411	193	376	179	56	21
云南省	**Yunnan**						
昆明市	Kunming	1916	1636	1485	1236	464	330
曲靖市	Qujing	273	168	259	161	59	37
玉溪市	Yuxi	202	116	170	103	109	83
保山市	Baoshan	267	131	261	130	64	16
昭通市	Zhaotong	235	151	216	138	75	49
丽江市	Lijiang	62	37	57	34	27	18
普洱市	Pu'er	110	71	95	62	47	19
临沧市	Lincang	109	52	90	45	28	2

2–15 续表 6 continued

单位：万平方米 (10 000 m^3)

城市	City	商品房销售面积 Sales Area of Commercial Residential Building		住宅 Residential Buildings		待售面积 Area for Sale	
		全市 Total City	市辖区 Districts under City	全市 Total City	市辖区 Districts under City	全市 Total City	市辖区 Districts under City
西藏自治区	**Tibet**						
拉萨市	Lasa	93	91	82	80	28	28
日喀则市	Xigaze	4	2	3	1	2	
昌都市	Qamdo	8	7	7	7		
林芝市	Linzhi	9	9	5	5	6	6
山南市	Shannan	14	12	14	12	6871	6871
那曲市	Naqu						
陕西省	**Shaanxi**						
西安市	Xi'an	2713	2415	2155	2005	203	200
铜川市	Tongchuan	60	58	56	54	36	35
宝鸡市	Baoji	261	180	251	173	21	18
咸阳市	Xianyang	2011	1329	195	142	12	2
渭南市	Weinan	331	104	302	102	73	5
延安市	Yan'an	138	122	130	114	58	45
汉中市	Hanzhong	250	146	231	132	110	66
榆林市	Yulin	187	154	174	142	98	59
安康市	Ankang	183	123	177	121	20	1
商洛市	Shangluo	72	34	68	33	12	
甘肃省	**Gansu**						
兰州市	Lanzhou	731	391	685	360	138	95
嘉峪关市	Jiayuguan	60		54		39	
金昌市	Jinchang	8	6	7	5	28	12
白银市	Baiyin	66	37	63	35	103	51
天水市	Tianshui	130	78	124	76	42	35
武威市	Wuwei	56	50	49	44	15	15
张掖市	Zhangye	128	87	114	77	119	46
平凉市	Pingliang	135	63	128	63	4	1
酒泉市	Jiuquan	106	65	89	51	90	67
庆阳市	Qingyang	72	18	62	18	5	
定西市	Dingxi	134	48	125	42	71	20
陇南市	Longnan	57	29	47	20	6	6
青海省	**Qinghai**						
西宁市	Xining	321	313	260	252	17	16
海东市	Haidong	138	75	127	71	80	44
宁夏回族自治区	**Ningxia**						
银川市	Yinchuan	679	502	606	451	601	412
石嘴山市	Shizuishan	38	7	30	5	48	17
吴忠市	Wuzhong	134	65	117	61	119	64
固原市	Guyuan	80	47	65	38	85	62
中卫市	Zhongwei	78	41	69	38	105	63
新疆维吾尔自治区	**Xinjiang**						
乌鲁木齐市	Urumqi	683	682	589	588	374	374
克拉玛依市	Karamay	44	44	39	39	17	17
吐鲁番市	Turpan	35	9	20	8	23	16
哈密市	Hami	69	69	63	63	69	69

2–16 对外经济贸易
Foreign Trade and Economic Cooperation

城　市	City	货物进口额(万元) Import Volume of Goods (10 000yuan)	货物出口额(万元) Export Volume of Goods (10 000yuan)	外商直接投资合同项目(个) Number of Projects for Contracted Foreign Direct Investment (unit)		当年实际使用外资金额(万美元) Amount of Foreign Capital Actually Utilized (USD 10000)	
		全　市 Total City	全　市 Total City	全　市 Total City	市辖区 Districts under City	全　市 Total City	市辖区 Districts under City
北京市	**Beijing**	**235047999**	**51723764**	**1636**	**1636**	**1421299**	**1421299**
天津市	**Tianjin**	**6285159**	**4379373**	**711**	**711**	**473161**	**473161**
河北省	**Hebei**						
石家庄市	Shijiazhuang	5236240	6551323	62	29	163351	86037
唐山市	Tangshan	4398705	2939670	36	28	180386	75263
秦皇岛市	Qinhuangdao	1310359	2276854	10	10	120036	108263
邯郸市	Handan	1214430	661807	28	11	119178	31696
邢台市	Xingtai	268056	1279709	17		68530	3161
保定市	Baoding	470759	3288986	29	12	114843	61934
张家口市	Zhangjiakou	111768	208506	11	5	46558	11426
承德市	Chengde	38538	187108	13	6	5456	1414
沧州市	Cangzhou	1874989	1835562	44	3	71696	2442
廊坊市	Langfang	1689096	1834509	39	18	110554	84521
衡水市	Hengshui	252501	2086614	9	3	27154	7726
山西省	**Shanxi**						
太原市	Taiyuan	4678453	6517172	20	20	9717	9717
大同市	Datong	168661	346470	5	3	7003	4694
阳泉市	Yangquan	50564	52474	2	2	1936	1920
长治市	Changzhi	68494	55360	7	6	40790	14602
晋城市	Jincheng	625397	103645			31183	22755
朔州市	Shuozhou	44450	36530	5		4896	8
晋中市	Jinzhong	35586	171430	3		20831	624
运城市	Yuncheng	456419	279385	5		1773	
忻州市	Xinzhou	29339	146866	3		3006	310
临汾市	Linfen	9184	142232	4	2	923	618
吕梁市	Lvliang	233633	217219			14139	
内蒙古自治区	**Inner Mongolia**						
呼和浩特市	Hohhot	607000	635000	17		25733	
包头市	Baotou	928000	979000	8	6	18100	17105
乌海市	Wuhai	6000	52000	4	4	1474	1474
赤峰市	Chifeng	326000	295000			957	
通辽市	Tongliao	14000	220000	3		3054	
鄂尔多斯市	Erdos	260000	312000	7	1	120175	38066
呼伦贝尔市	Hulunbuir	1328000	352000	5		2918	
巴彦淖尔市	Bayannur	2364100	394800	3	3	26000	26000
乌兰察布市	Ulanqab	79000	276000	50	4	2200	2200
辽宁省	**Liaoning**						
沈阳市	Shenyang	7569203	3159048	218	215	165054	144473
大连市	Dalian	24211874	19402339	241	235	64617	64006
鞍山市	Anshan	1391186	1521294	10	8	1706	444
抚顺市	Fushun	44122	334955	13	13	3040	3040
本溪市	Benxi	1047073	811061	6	5	4341	4334
丹东市	Dandong	218880	1323292	16	16	3527	2156
锦州市	Jinzhou	274603	66886	4	2	6410	5090
营口市	Yingkou	2515910	2216783	27	27	13974	11691
阜新市	Fuxin	8995	195093	2	1	2081	270

2-16 续表 1 continued

城　市	City	货物进口额（万元） Import Volume of Goods (10 000yuan)	货物出口额（万元） Export Volume of Goods (10 000yuan)	外商直接投资合同项目（个） Number of Projects for Contracted Foreign Direct Investment (unit)		当年实际使用外资金额（万美元） Amount of Foreign Capital Actually Utilized (USD 10000)	
		全　市 Total City	全　市 Total City	全　市 Total City	市辖区 Districts under City	全　市 Total City	市辖区 Districts under City
辽阳市	Liaoyang	74361	297242			6484	2290
盘锦市	Panjin	1924000	212000	7	6	44330	44240
铁岭市	Tieling	142907	182778	4	1	2055	990
朝阳市	Chaoyang	116471	277492	6	2	9713	114
葫芦岛市	Huludao	997184	669390	8	4	2895	1102
吉林省	**Jilin**						
长春市	Changchun	8471297	1486225				
吉林市	Jilin	231104	419258	12		3612	
四平市	Siping	21825	26985				
辽源市	Liaoyuan	29929	151749	1		326	
通化市	Tonghua	188326	86887				
白山市	Baishan	69458	137272				
松原市	Songyuan	1032	125799				
白城市	Baicheng	11961	65836	3		124	
黑龙江省	**Heilongjiang**						
哈尔滨市	Harbin	1317121	1197686	84	74		
齐齐哈尔市	Qiqihar	127461	299723	2		11139	
鸡西市	Jixi	31521	188889	4		50	50
鹤岗市	Hegang	26345	943	1	1	145	145
双鸭山市	Shuangyashan	54700	85000	2			
大庆市	Daqing	9556000	420000	11	11	7225	7225
伊春市	Yichun	10035	27499	1	1		
佳木斯市	Jiamusi	335	213	5	1	98	39
七台河市	Qitaihe	7190	1596	1			
牡丹江市	Mudanjiang	2590889	821461	24		635	
黑河市	Heihe	249842	136662				
绥化市	Suihua	300728	115827	5	3	759	
上海市	**Shanghai**	**203259072**	**137209080**	**6800**	**6800**	**1904791**	**1904791**
江苏省	**Jiangsu**						
南京市	Nanjing	18213000	30068500	744	744	410058	410058
无锡市	Wuxi	25454758	38211543	415	327	361977	230955
徐州市	Xuzhou	1539911	7778847	212	114	208997	139530
常州市	Changzhou	5920597	17387617	384	349	262812	232788
苏州市	Suzhou	87544000	132328000	994	553	461545	253294
南通市	Nantong	8047482	17151103	267	123	266528	111422
连云港市	Lianyungang	3751518	2681331	82	56	61402	40957
淮安市	Huai'an	913000	2329000	139	93	104854	67418
盐城市	Yancheng	2206443	4417325	144	73	91314	57617
扬州市	Yangzhou	2025896	5760049	155	108	138756	100675
镇江市	Zhenjiang	2299824	5416881	119	50	65957	33312
泰州市	Taizhou	3403296	6563732	126	83	146864	83390
宿迁市	Suqian	371257	1989655	70	34	44556	16480
浙江省	**Zhejiang**						
杭州市	Hangzhou	18394044	33527570	735	712	612818	582208
宁波市	Ningbo	32006256	59696318	737	595	236341	185486
温州市	Wenzhou	2168867	16853458	115	65	75842	47966
嘉兴市	Jiaxing	7256887	21064585	339	31	412541	136114

2-16 续表 2 continued

城 市	City	货物进口额（万元）Import Volume of Goods (10 000yuan)	货物出口额（万元）Export Volume of Goods (10 000yuan)	外商直接投资合同项目（个）Number of Projects for Contracted Foreign Direct Investment (unit)		当年实际使用外资金额（万美元）Amount of Foreign Capital Actually Utilized (USD 10000)	
		全 市 Total City	全 市 Total City	全 市 Total City	市辖区 Districts under City	全 市 Total City	市辖区 Districts under City
湖州市	Huzhou	1015881	8385924	295	176	189881	85924
绍兴市	Shaoxing	2078963	22510688	287	225	65739	57522
金华市	Jinhua	1846795	40338342	973	47	21657	2830
衢州市	Quzhou	3466419	2384241	17	8	7779	4952
舟山市	Zhoushan	8699104	5011984	78	74	50093	37696
台州市	Taizhou	1349334	15651471	78	29	62272	27921
丽水市	Lishui	275612	2673689	29	9	12079	5607
安徽省	**Anhui**						
合肥市	Hefei	8287513	13924535	123	110	339150	259200
芜湖市	Wuhu	1852355	3107857	22	13	292000	178056
蚌埠市	Bengbu			6	2	140000	101103
淮南市	Huainan	21577	389809	7	5	31120	24876
马鞍山市	Maanshan	1836545	1750073	45	27	265883	193133
淮北市	Huaibei	53196	508760	12	11	28781	15403
铜陵市	Tongling	4345524	591087	7	3	40000	34972
安庆市	Anqing	288801	856041	17	9	31000	22128
黄山市	Huangshan	116054	680099	11	5	21415	12199
滁州市	Chuzhou	1216311	1553156	29	16	148985	52141
阜阳市	Fuyang	169431	916256	7	6	45335	31752
宿州市	Suzhou	19689	608628	7	4	98231	45752
六安市	Lu'an	61088	545202	19	11	54870	21876
亳州市	Bozhou	138605	580752	4	2	96416	43311
池州市	Chizhou	436953	142318	10	8	40223	22973
宣城市	Xuancheng	86686	1199431	19	3	120265	31114
福建省	**Fujian**						
福州市	Fuzhou	7836899	18429718	310	219	94116	67238
厦门市	Xiamen	28841816	35287089	1322	1322	197995	197995
莆田市	Putian	1623404	2304272	50	44	13369	13369
三明市	Sanming	78184	1766491	30	5	1941	
泉州市	Quanzhou	6583180	14534863	314	74	63966	14567
漳州市	Zhangzhou	2565050	4697423	109	18	55232	6416
南平市	Nanping	78945	1139789	36	16	8082	7804
龙岩市	Longyan	1245941	1798828	50	23	4781	912
宁德市	Ningde	1421168	2842466	20	9	2080	192
江西省	**Jiangxi**						
南昌市	Nanchang	4159899	6457830	43		377156	
景德镇市	Jingdezhen	10887	632159	13	4	23675	4861
萍乡市	Pingxiang	13339	1163023	46	29	42602	22510
九江市	Jiujiang	585347	2911755	47	11	234697	79338
新余市	Xinyu	737816	754697	67	49	50944	39294
鹰潭市	Yingtan	2165850	813742	107	44	34124	20092
赣州市	Ganzhou	598480	3395349	43	15	201182	74364
吉安市	Ji'an	1369839	3538602	106	15	126637	15851
宜春市	Yichun	173562	1908909	18	10	90763	20119
抚州市	Fuzhou	125292	1398727	49	18	41192	19980
上饶市	Shangrao	21379	1989718	27	5	134936	64157

2-16 续表 3 continued

城市	City	货物进口额(万元) Import Volume of Goods (10 000yuan)	货物出口额(万元) Export Volume of Goods (10 000yuan)	外商直接投资合同项目(个) Number of Projects for Contracted Foreign Direct Investment (unit)		当年实际使用外资金额(万美元) Amount of Foreign Capital Actually Utilized (USD 10000)	
		全市 Total City	全市 Total City	全市 Total City	市辖区 Districts under City	全市 Total City	市辖区 Districts under City
山东省	**Shandong**						
济南市	Jinan	4807663	6443021	228	219	224249	219358
青岛市	Qingdao	25136880	34097036	954	835	584193	445161
淄博市	Zibo	4641194	4169200	91	84	31577	27373
枣庄市	Zaozhuang	72945	1391340	59	38	14482	9923
东营市	Dongying	13107624	3422813	35	28	24385	16211
烟台市	Yantai	11731395	17310373	346	218	194054	135476
潍坊市	Weifang	6561494	11319193	120	64	69940	30240
济宁市	Jining	1765665	2841692	65	30	45156	28077
泰安市	Tai'an	377253	1344848	50	25	45908	17525
威海市	Weihai	4807140	9206767	273	229	122247	76338
日照市	Rizhao	6459245	4064037	42	30	18692	17668
临沂市	Linyi	1554026	6785809	127	80	38730	26735
德州市	Dezhou	1413963	2033093	36	13	16001	3932
聊城市	Liaocheng	2016885	2064500	35	15	7253	5172
滨州市	Binzhou	5613658	3114244	21	7	21720	5044
菏泽市	Heze	3082326	1757674	35	19	19370	4382
河南省	**Henan**						
郑州市	Zhengzhou	14516000	26783000	84	69	440542	329013
开封市	Kaifeng	96239	638020	10	7	71810	44194
洛阳市	Luoyang	213591	1332877	13	10	290822	176913
平顶山市	Pingdingshan	29290	331641	12	4	50488	17693
安阳市	Anyang	332204	268481	1	1	55175	27083
鹤壁市	Hebi	32855	268973	4	3	87812	61645
新乡市	Xinxiang	144645	705044	12	3	121560	48319
焦作市	Jiaozuo	385843	1117181	3	1	88414	21479
濮阳市	Puyang	436195	403019	3	1	69031	23072
许昌市	Xuchang	126621	1133651	13	10	79165	29674
漯河市	Luohe	56050	594433	9	6	97880	68321
三门峡市	Sanmenxia	1577363	252868	6	4	115904	51514
南阳市	Nanyang	1534715	218040	10	3	69162	16747
商丘市	Shangqiu	108958	237023	7	3	42108	13655
信阳市	Xinyang	184016	319424	7	1	57480	9798
周口市	Zhoukou	183263	846451	4	1	58604	17445
驻马店市	Zhumadian	60517	432668	10	2	44024	10831
湖北省	**Hubei**						
武汉市	Wuhan	10779000	13623000	288	288	1230896	1230896
黄石市	Huangshi	200659	204373	19	12	21820	13418
十堰市	Shiyan	29149	589856	11	4	8694	6450
宜昌市	Yichang	256000	1950000	7	5	30191	14785
襄阳市	Xiangyang	302000	1971000	28	24	95797	57585
鄂州市	Ezhou	40683	27285	2	2	4400	4400
荆门市	Jingmen	335000	629000	12	5	49337	17769
孝感市	Xiaogan	152000	852000	20	8	38579	11932
荆州市	Jingzhou	233558	951095	13	8	4959	3614
黄冈市	Huanggang	51000	656000	6		5843	1287
咸宁市	Xianning	69085	558751	12	7	3697	338
随州市	Suizhou	28000	589000	4	1	16745	8510

2–16 续表 4 continued

城市	City	货物进口额(万元) Import Volume of Goods (10 000yuan)	货物出口额(万元) Export Volume of Goods (10 000yuan)	外商直接投资合同项目(个) Number of Projects for Contracted Foreign Direct Investment (unit)		当年实际使用外资金额(万美元) Amount of Foreign Capital Actually Utilized (USD 10000)	
		全市 Total City	全市 Total City	全市 Total City	市辖区 Districts under City	全市 Total City	市辖区 Districts under City
湖南省	**Hunan**						
长沙市	Changsha	6055994	13964277	281	224	637366	470851
株洲市	Zhuzhou	443776	1574456	10	6	153591	88956
湘潭市	Xiangtan	755916	1634936	9	2	154421	119300
衡阳市	Hengyang	1628375	2060140	8		158032	
邵阳市	Shaoyang	61855	2537952	6	2	34056	6638
岳阳市	Yueyang	1383592	1916892	9	6	63861	35099
常德市	Changde	138000	1183000	17	8	141929	61772
张家界市	Zhangjiajie	3150	103634	3	2	14689	7354
益阳市	Yiyang	155905	1327499	15	8	35326	22119
郴州市	Chenzhou	1130832	2085608	41	16	211530	83384
永州市	Yongzhou	74957	1714366	15	3	136859	38245
怀化市	Huaihua	25050	77963	12	4	6508	1305
娄底市	Loudi	794315	475723	4		61010	30206
广东省	**Guangdong**						
广州市	Guangzhou	47426778	52583651	3446	3446	714349	714349
韶关市	Shaoguan	1069808	752407	85	34	8120	2869
深圳市	Shenzhen	130649159	167089478	5867	5867	780944	780944
珠海市	Zhuhai	12543337	29088880	1176	1176	242420	242420
汕头市	Shantou	1365052	4639975	47	45	10070	10070
佛山市	Foshan	10999023	37277077	702	702	73292	73292
江门市	Jiangmen	2893094	11360877	266	161	82329	49405
湛江市	Zhanjiang	2044560	2093823	20	17	23577	19897
茂名市	Maoming	258153	1705880	37	23	2546	1566
肇庆市	Zhaoqing	1327057	2717239	441	368	94089	58304
惠州市	Huizhou	8880062	18217372	390	218	93143	67100
梅州市	Meizhou	198780	1007410	130		3453	
汕尾市	Shanwei	1677400	875600			8077	2122
河源市	Heyuan	518000	2512000	87		8634	4926
阳江市	Yangjiang	344998	1171181	59	45	3509	3497
清远市	Qingyuan	2016958	2145364	146	111	12834	7343
东莞市	Dongguan	51728678	86287845	1028		129092	
中山市	Zhongshan	4580098	19291850	310		55154	
潮州市	Chaozhou	348276	1807571	5	4	4029	3171
揭阳市	Jieyang	161545	3083647	7	3	1779	908
云浮市	Yunfu	468038	631509	61	48	4449	3815
广西壮族自治区	**Guangxi**						
南宁市	Nanning	3838836	3639055	126	96	31018	29763
柳州市	Liuzhou	1343228	847800	22	22	9937	8627
桂林市	Guilin	82805	622966	38	24	6272	5520
梧州市	Wuzhou	311473	347053	20	9	3404	1354
北海市	Beihai	1653116	1288768	23	18	11366	9132
防城港市	Fangchenggang	5636335	2413149	20	14	3971	2040
钦州市	Qinzhou	1242735	800544	35	28	13205	12805
贵港市	Guigang	200070	189057	10	5	4748	2858
玉林市	Yulin	151232	250420	11	7	8579	6739

2-16 续表 5 continued

城　市	City	货物进口额（万元）Import Volume of Goods (10 000yuan)	货物出口额（万元）Export Volume of Goods (10 000yuan)	外商直接投资合同项目（个）Number of Projects for Contracted Foreign Direct Investment (unit)		当年实际使用外资金额（万美元）Amount of Foreign Capital Actually Utilized (USD 10000)	
		全　市 Total City	全　市 Total City	全　市 Total City	市辖区 Districts under City	全　市 Total City	市辖区 Districts under City
百色市	Baise	304528	2313534	16	2	5162	
贺州市	Hezhou	38958	104815	20	6	911	594
河池市	Hechi	225451	76667	12	3	1000	677
来宾市	Laibin	15987	75272	14	2	1531	26
崇左市	Chongzuo	5931537	13002374	21	4	5673	148
海南省	**Hainan**						
海口市	Haikou	2450445	863333	162	162	67154	67154
三亚市	Sanya	903202	70667	60	60	26200	26200
三沙市	Sansha						
儋州市	Danzhou	24334	3619	16		3039	
重庆市	**Chongqing**	**20798640**	**37129167**	**223**	**217**	**1031042**	**838957**
四川省	**Sichuan**						
成都市	Chengdu	25128554	33098374	578		1316900	
自贡市	Zigong	77751	230626	1	1	1014	1014
攀枝花市	Panzhihua	183700	133500			7370	6445
泸州市	Luzhou	433261	409881	12	11	16000	15092
德阳市	Deyang	309800	1101700	12	8	12400	5700
绵阳市	Mianyang	1384715	705828			17951	14768
广元市	Guangyuan	33036	30243	6	6	2488	2138
遂宁市	Suining	159277	202747	43	33	28524	22543
内江市	Neijiang	5830	14701	2	1	4545	4545
乐山市	Leshan	586700	453100	3	1	7029	3348
南充市	Nanchong	16222	631780	15	2	8351	
眉山市	Meishan	195670	157203	10	5	114601	4200
宜宾市	Yibin	906454	504780	7	5	6585	5187
广安市	Guang'an	2	32	3		3976	1959
达州市	Dazhou	679	28014				
雅安市	Ya'an	39936	32219	2		1008	134
巴中市	Bazhong	8900	51800	3	2	679	387
资阳市	Ziyang	57160	97446	4	4	6676	6476
贵州省	**Guizhou**						
贵阳市	Guiyang	765022	2101898	43	42	178000	156200
六盘水市	Liupanshui	78039	17205	39	17	104	
遵义市	Zunyi	81264	279345	16	8	43542	10043
安顺市	Anshun	35663	77703	31	23	12000	9400
毕节市	Bijie	10679	142716	2		4544	
铜仁市	Tongren	36	5002	7	5	2754	2604
云南省	**Yunnan**						
昆明市	Kunming	6607589	2479815	117	105	64861	63381
曲靖市	Qujing	11414	820561	2	1	386	300
玉溪市	Yuxi	45327	2092720	6	2	1003	644
保山市	Baoshan	130606	350410	5		399	
昭通市	Zhaotong	91	10702			70	
丽江市	Lijiang		34180	10	8	1086	1086
普洱市	Pu'er	565525	177425	1	1	720	230
临沧市	Lincang	453453	348810	1		510	

2–16 续表 6 continued

城 市	City	货物进口额 (万元) Import Volume of Goods (10 000yuan)	货物出口额 (万元) Export Volume of Goods (10 000yuan)	外商直接投资合同项目 (个) Number of Projects for Contracted Foreign Direct Investment (unit)		当年实际使用外资金额 (万美元) Amount of Foreign Capital Actually Utilized (USD 10000)	
		全 市 Total City	全 市 Total City	全 市 Total City	市辖区 Districts under City	全 市 Total City	市辖区 Districts under City
西藏自治区	**Tibet**						
拉萨市	Lasa	66400	344400				
日喀则市	Xigaze	23200	444700				
昌都市	Qamdo						
林芝市	Linzhi						
山南市	Shannan	1883	359				
那曲市	Naqu						
陕西省	**Shaanxi**						
西安市	Xi'an	15122342	17302839	237	237	705738	702553
铜川市	Tongchuan	39056	32106	8	7	4004	3994
宝鸡市	Baoji	401886	437951	9	4	11088	10988
咸阳市	Xianyang	559500	333500	19	7	10019	3318
渭南市	Weinan	17856	126899	3	1	857	140
延安市	Yan'an	228762	13116	2	1	3887	350
汉中市	Hanzhong	9646	91509	11	1	5427	353
榆林市	Yulin	11795	82976	4		11496	9805
安康市	Ankang	1675	86522	9	2	4830	415
商洛市	Shangluo					5061	
甘肃省	**Gansu**						
兰州市	Lanzhou	475437	718650	7	5	7483	1632
嘉峪关市	Jiayuguan	63036	39241				
金昌市	Jinchang	1361868	53348				
白银市	Baiyin	416716	59721				
天水市	Tianshui	146063	236388				
武威市	Wuwei	3400	19500	1	1	433	394
张掖市	Zhangye			2		293	
平凉市	Pingliang	255	47926	1	1		
酒泉市	Jiuquan	3097	51135	5		10	
庆阳市	Qingyang		15817				
定西市	Dingxi	12397	12834				
陇南市	Longnan	91	18909				
青海省	**Qinghai**						
西宁市	Xining	117724	146081	7	7	7565	7565
海东市	Haidong	49700	4900				
宁夏回族自治区	**Ningxia**						
银川市	Yinchuan	532348	1043941	19	19	20023	20023
石嘴山市	Shizuishan	106700	330300	1	1	330	330
吴忠市	Wuzhong	459	22258				
固原市	Guyuan						
中卫市	Zhongwei	40212	13190			4719	4000
新疆维吾尔自治区	**Xinjiang**						
乌鲁木齐市	Urumqi	1782795	3343563	13	13	665	665
克拉玛依市	Karamay	14973	33357				
吐鲁番市	Turpan	1742	7829				
哈密市	Hami	58783	4970				

2-16 续表 7 continued

城 市	City	货物进口额（万元）Import Volume of goods (10 000yuan)	货物出口额（万元）Export Volume of goods (10 000yuan)	外商直接投资合同项目（个）Number of Projects for Contracted Foreign Direct Investment (unit)		当年实际使用外资金额（万美元）Amount of Foreign Capital Actually Utilized (USD 10000)	
		全 市 Total City	全 市 Total City	全 市 Total City	市辖区 Districts under City	全 市 Total City	市辖区 Districts under City
陕西省	**Shaanxi**						
西安市	Xi'an	15122342	17302839	237	237	705738	702553
铜川市	Tongchuan	39056	32106	8	7	4004	3994
宝鸡市	Baoji	401886	437951	9	4	11088	10988
咸阳市	Xianyang	559500	333500	19	7	10019	3318
渭南市	Weinan	17856	126899	3	1	857	140
延安市	Yan'an	228762	13116	2	1	3887	350
汉中市	Hanzhong	9646	91509	11	1	5427	353
榆林市	Yulin	11795	82976	4		11496	9805
安康市	Ankang	1675	86522	9	2	4830	415
商洛市	Shangluo					5061	
甘肃省	**Gansu**						
兰州市	Lanzhou	475437	718650	7	5	7483	1632
嘉峪关市	Jiayuguan	63036	39241				
金昌市	Jinchang	1361868	53348				
白银市	Baiyin	416716	59721				
天水市	Tianshui	146063	236388				
武威市	Wuwei	3400	19500	1	1	433	394
张掖市	Zhangye			2		293	
平凉市	Pingliang	255	47926	1	1		
酒泉市	Jiuquan	3097	51135	5		10	
庆阳市	Qingyang		15817				
定西市	Dingxi	12397	12834				
陇南市	Longnan	91	18909				
青海省	**Qinghai**						
西宁市	Xining	117724	146081	7	7	7565	7565
海东市	Haidong	49700	4900				
宁夏回族自治区	**Ningxia**						
银川市	Yinchuan	532348	1043941	19	19	20023	20023
石嘴山市	Shizuishan	106700	330300	1	1	330	330
吴忠市	Wuzhong	459	22258				
固原市	Guyuan						
中卫市	Zhongwei	40212	13190			4719	4000
新疆维吾尔自治区	**Xinjiang**						
乌鲁木齐市	Urumqi	1782795	3343563	13	13	665	665
克拉玛依市	Karamay	14973	33357				
吐鲁番市	Turpan	1742	7829				
哈密市	Hami	58783	4970				

2-17 规模以上工业企业数
Number of Industrial Enterprises above Designated Size

单位：个 (unit)

城市	City	工业企业数 Number of Industrial Enterprises		内资企业 Domestic Funded		港、澳、台商投资企业 Enterprises with Funds from Hong Kong, Macao and Taiwan		外商投资企业 Foreign Funded Enterprises	
		全市 Total City	市辖区 Districts under City	全市 Total City	市辖区 Districts under City	全市 Total City	市辖区 Districts under City	全市 Total City	市辖区 Districts under City
北京市	**Beijing**	**3121**	**3121**	**2471**	**2471**	**155**	**155**	**495**	**495**
天津市	**Tianjin**	**4614**	**4614**	**3454**	**3454**	**223**	**223**	**937**	**937**
河北省	**Hebei**								
石家庄市	Shijiazhuang	2097	752	2023	704	35	20	39	28
唐山市	Tangshan	1761	982	1684	935	19	7	58	40
秦皇岛市	Qinhuangdao	393	302	336	251	14	11	43	40
邯郸市	Handan	1312	438	1287	429	13	3	12	6
邢台市	Xingtai	1349	19	1310	15	13	1	26	3
保定市	Baoding	1575	440	1508	413	12	5	55	22
张家口市	Zhangjiakou	404	196	379	183	8	2	17	11
承德市	Chengde	370	81	357	79	7	1	6	1
沧州市	Cangzhou	1898	48	1818	44	24	2	56	2
廊坊市	Langfang	1137	224	1016	147	27	15	94	62
衡水市	Hengshui	885	252	856	240	10	7	19	5
山西省	**Shanxi**								
太原市	Taiyuan	527	375	507	359	4	3	16	13
大同市	Datong	334	208	317	200	10	3	7	5
阳泉市	Yangquan	185	80	178	75	2	2	5	3
长治市	Changzhi	439	241	427	231	6	6	6	4
晋城市	Jincheng	344	44	327	38	4	2	13	4
朔州市	Shuozhou	304	83	298	78	1	1	5	4
晋中市	Jinzhong	712	175	692	163	10	4	10	8
运城市	Yuncheng	551	62	538	61	2	1	11	
忻州市	Xinzhou	420	41	415	40	2		3	1
临汾市	Linfen	435	59	426	57	6	1	3	1
吕梁市	Lvliang	465	25	452	24	7		6	1
内蒙古自治区	**Inner Mongolia**								
呼和浩特市	Hohhot	208	62	189	58	9	2	10	2
包头市	Baotou	420	309	407	298	3	2	10	9
乌海市	Wuhai	134	134	132	132	1	1	1	1
赤峰市	Chifeng	284	107	279	103	1	1	4	3
通辽市	Tongliao	236	35	228	32	3	1	5	2
鄂尔多斯市	Erdos	465	61	448	59	8	1	9	1
呼伦贝尔市	Hulunbuir	156	34	145	31	3		8	3
巴彦淖尔市	Bayannur	258	61	247	57	5	3	6	1
乌兰察布市	Ulanqab	258	32	247	29	6	2	5	1
辽宁省	**Liaoning**								
沈阳市	Shenyang	1579	1345	1312	1090	59	56	208	199
大连市	Dalian	1846	1509	1267	973	99	89	480	447
鞍山市	Anshan	661	251	616	228	18	11	27	12
抚顺市	Fushun	264	202	242	183	9	9	13	10
本溪市	Benxi	202	148	178	132	14	11	10	5
丹东市	Dandong	374	142	345	123	8	6	21	13
锦州市	Jinzhou	328	158	290	127	17	13	21	18
营口市	Yingkou	627	314	533	252	30	23	64	39
阜新市	Fuxin	234	127	217	118	11	4	6	5

2-17 续表 1 continued

单位：个 (unit)

城 市	City	工业企业数 Number of Industrial Enterprises		内资企业 Domestic Funded		港、澳、台商投资企业 Enterprises with Funds from Hong Kong, Macao and Taiwan		外商投资企业 Foreign Funded Enterprises	
		全 市 Total City	市辖区 Districts under City	全 市 Total City	市辖区 Districts under City	全 市 Total City	市辖区 Districts under City	全 市 Total City	市辖区 Districts under City
辽阳市	Liaoyang	226	128	211	117	7	4	8	7
盘锦市	Panjin								
铁岭市	Tieling	255	63	233	53	10	5	12	5
朝阳市	Chaoyang	271	68	251	64	11	4	9	
葫芦岛市	Huludao	259	98	252	96	1	1	6	1
吉林省	**Jilin**								
长春市	Changchun	1015	685	866	551	26	21	123	113
吉林市	Jilin	423	239	404	223	5	3	14	13
四平市	Siping	331	99	315	95	11	4	5	
辽源市	Liaoyuan	92	51	87	49	3	1	2	1
通化市	Tonghua	321	68	310	66	1		10	2
白山市	Baishan	176	72	167	70	3	1	6	1
松原市	Songyuan	251	101	243	98	2		6	3
白城市	Baicheng	152	54	139	48	3	2	10	4
黑龙江省	**Heilongjiang**								
哈尔滨市	Harbin	1127	768	1060	709	19	16	48	43
齐齐哈尔市	Qiqihar	318	126	301	118	5	3	12	5
鸡西市	Jixi	184	68	177	66	1	1	6	1
鹤岗市	Hegang	130	84	127	83	1	1	2	
双鸭山市	Shuangyashan	155	52	152	52	1		2	
大庆市	Daqing	435	232	423	222	2	1	10	9
伊春市	Yichun	63	43	59	39			4	4
佳木斯市	Jiamusi	273	101	259	92	4	2	10	7
七台河市	Qitaihe	90	73	89	72			1	1
牡丹江市	Mudanjiang	246	78	235	71	4	3	7	4
黑河市	Heihe	112	29	106	27	2		4	2
绥化市	Suihua	325	101	321	99	1	1	3	1
上海市	**Shanghai**	**8776**	**8776**	**5559**	**5559**	**837**	**837**	**2380**	**2380**
江苏省	**Jiangsu**								
南京市	Nanjing	2707	2707	2169	2169	166	166	372	372
无锡市	Wuxi	6215	3299	5087	2517	399	246	729	536
徐州市	Xuzhou	1778	670	1654	605	56	25	68	40
常州市	Changzhou	4676	4244	4026	3631	220	207	430	406
苏州市	Suzhou	11042	4945	7078	3031	1126	548	2838	1366
南通市	Nantong	4966	1422	4161	1083	286	89	519	250
连云港市	Lianyungang	942	504	828	434	39	19	75	51
淮安市	Huai'an	1519	750	1357	685	87	38	75	27
盐城市	Yancheng	2920	1167	2639	989	96	49	185	129
扬州市	Yangzhou	3033	1480	2755	1305	130	78	148	97
镇江市	Zhenjiang	1953	711	1658	570	119	56	176	85
泰州市	Taizhou	2576	1003	2339	877	91	50	146	76
宿迁市	Suqian	1781	590	1685	543	48	21	48	26
浙江省	**Zhejiang**								
杭州市	Hangzhou	5698	4984	4951	4287	302	272	445	425
宁波市	Ningbo	8242	4174	6874	3303	681	410	687	461
温州市	Wenzhou	5941	1967	5829	1910	44	21	68	36
嘉兴市	Jiaxing	6452	1233	5424	991	429	91	599	151

2-17 续表 2 continued

单位：个 (unit)

城 市	City	工业企业数 Number of Industrial Enterprises		内资企业 Domestic Funded		港、澳、台商投资企业 Enterprises with Funds from Hong Kong, Macao and Taiwan		外商投资企业 Foreign Funded Enterprises	
		全 市 Total City	市辖区 Districts under City	全 市 Total City	市辖区 Districts under City	全 市 Total City	市辖区 Districts under City	全 市 Total City	市辖区 Districts under City
湖州市	Huzhou	3609	1608	3286	1500	161	48	162	60
绍兴市	Shaoxing	4769	2560	4326	2273	258	172	185	115
金华市	Jinhua	4161	805	3984	734	93	39	84	32
衢州市	Quzhou	1044	360	995	334	14	5	35	21
舟山市	Zhoushan	376	312	353	297	7	6	16	9
台州市	Taizhou	4309	1326	4169	1280	67	25	73	21
丽水市	Lishui	1105	287	1081	281	9	2	15	4
安徽省	**Anhui**								
合肥市	Hefei	2045	907	1883	784	52	37	110	86
芜湖市	Wuhu	1790	749	1672	659	52	38	66	52
蚌埠市	Bengbu	952	403	914	386	20	5	18	12
淮南市	Huainan	704	382	686	369	13	9	5	4
马鞍山市	Maanshan	1114	470	1050	426	31	21	33	23
淮北市	Huaibei	593	327	579	318	4	2	10	7
铜陵市	Tongling	459	342	439	324	10	8	10	10
安庆市	Anqing	1610	253	1572	236	16	4	22	13
黄山市	Huangshan	541	249	521	236	7	4	13	9
滁州市	Chuzhou	1715	419	1630	371	31	17	54	31
阜阳市	Fuyang	1684	426	1664	419	10	6	10	1
宿州市	Suzhou								
六安市	Lu'an	929	420	905	409	9	4	15	7
亳州市	Bozhou	826	303	821	301	3	1	2	1
池州市	Chizhou	587	286	574	279	6	4	7	3
宣城市	Xuancheng	1400	349	1355	335	16	4	29	10
福建省	**Fujian**								
福州市	Fuzhou	2539	1231	2011	1001	278	124	250	106
厦门市	Xiamen	2309	2309	1595	1595	374	374	340	340
莆田市	Putian	1160	873	1019	747	99	90	42	36
三明市	Sanming	1742	274	1670	264	52	6	20	4
泉州市	Quanzhou	5080	679	3861	475	954	157	265	47
漳州市	Zhangzhou	2303	384	1859	316	286	41	158	27
南平市	Nanping	1040	247	987	232	26	7	27	8
龙岩市	Longyan	1130	539	1043	503	57	19	30	17
宁德市	Ningde	1060	101	1031	94	12	5	17	2
江西省	**Jiangxi**								
南昌市	Nanchang	1451	849	1333	762	53	38	65	49
景德镇市	Jingdezhen	372	133	354	127	7	3	11	3
萍乡市	Pingxiang	588	302	564	284	17	12	7	6
九江市	Jiujiang	1866	423	1766	389	55	15	45	19
新余市	Xinyu	407	326	393	314	8	6	6	6
鹰潭市	Yingtan	324	200	305	185	11	9	8	6
赣州市	Ganzhou	2186	1038	1995	989	133	30	58	19
吉安市	Ji'an	1549	208	1470	196	47	7	32	5
宜春市	Yichun	1718	302	1646	289	42	9	30	4
抚州市	Fuzhou	868	345	841	332	17	4	10	9
上饶市	Shangrao	1617	462	1584	450	21	8	12	4

2-17 续表 3 continued

单位：个 (unit)

城市	City	工业企业数 Number of Industrial Enterprises		内资企业 Domestic Funded		港、澳、台商投资企业 Enterprises with Funds from Hong Kong, Macao and Taiwan		外商投资企业 Foreign Funded Enterprises	
		全市 Total City	市辖区 Districts under City	全市 Total City	市辖区 Districts under City	全市 Total City	市辖区 Districts under City	全市 Total City	市辖区 Districts under City
山东省	**Shandong**								
济南市	Jinan	2153	1934	2005	1797	62	54	86	83
青岛市	Qingdao	3536	2248	2668	1651	190	131	678	466
淄博市	Zibo	1668	1313	1568	1233	47	34	53	46
枣庄市	Zaozhuang	593	371	560	349	21	13	12	9
东营市	Dongying	753	460	712	431	22	17	19	12
烟台市	Yantai	2030	843	1576	570	108	57	346	216
潍坊市	Weifang	3162	730	2927	660	87	21	148	49
济宁市	Jining	2124	669	2020	612	34	17	70	40
泰安市	Tai'an	935	342	878	318	19	5	38	19
威海市	Weihai	1012	663	762	493	41	31	209	139
日照市	Rizhao	714	332	639	279	21	9	54	44
临沂市	Linyi	2938	1197	2833	1162	50	14	55	21
德州市	Dezhou	1381	357	1324	333	18	10	39	14
聊城市	Liaocheng	1192	403	1155	383	15	7	22	13
滨州市	Binzhou	1247	281	1209	266	20	8	18	7
菏泽市	Heze	1685	424	1649	409	15	7	21	8
河南省	**Henan**								
郑州市	Zhengzhou	2425	761	2343	704	36	26	46	31
开封市	Kaifeng	1038	285	1009	264	16	9	13	12
洛阳市	Luoyang	1799	489	1760	472	17	6	22	11
平顶山市	Pingdingshan	823	166	805	158	8	3	10	5
安阳市	Anyang	757	216	743	211	6	1	8	4
鹤壁市	Hebi	387	208	383	204	3	3	1	1
新乡市	Xinxiang	1341	313	1311	301	5	3	25	9
焦作市	Jiaozuo	1102	198	1076	186	11	4	15	8
濮阳市	Puyang	687	182	675	175	7	2	5	5
许昌市	Xuchang	1530	333	1512	323	10	5	8	5
漯河市	Luohe	572	331	553	318	8	4	11	9
三门峡市	Sanmenxia	369	153	358	146	4	2	7	5
南阳市	Nanyang	1550	241	1519	228	20	6	11	7
商丘市	Shangqiu	1400	310	1381	303	9	2	10	5
信阳市	Xinyang	935	303	925	294	1	1	9	8
周口市	Zhoukou	1334	201	1308	194	11	4	15	3
驻马店市	Zhumadian	1052	141	1029	130	12	4	11	7
湖北省	**Hubei**								
武汉市	Wuhan	2890	2890	2572	2572	73	73	245	245
黄石市	Huangshi	711	292	671	269	20	10	20	13
十堰市	Shiyan	948	593	928	577	6	5	14	11
宜昌市	Yichang	1288	349	1241	324	28	14	19	11
襄阳市	Xiangyang	1655	678	1592	634	25	11	38	33
鄂州市	Ezhou	509	509	494	494	5	5	10	10
荆门市	Jingmen	998	238	974	226	12	7	12	5
孝感市	Xiaogan	1157	255	1111	235	21	7	25	13
荆州市	Jingzhou	1174	485	1149	466	11	8	14	11
黄冈市	Huanggang	1365	113	1326	99	24	10	15	4
咸宁市	Xianning	964	258	936	247	22	9	6	2
随州市	Suizhou	694	230	674	220	13	6	7	4

2-17 续表 4 continued

单位：个 (unit)

城市	City	工业企业数 Number of Industrial Enterprises		内资企业 Domestic Funded		港、澳、台商投资企业 Enterprises with Funds from Hong Kong, Macao and Taiwan		外商投资企业 Foreign Funded Enterprises	
		全市 Total City	市辖区 Districts under City	全市 Total City	市辖区 Districts under City	全市 Total City	市辖区 Districts under City	全市 Total City	市辖区 Districts under City
湖南省	**Hunan**								
长沙市	Changsha	2974	922	2834	869	64	30	76	23
株洲市	Zhuzhou	1619	556	1588	541	13	4	18	11
湘潭市	Xiangtan	1055	491	1024	467	13	10	18	14
衡阳市	Hengyang	1052	226	1027	214	17	6	8	6
邵阳市	Shaoyang	1647	255	1626	250	14	4	7	1
岳阳市	Yueyang	1452	387	1430	374	10	6	12	7
常德市	Changde	1370	451	1336	435	23	12	11	4
张家界市	Zhangjiajie	214	89	211	89	2		1	
益阳市	Yiyang	1142	537	1121	525	11	7	10	5
郴州市	Chenzhou	1151	244	1100	232	40	9	11	3
永州市	Yongzhou	1075	263	1018	248	37	6	20	9
怀化市	Huaihua	690	69	677	66	7	1	6	2
娄底市	Loudi	936	296	923	289	6	2	7	5
广东省	**Guangdong**								
广州市	Guangzhou	5804	5804	4476	4476	679	679	649	649
韶关市	Shaoguan	475	174	413	146	45	18	17	10
深圳市	Shenzhen	10337	10337	7995	7995	1725	1725	617	617
珠海市	Zhuhai	1388	1388	906	906	290	290	192	192
汕头市	Shantou	1972	1968	1809	1807	104	103	59	58
佛山市	Foshan	7902	7902	6807	6807	685	685	410	410
江门市	Jiangmen	2458	1354	1788	999	500	271	170	84
湛江市	Zhanjiang	870	264	795	219	43	26	32	19
茂名市	Maoming	810	345	756	331	42	9	12	5
肇庆市	Zhaoqing	1173	687	954	539	141	94	78	54
惠州市	Huizhou	2764	1733	1943	1169	596	398	225	166
梅州市	Meizhou	474	161	437	147	23	9	14	5
汕尾市	Shanwei	244	56	191	35	50	19	3	2
河源市	Heyuan	567	201	423	126	117	56	27	19
阳江市	Yangjiang	338	239	290	205	36	26	12	8
清远市	Qingyuan	772	442	611	358	117	54	44	30
东莞市	Dongguan	10658		7350		2215		1093	
中山市	Zhongshan	3635		2789		513		333	
潮州市	Chaozhou	936	803	870	747	52	44	14	12
揭阳市	Jieyang	1393	903	1312	856	68	39	13	8
云浮市	Yunfu	355	145	289	113	54	27	12	5
广西壮族自治区	**Guangxi**								
南宁市	Nanning	1000	708	923	638	42	40	35	30
柳州市	Liuzhou	944	705	906	670	11	11	27	24
桂林市	Guilin	518	188	492	171	10	5	16	12
梧州市	Wuzhou	421	192	383	163	26	21	12	8
北海市	Beihai	266	173	228	143	24	20	14	10
防城港市	Fangchenggang	159	97	144	83	7	6	8	8
钦州市	Qinzhou	311	158	287	141	18	13	6	4
贵港市	Guigang	697	471	676	456	12	10	9	5
玉林市	Yulin	534	134	492	124	27	3	15	7

2–17 续表 5 continued

单位：个 (unit)

城 市	City	工业企业数 Number of Industrial Enterprises		内资企业 Domestic Funded		港、澳、台商投资企业 Enterprises with Funds from Hong Kong, Macao and Taiwan		外商投资企业 Foreign Funded Enterprises	
		全 市 Total City	市辖区 Districts under City	全 市 Total City	市辖区 Districts under City	全 市 Total City	市辖区 Districts under City	全 市 Total City	市辖区 Districts under City
百色市	Baise	356	47	346	44	9	3	1	
贺州市	Hezhou	237	153	221	144	10	5	6	4
河池市	Hechi	221	78	217	75	3	2	1	1
来宾市	Laibin	220	104	212	98	4	3	4	3
崇左市	Chongzuo	313	67	289	56	5	1	19	10
海南省	**Hainan**								
海口市	Haikou	156	156	124	124	14	14	18	18
三亚市	Sanya	25	25	20	20	3	3	2	2
三沙市	Sansha								
儋州市	Danzhou	29		26		1		2	
重庆市	**Chongqing**	**6694**	**6041**	**6273**	**5630**	**144**	**135**	**277**	**276**
四川省	**Sichuan**								
成都市	Chengdu	3614	2183	3323	1950	94	76	197	157
自贡市	Zigong	564	343	552	333	2	1	10	9
攀枝花市	Panzhihua	333	236	327	231	2	1	4	4
泸州市	Luzhou	689	389	676	381	6	4	7	4
德阳市	Deyang	1328	479	1298	466	13	5	17	8
绵阳市	Mianyang	1048	547	1018	523	15	11	15	13
广元市	Guangyuan	513	276	507	271	1	1	5	4
遂宁市	Suining	561	278	539	261	6	6	16	11
内江市	Neijiang	367	130	351	122	9	3	7	5
乐山市	Leshan	609	230	598	226	7	1	4	3
南充市	Nanchong	794	286	783	280	6	3	5	3
眉山市	Meishan	617	336	594	316	8	6	15	14
宜宾市	Yibin	826	375	815	368	6	4	5	3
广安市	Guang'an	562	152	551	145	5	4	6	3
达州市	Dazhou	752	228	748	225	4	3		
雅安市	Ya'an	348	106	338	102	5	2	5	2
巴中市	Bazhong	318	139	315	138	1	1	2	
资阳市	Ziyang	238	109	226	100	3	3	9	6
贵州省	**Guizhou**								
贵阳市	Guiyang	758	448	722	420	16	11	20	17
六盘水市	Liupanshui	391	69	386	67	2	1	3	1
遵义市	Zunyi	919	352	910	343	5	5	4	4
安顺市	Anshun	385	290	377	284	6	4	2	2
毕节市	Bijie	538	46	534	46	2		2	
铜仁市	Tongren	425	129	420	126	5	3		
云南省	**Yunnan**								
昆明市	Kunming	1006	587	939	543	34	25	33	19
曲靖市	Qujing	648	245	640	240	3	2	5	3
玉溪市	Yuxi	433	179	419	169	6	4	8	6
保山市	Baoshan	267	88	262	86	3	1	2	1
昭通市	Zhaotong	138	29	132	25	5	4	1	
丽江市	Lijiang	61	9	60	9	1			
普洱市	Pu'er	156	40	149	37	2		5	3
临沧市	Lincang	177	33	176	32			1	1

2-17 续表 6 continued

单位：个 (unit)

城 市	City	工业企业数 Number of Industrial Enterprises		内资企业 Domestic Funded		港、澳、台商投资企业 Enterprises with Funds from Hong Kong, Macao and Taiwan		外商投资企业 Foreign Funded Enterprises	
		全 市 Total City	市辖区 Districts under City	全 市 Total City	市辖区 Districts under City	全 市 Total City	市辖区 Districts under City	全 市 Total City	市辖区 Districts under City
西藏自治区	**Tibet**								
拉萨市	Lasa	83	38	81	37	1		1	1
日喀则市	Xigaze	27	14	27	14				
昌都市	Qamdo	5	4	4	3	1	1		
林芝市	Linzhi	4	4	4	4				
山南市	Shannan	16	4	16	4				
那曲市	Naqu	3	2	3	2				
陕西省	**Shaanxi**								
西安市	Xi'an	1631	1528	1517	1416	22	21	92	91
铜川市	Tongchuan	218	196	215	193	1	1	2	2
宝鸡市	Baoji	782	352	768	344	5		9	8
咸阳市	Xianyang	698	129	670	119	10	5	18	5
渭南市	Weinan	601	122	588	117	2	1	11	4
延安市	Yan'an	249	64	244	62	1	1	4	1
汉中市	Hanzhong	707	205	698	203	5	1	4	1
榆林市	Yulin	994	137	988	133	1	1	5	3
安康市	Ankang	743	188	739	187	1		3	1
商洛市	Shangluo	299	32	298	32			1	
甘肃省	**Gansu**								
兰州市	Lanzhou	353	161	343	156	5	1	5	4
嘉峪关市	Jiayuguan	57		57					
金昌市	Jinchang	91	49	91	49				
白银市	Baiyin	163	89	160	87	1		2	2
天水市	Tianshui	154	89	151	86			3	3
武威市	Wuwei	179	90	174	88	3	1	2	1
张掖市	Zhangye	182	67	177	64	1	1	4	2
平凉市	Pingliang	69	15	69	15				
酒泉市	Jiuquan	191	50	182	48	2	1	7	1
庆阳市	Qingyang	102	23	101	22			1	1
定西市	Dingxi	121	34	120	34			1	
陇南市	Longnan	72	13	71	13	1			
青海省	**Qinghai**								
西宁市	Xining	243	133	234	126	3	2	6	5
海东市	Haidong	88	38	86	38	2			
宁夏回族自治区	**Ningxia**								
银川市	Yinchuan	366	138	341	121	8	5	17	12
石嘴山市	Shizuishan	295	155	286	151	3	2	6	2
吴忠市	Wuzhong	351	91	349	90			2	1
固原市	Guyuan	49	27	48	26			1	1
中卫市	Zhongwei	151	94	145	93	4		2	1
新疆维吾尔自治区	**Xinjiang**								
乌鲁木齐市	Urumqi	409	401	393	385	6	6	10	10
克拉玛依市	Karamay	92	92	91	91			1	1
吐鲁番市	Turpan	144	50	140	47	3	2	1	1
哈密市	Hami	229	186	225	182	3	3	1	1

2-18 规模以上工业企业资产状况
Assets of Industrial Enterprises above Designated Size

单位：万元 (10 000 yuan)

城 市	City	流动资产合计 Total Current Assets		固定资产合计 Total Fixed Assets	
		全 市 Total City	市辖区 Districts under City	全 市 Total City	市辖区 Districts under City
北京市	**Beijing**	**190542547**	**190542547**		
天津市	**Tianjin**	**105655424**	**105655424**		
河北省	**Hebei**				
石家庄市	Shijiazhuang	42467484	20068534	16026466	10324919
唐山市	Tangshan	42801226	26643585	45461424	26635970
秦皇岛市	Qinhuangdao	11203128	8744598	5062465	3971331
邯郸市	Handan	26204883	9028459	16712058	10495032
邢台市	Xingtai	13611510	3194444	8724418	2411150
保定市	Baoding	21528177	12917985	10194097	5885088
张家口市	Zhangjiakou	8180376	4204361	12171036	6044511
承德市	Chengde	10341665	3832021	8452760	3605301
沧州市	Cangzhou	18295196	1303581	15248874	2481025
廊坊市	Langfang	15191827	4989724	6665400	2792548
衡水市	Hengshui	8632059	4628591	4719534	2130369
山西省	**Shanxi**				
太原市	Taiyuan	31344475	27736641	17388430	12770982
大同市	Datong	10365045	8452947	8803364	5846824
阳泉市	Yangquan	5782917	4107461	4933616	2427097
长治市	Changzhi	28655333	8893527	13312742	6173589
晋城市	Jincheng	19188735	2622968	11050163	1095420
朔州市	Shuozhou	7935156	3485562	13405678	9164484
晋中市	Jinzhong	12558705	2355182	12921487	1799704
运城市	Yuncheng	11300942	632653	7532825	293402
忻州市	Xinzhou	7340916	839686	7458322	528128
临汾市	Linfen	12018621	798729	10514857	1334959
吕梁市	Lvliang	20979370	1684697		
内蒙古自治区	**Inner Mongolia**				
呼和浩特市	Hohhot	11585095	3286934		
包头市	Baotou	22894187	20148892	18090103	14636024
乌海市	Wuhai	6838500	6838500	3974850	3974850
赤峰市	Chifeng	7664479	3040910	8853841	3503428
通辽市	Tongliao	6745079	921369	7357736	668417
鄂尔多斯市	Erdos	32358128	5373284	37429098	4448550
呼伦贝尔市	Hulunbuir	3460099	899631	6445982	1607275
巴彦淖尔市	Bayannur	4750976	1260109	4903970	1044612
乌兰察布市	Ulanqab	4774651	414710	7083508	594966
辽宁省	**Liaoning**				
沈阳市	Shenyang	47450828	46062386		
大连市	Dalian	45519992	36176422		
鞍山市	Anshan	16152822	9987776		
抚顺市	Fushun	5337161	4690378	5741414	5503506
本溪市	Benxi	11125412	10355065	6816647	6325503
丹东市	Dandong	4053453	333662	2547121	1416871
锦州市	Jinzhou	4807651	3210613	2877468	1767839
营口市	Yingkou	16058452	11472714		
阜新市	Fuxin	2899854	1533082		

2-18 续表 1 continued

单位：万元 (10 000 yuan)

城 市	City	流动资产合计 Total Current Assets		固定资产合计 Total Fixed Assets	
		全 市 Total City	市辖区 Districts under City	全 市 Total City	市辖区 Districts under City
辽阳市	Liaoyang	10388309	7454782		
盘锦市	Panjin				
铁岭市	Tieling	3028703	995082		
朝阳市	Chaoyang	3520468	1130998		
葫芦岛市	Huludao	4757125	2065632	2645467	1444582
吉林省	**Jilin**				
长春市	Changchun	50231839	47586245	23399532	21126440
吉林市	Jilin	7669802	5685041	7955362	6476488
四平市	Siping	2502548	1154842	2020738	703360
辽源市	Liaoyuan	2629902	1782095	2119272	1247484
通化市	Tonghua	6016626	2743770	3725572	2486857
白山市	Baishan	1596642	846838	2119614	1276042
松原市	Songyuan	2437918	1255742	2266766	853467
白城市	Baicheng	2762332	1433657	2927221	974995
黑龙江省	**Heilongjiang**				
哈尔滨市	Harbin	22514971	19876218	10154974	8487324
齐齐哈尔市	Qiqihar	8759582	5424082	5292628	3876810
鸡西市	Jixi	2703074	1309796	2290073	1627585
鹤岗市	Hegang	1559879	1216421	1572374	1320826
双鸭山市	Shuangyashan	2661090	1708505		
大庆市	Daqing	20702727	19422764		
伊春市	Yichun	1116126	942458	1015566	729732
佳木斯市	Jiamusi	2473123	1478049	2077271	882018
七台河市	Qitaihe	2109784	1760404	1633209	1502810
牡丹江市	Mudanjiang	2030234	1232603		
黑河市	Heihe	1158549	283122	846563	403867
绥化市	Suihua	3353042	925627	4121083	1203634
上海市	**Shanghai**	**262921233**	**262921233**	**83798246**	**83798246**
江苏省	**Jiangsu**				
南京市	Nanjing	72574000	72574000	32075527	32075527
无锡市	Wuxi	111301000	52216941	37999784	21612811
徐州市	Xuzhou	27756400	19522595	12357842	7077914
常州市	Changzhou	64790500	55953270	22618439	18318346
苏州市	Suzhou	210473200	96050346	74755242	31118369
南通市	Nantong	50026800	18471802	24572079	9978956
连云港市	Lianyungang	15307700	12520314	12978759	11013721
淮安市	Huai'an	13618200	7310557	7544188	4564794
盐城市	Yancheng	26595100	12544565	18936063	8977858
扬州市	Yangzhou	27238100	15838909	13341739	7746431
镇江市	Zhenjiang	28425500	10819548	10539928	5161399
泰州市	Taizhou	33123100	14656324	12744609	5747572
宿迁市	Suqian	14845400	5974000	8257564	3289975
浙江省	**Zhejiang**				
杭州市	Hangzhou	109714647	104431031	30657208	27720493
宁波市	Ningbo	103647357	65592625	40701402	26452670
温州市	Wenzhou	31587871	10232795	11305228	3942346
嘉兴市	Jiaxing	60110070	14154033	31535255	6228505

2-18 续表 2 continued

单位：万元 (10 000 yuan)

城 市	City	流动资产合计 Total Current Assets		固定资产合计 Total Fixed Assets	
		全 市 Total City	市辖区 Districts under City	全 市 Total City	市辖区 Districts under City
湖州市	Huzhou	27368519	11757851	12074202	4713538
绍兴市	Shaoxing	44493261	27472352	17651186	13011689
金华市	Jinhua	26772489	5975794	11088592	2265755
衢州市	Quzhou	10797396	6385942	6493495	3691396
舟山市	Zhoushan	11655256	5438031	5092451	3536592
台州市	Taizhou	33978995	11593243	18847603	4689604
丽水市	Lishui	8184362	2856560	3793323	1004258
安徽省	**Anhui**				
合肥市	Hefei	57059659	47209683	25530185	19709693
芜湖市	Wuhu	31463066	25242431	12093147	9241280
蚌埠市	Bengbu	7846789	5351655	4156228	3084961
淮南市	Huainan	5397106	4403350	6919290	6098780
马鞍山市	Maanshan	15618804	12027173	8916656	6985868
淮北市	Huaibei	6034552	2875837	6527681	3525680
铜陵市	Tongling	8305896	7986770	5158139	4919119
安庆市	Anqing	8292219	2760484	5915448	2770744
黄山市	Huangshan	2381557	1301339	1061462	520458
滁州市	Chuzhou	14368765	5667698	9054716	3588468
阜阳市	Fuyang	7719409	2761325	5737066	2309449
宿州市	Suzhou	3889487	2181071		
六安市	Lu'an	6305909	2516241	4814968	971134
亳州市	Bozhou	5649814	3872780		
池州市	Chizhou	2987600	1763000	2891300	2209600
宣城市	Xuancheng	8801287	1926350	4456887	1869702
福建省	**Fujian**				
福州市	Fuzhou	36829475	17577072	25525949	7519253
厦门市	Xiamen	39185917	39185917	14361856	14361856
莆田市	Putian	9795240	7912388	6997295	6226093
三明市	Sanming	7832019	2181463	6355841	2587520
泉州市	Quanzhou	51448352	10246229	23954589	4792609
漳州市	Zhangzhou	21069375	3070354	10865834	2266276
南平市	Nanping	5655365	2085082	4179081	1508090
龙岩市	Longyan	10441318	5609708	5088020	2247798
宁德市	Ningde	17911761	9702219	11305376	3360463
江西省	**Jiangxi**				
南昌市	Nanchang	37549396	30942980	18833291	15832359
景德镇市	Jingdezhen	3806527	2815511	2492286	1674293
萍乡市	Pingxiang	3621085	2508561	3051256	1566938
九江市	Jiujiang	11148237	3351532	22101815	6731556
新余市	Xinyu	6990152	6404854	6483564	5560621
鹰潭市	Yingtan	14384844	1717955	12645354	1640454
赣州市	Ganzhou	14697505	7699006	6433976	2441346
吉安市	Ji'an	10150220	935396	5983501	880185
宜春市	Yichun	11786299	2155695		
抚州市	Fuzhou	4771852	2777083		
上饶市	Shangrao	11017264	5484896	4362536	1750029

2–18 续表 3 continued

单位：万元 (10 000 yuan)

城 市	City	流动资产合计 Total Current Assets		固定资产合计 Total Fixed Assets	
		全 市 Total City	市辖区 Districts under City	全 市 Total City	市辖区 Districts under City
山东省	**Shandong**				
济南市	Jinan	39453425	36748434	15486785	14381456
青岛市	Qingdao	67794361	54838089	18829543	14476536
淄博市	Zibo	25236902	17307807	13371836	8983446
枣庄市	Zaozhuang	7409138	4725111	5668745	3003137
东营市	Dongying	41025211	24668043	21413183	16756207
烟台市	Yantai	48467637	27933952	28468520	11401642
潍坊市	Weifang	52308595	17452595	21195442	6095763
济宁市	Jining	27793666	11307086	13821739	5418438
泰安市	Tai'an	22445594	7444837	7509492	2715176
威海市	Weihai	22219597	16876885	9267151	5929462
日照市	Rizhao	21769416	17253100	10897548	9118556
临沂市	Linyi	2766184	1132534	10379275	3430195
德州市	Dezhou	14167996	4641318	9871709	4004449
聊城市	Liaocheng	22617664	11264756	11755984	7902590
滨州市	Binzhou	45188266	5841419	21009103	3975400
菏泽市	Heze	14053301	4259811	9759539	2745653
河南省	**Henan**				
郑州市	Zhengzhou	70328837	53811992	20651812	12260936
开封市	Kaifeng	6878228	4362919	6595523	3544560
洛阳市	Luoyang	26909220	11904865	19070684	7206611
平顶山市	Pingdingshan	15188262	7040681	11764319	6326480
安阳市	Anyang	9506241	6238940	7973363	4583292
鹤壁市	Hebi	4593584	3137562	4295316	2590008
新乡市	Xinxiang	13357453	5754627	8356695	3581223
焦作市	Jiaozuo	12431289	5259803	10874907	4650709
濮阳市	Puyang	4903909	2471302	4887579	3507618
许昌市	Xuchang	16271249	6615887	11162984	2678377
漯河市	Luohe	5652329	3856262	5869858	3964157
三门峡市	Sanmenxia	8093829	3330464	5614184	2441421
南阳市	Nanyang	14994920	4348790	10561245	2836491
商丘市	Shangqiu	8795830	1388794	9751931	1636439
信阳市	Xinyang	4398679	2076693	11228833	4439015
周口市	Zhoukou	8767156	1938715		
驻马店市	Zhumadian	5268378	2275850	8338027	2669570
湖北省	**Hubei**				
武汉市	Wuhan	81112500	81112500	39570600	39570600
黄石市	Huangshi	11940500	4827700	5264500	3198200
十堰市	Shiyan	13670470	11630900	4319713	2091703
宜昌市	Yichang	13467492	6221155	18889726	13149455
襄阳市	Xiangyang	18997200	13340700	9859800	4606400
鄂州市	Ezhou	3138083	3138083	3013037	3013037
荆门市	Jingmen	7829576	3906234	6757353	3152270
孝感市	Xiaogan	6586533	1869211	22605853	1669987
荆州市	Jingzhou	10155547	4633201	4916070	1947995
黄冈市	Huanggang	6193930	1256778	4190357	578891
咸宁市	Xianning	4801562	2108582	3287002	1034839
随州市	Suizhou	3609958	2129662	4768088	1787148

2-18 续表 4 continued

单位：万元 (10 000 yuan)

城 市	City	流动资产合计 Total Current Assets		固定资产合计 Total Fixed Assets	
		全 市 Total City	市辖区 Districts under City	全 市 Total City	市辖区 Districts under City
湖南省	**Hunan**				
长沙市	Changsha				
株洲市	Zhuzhou	17735111	14858467	10533379	3998556
湘潭市	Xiangtan	7695244	6403314	5904450	4807118
衡阳市	Hengyang	6877429	4093121	6547827	3144013
邵阳市	Shaoyang	3240841	1446793		
岳阳市	Yueyang	7339138	4286222	8057636	4622217
常德市	Changde	12186615	8485494	6615782	2983280
张家界市	Zhangjiajie	408151	212208	544355	379690
益阳市	Yiyang	4553079	2487338	4881430	1991200
郴州市	Chenzhou	6965800	4137489	6750448	2657392
永州市	Yongzhou	2869336	1185868	3831092	1097823
怀化市	Huaihua	1207612	243825	3891198	677545
娄底市	Loudi	4976305	2422543	6178334	3053658
广东省	**Guangdong**				
广州市	Guangzhou	110643480	110643480	39934058	39934058
韶关市	Shaoguan	6711041	3707121	6275300	3335466
深圳市	Shenzhen	285686384	285686384	45547248	45547248
珠海市	Zhuhai	50560572	50560572	12837100	12837100
汕头市	Shantou	12334646	12318376	7296190	7232997
佛山市	Foshan	83581575	83581575	39306873	39306873
江门市	Jiangmen	22512191	13773548	19308741	6279021
湛江市	Zhanjiang	11310898	6346830	9371094	9371094
茂名市	Maoming	4421732	3557753	4412007	3136091
肇庆市	Zhaoqing				
惠州市	Huizhou	36693324	29944872	28917583	23622537
梅州市	Meizhou	4737995	2900233	3031093	1628222
汕尾市	Shanwei	3247684	1768425	3182375	1645069
河源市	Heyuan	4787129	2458110	3443806	2110303
阳江市	Yangjiang	5187031	1468155	10823641	8577833
清远市	Qingyuan	12814157	7709215	5750541	427810
东莞市	Dongguan	117866158		29095748	
中山市	Zhongshan	31137143		9532664	
潮州市	Chaozhou	3953136	3369811	2596480	1752188
揭阳市	Jieyang	11147286	3368837	1185904	449440
云浮市	Yunfu	2903703	1367517	1845472	1034451
广西壮族自治区	**Guangxi**				
南宁市	Nanning	15205506	12939786	7019437	5364925
柳州市	Liuzhou	19011199	17710891	8171651	7082599
桂林市	Guilin	5125598	3323797	3893443	1752929
梧州市	Wuzhou	3544095	2504050	2681899	1824899
北海市	Beihai	6240180	5505816	3266215	2989821
防城港市	Fangchenggang	6217465	5810706	6282318	5722049
钦州市	Qinzhou	4576730	3929947	4311659	3956164
贵港市	Guigang	4126386	2923592	2109618	1524606
玉林市	Yulin	5085524	2743966	2483547	1234650

2-18 续表 5 continued

单位：万元 (10 000 yuan)

城 市	City	流动资产合计 Total Current Assets		固定资产合计 Total Fixed Assets	
		全 市 Total City	市辖区 Districts under City	全 市 Total City	市辖区 Districts under City
百色市	Baise	7724504	1621610	6891941	1453496
贺州市	Hezhou	2263604	1608167	1823741	769848
河池市	Hechi	3097115	1224465	3605603	918951
来宾市	Laibin	2529600	1810965	2405987	1685605
崇左市	Chongzuo	4024589	972264	2112484	866540
海南省	**Hainan**				
海口市	Haikou	4744761	4744761	2090168	2090168
三亚市	Sanya	451567	451567	569399	569399
三沙市	Sansha				
儋州市	Danzhou	340849		466385	
重庆市	**Chongqing**	**103132661**	**98890990**	**68818156**	**63059527**
四川省	**Sichuan**				
成都市	Chengdu	81084679	66531376	57182512	48780735
自贡市	Zigong	5841733	4893344	1590030	1038913
攀枝花市	Panzhihua	8929308	7437680	6753791	4110552
泸州市	Luzhou	8292287	5351280	3887892	2305812
德阳市	Deyang	16980466	8090100	5441021	2180084
绵阳市	Mianyang	15316007	12792972	7254416	4006537
广元市	Guangyuan	2578092	1616572	4312810	1887714
遂宁市	Suining	4138859	1752265	4639940	2394552
内江市	Neijiang	4373116	1066000	2848906	690019
乐山市	Leshan	6609875	3304017	11984205	6923921
南充市	Nanchong	5809987	3345654	6972544	3192977
眉山市	Meishan	5092800	2704836	3602570	1571294
宜宾市	Yibin	19018773	16043346	8224305	4028930
广安市	Guang'an	3062013	1281742	3792125	1870423
达州市	Dazhou	4446400	1678300	11389800	4094900
雅安市	Ya'an	3027383	1130603	8047971	1101686
巴中市	Bazhong	1008487	457311	898994	366457
资阳市	Ziyang	1741922	1404153	12676941	896929
贵州省	**Guizhou**				
贵阳市	Guiyang	19180523	12209825	13147346	4481086
六盘水市	Liupanshui	6827600	1909908	6422700	1069100
遵义市	Zunyi	23644500	3350200	6809700	1994400
安顺市	Anshun	4531000	3995400	1821285	970895
毕节市	Bijie	5034800	190207	5951900	180051
铜仁市	Tongren	1367803	366284	1851712	636839
云南省	**Yunnan**				
昆明市	Kunming	30465128	23338524	18494883	12211325
曲靖市	Qujing	8368174	4318467	8946647	3933317
玉溪市	Yuxi	9435454	6639862		
保山市	Baoshan	3241438	1573739	3469350	1872250
昭通市	Zhaotong	3210891	1239492	10653742	1764587
丽江市	Lijiang	2191630	624518	5256396	692427
普洱市	Pu'er	1512731	488742	6400464	1537772
临沧市	Lincang	2015637	206336	3404532	464754

2-18 续表 6 continued

单位：万元 (10 000 yuan)

城 市	City	流动资产合计 Total Current Assets		固定资产合计 Total Fixed Assets	
		全 市 Total City	市辖区 Districts under City	全 市 Total City	市辖区 Districts under City
西藏自治区	**Tibet**				
拉萨市	Lasa	3344200	1919177	6078478	4785067
日喀则市	Xigaze	327600		269600	
昌都市	Qamdo	228866	132654	1431276	549889
林芝市	Linzhi	150774	150774	291479	291479
山南市	Shannan	254793	54557	952750	27851
那曲市	Naqu	31106	20720		
陕西省	**Shaanxi**				
西安市	Xi'an	53300537	52781403	19529494	19095615
铜川市	Tongchuan	2242485	2123450	1748203	1565960
宝鸡市	Baoji	14175283	8548416	6264419	3180664
咸阳市	Xianyang	9624542	2764449	10073074	3162693
渭南市	Weinan	10014100	1332561	9552900	880921
延安市	Yan'an	18112069	14416132	7124493	4461531
汉中市	Hanzhong	6868091	1999934	4023234	879993
榆林市	Yulin	23804910	4252800	40319519	6326100
安康市	Ankang	2686826	675967	5178165	566054
商洛市	Shangluo	3411700	808400		
甘肃省	**Gansu**				
兰州市	Lanzhou	12056800	6847600	6977500	3792900
嘉峪关市	Jiayuguan	5144800			
金昌市	Jinchang	6220665	5577206	10425145	9258207
白银市	Baiyin	4551418	3978785	2944097	2117303
天水市	Tianshui	2444856	2193843		
武威市	Wuwei	2033327	1294516	2853621	1316040
张掖市	Zhangye	1508763	561834		
平凉市	Pingliang	1306496	287373	1687929	
酒泉市	Jiuquan	3294738	643448	64455803	514075
庆阳市	Qingyang	1293451	354104	7589200	369806
定西市	Dingxi	1122029	316935	1091658	147742
陇南市	Longnan	1240391	79046	1882726	
青海省	**Qinghai**				
西宁市	Xining	8140458	4024615	9088083	5130482
海东市	Haidong	1273900	348703	1144900	308030
宁夏回族自治区	**Ningxia**				
银川市	Yinchuan	13539269	4536359		
石嘴山市	Shizuishan	4950646	3040485	4544540	2725468
吴忠市	Wuzhong	5483060	914711	6591004	788912
固原市	Guyuan	492006	337341	1198539	543115
中卫市	Zhongwei	12436248	2496796	5632310	2449537
新疆维吾尔自治区	**Xinjiang**				
乌鲁木齐市	Urumqi	16864309	16748902	20285670	19671578
克拉玛依市	Karamay	7533195	7533195	13575813	13575813
吐鲁番市	Turpan	2902901	527351	5249782	645213
哈密市	Hami	5923104	4657819	12054925	8701622

2–19 规模以上工业企业主要财务指标
Main Financial Indicators of Industrial Enterprises above Designated Size

单位：万元 (10 000 yuan)

城 市	City	税金及附加 Tax and Extra Charges		应交增值税 Value-added Tax Payable		利润总额 Total Profits	
		全 市 Total City	市辖区 Districts under City	全 市 Total City	市辖区 Districts under City	全 市 Total City	市辖区 Districts under City
北京市	**Beijing**	**3723458**	**3723458**	**4620751**	**4620751**	**17102542**	**17102542**
天津市	**Tianjin**	**3125954**	**3125954**	**3414157**	**3414157**	**12120302**	**12120302**
河北省	**Hebei**						
石家庄市	Shijiazhuang	1541263	1425992	1286063	790488	4184705	1907517
唐山市	Tangshan	612211	430761	1698240	1000974	5876883	2496025
秦皇岛市	Qinhuangdao	133174	96016	284350	135596	1307722	686310
邯郸市	Handan	292408	166976	1033907	341268	2377599	526810
邢台市	Xingtai	133946	39573	427143	115318	1381546	208990
保定市	Baoding	525363	433134	612724	324357	1507171	541477
张家口市	Zhangjiakou	576251	506274	295034	181916	575333	156048
承德市	Chengde	167341	42227	369527	125064	961336	191892
沧州市	Cangzhou	1763072	397458	700041	90945	1597460	138809
廊坊市	Langfang	1488821	49459	354074	130257	863572	311182
衡水市	Hengshui	103654	76156	246774	149847	767687	509973
山西省	**Shanxi**						
太原市	Taiyuan	548729	472686	653896	514150	716156	565366
大同市	Datong	307125	229705	383743	310044	35438	-229408
阳泉市	Yangquan	204745	152708	208902	141832	134293	237808
长治市	Changzhi	726464	264829	857839	390326	1840312	779810
晋城市	Jincheng	527727	22856	768641	36318	1821396	170917
朔州市	Shuozhou	421102	262808	547550	302007	891850	441251
晋中市	Jinzhong	404140	27867	647193	63250	285794	78604
运城市	Yuncheng	129593	5204	355508	16390	1076945	3114
忻州市	Xinzhou	259470	3126	324078	22260	751079	93329
临汾市	Linfen	381184	35445	560718	43189	1301789	2700
吕梁市	Lvliang	917556	59640	1071852	58471	2249758	210686
内蒙古自治区	**Inner Mongolia**						
呼和浩特市	Hohhot	1272473	1141677	666086	210505	2288373	286500
包头市	Baotou	330842	300334	608950	545728	989390	877436
乌海市	Wuhai	233546	233546	297624	297624	606997	606997
赤峰市	Chifeng					557267	182489
通辽市	Tongliao					660090	87788
鄂尔多斯市	Erdos	2199140	216774	2009604	244832	7524441	625461
呼伦贝尔市	Hulunbuir	210014	43500	306051	60459	682952	1722
巴彦淖尔市	Bayannur					334464	30940
乌兰察布市	Ulanqab	58148	3504	165064	1807	74266	-3740
辽宁省	**Liaoning**						
沈阳市	Shenyang	1547820	1531110	1345139	1313811	3166538	3114218
大连市	Dalian	2087752	1858634	787693	742760	5565134	4104816
鞍山市	Anshan	281707	230659	419110	296100	929427	627890
抚顺市	Fushun	851888	834825	358762	327133	322287	248041
本溪市	Benxi	103156	87249	207878	165550	309581	203004
丹东市	Dandong	42936	19416	82856	40993	292009	115021
锦州市	Jinzhou	558276	547530	126556	89187	207047	123786
营口市	Yingkou	402590	359427	279949	191737	918818	744455
阜新市	Fuxin	28179	18182	62827	60438	117573	51845

2-19 续表 1 continued

单位：万元 (10 000 yuan)

城　　市	City	税金及附加 Tax and Extra Charges		应交增值税 Value-added Tax Payable		利润总额 Total Profits	
		全　市 Total City	市辖区 Districts under City	全　市 Total City	市辖区 Districts under City	全　市 Total City	市辖区 Districts under City
辽阳市	Liaoyang	1100444	1068902	265947	229299	325636	117588
盘锦市	Panjin						
铁岭市	Tieling	55655	11854	109103	17350		
朝阳市	Chaoyang	84108	18847	167390	47139	304897	102877
葫芦岛市	Huludao	638874	616182	154995	104539	148293	63412
吉林省	**Jilin**						
长春市	Changchun					6873640	6759710
吉林市	Jilin					147753	-150556
四平市	Siping					144787	70615
辽源市	Liaoyuan	17780	13531			-504571	-554106
通化市	Tonghua					590684	19111
白山市	Baishan					56828	13816
松原市	Songyuan					-384396	-434476
白城市	Baicheng					163390	11959
黑龙江省	**Heilongjiang**						
哈尔滨市	Harbin	1150170	1125756	582602	533296	452317	280330
齐齐哈尔市	Qiqihar	65463	42458	221294	95418	948464	102880
鸡西市	Jixi	42954	38134	87587	80953	112375	65482
鹤岗市	Hegang	27580	25723	78001	69713	70825	46379
双鸭山市	Shuangyashan	37181	17927	99330	47193	36857	14868
大庆市	Daqing	2232014	2202581	1162613	1149473	1949359	1714146
伊春市	Yichun	40340	9107	63505	35022	208341	104552
佳木斯市	Jiamusi	23670	16902	53440	40723	175869	103832
七台河市	Qitaihe	38512	35775	121193	101440	-54354	-57724
牡丹江市	Mudanjiang	26039	18964	64262	49907	106535	80079
黑河市	Heihe	27142	5255	28129	13263	243554	17848
绥化市	Suihua	28755	5489	36002	-11809	209774	32952
上海市	**Shanghai**	**10672666**	**10672666**	**7496484**	**7496484**	**29270744**	**29270744**
江苏省	**Jiangsu**						
南京市	Nanjing	4732790	4732790	2514376	2514376	6467300	6467300
无锡市	Wuxi	764045	420370	2932501	1347818	12141500	6395900
徐州市	Xuzhou	1747440	1644806	1182841	794768	2475500	1789784
常州市	Changzhou	500040	427323	2568038	2218720	6878900	5834793
苏州市	Suzhou	1496021	643825	4155884	1813443	19530400	9233200
南通市	Nantong	406430	152041	1797949	463992	4884800	1633046
连云港市	Lianyungang	291566	246599	941324	819628	2852600	2641650
淮安市	Huai'an	1205180	1055984	626547	448402	1435600	878085
盐城市	Yancheng	293210	172873	602192	206284	1602400	317572
扬州市	Yangzhou	368894	189489	965931	493842	2089081	830842
镇江市	Zhenjiang	191922	96271	917076	420514	2137100	1084358
泰州市	Taizhou	354035	224400	1356238	700974	3364200	1478816
宿迁市	Suqian	541744	58440	810258	175963	2575000	678423
浙江省	**Zhejiang**						
杭州市	Hangzhou	2952454	2887500	4335730	4033479	11261738	10379193
宁波市	Ningbo	4076141	3525241	3822334	2234956	13398721	7887115
温州市	Wenzhou	277345	115815	1465760	501959	3617133	1030082
嘉兴市	Jiaxing	498005	104182	2498071	453610	6117657	1258734

2-19 续表 2 continued

单位：万元 (10 000 yuan)

城　市	City	税金及附加 Tax and Extra Charges		应交增值税 Value-added Tax Payable		利润总额 Total Profits	
		全　市 Total City	市辖区 Districts under City	全　市 Total City	市辖区 Districts under City	全　市 Total City	市辖区 Districts under City
湖州市	Huzhou	292146	86721	1459071	636306	3158985	1087718
绍兴市	Shaoxing	350990	229023	1939323	1242712	4979591	3453710
金华市	Jinhua	226174	39635	1292247	230366	1655044	399240
衢州市	Quzhou	91775	44637	505600	279310	1336570	714853
舟山市	Zhoushan	89349	45092	149819	130330	162716	209562
台州市	Taizhou	353343	97972	1439720	477749	3315417	983599
丽水市	Lishui	67618	17499	433415	116284	917963	261777
安徽省	**Anhui**						
合肥市	Hefei	956335	863857	1551672	1176085	3395829	2383476
芜湖市	Wuhu	980745	884835	1133339	719199	2869446	1903009
蚌埠市	Bengbu	708576	656098	328876	247809	775570	447367
淮南市	Huainan	128388	118899	434878	406641	931782	750775
马鞍山市	Maanshan	194699	143648	643749	418045	1486699	989331
淮北市	Huaibei	234694	97312	477800	262295	1214996	688906
铜陵市	Tongling	88354	81866	244724	215353	886175	716507
安庆市	Anqing	1024601	926644	661938	279998	1724839	394775
黄山市	Huangshan	26531	13024	111826	49013	230878	139320
滁州市	Chuzhou	457948	330008	718724	298656	3017625	881479
阜阳市	Fuyang	487191	295978	752777	132319	1517601	367075
宿州市	Suzhou	100484	70613	192554	116113	907711	561541
六安市	Lu'an	142836	36624	218403	81926	680238	245939
亳州市	Bozhou	219893	177134	222649	152831	778145	476352
池州市	Chizhou	83800	44400	302800	248200	711700	497300
宣城市	Xuancheng	131660	50636	455261	103528	1342479	255209
福建省	**Fujian**						
福州市	Fuzhou	437710	183673	1311773	534750	5951204	2664269
厦门市	Xiamen	980038	980038	971006	971006	3577976	3577976
莆田市	Putian	217686	189236	545148	473034	3062264	2555295
三明市	Sanming	203417	71667	519842	230784	1976496	847830
泉州市	Quanzhou	2032335	848737	3550005	592056	14708015	3126144
漳州市	Zhangzhou	224448	42514	1048218	247061	6584880	1166929
南平市	Nanping	115206	30342	315312	116636	1744518	371404
龙岩市	Longyan	1118844	1024772	705456	393019	1799126	736247
宁德市	Ningde	128458	54965	611632	206371	3860909	1721403
江西省	**Jiangxi**						
南昌市	Nanchang	1587794	1506181	1203517	1048535	3451362	2624796
景德镇市	Jingdezhen	69037	40814	126298	80559	304862	-1792
萍乡市	Pingxiang	110015	60852	268109	155033	1037349	722350
九江市	Jiujiang	1280375	1118799			4970217	994057
新余市	Xinyu	72019	65879	291743	270296	716043	667531
鹰潭市	Yingtan	173397	39736	725030	288636	1001975	474389
赣州市	Ganzhou	178482	78059	730511	257196	2018501	847438
吉安市	Ji'an	123409	16170	658957	62372	2945697	387676
宜春市	Yichun	310590	31422	971594	94392	2678973	104347
抚州市	Fuzhou	122197	77238	474307	240668	1044115	663388
上饶市	Shangrao	179115	65518	808976	305533	2104738	827326

2-19 续表 3 continued

单位：万元 (10 000 yuan)

城 市	City	税金及附加 Tax and Extra Charges		应交增值税 Value-added Tax Payable		利润总额 Total Profits	
		全 市 Total City	市辖区 Districts under City	全 市 Total City	市辖区 Districts under City	全 市 Total City	市辖区 Districts under City
山东省	**Shandong**						
济南市	Jinan	1061682	1036224	1299734	1210543	3108595	2806486
青岛市	Qingdao	1580541	1462862	1397049	1173570	4765786	4144487
淄博市	Zibo	1768554	1412935	976169	773636	1936692	1361993
枣庄市	Zaozhuang	131536	83569	312555	190424	736699	435675
东营市	Dongying	2069154	1336830	1602483	1397664	1085907	815096
烟台市	Yantai	507536	286758	1037133	574170	4182500	2483475
潍坊市	Weifang	1128405	239053	1407708	418487	3575919	1595006
济宁市	Jining	473204	153980	944124	317246	3193211	1122355
泰安市	Tai'an	184751	62838	361431	141567	1142527	436015
威海市	Weihai	269026	212663	562943	438104	2132962	1745181
日照市	Rizhao	171727	143410	458030	373208	1531373	1302001
临沂市	Linyi	1538763	572073	967428	376740	2909741	1055000
德州市	Dezhou	307269	61396	484184	204763	1457846	645572
聊城市	Liaocheng	122263	60497	661015	340058	996964	780465
滨州市	Binzhou	869285	142724	800106	188047	1720263	361777
菏泽市	Heze	761204	81089	806313	263949	2495334	1028818
河南省	**Henan**						
郑州市	Zhengzhou					5161234	3323722
开封市	Kaifeng					1149069	446205
洛阳市	Luoyang					3201545	933299
平顶山市	Pingdingshan					1097603	362998
安阳市	Anyang					375245	188596
鹤壁市	Hebi					525730	250226
新乡市	Xinxiang	144320	46004	446327	133511	1195598	414942
焦作市	Jiaozuo					2819450	896474
濮阳市	Puyang					203449	8392
许昌市	Xuchang	1095747	545249	933298	265618	4706827	538136
漯河市	Luohe	264375	226121	260332	204680	1175372	830984
三门峡市	Sanmenxia	99158	36427	429200	319607	724553	260326
南阳市	Nanyang	297408	177938	417272	133038	1645199	110874
商丘市	Shangqiu					3031298	266020
信阳市	Xinyang	110924	39622	186476	91252	1072815	205404
周口市	Zhoukou					5102183	749225
驻马店市	Zhumadian					1409115	249135
湖北省	**Hubei**						
武汉市	Wuhan	6425100	6425100	3691900	3691900	8672000	8672000
黄石市	Huangshi	179500	52100	385700	162800	1246000	443700
十堰市	Shiyan	165269	127575	518960	387735	1230501	864335
宜昌市	Yichang	348803	133196	1237829	564751	4154688	2334313
襄阳市	Xiangyang	373000	190400	1421500	665400	4009000	1855800
鄂州市	Ezhou	98634	98634	406647	406647	992811	992811
荆门市	Jingmen	1042682	737524	771659	257141	1916860	562639
孝感市	Xiaogan	328314	18278	863019	95156	1328075	226680
荆州市	Jingzhou	159189	43373	650119	216090	1371967	552285
黄冈市	Huanggang	115359	9355	243753	32294	844270	83649
咸宁市	Xianning	154262	34775	464053	98047	1565464	441992
随州市	Suizhou	99763	21965	223514	60289	1025649	237996

2-19 续表 4 continued

单位：万元 (10 000 yuan)

城 市	City	税金及附加 Tax and Extra Charges		应交增值税 Value-added Tax Payable		利润总额 Total Profits	
		全 市 Total City	市辖区 Districts under City	全 市 Total City	市辖区 Districts under City	全 市 Total City	市辖区 Districts under City
湖南省	**Hunan**						
长沙市	Changsha						
株洲市	Zhuzhou	312700	93498	646616	393695	1513717	639453
湘潭市	Xiangtan	213844	124981	381889	300497	1361505	769341
衡阳市	Hengyang	141336	54505			967161	313419
邵阳市	Shaoyang	131637	37377	139860	36777	896980	175157
岳阳市	Yueyang	2019900	1355112	883109	321211	2169938	694025
常德市	Changde	3601535	3487494	1058299	829402	2051094	1131248
张家界市	Zhangjiajie	7873	4229	22194	13181	75314	29772
益阳市	Yiyang	184272	106226	224687	118362	1016837	437032
郴州市	Chenzhou	631000	346521	249792	125193	1242723	-12894
永州市	Yongzhou	369461	298378	261791	100681	726837	138530
怀化市	Huaihua	62260	8918	216572	36816	545193	72456
娄底市	Loudi	256354	145357	354028	190409	1755774	720676
广东省	**Guangdong**						
广州市	Guangzhou	4862051	4862051	4569909	4569909	13330468	13330468
韶关市	Shaoguan	410754	374590	345308	228054	692374	380099
深圳市	Shenzhen	2163094	2163094	7430029	7430029	25218868	25218868
珠海市	Zhuhai	361287	361287	1056806	1056806	4511840	4511840
汕头市	Shantou					2384978	2376899
佛山市	Foshan	1236231	1236231	6083722	6083722	17952418	17952418
江门市	Jiangmen	222261	141329	1092940	670047	2230728	1353315
湛江市	Zhanjiang	1011312	971037	552015	457204	1924717	1740468
茂名市	Maoming	1684161	1655628	386641	259371	1363285	994613
肇庆市	Zhaoqing	181381	118723	697628	431401	1803342	1150315
惠州市	Huizhou	1005528	941820	1343127	1130547	2983983	2360859
梅州市	Meizhou	444383	419726	263587	172151	489533	271511
汕尾市	Shanwei	31559	12319	74011	33637	272103	123344
河源市	Heyuan	71862	38105	236393	114611	633892	289255
阳江市	Yangjiang	59493	38450	290210	191942	1256339	903249
清远市	Qingyuan	94366	57176	460141	246642	1898530	957070
东莞市	Dongguan	800436		3369224		7732712	
中山市	Zhongshan	242074		1183850		2508276	
潮州市	Chaozhou	66759	53935	277207	220583	845948	645860
揭阳市	Jieyang	152971	80693	509142	315705	1450758	694366
云浮市	Yunfu	33172	16601	124093	66818	418656	198343
广西壮族自治区	**Guangxi**						
南宁市	Nanning	742234	716411	486069	406331	1148416	742300
柳州市	Liuzhou	1073863	1056360	905064	823701	1185554	1098786
桂林市	Guilin	65188	43677	185197	91695	569591	378909
梧州市	Wuzhou	74167	45647	445895	334264	952803	668043
北海市	Beihai					835899	773087
防城港市	Fangchenggang	40374	36392	342382	325042	493356	415279
钦州市	Qinzhou					526496	368581
贵港市	Guigang	53541	32944	253782	166745	733033	500753
玉林市	Yulin	48243	25466	169364	64200	648658	231847

2-19 续表 5 continued

单位：万元 (10 000 yuan)

城市	City	税金及附加 Tax and Extra Charges 全市 Total City	税金及附加 市辖区 Districts under City	应交增值税 Value-added Tax Payable 全市 Total City	应交增值税 市辖区 Districts under City	利润总额 Total Profits 全市 Total City	利润总额 市辖区 Districts under City
百色市	Baise	94513	8260	310082	102443	553259	53011
贺州市	Hezhou	31153	21632	171645	133311	228656	72701
河池市	Hechi	41177	11715	199573	34970	387655	25934
来宾市	Laibin	20642	10928	85372	44564	55765	-13676
崇左市	Chongzuo	25999	7494	134964	36143	424606	93449
海南省	**Hainan**						
海口市	Haikou	195907	195907	253220	253220	498447	498447
三亚市	Sanya	5109	5109	20381	20381	43608	43608
三沙市	Sansha						
儋州市	Danzhou	18528		11803		2109	
重庆市	**Chongqing**	**2601374**	**2530131**	**5785166**	**5476217**	**12103190**	**11316261**
四川省	**Sichuan**						
成都市	Chengdu	3976599	2911711	3127753	2242189	7376147	5591834
自贡市	Zigong	93038	38730	245633	159712	609991	330427
攀枝花市	Panzhihua	152500	104779	401773	273514	1314459	756052
泸州市	Luzhou	787150	456042	679085	420131	2203434	1483555
德阳市	Deyang	356581	101686	792972	248217	2048761	525878
绵阳市	Mianyang	217471	154352	818878	580390	1384261	860943
广元市	Guangyuan	76937	51947	165116	92138	877271	589883
遂宁市	Suining	218123	38258	318647	127391	996391	554743
内江市	Neijiang	52786	15817	217447	35529	496385	116782
乐山市	Leshan	108039	55853	305937	120269	1262258	576088
南充市	Nanchong	366688	199027	120202	53272	2212845	956907
眉山市	Meishan	131296	75725	442076	280455	630067	431521
宜宾市	Yibin	1151646	1031414	1102463	920925	4234270	3428021
广安市	Guang'an	99654	35715	205669	71396	938739	271499
达州市	Dazhou	165700	30300	414700	112500	997400	180600
雅安市	Ya'an	58514	14180	216281	54871	418364	123720
巴中市	Bazhong	90833	23273	113475	30858	258208	137819
资阳市	Ziyang	31821	19575	41782	16683	178734	11200
贵州省	**Guizhou**						
贵阳市	Guiyang	2562749	2485189	1149932	853644	2259476	1827687
六盘水市	Liupanshui	193000	34188	418500	70241	537000	92598
遵义市	Zunyi	1620000	108300	1320700	134100	6150000	353500
安顺市	Anshun	43300	33000	348600	325200	426746	409002
毕节市	Bijie	143700	3640	159400	7466	264800	7198
铜仁市	Tongren	26521	7764	83319	29495	280804	84956
云南省	**Yunnan**						
昆明市	Kunming	3634191	1935528	1351535	923140	2483695	2063023
曲靖市	Qujing	1283324	836267	639108	320138	690757	390945
玉溪市	Yuxi	2800415	2752787	776175	665509	1121646	802447
保山市	Baoshan	44386	15156	152087	47370	515145	96715
昭通市	Zhaotong	485557	420619	386790	119933	881660	170394
丽江市	Lijiang	16121	2298	100688	16568	163914	16377
普洱市	Pu'er	26233	9367	119192	43446	174478	105325
临沧市	Lincang	20316	3783	72945	10549	173196	-908

2–19 续表 6 continued

单位：万元 (10 000 yuan)

城市	City	税金及附加 Tax and Extra Charges		应交增值税 Value-added Tax Payable		利润总额 Total Profits	
		全市 Total City	市辖区 Districts under City	全市 Total City	市辖区 Districts under City	全市 Total City	市辖区 Districts under City
西藏自治区	**Tibet**						
拉萨市	Lasa	8693	6243	18841	-1990	-111604	-129969
日喀则市	Xigaze	2200		9200		37900	
昌都市	Qamdo	6105	915			55608	15889
林芝市	Linzhi	1158	1158	8011	8011	44346	44346
山南市	Shannan	2715	545	5694	659	39197	7239
那曲市	Naqu	1808	33	1320	35	4885	386
陕西省	**Shaanxi**						
西安市	Xi'an	384756	378453	1013487	992410	3256004	3206829
铜川市	Tongchuan	72325	69278	104618	100710	291065	274810
宝鸡市	Baoji	779857	600790	522514	286186	1591835	479392
咸阳市	Xianyang	933265	655534	672035	218020	2281479	279766
渭南市	Weinan	175681	5221	392602	17584	1083880	103200
延安市	Yan'an	2932963	2758258	760022	478510	1159879	87000
汉中市	Hanzhong	381001	316774	358805	175055	733773	233267
榆林市	Yulin	3025970	504300	2238999	432100	8460171	1945800
安康市	Ankang	110984	19794	249051	65825	1693799	417188
商洛市	Shangluo	122900	6800	459700	17700	966000	-18000
甘肃省	**Gansu**						
兰州市	Lanzhou	2142600	2109800	628100	554400	402800	163300
嘉峪关市	Jiayuguan	86400		217400		68600	
金昌市	Jinchang	87407	81750	158198	150559	327192	326017
白银市	Baiyin	41331	37323	74254	59625	126914	96197
天水市	Tianshui	16580	14242	42928	39094	114478	107986
武威市	Wuwei	15944	9887	49325	5507	56690	35017
张掖市	Zhangye	20604	2752	26259	6767	69481	18128
平凉市	Pingliang	35332	5263	113375	21150	398978	64659
酒泉市	Jiuquan	287110	5336	49004	6450	-145362	24801
庆阳市	Qingyang	769328	504821	280146	105030	812375	150735
定西市	Dingxi	5928	1282	21109	3886	55857	19660
陇南市	Longnan	48146	907	64228	4251	144040	16952
青海省	**Qinghai**						
西宁市	Xining	64143	35481	205240	129604	-212709	-11676
海东市	Haidong	24800	1301	24100	5951	10900	4223
宁夏回族自治区	**Ningxia**						
银川市	Yinchuan	1255732	804270	532685	141269	1302159	520280
石嘴山市	Shizuishan	74436	54791	157733	91405	671573	336128
吴忠市	Wuzhong	148927	103418	117938	36101	393769	141402
固原市	Guyuan	19803	2644	32851	9622	111596	66164
中卫市	Zhongwei	30480	13032	85261	60421	253200	151713
新疆维吾尔自治区	**Xinjiang**						
乌鲁木齐市	Urumqi	1178448	1177697	592165	587566	970468	953870
克拉玛依市	Karamay	1605406	1605406	460577	460577	639995	639995
吐鲁番市	Turpan	104819	6369	119456	13274	-357503	16675
哈密市	Hami	112919	69647	286426	186784	875385	560667

2-20 社会消费品零售总额及批发零售贸易业情况
Total Retail Sales of Consumer Goods and Basic Conditions

城市	City	社会消费品零售总额(万元) Total Retail Sales of Consumer Goods (10 000 yuan)		限额以上批发零售商贸企业数(法人数)(个) Number of Enterprises above Designated Size of Wholesale and Retail Trades (Number of Legal Entities) (unit)		限额以上批发零售业商品销售总额(万元) Total Sales of Commodities of Enterprises above Designated Size in Wholesale and Retail Trades (10 000 yuan)	
		全市 Total City	市辖区 Districts under City	全市 Total City	市辖区 Districts under City	全市 Total City	市辖区 Districts under City
北京市	**Beijing**	**150636524**	**150636524**	**9740**	**9740**	**738919894**	**738919894**
天津市	**Tianjin**	**42182097**	**42182097**	**6444**	**6444**	**307000997**	**307000997**
河北省	**Hebei**						
石家庄市	Shijiazhuang	24651898	18681614	939	618	48403638	26298221
唐山市	Tangshan	20946629	12314251	656	435	21794716	15516762
秦皇岛市	Qinhuangdao	5852559	4207452	280	236	13302731	12326224
邯郸市	Handan	12274906	5923768	374	189	7090129	5470368
邢台市	Xingtai	9860150	2997277	373	109	4831535	2981451
保定市	Baoding	15771740	7926833	552	205	9018793	5926841
张家口市	Zhangjiakou	5594676	3525544	182	134	2621580	2426378
承德市	Chengde	4863306	2016456	161	71	3495956	2809528
沧州市	Cangzhou	10845973	4294485	430	273	8991969	5952948
廊坊市	Langfang	13279517	4421845	423	171	10027334	7605596
衡水市	Hengshui	5913975	2745395	279	166	4060721	3080451
山西省	**Shanxi**						
太原市	Taiyuan	19528098	18401164	874	798	42868919	41332515
大同市	Datong	7549882	6079187	180	153	11744037	11569540
阳泉市	Yangquan	3098820	2016425	150	117	10241308	9819076
长治市	Changzhi	6034149	4348199	513	376	13946584	6836898
晋城市	Jincheng	4675601	2825083	278	131	3893680	1552820
朔州市	Shuozhou	3643034	1768408	124	62	3600289	2082365
晋中市	Jinzhong	6035615	1999385	322	117	6377132	3537621
运城市	Yuncheng	8569711	2796731	346	113	4567109	2334314
忻州市	Xinzhou	4197602	1268854	198	50	4263063	1259116
临汾市	Linfen	7369320	2814927	259	79	8166215	2652329
吕梁市	Lvliang	5368592	816884	238	46	4813298	1299304
内蒙古自治区	**Inner Mongolia**						
呼和浩特市	Hohhot	10764944	9213673	351	276	8225229	6705705
包头市	Baotou	15761670	14742756	278	262	5407619	5324240
乌海市	Wuhai	1617024	1617024	112	112	1618915	1618915
赤峰市	Chifeng	6193352	3342268	142	82	3107260	2396639
通辽市	Tongliao	3259315	1162090	203	54	3159432	1132304
鄂尔多斯市	Erdos	5997080	2897320	271	120	16003402	6136706
呼伦贝尔市	Hulunbuir	3295741	931698	214	74	3360368	1320180
巴彦淖尔市	Bayannur	2391812	1450698	75	45	1632671	984981
乌兰察布市	Ulanqab	2438661	1031638	61	41	832790	722501
辽宁省	**Liaoning**						
沈阳市	Shenyang	44795912	42547263	1665	1577	91125909	90022661
大连市	Dalian			1391	1270	50448232	46817544
鞍山市	Anshan	10036424	4808835	461	285	8431163	7300525

2-20 续表 1 continued

城 市	City	社会消费品零售总额(万元) Total Retail Sales of Consumer Goods (10 000 yuan)		限额以上批发零售商贸企业数(法人数)(个) Number of Enterprises above Designated Size of Wholesale and Retail Trades (Number of Legal Entities) (unit)		限额以上批发零售业商品销售总额(万元) Total Sales of Commodities of Enterprises above Designated Size in Wholesale and Retail Trades (10 000 yuan)	
		全市 Total City	市辖区 Districts under City	全市 Total City	市辖区 Districts under City	全市 Total City	市辖区 Districts under City
抚顺市	Fushun	6277239	5385869	127	113	2097951	1989705
本溪市	Benxi	3755538	2631957	82	61	844295	774244
丹东市	Dandong	3133076	1826238	141	89	1333371	1134271
锦州市	Jinzhou	6824074	4198687	208	153	4558906	4165658
营口市	Yingkou	6273576	3569691	276	165	12068148	9702355
阜新市	Fuxin	3321976	2591111	84	58	1371327	1067585
辽阳市	Liaoyang	3150439	1962130	139	98	8687694	7768218
盘锦市	Panjin	4489690	4129370	170	143	17664833	17661950
铁岭市	Tieling	4400104	1361272	115	44	1421524	889097
朝阳市	Chaoyang	5225712	1406067	126	67	3563820	1084035
葫芦岛市	Huludao	5595616	3095793	177	77	3164989	339023
吉林省	**Jilin**						
长春市	Changchun	31196114	26110904	1146	1075	23003038	22488688
吉林市	Jilin	14110983	10335184	261	194	4115503	3594513
四平市	Siping	6038030	1973544	128	46	1487758	1018307
辽源市	Liaoyuan	2454126	1574941	50	36	675412	404566
通化市	Tonghua	4454213	1617958	140	65	1935116	1233393
白山市	Baishan	3021620	1630700	59	38	621153	472924
松原市	Songyuan	7391800	1876854	118	60	1398691	409857
白城市	Baicheng	3394088	1602904	49	20	786497	324836
黑龙江省	**Heilongjiang**						
哈尔滨市	Harbin			757	605	18970814	18093871
齐齐哈尔市	Qiqihar	3544643	2051600	217	134	3314191	1504951
鸡西市	Jixi	1999437	1239005	107	53	1283449	821177
鹤岗市	Hegang	1603397	1255657	50	41	482781	442773
双鸭山市	Shuangyashan	939104	472101	54	19	527162	313476
大庆市	Daqing	7344007	6271040	292	238	18700322	18396391
伊春市	Yichun	1112860	803790	25	20	278765	222285
佳木斯市	Jiamusi			67	24	1473832	1135509
七台河市	Qitaihe	669115	485835	20	16	298514	290720
牡丹江市	Mudanjiang	6623965	2333772	164	60	3592610	1052396
黑河市	Heihe	1499666	93913	81	20	830837	275234
绥化市	Suihua	7202703	1212600	81	20	1348604	297035
上海市	**Shanghai**	**158475530**	**158475530**	**11420**	**11420**	**1204682569**	**1204682569**
江苏省	**Jiangsu**						
南京市	Nanjing	71363249	71363249	3380	3380	158393877	158393877
无锡市	Wuxi	30243428	18202025	2825	2043	122758439	67082632
徐州市	Xuzhou	35331872	15468700	1975	985	35248209	14287561
常州市	Changzhou	24016802	20802004	2768	2105	50719892	47094131
苏州市	Suzhou	78133961	42476300	4320	2036	206721242	71353704
南通市	Nantong	33616751	13037600	2479	1170	56425688	25655225

2–20 续表 2 continued

城　市	City	社会消费品零售总额(万元) Total Retail Sales of Consumer Goods (10 000 yuan)		限额以上批发零售商贸企业数(法人数)(个) Number of Enterprises above Designated Size of Wholesale and Retail Trades (Number of Legal Entities) (unit)		限额以上批发零售业商品销售总额(万元) Total Sales of Commodities of Enterprises above Designated Size in Wholesale and Retail Trades (10 000 yuan)	
		全市 Total City	市辖区 Districts under City	全市 Total City	市辖区 Districts under City	全市 Total City	市辖区 Districts under City
连云港市	Lianyungang	11628186	6489100	493	249	12674184	10961013
淮安市	Huai'an	17454131	12534500	860		9720786	
盐城市	Yancheng	22409970	10116000	1171	566	16744219	9279339
扬州市	Yangzhou	14232000	9636700	968	602	14690979	8737434
镇江市	Zhenjiang	11584948	6256700	595	285	13149663	8339994
泰州市	Taizhou	13505370	6252100	1303	686	23630299	16016300
宿迁市	Suqian	13204473	3798445	437	191	10622027	7135088
浙江省	**Zhejiang**						
杭州市	Hangzhou	61875990	58429625	5373	5086	271366505	267730067
宁波市	Ningbo	42685582	27278790	5292	4270	250060781	228761168
温州市	Wenzhou	36558732	16475544	2532	1440	66515085	51982604
嘉兴市	Jiaxing	21025403	5715728	1721	488	32835741	13519585
湖州市	Huzhou	14292721	7269053	922	394	31134617	8391046
绍兴市	Shaoxing	23525571	14206672	2708	1956	40527216	30474319
金华市	Jinhua	27228759	7324869	1568	423	21450894	8428178
衢州市	Quzhou	7570806	2848277	474	264	5698581	3743563
舟山市	Zhoushan	5760969	4502656	512	471	28472481	27610230
台州市	Taizhou	25446294	10004856	1336	540	22667740	13954042
丽水市	Lishui	7379466	2192712	403	116	10039200	3518707
安徽省	**Anhui**						
合肥市	Hefei	43782159	32510473	1495	1089	55736733	50710779
芜湖市	Wuhu	15490036	11352948	815	487	18562478	17102579
蚌埠市	Bengbu	12021072	7275118	479	296	5859572	4626464
淮南市	Huainan	7614798	5255241	394	260	3394717	3034934
马鞍山市	Maanshan	7749795	4190750	183	109	5529673	4342266
淮北市	Huaibei	4549323	3161540	229	143	3796717	3461936
铜陵市	Tongling	3409099	2636477	232	182	4111351	4045711
安庆市	Anqing	10944065	4035721	619	226	4646716	3367917
黄山市	Huangshan	4562294	2424996	208	135	1512165	1228647
滁州市	Chuzhou	11378196	2790889	502	132	6212768	4289057
阜阳市	Fuyang	17745845	6772372	655	256	12441577	7004408
宿州市	Suzhou	10479332	4198652	509	230	6011794	4253286
六安市	Lu'an	9110518	4600844	367	163	3804453	2901785
亳州市	Bozhou	9668843	4162325	492	210	4893848	3647705
池州市	Chizhou	3982783	2246552	199	126	1440479	1188436
宣城市	Xuancheng	6132330	2040527	311	118	2885031	2043707
福建省	**Fujian**						
福州市	Fuzhou	41989358	32504958	2933	2158	88810035	71165158
厦门市	Xiamen	22579165	22579165	2766	2766	147358462	147358462
莆田市	Putian	16255693	12635918	1781	1584	19251998	17161767
三明市	Sanming	7840850	1923084	782	283	13599906	9350371

2–20 续表 3 continued

城 市	City	社会消费品零售总额(万元) Total Retail Sales of Consumer Goods (10 000 yuan)		限额以上批发零售商贸企业数(法人数)(个) Number of Enterprises above Designated Size of Wholesale and Retail Trades (Number of Legal Entities) (unit)		限额以上批发零售业商品销售总额(万元) Total Sales of Commodities of Enterprises above Designated Size in Wholesale and Retail Trades (10 000 yuan)	
		全市 Total City	市辖区 Districts under City	全市 Total City	市辖区 Districts under City	全市 Total City	市辖区 Districts under City
泉州市	Quanzhou	53518677	11226699	3300	647	69751275	17328318
漳州市	Zhangzhou	17863470	5479701	1332	366	16403668	8948769
南平市	Nanping	7306224	2010678	480	161	4056272	1593394
龙岩市	Longyan	13129634	6301638	1761	859	23717626	13640907
宁德市	Ningde	8485274	1733106	630	147	5751191	1954468
江西省	**Jiangxi**						
南昌市	Nanchang	23693288	20083442	1052	902	33245028	26810715
景德镇市	Jingdezhen	3793259	2295842	147	72	1250684	871796
萍乡市	Pingxiang	3229315	2297746	146	93	1254045	1065635
九江市	Jiujiang	11606996	4621796	494	156	4501450	2618527
新余市	Xinyu	3057794	2394916	138	113	1419437	1359037
鹰潭市	Yingtan	2443080	1670397	198	130	3246307	1531309
赣州市	Ganzhou	16393950	7567034	688	289	7797866	5226798
吉安市	Ji'an	5764792	1088169	607	119	3552467	1955459
宜春市	Yichun	8858017	2771281	527	195	6442291	2708743
抚州市	Fuzhou	5226929	2443072	260	93	2529211	1665171
上饶市	Shangrao	9131448	3101495	642	188	5095491	2714076
山东省	**Shandong**						
济南市	Jinan	51622206	49331572	2687	2604	65214959	64608515
青岛市	Qingdao	51265971	40056752	2458	2072	86685975	77042079
淄博市	Zibo	22478071	17581922	1054	919	21378811	19152136
枣庄市	Zaozhuang	9214457	5330563	294	181	4484802	2657492
东营市	Dongying	8857328	6826223	373	238	24377169	12121419
烟台市	Yantai	28049986	12700127	970	625	27598229	18037877
潍坊市	Weifang	23880033	8532846	1132	336	32103189	14184941
济宁市	Jining	21536991	7921693	1353	522	16458542	7742692
泰安市	Tai'an	16525491	6141464	598	341	14064175	7524192
威海市	Weihai	11631826	7145515	477	377	8463816	7716953
日照市	Rizhao	6045005	4197009	316	234	18515553	16349881
临沂市	Linyi	25680372	14031397	1323	714	15564943	11694784
德州市	Dezhou	11143255	3476376	472	175	6774404	3495037
聊城市	Liaocheng	14139420	5739109	481	298	12160580	10497632
滨州市	Binzhou	7104402	2607811	360	135	14116554	2555022
菏泽市	Heze	19781941	5077863	440	194	13136977	4400725
河南省	**Henan**						
郑州市	Zhengzhou	53240000	40300000	2350	2053	69459330	62286468
开封市	Kaifeng	9630326	5057468	506	151	3664965	2442394
洛阳市	Luoyang	23877010	12283180	905	589	13867912	10473595
平顶山市	Pingdingshan	9783211	4669378	455	124	7818294	5357472
安阳市	Anyang	9000874	3960037	336	137	5106160	3698485
鹤壁市	Hebi	2992509	1597486	120	60	3253806	2282573

2-20 续表 4 continued

城市	City	社会消费品零售总额(万元) Total Retail Sales of Consumer Goods (10 000 yuan)		限额以上批发零售商贸企业数(法人数)(个) Number of Enterprises above Designated Size of Wholesale and Retail Trades (Number of Legal Entities) (unit)		限额以上批发零售业商品销售总额(万元) Total Sales of Commodities of Enterprises above Designated Size in Wholesale and Retail Trades (10 000 yuan)	
		全市 Total City	市辖区 Districts under City	全市 Total City	市辖区 Districts under City	全市 Total City	市辖区 Districts under City
新乡市	Xinxiang	9961436	3800169	583	239	5480901	3568451
焦作市	Jiaozuo	9202286	3112819	457	178	3012404	1892434
濮阳市	Puyang	6773827	1834996	226	112	3784646	2352195
许昌市	Xuchang	9640873	5168379	395	140	3605017	2302228
漯河市	Luohe	6427685	4052470	284	195	4033780	3526058
三门峡市	Sanmenxia	5018186	1788099	362	188	8897416	4307534
南阳市	Nanyang	20771625	7716656	1104	350	7280933	4788994
商丘市	Shangqiu	14807393	6090861	823	207	6851853	3909626
信阳市	Xinyang	12142067	3765042	543	135	4086650	3204569
周口市	Zhoukou	16796193	2382218	536	109	5374733	1492847
驻马店市	Zhumadian	11241090	2408724	524	120	4460425	2934543
湖北省	**Hubei**						
武汉市	Wuhan	77744918	77744918	2285	2285	134236760	134236760
黄石市	Huangshi	8982700	4491000	351	175	5033264	2286672
十堰市	Shiyan	11930112	6982906	389	218	4468038	3885223
宜昌市	Yichang	16649965	8907171	935	335	12647179	6369019
襄阳市	Xiangyang	18628355	9221752	811	352	9969724	7479879
鄂州市	Ezhou	4218648	4218648	61	61	3012971	3012971
荆门市	Jingmen	9170601	3496810	568	189	7486550	5136488
孝感市	Xiaogan	12131605	2260198	366	101	4986711	2514238
荆州市	Jingzhou	16714652	6232992	788	283	6253781	3773232
黄冈市	Huanggang	13327800	1757900	520	60	3785108	2126119
咸宁市	Xianning	6230971	1618482	332	81	3876818	1899724
随州市	Suizhou	6546408	3839600	303	137	4472565	3038641
湖南省	**Hunan**						
长沙市	Changsha	52470321	38875890	2174	1277	52622460	41107501
株洲市	Zhuzhou	11745787	6498847	754	342	7063874	5220153
湘潭市	Xiangtan	7706000	5009000	348	210	5637332	5188006
衡阳市	Hengyang	16371660	8191786	691	327	6608450	5611337
邵阳市	Shaoyang	12401354	2499016	1054	135	6617231	2456310
岳阳市	Yueyang	16116899	8311435	749	370	8283188	5155534
常德市	Changde	14643000	5783000	672	226	5358402	3714000
张家界市	Zhangjiajie	2535629	1368129	77	37	843094	685946
益阳市	Yiyang	7284048	3281729	431	158	3272128	2259389
郴州市	Chenzhou	11439656	5661061	832	276	11745719	5755827
永州市	Yongzhou	7938477	2762347	565	156	3795933	1462894
怀化市	Huaihua	6220989	2410424	355	172	2915556	2461442
娄底市	Loudi	6268954	1379269	484	117	5199465	2442201
广东省	**Guangdong**						
广州市	Guangzhou	95515699	95515699	10446	10446	387119205	387119205
韶关市	Shaoguan	4775521	2356527	405	233	5450856	3116633

2-20 续表 5 continued

城 市	City	社会消费品零售总额(万元) Total Retail Sales of Consumer Goods (10 000 yuan)		限额以上批发零售商贸企业数(法人数)(个) Number of Enterprises above Designated Size of Wholesale and Retail Trades (Number of Legal Entities) (unit)		限额以上批发零售业商品销售总额(万元) Total Sales of Commodities of Enterprises above Designated Size in Wholesale and Retail Trades (10 000 yuan)	
		全市 Total City	市辖区 Districts under City	全市 Total City	市辖区 Districts under City	全市 Total City	市辖区 Districts under City
深圳市	Shenzhen	91444581	91444581	8972	8972	36605776	36605776
珠海市	Zhuhai	9962987	9962987	1141	1141	40552774	40552774
汕头市	Shantou	18943350	18657916	984	977	16353970	16306671
佛山市	Foshan	36852690	36852690	4120	4120	95712644	95712644
江门市	Jiangmen	12069599	5761043	997	641	13041098	10097026
湛江市	Zhanjiang	17172719	8945451	669	461	10965143	10025538
茂名市	Maoming	14406786	7676346	902	665	18655608	17298635
肇庆市	Zhaoqing	9254845	5703234	313	208	6944333	5793327
惠州市	Huizhou	19245535	11528469	714	460	11287062	9492722
梅州市	Meizhou	7751410	3236527	183	116	2947407	2158685
汕尾市	Shanwei	4422643	1071438	118	49	1135784	866868
河源市	Heyuan	3868273	1450472	227	107	3978263	1949612
阳江市	Yangjiang	5022522	2948379	242	169	2843270	2252527
清远市	Qingyuan	5739393	3507530	316	200	4305085	2662289
东莞市	Dongguan	31797762		3421		62936933	
中山市	Zhongshan	15359508		1041		17565782	
潮州市	Chaozhou	4908388	3853900	116	97	1613802	1477055
揭阳市	Jieyang	10697619	5292431	614	349	6689422	4765555
云浮市	Yunfu	4123548	1425155	210	89	2730613	1029989
广西壮族自治区	**Guangxi**						
南宁市	Nanning	23277990		1198	846	48596801	47985500
柳州市	Liuzhou	13331505	10531374	594	496	15601617	13568848
桂林市	Guilin	9674693	5386138	393	232	4711126	3752376
梧州市	Wuzhou	5263370	2803549	246	157	2169885	1968167
北海市	Beihai	2841634	1805304	156	122	2331342	2068403
防城港市	Fangchenggang	1487600	1105924	97	52	2774092	2329854
钦州市	Qinzhou	4012827	2561702	207	104	4433584	4204339
贵港市	Guigang	4124158	2389953	203	122	2472107	2223897
玉林市	Yulin	7358153	3818502	300	167	4262403	3161459
百色市	Baise	3867235	1001357	348	91	4732872	3555502
贺州市	Hezhou	1730316	1134856	89	66	2126505	2047117
河池市	Hechi	3527889	1535061	270	147	4078738	1917684
来宾市	Laibin	1456544	744138	93	51	1218927	1039833
崇左市	Chongzuo	1744808	366515	225	40	5046585	768484
海南省	**Hainan**						
海口市	Haikou	8239356	8239356	382	382	20782856	20782856
三亚市	Sanya	3400403	3400403	99	99	4311024	4311024
三沙市	Sansha						
儋州市	Danzhou	990438		21		674669	
重庆市	**Chongqing**	**116316743**	**98234237**	**5870**	**4621**	**140502136**	**131762107**

2–20 续表 6 continued

城市	City	社会消费品零售总额(万元) Total Retail Sales of Consumer Goods (10 000 yuan)		限额以上批发零售商贸企业数(法人数)(个) Number of Enterprises above Designated Size of Wholesale and Retail Trades (Number of Legal Entities) (unit)		限额以上批发零售业商品销售总额(万元) Total Sales of Commodities of Enterprises above Designated Size in Wholesale and Retail Trades (10 000 yuan)	
		全市 Total City	市辖区 Districts under City	全市 Total City	市辖区 Districts under City	全市 Total City	市辖区 Districts under City
四川省	**Sichuan**						
成都市	Chengdu	83134016	71449956	2088	1863	110928895	102896626
自贡市	Zigong	6936266	4539830	252	150	4002137	3438469
攀枝花市	Panzhihua	3979411	3302859	161	138	4770275	4299934
泸州市	Luzhou	10321324	6735277	632	372	14520675	9349621
德阳市	Deyang	9076500	2941764	302	110	4873582	2019377
绵阳市	Mianyang	12765314	7307826	485	268	11782697	9911935
广元市	Guangyuan	4469011	2320041	191	136	1714553	1467556
遂宁市	Suining	6319081	2911493	278	161	2704309	1901813
内江市	Neijiang	5942614	2522262	221	109	1136256	960797
乐山市	Leshan	7665073	3463465	268	133	3770430	2597010
南充市	Nanchong	10689306	4581075	442	183	4344293	3369955
眉山市	Meishan	5486906	2350944	186	94	2531813	1923427
宜宾市	Yibin	10450573	5632168	619	250	5936260	4122763
广安市	Guang'an	5643120	2027141	278	115	13504831	3779670
达州市	Dazhou	9879385	3474836	382	122	6118528	3197024
雅安市	Ya'an	2675982	1146043	100	54	907734	741207
巴中市	Bazhong	5074663	2173896	336	151	2012043	1100438
资阳市	Ziyang	3870523	1426571	142	44	1166186	784803
贵州省	**Guizhou**						
贵阳市	Guiyang	13804074	13030696	606	490	24455579	23422952
六盘水市	Liupanshui	3630210	1842524	239	77	3571473	1490268
遵义市	Zunyi	9737719	4139093	877	302	17661629	5734232
安顺市	Anshun	4427331	2450655	219	168	2211392	2098229
毕节市	Bijie	4088452	937590	487	76	4209163	3897808
铜仁市	Tongren	6018558	1857666	329	100	3090741	1757346
云南省	**Yunnan**						
昆明市	Kunming	31867367	26583244	716	568	64601880	57620672
曲靖市	Qujing	9151626	3967219	388	146	6145385	5106132
玉溪市	Yuxi	8142112	3496936	263	116	6191785	3816665
保山市	Baoshan	4202976	2107931	183	64	2314615	1833580
昭通市	Zhaotong	4785586	1697647	143	44	2450806	2045448
丽江市	Lijiang	2517365	666328	88	45	1121879	899844
普洱市	Pu'er	3161335	1047539	142	54	2037795	1603806
临沧市	Lincang	3383784	680677	156	42	1816635	1197671
西藏自治区	**Tibet**						
拉萨市	Lasa	3221742		92		2791535	
日喀则市	Xigaze	1209072	865211	20	4	964629	694130
昌都市	Qamdo	618543	116134	12	11	229142	226836
林芝市	Linzhi	448902	311472	18	18	179843	179843
山南市	Shannan	591131	414065	17	11	188254	107573
那曲市	Naqu	267069		7		153021	

2-20 续表 7 continued

城　　市	City	社会消费品零售总额(万元) Total Retail Sales of Consumer Goods (10 000 yuan)		限额以上批发零售商贸企业数(法人数)(个) Number of Enterprises above Designated Size of Wholesale and Retail Trades (Number of Legal Entities) (unit)		限额以上批发零售业商品销售总额(万元) Total Sales of Commodities of Enterprises above Designated Size in Wholesale and Retail Trades (10 000 yuan)	
		全市 Total City	市辖区 Districts under City	全市 Total City	市辖区 Districts under City	全市 Total City	市辖区 Districts under City
陕西省	**Shaanxi**						
西安市	Xi'an	51409280	50598206	1870	1825	101596703	101485410
铜川市	Tongchuan	1565035	1475505	247	219	1936677	1859911
宝鸡市	Baoji	9043134	6103600	798	410	12697017	9848429
咸阳市	Xianyang	9004000	2048000	536	59	4895000	2067000
渭南市	Weinan	7788731	2101910	533	114	4020428	3089835
延安市	Yan'an	4111274	2567361	428	161	4083978	3018872
汉中市	Hanzhong	5543256	2655672	538	167	4038374	2676369
榆林市	Yulin	5552884	2632277	440	83	18079988	4882762
安康市	Ankang	4666597	1751386	671	204	3614391	2223794
商洛市	Shangluo	2146209	654073	179	34	1107991	724346
甘肃省	**Gansu**						
兰州市	Lanzhou	16720018	15051883	620	521	45618127	33947939
嘉峪关市	Jiayuguan	760200		44		1027861	
金昌市	Jinchang	1019802	698371	50	35	319505	15938
白银市	Baiyin	1629000	1048620	97	40	791976	626722
天水市	Tianshui	2701144	1583340	156	104	1598951	1483160
武威市	Wuwei	1445948	857197	76	46	763527	687164
张掖市	Zhangye	2069327	1146761	146	85	1131409	906748
平凉市	Pingliang	1675757	804471	49	29	609555	535849
酒泉市	Jiuquan	2556987	1209394	147	58	3747364	568887
庆阳市	Qingyang	1822123	752255	75	29	750086	697245
定西市	Dingxi	1600443	605937	84	31	911965	590807
陇南市	Longnan	1466608	708355	56	21	672470	480678
青海省	**Qinghai**						
西宁市	Xining	6320877	5751998	280	261	9442301	7428740
海东市	Haidong	1167724	404312	17	8	373319	356932
宁夏回族自治区	**Ningxia**						
银川市	Yinchuan	8300062	6051352	248	135	10646057	8137660
石嘴山市	Shizuishan	1135511	799224	56	42	514778	445137
吴忠市	Wuzhong	1256105	649988	83	60	440504	270849
固原市	Guyuan	757545	378353	21	13	390937	365270
中卫市	Zhongwei	755481	405476	56	28	4569949	847423
新疆维吾尔自治区	**Xinjiang**						
乌鲁木齐市	Urumqi	13891900	13807900	1120	1120	70646960	70646960
克拉玛依市	Karamay	732832	732832	101	101	1738185	1738185
吐鲁番市	Turpan	876846	490775	68	28	1061076	800397
哈密市	Hami	1300010	1179835	83	79	1569375	1400910

(四)科技创新
Scientific and Technological Innovation

2-21 科技创新情况(全市)
Scientific and Technological Innovation(Total City)

城　　市	City	R&D人员(人) R&D Personnel (Person)	R&D内部经费支出(万元) R&D Internal Outlay (10 000 yuan)	专利申请数(件) Number of Patent Applications (piece)	专利授权数(件) Number of Patent Authorizations (piece)	发明 Invention
北京市	**Beijing**	**464178**	**22335870**	**226113**	**131716**	**53127**
天津市	**Tianjin**	**143888**	**4629716**	**96045**	**57799**	**5025**
河北省	**Hebei**					
石家庄市	Shijiazhuang	42399	1586985	23413	13847	1326
唐山市	Tangshan	31682	1265757	12017	7102	823
秦皇岛市	Qinhuangdao	9939	207906	5725	3178	698
邯郸市	Handan	17158	575732	8200	4053	312
邢台市	Xingtai	7838	193750	8416	4664	185
保定市	Baoding	27045	672131	13913	8130	864
张家口市	Zhangjiakou	3024	26955	2591	1606	140
承德市	Chengde	3674	130550	2286	1299	108
沧州市	Cangzhou	16626	409530	8701	4973	133
廊坊市	Langfang	17483	461834	11100	5941	438
衡水市	Hengshui	6279	136148	4913	3018	103
山西省	**Shanxi**					
太原市	Taiyuan			14164	7504	1759
大同市	Datong	1820	63497	2245	1189	123
阳泉市	Yangquan	2600	72701	798	380	30
长治市	Changzhi	5249	123522	2586	1367	51
晋城市	Jincheng	7730	14032	1213	743	37
朔州市	Shuozhou			524	305	15
晋中市	Jinzhong	3549	84668	571	1523	81
运城市	Yuncheng	6161	202803	3165	1411	87
忻州市	Xinzhou	688	17115	814	485	35
临汾市	Linfen			1741	830	54
吕梁市	Lvliang	3121	100477	1519	861	28
内蒙古自治区	**Inner Mongolia**					
呼和浩特市	Hohhot	12399	436474	2736	817	122
包头市	Baotou	12714	428585	2423	282	63
乌海市	Wuhai	533	25709	561	234	111
赤峰市	Chifeng	1978	51400	1588	936	53
通辽市	Tongliao	1162	20969	145	54	7
鄂尔多斯市	Erdos	6478	382978	2817	1584	509
呼伦贝尔市	Hulunbuir	649	3045	488	352	29
巴彦淖尔市	Bayannur	1192	33722	73	20	1
乌兰察布市	Ulanqab	672	33946	92	17	
辽宁省	**Liaoning**					
沈阳市	Shenyang	53204	1706885	25754	14587	3351
大连市	Dalian	67830	1997347	21187	12479	2810
鞍山市	Anshan	3635	13	4046	2324	389
抚顺市	Fushun	3519	127592	2320	1213	99
本溪市	Benxi			1057	549	57
丹东市	Dandong	1623	30414	2090	1094	453
锦州市	Jinzhou	296	9897	1929	1536	968
营口市	Yingkou			2091	674	72
阜新市	Fuxin	2365	35895	1612	759	156

2–21 续表 1 continued

城 市	City	R&D人员(人) R&D Personnel (Person)	R&D内部经费支出(万元) R&D Internal Outlay (10 000 yuan)	专利申请数(件) Number of Patent Applications (piece)	专利授权数(件) Number of Patent Authorizations (piece)	发明 Invention
辽阳市	Liaoyang	2863	92095	1387	885	40
盘锦市	Panjin			1944	1103	148
铁岭市	Tieling			1371	747	18
朝阳市	Chaoyang	1669	74637	1292	689	33
葫芦岛市	Huludao	2056	48295	1661	872	42
吉林省	**Jilin**					
长春市	Changchun					
吉林市	Jilin			2670	1319	223
四平市	Siping	441	7310	941	517	290
辽源市	Liaoyuan			512	207	30
通化市	Tonghua					
白山市	Baishan					
松原市	Songyuan			946	307	6
白城市	Baicheng			530	354	14
黑龙江省	**Heilongjiang**					
哈尔滨市	Harbin			23491	11883	3430
齐齐哈尔市	Qiqihar					
鸡西市	Jixi			534	318	21
鹤岗市	Hegang			284	185	5
双鸭山市	Shuangyashan		66700	25	10	5
大庆市	Daqing			3526	2169	331
伊春市	Yichun	675	46674	460	287	3
佳木斯市	Jiamusi	204	3940	1584	1040	51
七台河市	Qitaihe			526	246	9
牡丹江市	Mudanjiang			1038	607	87
黑河市	Heihe					
绥化市	Suihua					
上海市	**Shanghai**	**293346**	**15245534**	**173586**	**100587**	**22735**
江苏省	**Jiangsu**					
南京市	Nanjing			103024	55004	12392
无锡市	Wuxi			67133	38335	4298
徐州市	Xuzhou			33655	12603	2448
常州市	Changzhou			47849	24858	2581
苏州市	Suzhou			162984	81145	8339
南通市	Nantong			36713	19637	2264
连云港市	Lianyungang			8234	5012	511
淮安市	Huai'an			13052	7676	523
盐城市	Yancheng			25912	15713	1454
扬州市	Yangzhou			33786	18736	1345
镇江市	Zhenjiang			23890	12639	2283
泰州市	Taizhou			25215	14905	1009
宿迁市	Suqian			12431	7890	211
浙江省	**Zhejiang**					
杭州市	Hangzhou	168063	5304203	113562	61568	11748
宁波市	Ningbo	137367	3239477	70304	47220	5075
温州市	Wenzhou	84426	1403079	52315	37009	3876
嘉兴市	Jiaxing	64992	1646576	39248	27771	2313

2-21 续表 2 continued

城市	City	R&D人员(人) R&D Personnel (Person)	R&D内部经费支出(万元) R&D Internal Outlay (10 000 yuan)	专利申请数(件) Number of Patent Applications (piece)	专利授权数(件) Number of Patent Authorizations (piece)	发明 Invention
湖州市	Huzhou	35082	870122	23359	16419	1256
绍兴市	Shaoxing	66494	1529807	36072	26934	3293
金华市	Jinhua	54208	841368	43254	27237	1895
衢州市	Quzhou	12320	252846	7629	4754	573
舟山市	Zhoushan	7804	144803	3418	2027	580
台州市	Taizhou	58611	1022987	35089	26936	3071
丽水市	Lishui	14496	245414	11555	7445	275
安徽省	**Anhui**					
合肥市	Hefei	97331	2917649	61205	30245	5981
芜湖市	Wuhu	37094	1115589	17455	9975	2555
蚌埠市	Bengbu	14780	485478	7193	3608	537
淮南市	Huainan		116082	5892	2067	336
马鞍山市	Maanshan	16141	606228	10610	5167	1197
淮北市	Huaibei	10145	167413	3995	1616	224
铜陵市	Tongling	8117	280991	3213	1942	301
安庆市	Anqing	10334	256721	8605	3171	330
黄山市	Huangshan	4382	85460	1857	1187	94
滁州市	Chuzhou	16226	506295	11086	6023	897
阜阳市	Fuyang	7881	232204	9537	5209	704
宿州市	Suzhou	3990	110211	5485	1779	336
六安市	Lu'an	7376	155540	7462	3302	353
亳州市	Bozhou	3562	81497	5163	2411	501
池州市	Chizhou	3400	103145	2971	1844	70
宣城市	Xuancheng	11716	257824	5310	2978	542
福建省	**Fujian**					
福州市	Fuzhou	73268	2017043	29487	19262	3389
厦门市	Xiamen	70434	1776588	34626	23013	2672
莆田市	Putian	7409	344588	5252	3512	117
三明市	Sanming	8699	281565	3826	2201	115
泉州市	Quanzhou	43550	1209761	49492	32596	1780
漳州市	Zhangzhou	26054	735660	13982	8974	295
南平市	Nanping	7551	212736	2833	2111	93
龙岩市	Longyan	12378	512018	8614	4248	175
宁德市	Ningde	9153	415634	5060	3027	327
江西省	**Jiangxi**					
南昌市	Nanchang			21684	13057	1223
景德镇市	Jingdezhen			3088	2283	182
萍乡市	Pingxiang			2852	1964	124
九江市	Jiujiang			9488	6127	135
新余市	Xinyu			3345	1236	64
鹰潭市	Yingtan			2579	1961	40
赣州市	Ganzhou			18857	12246	445
吉安市	Ji'an			6321	4701	121
宜春市	Yichun			7735	5012	174
抚州市	Fuzhou		190700	7648	5488	144
上饶市	Shangrao			7888	5068	97

2-21 续表 3 continued

城 市	City	R&D人员（人） R&D Personnel (Person)	R&D内部经费支出（万元） R&D Internal Outlay (10 000 yuan)	专利申请数（件） Number of Patent Applications (piece)	专利授权数（件） Number of Patent Authorizations (piece)	
						发明 Invention
山东省	**Shandong**					
济南市	Jinan	82024	2255265	46563	25158	4843
青岛市	Qingdao	87053	2946168	21609	38737	7704
淄博市	Zibo	33511	1059388	10984	3469	1000
枣庄市	Zaozhuang	7976	306761	7891	3450	250
东营市	Dongying	13113	683802	7363	3993	478
烟台市	Yantai	33995	1266179	15924	8681	1407
潍坊市	Weifang	31344	1192161	25651	15677	1635
济宁市	Jining	20009	542618	14329	8719	545
泰安市	Tai'an	23392	643972	7533	4325	407
威海市	Weihai	20468	669407	8455	5133	555
日照市	Rizhao	11696	551489	4628	2457	238
临沂市	Linyi	19275	782114	13136	7052	480
德州市	Dezhou	20830	751925	9130	4796	292
聊城市	Liaocheng	11926	422001	7401	3925	307
滨州市	Binzhou	18028	636901	7003	3473	319
菏泽市	Heze	7526	236550	8670	5081	198
河南省	**Henan**					
郑州市	Zhengzhou	99028	2367000	59620	33679	14289
开封市	Kaifeng	9872	241332	3532	1952	186
洛阳市	Luoyang	36925	1192325	13624	8760	1096
平顶山市	Pingdingshan	14919	382818	4098	2532	338
安阳市	Anyang	8799	295297	4111	2735	185
鹤壁市	Hebi	4552	75182	1459	1039	42
新乡市	Xinxiang	23934	625568	11685	7100	516
焦作市	Jiaozuo	17039	459095	6100	3919	393
濮阳市	Puyang	5821	159885	2477	1332	392
许昌市	Xuchang	12098	530889	6203	5451	473
漯河市	Luohe	5356	135144	3066	1875	74
三门峡市	Sanmenxia	5258	196182	1409	836	49
南阳市	Nanyang	18596	409882	8484	5429	300
商丘市	Shangqiu	10157	273944	4960	2397	89
信阳市	Xinyang	7103	157825	4085	2133	440
周口市	Zhoukou	5303	115357	4170	2171	57
驻马店市	Zhumadian	4955	131666	3556	2583	60
湖北省	**Hubei**					
武汉市	Wuhan			77097	39258	33202
黄石市	Huangshi	10661	313533	5029	2960	101
十堰市	Shiyan			5085	2544	57
宜昌市	Yichang	28157	1015051	9864	7093	694
襄阳市	Xiangyang	25249	824249	9201	4121	365
鄂州市	Ezhou	2886	129408	2044	744	70
荆门市	Jingmen	13919	332256	4457	2607	259
孝感市	Xiaogan	16211	364525	6623	3212	347
荆州市	Jingzhou		245700	6202	3674	207
黄冈市	Huanggang	6851	142726	6275	2602	120
咸宁市	Xianning			3845	2070	78
随州市	Suizhou	2046	123909	1883	993	34

2–21 续表 4 continued

城 市	City	R&D人员(人) R&D Personnel (Person)	R&D内部经费支出(万元) R&D Internal Outlay (10 000 yuan)	专利申请数(件) Number of Patent Applications (piece)	专利授权数(件) Number of Patent Authorizations (piece)	发明 Invention
湖南省	**Hunan**					
长沙市	Changsha	105808	3161830	42087	22504	5226
株洲市	Zhuzhou	25641	745896	9730	5258	3920
湘潭市	Xiangtan	18421	508482	3901	1072	431
衡阳市	Hengyang			6863	3366	351
邵阳市	Shaoyang	5461	190184	6406	3818	76
岳阳市	Yueyang	16745	634832	4263	2463	170
常德市	Changde	199	2592	5926	2673	273
张家界市	Zhangjiajie	1469	30743	1055	444	23
益阳市	Yiyang	11875	336619	5364	2720	158
郴州市	Chenzhou	6030	275827	3650	2016	151
永州市	Yongzhou	8770	266738	4754	1718	66
怀化市	Huaihua	9083	367643	3926	1714	100
娄底市	Loudi	6431	290049	3108	1781	79
广东省	**Guangdong**					
广州市	Guangzhou			177223	104813	12222
韶关市	Shaoguan			4818	3307	157
深圳市	Shenzhen			261502	166609	26051
珠海市	Zhuhai			33137	18967	3327
汕头市	Shantou			20024	14809	331
佛山市	Foshan	100072	2874060	81011	58747	4582
江门市	Jiangmen			20475	13282	647
湛江市	Zhanjiang			5892	3606	246
茂名市	Maoming			4911	2506	94
肇庆市	Zhaoqing			7031	4524	309
惠州市	Huizhou			22701	14577	1592
梅州市	Meizhou	3133	31226	4590	2574	358
汕尾市	Shanwei	1634	48227	3345	2527	96
河源市	Heyuan	28	330	4547	2936	87
阳江市	Yangjiang			4754	3133	38
清远市	Qingyuan			5497	3058	210
东莞市	Dongguan	133393	2899619	83217	60419	8005
中山市	Zhongshan	33320	653709	43066	33395	7808
潮州市	Chaozhou	3540	60370	8531	6223	80
揭阳市	Jieyang			9103	5927	70
云浮市	Yunfu	80	967	2148	1349	36
广西壮族自治区	**Guangxi**					
南宁市	Nanning	22378	525513	5414	1949	711
柳州市	Liuzhou	16923	563273	7323	4290	542
桂林市	Guilin	8625	123298	5691	2819	585
梧州市	Wuzhou	5518	54039	1556	1042	94
北海市	Beihai	157	1932	1100	540	94
防城港市	Fangchenggang	844	72236	408	236	69
钦州市	Qinzhou	1030	43859	1004	614	71
贵港市	Guigang	1189	31160	2369	1350	51
玉林市	Yulin	1257	19241	3277	2156	159

2–21 续表 5 continued

城　市	City	R&D人员 (人) R&D Personnel (Person)	R&D内部经费支出 (万元) R&D Internal Outlay (10 000 yuan)	专利申请数 (件) Number of Patent Applications (piece)	专利授权数 (件) Number of Patent Authorizations (piece)	发明 Invention
百色市	Baise	1342	41251	1140	635	76
贺州市	Hezhou	613	12071	1038	568	73
河池市	Hechi	952	27881	817	542	76
来宾市	Laibin	880	6290	888	477	26
崇左市	Chongzuo	1593	40228	821	381	58
海南省	**Hainan**					
海口市	Haikou	10175	146500	6451	3017	357
三亚市	Sanya	1890	5	870	313	117
三沙市	Sansha					
儋州市	Danzhou	1295	71000	252	206	89
重庆市	**Chongqing**			**67271**	**43870**	**6988**
四川省	**Sichuan**					
成都市	Chengdu	145950	4525439	80819	50775	9179
自贡市	Zigong	5585	122912	2935	1879	192
攀枝花市	Panzhihua	1910	110707	2112	1394	298
泸州市	Luzhou	6706	142884	2695	1935	98
德阳市	Deyang	17175	678435	5193	3782	295
绵阳市	Mianyang	37860	1862602	10612	6382	1225
广元市	Guangyuan	2581	51408	1232	787	237
遂宁市	Suining	5547	86000	2667	1468	56
内江市	Neijiang	840	57641	2509	1425	312
乐山市	Leshan	5747	172995	2560	1740	115
南充市	Nanchong	3271	102602	2834	1518	96
眉山市	Meishan	6819	127651	2178	1393	72
宜宾市	Yibin	10944	294185	3152	2010	469
广安市	Guang'an	1915	34390	1773	963	24
达州市	Dazhou	4545	95000	2511	1339	28
雅安市	Ya'an			1078	783	49
巴中市	Bazhong	722	16541	1259	597	24
资阳市	Ziyang	953	19519	1116	566	33
贵州省	**Guizhou**					
贵阳市	Guiyang	32156	712065	20931	10770	972
六盘水市	Liupanshui	5122	111537	2428	1278	51
遵义市	Zunyi	6441	127193	7597	4172	515
安顺市	Anshun	2357	70244	1943	1519	105
毕节市	Bijie	3122	63749	2103	1043	17
铜仁市	Tongren	2128	70564	2565	1398	72
云南省	**Yunnan**					
昆明市	Kunming	49107	1120475	23097	14301	1764
曲靖市	Qujing	8190	209900	2206	1496	90
玉溪市	Yuxi	7277	202191	2079	1514	75
保山市	Baoshan	2516	44364	581	218	11
昭通市	Zhaotong	202	2851	775	487	11
丽江市	Lijiang	1006	20736	27	65	3
普洱市	Pu'er	237	6729	486	292	20
临沧市	Lincang	950	31986	361	228	7

2–21 续表 6 continued

城 市	City	R&D人员(人) R&D Personnel (Person)	R&D内部经费支出(万元) R&D Internal Outlay (10 000 yuan)	专利申请数(件) Number of Patent Applications (piece)	专利授权数(件) Number of Patent Authorizations (piece)	发明 Invention
西藏自治区	**Tibet**					
拉萨市	Lasa					
日喀则市	Xigaze	250				
昌都市	Qamdo	1720	3783	36	79	38
林芝市	Linzhi					
山南市	Shannan	186	3002	70	48	36
那曲市	Naqu	2913	770	4	4	
陕西省	**Shaanxi**					
西安市	Xi'an	107385	4261408	72377	34123	9017
铜川市	Tongchuan	442	14759	226	129	5
宝鸡市	Baoji	7349	238469	2912	1818	182
咸阳市	Xianyang	6485	122590	5417	2656	1145
渭南市	Weinan	13553	207648	2092	864	161
延安市	Yan'an	1200	139224	1109	610	35
汉中市	Hanzhong	3380	107393	2244	1137	141
榆林市	Yulin	1061	51943	2676	1198	1063
安康市	Ankang	2390	5	850	418	13
商洛市	Shangluo			883	454	37
甘肃省	**Gansu**					
兰州市	Lanzhou	27832	639219	13728	6358	840
嘉峪关市	Jiayuguan			691	432	50
金昌市	Jinchang			910	557	44
白银市	Baiyin	2286	65915	1174	651	51
天水市	Tianshui	2539	76667	2690	1220	47
武威市	Wuwei	2211	34895	1649	1125	33
张掖市	Zhangye	2341	58219	2228	1930	40
平凉市	Pingliang	567	8584	663	392	13
酒泉市	Jiuquan	2910	930287	1712	995	15
庆阳市	Qingyang	1148	7783	1592	743	16
定西市	Dingxi	504	12278	980	395	31
陇南市	Longnan	454	5346	442	237	12
青海省	**Qinghai**					
西宁市	Xining		170700	918	918	400
海东市	Haidong	435	8495	325	221	9
宁夏回族自治区	**Ningxia**					
银川市	Yinchuan	6701	198483	5337	2847	439
石嘴山市	Shizuishan	3688	96003	1157	685	65
吴忠市	Wuzhong	2393	73678	990	675	57
固原市	Guyuan	473	14234	494	286	8
中卫市	Zhongwei	1270	54061	1290	1059	29
新疆维吾尔自治区	**Xinjiang**					
乌鲁木齐市	Urumqi	2963	113865	6947	3997	535
克拉玛依市	Karamay	2135	47149	895	565	57
吐鲁番市	Turpan	455	13560	256	142	5
哈密市	Hami			335	128	10

(五)人民生活
People's Livelihood

2-22 劳动力就业状况
Labour Force and Employment

单位：人 (person)

城市	City	城镇单位从业人员期末人数 Persons Employed in Urban Units at Year-end		城镇私营和个体从业人员 Persons Employed in Private Enterprises and Self-Employed Individuals in Urban Areas		城镇登记失业人员数 Registered Unemployed Persons in Urban Areas	
		全市 Total City	市辖区 Districts under City	全市 Total City	市辖区 Districts under City	全市 Total City	市辖区 Districts under City
北京市	**Beijing**	**7912978**	**7912978**	**5514378**	**5514378**	**93500**	**93500**
天津市	**Tianjin**	**2693543**	**2693543**	**1997733**	**1997733**	**260900**	**260900**
河北省	**Hebei**						
石家庄市	Shijiazhuang	1069381	804589	2118137	1488120	54539	43626
唐山市	Tangshan	779209	547495	1074677	635952	39008	13955
秦皇岛市	Qinhuangdao	275565	222999	530498	450735	17742	8423
邯郸市	Handan	621340	350208	1094431	588632	65565	
邢台市	Xingtai	398845	174630	707889	244185	19393	
保定市	Baoding	817571	393466	1207604	525821	48052	
张家口市	Zhangjiakou	353951	223801	634615	359422	36397	12998
承德市	Chengde	270923	128048	420416	169868	22209	8910
沧州市	Cangzhou	475612	189732	903057	293149	22281	
廊坊市	Langfang	390771	185214	861395	266930	9819	3191
衡水市	Hengshui	229766	116329	595640	232890	22678	8001
山西省	**Shanxi**						
太原市	Taiyuan	1014807	946506	1034302		51448	
大同市	Datong	383258	315881	57814	13685		
阳泉市	Yangquan	216281	153845	203842	140311	7580	4264
长治市	Changzhi	459734	251069	383380	310953	16959	12899
晋城市	Jincheng	370375	127794			4556	2886
朔州市	Shuozhou	186579	97848	27502	13051	4517	2001
晋中市	Jinzhong	376550	123520	385184	27610	13811	6430
运城市	Yuncheng	363272	124804	576301	102653		
忻州市	Xinzhou	239418	72667			8227	2995
临汾市	Linfen	370993	108415			12247	2480
吕梁市	Lvliang	346796	64687			5873	765
内蒙古自治区	**Inner Mongolia**						
呼和浩特市	Hohhot	448633	332910	1243401	982217	43813	
包头市	Baotou	340898	312287	984124	984124	54080	54080
乌海市	Wuhai	84292	84292	196800	196800	8408	8408
赤峰市	Chifeng	313158	167253	468785		28950	12517
通辽市	Tongliao	226494	81228	438559	147482	18690	5466
鄂尔多斯市	Erdos	339869	113012	588048	19432	23631	6000
呼伦贝尔市	Hulunbuir	322052	70840	405577	92950	34793	5683
巴彦淖尔市	Bayannur	165889	91027	338657	118430	17156	155
乌兰察布市	Ulanqab	158014	59691	219758	57143	23600	2492
辽宁省	**Liaoning**						
沈阳市	Shenyang	1195758	1143762	2148966		96125	88178
大连市	Dalian	999016	917560	1315796		64092	52578
鞍山市	Anshan	374789	270536	582698	251512	38416	30120
抚顺市	Fushun	210786	179157	244690		25852	23055
本溪市	Benxi	210427	177069	325206	236040	21172	17354
丹东市	Dandong	181738	101276	207733	75780	22376	
锦州市	Jinzhou	222966	158211	300237	175322	28354	20836
营口市	Yingkou	215087	162870	489696	341564	24799	
阜新市	Fuxin	144703	102651	230603		19123	

2-22 续表 1 continued

单位：人 (person)

城市	City	城镇单位从业人员期末人数 Persons Employed in Urban Units at Year-end		城镇私营和个体从业人员 Persons Employed in Private Enterprises and Self-Employed Individuals in Urban Areas		城镇登记失业人员数 Registered Unemployed Persons in Urban Areas	
		全市 Total City	市辖区 Districts under City	全市 Total City	市辖区 Districts under City	全市 Total City	市辖区 Districts under City
辽阳市	Liaoyang	161631	121274	169949	134927	18042	13923
盘锦市	Panjin	398208	339889	178975	150412	16674	14954
铁岭市	Tieling	193966	44705	217614		27090	
朝阳市	Chaoyang	223323	91494	514880	194914	21879	6163
葫芦岛市	Huludao	173587	102707	98206		32285	
吉林省	**Jilin**						
长春市	Changchun	1182710	1080350			50116	35216
吉林市	Jilin	359103	246611	518032	342686	35157	20574
四平市	Siping	177179	71442	251551	102285	15036	2437
辽源市	Liaoyuan	87373	57691			11177	7186
通化市	Tonghua	185630	77259	276809	103978	9107	1225
白山市	Baishan	138640	76834			11336	5003
松原市	Songyuan	180884	97195	608290		12057	5553
白城市	Baicheng	154902	65501			9073	991
黑龙江省	**Heilongjiang**						
哈尔滨市	Harbin	1046650	894243			94798	
齐齐哈尔市	Qiqihar	278796	148629			36224	
鸡西市	Jixi	150764	96989				
鹤岗市	Hegang	169083	93790			12346	9208
双鸭山市	Shuangyashan	151357	77425			9364	4980
大庆市	Daqing	469182	427590			32371	28696
伊春市	Yichun	164125	118501	104136	69410	16576	14540
佳木斯市	Jiamusi	229135	88231	236428	117628	18211	8529
七台河市	Qitaihe	81924	68534	175855	142365	9389	7611
牡丹江市	Mudanjiang	192033	90424			22001	
黑河市	Heihe	177086	46729	28675	9565	8788	2022
绥化市	Suihua	237076	22030	49603	4213		
上海市	**Shanghai**	**7160584**	**7160584**	**7994291**	**7994291**	**193400**	**193400**
江苏省	**Jiangsu**						
南京市	Nanjing	2025190	2025190	4730511	4730511	60800	60800
无锡市	Wuxi	1223480	841322	2488685	1501273	37610	28639
徐州市	Xuzhou	742053	366630	1737687	924766	32413	19523
常州市	Changzhou	645999	585610	2381255	2107571	31166	27121
苏州市	Suzhou	2915281	1583452	5428833	2764426	39557	21563
南通市	Nantong	1611410	622596	1410603	748981	37301	18570
连云港市	Lianyungang	426994	298353			12139	7394
淮安市	Huai'an	459323	342535	1062049	696466	18574	13262
盐城市	Yancheng	599436	264895	1199619	524385	17462	7322
扬州市	Yangzhou	858104	619348	1454966	946277	87411	51649
镇江市	Zhenjiang	375916	202083	1175323	507106	13426	5952
泰州市	Taizhou	946218	551205	1383108	713743	16438	7602
宿迁市	Suqian	411116	205909	1165305	443833	11068	4822
浙江省	**Zhejiang**						
杭州市	Hangzhou	2865445	2737127	3504336	3215373	53151	48991
宁波市	Ningbo	1581458	1049072	4177900	2266700	57080	37512
温州市	Wenzhou	999305	389959	2551508	1204929	38219	14864
嘉兴市	Jiaxing	739692	247785			30260	9085

2–22 续表 2 continued

单位：人 (person)

城市	City	城镇单位从业人员期末人数 Persons Employed in Urban Units at Year-end		城镇私营和个体从业人员 Persons Employed in Private Enterprises and Self-Employed Individuals in Urban Areas		城镇登记失业人员数 Registered Unemployed Persons in Urban Areas	
		全市 Total City	市辖区 Districts under City	全市 Total City	市辖区 Districts under City	全市 Total City	市辖区 Districts under City
湖州市	Huzhou	489773	251164	1417101	474235	14991	7445
绍兴市	Shaoxing	1029472	744681	1393065	722518	36690	21769
金华市	Jinhua	695327	193303			16955	4218
衢州市	Quzhou	207942	119194			10966	4700
舟山市	Zhoushan	186095	148200	210694	163485	9025	6702
台州市	Taizhou	879754	409186	1302254	479456	26253	10829
丽水市	Lishui	195076	69404	257231	60611	11442	4437
安徽省	**Anhui**						
合肥市	Hefei	1709072	1396834	1848052	1323618	111042	
芜湖市	Wuhu	462462	345379	662457	324212	14075	8216
蚌埠市	Bengbu	277486	203562	248660	124440	14113	
淮南市	Huainan	265849	181072			21855	
马鞍山市	Maanshan	271052	179556	578334		20234	9981
淮北市	Huaibei	190475	137908	529244	348973	16107	11979
铜陵市	Tongling	190651	165008	295246		8705	8576
安庆市	Anqing	378649	159572			8553	
黄山市	Huangshan	129526	86352	309332	184215	4216	2142
滁州市	Chuzhou	333834	139046			7859	1446
阜阳市	Fuyang	430768	201355	1824331		5709	2141
宿州市	Suzhou	302163	157092	623510		9285	
六安市	Lu'an	1313800	460203	1072316	334291	7470	
亳州市	Bozhou	266620	116623			5067	
池州市	Chizhou	109119	67191	369553	183869	4173	2728
宣城市	Xuancheng	209644	60761	468033		9272	835
福建省	**Fujian**						
福州市	Fuzhou	1761930	1237197	2041781	1529463	35726	25321
厦门市	Xiamen	1269027	1269027	2531450	2531450	24900	24900
莆田市	Putian	451454	401243	1212824	922468	8673	6320
三明市	Sanming	252104	103346			18812143	7748856
泉州市	Quanzhou	1292809	360753	1934127	788363	18594	11553
漳州市	Zhangzhou	517320	168768	773392	270132	13912	4285
南平市	Nanping	239662	109030	657684	253768	20261	8060
龙岩市	Longyan	304249	137877	408363	268234	19022	9784
宁德市	Ningde	274055	121919	781407	228557	13045	2312
江西省	**Jiangxi**						
南昌市	Nanchang	1250904	1053953	1426510	999880	34094	29234
景德镇市	Jingdezhen	141605	97997	253397	116700	17825	9010
萍乡市	Pingxiang	166059	115847			20325	11892
九江市	Jiujiang	413605	153166			21418	6907
新余市	Xinyu	126801	109830			10283	7187
鹰潭市	Yingtan	148395	93305	291795	237272	10337	3000
赣州市	Ganzhou	565964	233344			41325	17833
吉安市	Ji'an	405009	85521	352106	72600	26272	9801
宜春市	Yichun	437942	98322	981071	95148	30793	1960
抚州市	Fuzhou	344209	183092	497697	214019	27665	13570
上饶市	Shangrao	409073	160930	870443	296104	16983	4050

2–22 续表 3 continued

单位：人 (person)

城　　市	City	城镇单位从业人员期末人数 Persons Employed in Urban Units at Year-end		城镇私营和个体从业人员 Persons Employed in Private Enterprises and Self-Employed Individuals in Urban Areas		城镇登记失业人员数 Registered Unemployed Persons in Urban Areas	
		全市 Total City	市辖区 Districts under City	全市 Total City	市辖区 Districts under City	全市 Total City	市辖区 Districts under City
山东省	**Shandong**						
济南市	Jinan	1465324	1391943	2835096		35294	
青岛市	Qingdao	1466362	1193440			82805	73309
淄博市	Zibo	687508	447552	389936	319949	28232	21550
枣庄市	Zaozhuang	348715	205953	467254	259756	21088	12638
东营市	Dongying	376242	308252	196289	158399	14188	11802
烟台市	Yantai	883888	502068	1070176	739697	43998	21588
潍坊市	Weifang	866386	355494	691210	53539	37760	17337
济宁市	Jining	729644	309906	513823	139833	32515	18883
泰安市	Tai'an	495701	197348	502817	312496	21829	11188
威海市	Weihai	479314	338989	348710	298840	8803	7011
日照市	Rizhao	302464	213741	871956	544649	9654	6872
临沂市	Linyi	711261	332113	2984883	1412927	30242	11622
德州市	Dezhou	410682	178670	281093	94775	18830	4004
聊城市	Liaocheng	410240	217312	262678	145036	23327	12822
滨州市	Binzhou	428904	172260	378733	210466	12640	3522
菏泽市	Heze	456335	178278	412027	284390	21804	8949
河南省	**Henan**						
郑州市	Zhengzhou	1892438	1549528	2377741	1554610	52979	36937
开封市	Kaifeng	375188	217737	375568	185828	31652	20515
洛阳市	Luoyang	683268	383192	1043454	469272	84359	64585
平顶山市	Pingdingshan	495686	274888	506885	137874	14288	5601
安阳市	Anyang	492443	209272	458162	258825	29648	20536
鹤壁市	Hebi	176892	121711	232535	119332	4192	523
新乡市	Xinxiang	476476	183887			32061	15389
焦作市	Jiaozuo	384812	187069	384947	135610	17693	11091
濮阳市	Puyang	339685	215144	611929	411559	16216	10961
许昌市	Xuchang	423700	172443	494921	180168	27443	11082
漯河市	Luohe	268890	171252	758569	593280	3687	1991
三门峡市	Sanmenxia	209498	98843	319483	111853	8842	3707
南阳市	Nanyang	710638	254881	783938	409430	39221	1750
商丘市	Shangqiu	682299	163328	1165577	285743	22564	9421
信阳市	Xinyang	526584	177811	435235	126218	13194	4894
周口市	Zhoukou	635885	112856	1054605	117164	29247	4267
驻马店市	Zhumadian	590582	190521	722259	187717	18332	2086
湖北省	**Hubei**						
武汉市	Wuhan	2144215	2144215	2595600	2595600	88100	88100
黄石市	Huangshi	299740	154293	914538	635663	27144	13553
十堰市	Shiyan	693072	483518	580268	497952	39428	28208
宜昌市	Yichang	834008	347740	1106421	485913	29577	17004
襄阳市	Xiangyang	1114801	374622	518273	242562	34698	20766
鄂州市	Ezhou	233356	233356	129665	129665	8784	8784
荆门市	Jingmen	413504	188726	466822	176752	15948	7638
孝感市	Xiaogan	839803	291190	706570	36755	25329	6481
荆州市	Jingzhou	377372	164286	1612794	614787	48059	24566
黄冈市	Huanggang	791195	123833	286076	56131	20743	1976
咸宁市	Xianning	210396	80563			14681	4584
随州市	Suizhou	133644	76698	818483	235011	4619	1551

2-22 续表 4 continued

单位：人 (person)

城市	City	城镇单位从业人员期末人数 Persons Employed in Urban Units at Year-end		城镇私营和个体从业人员 Persons Employed in Private Enterprises and Self-Employed Individuals in Urban Areas		城镇登记失业人员数 Registered Unemployed Persons in Urban Areas	
		全市 Total City	市辖区 Districts under City	全市 Total City	市辖区 Districts under City	全市 Total City	市辖区 Districts under City
湖南省	**Hunan**						
长沙市	Changsha	1368477	1006474	2463100		58080	35651
株洲市	Zhuzhou	426459	292603	628453	421560	16300	10160
湘潭市	Xiangtan	338275	229261	201545	131735	19153	12937
衡阳市	Hengyang	500130	152977			42815	15131
邵阳市	Shaoyang	382097	129499	606100	99800	12643	2418
岳阳市	Yueyang	506588	174621	525987	195735	28223	9092
常德市	Changde	472685	221533			30479	11940
张家界市	Zhangjiajie	98876	56935	152821	102637	4477	2981
益阳市	Yiyang	268881	136258	295244	128959	13406	7712
郴州市	Chenzhou	373335	163595	503142	194880	26584	12429
永州市	Yongzhou	336716	106024	656126	250830	17077	6171
怀化市	Huaihua	277761	82096	738410	82096	16414	2075
娄底市	Loudi	298823	119440	267804	79213	17500	5831
广东省	**Guangdong**						
广州市	Guangzhou	4002180	4002180			35350	35350
韶关市	Shaoguan	307380	181891	297737		10920	5250
深圳市	Shenzhen	4956093	4956093	7817152	7817152	49996	49996
珠海市	Zhuhai	760784	760784	367125	367125	11042	11042
汕头市	Shantou	523951	519192			18571	18571
佛山市	Foshan	1516386	1516386	1598683	1598683	24874	24874
江门市	Jiangmen	590143	344550	1195978	734524	67806	32283
湛江市	Zhanjiang	458478	245890	1468112	486241	19107	10143
茂名市	Maoming	495887	281206	530602	305140	31992	19904
肇庆市	Zhaoqing	351125	228993	811949	386012	6395	843
惠州市	Huizhou	1006136	758255	1528184	872020	24068	17183
梅州市	Meizhou	288239	128589	279095	169591	12949	5134
汕尾市	Shanwei	181777	71963	341274	147394	13562	3114
河源市	Heyuan	272297	139831	392194		8906	
阳江市	Yangjiang	204617	137983	311587	240071	12250	6771
清远市	Qingyuan	328399	201810	482817	280059	13744	7783
东莞市	Dongguan	2873275		7761677		11724	
中山市	Zhongshan	763362		1351532		11560	
潮州市	Chaozhou	164305	135742	234472	208411	5871	4280
揭阳市	Jieyang	231862	114397	642046	336746	8865	4098
云浮市	Yunfu	191294	69565	183548	76451	5812	1628
广西壮族自治区	**Guangxi**						
南宁市	Nanning	1090054	961554	1274721	735681	30980	26602
柳州市	Liuzhou	625973	547415	812534	570870	29908	23701
桂林市	Guilin	395468	254802	822580	408105	27410	15774
梧州市	Wuzhou	169639	89496	354482	152297	13394	6452
北海市	Beihai	138268	102319	430897	309235	7265	5261
防城港市	Fangchenggang	73565	53955	161407	91966	3307	2652
钦州市	Qinzhou	210161	133681	390830	239165	12368	6883
贵港市	Guigang	179625	94373	661502	313999	15220	6038
玉林市	Yulin	295114	107576	927686	249686	14203	6459

2–22 续表 5 continued

单位：人 (person)

城　市	City	城镇单位从业人员期末人数 Persons Employed in Urban Units at Year-end		城镇私营和个体从业人员 Persons Employed in Private Enterprises and Self-Employed Individuals in Urban Areas		城镇登记失业人员数 Registered Unemployed Persons in Urban Areas	
		全市 Total City	市辖区 Districts under City	全市 Total City	市辖区 Districts under City	全市 Total City	市辖区 Districts under City
百色市	Baise	215177	62181	358675	106452	8340	2410
贺州市	Hezhou	113121	63769	258680	169707	7573	4892
河池市	Hechi	197722	81302	350405	101831	9871	2729
来宾市	Laibin	128516	64357	368905	213039	9615	5352
崇左市	Chongzuo	132409	42638	224988	38877	7071	1235
海南省	**Hainan**						
海口市	Haikou	530850	530850	813214	813214	11405	11405
三亚市	Sanya	140196	140196	250434	250434	4074	4074
三沙市	Sansha						
儋州市	Danzhou	40330		56053		2537	
重庆市	**Chongqing**	**3744194**	**3314691**	**8810000**		**174558**	**128177**
四川省	**Sichuan**						
成都市	Chengdu	6493342		3460178		199300	
自贡市	Zigong	202130	152694	432647	299405	20528	12044
攀枝花市	Panzhihua	284337	248233	239649	169583	12430	11376
泸州市	Luzhou	431840	226455	663380	252709	10656	5311
德阳市	Deyang	289074	138547	211311		18916	12078
绵阳市	Mianyang	440498				19516	10379
广元市	Guangyuan	180288	109491	364729	211543	13520	4465
遂宁市	Suining	333263	229240	318210	178069	28603	17649
内江市	Neijiang	322443	127044	114040	57020	17472	7012
乐山市	Leshan	238373	128693	334200	141429	21098	10166
南充市	Nanchong	435892	202381	1191709	560264	27287	11106
眉山市	Meishan	230679		180894		11984	6784
宜宾市	Yibin	387919	264595	700364	336935	27523	17946
广安市	Guang'an	337436	106541	164023	35770	10013	1672
达州市	Dazhou	532565	239331			17299	3293
雅安市	Ya'an	124272	63987	10202	4469	5348	2239
巴中市	Bazhong	379259	190924	280803	114991	16494	6938
资阳市	Ziyang	163000	85239	259700	151453	13873	5089
贵州省	**Guizhou**						
贵阳市	Guiyang	1078203	958640			34914	28139
六盘水市	Liupanshui	252300	88320	332888	157709	21369	10420
遵义市	Zunyi	477260	187927			22874	9245
安顺市	Anshun	201784	141260	182927	110450	9540	6903
毕节市	Bijie	331186	88766			13861	10329
铜仁市	Tongren	222209	73779	728669	121320	16110	3832
云南省	**Yunnan**						
昆明市	Kunming	1172788	979720	1983736	1768070	79984	75037
曲靖市	Qujing	348104	168177	941548	351554	15371	4623
玉溪市	Yuxi	182208	88336	430572	184390	9997	5215
保山市	Baoshan	155953	68130	183685	67993	9603	3001
昭通市	Zhaotong	242688	74043	274227		11429	1486
丽江市	Lijiang	85590	38034	195886	116212	8549	3579
普洱市	Pu'er	155133	54031	207220	74303	11164	2828
临沧市	Lincang	142237	43426	155029	68752	9714	1306

2-22 续表 6 continued

单位：人 (person)

城市	City	城镇单位从业人员期末人数 Persons Employed in Urban Units at Year-end		城镇私营和个体从业人员 Persons Employed in Private Enterprises and Self-Employed Individuals in Urban Areas		城镇登记失业人员数 Registered Unemployed Persons in Urban Areas	
		全市 Total City	市辖区 Districts under City	全市 Total City	市辖区 Districts under City	全市 Total City	市辖区 Districts under City
西藏自治区	**Tibet**						
拉萨市	Lasa	188860				4005	
日喀则市	Xigaze						
昌都市	Qamdo	46205	4676	46573	16051	931	92
林芝市	Linzhi	33933		47552	20556	618	70
山南市	Shannan	52794	18512	26604		1095	46
那曲市	Naqu	36933				1355	
陕西省	**Shaanxi**						
西安市	Xi'an	2113143	2070068	2104348	1981520	125231	121911
铜川市	Tongchuan	117634	111081			7985	7492
宝鸡市	Baoji	402399	235753	428530	115204	21689	6352
咸阳市	Xianyang	427717	150309	526497	155438	35342	4300
渭南市	Weinan	477882	150518	153748	41332	14125	2909
延安市	Yan'an	348460	125030	409326	123536	10628	3193
汉中市	Hanzhong	289155	128342	860137	270008	13514	6167
榆林市	Yulin	488673	132227	735325	82786	9005	2499
安康市	Ankang	212359	113427	82725	26182	8517	4085
商洛市	Shangluo	193336	52219	273469	68613	9354	2236
甘肃省	**Gansu**						
兰州市	Lanzhou	700274	595779	1256160	907301	30942	29170
嘉峪关市	Jiayuguan	58639		82031		2864	
金昌市	Jinchang	91508	70800	134485	70861	3981	3031
白银市	Baiyin	156573	100272	393427	123254	4463	2776
天水市	Tianshui	240297	155513	214992	145417	13233	8605
武威市	Wuwei	127458	87887	82751	42798	5676	3101
张掖市	Zhangye	106024	53027			4949	2791
平凉市	Pingliang	162259	57164	184649	90423	9834	2828
酒泉市	Jiuquan	132937	58959	159135	75089	5844	3045
庆阳市	Qingyang	176546	81524	149307	125622	13648	2129
定西市	Dingxi	144336	44508	141902	38890	3412	502
陇南市	Longnan	132574	34452	35676	18737	8216	2985
青海省	**Qinghai**						
西宁市	Xining	361758	290764	406100	308418	36049	23924
海东市	Haidong	77987	24693	157600	5245	165854	7444
宁夏回族自治区	**Ningxia**						
银川市	Yinchuan	375067	292580	526748	384453	32736	22318
石嘴山市	Shizuishan	71788	55931	137486	85741	23074	20665
吴忠市	Wuzhong	99952	37122	196046	88267	2673	459
固原市	Guyuan	72332	34892	87216	51009	3426	1392
中卫市	Zhongwei	62425	28869	153646	63395	2631	1308
新疆维吾尔自治区	**Xinjiang**						
乌鲁木齐市	Urumqi	776970	772192	760522	760266	37985	37345
克拉玛依市	Karamay	149096	149096	130283	130283	872	872
吐鲁番市	Turpan	162118	59198	67443	23270	3716	1478
哈密市	Hami	158795	135835	148820	133447	2438	1963

2-23 按产业划分的年末城镇单位就业人员
Employed Persons in Urban Units by Three Strata of Industry at Year-end

单位：人 (person)

城 市	City	第一产业 Primary Industry 全市 Total City	第一产业 Primary Industry 市辖区 Districts under City	第二产业 Secondary Industry 全市 Total City	第二产业 Secondary Industry 市辖区 Districts under City	第三产业 Tertiary Industry 全市 Total City	第三产业 Tertiary Industry 市辖区 Districts under City
北京市	**Beijing**	**3585**	**3585**	**1232356**	**1232356**	**6677037**	**6677037**
天津市	**Tianjin**	**2518**	**2518**	**1024000**	**1024000**	**1667025**	**1667025**
河北省	**Hebei**						
石家庄市	Shijiazhuang	1051	170	280282	208255	788048	596164
唐山市	Tangshan	13586	13253	318112	243823	447511	290419
秦皇岛市	Qinhuangdao	360	280	87270	83074	187935	139645
邯郸市	Handan	2142	1834	222197	141451	397001	206923
邢台市	Xingtai	660	176	120460	64619	277725	109835
保定市	Baoding	1915	478	242016	139761	573640	253227
张家口市	Zhangjiakou	2958	1871	71440	55923	279553	166007
承德市	Chengde	2979	146	67873	40210	200071	87692
沧州市	Cangzhou	524	227	130987	61811	344101	127694
廊坊市	Langfang	157	54	141042	96256	249572	88904
衡水市	Hengshui	202	76	53081	34792	176483	81461
山西省	**Shanxi**						
太原市	Taiyuan	483	102	451674	421496	562650	524908
大同市	Datong	1127	641	167096	148396	215035	166844
阳泉市	Yangquan	612	219	109595	75872	106074	77754
长治市	Changzhi	1047	342	231671	114162	227016	136565
晋城市	Jincheng	875	31	214089	57085	155411	70678
朔州市	Shuozhou	1732	509	79884	36232	104963	61107
晋中市	Jinzhong	624	46	150377	31762	225549	91712
运城市	Yuncheng	1147	117	108048	24822	254077	99865
忻州市	Xinzhou	747	47	66412	14361	172259	58259
临汾市	Linfen	788	36	110215	16660	259990	91719
吕梁市	Lvliang	587	12	137843	12370	208366	52305
内蒙古自治区	**Inner Mongolia**						
呼和浩特市	Hohhot	1584	160	102178	55596	344871	277154
包头市	Baotou	521	297	136863	128685	203514	183305
乌海市	Wuhai	159	159	38865	38865	45268	45268
赤峰市	Chifeng	3846	724	75467	49781	233845	116748
通辽市	Tongliao	1243	189	51298	18866	173953	62173
鄂尔多斯市	Erdos	797	129	136635	29350	202437	83533
呼伦贝尔市	Hulunbuir	57863	1008	68415	17627	195774	52205
巴彦淖尔市	Bayannur	7016	413	27604	17614	131269	73000
乌兰察布市	Ulanqab	821	26	27812	9024	129381	50641
辽宁省	**Liaoning**						
沈阳市	Shenyang	3780	2649	395033	386768	796945	754345
大连市	Dalian	5274	5185	366427	339264	627315	573111
鞍山市	Anshan	420	8	196984	161806	177385	108722
抚顺市	Fushun	3476	1057	100824	94553	106486	83547
本溪市	Benxi	28		97249	86097	113150	90972
丹东市	Dandong	1613	24	48487	26842	131638	74410
锦州市	Jinzhou	428	294	57005	49087	165533	108830
营口市	Yingkou	70	5	59841	47985	155176	114880
阜新市	Fuxin	1418	228	28060	23061	115225	79362

2-23 续表 1 continued

单位：人 (person)

城市	City	第一产业 Primary Industry 全市 Total City	第一产业 市辖区 Districts under City	第二产业 Secondary Industry 全市 Total City	第二产业 市辖区 Districts under City	第三产业 Tertiary Industry 全市 Total City	第三产业 市辖区 Districts under City
辽阳市	Liaoyang	5680	5615	73937	58374	82014	57285
盘锦市	Panjin	135234	92463	142791	140249	120183	107177
铁岭市	Tieling	13494	4	66610	9379	113862	35322
朝阳市	Chaoyang	1020	33	49703	21578	172600	69883
葫芦岛市	Huludao	416	53	58079	46319	115092	56335
吉林省	**Jilin**						
长春市	Changchun	3047	1942	452663	431205	727000	647203
吉林市	Jilin	11647	411	113730	91805	233726	154395
四平市	Siping	2153	19	26684	14248	148342	57175
辽源市	Liaoyuan	1226	114	26782	23173	59365	34404
通化市	Tonghua	2774	36	53635	23437	129221	53786
白山市	Baishan	15843	4350	33437	24437	89360	48047
松原市	Songyuan	2756	58	60833	50938	117295	46199
白城市	Baicheng	5281	291	24786	12172	124835	53038
黑龙江省	**Heilongjiang**						
哈尔滨市	Harbin	6810	906	258489	235455	781351	657882
齐齐哈尔市	Qiqihar	22054	120	65504	48310	191238	100199
鸡西市	Jixi	12530	165	53597	45681	84637	51143
鹤岗市	Hegang	51623	178	45973	42117	71487	51495
双鸭山市	Shuangyashan	31783	6032	38299	32310	81275	39083
大庆市	Daqing	713	375	228986	223209	239483	204006
伊春市	Yichun	80170	51786	16783	14852	67172	51863
佳木斯市	Jiamusi	63281	3230	25893	14964	139961	70037
七台河市	Qitaihe	2811	2301	36011	33584	43102	32649
牡丹江市	Mudanjiang	29771	191	24673	16462	137589	73771
黑河市	Heihe	49964	2610	14478	4139	112644	39980
绥化市	Suihua	13039	6	41278	4270	182759	17754
上海市	**Shanghai**	**76301**	**76301**	**1794573**	**1794573**	**5289710**	**5289710**
江苏省	**Jiangsu**						
南京市	Nanjing	744	744	682372	682372	1342074	1342074
无锡市	Wuxi	815	237	683611	439863	539054	401222
徐州市	Xuzhou	7971	533	288119	120055	445963	246042
常州市	Changzhou	291	83	340142	315974	305566	269553
苏州市	Suzhou	494	290	1925290	994941	989497	588221
南通市	Nantong	1011	92	1230480	429667	379919	192837
连云港市	Lianyungang	3506	744	156694	105053	266794	192556
淮安市	Huai'an	403	247	206124	156323	252796	185965
盐城市	Yancheng	9672	5206	249552	94813	340212	164876
扬州市	Yangzhou	1045	660	579636	423406	277423	195282
镇江市	Zhenjiang	445	250	165322	77168	210149	124665
泰州市	Taizhou	292	145	673842	412555	272084	138505
宿迁市	Suqian	446	77	202163	104840	208507	100992
浙江省	**Zhejiang**						
杭州市	Hangzhou	1078	453	1286785	1233467	1577582	1503207
宁波市	Ningbo	639	362	839321	498958	741498	549752
温州市	Wenzhou	618	34	489606	142420	509081	247505
嘉兴市	Jiaxing	277	127	429349	124038	310066	123620

2-23 续表 2 continued

单位：人 (person)

城市	City	第一产业 Primary Industry 全市 Total City	第一产业 市辖区 Districts under City	第二产业 Secondary Industry 全市 Total City	第二产业 市辖区 Districts under City	第三产业 Tertiary Industry 全市 Total City	第三产业 市辖区 Districts under City
湖州市	Huzhou	253	74	295758	147065	193762	104025
绍兴市	Shaoxing	288	32	768393	567131	260791	177518
金华市	Jinhua	314	96	326951	60713	368062	132494
衢州市	Quzhou	275	66	64708	35604	142959	83524
舟山市	Zhoushan	469	446	56855	41894	128771	105860
台州市	Taizhou	506	165	501259	218280	377989	190741
丽水市	Lishui	454	55	43540	9230	151082	60119
安徽省	**Anhui**						
合肥市	Hefei	1118	150	936837	781057	771117	615627
芜湖市	Wuhu	1285	339	240389	182356	220788	162684
蚌埠市	Bengbu	553	279	115756	97131	161177	106152
淮南市	Huainan	3641	816	111546	74934	150662	105322
马鞍山市	Maanshan	482	49	139570	93752	131000	85755
淮北市	Huaibei	517	31	98287	70757	91671	67120
铜陵市	Tongling	2213	1974	101064	91907	87374	71127
安庆市	Anqing	13212	7648	155686	64138	209751	87786
黄山市	Huangshan	671	205	36223	27374	92632	58773
滁州市	Chuzhou	1969	115	164153	77905	167712	61026
阜阳市	Fuyang	2530	444	131473	69221	296765	131690
宿州市	Suzhou	477	39	119662	63776	182024	93277
六安市	Lu'an	42000	21625	272600	117356	999200	321222
亳州市	Bozhou	359	119	81942	38064	184319	78440
池州市	Chizhou	540	151	32712	21748	75867	45292
宣城市	Xuancheng	1181	950	91489	14298	116974	45513
福建省	**Fujian**						
福州市	Fuzhou	1041	266	996989	655385	763900	581546
厦门市	Xiamen	170	170	671509	671509	597348	597348
莆田市	Putian	393	83	284287	263919	166774	137241
三明市	Sanming	2610	403	85468	47773	164026	55170
泉州市	Quanzhou	516	71	900646	190839	391647	169843
漳州市	Zhangzhou	4455	123	249596	54590	263269	114055
南平市	Nanping	4069	1319	75265	38660	160328	69051
龙岩市	Longyan	846	369	111145	29086	192258	108422
宁德市	Ningde	747	84	97653	53893	175655	67942
江西省	**Jiangxi**						
南昌市	Nanchang	1752	544	653045	538246	596107	515163
景德镇市	Jingdezhen	156	33	60115	47901	81334	50063
萍乡市	Pingxiang	538	155	73045	55630	92476	60062
九江市	Jiujiang	1398	27	170702	48933	241505	104206
新余市	Xinyu	311	279	72590	64690	53900	44861
鹰潭市	Yingtan	7294	6951	68539	33328	72562	53026
赣州市	Ganzhou	1777	27	175681	62630	388506	170687
吉安市	Ji'an	3819	656	199792	24736	201398	60129
宜春市	Yichun	1083	74	198765	24357	238094	73891
抚州市	Fuzhou	724	58	168231	108030	175254	75004
上饶市	Shangrao	2501	230	143485	55016	263087	105684

2-23 续表 3 continued

单位：人 (person)

城市	City	第一产业 Primary Industry 全市 Total City	第一产业 Primary Industry 市辖区 Districts under City	第二产业 Secondary Industry 全市 Total City	第二产业 Secondary Industry 市辖区 Districts under City	第三产业 Tertiary Industry 全市 Total City	第三产业 Tertiary Industry 市辖区 Districts under City
山东省	**Shandong**						
济南市	Jinan	774	746	581901	541555	882649	849642
青岛市	Qingdao	221	194	619826	462980	846315	730266
淄博市	Zibo	1357	1323	385531	202676	300620	243553
枣庄市	Zaozhuang	111	79	161810	79827	186794	126047
东营市	Dongying	252	7	200329	165952	175661	142293
烟台市	Yantai	1054	223	432309	239966	450525	261879
潍坊市	Weifang	533	5	398550	166914	467303	188575
济宁市	Jining	577	78	340134	131199	388933	178629
泰安市	Tai'an	516	14	259918	69766	235267	127568
威海市	Weihai	2866	374	280670	195653	195778	142962
日照市	Rizhao	137	137	117415	85558	184912	128046
临沂市	Linyi	701	165	271870	129942	438690	202006
德州市	Dezhou	1094	215	152893	71564	256695	106891
聊城市	Liaocheng	217	99	128825	61852	281198	155361
滨州市	Binzhou	487	197	229061	78706	199356	93357
菏泽市	Heze	225	3	121661	58970	334449	119305
河南省	**Henan**						
郑州市	Zhengzhou	1298	241	818429	690136	1072711	859151
开封市	Kaifeng	423	119	157999	97137	216766	120481
洛阳市	Luoyang	464	12	309788	167407	373016	215773
平顶山市	Pingdingshan	651	28	246828	163913	248207	110947
安阳市	Anyang	281	157	264740	98542	227422	110573
鹤壁市	Hebi	109	20	94746	67261	82037	54430
新乡市	Xinxiang	757	408	218184	89219	257535	94260
焦作市	Jiaozuo	300	29	196754	90705	187758	96335
濮阳市	Puyang	523	33	148324	116802	190838	98309
许昌市	Xuchang	966	116	202775	75586	219959	96741
漯河市	Luohe	523	28	144829	92380	123538	78844
三门峡市	Sanmenxia	453	201	91349	32716	117696	65926
南阳市	Nanyang	2768	423	259174	98460	448696	155998
商丘市	Shangqiu	700	53	280167	49811	401432	113464
信阳市	Xinyang	723	192	205929	73260	319932	104359
周口市	Zhoukou	6835	125	259778	44680	369272	68051
驻马店市	Zhumadian	2425	897	231932	64291	356225	125333
湖北省	**Hubei**						
武汉市	Wuhan	3708	3708	864667	864667	1275840	1275840
黄石市	Huangshi	820	90	159547	81212	139373	72991
十堰市	Shiyan	7818	4955	319267	233483	365987	245080
宜昌市	Yichang	10572	5108	418434	165292	405002	177340
襄阳市	Xiangyang	32672	443	559875	191632	522254	182547
鄂州市	Ezhou	297	297	151060	151060	81999	81999
荆门市	Jingmen	2318	981	213612	83805	197574	103940
孝感市	Xiaogan	7066	743	435958	137303	396779	153144
荆州市	Jingzhou	14126	3	141886	78369	221360	85914
黄冈市	Huanggang	15480		451307	61281	324408	62552
咸宁市	Xianning	421	84	65555	23995	144420	56484
随州市	Suizhou	459		55283	40180	77902	36518

2-23 续表 4 continued

单位：人 (person)

城市	City	第一产业 Primary Industry 全市 Total City	第一产业 Primary Industry 市辖区 Districts under City	第二产业 Secondary Industry 全市 Total City	第二产业 Secondary Industry 市辖区 Districts under City	第三产业 Tertiary Industry 全市 Total City	第三产业 Tertiary Industry 市辖区 Districts under City
湖南省	**Hunan**						
长沙市	Changsha	986	217	495605	292689	871886	713568
株洲市	Zhuzhou	370	58	219386	158948	206703	133597
湘潭市	Xiangtan	78	15	156122	102387	182075	126859
衡阳市	Hengyang	943	204	193907	60507	305280	92266
邵阳市	Shaoyang	1789	17	131783	53922	248525	75560
岳阳市	Yueyang	2677	153	198373	64998	305538	109470
常德市	Changde	1723	612	178508	70954	292454	149967
张家界市	Zhangjiajie	369	256	19811	10102	78696	46577
益阳市	Yiyang	1762	101	93912	51653	173207	84504
郴州市	Chenzhou	663	261	124934	55141	247738	108193
永州市	Yongzhou	916	215	107726	26069	228074	79740
怀化市	Huaihua	940	54	52176	11311	224645	70731
娄底市	Loudi	151	27	122740	42386	175932	77027
广东省	**Guangdong**						
广州市	Guangzhou	1963	1963	1055858	1055858	2944359	2944359
韶关市	Shaoguan	724	611	118187	76012	188469	105268
深圳市	Shenzhen	345	345	2423740	2423740	2532008	2532008
珠海市	Zhuhai	422	422	405602	405602	354760	354760
汕头市	Shantou	319	300	240686	240588	282946	278304
佛山市	Foshan	676	676	881471	881471	634239	634239
江门市	Jiangmen	1041	310	308002	175735	281100	168505
湛江市	Zhanjiang	9996	1449	133876	69519	314606	174922
茂名市	Maoming	490	152	198395	121294	297002	159760
肇庆市	Zhaoqing	521	113	148911	113939	201693	114941
惠州市	Huizhou	903	295	636344	499296	368889	258664
梅州市	Meizhou	430	69	93845	39415	193964	89105
汕尾市	Shanwei	715	17	82638	36502	98424	35444
河源市	Heyuan	394	113	106649	66892	165254	72826
阳江市	Yangjiang	741	598	70000	49627	133876	87758
清远市	Qingyuan	188	134	127078	85787	201133	115889
东莞市	Dongguan	1104		2107089		765082	
中山市	Zhongshan			552200		211162	
潮州市	Chaozhou	256	167	70718	64481	93331	71094
揭阳市	Jieyang	379	43	79770	44347	151713	70007
云浮市	Yunfu	1716	53	66184	21220	123394	48292
广西壮族自治区	**Guangxi**						
南宁市	Nanning	8261	4817	403324	376879	678469	579858
柳州市	Liuzhou	3175	1780	362951	350173	259847	195462
桂林市	Guilin	3942	1067	125647	104786	265879	148949
梧州市	Wuzhou	696	160	44391	25097	124552	64239
北海市	Beihai	5493	3525	39716	32104	93059	66690
防城港市	Fangchenggang	674	178	14536	12730	58355	41047
钦州市	Qinzhou	2570	1215	71970	54879	135621	77587
贵港市	Guigang	1179	445	32034	20035	146412	73893
玉林市	Yulin	4467	776	87487	27288	203160	79512

2-23 续表 5 continued

单位：人 (person)

城市	City	第一产业 Primary Industry 全市 Total City	第一产业 市辖区 Districts under City	第二产业 Secondary Industry 全市 Total City	第二产业 市辖区 Districts under City	第三产业 Tertiary Industry 全市 Total City	第三产业 市辖区 Districts under City
百色市	Baise	2052	273	38662	10529	174463	51379
贺州市	Hezhou	1717	926	16603	9619	94801	53224
河池市	Hechi	2828	499	34741	16103	160153	64700
来宾市	Laibin	5333	3000	32343	18016	90840	43341
崇左市	Chongzuo	3698	313	27740	10762	100971	31563
海南省	**Hainan**						
海口市	Haikou	20483	20483	95053	95053	415314	415314
三亚市	Sanya	2010	2010	10410	10410	127776	127776
三沙市	Sansha						
儋州市	Danzhou	790		3677		35863	
重庆市	**Chongqing**	**6719**	**4312**	**1524324**	**1385998**	**2213151**	**1924381**
四川省	**Sichuan**						
成都市	Chengdu	45492		1950580		4497270	
自贡市	Zigong	120	6	79637	66154	122373	86534
攀枝花市	Panzhihua	844	561	141731	126321	141762	121351
泸州市	Luzhou	101	83	225135	103451	206604	122921
德阳市	Deyang	71		129362	58395	159641	80152
绵阳市	Mianyang	423		230946		209129	
广元市	Guangyuan	487	109	50944	35198	128857	74184
遂宁市	Suining	15	11	204400	141971	128848	87258
内江市	Neijiang	1597	50	168896	49222	151950	77772
乐山市	Leshan	1443	1150	78151	48840	158779	78703
南充市	Nanchong	1559	863	175417	69872	258916	131646
眉山市	Meishan	414		99883		130382	
宜宾市	Yibin	117		187064	143116	200738	121479
广安市	Guang'an	348	104	189508	41319	147580	65118
达州市	Dazhou	723	139	268502	111311	263340	127881
雅安市	Ya'an	221	146	34094	15619	89957	48222
巴中市	Bazhong	897	394	195148	95455	183214	95075
资阳市	Ziyang	251	111	66384	31997	96365	53131
贵州省	**Guizhou**						
贵阳市	Guiyang	1089	698	492124	439814	584990	518128
六盘水市	Liupanshui	330	105	97814	28756	154156	59459
遵义市	Zunyi	492	41	117053	43829	359715	144057
安顺市	Anshun	1338	527	62080	55110	138366	85623
毕节市	Bijie	1160	357	52622	10588	277404	77821
铜仁市	Tongren	335	210	21765	6854	200109	66715
云南省	**Yunnan**						
昆明市	Kunming	4618	1697	406146	335229	762024	642794
曲靖市	Qujing	2614	1290	134065	74275	211425	92612
玉溪市	Yuxi	933	203	44101	20870	137174	67263
保山市	Baoshan	797	229	41561	15427	113595	52474
昭通市	Zhaotong	1294	312	31722	13760	209672	59971
丽江市	Lijiang	1156	46	9787	3956	74647	34032
普洱市	Pu'er	4754	478	31596	8333	118783	45220
临沧市	Lincang	3613	266	27389	6035	111235	37125

2-23 续表 6 continued

单位：人 (person)

城 市	City	第一产业 Primary Industry 全市 Total City	第一产业 Primary Industry 市辖区 Districts under City	第二产业 Secondary Industry 全市 Total City	第二产业 Secondary Industry 市辖区 Districts under City	第三产业 Tertiary Industry 全市 Total City	第三产业 Tertiary Industry 市辖区 Districts under City
西藏自治区	**Tibet**						
拉萨市	Lasa	341		35539		152980	
日喀则市	Xigaze						
昌都市	Qamdo	198	70	4922	136	41085	4470
林芝市	Linzhi	507		4171		29255	
山南市	Shannan	167	114	13665	4907	38962	13491
那曲市	Naqu	19		1624		35290	
陕西省	**Shaanxi**						
西安市	Xi'an	3144	2270	733488	727878	1376511	1339920
铜川市	Tongchuan	261	219	50230	49231	67143	61631
宝鸡市	Baoji	1558	354	190737	112197	210104	123202
咸阳市	Xianyang	730	14	190611	59750	236376	90545
渭南市	Weinan	6332	1355	186534	49123	285016	100040
延安市	Yan'an	653	72	130462	25844	217345	99114
汉中市	Hanzhong	1473	548	94493	38367	193189	89427
榆林市	Yulin	1880	182	193679	37123	293114	94922
安康市	Ankang	474	84	55439	30795	156446	82548
商洛市	Shangluo	563	112	77875	15074	114898	37033
甘肃省	**Gansu**						
兰州市	Lanzhou	396	370	268143	226097	431735	369312
嘉峪关市	Jiayuguan	31		35853		22755	
金昌市	Jinchang	3066	2417	49447	40103	38995	28280
白银市	Baiyin	1019		62383	52787	93171	47485
天水市	Tianshui	1368	1019	78307	67940	160622	86554
武威市	Wuwei	945	92	36060	28623	90453	59172
张掖市	Zhangye	2718	870	22663	8859	80643	43298
平凉市	Pingliang	854	59	49084	16568	112321	40537
酒泉市	Jiuquan	3321	402	42428	15741	87188	42816
庆阳市	Qingyang	900	125	47259	31607	128387	49792
定西市	Dingxi	452	267	28536	7890	115348	36351
陇南市	Longnan	568		26239	7622	105767	26830
青海省	**Qinghai**						
西宁市	Xining	1060	273	106337	76643	254361	213848
海东市	Haidong	338	137	12301	2313	65348	22243
宁夏回族自治区	**Ningxia**						
银川市	Yinchuan	3016	1123	140088	101440	231963	190017
石嘴山市	Shizuishan	354	321	24858	21600	46576	34010
吴忠市	Wuzhong	2143	1422	28300	7699	69509	28001
固原市	Guyuan	104	9	11036	4734	61192	30149
中卫市	Zhongwei	1696	470	9645	7439	51084	20960
新疆维吾尔自治区	**Xinjiang**						
乌鲁木齐市	Urumqi	414	330	205648	205456	570908	566406
克拉玛依市	Karamay	195	195	84188	84188	64713	64713
吐鲁番市	Turpan	738	94	44518	7728	116862	51376
哈密市	Hami	15834	15721	43051	35900	99910	84214

2–24 按产业划分的年末城镇单位就业人员构成
Composition of Employed Persons in Urban Units by Three Strata of Industry at Year-end

单位：% (%)

城　市	City	第一产业从业人员比重 Primary Industry		第二产业从业人员比重 Secondary Industry		第三产业从业人员比重 Tertiary Industry	
		全市 Total City	市辖区 Districts under City	全市 Total City	市辖区 Districts under City	全市 Total City	市辖区 Districts under City
北京市	**Beijing**	**0.05**	**0.05**	**15.57**	**15.57**	**84.38**	**84.38**
天津市	**Tianjin**	**0.09**	**0.09**	**38.02**	**38.02**	**61.89**	**61.89**
河北省	**Hebei**						
石家庄市	Shijiazhuang	0.10	0.02	26.21	25.88	73.69	74.10
唐山市	Tangshan	1.74	2.42	40.82	44.53	57.43	53.05
秦皇岛市	Qinhuangdao	0.13	0.13	31.67	37.25	68.20	62.62
邯郸市	Handan	0.34	0.52	35.76	40.39	63.89	59.09
邢台市	Xingtai	0.17	0.10	30.20	37.00	69.63	62.90
保定市	Baoding	0.23	0.12	29.60	35.52	70.16	64.36
张家口市	Zhangjiakou	0.84	0.84	20.18	24.99	78.98	74.18
承德市	Chengde	1.10	0.11	25.05	31.40	73.85	68.48
沧州市	Cangzhou	0.11	0.12	27.54	32.58	72.35	67.30
廊坊市	Langfang	0.04	0.03	36.09	51.97	63.87	48.00
衡水市	Hengshui	0.09	0.07	23.10	29.91	76.81	70.03
山西省	**Shanxi**						
太原市	Taiyuan	0.05	0.01	44.51	44.53	55.44	55.46
大同市	Datong	0.29	0.20	43.60	46.98	56.11	52.82
阳泉市	Yangquan	0.28	0.14	50.67	49.32	49.04	50.54
长治市	Changzhi	0.23	0.14	50.39	45.47	49.38	54.39
晋城市	Jincheng	0.24	0.02	57.80	44.67	41.96	55.31
朔州市	Shuozhou	0.93	0.52	42.82	37.03	56.26	62.45
晋中市	Jinzhong	0.17	0.04	39.94	25.71	59.90	74.25
运城市	Yuncheng	0.32	0.09	29.74	19.89	69.94	80.02
忻州市	Xinzhou	0.31	0.06	27.74	19.76	71.95	80.17
临汾市	Linfen	0.21	0.03	29.71	15.37	70.08	84.60
吕梁市	Lvliang	0.17	0.02	39.75	19.12	60.08	80.86
内蒙古自治区	**Inner Mongolia**						
呼和浩特市	Hohhot	0.35	0.05	22.78	16.70	76.87	83.25
包头市	Baotou	0.15	0.10	40.15	41.21	59.70	58.70
乌海市	Wuhai	0.19	0.19	46.11	46.11	53.70	53.70
赤峰市	Chifeng	1.23	0.43	24.10	29.76	74.67	69.80
通辽市	Tongliao	0.55	0.23	22.65	23.23	76.80	76.54
鄂尔多斯市	Erdos	0.23	0.11	40.20	25.97	59.56	73.92
呼伦贝尔市	Hulunbuir	17.97	1.42	21.24	24.88	60.79	73.69
巴彦淖尔市	Bayannur	4.23	0.45	16.64	19.35	79.13	80.20
乌兰察布市	Ulanqab	0.52	0.04	17.60	15.12	81.88	84.84
辽宁省	**Liaoning**						
沈阳市	Shenyang	0.32	0.23	33.04	33.82	66.65	65.95
大连市	Dalian	0.53	0.57	36.68	36.97	62.79	62.46
鞍山市	Anshan	0.11		52.56	59.81	47.33	40.19
抚顺市	Fushun	1.65	0.59	47.83	52.78	50.52	46.63
本溪市	Benxi	0.01		46.22	48.62	53.77	51.38
丹东市	Dandong	0.89	0.02	26.68	26.50	72.43	73.47
锦州市	Jinzhou	0.19	0.19	25.57	31.03	74.24	68.79
营口市	Yingkou	0.03		27.82	29.46	72.15	70.53
阜新市	Fuxin	0.98	0.22	19.39	22.47	79.63	77.31

2–24 续表 1 continued

单位：% (%)

城市	City	第一产业从业人员比重 Primary Industry		第二产业从业人员比重 Secondary Industry		第三产业从业人员比重 Tertiary Industry	
		全市 Total City	市辖区 Districts under City	全市 Total City	市辖区 Districts under City	全市 Total City	市辖区 Districts under City
辽阳市	Liaoyang	3.51	4.63	45.74	48.13	50.74	47.24
盘锦市	Panjin	33.96	27.20	35.86	41.26	30.18	31.53
铁岭市	Tieling	6.96	0.01	34.34	20.98	58.70	79.01
朝阳市	Chaoyang	0.46	0.04	22.26	23.58	77.29	76.38
葫芦岛市	Huludao	0.24	0.05	33.46	45.10	66.30	54.85
吉林省	**Jilin**						
长春市	Changchun	0.26	0.18	38.27	39.91	61.47	59.91
吉林市	Jilin	3.24	0.17	31.67	37.23	65.09	62.61
四平市	Siping	1.22	0.03	15.06	19.94	83.72	80.03
辽源市	Liaoyuan	1.40	0.20	30.65	40.17	67.94	59.63
通化市	Tonghua	1.49	0.05	28.89	30.34	69.61	69.62
白山市	Baishan	11.43	5.66	24.12	31.80	64.45	62.53
松原市	Songyuan	1.52	0.06	33.63	52.41	64.85	47.53
白城市	Baicheng	3.41	0.44	16.00	18.58	80.59	80.97
黑龙江省	**Heilongjiang**						
哈尔滨市	Harbin	0.65	0.10	24.70	26.33	74.65	73.57
齐齐哈尔市	Qiqihar	7.91	0.08	23.50	32.50	68.59	67.42
鸡西市	Jixi	8.31	0.17	35.55	47.10	56.14	52.73
鹤岗市	Hegang	30.53	0.19	27.19	44.91	42.28	54.90
双鸭山市	Shuangyashan	21.00	7.79	25.30	41.73	53.70	50.48
大庆市	Daqing	0.15	0.09	48.81	52.20	51.04	47.71
伊春市	Yichun	48.85	43.70	10.23	12.53	40.93	43.77
佳木斯市	Jiamusi	27.62	3.66	11.30	16.96	61.08	79.38
七台河市	Qitaihe	3.43	3.36	43.96	49.00	52.61	47.64
牡丹江市	Mudanjiang	15.50	0.21	12.85	18.21	71.65	81.58
黑河市	Heihe	28.21	5.59	8.18	8.86	63.61	85.56
绥化市	Suihua	5.50	0.03	17.41	19.38	77.09	80.59
上海市	**Shanghai**	**1.07**	**1.07**	**25.06**	**25.06**	**73.87**	**73.87**
江苏省	**Jiangsu**						
南京市	Nanjing	0.04	0.04	33.69	33.69	66.27	66.27
无锡市	Wuxi	0.07	0.03	55.87	52.28	44.06	47.69
徐州市	Xuzhou	1.07	0.15	38.83	32.75	60.10	67.11
常州市	Changzhou	0.05	0.01	52.65	53.96	47.30	46.03
苏州市	Suzhou	0.02	0.02	66.04	62.83	33.94	37.15
南通市	Nantong	0.06	0.01	76.36	69.01	23.58	30.97
连云港市	Lianyungang	0.82	0.25	36.70	35.21	62.48	64.54
淮安市	Huai'an	0.09	0.07	44.88	45.64	55.04	54.29
盐城市	Yancheng	1.61	1.97	41.63	35.79	56.76	62.24
扬州市	Yangzhou	0.12	0.11	67.55	68.36	32.33	31.53
镇江市	Zhenjiang	0.12	0.12	43.98	38.19	55.90	61.69
泰州市	Taizhou	0.03	0.03	71.21	74.85	28.75	25.13
宿迁市	Suqian	0.11	0.04	49.17	50.92	50.72	49.05
浙江省	**Zhejiang**						
杭州市	Hangzhou	0.04	0.02	44.91	45.06	55.06	54.92
宁波市	Ningbo	0.04	0.03	53.07	47.56	46.89	52.40
温州市	Wenzhou	0.06	0.01	48.99	36.52	50.94	63.47
嘉兴市	Jiaxing	0.04	0.05	58.04	50.06	41.92	49.89

2-24 续表 2 continued

单位：% (%)

城 市	City	第一产业从业人员比重 Primary Industry		第二产业从业人员比重 Secondary Industry		第三产业从业人员比重 Tertiary Industry	
		全市 Total City	市辖区 Districts under City	全市 Total City	市辖区 Districts under City	全市 Total City	市辖区 Districts under City
湖州市	Huzhou	0.05	0.03	60.39	58.55	39.56	41.42
绍兴市	Shaoxing	0.03		74.64	76.16	25.33	23.84
金华市	Jinhua	0.05	0.05	47.02	31.41	52.93	68.54
衢州市	Quzhou	0.13	0.06	31.12	29.87	68.75	70.07
舟山市	Zhoushan	0.25	0.30	30.55	28.27	69.20	71.43
台州市	Taizhou	0.06	0.04	56.98	53.34	42.97	46.61
丽水市	Lishui	0.23	0.08	22.32	13.30	77.45	86.62
安徽省	**Anhui**						
合肥市	Hefei	0.07	0.01	54.82	55.92	45.12	44.07
芜湖市	Wuhu	0.28	0.10	51.98	52.80	47.74	47.10
蚌埠市	Bengbu	0.20	0.14	41.72	47.72	58.08	52.15
淮南市	Huainan	1.37	0.45	41.96	41.38	56.67	58.17
马鞍山市	Maanshan	0.18	0.03	51.49	52.21	48.33	47.76
淮北市	Huaibei	0.27	0.02	51.60	51.31	48.13	48.67
铜陵市	Tongling	1.16	1.20	53.01	55.70	45.83	43.11
安庆市	Anqing	3.49	4.79	41.12	40.19	55.39	55.01
黄山市	Huangshan	0.52	0.24	27.97	31.70	71.52	68.06
滁州市	Chuzhou	0.59	0.08	49.17	56.03	50.24	43.89
阜阳市	Fuyang	0.59	0.22	30.52	34.38	68.89	65.40
宿州市	Suzhou	0.16	0.02	39.60	40.60	60.24	59.38
六安市	Lu'an	3.20	4.70	20.75	25.50	76.05	69.80
亳州市	Bozhou	0.13	0.10	30.73	32.64	69.13	67.26
池州市	Chizhou	0.49	0.22	29.98	32.37	69.53	67.41
宣城市	Xuancheng	0.56	1.56	43.64	23.53	55.80	74.90
福建省	**Fujian**						
福州市	Fuzhou	0.06	0.02	56.59	52.97	43.36	47.01
厦门市	Xiamen	0.01	0.01	52.92	52.92	47.07	47.07
莆田市	Putian	0.09	0.02	62.97	65.78	36.94	34.20
三明市	Sanming	1.04	0.39	33.90	46.23	65.06	53.38
泉州市	Quanzhou	0.04	0.02	69.67	52.90	30.29	47.08
漳州市	Zhangzhou	0.86	0.07	48.25	32.35	50.89	67.58
南平市	Nanping	1.70	1.21	31.40	35.46	66.90	63.33
龙岩市	Longyan	0.28	0.27	36.53	21.10	63.19	78.64
宁德市	Ningde	0.27	0.07	35.63	44.20	64.09	55.73
江西省	**Jiangxi**						
南昌市	Nanchang	0.14	0.05	52.21	51.07	47.65	48.88
景德镇市	Jingdezhen	0.11	0.03	42.45	48.88	57.44	51.09
萍乡市	Pingxiang	0.32	0.13	43.99	48.02	55.69	51.85
九江市	Jiujiang	0.34	0.02	41.27	31.95	58.39	68.03
新余市	Xinyu	0.25	0.25	57.25	58.90	42.51	40.85
鹰潭市	Yingtan	4.92	7.45	46.19	35.72	48.90	56.83
赣州市	Ganzhou	0.31	0.01	31.04	26.84	68.65	73.15
吉安市	Ji'an	0.94	0.77	49.33	28.92	49.73	70.31
宜春市	Yichun	0.25	0.08	45.39	24.77	54.37	75.15
抚州市	Fuzhou	0.21	0.03	48.87	59.00	50.91	40.97
上饶市	Shangrao	0.61	0.14	35.08	34.19	64.31	65.67

2-24 续表 3 continued

单位：% (%)

城　市	City	第一产业从业人员比重 Primary Industry		第二产业从业人员比重 Secondary Industry		第三产业从业人员比重 Tertiary Industry	
		全市 Total City	市辖区 Districts under City	全市 Total City	市辖区 Districts under City	全市 Total City	市辖区 Districts under City
山东省	**Shandong**						
济南市	Jinan	0.05	0.05	39.71	38.91	60.24	61.04
青岛市	Qingdao	0.02	0.02	42.27	38.79	57.72	61.19
淄博市	Zibo	0.20	0.30	56.08	45.29	43.73	54.42
枣庄市	Zaozhuang	0.03	0.04	46.40	38.76	53.57	61.20
东营市	Dongying	0.07		53.24	53.84	46.69	46.16
烟台市	Yantai	0.12	0.04	48.91	47.80	50.97	52.16
潍坊市	Weifang	0.06		46.00	46.95	53.94	53.05
济宁市	Jining	0.08	0.03	46.62	42.34	53.30	57.64
泰安市	Tai'an	0.10	0.01	52.43	35.35	47.46	64.64
威海市	Weihai	0.60	0.11	58.56	57.72	40.85	42.17
日照市	Rizhao	0.05	0.06	38.82	40.03	61.14	59.91
临沂市	Linyi	0.10	0.05	38.22	39.13	61.68	60.82
德州市	Dezhou	0.27	0.12	37.23	40.05	62.50	59.83
聊城市	Liaocheng	0.05	0.05	31.40	28.46	68.54	71.49
滨州市	Binzhou	0.11	0.11	53.41	45.69	46.48	54.20
菏泽市	Heze	0.05		26.66	33.08	73.29	66.92
河南省	**Henan**						
郑州市	Zhengzhou	0.07	0.02	43.25	44.54	56.68	55.45
开封市	Kaifeng	0.11	0.05	42.11	44.61	57.78	55.33
洛阳市	Luoyang	0.07		45.34	43.69	54.59	56.31
平顶山市	Pingdingshan	0.13	0.01	49.80	59.63	50.07	40.36
安阳市	Anyang	0.06	0.08	53.76	47.09	46.18	52.84
鹤壁市	Hebi	0.06	0.02	53.56	55.26	46.38	44.72
新乡市	Xinxiang	0.16	0.22	45.79	48.52	54.05	51.26
焦作市	Jiaozuo	0.08	0.02	51.13	48.49	48.79	51.50
濮阳市	Puyang	0.15	0.02	43.67	54.29	56.18	45.69
许昌市	Xuchang	0.23	0.07	47.86	43.83	51.91	56.10
漯河市	Luohe	0.19	0.02	53.86	53.94	45.94	46.04
三门峡市	Sanmenxia	0.22	0.20	43.60	33.10	56.18	66.70
南阳市	Nanyang	0.39	0.17	36.47	38.63	63.14	61.20
商丘市	Shangqiu	0.10	0.03	41.06	30.50	58.84	69.47
信阳市	Xinyang	0.14	0.11	39.11	41.20	60.76	58.69
周口市	Zhoukou	1.07	0.11	40.85	39.59	58.07	60.30
驻马店市	Zhumadian	0.41	0.47	39.27	33.74	60.32	65.78
湖北省	**Hubei**						
武汉市	Wuhan	0.17	0.17	40.33	40.33	59.50	59.50
黄石市	Huangshi	0.27	0.06	53.23	52.63	46.50	47.31
十堰市	Shiyan	1.13	1.02	46.07	48.29	52.81	50.69
宜昌市	Yichang	1.27	1.47	50.17	47.53	48.56	51.00
襄阳市	Xiangyang	2.93	0.12	50.22	51.15	46.85	48.73
鄂州市	Ezhou	0.13	0.13	64.73	64.73	35.14	35.14
荆门市	Jingmen	0.56	0.52	51.66	44.41	47.78	55.07
孝感市	Xiaogan	0.84	0.26	51.91	47.15	47.25	52.59
荆州市	Jingzhou	3.74		37.60	47.70	58.66	52.30
黄冈市	Huanggang	1.96		57.04	49.49	41.00	50.51
咸宁市	Xianning	0.20	0.10	31.16	29.78	68.64	70.11
随州市	Suizhou	0.34		41.37	52.39	58.29	47.61

2–24 续表 4 continued

单位：% (%)

城市	City	第一产业从业人员比重 Primary Industry		第二产业从业人员比重 Secondary Industry		第三产业从业人员比重 Tertiary Industry	
		全市 Total City	市辖区 Districts under City	全市 Total City	市辖区 Districts under City	全市 Total City	市辖区 Districts under City
湖南省	**Hunan**						
长沙市	Changsha	0.07	0.02	36.22	29.08	63.71	70.90
株洲市	Zhuzhou	0.09	0.02	51.44	54.32	48.47	45.66
湘潭市	Xiangtan	0.02	0.01	46.15	44.66	53.82	55.33
衡阳市	Hengyang	0.19	0.13	38.77	39.55	61.04	60.31
邵阳市	Shaoyang	0.47	0.01	34.49	41.64	65.04	58.35
岳阳市	Yueyang	0.53	0.09	39.16	37.22	60.31	62.69
常德市	Changde	0.36	0.28	37.76	32.03	61.87	67.70
张家界市	Zhangjiajie	0.37	0.45	20.04	17.74	79.59	81.81
益阳市	Yiyang	0.66	0.07	34.93	37.91	64.42	62.02
郴州市	Chenzhou	0.18	0.16	33.46	33.71	66.36	66.13
永州市	Yongzhou	0.27	0.20	31.99	24.59	67.73	75.21
怀化市	Huaihua	0.34	0.07	18.78	13.78	80.88	86.16
娄底市	Loudi	0.05	0.02	41.07	35.49	58.87	64.49
广东省	**Guangdong**						
广州市	Guangzhou	0.05	0.05	26.38	26.38	73.57	73.57
韶关市	Shaoguan	0.24	0.34	38.45	41.79	61.31	57.87
深圳市	Shenzhen	0.01	0.01	48.90	48.90	51.09	51.09
珠海市	Zhuhai	0.06	0.06	53.31	53.31	46.63	46.63
汕头市	Shantou	0.06	0.06	45.94	46.34	54.00	53.60
佛山市	Foshan	0.04	0.04	58.13	58.13	41.83	41.83
江门市	Jiangmen	0.18	0.09	52.19	51.00	47.63	48.91
湛江市	Zhanjiang	2.18	0.59	29.20	28.27	68.62	71.14
茂名市	Maoming	0.10	0.05	40.01	43.13	59.89	56.81
肇庆市	Zhaoqing	0.15	0.05	42.41	49.76	57.44	50.19
惠州市	Huizhou	0.09	0.04	63.25	65.85	36.66	34.11
梅州市	Meizhou	0.15	0.05	32.56	30.65	67.29	69.29
汕尾市	Shanwei	0.39	0.02	45.46	50.72	54.15	49.25
河源市	Heyuan	0.14	0.08	39.17	47.84	60.69	52.08
阳江市	Yangjiang	0.36	0.43	34.21	35.97	65.43	63.60
清远市	Qingyuan	0.06	0.07	38.70	42.51	61.25	57.42
东莞市	Dongguan	0.04		73.33		26.63	
中山市	Zhongshan			72.34		27.66	
潮州市	Chaozhou	0.16	0.12	43.04	47.50	56.80	52.37
揭阳市	Jieyang	0.16	0.04	34.40	38.77	65.43	61.20
云浮市	Yunfu	0.90	0.08	34.60	30.50	64.50	69.42
广西壮族自治区	**Guangxi**						
南宁市	Nanning	0.76	0.50	37.00	39.19	62.24	60.30
柳州市	Liuzhou	0.51	0.33	57.98	63.97	41.51	35.71
桂林市	Guilin	1.00	0.42	31.77	41.12	67.23	58.46
梧州市	Wuzhou	0.41	0.18	26.17	28.04	73.42	71.78
北海市	Beihai	3.97	3.45	28.72	31.38	67.30	65.18
防城港市	Fangchenggang	0.92	0.33	19.76	23.59	79.32	76.08
钦州市	Qinzhou	1.22	0.91	34.25	41.05	64.53	58.04
贵港市	Guigang	0.66	0.47	17.83	21.23	81.51	78.30
玉林市	Yulin	1.51	0.72	29.65	25.37	68.84	73.91

2-24 续表 5 continued

单位：% (%)

城市	City	第一产业从业人员比重 Primary Industry		第二产业从业人员比重 Secondary Industry		第三产业从业人员比重 Tertiary Industry	
		全市 Total City	市辖区 Districts under City	全市 Total City	市辖区 Districts under City	全市 Total City	市辖区 Districts under City
百色市	Baise	0.95	0.44	17.97	16.93	81.08	82.63
贺州市	Hezhou	1.52	1.45	14.68	15.08	83.80	83.46
河池市	Hechi	1.43	0.61	17.57	19.81	81.00	79.58
来宾市	Laibin	4.15	4.66	25.17	27.99	70.68	67.34
崇左市	Chongzuo	2.79	0.73	20.95	25.24	76.26	74.03
海南省	**Hainan**						
海口市	Haikou	3.86	3.86	17.91	17.91	78.24	78.24
三亚市	Sanya	1.43	1.43	7.43	7.43	91.14	91.14
三沙市	Sansha						
儋州市	Danzhou	1.96		9.12		88.92	
重庆市	**Chongqing**	**0.18**	**0.13**	**40.71**	**41.81**	**59.11**	**58.06**
四川省	**Sichuan**						
成都市	Chengdu	0.70		30.04		69.26	
自贡市	Zigong	0.06		39.40	43.32	60.54	56.67
攀枝花市	Panzhihua	0.30	0.23	49.85	50.89	49.86	48.89
泸州市	Luzhou	0.02	0.04	52.13	45.68	47.84	54.28
德阳市	Deyang	0.02		44.75	42.15	55.22	57.85
绵阳市	Mianyang	0.10		52.43		47.48	
广元市	Guangyuan	0.27	0.10	28.26	32.15	71.47	67.75
遂宁市	Suining			61.33	61.93	38.66	38.06
内江市	Neijiang	0.50	0.04	52.38	38.74	47.12	61.22
乐山市	Leshan	0.61	0.89	32.79	37.95	66.61	61.16
南充市	Nanchong	0.36	0.43	40.24	34.52	59.40	65.05
眉山市	Meishan	0.18		43.30		56.52	
宜宾市	Yibin	0.03		48.22	54.09	51.75	45.91
广安市	Guang'an	0.10	0.10	56.16	38.78	43.74	61.12
达州市	Dazhou	0.14	0.06	50.42	46.51	49.45	53.43
雅安市	Ya'an	0.18	0.23	27.43	24.41	72.39	75.36
巴中市	Bazhong	0.24	0.21	51.46	50.00	48.31	49.80
资阳市	Ziyang	0.15	0.13	40.73	37.54	59.12	62.33
贵州省	**Guizhou**						
贵阳市	Guiyang	0.10	0.07	45.64	45.88	54.26	54.05
六盘水市	Liupanshui	0.13	0.12	38.77	32.56	61.10	67.32
遵义市	Zunyi	0.10	0.02	24.53	23.32	75.37	76.66
安顺市	Anshun	0.66	0.37	30.77	39.01	68.57	60.61
毕节市	Bijie	0.35	0.40	15.89	11.93	83.76	87.67
铜仁市	Tongren	0.15	0.28	9.79	9.29	90.05	90.43
云南省	**Yunnan**						
昆明市	Kunming	0.39	0.17	34.63	34.22	64.98	65.61
曲靖市	Qujing	0.75	0.77	38.51	44.16	60.74	55.07
玉溪市	Yuxi	0.51	0.23	24.20	23.63	75.28	76.14
保山市	Baoshan	0.51	0.34	26.65	22.64	72.84	77.02
昭通市	Zhaotong	0.53	0.42	13.07	18.58	86.40	80.99
丽江市	Lijiang	1.35	0.12	11.43	10.40	87.21	89.48
普洱市	Pu'er	3.06	0.88	20.37	15.42	76.57	83.69
临沧市	Lincang	2.54	0.61	19.26	13.90	78.20	85.49

2-24 续表 6 continued

单位：% (%)

城市	City	第一产业从业人员比重 Primary Industry		第二产业从业人员比重 Secondary Industry		第三产业从业人员比重 Tertiary Industry	
		全市 Total City	市辖区 Districts under City	全市 Total City	市辖区 Districts under City	全市 Total City	市辖区 Districts under City
西藏自治区	**Tibet**						
拉萨市	Lasa	0.18		18.82		81.00	
日喀则市	Xigaze						
昌都市	Qamdo	0.43	1.50	10.65	2.91	88.92	95.59
林芝市	Linzhi	1.49		12.29		86.21	
山南市	Shannan	0.32	0.62	25.88	26.51	73.80	72.88
那曲市	Naqu	0.05		4.40		95.55	
陕西省	**Shaanxi**						
西安市	Xi'an	0.15	0.11	34.71	35.16	65.14	64.73
铜川市	Tongchuan	0.22	0.20	42.70	44.32	57.08	55.48
宝鸡市	Baoji	0.39	0.15	47.40	47.59	52.21	52.26
咸阳市	Xianyang	0.17	0.01	44.56	39.75	55.26	60.24
渭南市	Weinan	1.33	0.90	39.03	32.64	59.64	66.46
延安市	Yan'an	0.19	0.06	37.44	20.67	62.37	79.27
汉中市	Hanzhong	0.51	0.43	32.68	29.89	66.81	69.68
榆林市	Yulin	0.38	0.14	39.63	28.08	59.98	71.79
安康市	Ankang	0.22	0.07	26.11	27.15	73.67	72.78
商洛市	Shangluo	0.29	0.21	40.28	28.87	59.43	70.92
甘肃省	**Gansu**						
兰州市	Lanzhou	0.06	0.06	38.29	37.95	61.65	61.99
嘉峪关市	Jiayuguan	0.05		61.14		38.81	
金昌市	Jinchang	3.35	3.41	54.04	56.64	42.61	39.94
白银市	Baiyin	0.65		39.84	52.64	59.51	47.36
天水市	Tianshui	0.57	0.66	32.59	43.69	66.84	55.66
武威市	Wuwei	0.74	0.10	28.29	32.57	70.97	67.33
张掖市	Zhangye	2.56	1.64	21.38	16.71	76.06	81.65
平凉市	Pingliang	0.53	0.10	30.25	28.98	69.22	70.91
酒泉市	Jiuquan	2.50	0.68	31.92	26.70	65.59	72.62
庆阳市	Qingyang	0.51	0.15	26.77	38.77	72.72	61.08
定西市	Dingxi	0.31	0.60	19.77	17.73	79.92	81.67
陇南市	Longnan	0.43		19.79	22.12	79.78	77.88
青海省	**Qinghai**						
西宁市	Xining	0.29	0.09	29.39	26.36	70.31	73.55
海东市	Haidong	0.43	0.55	15.77	9.37	83.79	90.08
宁夏回族自治区	**Ningxia**						
银川市	Yinchuan	0.80	0.38	37.35	34.67	61.85	64.95
石嘴山市	Shizuishan	0.49	0.57	34.63	38.62	64.88	60.81
吴忠市	Wuzhong	2.14	3.83	28.31	20.74	69.54	75.43
固原市	Guyuan	0.14	0.03	15.26	13.57	84.60	86.41
中卫市	Zhongwei	2.72	1.63	15.45	25.77	81.83	72.60
新疆维吾尔自治区	**Xinjiang**						
乌鲁木齐市	Urumqi	0.05	0.04	26.47	26.61	73.48	73.35
克拉玛依市	Karamay	0.13	0.13	56.47	56.47	43.40	43.40
吐鲁番市	Turpan	0.46	0.16	27.46	13.05	72.08	86.79
哈密市	Hami	9.97	11.57	27.11	26.43	62.92	62.00

2–25 按行业分组的年末城镇单位就业人员(一)
Persons Employed in Urban Units by Sector in Detail at Year-end(Ⅰ)

单位：人 (person)

城 市	City	第一产业 Primary Industry		第二产业(1)采矿业 Secondary Industry: Mining		(2)制造业 Manufacturing	
		全市 Total City	市辖区 Districts under City	全市 Total City	市辖区 Districts under City	全市 Total City	市辖区 Districts under City
北京市	**Beijing**	**3585**	**3585**	**31784**	**31784**	**653864**	**653864**
天津市	**Tianjin**	**2518**	**2518**	**58440**	**58440**	**673285**	**673285**
河北省	**Hebei**						
石家庄市	Shijiazhuang	1051	170	50		184089	128440
唐山市	Tangshan	13586	13253	78781	76512	176441	116321
秦皇岛市	Qinhuangdao	360	280	284		60463	58561
邯郸市	Handan	2142	1834	37137	21340	93022	48947
邢台市	Xingtai	660	176	20855	18981	59809	17980
保定市	Baoding	1915	478	286		135488	87430
张家口市	Zhangjiakou	2958	1871	4136	754	41439	36670
承德市	Chengde	2979	146	5266	1472	33196	21254
沧州市	Cangzhou	524	227	18052		60742	33272
廊坊市	Langfang	157	54			79527	46917
衡水市	Hengshui	202	76			26455	14520
山西省	**Shanxi**						
太原市	Taiyuan	483	102	71335	60460	176109	162357
大同市	Datong	1127	641	96568	84221	37605	34774
阳泉市	Yangquan	612	219	68114	47298	18281	9526
长治市	Changzhi	1047	342	129850	36038	69967	52119
晋城市	Jincheng	875	31	131104	929	62387	42610
朔州市	Shuozhou	1732	509	48188	20727	10714	4673
晋中市	Jinzhong	624	46	86551	3355	38647	14131
运城市	Yuncheng	1147	117	6726		70609	17165
忻州市	Xinzhou	747	47	33693		9505	3945
临汾市	Linfen	788	36	61167	5049	28399	1997
吕梁市	Lvliang	587	12	81845	7134	41302	426
内蒙古自治区	**Inner Mongolia**						
呼和浩特市	Hohhot	1584	160	50		54327	15680
包头市	Baotou	521	297	10751	9031	81871	78089
乌海市	Wuhai	159	159	13653	13653	11789	11789
赤峰市	Chifeng	3846	724	18304	15755	27439	17586
通辽市	Tongliao	1243	189	6160	395	25745	9625
鄂尔多斯市	Erdos	797	129	56700	6835	44376	7568
呼伦贝尔市	Hulunbuir	57863	1008	20379	9485	12640	2956
巴彦淖尔市	Bayannur	7016	413	893		5547	1063
乌兰察布市	Ulanqab	821	26			15577	1370
辽宁省	**Liaoning**						
沈阳市	Shenyang	3780	2649	16722	16716	249552	244828
大连市	Dalian	5274	5185	1387	1268	309010	286369
鞍山市	Anshan	420	8	3772	1067	147609	121538
抚顺市	Fushun	3476	1057	22916	20178	54359	52883
本溪市	Benxi	28		10298	8541	62114	56450
丹东市	Dandong	1613	24	1603	226	30729	16334
锦州市	Jinzhou	428	294	401		34737	31045
营口市	Yingkou	70	5	407	234	47005	37862
阜新市	Fuxin	1418	228	4330	4289	9978	7446

2–25 续表 1 continued

单位：人 (person)

城市	City	第一产业 Primary Industry 全市 Total City	第一产业 Primary Industry 市辖区 Districts under City	第二产业(1)采矿业 Secondary Industry: Mining 全市 Total City	第二产业(1)采矿业 Secondary Industry: Mining 市辖区 Districts under City	(2)制造业 Manufacturing 全市 Total City	(2)制造业 Manufacturing 市辖区 Districts under City
辽阳市	Liaoyang	5680	5615	5921	5865	54442	41061
盘锦市	Panjin	135234	92463	85709	85692	31091	29332
铁岭市	Tieling	13494	4	35243		13344	2944
朝阳市	Chaoyang	1020	33	1750	2	25192	9077
葫芦岛市	Huludao	416	53	5817	3504	34887	30303
吉林省	**Jilin**						
长春市	Changchun	3047	1942	5165	5165	301699	285063
吉林市	Jilin	11647	411	6809		78973	68061
四平市	Siping	2153	19	815	649	17102	8472
辽源市	Liaoyuan	1226	114	12054	12054	8469	5204
通化市	Tonghua	2774	36	260	48	36590	15252
白山市	Baishan	15843	4350	14424	14051	9438	4737
松原市	Songyuan	2756	58	40042	40038	9521	4914
白城市	Baicheng	5281	291	2	2	13232	6996
黑龙江省	**Heilongjiang**						
哈尔滨市	Harbin	6810	906	310	206	127730	114525
齐齐哈尔市	Qiqihar	22054	120	10		42795	34216
鸡西市	Jixi	12530	165	32839	32719	6395	2952
鹤岗市	Hegang	51623	178	29693	29416	5535	4447
双鸭山市	Shuangyashan	31783	6032	24548	23188	2704	1942
大庆市	Daqing	713	375	114192	113468	52826	50897
伊春市	Yichun	80170	51786	281	174	9330	8498
佳木斯市	Jiamusi	63281	3230			10770	7597
七台河市	Qitaihe	2811	2301	28309	27915	3709	2350
牡丹江市	Mudanjiang	29771	191	8		12556	8545
黑河市	Heihe	49964	2610	2570	1164	3298	368
绥化市	Suihua	13039	6	415		22536	3806
上海市	**Shanghai**	**76301**	**76301**	**1186**	**1186**	**1434850**	**1434850**
江苏省	**Jiangsu**						
南京市	Nanjing	744	744	2059	2059	401691	401691
无锡市	Wuxi	815	237			618753	407853
徐州市	Xuzhou	7971	533	25721	7661	118666	79693
常州市	Changzhou	291	83			291599	277034
苏州市	Suzhou	494	290	383	383	1817002	924598
南通市	Nantong	1011	92	6		323588	139607
连云港市	Lianyungang	3506	744	682	276	87232	66895
淮安市	Huai'an	403	247	2284	2284	122397	88269
盐城市	Yancheng	9672	5206	1906		128819	61661
扬州市	Yangzhou	1045	660	6210	6210	165680	100073
镇江市	Zhenjiang	445	250	1008	1008	120496	51457
泰州市	Taizhou	292	145			193454	119471
宿迁市	Suqian	446	77			146356	88029
浙江省	**Zhejiang**						
杭州市	Hangzhou	1078	453	1175	979	595579	550055
宁波市	Ningbo	639	362	31		638984	415808
温州市	Wenzhou	618	34	435		252440	73810
嘉兴市	Jiaxing	277	127			406415	115669

2-25 续表 2 continued

单位：人 (person)

城市	City	第一产业 Primary Industry 全市 Total City	市辖区 Districts under City	第二产业(1)采矿业 Secondary Industry: Mining 全市 Total City	市辖区 Districts under City	(2)制造业 Manufacturing 全市 Total City	市辖区 Districts under City
湖州市	Huzhou	253	74	861	702	175929	57451
绍兴市	Shaoxing	288	32	615	453	251128	165143
金华市	Jinhua	314	96	190		125905	31333
衢州市	Quzhou	275	66	266		49126	27104
舟山市	Zhoushan	469	446	336	49	33057	22086
台州市	Taizhou	506	165	193		303903	134796
丽水市	Lishui	454	55	388	19	31789	7198
安徽省	**Anhui**						
合肥市	Hefei	1118	150	700	5	326394	256811
芜湖市	Wuhu	1285	339	79	72	166257	148535
蚌埠市	Bengbu	553	279	91		49956	38145
淮南市	Huainan	3641	816	58027	39529	20879	16438
马鞍山市	Maanshan	482	49	7579	7452	80255	60208
淮北市	Huaibei	517	31	49744	42464	29848	11838
铜陵市	Tongling	2213	1974	3127	3038	63860	60309
安庆市	Anqing	13212	7648	548		95911	34365
黄山市	Huangshan	671	205			16940	11464
滁州市	Chuzhou	1969	115	2109	1910	120099	60979
阜阳市	Fuyang	2530	444	7928	2469	67056	26361
宿州市	Suzhou	477	39	5191	5144	42911	21171
六安市	Lu'an	42000	21625	7000	534	206900	101031
亳州市	Bozhou	359	119	2351	3	54456	28696
池州市	Chizhou	540	151	1457	1079	22148	15587
宣城市	Xuancheng	1181	950	92		66061	2951
福建省	**Fujian**						
福州市	Fuzhou	1041	266	358	287	293813	178635
厦门市	Xiamen	170	170			421370	421370
莆田市	Putian	393	83	75	75	151782	133207
三明市	Sanming	2610	403	6550	88	38415	17083
泉州市	Quanzhou	516	71	3318	1105	509592	79997
漳州市	Zhangzhou	4455	123	163		161445	35438
南平市	Nanping	4069	1319	331	8	39976	15379
龙岩市	Longyan	846	369	3185	2255	38476	15253
宁德市	Ningde	747	84	11	11	53067	27095
江西省	**Jiangxi**						
南昌市	Nanchang	1752	544	53	9	234116	203667
景德镇市	Jingdezhen	156	33	1189	32	45406	38210
萍乡市	Pingxiang	538	155	7843	6525	38528	31351
九江市	Jiujiang	1398	27	2399	156	112640	20520
新余市	Xinyu	311	279	1376	1285	43438	38407
鹰潭市	Yingtan	7294	6951	403		52794	21891
赣州市	Ganzhou	1777	27	5171	487	138391	46835
吉安市	Ji'an	3819	656	879		163868	14109
宜春市	Yichun	1083	74	7414	1156	137438	16385
抚州市	Fuzhou	724	58	954	662	43347	8394
上饶市	Shangrao	2501	230	2721	23	65187	11577

2–25 续表 3 continued

单位：人 (person)

城市	City	第一产业 Primary Industry 全市 Total City	第一产业 Primary Industry 市辖区 Districts under City	第二产业(1)采矿业 Secondary Industry: Mining 全市 Total City	第二产业(1)采矿业 Secondary Industry: Mining 市辖区 Districts under City	(2)制造业 Manufacturing 全市 Total City	(2)制造业 Manufacturing 市辖区 Districts under City
山东省	**Shandong**						
济南市	Jinan	774	746	10630	10367	240736	217732
青岛市	Qingdao	221	194	131		437302	332409
淄博市	Zibo	1357	1323	7003	4858	168249	121534
枣庄市	Zaozhuang	111	79	24185	18258	54955	26241
东营市	Dongying	252	7	91842	91229	67158	43010
烟台市	Yantai	1054	223	16733	190	339756	205187
潍坊市	Weifang	533	5	1226	688	309140	127669
济宁市	Jining	577	78	98997	10856	122342	66819
泰安市	Tai'an	516	14	31775		91650	42210
威海市	Weihai	2866	374	3		243379	171552
日照市	Rizhao	137	137	43	3	78978	57880
临沂市	Linyi	701	165	2981	2	152124	71457
德州市	Dezhou	1094	215	848		94234	38217
聊城市	Liaocheng	217	99			80701	30438
滨州市	Binzhou	487	197	2399	291	181424	62436
菏泽市	Heze	225	3	8672		49698	18682
河南省	**Henan**						
郑州市	Zhengzhou	1298	241	31844	9550	444761	382622
开封市	Kaifeng	423	119			90195	48449
洛阳市	Luoyang	464	12	9778		213597	104613
平顶山市	Pingdingshan	651	28	97940	88757	91377	31663
安阳市	Anyang	281	157	5461	5434	61360	41791
鹤壁市	Hebi	109	20	24962	24962	52853	27663
新乡市	Xinxiang	757	408			89401	44835
焦作市	Jiaozuo	300	29	25293	24155	145219	51437
濮阳市	Puyang	523	33	34733	34733	30099	13142
许昌市	Xuchang	966	116	7853	36	161240	52427
漯河市	Luohe	523	28			121202	75597
三门峡市	Sanmenxia	453	201	24491	1885	39417	9811
南阳市	Nanyang	2768	423	10693	9891	129178	34084
商丘市	Shangqiu	700	53	18069		158514	15353
信阳市	Xinyang	723	192	628	533	87142	37143
周口市	Zhoukou	6835	125			164980	20992
驻马店市	Zhumadian	2425	897			107577	19796
湖北省	**Hubei**						
武汉市	Wuhan	3708	3708	1480	1480	426435	426435
黄石市	Huangshi	820	90	9099	3068	82823	46050
十堰市	Shiyan	7818	4955	4713	658	232123	178345
宜昌市	Yichang	10572	5108	12677	1591	239659	47172
襄阳市	Xiangyang	32672	443	7630	23	358716	131826
鄂州市	Ezhou	297	297	6376	6376	80145	80145
荆门市	Jingmen	2318	981	11990	4666	148384	59465
孝感市	Xiaogan	7066	743	3789	14	262723	43159
荆州市	Jingzhou	14126	3	82		87171	56609
黄冈市	Huanggang	15480		8792	130	200580	13333
咸宁市	Xianning	421	84	241		39824	13724
随州市	Suizhou	459		128		33126	23250

2-25 续表 4 continued

单位：人 (person)

城市	City	第一产业 Primary Industry 全市 Total City	市辖区 Districts under City	第二产业(1)采矿业 Secondary Industry: Mining 全市 Total City	市辖区 Districts under City	(2)制造业 Manufacturing 全市 Total City	市辖区 Districts under City
湖南省	**Hunan**						
长沙市	Changsha	986	217	388	140	268376	95559
株洲市	Zhuzhou	370	58	2401	73	121409	84755
湘潭市	Xiangtan	78	15	599	93	56096	42956
衡阳市	Hengyang	943	204	9593	988	62119	11696
邵阳市	Shaoyang	1789	17	3340	72	40253	13762
岳阳市	Yueyang	2677	153	2430	148	97963	23682
常德市	Changde	1723	612	1227		75083	33469
张家界市	Zhangjiajie	369	256	70	35	4884	2411
益阳市	Yiyang	1762	101	448	36	38789	19660
郴州市	Chenzhou	663	261	18652	4278	46043	17914
永州市	Yongzhou	916	215	1435	62	47846	11655
怀化市	Huaihua	940	54	2121	2	16333	1306
娄底市	Loudi	151	27	6814	854	51972	23609
广东省	**Guangdong**						
广州市	Guangzhou	1963	1963	117	117	747315	747315
韶关市	Shaoguan	724	611	3892	1378	61451	38221
深圳市	Shenzhen	345	345	3689	3689	2098247	2098247
珠海市	Zhuhai	422	422	244	244	344900	344900
汕头市	Shantou	319	300			119662	119655
佛山市	Foshan	676	676	90	90	841728	841728
江门市	Jiangmen	1041	310	94	67	262125	164774
湛江市	Zhanjiang	9996	1449	3377	3377	55464	31192
茂名市	Maoming	490	152	876	487	51540	25977
肇庆市	Zhaoqing	521	113	1265	623	130203	103047
惠州市	Huizhou	903	295	204	106	606566	479864
梅州市	Meizhou	430	69	806	645	48976	23931
汕尾市	Shanwei	715	17			74412	34271
河源市	Heyuan	394	113	204		92701	61576
阳江市	Yangjiang	741	598	54	34	33331	24572
清远市	Qingyuan	188	134	288	119	106696	71162
东莞市	Dongguan	1104		36		2045647	
中山市	Zhongshan					514708	
潮州市	Chaozhou	256	167	41	34	50894	46379
揭阳市	Jieyang	379	43	8	8	53697	36828
云浮市	Yunfu	1716	53	2193	2099	48801	15427
广西壮族自治区	**Guangxi**						
南宁市	Nanning	8261	4817	284	221	94370	74664
柳州市	Liuzhou	3175	1780	78	78	123435	116175
桂林市	Guilin	3942	1067	118	20	51268	42707
梧州市	Wuzhou	696	160	476	4	33614	21206
北海市	Beihai	5493	3525	500	170	25224	24410
防城港市	Fangchenggang	674	178	26	26	3973	3532
钦州市	Qinzhou	2570	1215	75	75	21089	13129
贵港市	Guigang	1179	445	89	9	23587	16088
玉林市	Yulin	4467	776	21	20	43273	16625

2-25 续表 5 continued

单位：人 (person)

城　市	City	第一产业 Primary Industry 全市 Total City	第一产业 Primary Industry 市辖区 Districts under City	第二产业(1)采矿业 Secondary Industry: Mining 全市 Total City	第二产业(1)采矿业 Secondary Industry: Mining 市辖区 Districts under City	(2)制造业 Manufacturing 全市 Total City	(2)制造业 Manufacturing 市辖区 Districts under City
百色市	Baise	2052	273	1309	297	21602	4446
贺州市	Hezhou	1717	926	1132	415	10141	6681
河池市	Hechi	2828	499	5460	3997	15443	6700
来宾市	Laibin	5333	3000	46		16858	12637
崇左市	Chongzuo	3698	313	4063	4024	15960	4521
海南省	**Hainan**						
海口市	Haikou	20483	20483	122	122	42196	42196
三亚市	Sanya	2010	2010			2182	2182
三沙市	Sansha						
儋州市	Danzhou	790				1959	
重庆市	**Chongqing**	**6719**	**4312**	**30832**	**27564**	**645231**	**619673**
四川省	**Sichuan**						
成都市	Chengdu	45492		2000		1038710	
自贡市	Zigong	120	6	1151	936	28619	21709
攀枝花市	Panzhihua	844	561	16961	15015	66689	63031
泸州市	Luzhou	101	83	2111	135	46973	24253
德阳市	Deyang	71		2449	850	92081	42402
绵阳市	Mianyang	423		317		106366	
广元市	Guangyuan	487	109	5977	4797	11702	9852
遂宁市	Suining	15	11	1031	306	81302	68128
内江市	Neijiang	1597	50	5979		64864	18731
乐山市	Leshan	1443	1150	5173	1825	34258	16851
南充市	Nanchong	1559	863	492	271	54336	29956
眉山市	Meishan	414		371		36330	
宜宾市	Yibin	117		7722	49	98464	89494
广安市	Guang'an	348	104	4265	57	60851	15119
达州市	Dazhou	723	139	17467	9228	67273	26526
雅安市	Ya'an	221	146	280		12539	9369
巴中市	Bazhong	897	394	2677	17	27936	14133
资阳市	Ziyang	251	111			17455	14605
贵州省	**Guizhou**						
贵阳市	Guiyang	1089	698	4152	1479	98706	60024
六盘水市	Liupanshui	330	105	68083	15980	18070	9806
遵义市	Zunyi	492	41	8937	3015	66973	17945
安顺市	Anshun	1338	527	4338	3818	48964	45685
毕节市	Bijie	1160	357	22879	192	11758	3080
铜仁市	Tongren	335	210	1770	903	11430	3411
云南省	**Yunnan**						
昆明市	Kunming	4618	1697	9201	7427	136965	98512
曲靖市	Qujing	2614	1290	20708	3802	56440	38272
玉溪市	Yuxi	933	203	4622	140	24798	15354
保山市	Baoshan	797	229	1488	700	25839	5967
昭通市	Zhaotong	1294	312	6351	590	10888	6076
丽江市	Lijiang	1156	46	124		3842	775
普洱市	Pu'er	4754	478	2342	521	14284	2602
临沧市	Lincang	3613	266	1021	93	15284	1535

2–25 续表 6 continued

单位：人 (person)

城市	City	第一产业 Primary Industry 全市 Total City	第一产业 Primary Industry 市辖区 Districts under City	第二产业(1)采矿业 Secondary Industry: Mining 全市 Total City	第二产业(1)采矿业 Secondary Industry: Mining 市辖区 Districts under City	(2)制造业 Manufacturing 全市 Total City	(2)制造业 Manufacturing 市辖区 Districts under City
西藏自治区	**Tibet**						
拉萨市	Lasa	341		3165		8839	
日喀则市	Xigaze	241211		17374		12026	
昌都市	Qamdo	198	70	949	6	1091	12
林芝市	Linzhi	507		69		978	
山南市	Shannan	167	114	940	370	1204	294
那曲市	Naqu	19		251		132	
陕西省	**Shaanxi**						
西安市	Xi'an	3144	2270	12650	12650	427337	424274
铜川市	Tongchuan	261	219	23290	23280	15750	15338
宝鸡市	Baoji	1558	354	9760	133	126988	78283
咸阳市	Xianyang	730	14	26925		73925	23200
渭南市	Weinan	6332	1355	45851		80620	21228
延安市	Yan'an	653	72	67936	650	31712	3430
汉中市	Hanzhong	1473	548	8822	53	43658	12968
榆林市	Yulin	1880	182	80513	13334	68264	9966
安康市	Ankang	474	84	3587	243	18849	7878
商洛市	Shangluo	563	112	5985		22692	7436
甘肃省	**Gansu**						
兰州市	Lanzhou	396	370	10963	10928	86959	54951
嘉峪关市	Jiayuguan	31				30948	
金昌市	Jinchang	3066	2417	57		33645	26497
白银市	Baiyin	1019		13647	13186	20086	18301
天水市	Tianshui	1368	1019	609	375	41984	39076
武威市	Wuwei	945	92	2070	80	9976	7338
张掖市	Zhangye	2718	870	3943	13	6678	2982
平凉市	Pingliang	854	59	21480	59	2475	2138
酒泉市	Jiuquan	3321	402	1690	58	20203	4997
庆阳市	Qingyang	900	125	18344	17574	4322	2112
定西市	Dingxi	452	267	203	3	8973	2892
陇南市	Longnan	568		3449	85	9716	356
青海省	**Qinghai**						
西宁市	Xining	1060	273	3455	2538	49953	26023
海东市	Haidong	338	137	54		8657	1527
宁夏回族自治区	**Ningxia**						
银川市	Yinchuan	3016	1123	51511	48725	49233	23673
石嘴山市	Shizuishan	354	321	387	387	16372	14266
吴忠市	Wuzhong	2143	1422	121		17395	4561
固原市	Guyuan	104	9	4056	230	1837	1397
中卫市	Zhongwei	1696	470			4241	3533
新疆维吾尔自治区	**Xinjiang**						
乌鲁木齐市	Urumqi	414	330	11062	11062	60212	60161
克拉玛依市	Karamay	195	195	56696	56696	21679	21679
吐鲁番市	Turpan	738	94	14898	351	22513	5286
哈密市	Hami	15834	15721	14148	12334	16373	12476

2-26 按行业分组的年末城镇单位就业人员(二)

Persons Employed in Urban Units by Sector in Detail at Year-end(Ⅱ)

单位：人 (person)

城市	City	(3)电力、热力、燃气及水生产和供应业 Production and Distribution of Electricity, Gas and Water		(4)建筑业 Construction		第三产业 (1)批发和零售业 Wholesale and Retail Trades	
		全市 Total City	市辖区 Districts under City	全市 Total City	市辖区 Districts under City	全市 Total City	市辖区 Districts under City
北京市	**Beijing**	**95549**	**95549**	**451159**	**451159**	**596265**	**596265**
天津市	**Tianjin**	**41725**	**41725**	**250550**	**250550**	**199742**	**199742**
河北省	**Hebei**						
石家庄市	Shijiazhuang	23612	17241	72531	62574	61684	53926
唐山市	Tangshan	26307	23389	36583	27601	29756	20842
秦皇岛市	Qinhuangdao	10978	10428	15545	14085	7259	6315
邯郸市	Handan	25860	21799	66178	49365	17832	14005
邢台市	Xingtai	19446	16273	20350	11385	9641	6987
保定市	Baoding	18303	15118	87939	37213	25384	17597
张家口市	Zhangjiakou	13931	11089	11934	7410	11307	10099
承德市	Chengde	8382	5552	21029	11932	6617	5168
沧州市	Cangzhou	13945	10633	38248	17906	13726	9633
廊坊市	Langfang	13579	9995	47936	39344	9237	6374
衡水市	Hengshui	12844	11302	13782	8970	13258	10350
山西省	**Shanxi**						
太原市	Taiyuan	57870	54385	146360	144294	47916	45368
大同市	Datong	12682	10558	20241	18843	8964	7433
阳泉市	Yangquan	8395	4678	14805	14370	7642	5794
长治市	Changzhi	14564	9613	17290	16392	9296	5594
晋城市	Jincheng	9120	3979	11478	9567	14416	6370
朔州市	Shuozhou	8402	6313	12580	4519	5837	2409
晋中市	Jinzhong	8190	2858	16989	11418	9323	4368
运城市	Yuncheng	9204	4607	21509	3050	9663	5930
忻州市	Xinzhou	10102	2724	13112	7692	8950	4949
临汾市	Linfen	10560	4708	10089	4906	6621	3681
吕梁市	Lvliang	9220	2569	5476	2241	7478	2101
内蒙古自治区	**Inner Mongolia**						
呼和浩特市	Hohhot	22846	17020	24955	22896	22985	20673
包头市	Baotou	17346	15693	26895	25872	11989	11515
乌海市	Wuhai	6442	6442	6981	6981	2272	2272
赤峰市	Chifeng	12244	9994	17480	6446	8581	6766
通辽市	Tongliao	12552	7193	6841	1653	6772	3346
鄂尔多斯市	Erdos	21071	7009	14488	7938	8460	4346
呼伦贝尔市	Hulunbuir	18359	3859	17037	1327	7516	4361
巴彦淖尔市	Bayannur	7889	5781	13275	10770	3887	2611
乌兰察布市	Ulanqab	9598	6333	2637	1321	3248	2753
辽宁省	**Liaoning**						
沈阳市	Shenyang	21466	20038	107293	105186	70701	69271
大连市	Dalian	17894	16183	38136	35444	44815	43625
鞍山市	Anshan	6498	4062	39105	35139	15185	10413
抚顺市	Fushun	9725	9067	13824	12425	5329	5023
本溪市	Benxi	7679	6638	17158	14468	6208	5973
丹东市	Dandong	5606	3819	10549	6463	6278	4814
锦州市	Jinzhou	7001	4920	14866	13122	6503	5745
营口市	Yingkou	5502	4669	6927	5220	5224	3951
阜新市	Fuxin	5182	4063	8570	7263	3839	3389

2-26 续表 1 continued

单位：人 (person)

城 市	City	(3)电力、热力、燃气及水生产和供应业 Production and Distribution of Electricity, Gas and Water		(4)建筑业 Construction		第三产业 (1)批发和零售业 Wholesale and Retail Trades	
		全市 Total City	市辖区 Districts under City	全市 Total City	市辖区 Districts under City	全市 Total City	市辖区 Districts under City
辽阳市	Liaoyang	1881	1701	11693	9747	2970	2606
盘锦市	Panjin	5398	5137	20593	20088	6672	6251
铁岭市	Tieling	5450	2949	12573	3486	3064	2042
朝阳市	Chaoyang	8975	7399	13786	5100	7054	5840
葫芦岛市	Huludao	6423	3959	10952	8553	4247	2808
吉林省	**Jilin**						
长春市	Changchun	55378	53200	90421	87777	63194	61101
吉林市	Jilin	10245	7422	17703	16322	8528	6855
四平市	Siping	4568	2069	4199	3058	4902	3060
辽源市	Liaoyuan	2776	2546	3483	3369	1950	1424
通化市	Tonghua	5995	3256	10790	4881	4817	2616
白山市	Baishan	4659	2157	4916	3492	2901	2389
松原市	Songyuan	5403	2242	5867	3744	6538	5357
白城市	Baicheng	4710	1905	6842	3269	5597	3919
黑龙江省	**Heilongjiang**						
哈尔滨市	Harbin	57768	51458	72681	69266	47996	45320
齐齐哈尔市	Qiqihar	13831	8045	8868	6049	8815	6434
鸡西市	Jixi	7976	4970	6387	5040	5607	3671
鹤岗市	Hegang	5838	3990	4907	4264	4429	3941
双鸭山市	Shuangyashan	6799	3548	4248	3632	3275	1909
大庆市	Daqing	16935	15284	45033	43560	9917	9281
伊春市	Yichun	3070	2664	4102	3516	1668	1520
佳木斯市	Jiamusi	7195	2712	7928	4655	8218	4377
七台河市	Qitaihe	2475	2250	1518	1069	1274	1058
牡丹江市	Mudanjiang	7093	4069	5016	3848	5939	3230
黑河市	Heihe	6009	1558	2601	1049	3816	796
绥化市	Suihua	8675	79	9652	385	10265	3628
上海市	**Shanghai**	**34752**	**34752**	**323785**	**323785**	**989864**	**989864**
江苏省	**Jiangsu**						
南京市	Nanjing	13623	13623	264999	264999	158537	158537
无锡市	Wuxi	10938	5068	53920	26942	72573	57049
徐州市	Xuzhou	8803	5428	134929	27273	33100	22536
常州市	Changzhou	5831	5369	42712	33571	21860	19754
苏州市	Suzhou	18057	7537	89848	62423	130369	59052
南通市	Nantong	9652	4247	897234	285813	36166	22040
连云港市	Lianyungang	6983	5481	61797	32401	24630	22547
淮安市	Huai'an	5286	4190	76157	61580	18702	13654
盐城市	Yancheng	7583	2878	111244	30274	23180	10380
扬州市	Yangzhou	6099	4654	401647	312469	25341	19135
镇江市	Zhenjiang	6695	3826	37123	20877	16348	10015
泰州市	Taizhou	4953	2097	475435	290987	26043	16554
宿迁市	Suqian	2124	935	53683	15876	18097	11165
浙江省	**Zhejiang**						
杭州市	Hangzhou	16183	13195	673848	669238	172430	166678
宁波市	Ningbo	16705	7897	183601	75253	80468	70278
温州市	Wenzhou	15004	3970	221727	64640	24585	14733
嘉兴市	Jiaxing	10238	1979	12696	6390	20961	10488

2-26 续表 2 continued

单位：人 (person)

城市	City	(3)电力、热力、燃气及水生产和供应业 Production and Distribution of Electricity, Gas and Water		(4)建筑业 Construction		第三产业 (1)批发和零售业 Wholesale and Retail Trades	
		全市 Total City	市辖区 Districts under City	全市 Total City	市辖区 Districts under City	全市 Total City	市辖区 Districts under City
湖州市	Huzhou	7049	1837	111919	87075	13534	7560
绍兴市	Shaoxing	9454	7031	507196	394504	19676	14131
金华市	Jinhua	8381	1275	192475	28105	25804	10138
衢州市	Quzhou	5288	2699	10028	5801	5046	3810
舟山市	Zhoushan	3141	2641	20321	17118	6375	5914
台州市	Taizhou	13200	4039	183963	79445	23663	12013
丽水市	Lishui	5524	1136	5839	877	4125	2299
安徽省	**Anhui**						
合肥市	Hefei	41140	38481	568603	485760	100209	89495
芜湖市	Wuhu	4930	3526	69123	30223	29182	25642
蚌埠市	Bengbu	3304	2286	62405	56700	12161	10665
淮南市	Huainan	16407	6707	16233	12260	7397	5675
马鞍山市	Maanshan	3624	2791	48112	23301	6193	5084
淮北市	Huaibei	3464	2448	15231	14007	3513	3035
铜陵市	Tongling	2002	1839	32075	26721	5890	5703
安庆市	Anqing	4645	2058	54582	27715	17116	10058
黄山市	Huangshan	1668	1144	17615	14766	3835	3129
滁州市	Chuzhou	2998	820	38947	14196	14046	6590
阜阳市	Fuyang	7733	2005	48756	38386	22093	13769
宿州市	Suzhou	2499	1574	69061	35887	10328	5439
六安市	Lu'an	11600	1167	47100	14624	307800	137545
亳州市	Bozhou	2447	1271	22688	8094	20022	13027
池州市	Chizhou	1369	864	7738	4218	4158	3330
宣城市	Xuancheng	1795	204	23541	11143	6386	4462
福建省	**Fujian**						
福州市	Fuzhou	73730	68006	629088	408457	74826	68551
厦门市	Xiamen	7379	7379	242760	242760	73022	73022
莆田市	Putian	2180	1545	130250	129092	16854	13739
三明市	Sanming	6009	2166	34494	28436	7760	3741
泉州市	Quanzhou	6661	1895	381075	107842	37778	18703
漳州市	Zhangzhou	3873	767	84115	18385	12184	6509
南平市	Nanping	3878	1487	31080	21786	7343	5469
龙岩市	Longyan	2390	988	67094	10590	12524	7564
宁德市	Ningde	7679	2142	36896	24645	5003	2310
江西省	**Jiangxi**						
南昌市	Nanchang	10537	9350	408339	325220	71630	61415
景德镇市	Jingdezhen	2433	1943	11087	7716	3296	3042
萍乡市	Pingxiang	2521	1079	24153	16675	4137	3784
九江市	Jiujiang	5816	2769	49847	25488	12598	6769
新余市	Xinyu	1928	1237	25848	23761	2102	1807
鹰潭市	Yingtan	1971	998	13371	10439	3828	3253
赣州市	Ganzhou	4353	1584	27766	13724	13313	10416
吉安市	Ji'an	4319	892	30726	9735	10882	5419
宜春市	Yichun	5277	795	48636	6021	22142	3094
抚州市	Fuzhou	1894	649	122036	98325	5356	2794
上饶市	Shangrao	3278	1391	72299	42025	10411	4507

2-26 续表 3 continued

单位：人 (person)

城市	City	(3)电力、热力、燃气及水生产和供应业 Production and Distribution of Electricity, Gas and Water		(4)建筑业 Construction		第三产业 (1)批发和零售业 Wholesale and Retail Trades	
		全市 Total City	市辖区 Districts under City	全市 Total City	市辖区 Districts under City	全市 Total City	市辖区 Districts under City
山东省	**Shandong**						
济南市	Jinan	16356	15275	314179	298181	83267	81316
青岛市	Qingdao	19879	16369	162514	114202	92903	82876
淄博市	Zibo	15634	13254	194645	63030	19250	16708
枣庄市	Zaozhuang	6095	3387	76575	31941	9352	4318
东营市	Dongying	4548	3650	36781	28063	11278	10516
烟台市	Yantai	14387	6265	61433	28324	42284	29355
潍坊市	Weifang	10931	4240	77253	34317	37878	27800
济宁市	Jining	13494	5245	105301	48279	18676	13795
泰安市	Tai'an	8101	3148	128392	24408	19428	9578
威海市	Weihai	8287	6537	29001	17564	23210	20540
日照市	Rizhao	4177	2568	34217	25107	18029	11625
临沂市	Linyi	9326	5232	107439	53251	41249	31691
德州市	Dezhou	7369	3762	50442	29585	16468	11233
聊城市	Liaocheng	6827	3250	41297	28164	9719	7287
滨州市	Binzhou	17265	4438	27973	11541	13101	6822
菏泽市	Heze	5974	2035	57317	38253	11108	5562
河南省	**Henan**						
郑州市	Zhengzhou	16054	12111	325770	285853	93578	85177
开封市	Kaifeng	4896	2664	62908	46024	13473	7729
洛阳市	Luoyang	11768	7432	74645	55362	19459	15314
平顶山市	Pingdingshan	18558	16757	38953	26736	11415	7671
安阳市	Anyang	6716	4667	191203	46650	8007	3939
鹤壁市	Hebi	2104	1766	14827	12870	4693	3762
新乡市	Xinxiang	5231	2845	123552	41539	16465	7621
焦作市	Jiaozuo	3980	1337	22262	13776	12957	9607
濮阳市	Puyang	13584	10351	69908	58576	8967	5411
许昌市	Xuchang	5296	2070	28386	21053	16037	10303
漯河市	Luohe	3153	2126	20474	14657	15975	11547
三门峡市	Sanmenxia	6322	3680	21119	17340	7831	4396
南阳市	Nanyang	6208	2966	113095	51519	26700	10224
商丘市	Shangqiu	4014	1405	99570	33053	43721	9263
信阳市	Xinyang	13933	3933	104226	31651	23862	15716
周口市	Zhoukou	4047	350	90751	23338	25268	5966
驻马店市	Zhumadian	5933	3420	118422	41075	18627	9075
湖北省	**Hubei**						
武汉市	Wuhan	13470	13470	423282	423282	186769	186769
黄石市	Huangshi	2911	1946	64714	30148	18604	13924
十堰市	Shiyan	16414	5264	66017	49216	114771	92928
宜昌市	Yichang	12329	6417	153769	110112	101168	40265
襄阳市	Xiangyang	7548	2961	185981	56822	142447	22490
鄂州市	Ezhou	1867	1867	62672	62672	12858	12858
荆门市	Jingmen	6374	4357	46864	15317	35525	15100
孝感市	Xiaogan	7233	995	162213	93135	84138	35973
荆州市	Jingzhou	5412	2523	49221	19237	10314	6576
黄冈市	Huanggang	9554	4031	232381	43787	41785	6726
咸宁市	Xianning	2161	234	23329	10037	7103	3947
随州市	Suizhou	1144	405	20885	16525	7347	3181

2–26 续表 4 continued

单位：人 (person)

城市	City	(3)电力、热力、燃气及水生产和供应业 Production and Distribution of Electricity, Gas and Water		(4)建筑业 Construction		第三产业 (1)批发和零售业 Wholesale and Retail Trades	
		全市 Total City	市辖区 Districts under City	全市 Total City	市辖区 Districts under City	全市 Total City	市辖区 Districts under City
湖南省	**Hunan**						
长沙市	Changsha	8571	6174	218270	190816	80041	71576
株洲市	Zhuzhou	5062	2466	90514	71654	10431	8337
湘潭市	Xiangtan	3689	2726	95738	56612	30350	29629
衡阳市	Hengyang	7414	1326	114781	46497	8567	3942
邵阳市	Shaoyang	7322	1397	80868	38691	9728	4603
岳阳市	Yueyang	8079	2447	89901	38721	17583	5097
常德市	Changde	6087	1682	96111	35803	16975	13607
张家界市	Zhangjiajie	1161	774	13696	6882	3167	2183
益阳市	Yiyang	3345	1408	51330	30549	5811	3485
郴州市	Chenzhou	9938	4519	50301	28430	11922	8882
永州市	Yongzhou	8212	1454	50233	12898	7868	5747
怀化市	Huaihua	7145	925	26577	9078	6832	4537
娄底市	Loudi	4070	1068	59884	16855	4255	2032
广东省	**Guangdong**						
广州市	Guangzhou	35665	35665	272761	272761	337563	337563
韶关市	Shaoguan	9793	6050	43051	30363	11501	9019
深圳市	Shenzhen	23295	23295	298509	298509	314974	314974
珠海市	Zhuhai	3779	3779	56679	56679	34847	34847
汕头市	Shantou	4345	4257	116679	116676	26736	26544
佛山市	Foshan	10742	10742	28911	28911	71839	71839
江门市	Jiangmen	3597	1897	42186	8997	30524	24291
湛江市	Zhanjiang	4455	2571	70580	32379	19500	16106
茂名市	Maoming	7507	5943	138472	88887	28609	18825
肇庆市	Zhaoqing	4755	2152	12688	8117	13119	10084
惠州市	Huizhou	8854	4743	20720	14583	33091	28119
梅州市	Meizhou	6455	2354	37608	12485	8440	6427
汕尾市	Shanwei	2493	569	5733	1662	6510	2471
河源市	Heyuan	3009	1247	10735	4069	7727	4991
阳江市	Yangjiang	3272	2807	33343	22214	8750	5955
清远市	Qingyuan	3570	865	16524	13641	8372	7035
东莞市	Dongguan	10671		50735		123160	
中山市	Zhongshan	4150		33342		31971	
潮州市	Chaozhou	3880	2825	15903	15243	6574	5508
揭阳市	Jieyang	3561	1548	22504	5963	8870	6661
云浮市	Yunfu	2244	469	12946	3225	12216	4684
广西壮族自治区	**Guangxi**						
南宁市	Nanning	44794	42941	263876	259053	53864	52777
柳州市	Liuzhou	3974	1697	235464	232223	15849	15046
桂林市	Guilin	8280	3347	65981	58712	13743	11014
梧州市	Wuzhou	4525	1272	5776	2615	5357	4104
北海市	Beihai	1912	1781	12080	5743	3742	3431
防城港市	Fangchenggang	2790	1955	7747	7217	1154	876
钦州市	Qinzhou	2521	2221	48285	39454	5526	4013
贵港市	Guigang	1192	704	7166	3234	4045	3203
玉林市	Yulin	5610	2457	38583	8186	7034	5284

2-26 续表 5 continued

单位：人 (person)

城市	City	(3)电力、热力、燃气及水生产和供应业 Production and Distribution of Electricity, Gas and Water		(4)建筑业 Construction		第三产业 (1)批发和零售业 Wholesale and Retail Trades	
		全市 Total City	市辖区 Districts under City	全市 Total City	市辖区 Districts under City	全市 Total City	市辖区 Districts under City
百色市	Baise	7743	2104	8008	3682	5877	3232
贺州市	Hezhou	4029	2301	1301	222	2185	1560
河池市	Hechi	5944	2257	7894	3149	6648	2932
来宾市	Laibin	2820	1423	12619	3956	2120	1409
崇左市	Chongzuo	3960	728	3757	1489	2400	1162
海南省	**Hainan**						
海口市	Haikou	9849	9849	42886	42886	40107	40107
三亚市	Sanya	2684	2684	5544	5544	6066	6066
三沙市	Sansha						
儋州市	Danzhou	1253		465		1130	
重庆市	**Chongqing**	**61662**	**52716**	**786599**	**686045**	**222986**	**209893**
四川省	**Sichuan**						
成都市	Chengdu	51225		858645		1096058	
自贡市	Zigong	1870	1298	47997	42211	4601	4225
攀枝花市	Panzhihua	6388	2648	51693	45627	22000	20636
泸州市	Luzhou	4165	3221	171886	75842	19902	13255
德阳市	Deyang	2040	1117	32792	14026	7983	4359
绵阳市	Mianyang	9448		114815		12785	
广元市	Guangyuan	2935	1729	30330	18820	3340	2878
遂宁市	Suining	5458	2697	116609	70840	13969	12524
内江市	Neijiang	3390	2110	94663	28381	10007	6420
乐山市	Leshan	7182	3193	31538	26971	7469	6279
南充市	Nanchong	10579	2330	110010	37315	8593	6269
眉山市	Meishan	4369		58813		4687	
宜宾市	Yibin	9196	3905	71682	49668	8069	6873
广安市	Guang'an	6086	3506	118306	22637	5305	2644
达州市	Dazhou	13799	5187	169963	70370	24267	12415
雅安市	Ya'an	6071	3853	15204	2397	2351	1734
巴中市	Bazhong	4158	2312	160377	78993	15885	9523
资阳市	Ziyang	1201	401	47728	16991	3393	1519
贵州省	**Guizhou**						
贵阳市	Guiyang	55587	53174	333679	325137	46876	45381
六盘水市	Liupanshui	5057	889	6604	2081	7403	3886
遵义市	Zunyi	6978	2646	34165	20223	17903	10953
安顺市	Anshun	2014	812	6764	4795	5873	5090
毕节市	Bijie	10803	5225	7182	2091	9477	6976
铜仁市	Tongren	2335	586	6230	1954	5536	4503
云南省	**Yunnan**						
昆明市	Kunming	76675	72228	183305	157062	68054	62374
曲靖市	Qujing	7186	2351	49731	29850	13094	9715
玉溪市	Yuxi	1995	517	12686	4859	13834	9412
保山市	Baoshan	3534	2953	10700	5807	5068	3640
昭通市	Zhaotong	2741	405	11742	6689	5590	4399
丽江市	Lijiang	1182	632	4639	2549	3651	2894
普洱市	Pu'er	1332	451	13638	4759	3107	2627
临沧市	Lincang	3530	2822	7554	1585	6485	4079

2-26 续表 6 continued

单位：人 (person)

城市	City	(3)电力、热力、燃气及水生产和供应业 Production and Distribution of Electricity, Gas and Water 全市 Total City	市辖区 Districts under City	(4)建筑业 Construction 全市 Total City	市辖区 Districts under City	第三产业 (1)批发和零售业 Wholesale and Retail Trades 全市 Total City	市辖区 Districts under City
西藏自治区	**Tibet**						
拉萨市	Lasa	7436		16099		15828	
日喀则市	Xigaze	1580		98944		40930	
昌都市	Qamdo	769	94	2113	24	580	41
林芝市	Linzhi	1198		1926		1812	
山南市	Shannan	1225	522	10296	3721	1903	1662
那曲市	Naqu	689		552		625	
陕西省	**Shaanxi**						
西安市	Xi'an	58426	57878	235075	233076	109979	109196
铜川市	Tongchuan	2636	2444	8554	8169	5306	5199
宝鸡市	Baoji	6917	3241	47072	30540	25810	17373
咸阳市	Xianyang	8142	3602	81619	32948	12796	6958
渭南市	Weinan	11821	854	48242	27041	19712	10294
延安市	Yan'an	8988	4098	21826	17666	11115	7954
汉中市	Hanzhong	2988	879	39025	24467	10065	6679
榆林市	Yulin	18400	2031	26502	11792	17522	7605
安康市	Ankang	2717	533	30286	22141	8837	6560
商洛市	Shangluo	1310	336	47888	7302	5375	2832
甘肃省	**Gansu**						
兰州市	Lanzhou	19431	18135	150790	142083	34163	28891
嘉峪关市	Jiayuguan	2731		2174		801	
金昌市	Jinchang	2339	650	13406	12956	1996	1033
白银市	Baiyin	8121	6727	20529	14573	2045	1603
天水市	Tianshui	6278	5591	29436	22898	10157	8325
武威市	Wuwei	5322	4466	18692	16739	2587	2348
张掖市	Zhangye	3626	1744	8416	4120	4114	3031
平凉市	Pingliang	5223	4094	19906	10277	2342	2015
酒泉市	Jiuquan	5027	1155	15508	9531	5887	3895
庆阳市	Qingyang	6516	4398	18077	7523	6867	5634
定西市	Dingxi	3524	1315	15836	3680	2757	1615
陇南市	Longnan	2000	413	11074	6768	2565	1067
青海省	**Qinghai**						
西宁市	Xining	14916	12929	38013	35153	18573	18166
海东市	Haidong	796	276	2794	510	1273	727
宁夏回族自治区	**Ningxia**						
银川市	Yinchuan	19904	15755	19440	13287	17756	15930
石嘴山市	Shizuishan	4196	3424	3903	3523	1412	1375
吴忠市	Wuzhong	6769	1580	4015	1558	2152	1864
固原市	Guyuan	1161	539	3982	2568	1007	908
中卫市	Zhongwei	2642	1419	2762	2487	1007	478
新疆维吾尔自治区	**Xinjiang**						
乌鲁木齐市	Urumqi	40603	40462	93771	93771	42525	42483
克拉玛依市	Karamay	1000	1000	4813	4813	1483	1483
吐鲁番市	Turpan	3546	948	3561	1143	28299	11744
哈密市	Hami	8078	7296	4452	3794	12478	12181

2-27 按行业分组的年末城镇单位就业人员(三)
Persons Employed in Urban Units by Sector in Detail at Year-end(Ⅲ)

单位：人 (person)

城 市	City	(2)交通运输、仓储和邮政业 Traffic,Transport, Storage and Post		(3)住宿和餐饮业 Hotels and Catering Services		(4)信息传输、计算机服务和软件业 Information Transmission, Computer Services and Software	
		全市 Total City	市辖区 Districts under City	全市 Total City	市辖区 Districts under City	全市 Total City	市辖区 Districts under City
北京市	**Beijing**	**589525**	**589525**	**304980**	**304980**	**859131**	**859131**
天津市	**Tianjin**	**149341**	**149341**	**63306**	**63306**	**65728**	**65728**
河北省	**Hebei**						
石家庄市	Shijiazhuang	55012	43816	15528	11907	46274	45501
唐山市	Tangshan	29616	27865	5031	4074	6932	5859
秦皇岛市	Qinhuangdao	15416	14488	3080	2948	4685	4581
邯郸市	Handan	21624	17726	3911	2147	5073	4495
邢台市	Xingtai	9266	6451	1604	1058	3346	3122
保定市	Baoding	16780	13480	4777	3349	9980	9303
张家口市	Zhangjiakou	12942	10348	3333	1939	6524	4451
承德市	Chengde	8814	6739	2139	1291	6456	6087
沧州市	Cangzhou	15118	10926	1891	421	4037	3749
廊坊市	Langfang	8988	5997	1840	774	4649	3926
衡水市	Hengshui	3784	2551	1785	1363	3241	2932
山西省	**Shanxi**						
太原市	Taiyuan	27550	26404	17082	16980	18454	18432
大同市	Datong	12051	11343	3577	3239	3744	3534
阳泉市	Yangquan	6488	5265	1541	996	2409	2409
长治市	Changzhi	9381	7153	1697	1016	3100	2977
晋城市	Jincheng	9785	6788	2804	898	3052	2210
朔州市	Shuozhou	5378	4386	246	246	1786	1639
晋中市	Jinzhong	10617	6757	1400	589	4844	4599
运城市	Yuncheng	7412	5185	1319	600	4568	3397
忻州市	Xinzhou	8704	5458	2704	1317	3123	2524
临汾市	Linfen	28383	4310	1101	579	3292	2969
吕梁市	Lvliang	7432	2160	2023	1071	3971	3390
内蒙古自治区	**Inner Mongolia**						
呼和浩特市	Hohhot	34279	29682	7508	7055	14820	13372
包头市	Baotou	12040	11737	6312	6111	4846	4835
乌海市	Wuhai	2457	2457	278	278	1602	1602
赤峰市	Chifeng	7826	5856	2533	1444	4172	3977
通辽市	Tongliao	5516	2733	1290	490	3820	2612
鄂尔多斯市	Erdos	13205	5881	3047	1190	3641	3307
呼伦贝尔市	Hulunbuir	17002	3722	2879	1445	4408	2798
巴彦淖尔市	Bayannur	2982	1644	825	623	2410	2292
乌兰察布市	Ulanqab	4845	3772	1189	642	2408	2185
辽宁省	**Liaoning**						
沈阳市	Shenyang	113858	112632	24392	24331	25534	25498
大连市	Dalian	57243	54237	16824	16230	76748	76674
鞍山市	Anshan	13211	10721	1558	1098	4963	4775
抚顺市	Fushun	7965	5904	588	470	2035	1879
本溪市	Benxi	5760	5456	1009	782	3013	2347
丹东市	Dandong	12531	9166	1808	1514	3616	2914
锦州市	Jinzhou	8345	7665	734	580	2841	2532
营口市	Yingkou	23813	22608	1726	1503	3699	3210
阜新市	Fuxin	3899	2924	448	345	2161	2058

2-27 续表 1 continued

单位：人 (person)

城市	City	(2)交通运输、仓储和邮政业 Traffic,Transport, Storage and Post		(3)住宿和餐饮业 Hotels and Catering Services		(4)信息传输、计算机服务和软件业 Information Transmission, Computer Services and Software	
		全市 Total City	市辖区 Districts under City	全市 Total City	市辖区 Districts under City	全市 Total City	市辖区 Districts under City
辽阳市	Liaoyang	2891	2470	330	328	2086	2086
盘锦市	Panjin	7792	7382	1504	1413	2353	2315
铁岭市	Tieling	3194	2278	480	63	2269	2118
朝阳市	Chaoyang	5137	1475	743	529	3410	306
葫芦岛市	Huludao	5676	3918	694	419	2459	2439
吉林省	**Jilin**						
长春市	Changchun	57858	55438	13819	13560	32193	31828
吉林市	Jilin	10353	8165	2308	2114	5038	4911
四平市	Siping	5769	3324	1075	685	3374	2619
辽源市	Liaoyuan	3230	2483	252	199	1506	1221
通化市	Tonghua	5966	3371	1210	565	3391	2474
白山市	Baishan	3722	2547	663	336	2215	1716
松原市	Songyuan	3712	1886	1048	436	2433	2244
白城市	Baicheng	3890	1314	1020	619	2021	1696
黑龙江省	**Heilongjiang**						
哈尔滨市	Harbin	106152	98651	7818	7671	53268	52912
齐齐哈尔市	Qiqihar	7917	3835	547	425	4410	3998
鸡西市	Jixi	4665	3104	340	153	2169	1852
鹤岗市	Hegang	3985	2170	487	304	1467	1342
双鸭山市	Shuangyashan	5079	1432	245	79	1867	1816
大庆市	Daqing	14011	13126	703	453	7307	7255
伊春市	Yichun	4236	2803	744	641	2369	2354
佳木斯市	Jiamusi	9759	5311	459	190	2634	2471
七台河市	Qitaihe	2305	1756	195	119	1007	924
牡丹江市	Mudanjiang	5112	2496	700	523	4824	4184
黑河市	Heihe	8921	2628	752	462	2059	1890
绥化市	Suihua	9604	977	531	279	3583	170
上海市	**Shanghai**	**504331**	**504331**	**299079**	**299079**	**417680**	**417680**
江苏省	**Jiangsu**						
南京市	Nanjing	104807	104807	58517	58517	173499	173499
无锡市	Wuxi	29439	21005	27373	24959	29562	29047
徐州市	Xuzhou	31674	24561	5327	4613	8137	6993
常州市	Changzhou	15713	14770	16725	15450	7990	7656
苏州市	Suzhou	90950	41258	44151	35922	51975	36848
南通市	Nantong	28652	22203	5707	2371	8816	6075
连云港市	Lianyungang	28203	25314	3510	2769	3526	2865
淮安市	Huai'an	20985	16156	4254	3429	5717	5298
盐城市	Yancheng	22141	10408	6576	2831	10026	8886
扬州市	Yangzhou	20629	15764	9212	8188	10804	10311
镇江市	Zhenjiang	12494	10342	4009	2959	3204	2612
泰州市	Taizhou	19166	11608	3886	3009	7052	6568
宿迁市	Suqian	9225	6238	2468	1489	3980	3451
浙江省	**Zhejiang**						
杭州市	Hangzhou	101096	97264	78082	74379	180417	179600
宁波市	Ningbo	69240	59834	17323	12558	16805	16320
温州市	Wenzhou	34940	24026	9354	5875	7596	5197
嘉兴市	Jiaxing	15938	7649	5905	2355	7997	4539

2-27 续表 2 continued

单位：人 (person)

城　市	City	(2)交通运输、仓储和邮政业 Traffic,Transport, Storage and Post		(3)住宿和餐饮业 Hotels and Catering Services		(4)信息传输、计算机服务和软件业 Information Transmission, Computer Services and Software	
		全市 Total City	市辖区 Districts under City	全市 Total City	市辖区 Districts under City	全市 Total City	市辖区 Districts under City
湖州市	Huzhou	9431	4961	9485	5279	4706	3241
绍兴市	Shaoxing	15475	12359	6280	5491	4041	3835
金华市	Jinhua	18886	6769	6934	830	6317	4153
衢州市	Quzhou	5883	4713	1699	1051	4477	3865
舟山市	Zhoushan	21579	18026	3558	3429	2502	2432
台州市	Taizhou	14531	7976	5398	2177	5645	4685
丽水市	Lishui	5308	2049	1968	976	3076	2484
安徽省	**Anhui**						
合肥市	Hefei	54908	46727	19828	17717	50562	48404
芜湖市	Wuhu	23937	21365	4411	3912	5719	5395
蚌埠市	Bengbu	11585	8638	1693	1563	2282	2235
淮南市	Huainan	7047	6338	869	652	1675	1662
马鞍山市	Maanshan	7637	5856	3260	2987	4281	4051
淮北市	Huaibei	4160	3173	995	979	2214	2135
铜陵市	Tongling	6514	6088	3162	3119	1488	1270
安庆市	Anqing	10521	7825	3603	1837	4262	3679
黄山市	Huangshan	3850	3356	4027	3011	1817	1750
滁州市	Chuzhou	10123	5975	1558	903	2622	2126
阜阳市	Fuyang	19041	11107	2942	1548	3444	2746
宿州市	Suzhou	9486	5299	2053	1400	3386	3115
六安市	Lu'an	132900	9020	98700	39194	13500	6923
亳州市	Bozhou	12246	3269	4053	2468	2296	2081
池州市	Chizhou	4291	3226	1067	683	1440	1397
宣城市	Xuancheng	3889	2212	1369	573	2492	2099
福建省	**Fujian**						
福州市	Fuzhou	44238	38123	25733	23119	47919	45149
厦门市	Xiamen	74632	74632	40145	40145	34506	34506
莆田市	Putian	7390	6653	3069	2475	3512	3407
三明市	Sanming	8982	5347	964	178	2775	2497
泉州市	Quanzhou	24440	15797	9557	3568	8025	7166
漳州市	Zhangzhou	9163	5521	3971	1518	3674	2972
南平市	Nanping	7761	4947	2429	288	2498	2322
龙岩市	Longyan	9062	7189	3858	2010	2365	2136
宁德市	Ningde	9794	5097	2142	1016	2547	2255
江西省	**Jiangxi**						
南昌市	Nanchang	45975	43243	11400	10517	26945	26710
景德镇市	Jingdezhen	4921	4338	2361	1825	1219	1213
萍乡市	Pingxiang	3608	3416	643	539	1645	1645
九江市	Jiujiang	12754	7473	4688	1254	3439	3070
新余市	Xinyu	2579	2198	488	488	1167	1090
鹰潭市	Yingtan	5519	3715	1726	1630	1073	1073
赣州市	Ganzhou	12665	9706	4239	2385	5082	4659
吉安市	Ji'an	8774	4048	2807	780	3025	2707
宜春市	Yichun	12834	5715	3186	1336	2661	2584
抚州市	Fuzhou	11179	4901	737	205	2248	2098
上饶市	Shangrao	6470	3770	3333	1498	4327	4092

2-27 续表 3 continued

单位：人 (person)

城市	City	(2)交通运输、仓储和邮政业 Traffic,Transport, Storage and Post 全市 Total City	市辖区 Districts under City	(3)住宿和餐饮业 Hotels and Catering Services 全市 Total City	市辖区 Districts under City	(4)信息传输、计算机服务和软件业 Information Transmission, Computer Services and Software 全市 Total City	市辖区 Districts under City
山东省	**Shandong**						
济南市	Jinan	59354	58540	25114	24736	68991	68890
青岛市	Qingdao	88730	85222	27713	26229	22769	22263
淄博市	Zibo	10279	8978	3294	2350	16465	15493
枣庄市	Zaozhuang	9650	5607	1643	1213	2693	2473
东营市	Dongying	8813	8494	3589	2738	4472	4255
烟台市	Yantai	35780	24422	11074	6828	12229	11483
潍坊市	Weifang	17701	12018	7673	4495	9857	9316
济宁市	Jining	19425	13807	6824	3999	4166	3906
泰安市	Tai'an	10499	8369	4335	2767	5046	4942
威海市	Weihai	15510	12901	6778	4515	4161	4063
日照市	Rizhao	29674	27696	2598	2138	2383	2287
临沂市	Linyi	16793	11122	5085	4417	6237	5758
德州市	Dezhou	8845	6083	4223	2990	3755	3633
聊城市	Liaocheng	9936	7423	2444	1159	2921	2788
滨州市	Binzhou	10512	5257	2103	1168	2903	2542
菏泽市	Heze	10379	8133	1884	855	4051	3427
河南省	**Henan**						
郑州市	Zhengzhou	73442	68604	28455	25536	75386	74383
开封市	Kaifeng	7959	5093	3381	2649	3592	3079
洛阳市	Luoyang	17682	13497	5936	4597	16537	16212
平顶山市	Pingdingshan	11827	6722	3230	1541	3622	2690
安阳市	Anyang	9189	4696	2067	999	3894	3280
鹤壁市	Hebi	2832	2211	825	726	2281	2190
新乡市	Xinxiang	11206	6039	2553	1378	5085	4835
焦作市	Jiaozuo	17470	11024	2400	1599	3748	3638
濮阳市	Puyang	10426	7656	1683	1219	2899	2731
许昌市	Xuchang	8612	3123	3061	2004	11949	11168
漯河市	Luohe	7539	4380	1622	1013	1957	1662
三门峡市	Sanmenxia	3766	2803	2549	1616	2956	2717
南阳市	Nanyang	21824	10578	5135	2845	5028	3811
商丘市	Shangqiu	33728	12661	3090	1057	7489	3036
信阳市	Xinyang	16622	8253	4482	2546	8595	5260
周口市	Zhoukou	22794	5907	2857	1142	8167	5922
驻马店市	Zhumadian	21325	11249	4180	1613	4872	3464
湖北省	**Hubei**						
武汉市	Wuhan	108926	108926	51885	51885	96460	96460
黄石市	Huangshi	9652	6319	4272	3071	2727	2418
十堰市	Shiyan	14283	11194	10701	4988	8800	7402
宜昌市	Yichang	31074	8109	29326	16894	6365	5684
襄阳市	Xiangyang	39366	13834	19561	3497	12348	5162
鄂州市	Ezhou	5998	5998	5111	5111	1918	1918
荆门市	Jingmen	16778	8619	8893	4713	6231	2738
孝感市	Xiaogan	22719	5598	35458	26719	8050	3696
荆州市	Jingzhou	16748	10909	1881	746	4303	3586
黄冈市	Huanggang	12632	2851	16232	1048	6001	2906
咸宁市	Xianning	7388	2532	1452	818	5433	2087
随州市	Suizhou	3681	2399	836	762	1234	210

2-27 续表 4 continued

单位：人 (person)

城市	City	(2)交通运输、仓储和邮政业 Traffic,Transport, Storage and Post		(3)住宿和餐饮业 Hotels and Catering Services		(4)信息传输、计算机服务和软件业 Information Transmission, Computer Services and Software	
		全市 Total City	市辖区 Districts under City	全市 Total City	市辖区 Districts under City	全市 Total City	市辖区 Districts under City
湖南省	**Hunan**						
长沙市	Changsha	62607	48917	29959	28300	32259	30050
株洲市	Zhuzhou	11328	9589	3838	2899	4368	3923
湘潭市	Xiangtan	6257	6083	2304	1079	2137	1680
衡阳市	Hengyang	14570	5704	3660	2315	4544	2890
邵阳市	Shaoyang	10526	6413	1683	301	3663	2488
岳阳市	Yueyang	12167	7607	4031	2181	6161	2651
常德市	Changde	12026	6594	4009	1548	5440	3957
张家界市	Zhangjiajie	2831	2117	3579	3087	1799	1574
益阳市	Yiyang	5659	4249	886	796	3197	2373
郴州市	Chenzhou	10406	7194	3638	2554	4485	2922
永州市	Yongzhou	8457	4666	1552	580	3462	2574
怀化市	Huaihua	11004	7725	1066	223	4129	2959
娄底市	Loudi	8743	4811	1194	730	3122	2634
广东省	**Guangdong**						
广州市	Guangzhou	295798	295798	147830	147830	226695	226695
韶关市	Shaoguan	8163	6468	3059	1851	2615	2558
深圳市	Shenzhen	193243	193243	118648	118648	303677	303677
珠海市	Zhuhai	28539	28539	20241	20241	29327	29327
汕头市	Shantou	16376	16115	6216	6028	7443	7381
佛山市	Foshan	43500	43500	17076	17076	13198	13198
江门市	Jiangmen	15570	12711	9437	5329	5867	4901
湛江市	Zhanjiang	19907	15284	6202	4378	5191	4083
茂名市	Maoming	15232	10273	4674	3312	5968	4370
肇庆市	Zhaoqing	7848	6252	3498	2078	3799	3494
惠州市	Huizhou	20910	18251	9890	6649	8375	7244
梅州市	Meizhou	7079	4672	1834	960	4224	3883
汕尾市	Shanwei	4422	1892	1569	878	3633	2637
河源市	Heyuan	5562	3224	2761	1741	3698	3216
阳江市	Yangjiang	7002	6016	2010	1422	2819	2779
清远市	Qingyuan	8196	6482	6055	4069	3013	2760
东莞市	Dongguan	34438		30071		17739	
中山市	Zhongshan	14101		12881		5582	
潮州市	Chaozhou	2801	2413	1347	1201	2675	2643
揭阳市	Jieyang	5314	4125	1819	1224	4028	3816
云浮市	Yunfu	3705	1918	2113	730	2498	1767
广西壮族自治区	**Guangxi**						
南宁市	Nanning	48305	47002	21704	21615	18179	18096
柳州市	Liuzhou	14040	13065	4447	3915	2727	2667
桂林市	Guilin	10411	7482	6234	4838	3834	3708
梧州市	Wuzhou	5465	4163	876	793	1730	1526
北海市	Beihai	3528	3188	2201	2158	2210	2210
防城港市	Fangchenggang	6436	6333	717	574	943	939
钦州市	Qinzhou	6153	5087	1026	773	1565	1509
贵港市	Guigang	4852	3622	539	284	1910	1363
玉林市	Yulin	4873	2968	1781	981	3321	3314

2—27 续表 5 continued

单位：人 (person)

城 市	City	(2)交通运输、仓储和邮政业 Traffic,Transport, Storage and Post		(3)住宿和餐饮业 Hotels and Catering Services		(4)信息传输、计算机服务和软件业 Information Transmission, Computer Services and Software	
		全市 Total City	市辖区 Districts under City	全市 Total City	市辖区 Districts under City	全市 Total City	市辖区 Districts under City
百色市	Baise	5964	3646	1260	398	2377	2377
贺州市	Hezhou	1517	1306	352	186	1526	1456
河池市	Hechi	6990	5978	1289	502	2020	2008
来宾市	Laibin	2621	1526	223	190	1594	1263
崇左市	Chongzuo	3246	2051	961	274	1307	1297
海南省	**Hainan**						
海口市	Haikou	56913	56913	14279	14279	13577	13577
三亚市	Sanya	5794	5794	31860	31860	1209	1209
三沙市	Sansha						
儋州市	Danzhou	765		315		301	
重庆市	**Chongqing**	**214978**	**205394**	**44703**	**40687**	**47360**	**46207**
四川省	**Sichuan**						
成都市	Chengdu	380164		575864		261621	
自贡市	Zigong	7394	4777	2836	2464	1848	1832
攀枝花市	Panzhihua	10096	9493	4977	3595	2242	2224
泸州市	Luzhou	9316	7754	1667	1342	2971	2971
德阳市	Deyang	6386	3605	2474	960	2263	2021
绵阳市	Mianyang	9799		3927		4027	
广元市	Guangyuan	4404	2847	688	272	1735	1638
遂宁市	Suining	4174	3582	4451	4237	2112	2112
内江市	Neijiang	8997	4385	4433	2114	2437	2054
乐山市	Leshan	7705	4920	1775	953	2208	2142
南充市	Nanchong	10524	7621	3288	1748	3401	3008
眉山市	Meishan	4732		1852		2103	
宜宾市	Yibin	7695	6873	1569	1209	2261	2145
广安市	Guang'an	3510	1795	1890	1094	3065	2593
达州市	Dazhou	13385	9656	8978	4016	4520	4009
雅安市	Ya'an	3284	2491	859	619	1286	1264
巴中市	Bazhong	9752	6100	10623	6610	2410	2230
资阳市	Ziyang	3222	2460	1003	321	1540	1490
贵州省	**Guizhou**						
贵阳市	Guiyang	89867	88756	9729	8918	23307	23282
六盘水市	Liupanshui	4745	2723	1672	779	1661	1565
遵义市	Zunyi	11035	7546	4999	2209	3503	3106
安顺市	Anshun	3353	2823	2186	1168	1528	1528
毕节市	Bijie	5751	4206	1396	605	2276	2191
铜仁市	Tongren	3399	2741	1111	24	1937	1927
云南省	**Yunnan**						
昆明市	Kunming	71670	69318	29853	27277	27787	27317
曲靖市	Qujing	4551	2807	2047	1186	2305	2100
玉溪市	Yuxi	4523	3404	1736	812	1984	1878
保山市	Baoshan	3787	2740	1694	833	1883	1873
昭通市	Zhaotong	4637	3645	1635	1371	2217	1992
丽江市	Lijiang	2648	2009	3674	3236	864	846
普洱市	Pu'er	4208	3023	512	213	2314	1968
临沧市	Lincang	4014	3525	1175	659	1641	1531

2-27 续表 6 continued

单位：人 (person)

城市	City	(2)交通运输、仓储和邮政业 Traffic,Transport, Storage and Post		(3)住宿和餐饮业 Hotels and Catering Services		(4)信息传输、计算机服务和软件业 Information Transmission, Computer Services and Software	
		全市 Total City	市辖区 Districts under City	全市 Total City	市辖区 Districts under City	全市 Total City	市辖区 Districts under City
西藏自治区	**Tibet**						
拉萨市	Lasa	15829		3441		5255	
日喀则市	Xigaze	22701		33890		2988	
昌都市	Qamdo	764	89	132	13	310	29
林芝市	Linzhi	1611		770		617	
山南市	Shannan	3602	385	586	387	708	682
那曲市	Naqu	1196		100		514	
陕西省	**Shaanxi**						
西安市	Xi'an	167794	166499	51194	50817	107344	107339
铜川市	Tongchuan	2564	2525	1662	1561	1444	1441
宝鸡市	Baoji	12228	9470	7721	4809	3209	2973
咸阳市	Xianyang	8239	4846	4315	2333	4001	3558
渭南市	Weinan	13010	6031	8110	2141	3404	3256
延安市	Yan'an	10871	6565	5269	3298	2691	2427
汉中市	Hanzhong	6439	4901	2846	2046	2548	2337
榆林市	Yulin	22349	6179	5947	3309	4241	3003
安康市	Ankang	4708	3063	4286	3367	2525	2476
商洛市	Shangluo	4443	1972	2584	916	1913	1809
甘肃省	**Gansu**						
兰州市	Lanzhou	30647	26101	11270	9301	21199	21107
嘉峪关市	Jiayuguan	812		725		469	
金昌市	Jinchang	3550	3238	542	424	1159	1159
白银市	Baiyin	2941	2590	380	137	1079	1079
天水市	Tianshui	4629	3651	3078	2417	2587	2500
武威市	Wuwei	2053	1760	809	654	986	974
张掖市	Zhangye	2062	1520	1141	761	916	806
平凉市	Pingliang	3728	2796	1470	824	1284	1259
酒泉市	Jiuquan	3147	1632	3145	696	1122	979
庆阳市	Qingyang	6514	5111	2205	1105	1542	1502
定西市	Dingxi	3213	1854	1160	444	1138	1138
陇南市	Longnan	2296	1574	964	265	1573	1564
青海省	**Qinghai**						
西宁市	Xining	41276	39919	3219	3219	8653	8640
海东市	Haidong	4150	1054	656	354	192	134
宁夏回族自治区	**Ningxia**						
银川市	Yinchuan	13102	8287	3317	3317	4661	4661
石嘴山市	Shizuishan	1835	1681	328	86	729	729
吴忠市	Wuzhong	1510	738	540	100	937	937
固原市	Guyuan	2148	1561	415	47	765	733
中卫市	Zhongwei	1256	962	32	32	855	855
新疆维吾尔自治区	**Xinjiang**						
乌鲁木齐市	Urumqi	120055	120000	10708	10581	14806	14806
克拉玛依市	Karamay	3858	3858	401	401	1789	1789
吐鲁番市	Turpan	5266	2314	12752	4420	1264	931
哈密市	Hami	7726	7139	4211	3954	1026	995

2-28 按行业分组的年末城镇单位就业人员(四)
Persons Employed in Urban Units by Sector in Detail at Year-end (Ⅳ)

单位：人 (person)

城市	City	(5)金融业 Financial Intermediation		(6)房地产业 Real Estate		(7)租赁和商务服务业 Leasing and Business Services	
		全市 Total City	市辖区 Districts under City	全市 Total City	市辖区 Districts under City	全市 Total City	市辖区 Districts under City
北京市	**Beijing**	**644776**	**644776**	**474197**	**474197**	**737063**	**737063**
天津市	**Tianjin**	**198017**	**198017**	**107976**	**107976**	**152941**	**152941**
河北省	**Hebei**						
石家庄市	Shijiazhuang	81529	77347	34379	32081	57544	53817
唐山市	Tangshan	50636	46841	9761	8762	17868	13100
秦皇岛市	Qinhuangdao	22489	21608	4229	3963	4238	3880
邯郸市	Handan	25664	21205	5707	5215	15020	8618
邢台市	Xingtai	23826	20523	4746	3475	5131	3993
保定市	Baoding	59377	52374	9213	5576	23341	19197
张家口市	Zhangjiakou	25274	24073	10507	7347	9197	7491
承德市	Chengde	15459	12784	4538	2875	6007	3174
沧州市	Cangzhou	42370	39079	3739	1942	13340	6449
廊坊市	Langfang	14454	12840	15791	10562	6278	3113
衡水市	Hengshui	9384	7620	1590	1421	3091	2851
山西省	**Shanxi**						
太原市	Taiyuan	77205	76006	25430	25016	39654	37658
大同市	Datong	29514	27897	5386	5324	11214	10628
阳泉市	Yangquan	9391	7843	3689	3135	13512	12391
长治市	Changzhi	21931	18045	5424	4246	12628	10994
晋城市	Jincheng	22540	20477	3679	1998	7217	4191
朔州市	Shuozhou	14917	13938	2260	1040	2652	2147
晋中市	Jinzhong	27012	22150	2404	1498	10079	5645
运城市	Yuncheng	39134	35545	1697	862	5822	1402
忻州市	Xinzhou	13462	9978	1391	823	6084	3436
临汾市	Linfen	29020	25824	2163	962	4815	2534
吕梁市	Lvliang	15859	8249	1436	601	4481	1399
内蒙古自治区	**Inner Mongolia**						
呼和浩特市	Hohhot	37180	29836	17136	14821	10050	7360
包头市	Baotou	22921	21891	10196	9799	13179	12928
乌海市	Wuhai	8352	8352	1246	1246	993	993
赤峰市	Chifeng	23716	19897	4516	3247	4097	2578
通辽市	Tongliao	17000	11461	4988	2133	7439	3084
鄂尔多斯市	Erdos	13311	9192	7006	3750	11637	4724
呼伦贝尔市	Hulunbuir	15620	11717	3329	1559	4546	1005
巴彦淖尔市	Bayannur	28066	26161	2909	2337	9053	2592
乌兰察布市	Ulanqab	9064	6004	1521	894	2333	1785
辽宁省	**Liaoning**						
沈阳市	Shenyang	88400	87753	32892	32731	36997	36774
大连市	Dalian	82374	82111	37144	36321	36360	31481
鞍山市	Anshan	9728	8391	5994	4189	10757	9420
抚顺市	Fushun	10966	9659	3075	2732	2782	2550
本溪市	Benxi	18817	18540	2334	2206	7349	6424
丹东市	Dandong	9460	7893	6920	5796	2738	1059
锦州市	Jinzhou	22382	20424	3003	2737	5290	4375
营口市	Yingkou	24149	22541	1815	1530	3601	3310
阜新市	Fuxin	16524	15261	1695	1437	2315	2011

2-28 续表 1 continued

单位：人 (person)

城市	City	(5)金融业 Financial Intermediation 全市 Total City	市辖区 Districts under City	(6)房地产业 Real Estate 全市 Total City	市辖区 Districts under City	(7)租赁和商务服务业 Leasing and Business Services 全市 Total City	市辖区 Districts under City
辽阳市	Liaoyang	5697	4832	1116	1011	5686	4928
盘锦市	Panjin	9352	9238	5401	5095	6711	6162
铁岭市	Tieling	10505	7391	2518	149	5149	2351
朝阳市	Chaoyang	18935	15419	1568	551	2275	1799
葫芦岛市	Huludao	7988	5846	1489	1233	5728	3431
吉林省	**Jilin**						
长春市	Changchun	72684	70334	39170	38150	36903	35773
吉林市	Jilin	17190	13947	5835	4829	8103	7314
四平市	Siping	13353	9028	2565	1455	1892	878
辽源市	Liaoyuan	4490	3466	1405	1267	1964	1662
通化市	Tonghua	14307	10928	3728	1891	3602	2310
白山市	Baishan	8230	7069	1336	828	1288	923
松原市	Songyuan	6993	3587	1985	1391	3841	1487
白城市	Baicheng	13285	11765	1437	825	4036	1273
黑龙江省	**Heilongjiang**						
哈尔滨市	Harbin	64829	62324	25656	24370	93226	73735
齐齐哈尔市	Qiqihar	12980	9948	4011	3210	4337	3842
鸡西市	Jixi	10962	10630	995	460	3057	2489
鹤岗市	Hegang	4560	3846	902	818	10882	10649
双鸭山市	Shuangyashan	6239	4417	1855	1340	3420	2931
大庆市	Daqing	30632	29484	14512	14243	1472	1289
伊春市	Yichun	3456	3422	1186	1023	1325	1080
佳木斯市	Jiamusi	22094	19941	782	314	5752	354
七台河市	Qitaihe	7858	7582	899	827	753	68
牡丹江市	Mudanjiang	30336	27472	2329	1553	6328	1929
黑河市	Heihe	16631	16472	1118	171	3285	282
绥化市	Suihua	21347	36	3600	606	1268	320
上海市	**Shanghai**	**378885**	**378885**	**301223**	**301223**	**763917**	**763917**
江苏省	**Jiangsu**						
南京市	Nanjing	68554	68554	76471	76471	132350	132350
无锡市	Wuxi	35837	33345	31120	26268	43861	35662
徐州市	Xuzhou	21248	12705	12379	8967	33530	23747
常州市	Changzhou	34224	34136	9023	8149	18663	17790
苏州市	Suzhou	72736	54532	84421	57664	73835	47957
南通市	Nantong	20414	17686	14567	7062	30950	10790
连云港市	Lianyungang	20488	18901	5345	4314	21131	18154
淮安市	Huai'an	24332	23562	9480	6999	12335	8946
盐城市	Yancheng	23964	21254	9168	6021	17257	9477
扬州市	Yangzhou	14588	13306	12927	10196	23482	14887
镇江市	Zhenjiang	14705	13308	8679	6754	11397	6769
泰州市	Taizhou	26382	13160	11328	6994	19476	10473
宿迁市	Suqian	12167	10014	5979	2654	23444	16146
浙江省	**Zhejiang**						
杭州市	Hangzhou	126859	124984	133445	130252	122018	117897
宁波市	Ningbo	86798	83069	41604	36582	65226	50141
温州市	Wenzhou	31176	28401	27655	20069	32911	18644
嘉兴市	Jiaxing	22761	19302	19218	9775	37132	9076

2-28 续表 2 continued

单位：人 (person)

城市	City	(5)金融业 Financial Intermediation 全市 Total City	市辖区 Districts under City	(6)房地产业 Real Estate 全市 Total City	市辖区 Districts under City	(7)租赁和商务服务业 Leasing and Business Services 全市 Total City	市辖区 Districts under City
湖州市	Huzhou	22885	22422	7528	4441	11432	6021
绍兴市	Shaoxing	24973	23731	7257	5074	10395	6979
金华市	Jinhua	38125	33361	12397	3939	25762	13077
衢州市	Quzhou	23463	22400	828	562	6622	3324
舟山市	Zhoushan	12429	11858	5560	4740	9706	7919
台州市	Taizhou	65640	59223	10925	5527	26870	15228
丽水市	Lishui	20513	19245	1558	686	8088	1826
安徽省	**Anhui**						
合肥市	Hefei	41639	38091	55841	48285	78838	70499
芜湖市	Wuhu	14995	13188	13423	10153	13306	11976
蚌埠市	Bengbu	12103	10641	11161	8880	8167	7090
淮南市	Huainan	18299	17157	11505	6782	3779	3248
马鞍山市	Maanshan	13927	12344	7933	4876	10776	7780
淮北市	Huaibei	9171	8501	3342	2912	6678	5818
铜陵市	Tongling	4965	4479	7054	6623	5747	5440
安庆市	Anqing	16017	12789	10237	5766	8268	3522
黄山市	Huangshan	5633	4121	3730	2659	3210	2287
滁州市	Chuzhou	12091	9204	8917	3937	8292	5073
阜阳市	Fuyang	30921	23768	9541	4969	6513	3995
宿州市	Suzhou	16170	15238	9220	6539	3263	2229
六安市	Lu'an	16000	7699	15700	6655	42900	14377
亳州市	Bozhou	9621	7549	10569	6630	11060	3867
池州市	Chizhou	8205	7301	2318	1420	4381	2441
宣城市	Xuancheng	9037	6619	5086	1626	4988	3378
福建省	**Fujian**						
福州市	Fuzhou	67792	64201	48371	41342	71644	59792
厦门市	Xiamen	38289	38289	57411	57411	41068	41068
莆田市	Putian	14531	14498	6255	5253	14222	13704
三明市	Sanming	20666	18927	4982	814	3754	1077
泉州市	Quanzhou	23423	22035	20903	11149	21315	9846
漳州市	Zhangzhou	26704	24313	19176	10718	23456	14371
南平市	Nanping	12116	11060	6434	2756	7288	3731
龙岩市	Longyan	24469	23620	4949	2992	9264	4815
宁德市	Ningde	23578	21720	5062	2138	6945	1823
江西省	**Jiangxi**						
南昌市	Nanchang	64981	63364	40579	34814	30045	28207
景德镇市	Jingdezhen	7124	7124	2376	1910	1303	1003
萍乡市	Pingxiang	7010	6590	2657	2131	993	804
九江市	Jiujiang	16016	13950	9739	3702	7190	3742
新余市	Xinyu	6418	6418	1764	1450	1348	1216
鹰潭市	Yingtan	7233	7148	2029	1750	3475	2487
赣州市	Ganzhou	32827	29519	13873	9361	6423	3798
吉安市	Ji'an	12227	10248	3396	1840	3684	965
宜春市	Yichun	18312	15469	5395	1405	3278	1165
抚州市	Fuzhou	13473	10672	5359	1620	1962	846
上饶市	Shangrao	16588	13870	6984	2804	12857	6062

2-28 续表 3 continued

单位：人 (person)

城市	City	(5)金融业 Financial Intermediation 全市 Total City	市辖区 Districts under City	(6)房地产业 Real Estate 全市 Total City	市辖区 Districts under City	(7)租赁和商务服务业 Leasing and Business Services 全市 Total City	市辖区 Districts under City
山东省	**Shandong**						
济南市	Jinan	80920	80116	61904	60751	45044	44796
青岛市	Qingdao	120517	120170	47033	40461	35985	32845
淄博市	Zibo	30831	29259	9119	6574	17075	15723
枣庄市	Zaozhuang	11384	10484	6552	3290	3651	2663
东营市	Dongying	12977	11819	7088	6100	30315	29988
烟台市	Yantai	56700	51680	21405	14674	13080	8445
潍坊市	Weifang	27091	21986	17969	10741	15144	10928
济宁市	Jining	41438	37003	9285	4948	13083	4823
泰安市	Tai'an	28289	26281	9250	4486	5463	4071
威海市	Weihai	11579	10839	14952	10511	8357	6621
日照市	Rizhao	11436	10070	7466	5564	12170	8959
临沂市	Linyi	26034	21005	18098	11676	12819	9117
德州市	Dezhou	13977	10214	8408	4221	7391	5516
聊城市	Liaocheng	48779	45190	4639	2813	1545	1166
滨州市	Binzhou	18121	15999	8749	5421	2867	1681
菏泽市	Heze	16291	12023	7956	5252	4615	3725
河南省	**Henan**						
郑州市	Zhengzhou	59953	58029	78947	65755	98783	91462
开封市	Kaifeng	11045	9516	11332	6669	6887	4969
洛阳市	Luoyang	17660	14787	20719	18112	9413	4729
平顶山市	Pingdingshan	20173	17150	9900	5584	9029	3799
安阳市	Anyang	10938	8340	7610	4307	9475	7058
鹤壁市	Hebi	4550	3467	2699	2098	9120	8337
新乡市	Xinxiang	8964	5679	10127	5074	9709	3716
焦作市	Jiaozuo	11082	10957	7486	5121	5868	2719
濮阳市	Puyang	7021	5145	7221	4281	21727	19596
许昌市	Xuchang	8220	6188	11502	6547	7018	3053
漯河市	Luohe	10197	9258	6130	4357	7450	5766
三门峡市	Sanmenxia	11920	11087	3201	2233	2269	2064
南阳市	Nanyang	35082	29218	9932	4607	13509	8447
商丘市	Shangqiu	9099	7174	39443	11626	20111	4539
信阳市	Xinyang	12761	9794	12648	4767	6241	2683
周口市	Zhoukou	13768	12018	14734	3584	9477	901
驻马店市	Zhumadian	39759	36601	22603	8532	11829	7356
湖北省	**Hubei**						
武汉市	Wuhan	53473	53473	101525	101525	93017	93017
黄石市	Huangshi	1486	884	6173	3819	6700	3928
十堰市	Shiyan	22018	18032	19964	10536	11106	7679
宜昌市	Yichang	8171	4547	26011	20114	40928	24816
襄阳市	Xiangyang	21671	18160	34897	12346	32443	10536
鄂州市	Ezhou	2974	2974	4536	4536	4794	4794
荆门市	Jingmen	11021	8510	4910	2266	7463	2660
孝感市	Xiaogan	11807	9707	20456	7769	30052	16695
荆州市	Jingzhou	15888	13468	3582	1884	2920	1607
黄冈市	Huanggang	27828	23166	12432	1151	12589	1034
咸宁市	Xianning	10910	9689	3446	1697	5141	2878
随州市	Suizhou	3855	3011	1581	1309	745	499

2–28 续表 4 continued

单位：人 (person)

城　市	City	(5)金融业 Financial Intermediation		(6)房地产业 Real Estate		(7)租赁和商务服务业 Leasing and Business Services	
		全市 Total City	市辖区 Districts under City	全市 Total City	市辖区 Districts under City	全市 Total City	市辖区 Districts under City
湖南省	**Hunan**						
长沙市	Changsha	101878	99273	52632	45345	41320	37615
株洲市	Zhuzhou	17891	17229	14280	11660	11263	8877
湘潭市	Xiangtan	21153	19629	6135	5024	10075	8548
衡阳市	Hengyang	13730	11141	11094	5316	12004	4306
邵阳市	Shaoyang	27152	23456	4105	1905	3886	1458
岳阳市	Yueyang	28479	25939	11808	4946	11183	4181
常德市	Changde	39090	36938	8948	5708	15067	11551
张家界市	Zhangjiajie	2686	2605	2212	1378	2740	2391
益阳市	Yiyang	23472	21361	1999	1135	3518	1901
郴州市	Chenzhou	24265	22246	11947	6945	5744	2770
永州市	Yongzhou	10867	9223	5160	2318	6549	2322
怀化市	Huaihua	12836	10056	6830	1825	4528	2124
娄底市	Loudi	21817	21723	1651	965	7098	6009
广东省	**Guangdong**						
广州市	Guangzhou	182239	182239	273655	273655	412569	412569
韶关市	Shaoguan	19855	18217	6825	4621	6392	4832
深圳市	Shenzhen	238033	238033	274892	274892	337340	337340
珠海市	Zhuhai	15650	15650	38869	38869	64657	64657
汕头市	Shantou	29069	28842	13859	13851	22652	22387
佛山市	Foshan	87438	87438	50258	50258	43860	43860
江门市	Jiangmen	22701	20428	15715	9566	18081	12859
湛江市	Zhanjiang	31569	28798	10719	8154	7790	5500
茂名市	Maoming	18984	14605	11766	7431	15429	8580
肇庆市	Zhaoqing	15413	13432	9668	5653	4083	2851
惠州市	Huizhou	41657	37742	32415	25364	17101	14907
梅州市	Meizhou	22334	20623	3917	2160	3900	2521
汕尾市	Shanwei	3517	2449	3245	1371	3336	1187
河源市	Heyuan	13012	11327	8391	5874	6586	3552
阳江市	Yangjiang	6965	5964	4220	2743	6143	3607
清远市	Qingyuan	17251	15367	9304	7642	6357	5039
东莞市	Dongguan	27699		60370		122089	
中山市	Zhongshan	17074		23679		11863	
潮州市	Chaozhou	6407	6342	2569	2430	2835	2507
揭阳市	Jieyang	6040	3700	3613	2292	3827	2917
云浮市	Yunfu	11777	10160	3749	1757	4679	1264
广西壮族自治区	**Guangxi**						
南宁市	Nanning	81325	77549	33862	32749	35687	33579
柳州市	Liuzhou	19350	17842	14000	12864	19346	16658
桂林市	Guilin	18539	14989	9949	7876	15210	12561
梧州市	Wuzhou	6783	4459	3033	1778	2462	1757
北海市	Beihai	5897	5177	4636	4413	4068	3047
防城港市	Fangchenggang	3265	2810	2366	1827	1439	1113
钦州市	Qinzhou	6454	3943	3926	2939	4981	4387
贵港市	Guigang	6231	4587	3112	2102	3422	1389
玉林市	Yulin	10481	7066	5682	3508	5487	3231

2-28 续表 5 continued

单位：人 (person)

城市	City	(5)金融业 Financial Intermediation 全市 Total City	市辖区 Districts under City	(6)房地产业 Real Estate 全市 Total City	市辖区 Districts under City	(7)租赁和商务服务业 Leasing and Business Services 全市 Total City	市辖区 Districts under City
百色市	Baise	10944	7952	3156	1131	3152	1097
贺州市	Hezhou	6631	4955	1926	1335	3754	2700
河池市	Hechi	8106	6062	1555	1092	7431	5296
来宾市	Laibin	5319	3100	2150	1745	1808	978
崇左市	Chongzuo	6651	5398	1519	533	4360	1428
海南省	**Hainan**						
海口市	Haikou	36556	36556	48198	48198	21199	21199
三亚市	Sanya	11992	11992	12011	12011	2948	2948
三沙市	Sansha						
儋州市	Danzhou	582		1529		1255	
重庆市	**Chongqing**	**206355**	**199473**	**137469**	**130956**	**142933**	**129145**
四川省	**Sichuan**						
成都市	Chengdu	121544		254529		404992	
自贡市	Zigong	14153	13420	4222	3745	5437	4959
攀枝花市	Panzhihua	10899	10827	7086	5643	19364	18227
泸州市	Luzhou	13426	12184	11936	9651	11418	7916
德阳市	Deyang	11494	9364	4706	2613	5276	2949
绵阳市	Mianyang	8789		12867		7252	
广元市	Guangyuan	9714	9114	2883	2361	3573	2266
遂宁市	Suining	2439	1745	8236	7291	8456	7740
内江市	Neijiang	6100	4764	6621	3863	11210	7071
乐山市	Leshan	9699	7979	5478	3691	5652	2631
南充市	Nanchong	16392	14144	7332	3287	11593	6731
眉山市	Meishan	19885		4888		3856	
宜宾市	Yibin	20133	18140	7124	6201	6385	3794
广安市	Guang'an	11667	10069	8016	5232	6537	3473
达州市	Dazhou	17627	15844	14319	7591	10466	5938
雅安市	Ya'an	6438	5551	3320	2579	5972	3857
巴中市	Bazhong	10713	9651	9395	5220	15329	9262
资阳市	Ziyang	14286	13429	4288	3660	2119	2032
贵州省	**Guizhou**						
贵阳市	Guiyang	34945	33125	52115	49153	32704	30766
六盘水市	Liupanshui	12186	10520	6193	2250	5441	2099
遵义市	Zunyi	31873	28175	13785	4535	15900	5289
安顺市	Anshun	8834	7656	7418	6170	4343	3102
毕节市	Bijie	10033	7337	8380	1686	6115	1688
铜仁市	Tongren	16123	13943	2622	1330	4085	1430
云南省	**Yunnan**						
昆明市	Kunming	46050	44083	42173	38129	52640	46996
曲靖市	Qujing	8490	6782	8379	4833	4431	2467
玉溪市	Yuxi	6520	5595	6501	4641	6903	2624
保山市	Baoshan	6241	5509	5460	1710	3979	2895
昭通市	Zhaotong	5711	3924	2862	1953	3100	1694
丽江市	Lijiang	3944	2728	2065	1806	2608	2112
普洱市	Pu'er	4528	3249	2276	1732	6976	6069
临沧市	Lincang	3380	2536	5058	1510	3004	1717

2-28 续表 6 continued

单位：人 (person)

城 市	City	(5)金融业 Financial Intermediation 全市 Total City	市辖区 Districts under City	(6)房地产业 Real Estate 全市 Total City	市辖区 Districts under City	(7)租赁和商务服务业 Leasing and Business Services 全市 Total City	市辖区 Districts under City
西藏自治区	**Tibet**						
拉萨市	Lasa	11722		3002		9463	
日喀则市	Xigaze	567		414		3688	
昌都市	Qamdo	114	86	28	28	1187	452
林芝市	Linzhi	630		588		807	
山南市	Shannan	236	232	559	301	2362	2046
那曲市	Naqu	199		133		55	
陕西省	**Shaanxi**						
西安市	Xi'an	154288	153963	91454	90988	66020	65708
铜川市	Tongchuan	3282	3147	3333	3273	2318	2275
宝鸡市	Baoji	16637	14759	7608	6103	4884	3876
咸阳市	Xianyang	18783	15850	6083	3734	5374	3727
渭南市	Weinan	24515	22814	6604	3194	5251	1163
延安市	Yan'an	10349	8866	7718	7013	9514	1872
汉中市	Hanzhong	19094	16331	4323	2941	2684	1191
榆林市	Yulin	8220	4785	4073	2118	8087	3714
安康市	Ankang	17685	15974	4033	2730	2743	2226
商洛市	Shangluo	4807	2973	2094	795	2903	1927
甘肃省	**Gansu**						
兰州市	Lanzhou	25216	24480	30040	26603	21432	20477
嘉峪关市	Jiayuguan	1891		1142		417	
金昌市	Jinchang	3683	3265	1539	1186	638	579
白银市	Baiyin	3862	3636	2356	1732	583	514
天水市	Tianshui	4716	3686	4734	3763	2883	1750
武威市	Wuwei	8723	7965	1890	1711	1609	1590
张掖市	Zhangye	5967	5005	1798	1131	1748	823
平凉市	Pingliang	7069	5997	1826	1287	805	518
酒泉市	Jiuquan	10897	9725	2699	1538	3735	1042
庆阳市	Qingyang	6396	4642	1857	1089	1696	1214
定西市	Dingxi	5883	4652	2370	985	1558	647
陇南市	Longnan	4088	2417	1277	570	371	129
青海省	**Qinghai**						
西宁市	Xining	20892	19957	11483	11101	11680	9103
海东市	Haidong	2402	1538	887	295	965	295
宁夏回族自治区	**Ningxia**						
银川市	Yinchuan	28135	26833	12603	10106	17853	14955
石嘴山市	Shizuishan	2246	2246	570	378	1969	986
吴忠市	Wuzhong	2386	1464	855	597	7806	3232
固原市	Guyuan	4098	3522	171	58	2280	2208
中卫市	Zhongwei	2562	1682	198	147	260	234
新疆维吾尔自治区	**Xinjiang**						
乌鲁木齐市	Urumqi	35117	35100	23427	23242	27010	26739
克拉玛依市	Karamay	3346	3346	7825	7825	11520	11520
吐鲁番市	Turpan	2986	2589	2455	1015	6085	2526
哈密市	Hami	6113	5977	1388	1141	2850	2768

2—29 按行业分组的年末城镇单位就业人员(五)
Persons Employed in Urban Units by Sector in Detail at Year-end(Ⅴ)

单位：人 (person)

城市	City	(8)科学研究和技术服务业 Scientific Research and Technical Service		(9)水利、环境和公共设施管理业 Management of Water Conservancy, Environment		(10)居民服务、修理和其他服务业 Services to Households and Other Services	
		全市 Total City	市辖区 Districts under City	全市 Total City	市辖区 Districts under City	全市 Total City	市辖区 Districts under City
北京市	**Beijing**	**689448**	**689448**	**123799**	**123799**	**68324**	**68324**
天津市	**Tianjin**	**110839**	**110839**	**36809**	**36809**	**65130**	**65130**
河北省	**Hebei**						
石家庄市	Shijiazhuang	34683	32707	16121	9826	3961	2101
唐山市	Tangshan	7967	7180	15650	12002	747	443
秦皇岛市	Qinhuangdao	5870	5377	5347	4760	888	860
邯郸市	Handan	8294	7725	12529	8726	541	371
邢台市	Xingtai	4572	3799	8372	6164	293	137
保定市	Baoding	60486	6725	4501	2488	9223	8115
张家口市	Zhangjiakou	6789	5779	10463	6256	3383	2967
承德市	Chengde	6728	4690	3920	1907	321	241
沧州市	Cangzhou	16060	2095	3745	1071	2888	1544
廊坊市	Langfang	9776	4106	3819	554	858	261
衡水市	Hengshui	2531	2015	6060	3021	1981	69
山西省	**Shanxi**						
太原市	Taiyuan	41546	41054	10062	8205	4205	4199
大同市	Datong	4531	3854	11513	9336	296	271
阳泉市	Yangquan	3196	2775	457	287	129	44
长治市	Changzhi	6883	4400	7538	1670	113	69
晋城市	Jincheng	2958	1843	4284	1285	700	230
朔州市	Shuozhou					990	761
晋中市	Jinzhong	4071	2476	4446	949	1049	852
运城市	Yuncheng	3105	1909	7348	1793	204	145
忻州市	Xinzhou	3147	1618	8901	2761	153	69
临汾市	Linfen	4169	2000	8481	2393	177	97
吕梁市	Lvliang	2542	1249	12430	2940	428	171
内蒙古自治区	**Inner Mongolia**						
呼和浩特市	Hohhot	27748	23734	6505	3592	2986	1638
包头市	Baotou	7695	7348	3668	3315	1620	1348
乌海市	Wuhai	1350	1350	590	590	133	133
赤峰市	Chifeng	4462	3893	7629	5744	598	386
通辽市	Tongliao	4472	2276	4340	1332	493	157
鄂尔多斯市	Erdos	5973	3632	1937	896	411	75
呼伦贝尔市	Hulunbuir	6081	2337	3105	645	1422	86
巴彦淖尔市	Bayannur	2959	1941	4204	437	163	78
乌兰察布市	Ulanqab	2727	1394	1388	553	523	462
辽宁省	**Liaoning**						
沈阳市	Shenyang	46470	46098	17724	16665	7162	6941
大连市	Dalian	19784	18963	10489	9281	3227	3078
鞍山市	Anshan	4897	3693	3785	2696	1193	712
抚顺市	Fushun	3270	2927	6286	5364	742	652
本溪市	Benxi	1356	1323	1555	1039	691	620
丹东市	Dandong	2395	1438	2530	771	768	447
锦州市	Jinzhou	4494	3300	2443	1125	2164	1844
营口市	Yingkou	2241	1607	3122	2786	449	248
阜新市	Fuxin	2210	1890	1827	690	570	195

2-29 续表 1 continued

单位：人 (person)

城市	City	(8)科学研究和技术服务业 Scientific Research and Technical Service		(9)水利、环境和公共设施管理业 Management of Water Conservancy, Environment		(10)居民服务、修理和其他服务业 Services to Households and Other Services	
		全市 Total City	市辖区 Districts under City	全市 Total City	市辖区 Districts under City	全市 Total City	市辖区 Districts under City
辽阳市	Liaoyang	1009	946	1148	662	120	64
盘锦市	Panjin	4224	4115	10363	8770	1257	1092
铁岭市	Tieling	2271	420	1309	402	420	62
朝阳市	Chaoyang	2457	1162	8984	5101	4852	4641
葫芦岛市	Huludao	1454	578	2832	181	650	297
吉林省	**Jilin**						
长春市	Changchun	50941	47014	27744	23028	13218	12987
吉林市	Jilin	6749	4797	10974	6587	1147	796
四平市	Siping	3609	1584	5709	3034	971	87
辽源市	Liaoyuan	2100	961	3085	1651	288	237
通化市	Tonghua	3640	1527	4954	826	927	528
白山市	Baishan	1328	809	2707	1667	236	194
松原市	Songyuan	3365	783	1448	508	236	96
白城市	Baicheng	3218	1247	4144	388	530	139
黑龙江省	**Heilongjiang**						
哈尔滨市	Harbin	28681	26915	19403	13231	5044	4607
齐齐哈尔市	Qiqihar	3927	2446	9501	5216	709	445
鸡西市	Jixi	1239	804	3797	1932	337	237
鹤岗市	Hegang	569	298	1622	1253	1461	1353
双鸭山市	Shuangyashan	1010	614	2923	1225	315	154
大庆市	Daqing	38869	38512	2387	2000	18669	18597
伊春市	Yichun	1561	1360	4481	4069	137	98
佳木斯市	Jiamusi	2647	1815	3399	481	279	
七台河市	Qitaihe	1299	492	1496	1244	78	50
牡丹江市	Mudanjiang	2013	1182	3199	516	392	208
黑河市	Heihe	1136	355	8176	191	240	69
绥化市	Suihua	2780	430	5260	207	636	43
上海市	**Shanghai**	**362050**	**362050**	**106200**	**106200**	**109277**	**109277**
江苏省	**Jiangsu**						
南京市	Nanjing	96061	96061	18306	18306	9159	9159
无锡市	Wuxi	26434	23170	10586	7025	6885	4342
徐州市	Xuzhou	11576	6809	7731	4191	3087	1361
常州市	Changzhou	16858	16120	5927	3494	859	777
苏州市	Suzhou	40970	30287	21504	13158	10593	5627
南通市	Nantong	13794	5666	9350	3191	4446	2963
连云港市	Lianyungang	9800	8399	13722	11413	1821	1436
淮安市	Huai'an	8284	6999	6641	4503	5180	4423
盐城市	Yancheng	10414	5627	9747	3710	1877	936
扬州市	Yangzhou	16905	14680	7550	4573	1938	1191
镇江市	Zhenjiang	9299	6517	5752	2718	1469	645
泰州市	Taizhou	8369	4861	6766	3041	1243	797
宿迁市	Suqian	3457	1512	8884	3349	987	373
浙江省	**Zhejiang**						
杭州市	Hangzhou	96434	95457	33244	29807	22732	22575
宁波市	Ningbo	26193	18602	16656	9589	6148	5123
温州市	Wenzhou	10329	6984	6633	2671	1726	562
嘉兴市	Jiaxing	13729	6186	11028	2674	961	459

2-29 续表 2 continued

单位：人 (person)

城市	City	(8)科学研究和技术服务业 Scientific Research and Technical Service		(9)水利、环境和公共设施管理业 Management of Water Conservancy, Environment		(10)居民服务、修理和其他服务业 Services to Households and Other Services	
		全市 Total City	市辖区 Districts under City	全市 Total City	市辖区 Districts under City	全市 Total City	市辖区 Districts under City
湖州市	Huzhou	5159	3535	5161	1222	735	245
绍兴市	Shaoxing	6735	5737	8944	7308	1462	1063
金华市	Jinhua	6589	3086	12765	2833	765	246
衢州市	Quzhou	2878	2089	1962	1126	305	190
舟山市	Zhoushan	2819	2595	4443	3235	467	403
台州市	Taizhou	6555	3322	7910	3110	1255	579
丽水市	Lishui	2856	1674	3957	878	264	65
安徽省	**Anhui**						
合肥市	Hefei	52930	50579	8269	5877	4992	4254
芜湖市	Wuhu	7727	6748	2230	1092	1709	1399
蚌埠市	Bengbu	4007	3210	4603	3058	1228	1081
淮南市	Huainan	3378	2830	8171	4556	564	479
马鞍山市	Maanshan	5082	4354	3966	942	857	532
淮北市	Huaibei	1845	1693	662	451	331	236
铜陵市	Tongling	2521	2301	2138	957	434	391
安庆市	Anqing	5415	2961	7998	3976	3455	1155
黄山市	Huangshan	2589	2312	9727	8855	473	420
滁州市	Chuzhou	3951	1111	7415	3282	1658	148
阜阳市	Fuyang	3521	2274	11923	1363	1089	529
宿州市	Suzhou	5130	3475	5276	1761	440	222
六安市	Lu'an	13300	8186	15900	4235	131500	30013
亳州市	Bozhou	1275	484	1551	431	1060	657
池州市	Chizhou	2275	1984	1633	484	1174	1150
宣城市	Xuancheng	1548	377	2137	1218	477	38
福建省	**Fujian**						
福州市	Fuzhou	37763	33823	17162	11749	6459	5748
厦门市	Xiamen	19656	19656	19013	19013	21518	21518
莆田市	Putian	1995	1859	5747	5049	919	667
三明市	Sanming	3235	1102	3996	528	601	32
泉州市	Quanzhou	5093	3880	6585	1913	1203	691
漳州市	Zhangzhou	3150	2261	6453	1658	1398	349
南平市	Nanping	3375	758	3080	259	474	175
龙岩市	Longyan	2673	2181	4445	2387	864	258
宁德市	Ningde	1842	1123	2722	559	1287	467
江西省	**Jiangxi**						
南昌市	Nanchang	32762	30239	6627	6154	3554	3163
景德镇市	Jingdezhen	574	386	2198	1762	77	74
萍乡市	Pingxiang	1751	1589	789	761	150	148
九江市	Jiujiang	6701	5294	8116	3115	938	562
新余市	Xinyu	1981	1279	53	53	223	114
鹰潭市	Yingtan	3992	3842	1217	1133	79	79
赣州市	Ganzhou	5214	3868	11373	3490	782	595
吉安市	Ji'an	3295	1172	4248	73	474	159
宜春市	Yichun	2293	814	1619	283	369	3
抚州市	Fuzhou	1871	1118	5670	1897	542	158
上饶市	Shangrao	3385	1993	8754	3342	1642	234

2-29 续表 3 continued

单位：人 (person)

城市	City	(8)科学研究和技术服务业 Scientific Research and Technical Service		(9)水利、环境和公共设施管理业 Management of Water Conservancy, Environment		(10)居民服务、修理和其他服务业 Services to Households and Other Services	
		全市 Total City	市辖区 Districts under City	全市 Total City	市辖区 Districts under City	全市 Total City	市辖区 Districts under City
山东省	**Shandong**						
济南市	Jinan	63737	63148	31041	30225	6678	6519
青岛市	Qingdao	38527	37009	17479	14682	5509	5161
淄博市	Zibo	7649	5970	13532	11815	1817	1666
枣庄市	Zaozhuang	2873	1994	4800	3935	801	225
东营市	Dongying	8158	7319	4293	4010	468	401
烟台市	Yantai	13190	8816	11063	2651	2246	1319
潍坊市	Weifang	7614	5661	46825	2167	656	201
济宁市	Jining	5990	4079	5797	1952	573	265
泰安市	Tai'an	4720	3332	4285	1491	570	141
威海市	Weihai	5973	4736	3732	2458	1240	1002
日照市	Rizhao	3126	2436	3633	2085	3908	3830
临沂市	Linyi	6383	4466	13686	6550	2860	1461
德州市	Dezhou	3894	2036	6181	1270	3316	2573
聊城市	Liaocheng	3059	2623	3186	1381	604	406
滨州市	Binzhou	3360	1728	1288	530	1410	990
菏泽市	Heze	3286	1940	7773	3897	767	316
河南省	**Henan**						
郑州市	Zhengzhou	76515	73538	23477	16433	4992	4364
开封市	Kaifeng	5134	2907	7519	4708	1135	708
洛阳市	Luoyang	22936	21140	9818	4895	574	363
平顶山市	Pingdingshan	4630	3245	6986	3662	2070	757
安阳市	Anyang	4174	2594	9022	5490	482	195
鹤壁市	Hebi	1218	989	2926	2507	53	53
新乡市	Xinxiang	2725	1744	4777	1385	1208	261
焦作市	Jiaozuo	2469	1733	5055	3005	709	517
濮阳市	Puyang	4055	3356	5203	1972	785	346
许昌市	Xuchang	7199	2381	7826	2175	1659	632
漯河市	Luohe	2025	1497	3548	3196	1064	91
三门峡市	Sanmenxia	2242	1315	3075	2675	841	620
南阳市	Nanyang	11596	4549	11898	2020	1592	619
商丘市	Shangqiu	7901	1274	8403	3330	3325	292
信阳市	Xinyang	7265	1245	6903	2544	1238	551
周口市	Zhoukou	5494	932	10486	29	2044	123
驻马店市	Zhumadian	6648	2684	6468	2233	2853	672
湖北省	**Hubei**						
武汉市	Wuhan	98798	98798	38973	38973	8846	8846
黄石市	Huangshi	4878	2807	4384	1233	2288	1697
十堰市	Shiyan	5456	2820	6240	3262	11522	10079
宜昌市	Yichang	19652	8384	8288	3986	14606	5103
襄阳市	Xiangyang	27838	16888	11292	3717	11550	2913
鄂州市	Ezhou	1838	1838	2897	2897	2093	2093
荆门市	Jingmen	3387	2085	3756	1513	325	271
孝感市	Xiaogan	8559	4333	8641	1471	11082	3405
荆州市	Jingzhou	6228	2670	6962	938	1513	792
黄冈市	Huanggang	3945	528	6834	365	4415	
咸宁市	Xianning	2670	1478	3663	1838	417	
随州市	Suizhou	1739	791	4096	2346	185	12

2-29 续表 4 continued

单位：人 (person)

城 市	City	(8)科学研究和技术服务业 Scientific Research and Technical Service		(9)水利、环境和公共设施管理业 Management of Water Conservancy, Environment		(10)居民服务、修理和其他服务业 Services to Households and Other Services	
		全市 Total City	市辖区 Districts under City	全市 Total City	市辖区 Districts under City	全市 Total City	市辖区 Districts under City
湖南省	**Hunan**						
长沙市	Changsha	63594	60735	12395	8180	7006	6173
株洲市	Zhuzhou	6982	6079	4370	2183	803	695
湘潭市	Xiangtan	3452	2864	4973	3868	542	435
衡阳市	Hengyang	6164	2884	9599	1374	2661	546
邵阳市	Shaoyang	2236	749	3915	747	814	330
岳阳市	Yueyang	14243	3328	12085	4128	3013	1196
常德市	Changde	10423	5245	9179	4438	1438	575
张家界市	Zhangjiajie	607	437	3990	3484	413	62
益阳市	Yiyang	2657	1772	4944	1916	288	166
郴州市	Chenzhou	10862	5166	7492	4031	1736	618
永州市	Yongzhou	3636	1255	5534	1879	1986	1235
怀化市	Huaihua	3414	1793	7164	2878	682	94
娄底市	Loudi	2626	1959	6427	3175	1511	499
广东省	**Guangdong**						
广州市	Guangzhou	172161	172161	65214	65214	30259	30259
韶关市	Shaoguan	3976	3382	5738	2727	1173	341
深圳市	Shenzhen	141646	141646	19761	19761	35714	35714
珠海市	Zhuhai	14416	14416	10083	10083	3279	3279
汕头市	Shantou	5851	5785	5018	4901	2294	2277
佛山市	Foshan	22057	22057	14443	14443	10279	10279
江门市	Jiangmen	6657	4602	6291	3260	3566	2054
湛江市	Zhanjiang	5021	3570	7932	3652	2179	1672
茂名市	Maoming	5847	4047	3357	1376	1726	1281
肇庆市	Zhaoqing	3156	2485	3554	2093	1111	631
惠州市	Huizhou	10688	8187	4164	2884	3712	2533
梅州市	Meizhou	3396	2772	5086	2074	298	116
汕尾市	Shanwei	1050	632	1205	440	2535	2265
河源市	Heyuan	2965	2291	1811	677	2058	1546
阳江市	Yangjiang	2713	1955	5481	3760	782	625
清远市	Qingyuan	3850	3257	3548	1905	1191	1002
东莞市	Dongguan	55412		8220		21401	
中山市	Zhongshan	5063		3627		2755	
潮州市	Chaozhou	1392	1168	1964	1108	564	440
揭阳市	Jieyang	1045	801	1999	511	1257	347
云浮市	Yunfu	1667	554	1522	243	266	93
广西壮族自治区	**Guangxi**						
南宁市	Nanning	37172	35830	16997	14440	2782	2498
柳州市	Liuzhou	7780	6768	10930	9585	672	575
桂林市	Guilin	5569	4327	9309	4269	1168	699
梧州市	Wuzhou	2249	1979	2459	1592	164	60
北海市	Beihai	2719	1746	5358	4120	467	435
防城港市	Fangchenggang	861	717	2232	1722	136	52
钦州市	Qinzhou	2270	1819	2906	2012	273	176
贵港市	Guigang	1708	1258	3497	1878	628	524
玉林市	Yulin	4900	2318	6490	2961	287	136

2–29 续表 5 continued

单位：人 (person)

城　市	City	(8)科学研究和技术服务业 Scientific Research and Technical Service 全市 Total City	(8) 市辖区 Districts under City	(9)水利、环境和公共设施管理业 Management of Water Conservancy, Environment 全市 Total City	(9) 市辖区 Districts under City	(10)居民服务、修理和其他服务业 Services to Households and Other Services 全市 Total City	(10) 市辖区 Districts under City
百色市	Baise	2102	1187	5744	2496	992	342
贺州市	Hezhou	923	753	1009	505	237	237
河池市	Hechi	929	659	2552	1343	84	75
来宾市	Laibin	1339	719	1604	763	103	101
崇左市	Chongzuo	3460	367	2526	832	371	30
海南省	**Hainan**						
海口市	Haikou	15463	15463	14598	14598	2699	2699
三亚市	Sanya	1100	1100	9732	9732	431	431
三沙市	Sansha						
儋州市	Danzhou	215		1863		34	
重庆市	**Chongqing**	**75870**	**72361**	**40584**	**35420**	**9957**	**8768**
四川省	**Sichuan**						
成都市	Chengdu	193771		56013		298557	
自贡市	Zigong	2475	1850	2281	1494	825	708
攀枝花市	Panzhihua	3304	3001	1095	739	3762	3271
泸州市	Luzhou	1714	1497	3213	2707	269	158
德阳市	Deyang	3956	2936	3520	2615	1021	505
绵阳市	Mianyang	4299		4774		2629	
广元市	Guangyuan	1548	851	6794	5769	647	241
遂宁市	Suining	811	715	2366	1349	1217	919
内江市	Neijiang	1807	1476	1751	1245	1027	429
乐山市	Leshan	3346	2221	7206	857	902	687
南充市	Nanchong	3938	1976	10843	8757	594	272
眉山市	Meishan	1132		3763		181	
宜宾市	Yibin	1744	1595	4567	3069	392	274
广安市	Guang'an	1551	1062	1073	750	1561	349
达州市	Dazhou	5043	3495	6380	3466	4232	1872
雅安市	Ya'an	1046	665	1723	464	594	94
巴中市	Bazhong	2911	1301	2525	831	1961	1147
资阳市	Ziyang	466	403	1081	592	80	36
贵州省	**Guizhou**						
贵阳市	Guiyang	30651	29385	13118	9873	9354	8448
六盘水市	Liupanshui	1602	891	2895	299	1000	265
遵义市	Zunyi	4430	2524	5281	1632	1079	520
安顺市	Anshun	2110	1727	4129	1721	777	471
毕节市	Bijie	2331	1516	5837	2614	1184	157
铜仁市	Tongren	1866	1074	1671	278	915	624
云南省	**Yunnan**						
昆明市	Kunming	44899	43242	16490	13110	7678	6986
曲靖市	Qujing	5739	2053	5695	3077	392	164
玉溪市	Yuxi	4327	2711	2936	690	734	622
保山市	Baoshan	2252	1035	2287	314	170	101
昭通市	Zhaotong	3834	2036	1940	369	624	380
丽江市	Lijiang	1905	350	3117	1492	113	60
普洱市	Pu'er	8148	2084	3245	1110	303	83
临沧市	Lincang	2273	882	925	163	1104	563

2-29 续表 6 continued

单位：人 (person)

城市	City	(8)科学研究和技术服务业 Scientific Research and Technical Service 全市 Total City	市辖区 Districts under City	(9)水利、环境和公共设施管理业 Management of Water Conservancy, Environment 全市 Total City	市辖区 Districts under City	(10)居民服务、修理和其他服务业 Services to Households and Other Services 全市 Total City	市辖区 Districts under City
西藏自治区	**Tibet**						
拉萨市	Lasa	8582		3378		1093	
日喀则市	Xigaze	1607		560		7518	
昌都市	Qamdo	631	161	99	71	86	57
林芝市	Linzhi	351		860		329	
山南市	Shannan	468	431	334	243	508	142
那曲市	Naqu	447		7		96	
陕西省	**Shaanxi**						
西安市	Xi'an	120877	120155	29182	27332	8501	8040
铜川市	Tongchuan	2314	2279	2360	2071	210	203
宝鸡市	Baoji	4084	2359	8200	4811	816	511
咸阳市	Xianyang	6766	3267	11285	3301	1953	1179
渭南市	Weinan	9113	3153	16433	3387	6695	5160
延安市	Yan'an	7663	3621	8015	2204	1052	665
汉中市	Hanzhong	5386	3094	7000	2122	447	214
榆林市	Yulin	8309	3709	21613	8173	2153	690
安康市	Ankang	1603	1249	2162	1213	1478	1370
商洛市	Shangluo	3329	1705	2505	441	241	162
甘肃省	**Gansu**						
兰州市	Lanzhou	38229	37219	21241	18420	778	748
嘉峪关市	Jiayuguan	829		1495		74	
金昌市	Jinchang	665	515	1519	1135	1625	1548
白银市	Baiyin	1535	1199	3809	1750	31	31
天水市	Tianshui	6840	6431	3613	2786	878	741
武威市	Wuwei	2147	1646	7447	5572	147	143
张掖市	Zhangye	2587	2030	4455	2212	236	181
平凉市	Pingliang	3047	1378	4357	2276	80	45
酒泉市	Jiuquan	2102	1578	4602	1891	665	83
庆阳市	Qingyang	2655	1626	2379	732	440	346
定西市	Dingxi	1938	862	2404	441	126	79
陇南市	Longnan	1188	276	1932	78	92	
青海省	**Qinghai**						
西宁市	Xining	11551	10672	4363	3332	686	675
海东市	Haidong	1437	790	1658	694	115	13
宁夏回族自治区	**Ningxia**						
银川市	Yinchuan	10222	9494	7252	6419	261	243
石嘴山市	Shizuishan	621	546	2477	2477	3	3
吴忠市	Wuzhong	1113	340	3348	1796	6	6
固原市	Guyuan	1107	522	713	428	16	16
中卫市	Zhongwei	1048	947	2752	490	26	26
新疆维吾尔自治区	**Xinjiang**						
乌鲁木齐市	Urumqi	29881	29823	9155	9115	1486	1486
克拉玛依市	Karamay	2237	2237	1314	1314	1292	1292
吐鲁番市	Turpan	2781	1115	937	622	6336	1832
哈密市	Hami	2752	2435	5940	5641	2625	2595

2-30 按行业分组的年末城镇单位就业人员(六)

Persons Employed in Urban Units by Sector in Detail at Year-end(Ⅵ)

单位：人 (person)

城市	City	(11)教育 Education 全市 Total City	市辖区 Districts under City	(12)卫生和社会工作 Health and Social Work 全市 Total City	市辖区 Districts under City	(13)文化、体育和娱乐业 Culture, Sports and Entertainment 全市 Total City	市辖区 Districts under City	(14)公共管理、社会保障和社会组织 Public Management, Social Security and Social Organization 全市 Total City	市辖区 Districts under City
北京市	**Beijing**	**575765**	**575765**	**325307**	**325307**	**186057**	**186057**	**502400**	**502400**
天津市	**Tianjin**	**202407**	**202407**	**116909**	**116909**	**21479**	**21479**	**176401**	**176401**
河北省	**Hebei**								
石家庄市	Shijiazhuang	154144	87696	72321	46788	15672	13908	139196	84743
唐山市	Tangshan	105691	54005	56504	32309	5527	3868	105825	53269
秦皇岛市	Qinhuangdao	44343	26889	22430	15041	3220	2724	44441	26211
邯郸市	Handan	116408	42970	52757	26429	5218	3605	106423	43686
邢台市	Xingtai	82150	20937	36172	11405	2451	1155	86155	20629
保定市	Baoding	146709	47831	63629	25997	3907	2130	136333	39065
张家口市	Zhangjiakou	53724	25227	27012	16539	3862	2880	95236	40611
承德市	Chengde	50406	12571	25777	9628	3809	3063	59080	17474
沧州市	Cangzhou	88354	12767	41011	15317	4405	2115	93417	20586
廊坊市	Langfang	67753	13856	31765	11407	1829	712	72535	14422
衡水市	Hengshui	50218	18504	23924	11938	1921	1198	53715	15628
山西省	**Shanxi**								
太原市	Taiyuan	97887	86223	55291	51442	14754	14387	85614	73534
大同市	Datong	45837	29813	22951	17549	3475	2777	51982	33846
阳泉市	Yangquan	16139	10480	11333	8781	1502	886	28646	16668
长治市	Changzhi	52659	31059	24150	15498	4195	2300	68021	31544
晋城市	Jincheng	28857	8112	15143	5464	2873	1296	37103	9516
朔州市	Shuozhou	28772	12436	8128	4241	1571	959	32426	16905
晋中市	Jinzhong	62475	20407	22366	6099	4341	1056	61122	14267
运城市	Yuncheng	62027	15109	27827	7906	3753	2025	80198	18057
忻州市	Xinzhou	40261	9254	16541	5106	2057	836	56781	10130
临汾市	Linfen	57072	17262	24353	9316	3194	1035	87149	18757
吕梁市	Lvliang	60429	9095	18432	3451	2590	1023	68835	15405
内蒙古自治区	**Inner Mongolia**								
呼和浩特市	Hohhot	57654	44454	24656	21323	9323	8743	72041	50871
包头市	Baotou	38263	32746	21699	19620	2891	2477	46195	37635
乌海市	Wuhai	7658	7658	5130	5130	437	437	12770	12770
赤峰市	Chifeng	62600	22758	32748	15846	2298	1605	68069	22751
通辽市	Tongliao	45689	10986	20768	9719	2146	999	49220	10845
鄂尔多斯市	Erdos	38413	12872	15439	6466	3607	1909	76350	25293
呼伦贝尔市	Hulunbuir	36048	6956	23406	6056	3906	1146	66506	8372
巴彦淖尔市	Bayannur	20627	8958	13482	6991	1100	535	38602	15800
乌兰察布市	Ulanqab	26005	8343	10971	4437	1699	883	61460	16534
辽宁省	**Liaoning**								
沈阳市	Shenyang	114950	106252	78557	73161	15151	14499	124157	101739
大连市	Dalian	101099	84396	54970	46851	9842	9560	76396	60303
鞍山市	Anshan	31949	16813	21346	12683	3067	1991	49752	21127
抚顺市	Fushun	22106	16098	13881	11069	2397	2210	25064	17010
本溪市	Benxi	14342	9950	11923	9028	1651	433	37142	26851
丹东市	Dandong	26969	11725	17131	7548	1941	1544	36553	17781
锦州市	Jinzhou	32392	16608	18560	11532	2735	2270	53647	28093
营口市	Yingkou	21413	11524	15242	8802	1616	1214	47066	30046
阜新市	Fuxin	21602	10991	13698	8568	1062	783	43375	28820

2-30 续表 1 continued

单位：人 (person)

城　市	City	(11)教育 Education		(12)卫生和社会工作 Health and Social Work		(13)文化、体育和娱乐业 Culture, Sports and Entertainment		(14)公共管理、社会保障和社会组织 Public Management, Social Security and Social Organization	
		全市 Total City	市辖区 Districts under City	全市 Total City	市辖区 Districts under City	全市 Total City	市辖区 Districts under City	全市 Total City	市辖区 Districts under City
辽阳市	Liaoyang	16630	9464	11990	9536	864	864	29477	17488
盘锦市	Panjin	18278	15225	11675	10045	1371	1233	33230	28841
铁岭市	Tieling	25193	4225	12503	3692	1050	469	43937	9660
朝阳市	Chaoyang	38462	8038	19904	6258	1863	836	56956	17928
葫芦岛市	Huludao	24613	8978	14088	5770	999	788	42175	19649
吉林省	**Jilin**								
长春市	Changchun	137605	107722	70366	60117	16222	14761	95083	75390
吉林市	Jilin	56665	31373	35755	22419	3119	2257	61962	38031
四平市	Siping	37145	10171	26025	8998	1266	459	40687	11793
辽源市	Liaoyuan	13288	5254	8819	5098	927	617	16061	8864
通化市	Tonghua	25036	6890	17401	5819	2033	1058	38209	12983
白山市	Baishan	15383	6417	8711	4330	2461	527	38179	18295
松原市	Songyuan	27610	8449	14697	4721	2008	848	41381	14406
白城市	Baicheng	25468	8417	12979	4984	1051	556	46159	15896
黑龙江省	**Heilongjiang**								
哈尔滨市	Harbin	132330	100490	79182	66126	11133	10512	106633	71018
齐齐哈尔市	Qiqihar	43794	16450	34122	21596	3226	2533	52942	19821
鸡西市	Jixi	16800	7148	10192	5118	1018	646	23459	12899
鹤岗市	Hegang	10882	6312	9292	6643	846	536	20103	12030
双鸭山市	Shuangyashan	15482	5501	9975	4251	1009	605	28581	12809
大庆市	Daqing	38415	25014	20115	14985	1899	1444	40575	28323
伊春市	Yichun	12304	8235	8720	6418	1330	1129	23655	17711
佳木斯市	Jiamusi	27822	10904	17653	8984	1550	1072	36913	13823
七台河市	Qitaihe	6683	4676	5353	4061	390	358	13512	9434
牡丹江市	Mudanjiang	25672	10244	18530	10265	2329	995	29886	8974
黑河市	Heihe	18173	3658	11459	2069	1226	755	35652	10182
绥化市	Suihua	44599	5626	22019	1827	1642	162	55625	3443
上海市	**Shanghai**	**400520**	**400520**	**283931**	**283931**	**75051**	**75051**	**297702**	**297702**
江苏省	**Jiangsu**								
南京市	Nanjing	194435	194435	92792	92792	29229	29229	129357	129357
无锡市	Wuxi	93356	57653	55276	34247	10032	7453	66720	39997
徐州市	Xuzhou	113679	48717	62372	30220	5191	3336	96932	47286
常州市	Changzhou	67295	57923	38242	33460	6199	5524	45988	34550
苏州市	Suzhou	151698	87114	87690	49769	10601	6852	118004	62181
南通市	Nantong	82680	35232	49398	23674	5503	3544	69476	30340
连云港市	Lianyungang	57254	31095	28779	17599	2190	1703	46395	26047
淮安市	Huai'an	59626	41316	30650	19929	3433	2791	43177	27960
盐城市	Yancheng	84028	34832	44052	19043	4880	3186	72902	28285
扬州市	Yangzhou	52433	31285	24785	16989	4676	3076	52153	31701
镇江市	Zhenjiang	45597	23406	25116	13336	4805	3188	47275	22096
泰州市	Taizhou	52514	18963	32374	13330	3509	1573	53976	27574
宿迁市	Suqian	51323	15446	23450	9160	2274	1009	42772	18986
浙江省	**Zhejiang**								
杭州市	Hangzhou	210256	193627	131179	119823	24790	23846	144600	127018
宁波市	Ningbo	119940	72248	74779	47373	16901	6527	103417	61508
温州市	Wenzhou	138267	46372	63881	31065	6310	3156	113718	39750
嘉兴市	Jiaxing	61718	19292	38080	14677	4331	1966	50307	15182

2-30 续表 2 continued

单位：人 (person)

城市	City	(11)教育 Education 全市 Total City	(11)教育 Education 市辖区 Districts under City	(12)卫生和社会工作 Health and Social Work 全市 Total City	(12)卫生和社会工作 Health and Social Work 市辖区 Districts under City	(13)文化、体育和娱乐业 Culture, Sports and Entertainment 全市 Total City	(13)文化、体育和娱乐业 Culture, Sports and Entertainment 市辖区 Districts under City	(14)公共管理、社会保障和社会组织 Public Management, Social Security and Social Organization 全市 Total City	(14)公共管理、社会保障和社会组织 Public Management, Social Security and Social Organization 市辖区 Districts under City
湖州市	Huzhou	37756	16482	23981	11649	2243	969	39726	15998
绍兴市	Shaoxing	61811	37705	37552	22171	3477	1977	52713	29957
金华市	Jinhua	81103	20434	47271	12148	11411	1627	73933	19853
衢州市	Quzhou	30237	13402	18769	9066	1215	613	39575	17313
舟山市	Zhoushan	16534	13489	11060	8933	1796	1367	29943	21520
台州市	Taizhou	85848	30415	45607	15632	5043	2505	73099	28349
丽水市	Lishui	32957	8048	20625	8442	2521	1292	43266	10155
安徽省	**Anhui**								
合肥市	Hefei	127119	80887	66196	49180	11838	10531	97948	55101
芜湖市	Wuhu	40870	24163	23619	16362	2607	2059	37053	19230
蚌埠市	Bengbu	40472	19078	22614	13586	1726	1415	27375	15012
淮南市	Huainan	36792	22022	20132	14700	1424	927	29630	18294
马鞍山市	Maanshan	26607	14081	13244	8156	1482	1025	25755	13687
淮北市	Huaibei	22967	12693	12886	9292	735	642	22172	15560
铜陵市	Tongling	16959	11185	9877	7582	1099	971	19526	15018
安庆市	Anqing	50417	10812	24338	9020	2842	1115	45262	13271
黄山市	Huangshan	15773	7121	9874	5689	2424	1350	25670	12713
滁州市	Chuzhou	40746	8545	18601	4578	1793	530	35899	9024
阜阳市	Fuyang	87642	26705	40994	14874	2373	897	54728	23146
宿州市	Suzhou	48230	18429	25493	12976	1745	935	41804	16220
六安市	Lu'an	77200	21408	45800	12896	15900	4262	72100	18809
亳州市	Bozhou	52160	16611	20512	5985	2136	1149	35758	14232
池州市	Chizhou	15809	7945	7510	3809	1014	712	20592	9410
宣城市	Xuancheng	26189	7898	16626	5246	1103	278	35647	9489
福建省	**Fujian**								
福州市	Fuzhou	138785	67605	64645	47300	15642	13347	102921	61697
厦门市	Xiamen	73800	73800	33268	33268	8832	8832	62188	62188
莆田市	Putian	43277	31455	15960	12442	1963	1728	31080	24312
三明市	Sanming	41001	6367	18209	4319	1596	588	45505	9653
泉州市	Quanzhou	115060	31118	38158	14754	4891	2577	75216	26646
漳州市	Zhangzhou	66360	16409	26648	10560	2619	1191	58313	15705
南平市	Nanping	38652	11695	19212	7208	2423	634	47243	17749
龙岩市	Longyan	45203	18850	21544	10694	2459	1271	48579	22455
宁德市	Ningde	45289	9466	19905	5133	1442	617	48097	14218
江西省	**Jiangxi**								
南昌市	Nanchang	105537	80861	49910	42475	11138	10427	95024	73574
景德镇市	Jingdezhen	18075	6253	10018	6090	979	547	26813	14496
萍乡市	Pingxiang	23238	11735	14072	9065	982	767	30801	17088
九江市	Jiujiang	59596	18947	30461	12312	3210	1548	66059	22468
新余市	Xinyu	13181	10826	6876	5730	731	602	14989	11590
鹰潭市	Yingtan	14412	8459	6678	4132	576	416	20725	13909
赣州市	Ganzhou	119688	37311	52296	19860	2986	1469	107745	34250
吉安市	Ji'an	56645	8948	26235	6050	2161	682	63545	17038
宜春市	Yichun	65556	15800	30570	8278	2212	382	67667	17563
抚州市	Fuzhou	44802	19448	20850	9789	1497	585	59708	18873
上饶市	Shangrao	79842	24444	32338	13678	3695	1037	72461	24353

2-30 续表 3 continued

单位：人 (person)

城市	City	(11)教育 Education 全市 Total City	市辖区 Districts under City	(12)卫生和社会工作 Health and Social Work 全市 Total City	市辖区 Districts under City	(13)文化、体育和娱乐业 Culture, Sports and Entertainment 全市 Total City	市辖区 Districts under City	(14)公共管理、社会保障和社会组织 Public Management, Social Security and Social Organization 全市 Total City	市辖区 Districts under City
山东省	**Shandong**								
济南市	Jinan	143690	134352	82455	77597	14201	13961	116253	104695
青岛市	Qingdao	133408	99389	74295	58893	12483	11170	128964	93896
淄博市	Zibo	57107	43112	40429	31773	3572	3206	70201	50926
枣庄市	Zaozhuang	50028	30004	27221	18467	2254	1389	53892	39985
东营市	Dongying	28568	18195	15861	10543	1669	1246	38112	26669
烟台市	Yantai	87151	38115	50781	22152	5105	2369	88437	39570
潍坊市	Weifang	105958	30081	62553	19801	3511	1420	106873	31960
济宁市	Jining	90978	27855	57824	24829	5112	2795	109762	34573
泰安市	Tai'an	57975	23023	35901	16272	2711	1835	46795	20980
威海市	Weihai	37615	24652	22948	14935	2699	2292	37024	22897
日照市	Rizhao	32757	16882	19824	10997	1806	1372	36102	22105
临沂市	Linyi	107383	30287	63101	23017	3862	2284	115100	39155
德州市	Dezhou	60998	16681	32688	11913	3398	1118	83153	27410
聊城市	Liaocheng	75989	31632	40402	20643	1876	1516	76099	29334
滨州市	Binzhou	48766	17167	27204	11682	1693	1120	57279	21250
菏泽市	Heze	95411	25910	52420	16441	2623	1405	115885	30419
河南省	**Henan**								
郑州市	Zhengzhou	168344	104179	116361	85656	18981	16652	155497	89383
开封市	Kaifeng	47727	25884	35604	18436	3016	2416	58962	25718
洛阳市	Luoyang	77894	31887	49728	25525	6004	3977	98656	40738
平顶山市	Pingdingshan	55161	18932	35295	13048	2708	1014	72161	25132
安阳市	Anyang	67736	27477	34758	16461	1869	1070	58201	24667
鹤壁市	Hebi	16733	8689	11154	6050	1136	418	21817	12933
新乡市	Xinxiang	70775	21885	38690	13272	1905	1047	73346	20324
焦作市	Jiaozuo	39960	14045	23004	10011	1891	1166	53659	21193
濮阳市	Puyang	45497	15967	22187	9800	2176	1264	50991	19565
许昌市	Xuchang	50481	16776	27820	11924	3654	1526	54921	18941
漯河市	Luohe	19490	7914	15494	9189	1485	1274	29562	17700
三门峡市	Sanmenxia	25851	10638	15749	7265	1549	1016	33897	15481
南阳市	Nanyang	130160	29219	64917	22103	5584	2498	105739	25260
商丘市	Shangqiu	84093	19514	45804	11834	3143	916	92082	26948
信阳市	Xinyang	102733	19013	35018	9589	3891	740	77673	21658
周口市	Zhoukou	107665	9277	44841	6893	4134	1125	97543	14232
驻马店市	Zhumadian	97966	16547	36092	8433	4171	1305	78832	15569
湖北省	**Hubei**								
武汉市	Wuhan	195088	195088	112083	112083	24111	24111	105886	105886
黄石市	Huangshi	30959	12326	17095	8494	2336	1391	27819	10680
十堰市	Shiyan	50250	25569	37311	23647	4657	2770	48908	24174
宜昌市	Yichang	40842	13126	23110	7532	12818	5532	42643	13248
襄阳市	Xiangyang	60848	25334	40444	17856	8320	2493	59229	27321
鄂州市	Ezhou	13100	13100	8936	8936	1443	1443	13503	13503
荆门市	Jingmen	30083	17812	21556	9930	2010	1762	45636	25961
孝感市	Xiaogan	59103	14572	34191	9772	9385	877	53138	12557
荆州市	Jingzhou	53820	15295	31845	11158	4548	2168	60808	14117
黄冈市	Huanggang	63834	6788	35340	4632	6511	702	74030	10655
咸宁市	Xianning	32051	10824	19417	6845	1864	486	43465	11365
随州市	Suizhou	21381	8240	11877	5169	1276	574	18069	8015

2-30 续表 4 continued

单位：人 (person)

城市	City	(11)教育 Education 全市 Total City	市辖区 Districts under City	(12)卫生和社会工作 Health and Social Work 全市 Total City	市辖区 Districts under City	(13)文化、体育和娱乐业 Culture, Sports and Entertainment 全市 Total City	市辖区 Districts under City	(14)公共管理、社会保障和社会组织 Public Management, Social Security and Social Organization 全市 Total City	市辖区 Districts under City
湖南省	**Hunan**								
长沙市	Changsha	157029	107093	85705	63179	25635	23046	119826	84086
株洲市	Zhuzhou	45076	21295	27436	15315	3392	2602	45245	22914
湘潭市	Xiangtan	35315	18422	21093	12255	2585	1414	35704	15929
衡阳市	Hengyang	77312	16500	45655	14901	4355	2344	91365	18103
邵阳市	Shaoyang	67634	9205	37500	10419	878	259	74805	13227
岳阳市	Yueyang	68435	16573	30398	9281	4813	1007	81139	21355
常德市	Changde	62412	19323	37036	13221	4421	2148	65990	25114
张家界市	Zhangjiajie	18561	7970	9793	4224	1813	1235	24505	13830
益阳市	Yiyang	46831	16903	26517	11355	2247	1197	45181	15895
郴州市	Chenzhou	60623	16263	29387	10293	2260	1434	62971	16875
永州市	Yongzhou	62690	14521	32086	11064	2607	1001	75620	21355
怀化市	Huaihua	60185	13612	33846	9278	2815	975	69314	12652
娄底市	Loudi	43564	9582	23764	9229	1816	628	48344	13051
广东省	**Guangdong**								
广州市	Guangzhou	313544	313544	194223	194223	40011	40011	252598	252598
韶关市	Shaoguan	42310	17098	24229	11446	1682	1181	50951	21527
深圳市	Shenzhen	207871	207871	107338	107338	31345	31345	207526	207526
珠海市	Zhuhai	30913	30913	19085	19085	11784	11784	33070	33070
汕头市	Shantou	74766	73711	26436	25994	3934	3910	42296	40578
佛山市	Foshan	107591	107591	58770	58770	7827	7827	86103	86103
江门市	Jiangmen	51915	25316	33402	17858	2614	1361	58760	23969
湛江市	Zhanjiang	94229	35438	42809	18907	2481	1813	59077	27567
茂名市	Maoming	93600	41710	35391	15938	2450	1765	53969	26247
肇庆市	Zhaoqing	50156	24775	25781	13634	1891	1502	58616	25977
惠州市	Huizhou	75120	41536	32983	21305	4379	3274	74404	40669
梅州市	Meizhou	53752	14444	28065	11553	1619	890	50020	16010
汕尾市	Shanwei	29694	5712	9684	3074	650	135	27374	10301
河源市	Heyuan	47039	13292	19716	7007	1481	740	42447	13348
阳江市	Yangjiang	33177	19040	15431	9428	1509	949	36874	23515
清远市	Qingyuan	54383	25237	24104	10841	1835	1028	53674	24225
东莞市	Dongguan	99370		58467		10503		96143	
中山市	Zhongshan	33056		21255		2255		26000	
潮州市	Chaozhou	29038	19357	11516	8870	1430	1195	22219	15912
揭阳市	Jieyang	53866	19876	20572	7945	840	486	38623	15306
云浮市	Yunfu	32354	8667	15516	4217	752	300	30580	11938
广西壮族自治区	**Guangxi**								
南宁市	Nanning	135508	97687	67269	49145	13658	12976	112157	83915
柳州市	Liuzhou	52962	33496	36949	25443	3389	2851	57406	34687
桂林市	Guilin	67052	31192	36455	17614	4408	3186	63998	25194
梧州市	Wuzhou	38479	12435	21888	11715	1312	1052	32295	16826
北海市	Beihai	24358	13841	11489	6737	975	724	21411	15463
防城港市	Fangchenggang	12430	6823	6532	4630	357	307	19487	12324
钦州市	Qinzhou	46245	20355	23128	11473	426	249	30742	18852
贵港市	Guigang	57004	22038	22598	10374	594	443	36272	20828
玉林市	Yulin	73516	17664	34028	13603	2396	1159	42884	15319

2-30 续表 5 continued

单位：人 (person)

城市	City	(11)教育 Education 全市 Total City	市辖区 Districts under City	(12)卫生和社会工作 Health and Social Work 全市 Total City	市辖区 Districts under City	(13)文化、体育和娱乐业 Culture, Sports and Entertainment 全市 Total City	市辖区 Districts under City	(14)公共管理、社会保障和社会组织 Public Management, Social Security and Social Organization 全市 Total City	市辖区 Districts under City
百色市	Baise	49763	9421	26915	7575	1051	550	55166	9975
贺州市	Hezhou	29928	15185	12549	7126	722	545	31542	15375
河池市	Hechi	45802	12746	25066	10796	799	436	50882	14775
来宾市	Laibin	26492	12163	14514	6850	1028	331	29925	12203
崇左市	Chongzuo	27491	7211	13914	2975	881	301	31884	7704
海南省	**Hainan**								
海口市	Haikou	56338	56338	32757	32757	7987	7987	54643	54643
三亚市	Sanya	12241	12241	7339	7339	2979	2979	22074	22074
三沙市	Sansha								
儋州市	Danzhou	10707		5404		132		11631	
重庆市	**Chongqing**	**455633**	**351593**	**209404**	**171618**	**27473**	**24262**	**377446**	**298604**
四川省	**Sichuan**								
成都市	Chengdu	322170		210068		91939		229980	
自贡市	Zigong	28021	16086	20258	13621	1125	819	26897	16534
攀枝花市	Panzhihua	18941	13848	12320	9854	2911	2759	22765	17234
泸州市	Luzhou	53366	21962	26952	16021	1507	1114	48947	24389
德阳市	Deyang	40717	16338	22771	8952	1517	638	45557	22297
绵阳市	Mianyang	49415		38177		1862		48527	
广元市	Guangyuan	31956	14211	20619	11375	1689	1130	39267	19231
遂宁市	Suining	28780	14009	17990	10593	3979	3792	29868	16650
内江市	Neijiang	36090	14493	21542	10418	1312	867	38616	18173
乐山市	Leshan	36787	13515	20434	9357	1644	1080	48474	22391
南充市	Nanchong	74685	30530	35648	15810	3440	1718	68645	29775
眉山市	Meishan	26498		15683		849		40273	
宜宾市	Yibin	56968	27882	26803	15276	1683	1202	55345	26946
广安市	Guang'an	42009	13345	19884	7385	1952	1158	39560	14169
达州市	Dazhou	61602	22359	32769	13595	4363	1984	55389	21641
雅安市	Ya'an	20748	10242	12375	6551	867	517	29094	11594
巴中市	Bazhong	41984	15311	19158	7843	3955	2407	36613	17639
资阳市	Ziyang	25965	9178	14733	6709	385	198	23804	11104
贵州省	**Guizhou**								
贵阳市	Guiyang	84792	63302	54992	47035	10158	8704	92382	72000
六盘水市	Liupanshui	42882	9194	16398	5385	2014	1053	48064	18550
遵义市	Zunyi	96882	23708	47492	19290	3486	1690	102067	32880
安顺市	Anshun	39696	20321	13313	8333	975	741	43831	24772
毕节市	Bijie	69410	15549	28625	7600	1030	444	125559	25252
铜仁市	Tongren	63057	13125	21765	5500	1203	726	74819	19490
云南省	**Yunnan**								
昆明市	Kunming	134152	99580	70856	56578	14553	12994	135169	94810
曲靖市	Qujing	68015	23870	26833	11771	1600	882	59854	20905
玉溪市	Yuxi	32605	12403	15867	7713	1864	1015	36840	13743
保山市	Baoshan	32428	11150	15522	7195	905	384	31919	13095
昭通市	Zhaotong	72906	13336	26347	7619	1946	813	76323	16440
丽江市	Lijiang	18013	4847	6593	2094	1627	633	23825	8925
普洱市	Pu'er	30747	6872	16482	5420	1752	715	34185	10055
临沧市	Lincang	27879	5925	15475	4768	1427	698	37395	8569

2-30 续表 6 continued

单位：人 (person)

城 市	City	(11)教育 Education		(12)卫生和社会工作 Health and Social Work		(13)文化、体育和娱乐业 Culture, Sports and Entertainment		(14)公共管理、社会保障和社会组织 Public Management, Social Security and Social Organization	
		全市 Total City	市辖区 Districts under City	全市 Total City	市辖区 Districts under City	全市 Total City	市辖区 Districts under City	全市 Total City	市辖区 Districts under City
西藏自治区	**Tibet**								
拉萨市	Lasa	17755		7234		4252		46146	
日喀则市	Xigaze	9616		3298		2482		32581	
昌都市	Qamdo	8535	744	2361	226	462	56	25796	2417
林芝市	Linzhi	4686		1877		219		14098	
山南市	Shannan	5299	1814	1779	197	328	244	20290	4725
那曲市	Naqu	5996		1892		141		23889	
陕西省	**Shaanxi**								
西安市	Xi'an	213432	199757	101653	97109	24291	23719	130502	119298
铜川市	Tongchuan	11035	9758	8617	7990	1277	1154	21421	18755
宝鸡市	Baoji	46230	21657	29889	15439	3718	1677	39070	17385
咸阳市	Xianyang	60786	13604	31187	12656	4325	1082	60483	14450
渭南市	Weinan	67052	18127	26744	6995	4915	1241	73458	13084
延安市	Yan'an	36759	9674	23556	10966	7782	5211	74991	28778
汉中市	Hanzhong	47358	16182	27788	10880	4007	2304	53204	18205
榆林市	Yulin	64119	19325	28377	8499	4357	1840	93747	21973
安康市	Ankang	37785	15427	20677	9099	1760	1167	46164	16627
商洛市	Shangluo	32718	6923	16939	5205	1612	555	33435	8818
甘肃省	**Gansu**								
兰州市	Lanzhou	71822	52198	38588	33172	10672	10122	76438	60473
嘉峪关市	Jiayuguan	3295		3278		1095		6432	
金昌市	Jinchang	5886	3230	4133	2689	570	502	11490	7777
白银市	Baiyin	27347	7855	10832	5382	802	365	35569	19612
天水市	Tianshui	47269	17841	15356	7594	1761	1091	52121	23978
武威市	Wuwei	23044	12350	12641	8006	880	598	25490	13855
张掖市	Zhangye	16699	7049	9053	4035	1337	485	28530	14229
平凉市	Pingliang	32878	7539	13752	4149	1427	418	38256	10036
酒泉市	Jiuquan	13930	5739	8404	3915	2934	606	23919	9497
庆阳市	Qingyang	38370	10303	13425	4573	2094	859	41947	11056
定西市	Dingxi	38023	7070	14635	4580	1279	512	38864	11472
陇南市	Longnan	29634	6023	10686	3036	887	261	48214	9570
青海省	**Qinghai**								
西宁市	Xining	33602	22463	31763	26754	4420	2796	52200	37051
海东市	Haidong	17515	4252	6470	1902	1093	123	26535	10072
宁夏回族自治区	**Ningxia**								
银川市	Yinchuan	36296	26352	25031	21258	5174	4873	50300	37289
石嘴山市	Shizuishan	6337	5771	7225	5453	573	468	20251	11811
吴忠市	Wuzhong	17875	5737	6635	2776	376	161	23970	8253
固原市	Guyuan	19255	6432	7690	3747	502	394	21025	9573
中卫市	Zhongwei	15983	4910	5792	2907	1531	1250	17782	6040
新疆维吾尔自治区	**Xinjiang**								
乌鲁木齐市	Urumqi	70381	69239	46134	45631	10070	10028	130153	128133
克拉玛依市	Karamay	8831	8831	4869	4869	395	395	15553	15553
吐鲁番市	Turpan	15358	7267	6225	2942	1429	836	24689	11223
哈密市	Hami	14047	11144	7392	6318	1727	1566	29635	20360

2–31 在岗职工人数及工资状况
Number and Wages of Staff and Workers

城市	City	在岗职工平均人数（万人）Average Number of Employed Staff and Workers (10 000 persons)		在岗职工工资总额（万元）Total Wage Bill of Employed Staff and Workers (10 000 yuan)		在岗职工平均工资（元）Average Wage of Employed Staff and Workers (yuan)	
		全市 Total City	市辖区 Districts under City	全市 Total City	市辖区 Districts under City	全市 Total City	市辖区 Districts under City
北京市	**Beijing**	**729**	**729**	**126272672**	**126272672**	**173205**	**173205**
天津市	**Tianjin**	**250**	**250**	**27905678**	**27905678**	**111602**	**111602**
河北省	**Hebei**						
石家庄市	Shijiazhuang	99	74	7852934	6281267	78937	84996
唐山市	Tangshan	73	51	5698550	4174442	77990	81328
秦皇岛市	Qinhuangdao	25	20	2037878	1744161	80184	86063
邯郸市	Handan	56	31	3750770	2258592	66540	71905
邢台市	Xingtai	37	16	2517326	1230858	67415	78679
保定市	Baoding	71	34	5080944	2553506	71315	75623
张家口市	Zhangjiakou	32	20	2281934	1477961	70937	74098
承德市	Chengde	25	12	1763255	924588	69365	78638
沧州市	Cangzhou	43	12	3412433	1011889	79779	85322
廊坊市	Langfang	38	18	3493136	1876840	91534	81640
衡水市	Hengshui	22	11	1446323	814060	64590	72087
山西省	**Shanxi**						
太原市	Taiyuan	96	89	7929931	7524770	82860	84624
大同市	Datong	35	28	2458704	2005762	70638	70592
阳泉市	Yangquan	21	15	1354101	1030396	65202	69070
长治市	Changzhi	45	24	2901899	1518119	65172	63717
晋城市	Jincheng	34	11	2354715	691444	68461	62538
朔州市	Shuozhou	17	9	1168666	664101	70334	75209
晋中市	Jinzhong	33	10	2279674	731581	69202	74676
运城市	Yuncheng	32	9	1976436	534828	62679	65916
忻州市	Xinzhou	23	7	1481706	422079	65612	61837
临汾市	Linfen	31	8	2044669	609998	66670	73782
吕梁市	Lvliang	31	5	2185484	355345	70663	71889
内蒙古自治区	**Inner Mongolia**						
呼和浩特市	Hohhot	43	32	3642452	2790054	84105	86905
包头市	Baotou	32	29	2616295	2403344	81889	82309
乌海市	Wuhai	8	8	662636	662636	85776	85776
赤峰市	Chifeng	29	15	2265910	1247119	77181	81651
通辽市	Tongliao	21	7	1595494	533734	75329	72275
鄂尔多斯市	Erdos	33	11	3277947	1062708	99292	94885
呼伦贝尔市	Hulunbuir	29	6	2193447	428696	76376	84554
巴彦淖尔市	Bayannur	13	6	1045085	523006	75879	82514
乌兰察布市	Ulanqab	15	6	1174128	440662	76686	75403
辽宁省	**Liaoning**						
沈阳市	Shenyang	112	107	9805887	9510729	87696	88944
大连市	Dalian	92	84	8781005	8196402	95442	97303
鞍山市	Anshan	36	26	2178064	1630125	60962	63710
抚顺市	Fushun	20	17	1357152	1184778	66686	69517
本溪市	Benxi	21	18	1183027	1022256	55701	57045
丹东市	Dandong	16	9	937662	531500	57008	58003
锦州市	Jinzhou	21	15	1379060	1036006	65771	71142
营口市	Yingkou	20	15	1320903	1013790	65261	67353
阜新市	Fuxin	12	8	746629	511006	59849	61148

2-31 续表 1 continued

城 市	City	在岗职工平均人数(万人) Average Number of Employed Staff and Workers (10 000 persons)		在岗职工工资总额(万元) Total Wage Bill of Employed Staff and Workers (10 000 yuan)		在岗职工平均工资(元) Average Wage of Employed Staff and Workers (yuan)	
		全市 Total City	市辖区 Districts under City	全市 Total City	市辖区 Districts under City	全市 Total City	市辖区 Districts under City
辽阳市	Liaoyang	15	11	1057133	850303	69094	75273
盘锦市	Panjin	39	33	2139701	1979793	55447	60315
铁岭市	Tieling	19	4	1115261	264060	60166	64451
朝阳市	Chaoyang	20	8	1309261	498012	64331	63321
葫芦岛市	Huludao	16	10	1011200	614919	62556	64588
吉林省	**Jilin**						
长春市	Changchun	110	108	9689654	9480111	88082	87844
吉林市	Jilin	35	24	2438353	1754206	69766	73259
四平市	Siping	16	6	1070661	434858	65239	67530
辽源市	Liaoyuan	8	5	502897	315259	63708	62925
通化市	Tonghua	17	7	1029654	426849	60226	63117
白山市	Baishan	12	7	724061	392902	58424	56675
松原市	Songyuan	18	9	1297261	740197	71455	78262
白城市	Baicheng	13	6	837362	374356	62182	63129
黑龙江省	**Heilongjiang**						
哈尔滨市	Harbin	96	82	7940913	7078052	82385	86525
齐齐哈尔市	Qiqihar	27	14	1774205	1079211	65440	75152
鸡西市	Jixi	14	9	861000	577000	63528	66697
鹤岗市	Hegang	17	10	824775	534269	48238	55930
双鸭山市	Shuangyashan	13	7	792972	459840	62406	69638
大庆市	Daqing	43	39	4285115	4023753	100781	104428
伊春市	Yichun	15	11	6524583	4916878	44953	46805
佳木斯市	Jiamusi	26	9			50485	45254
七台河市	Qitaihe	7	6	459930	396381	64270	55189
牡丹江市	Mudanjiang	16	7	1032822	498503	65154	71716
黑河市	Heihe	15	3	792096	238779	53820	73245
绥化市	Suihua	21	2	1246260	130521	60536	62447
上海市	**Shanghai**	**596**	**596**	**95558639**	**95558639**	**160256**	**160256**
江苏省	**Jiangsu**						
南京市	Nanjing	182	182	23631862	23631862	129605	129605
无锡市	Wuxi	112	76	11850463	8274395	105759	108566
徐州市	Xuzhou	69	34	5415174	3131241	78568	91987
常州市	Changzhou	60	55	6317813	5742984	104539	105163
苏州市	Suzhou	286	154	30203453	17208273	105572	111350
南通市	Nantong	152	58	132092585	53936189	86797	92947
连云港市	Lianyungang	44	30				
淮安市	Huai'an	41	30	3178981	2435414	77874	82403
盐城市	Yancheng	55	25	4697781	2318878	84779	94436
扬州市	Yangzhou	81	59	6648868	4813623	81837	84033
镇江市	Zhenjiang	33	17	2931452	1657364	87012	93271
泰州市	Taizhou	78	44	6196335	3528124	79895	79496
宿迁市	Suqian	38	19	2755581	1453241	72473	75234
浙江省	**Zhejiang**						
杭州市	Hangzhou	266	254	32021037	30817832	120308	121398
宁波市	Ningbo	134	89	14895493	10327326	110878	115763
温州市	Wenzhou	94	38	8553444	4039183	90677	107705
嘉兴市	Jiaxing	71	23	6945030	2422815	97767	103773

2-31 续表 2 continued

城 市	City	在岗职工平均人数（万人）Average Number of Employed Staff and Workers (10 000 persons)		在岗职工工资总额（万元）Total Wage Bill of Employed Staff and Workers (10 000 yuan)		在岗职工平均工资（元）Average Wage of Employed Staff and Workers (yuan)	
		全市 Total City	市辖区 Districts under City	全市 Total City	市辖区 Districts under City	全市 Total City	市辖区 Districts under City
湖州市	Huzhou	42	21	3809657	1863385	89631	89749
绍兴市	Shaoxing	99	71	8009775	5678878	80842	80174
金华市	Jinhua	65	17	5915281	1689867	90635	101829
衢州市	Quzhou	17	9	1992791	1109786	118256	120959
舟山市	Zhoushan	17	13	1796972	1413686	106441	
台州市	Taizhou	83	37	7103086	3232540	85578	87164
丽水市	Lishui	18	6	1976432	716721	110875	125342
安徽省	**Anhui**						
合肥市	Hefei	144	114	13559447	11202737	95156	98724
芜湖市	Wuhu	44	33	3456183	2670637	79161	81021
蚌埠市	Bengbu	22	15	1624569	1129018	75285	77139
淮南市	Huainan	24	16	2169879	1452746	91156	89759
马鞍山市	Maanshan	25	17	2097590	1453494	83815	86959
淮北市	Huaibei	17	13	1374531	1020432	78796	81355
铜陵市	Tongling	18	15	1354557	1178869	76311	76726
安庆市	Anqing	33	13	2398014	965364	71841	76845
黄山市	Huangshan	12	8	947758	611210	78519	75556
滁州市	Chuzhou	31	13	2330562	979368	76413	77710
阜阳市	Fuyang	39	20	2846809	1366785	73342	69008
宿州市	Suzhou	27	13	1851644	952400	67755	76153
六安市	Lu'an	23	11	1797629	938101	78842	84845
亳州市	Bozhou	25	11	1621666	751769	65672	70111
池州市	Chizhou	10	6	798722	467398	79614	77247
宣城市	Xuancheng	19	6	1501606	460081	77407	83636
福建省	**Fujian**						
福州市	Fuzhou	149	104	13289772	9574634	88952	92178
厦门市	Xiamen	108	108	10942176	10942176	97779	97779
莆田市	Putian	40	36	2841737	2537708	70204	71068
三明市	Sanming	22	8	18812143	7748856	86559	94843
泉州市	Quanzhou	122	34	8845869	2739929	72321	81696
漳州市	Zhangzhou	41	12	3575265	1135758	86313	91024
南平市	Nanping	21	9	1615899	727974	76230	79151
龙岩市	Longyan	27	12	2100780	1035711	78850	88703
宁德市	Ningde	23	8	1868084	793555	82982	93649
江西省	**Jiangxi**						
南昌市	Nanchang	102	84	9021284	7788967	88470	92351
景德镇市	Jingdezhen	13	9	920963	643437	71069	73658
萍乡市	Pingxiang	15	10	1153833	828103	76607	78587
九江市	Jiujiang	38	14	2897447	1295814	77121	91255
新余市	Xinyu	12	10	910682	798392	78069	76916
鹰潭市	Yingtan	14	8	1055808	578486	77230	68716
赣州市	Ganzhou	53	21	3735381	1790905	70640	84314
吉安市	Ji'an	33	9	2252751	626806	68643	75112
宜春市	Yichun	42	9	2745033	739141	65679	82809
抚州市	Fuzhou	32	16	2138876	1092293	67544	69457
上饶市	Shangrao	37	15	2583058	1071314	69145	73591

2–31 续表 3 continued

城 市	City	在岗职工平均人数（万人）Average Number of Employed Staff and Workers (10 000 persons)		在岗职工工资总额（万元）Total Wage Bill of Employed Staff and Workers (10 000 yuan)		在岗职工平均工资（元）Average Wage of Employed Staff and Workers (yuan)	
		全市 Total City	市辖区 Districts under City	全市 Total City	市辖区 Districts under City	全市 Total City	市辖区 Districts under City
山东省	**Shandong**						
济南市	Jinan	133	126	13382112	12891226	100593	102242
青岛市	Qingdao	134	108	13849626	11605633	103125	107759
淄博市	Zibo	63	41	4944750	3425293	78815	83468
枣庄市	Zaozhuang	33	13	2367099	898036	70788	66730
东营市	Dongying	35	28	3511963	2937293	100224	103244
烟台市	Yantai	83	47	6847587	4190080	82280	90000
潍坊市	Weifang	79	33	5933961	2611361	75283	79628
济宁市	Jining	72	24	5283463	1919317	77459	79533
泰安市	Tai'an	46	17	3129522	1353317	67883	78092
威海市	Weihai	47	33	3345526	2416902	71202	72755
日照市	Rizhao	28	21	2264273	1736704	79686	83495
临沂市	Linyi	64	29	4911157	2274696	76310	78604
德州市	Dezhou	39	17	2805461	1273478	71740	74560
聊城市	Liaocheng	41	22	2906252	1663412	70475	77117
滨州市	Binzhou	41	16	3018700	1237284	73518	78152
菏泽市	Heze	44	18	2910494	1200041	66362	67646
河南省	**Henan**						
郑州市	Zhengzhou	176	143	15474970	13432180	88030	
开封市	Kaifeng	33	19	1975597	1134323	59288	60753
洛阳市	Luoyang	58	31	4335657	2782725	75283	89318
平顶山市	Pingdingshan	49	26	2912809	1838650	62154	70397
安阳市	Anyang	44	19	2791085	1309951	62727	70128
鹤壁市	Hebi	16	10	916675	658181	58801	59857
新乡市	Xinxiang	44	16	2635207	1146587	61149	70544
焦作市	Jiaozuo	35	17	2172002	1098991	61831	66506
濮阳市	Puyang	29	18	2043063	1363805	70184	75599
许昌市	Xuchang	42	17	2642988	1173662	63355	70151
漯河市	Luohe	25	15	1529003	987959	61411	64507
三门峡市	Sanmenxia	20	9	1293861	685596	66132	75542
南阳市	Nanyang	66	23	2835578	1597452	58160	68550
商丘市	Shangqiu	63	14	3755312	954621	59769	65991
信阳市	Xinyang	48	16	2923929	985072	60507	60890
周口市	Zhoukou	61	11	3469441	762864	56667	70772
驻马店市	Zhumadian	54	17	3209108	1150231	59291	67563
湖北省	**Hubei**						
武汉市	Wuhan	199	199	19521297	19521297	98043	98043
黄石市	Huangshi	46	21	2556960	1313866	56185	63842
十堰市	Shiyan	64	44	3717193	2652620	58138	60428
宜昌市	Yichang	81	32	4871276	2054555	60135	63241
襄阳市	Xiangyang	51	32	3571940	2361450	69683	74747
鄂州市	Ezhou	22	22	1221004	1221004	56038	56038
荆门市	Jingmen	38	19	2222257	1071811	55899	57655
孝感市	Xiaogan	81	27	4190649	1566400	51904	57025
荆州市	Jingzhou	34	14	2288618	1012360	67213	74713
黄冈市	Huanggang	75	11	3726652	582391	49970	50731
咸宁市	Xianning	35	4	1910732	343633	54950	97623
随州市	Suizhou	13	8	870187	504628	65873	67104

2–31 续表 4 continued

城市	City	在岗职工平均人数（万人）Average Number of Employed Staff and Workers (10 000 persons)		在岗职工工资总额（万元）Total Wage Bill of Employed Staff and Workers (10 000 yuan)		在岗职工平均工资（元）Average Wage of Employed Staff and Workers (yuan)	
		全市 Total City	市辖区 Districts under City	全市 Total City	市辖区 Districts under City	全市 Total City	市辖区 Districts under City
湖南省	**Hunan**						
长沙市	Changsha	124	90	12215173	9506117	98459	105126
株洲市	Zhuzhou	38	25	3105852	1997836	81646	78373
湘潭市	Xiangtan	29	19	2037477	1396575	69324	72103
衡阳市	Hengyang	45	17	3003195	1177912	66236	75875
邵阳市	Shaoyang	34	10	2220467	737954	65835	70539
岳阳市	Yueyang	44	18	2845636	1385420	64825	75150
常德市	Changde	39	16	2799131	1333445	72037	72135
张家界市	Zhangjiajie	8	5	602652	356293	72258	73844
益阳市	Yiyang	22	10	1561765	754042	69867	73279
郴州市	Chenzhou	32	13	2168108	986433	67178	75889
永州市	Yongzhou	31	10	2060789	749053	66406	76356
怀化市	Huaihua	24	7	1751902	555527	72946	83796
娄底市	Loudi	26	12	1692333	736018	64347	75489
广东省	**Guangdong**						
广州市	Guangzhou	371	371	45864824	45864824	123498	123498
韶关市	Shaoguan	29	17	2490901	1526594	87326	92521
深圳市	Shenzhen	478	478	61109638	61109638	127757	127757
珠海市	Zhuhai	73	73	7405820	7405820	100878	100878
汕头市	Shantou	49	49	3777060	3741356	76697	77499
佛山市	Foshan	147	147	12675848	12675848	86401	86401
江门市	Jiangmen	56	32	4468066	2750663	80332	85504
湛江市	Zhanjiang	41	21	3337160	2014508	81168	93744
茂名市	Maoming	47	26	3440976	2040648	73057	77389
肇庆市	Zhaoqing	35	23	2761020	1867768	78768	81199
惠州市	Huizhou	98	74	8190033	6323001	83639	85966
梅州市	Meizhou	27	11	2122430	1022717	79652	91213
汕尾市	Shanwei	18	7	1332827	559548	75334	80177
河源市	Heyuan	27	13	1913834	972081	71939	72489
阳江市	Yangjiang	18	12	1406898	974873	76293	79556
清远市	Qingyuan	31	19	2696251	1623981	86026	86088
东莞市	Dongguan	289		21402401		74017	
中山市	Zhongshan	75		6401400		85691	
潮州市	Chaozhou	15	13	1152272	949649	74574	75840
揭阳市	Jieyang	23	11	1522653	782507	65614	68222
云浮市	Yunfu	18	6	1395739	517065	78144	85708
广西壮族自治区	**Guangxi**						
南宁市	Nanning	96	85	8727306	7855551	90986	92909
柳州市	Liuzhou	56	40	4347479	2890918	77035	71801
桂林市	Guilin	36	23	2806882	1880460	78252	82136
梧州市	Wuzhou	15	8	1063908	629818	69643	74055
北海市	Beihai	12	9	875922	697604	74639	75105
防城港市	Fangchenggang	7	5	525238	401190	78165	78928
钦州市	Qinzhou	20	13	1330079	864292	66847	68004
贵港市	Guigang	16	9	1211639	669973	73816	76450
玉林市	Yulin	27	10	1932661	852585	71968	74780

2-31 续表 5 continued

城 市	City	在岗职工平均人数（万人）Average Number of Employed Staff and Workers (10 000 persons)		在岗职工工资总额（万元）Total Wage Bill of Employed Staff and Workers (10 000 yuan)		在岗职工平均工资（元）Average Wage of Employed Staff and Workers (yuan)	
		全市 Total City	市辖区 Districts under City	全市 Total City	市辖区 Districts under City	全市 Total City	市辖区 Districts under City
百色市	Baise	21	6	1574021	489234	76420	85601
贺州市	Hezhou	10	6	763206	466086	76481	80412
河池市	Hechi	17	7	1409435	601790	79601	80541
来宾市	Laibin	12	6	818470	416178	69576	70551
崇左市	Chongzuo	12	4	846778	288725	70650	76650
海南省	**Hainan**						
海口市	Haikou	49	49	4175965	4175965	85121	85121
三亚市	Sanya	13	13	1162126	1162126	87058	87058
三沙市	Sansha						
儋州市	Danzhou	4		328347		85944	
重庆市	**Chongqing**	**338**	**299**	**30296886**	**27111613**	**89714**	**90733**
四川省	**Sichuan**						
成都市	Chengdu	253		24645055		97519	
自贡市	Zigong	16	11	1235686	863825	78164	77822
攀枝花市	Panzhihua	16	14	1437226	1233858	88005	85401
泸州市	Luzhou	37	18	2824861	1526514	76607	85998
德阳市	Deyang	27	13	2306279	1175727	84108	90521
绵阳市	Mianyang	40		3039391		76270	
广元市	Guangyuan	15	7	1213421	622930	82020	87584
遂宁市	Suining	32	11	1906168	802216	59290	70431
内江市	Neijiang	32	13	1983573	897363	61517	70659
乐山市	Leshan	24	13	1879826	1012320	82389	78914
南充市	Nanchong	39	18	3118454	1562130	80702	88893
眉山市	Meishan	20		1623918		62444	69256
宜宾市	Yibin	33	22	2802098	2026755	85622	90330
广安市	Guang'an	33	5	2028365	737717	62055	
达州市	Dazhou	53	23			61582	62300
雅安市	Ya'an	12	5	719527	413512	68543	79828
巴中市	Bazhong	20	6	1300499	434745	64949	67758
资阳市	Ziyang	16	8	1048941	590798	69358	76167
贵州省	**Guizhou**						
贵阳市	Guiyang	99	88	9158619	8211750	92650	93588
六盘水市	Liupanshui	20	7	1742320	567847	86650	85903
遵义市	Zunyi	43	19	4041561	1716193	94643	92067
安顺市	Anshun	17	12	1407884	943533	81854	79422
毕节市	Bijie	29	8	2370363	690869	81544	90869
铜仁市	Tongren	17	5	1467355	483251	84667	93062
云南省	**Yunnan**						
昆明市	Kunming	109	88	10256577	8827378	94063	99961
曲靖市	Qujing	3	2	239131	187081	79179	114387
玉溪市	Yuxi	15	9	1431478	789679	94006	98133
保山市	Baoshan	14	6	1152080	526100	81222	89333
昭通市	Zhaotong	21	7	1859008	643379	88764	98293
丽江市	Lijiang	7	3	729050	287677	97757	90765
普洱市	Pu'er	14	5	1228599	469355	89834	90683
临沧市	Lincang	12	4	1099681	354651	88971	87480

2-31 续表 6 continued

城市	City	在岗职工平均人数（万人）Average Number of Employed Staff and Workers (10 000 persons)		在岗职工工资总额（万元）Total Wage Bill of Employed Staff and Workers (10 000 yuan)		在岗职工平均工资（元）Average Wage of Employed Staff and Workers (yuan)	
		全市 Total City	市辖区 Districts under City	全市 Total City	市辖区 Districts under City	全市 Total City	市辖区 Districts under City
西藏自治区	**Tibet**						
拉萨市	Lasa	17		2187205		127057	
日喀则市	Xigaze	5		619108		128712	
昌都市	Qamdo	5		576779	43715	121259	106622
林芝市	Linzhi	3		379877		117185	
山南市	Shannan	5	2	535126	192516	112556	10566
那曲市	Naqu	3		464142		143956	
陕西省	**Shaanxi**						
西安市	Xi'an	197	192	19038356	18741922	96867	97496
铜川市	Tongchuan	10	9	649560	610841	66831	66396
宝鸡市	Baoji	36	21	2431503	1508850	66984	71344
咸阳市	Xianyang	38	12	2406205	866832	64021	73249
渭南市	Weinan	42	10	2288947	579781	62814	65382
延安市	Yan'an	28	10	2119275	685865	74830	66226
汉中市	Hanzhong	25	11	1746436	752946	69926	69014
榆林市	Yulin	39	10	3215051	790782	82830	82388
安康市	Ankang	18	9	1187748	583380	66688	66253
商洛市	Shangluo	16	5	986234	308957	59950	66239
甘肃省	**Gansu**						
兰州市	Lanzhou	65	56	5772038	5004346	88393	89430
嘉峪关市	Jiayuguan	6		450999		80651	
金昌市	Jinchang	8	6	640235	523505	79103	85232
白银市	Baiyin	13	8	984905	638933	74018	76915
天水市	Tianshui	20	12	1264128	772910	63692	62823
武威市	Wuwei	11	7	769005	486403	69337	64794
张掖市	Zhangye	9	4	689500	331147	76479	77745
平凉市	Pingliang	14	5	1088866	333755	75160	68870
酒泉市	Jiuquan	11	5	823487	335993	72880	66858
庆阳市	Qingyang	16	8	1183380	536103	73250	73825
定西市	Dingxi	13	4	9290826	3083934	69222	75948
陇南市	Longnan	12	3	813794	212796	63033	69680
青海省	**Qinghai**						
西宁市	Xining	33	26	2982178	2462338	91494	94219
海东市	Haidong	7	2	664661	213944	90662	90168
宁夏回族自治区	**Ningxia**						
银川市	Yinchuan	35	27	3310735	2702523	94559	99168
石嘴山市	Shizuishan	7	6	513902	407339	70781	72020
吴忠市	Wuzhong	8	3	680003	245227	80278	78783
固原市	Guyuan	6	3	591024	268598	81025	76909
中卫市	Zhongwei	5	3	445613	215824	87883	87545
新疆维吾尔自治区	**Xinjiang**						
乌鲁木齐市	Urumqi	83	82	7530823	7530789	90729	87238
克拉玛依市	Karamay	14	14	1888526	1888526	126026	126026
吐鲁番市	Turpan	9	3	798068	245776	88632	77242
哈密市	Hami	8	7	727434	567834	86194	84695

(六)公共服务
Public Service

2-32 学校数(一)
Number of Schools (I)

单位：所 (unit)

城市	City	普通高等学校 Regular Institutions of Higher Education	中等职业教育学校 Vocational Secondary Schools	
		全市 Total City	全市 Total City	市辖区 Districts under City
北京市	**Beijing**	**93**	**111**	**111**
天津市	**Tianjin**	**56**	**74**	**74**
河北省	**Hebei**			
石家庄市	Shijiazhuang	44	138	86
唐山市	Tangshan	11	48	32
秦皇岛市	Qinhuangdao	7	33	23
邯郸市	Handan	5	67	43
邢台市	Xingtai	4	60	19
保定市	Baoding	16	75	27
张家口市	Zhangjiakou	5	48	27
承德市	Chengde	6	24	10
沧州市	Cangzhou	8	40	8
廊坊市	Langfang	13	32	12
衡水市	Hengshui	2	36	14
山西省	**Shanxi**			
太原市	Taiyuan	45	77	73
大同市	Datong	1	33	20
阳泉市	Yangquan	3	13	11
长治市	Changzhi	6	37	25
晋城市	Jincheng	1	15	6
朔州市	Shuozhou	3	23	7
晋中市	Jinzhong	17	22	10
运城市	Yuncheng	7	45	24
忻州市	Xinzhou	2	33	10
临汾市	Linfen	5	38	18
吕梁市	Lvliang	1	31	11
内蒙古自治区	**Inner Mongolia**			
呼和浩特市	Hohhot	24	60	49
包头市	Baotou	5	19	17
乌海市	Wuhai	1	1	1
赤峰市	Chifeng	4	34	16
通辽市	Tongliao	3	22	1
鄂尔多斯市	Erdos	4	10	3
呼伦贝尔市	Hulunbuir	4	24	3
巴彦淖尔市	Bayannur	2	12	6
乌兰察布市	Ulanqab	3	26	
辽宁省	**Liaoning**			
沈阳市	Shenyang	47	92	
大连市	Dalian	30	49	41
鞍山市	Anshan	2	23	10
抚顺市	Fushun	5	13	10
本溪市	Benxi	7	13	11
丹东市	Dandong	3	12	8
锦州市	Jinzhou	9	9	5
营口市	Yingkou	3	14	12
阜新市	Fuxin	2	13	11

2-32 续表 1 continued

单位：所 (unit)

城市	City	普通高等学校 Regular Institutions of Higher Education	中等职业教育学校 Vocational Secondary Schools	
		全市 Total City	全市 Total City	市辖区 Districts under City
辽阳市	Liaoyang	2	8	6
盘锦市	Panjin	2	7	6
铁岭市	Tieling	4	16	10
朝阳市	Chaoyang	1	13	8
葫芦岛市	Huludao	1	10	5
吉林省	**Jilin**			
长春市	Changchun	40	93	83
吉林市	Jilin	8	33	20
四平市	Siping	4	24	7
辽源市	Liaoyuan	1	9	5
通化市	Tonghua	1	22	9
白山市	Baishan	1	16	10
松原市	Songyuan	1	17	10
白城市	Baicheng	3	14	6
黑龙江省	**Heilongjiang**			
哈尔滨市	Harbin	51	87	82
齐齐哈尔市	Qiqihar	6	19	10
鸡西市	Jixi	1	10	6
鹤岗市	Hegang	1	7	3
双鸭山市	Shuangyashan	1	9	4
大庆市	Daqing	6	14	10
伊春市	Yichun	1	8	5
佳木斯市	Jiamusi	5	19	11
七台河市	Qitaihe	1	2	1
牡丹江市	Mudanjiang	7	8	2
黑河市	Heihe	1	18	5
绥化市	Suihua	1	20	1
上海市	**Shanghai**	**64**	**90**	**90**
江苏省	**Jiangsu**			
南京市	Nanjing	53	19	19
无锡市	Wuxi	12	33	24
徐州市	Xuzhou	10	25	17
常州市	Changzhou	10	20	18
苏州市	Suzhou	26	25	13
南通市	Nantong	8	28	14
连云港市	Lianyungang	5	14	10
淮安市	Huai'an	7	15	10
盐城市	Yancheng	6	13	6
扬州市	Yangzhou	8	6	6
镇江市	Zhenjiang	8	10	6
泰州市	Taizhou	7	12	9
宿迁市	Suqian	3	17	10
浙江省	**Zhejiang**			
杭州市	Hangzhou	40	42	37
宁波市	Ningbo	14	36	18
温州市	Wenzhou	11	37	13
嘉兴市	Jiaxing	6	21	5

2-32 续表 2 continued

单位：所 (unit)

城市	City	普通高等学校 Regular Institutions of Higher Education	中等职业教育学校 Vocational Secondary Schools	
		全市 Total City	全市 Total City	市辖区 Districts under City
湖州市	Huzhou	3	13	4
绍兴市	Shaoxing	11	18	10
金华市	Jinhua	8	33	12
衢州市	Quzhou	2	14	7
舟山市	Zhoushan	4	4	3
台州市	Taizhou	4	31	10
丽水市	Lishui	2	13	4
安徽省	**Anhui**			
合肥市	Hefei	51	53	32
芜湖市	Wuhu	9	23	13
蚌埠市	Bengbu	5	17	11
淮南市	Huainan	6	21	12
马鞍山市	Maanshan	6	9	5
淮北市	Huaibei	3	8	6
铜陵市	Tongling	3	8	5
安庆市	Anqing	5	33	16
黄山市	Huangshan	2	15	5
滁州市	Chuzhou	4	10	2
阜阳市	Fuyang	5	39	20
宿州市	Suzhou	3	25	7
六安市	Lu'an	4	29	17
亳州市	Bozhou	2	20	7
池州市	Chizhou	3	7	4
宣城市	Xuancheng	1	12	4
福建省	**Fujian**			
福州市	Fuzhou	35	45	32
厦门市	Xiamen	16	20	20
莆田市	Putian	2	17	11
三明市	Sanming	3	14	3
泉州市	Quanzhou	18	32	13
漳州市	Zhangzhou	7	16	5
南平市	Nanping	4	19	9
龙岩市	Longyan	2	18	10
宁德市	Ningde	2	11	2
江西省	**Jiangxi**			
南昌市	Nanchang	51	47	33
景德镇市	Jingdezhen	4	9	6
萍乡市	Pingxiang	4	20	13
九江市	Jiujiang	7	23	10
新余市	Xinyu	5	12	10
鹰潭市	Yingtan	2	13	7
赣州市	Ganzhou	10	43	19
吉安市	Ji'an	2	42	10
宜春市	Yichun	5	23	5
抚州市	Fuzhou	5	27	6
上饶市	Shangrao	5	40	24

2–32 续表 3 continued

单位：所 (unit)

城市	City	普通高等学校 Regular Institutions of Higher Education 全市 Total City	中等职业教育学校 Vocational Secondary Schools 全市 Total City	中等职业教育学校 Vocational Secondary Schools 市辖区 Districts under City
山东省	**Shandong**			
济南市	Jinan	44	63	59
青岛市	Qingdao	24	50	45
淄博市	Zibo	7	16	14
枣庄市	Zaozhuang	3	18	13
东营市	Dongying	4	9	7
烟台市	Yantai	15	41	18
潍坊市	Weifang	15	33	15
济宁市	Jining	7	18	6
泰安市	Tai'an	9	15	8
威海市	Weihai	11	18	15
日照市	Rizhao	3	13	9
临沂市	Linyi	4	31	16
德州市	Dezhou	4	30	12
聊城市	Liaocheng	2	23	16
滨州市	Binzhou	3	17	8
菏泽市	Heze	4	35	22
河南省	**Henan**			
郑州市	Zhengzhou	62	117	80
开封市	Kaifeng	5	27	14
洛阳市	Luoyang	7	64	33
平顶山市	Pingdingshan	6	28	12
安阳市	Anyang	6	20	5
鹤壁市	Hebi	3	80	37
新乡市	Xinxiang	10	32	11
焦作市	Jiaozuo	6	24	7
濮阳市	Puyang	2	22	10
许昌市	Xuchang		25	12
漯河市	Luohe	3	20	11
三门峡市	Sanmenxia	2	18	9
南阳市	Nanyang	6	80	34
商丘市	Shangqiu	6	30	11
信阳市	Xinyang	6	28	7
周口市	Zhoukou	3	28	8
驻马店市	Zhumadian		27	7
湖北省	**Hubei**			
武汉市	Wuhan	83	125	125
黄石市	Huangshi	4	10	6
十堰市	Shiyan	6	15	6
宜昌市	Yichang	5	15	7
襄阳市	Xiangyang	5	31	20
鄂州市	Ezhou	1	8	8
荆门市	Jingmen	2	12	6
孝感市	Xiaogan	3	17	9
荆州市	Jingzhou	8	15	6
黄冈市	Huanggang	4	26	14
咸宁市	Xianning	2	15	7
随州市	Suizhou	1	7	4

2−32 续表 4 continued

单位：所 (unit)

城市	City	普通高等学校 Regular Institutions of Higher Education	中等职业教育学校 Vocational Secondary Schools	
		全市 Total City	全市 Total City	市辖区 Districts under City
湖南省	**Hunan**			
长沙市	Changsha	51	80	51
株洲市	Zhuzhou	9	22	14
湘潭市	Xiangtan	10	23	14
衡阳市	Hengyang	8	48	23
邵阳市	Shaoyang	3	69	34
岳阳市	Yueyang	4	34	16
常德市	Changde	5	42	18
张家界市	Zhangjiajie	3	9	3
益阳市	Yiyang	4	22	13
郴州市	Chenzhou	3	25	9
永州市	Yongzhou	3	42	12
怀化市	Huaihua	3	43	15
娄底市	Loudi	3	23	7
广东省	**Guangdong**			
广州市	Guangzhou	83	82	82
韶关市	Shaoguan	2	14	7
深圳市	Shenzhen	13	15	15
珠海市	Zhuhai	11	9	9
汕头市	Shantou	2	24	23
佛山市	Foshan	13	44	44
江门市	Jiangmen	5	19	10
湛江市	Zhanjiang	6	42	26
茂名市	Maoming	6	17	7
肇庆市	Zhaoqing	5	17	12
惠州市	Huizhou	5	34	
梅州市	Meizhou	1	20	12
汕尾市	Shanwei	1	15	5
河源市	Heyuan	1	13	7
阳江市	Yangjiang	1	5	3
清远市	Qingyuan	1	14	5
东莞市	Dongguan	9	28	
中山市	Zhongshan	5	11	
潮州市	Chaozhou	1	9	5
揭阳市	Jieyang	2	16	8
云浮市	Yunfu	3	13	3
广西壮族自治区	**Guangxi**			
南宁市	Nanning	34	78	54
柳州市	Liuzhou	6	24	21
桂林市	Guilin	12	27	14
梧州市	Wuzhou	2	12	8
北海市	Beihai	4	6	4
防城港市	Fangchenggang	1	3	1
钦州市	Qinzhou	2	9	6
贵港市	Guigang		11	7
玉林市	Yulin	1	20	13

2—32 续表 5 continued

单位：所 (unit)

城市	City	普通高等学校 Regular Institutions of Higher Education	中等职业教育学校 Vocational Secondary Schools	
		全市 Total City	全市 Total City	市辖区 Districts under City
百色市	Baise	5	17	8
贺州市	Hezhou	1	12	9
河池市	Hechi	2	15	5
来宾市	Laibin	2	10	6
崇左市	Chongzuo	8	15	5
海南省	**Hainan**			
海口市	Haikou	11	49	49
三亚市	Sanya	6	3	3
三沙市	Sansha			
儋州市	Danzhou		1	
重庆市	**Chongqing**	**65**	**180**	**100**
四川省	**Sichuan**			
成都市	Chengdu	59	87	70
自贡市	Zigong	3	18	14
攀枝花市	Panzhihua	2	4	3
泸州市	Luzhou	7	16	7
德阳市	Deyang	11	18	13
绵阳市	Mianyang	10	24	15
广元市	Guangyuan	3	12	5
遂宁市	Suining	1	14	5
内江市	Neijiang	4	18	
乐山市	Leshan	3	20	11
南充市	Nanchong	5	35	22
眉山市	Meishan	2	17	7
宜宾市	Yibin	2	18	10
广安市	Guang'an	1	23	
达州市	Dazhou	3	33	16
雅安市	Ya'an	2	8	4
巴中市	Bazhong	1	16	6
资阳市	Ziyang	3	7	3
贵州省	**Guizhou**			
贵阳市	Guiyang	34	57	50
六盘水市	Liupanshui	3	14	4
遵义市	Zunyi	7	21	10
安顺市	Anshun	2	9	4
毕节市	Bijie	6	14	1
铜仁市	Tongren	5	17	8
云南省	**Yunnan**			
昆明市	Kunming	52	81	59
曲靖市	Qujing	4	33	17
玉溪市	Yuxi	2	13	6
保山市	Baoshan	3	8	4
昭通市	Zhaotong	2	30	10
丽江市	Lijiang	2	9	4
普洱市	Pu'er	1	25	7
临沧市	Lincang	1	21	6

2-32 续表 6 continued

单位：所 (unit)

城　　市	City	普通高等学校 Regular Institutions of Higher Education	中等职业教育学校 Vocational Secondary Schools	
		全　市 Total City	全　市 Total City	市辖区 Districts under City
西藏自治区	**Tibet**			
拉萨市	Lasa	5	3	3
日喀则市	Xigaze		2	
昌都市	Qamdo		1	1
林芝市	Linzhi	1	1	1
山南市	Shannan		2	2
那曲市	Naqu		1	1
陕西省	**Shaanxi**			
西安市	Xi'an	63	157	151
铜川市	Tongchuan	1	5	4
宝鸡市	Baoji	3	23	14
咸阳市	Xianyang	11	28	14
渭南市	Weinan	1	37	16
延安市	Yan'an	2	13	2
汉中市	Hanzhong	3	12	4
榆林市	Yulin	3	25	7
安康市	Ankang	2	11	4
商洛市	Shangluo	2	7	1
甘肃省	**Gansu**			
兰州市	Lanzhou	23	58	49
嘉峪关市	Jiayuguan	1	3	
金昌市	Jinchang	1	2	1
白银市	Baiyin	1	13	6
天水市	Tianshui	4	19	11
武威市	Wuwei	2	12	8
张掖市	Zhangye	1	10	3
平凉市	Pingliang	2	8	2
酒泉市	Jiuquan	1	10	5
庆阳市	Qingyang	3	13	6
定西市	Dingxi		19	4
陇南市	Longnan	1	12	2
青海省	**Qinghai**			
西宁市	Xining	10	18	10
海东市	Haidong		5	1
宁夏回族自治区	**Ningxia**			
银川市	Yinchuan	16	15	11
石嘴山市	Shizuishan	1	2	1
吴忠市	Wuzhong	1	5	
固原市	Guyuan	1	5	1
中卫市	Zhongwei		3	1
新疆维吾尔自治区	**Xinjiang**			
乌鲁木齐市	Urumqi	22	29	29
克拉玛依市	Karamay	3	3	3
吐鲁番市	Turpan	1	2	
哈密市	Hami	1	5	4

2-33 学校数(二)
Number of Schools(Ⅱ)

单位：所 (unit)

城 市	City	普通中学 Regular Secondary Schools 全 市 Total City	普通中学 Regular Secondary Schools 市辖区 Districts under City	普通小学 Regular Primary Schools 全 市 Total City	普通小学 Regular Primary Schools 市辖区 Districts under City
北京市	**Beijing**	**654**	**654**	**941**	**941**
天津市	**Tianjin**	**527**	**527**	**877**	**877**
河北省	**Hebei**				
石家庄市	Shijiazhuang	422	157	1445	514
唐山市	Tangshan	334	127	1134	391
秦皇岛市	Qinhuangdao	159	87	421	161
邯郸市	Handan	420	150	1799	536
邢台市	Xingtai	285	43	1034	119
保定市	Baoding	486	121	2141	410
张家口市	Zhangjiakou	154	62	496	206
承德市	Chengde	127	25	452	58
沧州市	Cangzhou	322	20	1333	56
廊坊市	Langfang	195	26	765	132
衡水市	Hengshui	180	54	584	92
山西省	**Shanxi**				
太原市	Taiyuan	227	176	448	285
大同市	Datong	201	107	348	176
阳泉市	Yangquan	82	38	236	61
长治市	Changzhi	206	95	503	224
晋城市	Jincheng	157	32	419	63
朔州市	Shuozhou	86	35	166	49
晋中市	Jinzhong	234	39	654	102
运城市	Yuncheng	305	55	771	83
忻州市	Xinzhou	228	34	423	89
临汾市	Linfen	261	59	778	125
吕梁市	Lvliang	290	23	566	49
内蒙古自治区	**Inner Mongolia**				
呼和浩特市	Hohhot	115	75	200	110
包头市	Baotou	97	84	138	106
乌海市	Wuhai	22	22	24	24
赤峰市	Chifeng	143	53	394	111
通辽市	Tongliao	141	24	221	36
鄂尔多斯市	Erdos	74	26	139	39
呼伦贝尔市	Hulunbuir	159	24	136	22
巴彦淖尔市	Bayannur	49	16	95	29
乌兰察布市	Ulanqab	72	21	118	25
辽宁省	**Liaoning**				
沈阳市	Shenyang	303	246	279	241
大连市	Dalian	297	213	419	290
鞍山市	Anshan	156	63	375	63
抚顺市	Fushun	105	61	106	54
本溪市	Benxi	59	38	62	33
丹东市	Dandong	125	39	310	74
锦州市	Jinzhou	129	42	265	48
营口市	Yingkou	101	40	116	50
阜新市	Fuxin	94	39	67	34

2-33 续表 1 continued

单位：所 (unit)

城市	City	普通中学 Regular Secondary Schools		普通小学 Regular Primary Schools	
		全市 Total City	市辖区 Districts under City	全市 Total City	市辖区 Districts under City
辽阳市	Liaoyang	76	37	107	34
盘锦市	Panjin	68	52	32	29
铁岭市	Tieling	126	24	176	28
朝阳市	Chaoyang	164	31	410	81
葫芦岛市	Huludao	131	42	332	75
吉林省	**Jilin**				
长春市	Changchun	348	202	1006	377
吉林市	Jilin	185	75	553	131
四平市	Siping	186	28	828	75
辽源市	Liaoyuan	61	17	165	36
通化市	Tonghua	131	19	179	32
白山市	Baishan	105	35	122	37
松原市	Songyuan	149	28	677	88
白城市	Baicheng	120	30	97	13
黑龙江省	**Heilongjiang**				
哈尔滨市	Harbin	448	248	415	240
齐齐哈尔市	Qiqihar	246	69	181	60
鸡西市	Jixi	98	30	63	20
鹤岗市	Hegang	51	26	36	21
双鸭山市	Shuangyashan	92	24	67	10
大庆市	Daqing	146	76	157	85
伊春市	Yichun	52	33	48	25
佳木斯市	Jiamusi	128	40	119	33
七台河市	Qitaihe	40	26	32	17
牡丹江市	Mudanjiang	116	35	116	39
黑河市	Heihe	91	18	67	10
绥化市	Suihua	258	33	167	36
上海市	**Shanghai**	**842**	**842**	**698**	**698**
江苏省	**Jiangsu**				
南京市	Nanjing	246	246	373	373
无锡市	Wuxi	192	100	210	111
徐州市	Xuzhou	353	127	930	276
常州市	Changzhou	165	132	223	179
苏州市	Suzhou	315	164	424	217
南通市	Nantong	210	64	330	93
连云港市	Lianyungang	185	81	448	175
淮安市	Huai'an	201	119	241	135
盐城市	Yancheng	292	106	335	104
扬州市	Yangzhou	161	87	208	99
镇江市	Zhenjiang	109	44	113	48
泰州市	Taizhou	182	61	147	49
宿迁市	Suqian	193	53	170	50
浙江省	**Zhejiang**				
杭州市	Hangzhou	356	296	489	390
宁波市	Ningbo	309	161	427	193
温州市	Wenzhou	442	98	568	137
嘉兴市	Jiaxing	166	54	150	27

2–33 续表 2 continued

单位：所 (unit)

城市	City	普通中学 Regular Secondary Schools 全市 Total City	普通中学 Regular Secondary Schools 市辖区 Districts under City	普通小学 Regular Primary Schools 全市 Total City	普通小学 Regular Primary Schools 市辖区 Districts under City
湖州市	Huzhou	119	50	128	48
绍兴市	Shaoxing	189	85	324	151
金华市	Jinhua	251	62	392	73
衢州市	Quzhou	90	30	206	40
舟山市	Zhoushan	42	33	54	37
台州市	Taizhou	281	85	367	83
丽水市	Lishui	100	22	205	19
安徽省	**Anhui**				
合肥市	Hefei	340	130	510	155
芜湖市	Wuhu	217	80	283	127
蚌埠市	Bengbu	182	55	629	127
淮南市	Huainan	191	97	448	189
马鞍山市	Maanshan	105	34	218	60
淮北市	Huaibei	124	74	295	122
铜陵市	Tongling	83	48	212	104
安庆市	Anqing	307	43	695	76
黄山市	Huangshan	114	34	131	36
滁州市	Chuzhou	270	30	225	33
阜阳市	Fuyang	433	114	1354	343
宿州市	Suzhou	256	76	782	250
六安市	Lu'an	340	133	568	236
亳州市	Bozhou	302	68	1106	265
池州市	Chizhou	98	42	189	75
宣城市	Xuancheng	151	47	147	48
福建省	**Fujian**				
福州市	Fuzhou	326	126	893	292
厦门市	Xiamen	100	100	296	296
莆田市	Putian	142	89	569	373
三明市	Sanming	155	15	233	17
泉州市	Quanzhou	329	51	1331	161
漳州市	Zhangzhou	208	31	827	85
南平市	Nanping	165	41	299	77
龙岩市	Longyan	172	60	407	140
宁德市	Ningde	173	30	275	31
江西省	**Jiangxi**				
南昌市	Nanchang	294	195	455	206
景德镇市	Jingdezhen	101	26	328	35
萍乡市	Pingxiang	109	41	360	132
九江市	Jiujiang	288	52	576	85
新余市	Xinyu	37	31	84	76
鹰潭市	Yingtan	90	43	211	110
赣州市	Ganzhou	480	102	1569	338
吉安市	Ji'an	319	27	660	84
宜春市	Yichun	259	50	804	189
抚州市	Fuzhou	227	83	648	308
上饶市	Shangrao	467	126	1633	447

2-33 续表 3 continued

单位：所 (unit)

城市	City	普通中学 Regular Secondary Schools 全市 Total City	普通中学 市辖区 Districts under City	普通小学 Regular Primary Schools 全市 Total City	普通小学 市辖区 Districts under City
山东省	**Shandong**				
济南市	Jinan	312	277	683	604
青岛市	Qingdao	327	210	720	477
淄博市	Zibo	188	130	296	184
枣庄市	Zaozhuang	134	86	503	296
东营市	Dongying	105	76	106	71
烟台市	Yantai	269	81	295	125
潍坊市	Weifang	362	89	731	168
济宁市	Jining	316	79	1054	157
泰安市	Tai'an	207	77	512	170
威海市	Weihai	108	57	92	66
日照市	Rizhao	98	43	281	97
临沂市	Linyi	351	61	1308	104
德州市	Dezhou	197	22	689	139
聊城市	Liaocheng	244	84	677	208
滨州市	Binzhou	173	45	291	36
菏泽市	Heze	403	84	1408	353
河南省	**Henan**				
郑州市	Zhengzhou	503	277	958	438
开封市	Kaifeng	276	84	920	336
洛阳市	Luoyang	403	104	843	173
平顶山市	Pingdingshan	272	58	1170	129
安阳市	Anyang	323	100	1245	274
鹤壁市	Hebi	306	76	306	76
新乡市	Xinxiang	402	64	1269	141
焦作市	Jiaozuo	214	55	514	78
濮阳市	Puyang	192	71	781	88
许昌市	Xuchang	240	60	819	162
漯河市	Luohe	124	57	495	190
三门峡市	Sanmenxia	135	46	239	80
南阳市	Nanyang	551	105	1772	247
商丘市	Shangqiu	456	84	1865	348
信阳市	Xinyang	398	68	1050	136
周口市	Zhoukou	543	34	1858	71
驻马店市	Zhumadian	358	41	1922	191
湖北省	**Hubei**				
武汉市	Wuhan	378	378	623	623
黄石市	Huangshi	131	37	443	88
十堰市	Shiyan	180	69	423	147
宜昌市	Yichang	170	62	257	85
襄阳市	Xiangyang	243	98	473	161
鄂州市	Ezhou	47	47	232	232
荆门市	Jingmen	126	35	220	53
孝感市	Xiaogan	231	49	450	71
荆州市	Jingzhou	237	53	396	62
黄冈市	Huanggang	303	26	682	34
咸宁市	Xianning	153	35	360	63
随州市	Suizhou	100	33	192	43

2-33 续表 4 continued

单位：所 (unit)

城　市	City	普通中学 Regular Secondary Schools 全　市 Total City	普通中学 Regular Secondary Schools 市辖区 Districts under City	普通小学 Regular Primary Schools 全　市 Total City	普通小学 Regular Primary Schools 市辖区 Districts under City
湖南省	**Hunan**				
长沙市	Changsha	341	142	944	376
株洲市	Zhuzhou	194	68	358	111
湘潭市	Xiangtan	166	31	371	71
衡阳市	Hengyang	452	51	1047	138
邵阳市	Shaoyang	466	42	964	86
岳阳市	Yueyang	305	57	639	129
常德市	Changde	278	70	424	73
张家界市	Zhangjiajie	101	29	96	45
益阳市	Yiyang	214	57	406	118
郴州市	Chenzhou	304	53	386	55
永州市	Yongzhou	342	66	469	99
怀化市	Huaihua	371	42	238	32
娄底市	Loudi	294	33	726	75
广东省	**Guangdong**				
广州市	Guangzhou	534	534	980	980
韶关市	Shaoguan	179	42	204	68
深圳市	Shenzhen	417	417	340	340
珠海市	Zhuhai	77	77	134	134
汕头市	Shantou	308	304	741	737
佛山市	Foshan	212	212	417	417
江门市	Jiangmen	193	84	381	132
湛江市	Zhanjiang	315	94	940	86
茂名市	Maoming	263	90	1377	303
肇庆市	Zhaoqing	187	71	233	84
惠州市	Huizhou	277	142	554	254
梅州市	Meizhou	232	46	454	65
汕尾市	Shanwei	164	23	571	64
河源市	Heyuan	198	37	364	52
阳江市	Yangjiang	115	68	154	74
清远市	Qingyuan	187	69	342	126
东莞市	Dongguan	246		331	
中山市	Zhongshan	103		212	
潮州市	Chaozhou	140	99	596	361
揭阳市	Jieyang	295	113	1245	266
云浮市	Yunfu	106	26	174	50
广西壮族自治区	**Guangxi**				
南宁市	Nanning	342	219	1102	536
柳州市	Liuzhou	158	88	349	191
桂林市	Guilin	214	63	537	163
梧州市	Wuzhou	137	37	524	140
北海市	Beihai	99	63	326	100
防城港市	Fangchenggang	47	32	515	191
钦州市	Qinzhou	130	59	1004	336
贵港市	Guigang	218	83	817	353
玉林市	Yulin	269	59	1294	225

2–33 续表 5 continued

单位：所 (unit)

城市	City	普通中学 Regular Secondary Schools 全市 Total City	普通中学 Regular Secondary Schools 市辖区 Districts under City	普通小学 Regular Primary Schools 全市 Total City	普通小学 Regular Primary Schools 市辖区 Districts under City
百色市	Baise	160	20	429	50
贺州市	Hezhou	104	56	321	158
河池市	Hechi	187	46	694	175
来宾市	Laibin	81	42	219	115
崇左市	Chongzuo	97	14	267	18
海南省	**Hainan**				
海口市	Haikou	114	114	158	158
三亚市	Sanya	48	48	117	117
三沙市	Sansha			1	
儋州市	Danzhou	51		222	
重庆市	**Chongqing**	**1127**	**812**	**2860**	**1921**
四川省	**Sichuan**				
成都市	Chengdu	621	353	607	380
自贡市	Zigong	141	55	114	60
攀枝花市	Panzhihua	54	39	60	31
泸州市	Luzhou	241	64	223	52
德阳市	Deyang	147	35	336	59
绵阳市	Mianyang	215	78	406	95
广元市	Guangyuan	154	50	265	85
遂宁市	Suining	160	59	196	45
内江市	Neijiang	176	57	274	83
乐山市	Leshan	194	72	228	62
南充市	Nanchong	491	113	271	100
眉山市	Meishan	191	61	176	70
宜宾市	Yibin	286	116	307	109
广安市	Guang'an	277	5	194	
达州市	Dazhou	91	24	283	77
雅安市	Ya'an	88	40	161	39
巴中市	Bazhong	217	88	203	50
资阳市	Ziyang	197	64	172	80
贵州省	**Guizhou**				
贵阳市	Guiyang	330	256	534	352
六盘水市	Liupanshui	209	51	471	72
遵义市	Zunyi	420	119	1173	321
安顺市	Anshun	153	73	440	185
毕节市	Bijie	383	96	1663	368
铜仁市	Tongren	256	39	1278	147
云南省	**Yunnan**				
昆明市	Kunming	327	224	758	368
曲靖市	Qujing	258	76	1660	273
玉溪市	Yuxi	107	37	508	123
保山市	Baoshan	125	41	860	297
昭通市	Zhaotong	254	38	1492	146
丽江市	Lijiang	71	11	394	38
普洱市	Pu'er	129	14	503	36
临沧市	Lincang	122	23	834	110

2–33 续表 6 continued

单位：所 (unit)

城 市	City	普通中学 Regular Secondary Schools 全 市 Total City	普通中学 Regular Secondary Schools 市辖区 Districts under City	普通小学 Regular Primary Schools 全 市 Total City	普通小学 Regular Primary Schools 市辖区 Districts under City
西藏自治区	**Tibet**				
拉萨市	Lasa	23	18	71	32
日喀则市	Xigaze	31	3	226	18
昌都市	Qamdo	21	1	200	23
林芝市	Linzhi	11	5	61	9
山南市	Shannan	19	5	91	7
那曲市	Naqu	19	2	139	14
陕西省	**Shaanxi**				
西安市	Xi'an	469	391	1145	952
铜川市	Tongchuan	44	37	80	66
宝鸡市	Baoji	199	80	458	129
咸阳市	Xianyang	269	51	662	34
渭南市	Weinan	332	60	755	130
延安市	Yan'an	115	41	244	78
汉中市	Hanzhong	209	57	461	119
榆林市	Yulin	197	39	324	91
安康市	Ankang	181	62	403	120
商洛市	Shangluo	160	38	387	81
甘肃省	**Gansu**				
兰州市	Lanzhou	206	121	507	220
嘉峪关市	Jiayuguan	11		19	
金昌市	Jinchang	20	11	26	13
白银市	Baiyin	141	38	603	81
天水市	Tianshui	253	79	594	201
武威市	Wuwei	133	77	474	229
张掖市	Zhangye	61	34	143	21
平凉市	Pingliang	164	35	734	153
酒泉市	Jiuquan	55	23	125	34
庆阳市	Qingyang	165	25		95
定西市	Dingxi	212	34	611	48
陇南市	Longnan	231	18	1522	262
青海省	**Qinghai**				
西宁市	Xining	96	51	139	65
海东市	Haidong	138	10	239	62
宁夏回族自治区	**Ningxia**				
银川市	Yinchuan	83	55	202	115
石嘴山市	Shizuishan	35	23	66	41
吴忠市	Wuzhong	62	19	292	60
固原市	Guyuan	72	18	427	160
中卫市	Zhongwei	64	24	199	45
新疆维吾尔自治区	**Xinjiang**				
乌鲁木齐市	Urumqi	155	145	130	121
克拉玛依市	Karamay	20	20	28	28
吐鲁番市	Turpan	51	22	97	38
哈密市	Hami	38	28	62	47

2–34 专任教师数(一)
Number of Full-time Teachers(Ⅰ)

单位：人 (person)

城 市	City	普通高等学校 Regular Institutions of Higher Education	中等职业教育学校 Vocational Secondary Schools	
		全 市 Total City	全 市 Total City	市辖区 Districts under City
北京市	**Beijing**	**68685**	**7630**	**7630**
天津市	**Tianjin**	**32651**	**7162**	**7162**
河北省	**Hebei**			
石家庄市	Shijiazhuang	28814	9561	5519
唐山市	Tangshan	7381	4425	2235
秦皇岛市	Qinhuangdao	5254	2254	1196
邯郸市	Handan	3947	6259	3119
邢台市	Xingtai	2720	4475	1465
保定市	Baoding	10419	7309	2832
张家口市	Zhangjiakou	3095	3424	1813
承德市	Chengde	2966	2290	794
沧州市	Cangzhou	3767	3584	691
廊坊市	Langfang	8092	2162	557
衡水市	Hengshui	1078	2741	1238
山西省	**Shanxi**			
太原市	Taiyuan	24517	6380	6136
大同市	Datong	1697	1909	1440
阳泉市	Yangquan	822	834	678
长治市	Changzhi	2161	2600	1901
晋城市	Jincheng	371	1496	797
朔州市	Shuozhou	585	1516	227
晋中市	Jinzhong	9572	2741	712
运城市	Yuncheng	2678	2675	1609
忻州市	Xinzhou	1319	1431	323
临汾市	Linfen	2948	2234	766
吕梁市	Lvliang	734	2613	732
内蒙古自治区	**Inner Mongolia**			
呼和浩特市	Hohhot	12863	2076	
包头市	Baotou	6542	1261	1080
乌海市	Wuhai	260	184	184
赤峰市	Chifeng	1868	2454	919
通辽市	Tongliao	2175	1172	44
鄂尔多斯市	Erdos	991	1211	361
呼伦贝尔市	Hulunbuir	1658	1177	210
巴彦淖尔市	Bayannur	666	1133	610
乌兰察布市	Ulanqab	1201	1266	
辽宁省	**Liaoning**			
沈阳市	Shenyang	26565	6149	
大连市	Dalian	18155	2897	2426
鞍山市	Anshan	1946	1512	1121
抚顺市	Fushun	2023	1066	909
本溪市	Benxi	3327	1653	1434
丹东市	Dandong	1473	938	482
锦州市	Jinzhou	4808	1125	761
营口市	Yingkou	1127	1159	908
阜新市	Fuxin	1888	964	726

2-34 续表 1 continued

单位：人 (person)

城 市	City	普通高等学校 Regular Institutions of Higher Education	中等职业教育学校 Vocational Secondary Schools	
		全 市 Total City	全 市 Total City	市辖区 Districts under City
辽阳市	Liaoyang	1043	962	782
盘锦市	Panjin	534	495	399
铁岭市	Tieling	1265	730	318
朝阳市	Chaoyang	470	1490	732
葫芦岛市	Huludao	474	962	483
吉林省	**Jilin**			
长春市	Changchun	27891	3678	2769
吉林市	Jilin	5512	2919	2142
四平市	Siping	2230	1458	460
辽源市	Liaoyuan	309	626	420
通化市	Tonghua	724	1373	598
白山市	Baishan	241	559	307
松原市	Songyuan	289	1048	554
白城市	Baicheng	1156	867	304
黑龙江省	**Heilongjiang**			
哈尔滨市	Harbin	32633	6117	4819
齐齐哈尔市	Qiqihar	3387	906	332
鸡西市	Jixi	466	419	213
鹤岗市	Hegang	194	527	276
双鸭山市	Shuangyashan		2520	104
大庆市	Daqing	3605	828	463
伊春市	Yichun	182	442	339
佳木斯市	Jiamusi	2593	1121	706
七台河市	Qitaihe	134	26	4
牡丹江市	Mudanjiang	2884	736	125
黑河市	Heihe	584	941	238
绥化市	Suihua	532	1149	158
上海市	**Shanghai**	**46278**	**8160**	**8160**
江苏省	**Jiangsu**			
南京市	Nanjing	53296	3762	3762
无锡市	Wuxi	7251	6701	4213
徐州市	Xuzhou	8815	3999	2476
常州市	Changzhou	6767	3869	3397
苏州市	Suzhou	13104	5357	2473
南通市	Nantong	5321	4666	1627
连云港市	Lianyungang	2378	2675	1906
淮安市	Huai'an	4356	2820	1900
盐城市	Yancheng	3881	3991	2099
扬州市	Yangzhou	5700	1555	1244
镇江市	Zhenjiang	6186	1565	719
泰州市	Taizhou	3317	1830	905
宿迁市	Suqian		3082	2083
浙江省	**Zhejiang**			
杭州市	Hangzhou	31448	5154	4639
宁波市	Ningbo	8868	5308	2723
温州市	Wenzhou	6154	4997	1729
嘉兴市	Jiaxing	3946	3238	786

2-34 续表 2 continued

单位：人 (person)

城市	City	普通高等学校 Regular Institutions of Higher Education	中等职业教育学校 Vocational Secondary Schools	
		全市 Total City	全市 Total City	市辖区 Districts under City
湖州市	Huzhou	1778	2117	716
绍兴市	Shaoxing	4964	3174	1835
金华市	Jinhua	4969	4615	1704
衢州市	Quzhou	770	1691	522
舟山市	Zhoushan	1394	594	499
台州市	Taizhou	2022	4909	1545
丽水市	Lishui	1247	1867	403
安徽省	**Anhui**			
合肥市	Hefei	27426	3856	1885
芜湖市	Wuhu	7147	1894	1008
蚌埠市	Bengbu	3362	1721	749
淮南市	Huainan	3255	1236	768
马鞍山市	Maanshan	3302	1443	825
淮北市	Huaibei	2255	752	608
铜陵市	Tongling	1567	489	285
安庆市	Anqing	2069	1908	403
黄山市	Huangshan	1091	530	157
滁州市	Chuzhou	2963	1739	359
阜阳市	Fuyang	2261	3639	1763
宿州市	Suzhou	1385	2084	631
六安市	Lu'an	2022	2240	1143
亳州市	Bozhou	858	2553	848
池州市	Chizhou	1125	561	309
宣城市	Xuancheng	286	1571	643
福建省	**Fujian**			
福州市	Fuzhou	21334	4357	3128
厦门市	Xiamen	9549	2364	2364
莆田市	Putian	1108	1198	819
三明市	Sanming	1726	1303	135
泉州市	Quanzhou	8026	3156	1115
漳州市	Zhangzhou	4201	1294	559
南平市	Nanping	1410	1140	645
龙岩市	Longyan	1117	1274	581
宁德市	Ningde	668	1171	194
江西省	**Jiangxi**			
南昌市	Nanchang	32932	2492	1687
景德镇市	Jingdezhen	1705	423	309
萍乡市	Pingxiang	1572	778	497
九江市	Jiujiang	5299	1140	406
新余市	Xinyu	2037	966	929
鹰潭市	Yingtan	434	301	183
赣州市	Ganzhou	5891	3160	1341
吉安市	Ji'an	1533	1157	186
宜春市	Yichun	2734	1151	202
抚州市	Fuzhou	1077	750	347
上饶市	Shangrao	1997	1297	602

2-34 续表 3 continued

单位：人 (person)

城市	City	普通高等学校 Regular Institutions of Higher Education	中等职业教育学校 Vocational Secondary Schools	
		全市 Total City	全市 Total City	市辖区 Districts under City
山东省	**Shandong**			
济南市	Jinan	40451	6935	6394
青岛市	Qingdao	22849	6888	5231
淄博市	Zibo	5961	1931	1542
枣庄市	Zaozhuang	1896	1703	1014
东营市	Dongying	1913	1231	797
烟台市	Yantai	11173	7081	3648
潍坊市	Weifang	10601	4610	833
济宁市	Jining	5386	2871	992
泰安市	Tai'an	6560	2292	993
威海市	Weihai	4601	1965	1498
日照市	Rizhao	1553	1611	919
临沂市	Linyi	3682	3901	1425
德州市	Dezhou	3539	2630	1087
聊城市	Liaocheng	2425	3032	1460
滨州市	Binzhou	3047	2049	801
菏泽市	Heze	2338	2913	1114
河南省	**Henan**			
郑州市	Zhengzhou	54914	11375	7451
开封市	Kaifeng	6262	1780	1072
洛阳市	Luoyang	7731	4075	2037
平顶山市	Pingdingshan	3905	2545	1629
安阳市	Anyang	5397	2411	1015
鹤壁市	Hebi	1207	747	366
新乡市	Xinxiang	9497	3602	1820
焦作市	Jiaozuo	5406	1760	558
濮阳市	Puyang	1462	1775	653
许昌市	Xuchang		1941	600
漯河市	Luohe	1900	1608	1220
三门峡市	Sanmenxia	917	1071	631
南阳市	Nanyang	5540	4555	1393
商丘市	Shangqiu	6319	2519	886
信阳市	Xinyang	4837	3104	514
周口市	Zhoukou	2582	3268	915
驻马店市	Zhumadian		2149	526
湖北省	**Hubei**			
武汉市	Wuhan	59613	6307	6307
黄石市	Huangshi	2659	727	449
十堰市	Shiyan	2562	1677	991
宜昌市	Yichang	3156	1727	636
襄阳市	Xiangyang	2139	2025	1143
鄂州市	Ezhou	765	206	206
荆门市	Jingmen	882	1148	640
孝感市	Xiaogan	1846	1154	481
荆州市	Jingzhou	4229	1626	851
黄冈市	Huanggang	2291	2543	575
咸宁市	Xianning	3325	734	279
随州市	Suizhou	407	352	102

2–34 续表 4 continued

单位：人 (person)

城 市	City	普通高等学校 Regular Institutions of Higher Education	中等职业教育学校 Vocational Secondary Schools	
		全 市 Total City	全 市 Total City	市辖区 Districts under City
湖南省	**Hunan**			
长沙市	Changsha	37046	6111	3976
株洲市	Zhuzhou	4603	1538	899
湘潭市	Xiangtan	7533	1186	666
衡阳市	Hengyang	6714	3604	1750
邵阳市	Shaoyang	2100	3122	865
岳阳市	Yueyang	2598	2214	816
常德市	Changde	3105	2530	787
张家界市	Zhangjiajie	826	638	208
益阳市	Yiyang	2410	1674	595
郴州市	Chenzhou	1828	1791	515
永州市	Yongzhou	1911	3430	691
怀化市	Huaihua	1706	1988	388
娄底市	Loudi	2140	1555	280
广东省	**Guangdong**			
广州市	Guangzhou	67284	7926	7926
韶关市	Shaoguan	1695	1613	869
深圳市	Shenzhen	6999	2747	2747
珠海市	Zhuhai	6234	1158	1158
汕头市	Shantou	1628	2310	2299
佛山市	Foshan	3770	4945	4945
江门市	Jiangmen	2371	2502	1393
湛江市	Zhanjiang	6100	2263	1766
茂名市	Maoming	2855	3073	1107
肇庆市	Zhaoqing	4238	2590	1971
惠州市	Huizhou	2350	3110	
梅州市	Meizhou	1271	1408	850
汕尾市	Shanwei	435	974	371
河源市	Heyuan	466	1123	747
阳江市	Yangjiang	486	586	352
清远市	Qingyuan	489	1622	780
东莞市	Dongguan	5717	4171	
中山市	Zhongshan	1826	1570	
潮州市	Chaozhou	1106		
揭阳市	Jieyang	526	1479	790
云浮市	Yunfu	722	917	336
广西壮族自治区	**Guangxi**			
南宁市	Nanning	21407	5743	5743
柳州市	Liuzhou	4878	2954	2709
桂林市	Guilin	9449	1277	813
梧州市	Wuzhou	892	1143	416
北海市	Beihai	2250	728	611
防城港市	Fangchenggang	99	190	136
钦州市	Qinzhou	1291	1282	641
贵港市	Guigang		980	433
玉林市	Yulin	1029	2051	1448

2-34 续表 5 continued

单位：人 (person)

城市	City	普通高等学校 Regular Institutions of Higher Education	中等职业教育学校 Vocational Secondary Schools	
		全市 Total City	全市 Total City	市辖区 Districts under City
百色市	Baise	3157	971	413
贺州市	Hezhou	805	841	535
河池市	Hechi	998	1110	584
来宾市	Laibin	813	761	548
崇左市	Chongzuo	3780	561	244
海南省	**Hainan**			
海口市	Haikou	7525	2521	2521
三亚市	Sanya	2786	359	359
三沙市	Sansha			
儋州市	Danzhou		156	
重庆市	**Chongqing**	**45537**	**19414**	**11883**
四川省	**Sichuan**			
成都市	Chengdu	50242	9201	6809
自贡市	Zigong	2056	1250	792
攀枝花市	Panzhihua		568	482
泸州市	Luzhou	2851	1870	674
德阳市	Deyang	5454	1199	631
绵阳市	Mianyang		1720	850
广元市	Guangyuan	719	1189	415
遂宁市	Suining	611	1295	562
内江市	Neijiang	1702	896	
乐山市	Leshan		1589	760
南充市	Nanchong	3910	2666	1320
眉山市	Meishan		1368	513
宜宾市	Yibin	1502	2869	1661
广安市	Guang'an	530	1591	333
达州市	Dazhou	1417	3340	1398
雅安市	Ya'an		415	213
巴中市	Bazhong	249	1270	378
资阳市	Ziyang	440	851	410
贵州省	**Guizhou**			
贵阳市	Guiyang	20748	5185	4720
六盘水市	Liupanshui	1014	836	39
遵义市	Zunyi	4161	2682	984
安顺市	Anshun	947	769	374
毕节市	Bijie	2745	2176	132
铜仁市	Tongren	2232	1634	699
云南省	**Yunnan**			
昆明市	Kunming	30596	4148	2512
曲靖市	Qujing	1530	2552	1692
玉溪市	Yuxi	850	1467	952
保山市	Baoshan	703	1085	391
昭通市	Zhaotong	674	1509	708
丽江市	Lijiang	1231	597	301
普洱市	Pu'er	378	1216	461
临沧市	Lincang		720	431

2–34 续表 6 continued

单位：人 (person)

城市	City	普通高等学校 Regular Institutions of Higher Education	中等职业教育学校 Vocational Secondary Schools	
		全市 Total City	全市 Total City	市辖区 Districts under City
西藏自治区	**Tibet**			
拉萨市	Lasa	1520	663	663
日喀则市	Xigaze		261	
昌都市	Qamdo		217	217
林芝市	Linzhi	405	135	135
山南市	Shannan		323	323
那曲市	Naqu		112	112
陕西省	**Shaanxi**			
西安市	Xi'an	50236	10441	10257
铜川市	Tongchuan	254	145	127
宝鸡市	Baoji	2137	1403	729
咸阳市	Xianyang	5723	1517	344
渭南市	Weinan	1623	2027	685
延安市	Yan'an	922	970	243
汉中市	Hanzhong	2646	977	291
榆林市	Yulin	985	2173	362
安康市	Ankang	996	697	181
商洛市	Shangluo	872	945	131
甘肃省	**Gansu**			
兰州市	Lanzhou	18370	2168	1546
嘉峪关市	Jiayuguan	121	234	
金昌市	Jinchang	170	231	86
白银市	Baiyin	192	1248	454
天水市	Tianshui	1845	1695	830
武威市	Wuwei	908	931	481
张掖市	Zhangye	941	756	341
平凉市	Pingliang	919	1232	100
酒泉市	Jiuquan	488	645	310
庆阳市	Qingyang	1388	1217	446
定西市	Dingxi		1713	382
陇南市	Longnan	417	1017	258
青海省	**Qinghai**			
西宁市	Xining	4485	1345	916
海东市	Haidong		311	141
宁夏回族自治区	**Ningxia**			
银川市	Yinchuan	7084	1173	840
石嘴山市	Shizuishan	523	460	297
吴忠市	Wuzhong	401	328	
固原市	Guyuan	402	692	224
中卫市	Zhongwei		410	187
新疆维吾尔自治区	**Xinjiang**			
乌鲁木齐市	Urumqi	11444	2258	2258
克拉玛依市	Karamay	574	230	230
吐鲁番市	Turpan	287	134	
哈密市	Hami	255	247	230

2-35 专任教师数(二)
Number of Full-time Teachers (Ⅱ)

单位：人 (person)

城　市	City	普通中学 Regular Secondary Schools		普通小学 Regular Primary Schools	
		全　市 Total City	市辖区 Districts under City	全　市 Total City	市辖区 Districts under City
北京市	**Beijing**	**71271**	**71271**	**55758**	**55758**
天津市	**Tianjin**	**44929**	**44929**	**46497**	**46497**
河北省	**Hebei**				
石家庄市	Shijiazhuang	41025	18138	50702	20743
唐山市	Tangshan	32850	13568	34152	13667
秦皇岛市	Qinhuangdao	13037	6838	15756	8209
邯郸市	Handan	45773	17932	61599	21206
邢台市	Xingtai	30930	6106	43780	5834
保定市	Baoding	48934	12412	57607	13644
张家口市	Zhangjiakou	17042	7719	20435	7484
承德市	Chengde	14089	2752	19338	3128
沧州市	Cangzhou	28957	2999	41121	3732
廊坊市	Langfang	19107	3635	28332	5026
衡水市	Hengshui	25959	11887	22483	5501
山西省	**Shanxi**				
太原市	Taiyuan	19930	16175	19986	15987
大同市	Datong	15306	9178	15930	9032
阳泉市	Yangquan	5743	2954	5140	2522
长治市	Changzhi	16703	9524	12262	5771
晋城市	Jincheng	11008	3159	8133	1755
朔州市	Shuozhou	11221	4722	7608	2904
晋中市	Jinzhong	17615	3396	13871	2723
运城市	Yuncheng	28018	6832	21788	4275
忻州市	Xinzhou	14232	3800	15304	3134
临汾市	Linfen	20666	5964	22015	4422
吕梁市	Lvliang	21624	2686	17126	2253
内蒙古自治区	**Inner Mongolia**				
呼和浩特市	Hohhot	10581	7272	9096	6025
包头市	Baotou	11045	9564	8657	7002
乌海市	Wuhai	2288	2288	2034	2034
赤峰市	Chifeng	17361	6214	19223	5889
通辽市	Tongliao	14550	2737	12453	2500
鄂尔多斯市	Erdos	8679	3126	10991	3528
呼伦贝尔市	Hulunbuir	10080	1894	9751	1359
巴彦淖尔市	Bayannur	4908	1630	5462	1567
乌兰察布市	Ulanqab	6698	2867	6390	1541
辽宁省	**Liaoning**				
沈阳市	Shenyang	26076	21448	23740	19023
大连市	Dalian	22156	15803	19964	14912
鞍山市	Anshan	12212	5934	10389	3513
抚顺市	Fushun	6887	4646	5949	3682
本溪市	Benxi	6106	3835	5217	3054
丹东市	Dandong	8501	2631	7855	1925
锦州市	Jinzhou	9186	3431	9097	3019
营口市	Yingkou	8393	3934	6926	2994
阜新市	Fuxin	6727	2838	6119	2021

2-35 续表 1 continued

单位：人 (person)

城市	City	普通中学 Regular Secondary Schools		普通小学 Regular Primary Schools	
		全市 Total City	市辖区 Districts under City	全市 Total City	市辖区 Districts under City
辽阳市	Liaoyang	5990	3030	5205	2415
盘锦市	Panjin	6474	5429	5068	4023
铁岭市	Tieling	10268	2346	9390	1418
朝阳市	Chaoyang	13831	3030	13222	2547
葫芦岛市	Huludao	10393	3825	10096	2601
吉林省	**Jilin**				
长春市	Changchun	34622	23402	25244	13234
吉林市	Jilin	15239	6555	13088	5099
四平市	Siping	12466	2554	12693	2442
辽源市	Liaoyuan	4571	1631	4987	1434
通化市	Tonghua	10201	1732	6020	1286
白山市	Baishan	6997	2479	3451	1152
松原市	Songyuan	10718	2823	10421	2404
白城市	Baicheng	9429	2404	6817	1334
黑龙江省	**Heilongjiang**				
哈尔滨市	Harbin	35058	23513	27717	15987
齐齐哈尔市	Qiqihar	18964	5265	9525	3064
鸡西市	Jixi	8272	3223	3720	1451
鹤岗市	Hegang	4632	2584	2179	1290
双鸭山市	Shuangyashan	5440	2493	4343	1049
大庆市	Daqing	14756	9291	7854	3803
伊春市	Yichun	3941	2469	3264	1946
佳木斯市	Jiamusi	10480	3784	6468	2159
七台河市	Qitaihe	3157	2234	2275	1408
牡丹江市	Mudanjiang	9373	2875	7758	2616
黑河市	Heihe	7323	1443	4384	794
绥化市	Suihua	22371	3367	12111	2361
上海市	**Shanghai**	**61682**	**61682**	**59451**	**59451**
江苏省	**Jiangsu**				
南京市	Nanjing	25591	25591	30137	30137
无锡市	Wuxi	21897	11901	23618	14755
徐州市	Xuzhou	39269	13258	50731	17140
常州市	Changzhou	15580	12720	16828	14341
苏州市	Suzhou	33624	18764	45030	24367
南通市	Nantong	24652	7305	21870	7535
连云港市	Lianyungang	23376	10725	26890	12044
淮安市	Huai'an	22582	13302	23131	14011
盐城市	Yancheng	29050	9520	27731	8357
扬州市	Yangzhou	16348	8942	13809	8056
镇江市	Zhenjiang	10215	3750	10236	3734
泰州市	Taizhou	18964	6781	14261	5111
宿迁市	Suqian	19138	5409	27780	8382
浙江省	**Zhejiang**				
杭州市	Hangzhou	32852	28013	37708	33275
宁波市	Ningbo	25104	13035	28461	15058
温州市	Wenzhou	33652	9364	37056	10387
嘉兴市	Jiaxing	14402	4117	15288	4462

2-35 续表 2 continued

单位：人 (person)

城市	City	普通中学 Regular Secondary Schools 全市 Total City	普通中学 Regular Secondary Schools 市辖区 Districts under City	普通小学 Regular Primary Schools 全市 Total City	普通小学 Regular Primary Schools 市辖区 Districts under City
湖州市	Huzhou	10175	4173	9562	4413
绍兴市	Shaoxing	19871	9574	16316	8089
金华市	Jinhua	21205	4880	23781	4915
衢州市	Quzhou	9178	4060	9054	3241
舟山市	Zhoushan	3268	2539	3738	2946
台州市	Taizhou	23732	7388	21929	6484
丽水市	Lishui	9079	2338	10454	2289
安徽省	**Anhui**				
合肥市	Hefei	32011	13999	30379	15449
芜湖市	Wuhu	13260	4931	12224	5499
蚌埠市	Bengbu	13510	4832	16298	6163
淮南市	Huainan	12650	6212	13835	6268
马鞍山市	Maanshan	8296	3521	7463	2906
淮北市	Huaibei	8757	4542	8443	4395
铜陵市	Tongling	6488	3592	5129	3128
安庆市	Anqing	20329	3311	16897	2362
黄山市	Huangshan	4986	1815	5151	1762
滁州市	Chuzhou	15852	2561	14141	2353
阜阳市	Fuyang	32158	8998	38846	9464
宿州市	Suzhou	18723	6099	25279	7772
六安市	Lu'an	20109	9373	19567	8251
亳州市	Bozhou	20883	6387	27401	7796
池州市	Chizhou	5859	2411	5330	2202
宣城市	Xuancheng	8854	3071	9032	3087
福建省	**Fujian**				
福州市	Fuzhou	25216	11516	30484	14456
厦门市	Xiamen	12947	12947	18264	18264
莆田市	Putian	14646	10079	14756	10469
三明市	Sanming	11579	1598	12470	1525
泉州市	Quanzhou	32770	7788	36203	7610
漳州市	Zhangzhou	21192	3981	21618	3612
南平市	Nanping	11807	3237	13124	3921
龙岩市	Longyan	13286	5114	13140	5332
宁德市	Ningde	12802	2373	14740	3051
江西省	**Jiangxi**				
南昌市	Nanchang	28015	19173	17900	10206
景德镇市	Jingdezhen	8062	2751	7310	1565
萍乡市	Pingxiang	9231	4237	7776	3844
九江市	Jiujiang	19368	4398	22929	4442
新余市	Xinyu	4464	3415	5609	4084
鹰潭市	Yingtan	5385	2826	6337	3414
赣州市	Ganzhou	41938	10880	49664	13234
吉安市	Ji'an	24312	2927	22389	2726
宜春市	Yichun	22312	4653	28166	5847
抚州市	Fuzhou	16601	6817	20522	7726
上饶市	Shangrao	29788	9073	37001	10600

2-35 续表 3 continued

单位：人 (person)

城市	City	普通中学 Regular Secondary Schools 全市 Total City	普通中学 Regular Secondary Schools 市辖区 Districts under City	普通小学 Regular Primary Schools 全市 Total City	普通小学 Regular Primary Schools 市辖区 Districts under City
山东省	**Shandong**				
济南市	Jinan	34177	30400	36067	32089
青岛市	Qingdao	39822	25840	35332	25019
淄博市	Zibo	22937	15656	15812	10833
枣庄市	Zaozhuang	15838	10222	21859	14179
东营市	Dongying	12313	7823	8550	5918
烟台市	Yantai	34509	10026	14644	7095
潍坊市	Weifang	45371	10338	40158	10386
济宁市	Jining	35468	9972	40023	9232
泰安市	Tai'an	25788	8765	20377	5846
威海市	Weihai	12218	7205	7925	5187
日照市	Rizhao	12714	6225	12064	5539
临沂市	Linyi	44868	10527	53449	10229
德州市	Dezhou	24100	5803	27018	6102
聊城市	Liaocheng	29597	9112	30711	12371
滨州市	Binzhou	17526	5095	16582	5227
菏泽市	Heze	39646	9532	51419	12394
河南省	**Henan**				
郑州市	Zhengzhou	50483	26010	44181	25458
开封市	Kaifeng	21118	7673	27438	9030
洛阳市	Luoyang	36442	10750	28336	7841
平顶山市	Pingdingshan	24574	5508	26625	5718
安阳市	Anyang	26169	7791	26490	8354
鹤壁市	Hebi	6928	3461	7878	3349
新乡市	Xinxiang	32005	5685	28394	4757
焦作市	Jiaozuo	17959	5323	14971	3979
濮阳市	Puyang	21254	8798	21886	3434
许昌市	Xuchang	20303	6065	25702	6400
漯河市	Luohe	11641	5725	9899	5565
三门峡市	Sanmenxia	10772	3343	10496	3213
南阳市	Nanyang	52185	9906	63577	9627
商丘市	Shangqiu	38439	9035	45493	9140
信阳市	Xinyang	40728	7525	39214	6768
周口市	Zhoukou	53156	3956	55934	2915
驻马店市	Zhumadian	39154	5569	45009	5450
湖北省	**Hubei**				
武汉市	Wuhan	32347	32347	33353	33353
黄石市	Huangshi	10138	2905	10506	2750
十堰市	Shiyan	15052	7685	11988	4625
宜昌市	Yichang	11910	5078	10225	4501
襄阳市	Xiangyang	22769	10655	17975	6311
鄂州市	Ezhou	3843	3843	4667	4667
荆门市	Jingmen	9806	3030	8245	2246
孝感市	Xiaogan	18151	3657	14306	2971
荆州市	Jingzhou	20077	4371	14516	2308
黄冈市	Huanggang	22744	1778	23434	1269
咸宁市	Xianning	9686	2883	12171	1969
随州市	Suizhou	7369	2812	7391	2397

2-35 续表 4 continued

单位：人 (person)

城 市	City	普通中学 Regular Secondary Schools		普通小学 Regular Primary Schools	
		全 市 Total City	市辖区 Districts under City	全 市 Total City	市辖区 Districts under City
湖南省	**Hunan**				
长沙市	Changsha	31973	17741	36000	21153
株洲市	Zhuzhou	14250	5894	14725	6111
湘潭市	Xiangtan	9332	2565	9221	3223
衡阳市	Hengyang	29014	4463	31056	5672
邵阳市	Shaoyang	28024	3024	30376	3217
岳阳市	Yueyang	20241	5142	19531	5018
常德市	Changde	18898	4895	18181	4822
张家界市	Zhangjiajie	6108	2124	6162	2381
益阳市	Yiyang	14931	4715	14522	4453
郴州市	Chenzhou	21942	4949	25667	5915
永州市	Yongzhou	23656	4632	28742	6116
怀化市	Huaihua	18668	3198	21540	2859
娄底市	Loudi	17425	3742	17858	3599
广东省	**Guangdong**				
广州市	Guangzhou	44179	44179	60035	60035
韶关市	Shaoguan	12464	4115	14419	4614
深圳市	Shenzhen	38361	38361	58511	58511
珠海市	Zhuhai	9147	9147	7799	7799
汕头市	Shantou	34012	33645	22736	22408
佛山市	Foshan	30734	30734	28425	28425
江门市	Jiangmen	18720	8964	18864	9143
湛江市	Zhanjiang	31763	9455	38023	10027
茂名市	Maoming	33116	11870	37208	14702
肇庆市	Zhaoqing	16383	6223	20463	7313
惠州市	Huizhou	22853	12197	30587	16665
梅州市	Meizhou	20233	4782	21316	4485
汕尾市	Shanwei	13258	2514	16268	2521
河源市	Heyuan	19825	4758	16889	3370
阳江市	Yangjiang	10762	5428	14755	7806
清远市	Qingyuan	15861	6827	21243	8799
东莞市	Dongguan	23001		40157	
中山市	Zhongshan	11764		16668	
潮州市	Chaozhou	11461	7221	11251	7911
揭阳市	Jieyang	28609	9605	30764	9054
云浮市	Yunfu	11052	2656	14614	3826
广西壮族自治区	**Guangxi**				
南宁市	Nanning	30036	18538	40022	25876
柳州市	Liuzhou	15676	9369	17202	9333
桂林市	Guilin	17628	6007	23483	7620
梧州市	Wuzhou	13887	3374	17066	4245
北海市	Beihai	7535	4122	8868	4642
防城港市	Fangchenggang	3940	2443	5944	3123
钦州市	Qinzhou	14664	6553	20695	8590
贵港市	Guigang	22212	9381	24481	9065
玉林市	Yulin	26722	5566	33749	5592

2–35 续表 5 continued

单位：人 (person)

城 市	City	普通中学 Regular Secondary Schools 全 市 Total City	普通中学 Regular Secondary Schools 市辖区 Districts under City	普通小学 Regular Primary Schools 全 市 Total City	普通小学 Regular Primary Schools 市辖区 Districts under City
百色市	Baise	15439	2066	18894	2222
贺州市	Hezhou	9208	5219	12495	6051
河池市	Hechi	13930	3595	21083	4598
来宾市	Laibin	8806	1717	10420	4697
崇左市	Chongzuo	7988	1621	9854	1221
海南省	**Hainan**				
海口市	Haikou	13074	13074	9426	9426
三亚市	Sanya	3321	3321	3958	3958
三沙市	Sansha			5	
儋州市	Danzhou	5079		5076	
重庆市	**Chongqing**	**121078**	**87474**	**128777**	**90463**
四川省	**Sichuan**				
成都市	Chengdu	53485	35354	58504	41465
自贡市	Zigong	8947	3811	9752	4696
攀枝花市	Panzhihua	5152	3456	4777	2763
泸州市	Luzhou	22477	7474	15398	4056
德阳市	Deyang	11267	3436	11335	3237
绵阳市	Mianyang	21275	10853	13704	4934
广元市	Guangyuan	10470	3991	11871	4102
遂宁市	Suining	11252	5109	11653	4847
内江市	Neijiang	14507	4900	10320	3686
乐山市	Leshan	11032	4061	9781	3030
南充市	Nanchong	31799	9126	15742	5477
眉山市	Meishan	10214	3714	10334	3785
宜宾市	Yibin	19904	9636	21738	9553
广安市	Guang'an	21673	1606	10473	
达州市	Dazhou	16212	4771	25989	6944
雅安市	Ya'an	5527	2256	6232	2114
巴中市	Bazhong	15292	6057	16086	5449
资阳市	Ziyang	12067	4336	7191	2557
贵州省	**Guizhou**				
贵阳市	Guiyang	19313	13911	22274	15756
六盘水市	Liupanshui	15043	3995	16253	3291
遵义市	Zunyi	36849	12347	31948	10490
安顺市	Anshun	11340	5470	13889	5854
毕节市	Bijie	39171	7787	42462	6972
铜仁市	Tongren	23319	4038	22496	3207
云南省	**Yunnan**				
昆明市	Kunming	27290	16220	30287	19996
曲靖市	Qujing	28180	7782	32032	7059
玉溪市	Yuxi	9550	3574	10436	2984
保山市	Baoshan	10855	4014	11178	3848
昭通市	Zhaotong	25079	4429	28474	4769
丽江市	Lijiang	5538	1188	6862	1078
普洱市	Pu'er	8867	1361	11541	1262
临沧市	Lincang	9290	2190	12020	1804

2-35 续表 6 continued

单位：人 (person)

城 市	City	普通中学 Regular Secondary Schools		普通小学 Regular Primary Schools	
		全 市 Total City	市辖区 Districts under City	全 市 Total City	市辖区 Districts under City
西藏自治区	**Tibet**				
拉萨市	Lasa	3493	2738	3942	2471
日喀则市	Xigaze	4224	409	5081	604
昌都市	Qamdo	3343	134	4850	421
林芝市	Linzhi	1200	92	1962	197
山南市	Shannan	1894	886	2378	490
那曲市	Naqu	2711	320	3960	520
陕西省	**Shaanxi**				
西安市	Xi'an	35351	30720	39836	35472
铜川市	Tongchuan	3321	2955	2648	2244
宝鸡市	Baoji	14871	5895	13256	5526
咸阳市	Xianyang	23439	5816	16748	1381
渭南市	Weinan	26031	5657	20071	3362
延安市	Yan'an	11442	4615	12529	4350
汉中市	Hanzhong	14600	5203	14100	3317
榆林市	Yulin	18153	3126	17425	4076
安康市	Ankang	13389	5498	11285	3496
商洛市	Shangluo	11302	2847	8847	1973
甘肃省	**Gansu**				
兰州市	Lanzhou	16560	11125	14439	10216
嘉峪关市	Jiayuguan	1085		786	
金昌市	Jinchang	2118	1129	1779	890
白银市	Baiyin	11358	3802	10490	2512
天水市	Tianshui	18932	6503	17500	5719
武威市	Wuwei	8306	4538	9243	5343
张掖市	Zhangye	5070	2100	5950	2207
平凉市	Pingliang	12541	2734	12471	2395
酒泉市	Jiuquan	5579	2102	4072	1863
庆阳市	Qingyang	11749	2757	15789	3322
定西市	Dingxi	10468	1624	13060	1838
陇南市	Longnan	11387	2623	14809	3075
青海省	**Qinghai**				
西宁市	Xining	9655	4832	8735	4568
海东市	Haidong	7217	1094	7471	1831
宁夏回族自治区	**Ningxia**				
银川市	Yinchuan	9903	6390	8755	5379
石嘴山市	Shizuishan	3439	2234	3169	1942
吴忠市	Wuzhong	6496	2097	7558	2303
固原市	Guyuan	7292	2664	8144	2685
中卫市	Zhongwei	5912	1944	5389	1599
新疆维吾尔自治区	**Xinjiang**				
乌鲁木齐市	Urumqi	12710	12533	11551	11233
克拉玛依市	Karamay	2461	2461	2030	2030
吐鲁番市	Turpan	4395	1901	7011	3044
哈密市	Hami	3550	2930	4669	3576

2–36 在校学生数(一)
Number of Students Enrollment (Ⅰ)

单位：人 (person)

城市	City	普通本专科 Undergraduate in Regular HEIs	中等职业教育学校 Vocational Secondary Schools	
		全市 Total City	全市 Total City	市辖区 Districts under City
北京市	**Beijing**	**585971**	**76517**	**76517**
天津市	**Tianjin**		**38566**	**38566**
河北省	**Hebei**			
石家庄市	Shijiazhuang	533070	218582	169656
唐山市	Tangshan	146262	60281	32398
秦皇岛市	Qinhuangdao	94673	26199	15180
邯郸市	Handan	72200	92180	54720
邢台市	Xingtai	56156	60174	16589
保定市	Baoding	189598	90765	36291
张家口市	Zhangjiakou	65764	43801	26188
承德市	Chengde	53941	36894	12222
沧州市	Cangzhou	80982	83059	14645
廊坊市	Langfang	136428	28866	9608
衡水市	Hengshui	21786	33828	21200
山西省	**Shanxi**			
太原市	Taiyuan	503326	101167	98430
大同市	Datong	28495	18258	13180
阳泉市	Yangquan	16946	7283	5109
长治市	Changzhi	37069	31104	24362
晋城市	Jincheng	4077	22325	16704
朔州市	Shuozhou	11112	20187	5592
晋中市	Jinzhong	200928	39092	15252
运城市	Yuncheng	56615	43556	21915
忻州市	Xinzhou	28474	17330	6217
临汾市	Linfen	42917	24201	11877
吕梁市	Lvliang	19232	21053	4651
内蒙古自治区	**Inner Mongolia**			
呼和浩特市	Hohhot	243175	31636	
包头市	Baotou	76417	18643	17251
乌海市	Wuhai	5915	1748	1748
赤峰市	Chifeng	23652	30702	13693
通辽市	Tongliao	32185	11637	
鄂尔多斯市	Erdos	13024	13036	2197
呼伦贝尔市	Hulunbuir	7369	15869	2244
巴彦淖尔市	Bayannur	11289	13773	2426
乌兰察布市	Ulanqab	25300	7535	
辽宁省	**Liaoning**			
沈阳市	Shenyang	424191	90032	
大连市	Dalian	290589	35962	32012
鞍山市	Anshan	31244	12709	9052
抚顺市	Fushun	42442	8538	6541
本溪市	Benxi	39049	6583	5924
丹东市	Dandong	29158	15501	11429
锦州市	Jinzhou	77635	17167	12753
营口市	Yingkou	23781	16270	14182
阜新市	Fuxin	41237	8412	7022

2-36 续表 1 continued

单位：人 (person)

城市	City	普通本专科 Undergraduate in Regular HEIs	中等职业教育学校 Vocational Secondary Schools	
		全市 Total City	全市 Total City	市辖区 Districts under City
辽阳市	Liaoyang	20516	14441	12424
盘锦市	Panjin	8103	9637	7704
铁岭市	Tieling	26199	11583	7451
朝阳市	Chaoyang	9080	19528	8421
葫芦岛市	Huludao	9456	12886	5658
吉林省	**Jilin**			
长春市	Changchun	468853	44267	40792
吉林市	Jilin	112779	22769	16257
四平市	Siping	40208	13756	6881
辽源市	Liaoyuan	7128	2837	1254
通化市	Tonghua	12854	6101	1815
白山市	Baishan	2428	3746	1700
松原市	Songyuan	4340	7067	1653
白城市	Baicheng	23852	7771	4197
黑龙江省	**Heilongjiang**			
哈尔滨市	Harbin	581859	87986	67773
齐齐哈尔市	Qiqihar	56810	11918	4333
鸡西市	Jixi	9129	3458	1888
鹤岗市	Hegang	2926	5269	2536
双鸭山市	Shuangyashan		2276	1348
大庆市	Daqing	61752	4575	3677
伊春市	Yichun	2392	4042	3613
佳木斯市	Jiamusi	52525	16418	13340
七台河市	Qitaihe	4081	242	122
牡丹江市	Mudanjiang	53272	5484	1184
黑河市	Heihe	10747	7609	2579
绥化市	Suihua	11201	13594	563
上海市	**Shanghai**	**526585**	**57000**	**57000**
江苏省	**Jiangsu**			
南京市	Nanjing	877894	50672	50672
无锡市	Wuxi	119976	66626	48909
徐州市	Xuzhou	134722	85251	44797
常州市	Changzhou	129965	60536	56165
苏州市	Suzhou	249022	58366	30786
南通市	Nantong	111912	76621	40793
连云港市	Lianyungang	47006	49997	26820
淮安市	Huai'an	75558	51492	29209
盐城市	Yancheng	67439	55011	36473
扬州市	Yangzhou	86964	19530	16950
镇江市	Zhenjiang	100135	19595	9807
泰州市	Taizhou	65793	26096	15257
宿迁市	Suqian	13308	54045	35072
浙江省	**Zhejiang**			
杭州市	Hangzhou	446683	76769	70329
宁波市	Ningbo	156455	66510	33837
温州市	Wenzhou	104298	85108	26848
嘉兴市	Jiaxing	72365	49180	14797

2–36 续表 2 continued

单位：人 (person)

城市	City	普通本专科 Undergraduate in Regular HEIs	中等职业教育学校 Vocational Secondary Schools	
		全市 Total City	全市 Total City	市辖区 Districts under City
湖州市	Huzhou	28834	28083	9686
绍兴市	Shaoxing	104232	47572	26993
金华市	Jinhua	81338	81139	30613
衢州市	Quzhou	16409	26771	7813
舟山市	Zhoushan	24585	6478	5848
台州市	Taizhou	37349	91033	30874
丽水市	Lishui	20952	28404	6048
安徽省	**Anhui**			
合肥市	Hefei	536242	113405	64550
芜湖市	Wuhu	140361	55593	21167
蚌埠市	Bengbu	65651	49422	18274
淮南市	Huainan	64930	36012	20770
马鞍山市	Maanshan	61780	30121	16318
淮北市	Huaibei	44058	23646	21209
铜陵市	Tongling	34314	8375	6090
安庆市	Anqing	42588	28271	4806
黄山市	Huangshan	22604	16413	5948
滁州市	Chuzhou	55739	43459	10628
阜阳市	Fuyang	42708	128476	50853
宿州市	Suzhou	29806	55742	20013
六安市	Lu'an	43599	63198	31459
亳州市	Bozhou	18587	58619	22033
池州市	Chizhou	29989	11253	5805
宣城市	Xuancheng	7354	28708	9276
福建省	**Fujian**			
福州市	Fuzhou	340330	85918	62705
厦门市	Xiamen	156642	40882	40882
莆田市	Putian	25061	21191	12034
三明市	Sanming	32969	25203	6682
泉州市	Quanzhou	154359	81249	31069
漳州市	Zhangzhou	90794	26519	10245
南平市	Nanping	30845	21919	13333
龙岩市	Longyan	21575	21109	21109
宁德市	Ningde	13829	18960	2937
江西省	**Jiangxi**			
南昌市	Nanchang	630485	84022	44061
景德镇市	Jingdezhen	33941	8539	5865
萍乡市	Pingxiang	32079	23895	18118
九江市	Jiujiang	98262	29656	13026
新余市	Xinyu	39649	19753	18510
鹰潭市	Yingtan	10026	12423	8674
赣州市	Ganzhou	105348	88526	49296
吉安市	Ji'an	42391	30282	8439
宜春市	Yichun	55177	31455	10646
抚州市	Fuzhou	17807	15028	5675
上饶市	Shangrao	38597	44394	30133

2-36 续表 3 continued

单位：人 (person)

城市	City	普通本专科 Undergraduate in Regular HEIs	中等职业教育学校 Vocational Secondary Schools	
		全市 Total City	全市 Total City	市辖区 Districts under City
山东省	**Shandong**			
济南市	Jinan	541097	128855	123604
青岛市	Qingdao	415824	80227	61191
淄博市	Zibo	115263	25723	17632
枣庄市	Zaozhuang	40221	38487	27970
东营市	Dongying	33614	24131	16812
烟台市	Yantai	231189	69498	29336
潍坊市	Weifang	205121	71481	22956
济宁市	Jining	116666	47832	15620
泰安市	Tai'an	133288	39319	17830
威海市	Weihai	99040	19137	15744
日照市	Rizhao	29571	27090	17192
临沂市	Linyi	100741	84709	35363
德州市	Dezhou	70271	42697	21565
聊城市	Liaocheng	49169	39328	24902
滨州市	Binzhou	56311	27397	10528
菏泽市	Heze	51559	62172	28237
河南省	**Henan**			
郑州市	Zhengzhou	1078675	330373	233787
开封市	Kaifeng	104044	36321	23658
洛阳市	Luoyang	133852	112645	61484
平顶山市	Pingdingshan	74109	64968	33616
安阳市	Anyang	98519	43647	20696
鹤壁市	Hebi	20388	21810	16842
新乡市	Xinxiang	175060	73623	35883
焦作市	Jiaozuo	100142	31188	13897
濮阳市	Puyang	20883	42710	22897
许昌市	Xuchang		32246	13897
漯河市	Luohe	38874	27151	23955
三门峡市	Sanmenxia	23617	12696	7696
南阳市	Nanyang	98170	94624	42456
商丘市	Shangqiu	113208	50096	22988
信阳市	Xinyang	104363	61830	17524
周口市	Zhoukou	50179	53274	25890
驻马店市	Zhumadian		43595	20357
湖北省	**Hubei**			
武汉市	Wuhan	1006894	96813	96813
黄石市	Huangshi	47487	14966	9567
十堰市	Shiyan	60112	25749	14497
宜昌市	Yichang	60008	25788	11191
襄阳市	Xiangyang	51099	29868	19298
鄂州市	Ezhou	15814	6312	6312
荆门市	Jingmen	18700	15982	8195
孝感市	Xiaogan	36412	23802	9535
荆州市	Jingzhou	92589	28645	17644
黄冈市	Huanggang	41207	50075	13415
咸宁市	Xianning	33025	22410	10592
随州市	Suizhou	7468	12127	4925

2–36 续表 4 continued

单位：人 (person)

城市	City	普通本专科 Undergraduate in Regular HEIs	中等职业教育学校 Vocational Secondary Schools	
		全市 Total City	全市 Total City	市辖区 Districts under City
湖南省	**Hunan**			
长沙市	Changsha	665860	133374	77456
株洲市	Zhuzhou	101896	23392	14066
湘潭市	Xiangtan	140579	19761	11746
衡阳市	Hengyang	128770	69505	38409
邵阳市	Shaoyang	36590	78301	31760
岳阳市	Yueyang	53253	49764	17898
常德市	Changde	57271	46869	18112
张家界市	Zhangjiajie	16204	13563	6235
益阳市	Yiyang	44329	27773	13859
郴州市	Chenzhou	30634	43994	16176
永州市	Yongzhou	36637	66470	18535
怀化市	Huaihua	33239	48161	12504
娄底市	Loudi	39221	37926	13072
广东省	**Guangdong**			
广州市	Guangzhou	1152994	180249	180249
韶关市	Shaoguan	36031	29730	17609
深圳市	Shenzhen		39442	39442
珠海市	Zhuhai	139291	18493	18493
汕头市	Shantou	13636	45558	45546
佛山市	Foshan	128672	86080	86080
江门市	Jiangmen	47976	47855	33284
湛江市	Zhanjiang	134097	58095	45959
茂名市	Maoming	56327	61334	26246
肇庆市	Zhaoqing	114111	54052	45951
惠州市	Huizhou	49160	79328	
梅州市	Meizhou	25969	26206	17625
汕尾市	Shanwei	7823	17325	7526
河源市	Heyuan	13307	21202	17845
阳江市	Yangjiang	11123	13335	7352
清远市	Qingyuan	11613	28771	16018
东莞市	Dongguan	124439	84654	
中山市	Zhongshan	53118	23937	
潮州市	Chaozhou	16504	8430	7130
揭阳市	Jieyang	10748	25980	11218
云浮市	Yunfu	13055	18218	10296
广西壮族自治区	**Guangxi**			
南宁市	Nanning	487371	175047	175047
柳州市	Liuzhou	94429	77671	75404
桂林市	Guilin	216343	32320	19961
梧州市	Wuzhou	25211	44490	15445
北海市	Beihai	50491	25099	19343
防城港市	Fangchenggang	4941	9790	7732
钦州市	Qinzhou	26533	30127	13466
贵港市	Guigang		47082	25140
玉林市	Yulin	17147	56809	45966

2-36 续表 5 continued

单位：人 (person)

城市	City	普通本专科 Undergraduate in Regular HEIs	中等职业教育学校 Vocational Secondary Schools	
		全市 Total City	全市 Total City	市辖区 Districts under City
百色市	Baise	62524	41936	18915
贺州市	Hezhou	17463	14595	10588
河池市	Hechi	25329	34112	17450
来宾市	Laibin	24223	23918	15581
崇左市	Chongzuo	85676	10011	6140
海南省	**Hainan**			
海口市	Haikou	138933	73182	73182
三亚市	Sanya	54773	8717	8717
三沙市	Sansha			
儋州市	Danzhou		2888	
重庆市	**Chongqing**	**834864**	**414203**	**265644**
四川省	**Sichuan**			
成都市	Chengdu	879335	184222	142065
自贡市	Zigong	45272	27050	17913
攀枝花市	Panzhihua	15977	10961	8367
泸州市	Luzhou	65158	58562	26070
德阳市	Deyang	119732	26138	11965
绵阳市	Mianyang	156732	41951	24337
广元市	Guangyuan	16771	19873	8131
遂宁市	Suining	14340	19177	10466
内江市	Neijiang	37671	32925	11512
乐山市	Leshan	47863	31009	17459
南充市	Nanchong	85332	57667	35741
眉山市	Meishan		26946	12480
宜宾市	Yibin	31563	67360	36256
广安市	Guang'an	16146	41584	10230
达州市	Dazhou	31778	60865	29603
雅安市	Ya'an	58765	12156	8240
巴中市	Bazhong	7049	25037	6291
资阳市	Ziyang	7900	14569	7047
贵州省	**Guizhou**			
贵阳市	Guiyang	411134	116718	102164
六盘水市	Liupanshui	24272	15794	200
遵义市	Zunyi	83855	67254	20479
安顺市	Anshun	21500	23467	12486
毕节市	Bijie	40426	43221	2566
铜仁市	Tongren	51959	35577	14062
云南省	**Yunnan**			
昆明市	Kunming	622583	182093	128438
曲靖市	Qujing	35561	74675	61387
玉溪市	Yuxi	19212	27148	21042
保山市	Baoshan	18379	26977	12822
昭通市	Zhaotong	16743	23402	12891
丽江市	Lijiang	22446	8958	6853
普洱市	Pu'er	11688	17587	7688
临沧市	Lincang	11379	34401	14457

2-36 续表 6 continued

单位：人 (person)

城 市	City	普通本专科 Undergraduate in Regular HEIs	中等职业教育学校 Vocational Secondary Schools	
		全市 Total City	全市 Total City	市辖区 Districts under City
西藏自治区	**Tibet**			
拉萨市	Lasa	20948	8372	8372
日喀则市	Xigaze		3661	
昌都市	Qamdo		3364	3364
林芝市	Linzhi	6000	2015	2015
山南市	Shannan		3253	3253
那曲市	Naqu		2456	
陕西省	**Shaanxi**			
西安市	Xi'an	871400	212133	209150
铜川市	Tongchuan	4238	117	117
宝鸡市	Baoji	50283	24462	15329
咸阳市	Xianyang	127296	27612	9831
渭南市	Weinan	16512	23619	10817
延安市	Yan'an	28802	17743	5496
汉中市	Hanzhong	41400	16800	4415
榆林市	Yulin	18182	23328	5000
安康市	Ankang	25278	18214	9080
商洛市	Shangluo	17600	14800	2125
甘肃省	**Gansu**			
兰州市	Lanzhou	358030	34972	29690
嘉峪关市	Jiayuguan	2676	1777	
金昌市	Jinchang	4045	2755	1035
白银市	Baiyin	4940	11862	4171
天水市	Tianshui	40509	22413	9550
武威市	Wuwei	11800	14005	7763
张掖市	Zhangye	18652	10035	3344
平凉市	Pingliang	14146	23150	4900
酒泉市	Jiuquan	11233	13592	8291
庆阳市	Qingyang	21248	14756	6376
定西市	Dingxi		15727	4275
陇南市	Longnan	8489	16864	4399
青海省	**Qinghai**			
西宁市	Xining	66576	31486	14834
海东市	Haidong		20242	253
宁夏回族自治区	**Ningxia**			
银川市	Yinchuan	111218	33982	26406
石嘴山市	Shizuishan	10651	9984	6640
吴忠市	Wuzhong	5308	9076	2466
固原市	Guyuan	7868	11596	4311
中卫市	Zhongwei		10002	4432
新疆维吾尔自治区	**Xinjiang**			
乌鲁木齐市	Urumqi	212186	47002	47002
克拉玛依市	Karamay	14988	1064	1064
吐鲁番市	Turpan	2677	5444	3904
哈密市	Hami	3081	3039	3039

2–37 在校学生数(二)
Number of Students Enrollment(Ⅱ)

单位：万人 (10 000 persons)

城 市	City	普通中学 Regular Secondary Schools		普通小学 Regular Primary Schools	
		全市 Total City	市辖区 Districts under City	全市 Total City	市辖区 Districts under City
北京市	**Beijing**	**46**	**46**	**94**	**94**
天津市	**Tianjin**	**46**	**46**	**70**	**70**
河北省	**Hebei**				
石家庄市	Shijiazhuang	55	23	94	42
唐山市	Tangshan	38	15	54	22
秦皇岛市	Qinhuangdao	15	7	21	11
邯郸市	Handan	67	24	111	37
邢台市	Xingtai	43	8	75	11
保定市	Baoding	71	18	102	25
张家口市	Zhangjiakou	23	9	29	11
承德市	Chengde	20	3	27	5
沧州市	Cangzhou	43	5	78	7
廊坊市	Langfang	26	5	51	9
衡水市	Hengshui	37	16	37	9
山西省	**Shanxi**				
太原市	Taiyuan	20	16	33	27
大同市	Datong	15	9	19	12
阳泉市	Yangquan	7	3	8	4
长治市	Changzhi	17	10	21	11
晋城市	Jincheng	11	3	11	4
朔州市	Shuozhou	12	4	12	6
晋中市	Jinzhong	18	3	23	5
运城市	Yuncheng	24	6	30	7
忻州市	Xinzhou	14	5	18	4
临汾市	Linfen	22	7	27	7
吕梁市	Lvliang	20	3	27	5
内蒙古自治区	**Inner Mongolia**				
呼和浩特市	Hohhot	15	10	19	14
包头市	Baotou	11	10	15	13
乌海市	Wuhai	2	2	3	3
赤峰市	Chifeng	21	7	25	9
通辽市	Tongliao	16	3	17	4
鄂尔多斯市	Erdos	9	4	16	6
呼伦贝尔市	Hulunbuir	9	2	11	2
巴彦淖尔市	Bayannur	6	2	8	3
乌兰察布市	Ulanqab	7	3	8	2
辽宁省	**Liaoning**				
沈阳市	Shenyang	29	24	40	35
大连市	Dalian	23	18	35	27
鞍山市	Anshan	13	5	15	6
抚顺市	Fushun	6	4	7	5
本溪市	Benxi	5	3	5	3
丹东市	Dandong	9	3	8	3
锦州市	Jinzhou	11	4	11	4
营口市	Yingkou	8	4	11	6
阜新市	Fuxin	7	3	7	2

2-37 续表 1 continued

单位：万人 (10 000 persons)

城市	City	普通中学 Regular Secondary Schools		普通小学 Regular Primary Schools	
		全市 Total City	市辖区 Districts under City	全市 Total City	市辖区 Districts under City
辽阳市	Liaoyang	6	3	7	4
盘锦市	Panjin	7	6	7	6
铁岭市	Tieling	10	2	10	2
朝阳市	Chaoyang	16	4	17	4
葫芦岛市	Huludao	12	5	14	4
吉林省	**Jilin**				
长春市	Changchun	32	19	40	26
吉林市	Jilin	15	6	17	8
四平市	Siping	15	3	15	3
辽源市	Liaoyuan	5	2	4	2
通化市	Tonghua	8	2	8	2
白山市	Baishan	4	2	4	2
松原市	Songyuan	14	4	13	4
白城市	Baicheng	8	2	7	2
黑龙江省	**Heilongjiang**				
哈尔滨市	Harbin	40	26	40	25
齐齐哈尔市	Qiqihar	18	5	18	5
鸡西市	Jixi	7	3	5	2
鹤岗市	Hegang	4	2	3	2
双鸭山市	Shuangyashan	6	2	5	1
大庆市	Daqing	16	9	11	7
伊春市	Yichun	3	2	2	1
佳木斯市	Jiamusi	10	4	10	3
七台河市	Qitaihe	4	3	3	2
牡丹江市	Mudanjiang	10	3	10	3
黑河市	Heihe	6	1	5	1
绥化市	Suihua	22	4	15	3
上海市	**Shanghai**	**61**	**61**	**83**	**83**
江苏省	**Jiangsu**				
南京市	Nanjing	26	26	45	45
无锡市	Wuxi	25	14	42	25
徐州市	Xuzhou	52	17	95	33
常州市	Changzhou	19	16	31	27
苏州市	Suzhou	39	20	82	44
南通市	Nantong	25	8	36	14
连云港市	Lianyungang	28	12	45	20
淮安市	Huai'an	26	15	35	21
盐城市	Yancheng	33	10	45	14
扬州市	Yangzhou	18	10	22	13
镇江市	Zhenjiang	11	4	16	6
泰州市	Taizhou	18	7	23	9
宿迁市	Suqian	30	7	56	16
浙江省	**Zhejiang**				
杭州市	Hangzhou	36	31	62	55
宁波市	Ningbo	30	16	50	27
温州市	Wenzhou	40	10	64	18
嘉兴市	Jiaxing	16	5	27	8

2-37 续表 2 continued

单位：万人 (10 000 persons)

城市	City	普通中学 Regular Secondary Schools		普通小学 Regular Primary Schools	
		全市 Total City	市辖区 Districts under City	全市 Total City	市辖区 Districts under City
湖州市	Huzhou	12	5	17	8
绍兴市	Shaoxing	23	11	26	14
金华市	Jinhua	27	6	43	9
衢州市	Quzhou	11	5	13	5
舟山市	Zhoushan	3	3	5	4
台州市	Taizhou	32	9	44	14
丽水市	Lishui	12	3	16	4
安徽省	**Anhui**				
合肥市	Hefei	42	19	55	30
芜湖市	Wuhu	16	6	20	9
蚌埠市	Bengbu	18	6	31	10
淮南市	Huainan	17	7	25	12
马鞍山市	Maanshan	10	4	12	5
淮北市	Huaibei	11	5	16	8
铜陵市	Tongling	7	4	7	4
安庆市	Anqing	22	4	26	4
黄山市	Huangshan	5	2	7	3
滁州市	Chuzhou	19	3	24	5
阜阳市	Fuyang	54	14	81	20
宿州市	Suzhou	28	9	52	17
六安市	Lu'an	27	13	32	15
亳州市	Bozhou	34	9	53	14
池州市	Chizhou	8	3	8	4
宣城市	Xuancheng	10	4	13	4
福建省	**Fujian**				
福州市	Fuzhou	35	17	59	30
厦门市	Xiamen	18	18	35	35
莆田市	Putian	19	13	28	20
三明市	Sanming	13	2	21	3
泉州市	Quanzhou	45	10	80	15
漳州市	Zhangzhou	26	6	38	7
南平市	Nanping	14	4	20	6
龙岩市	Longyan	13	6	23	11
宁德市	Ningde	15	3	27	6
江西省	**Jiangxi**				
南昌市	Nanchang	32	20	43	27
景德镇市	Jingdezhen	11	4	15	4
萍乡市	Pingxiang	11	3	15	6
九江市	Jiujiang	33	7	39	8
新余市	Xinyu	8	6	10	8
鹰潭市	Yingtan	8	5	11	6
赣州市	Ganzhou	71	18	86	23
吉安市	Ji'an	34	4	48	6
宜春市	Yichun	37	8	49	11
抚州市	Fuzhou	27	8	34	13
上饶市	Shangrao	53	15	61	18

2−37 续表 3 continued

单位：万人 (10 000 persons)

城　市	City	普通中学 Regular Secondary Schools 全市 Total City	普通中学 Regular Secondary Schools 市辖区 Districts under City	普通小学 Regular Primary Schools 全市 Total City	普通小学 Regular Primary Schools 市辖区 Districts under City
山东省	**Shandong**				
济南市	Jinan	39	35	54	48
青岛市	Qingdao	41	26	58	42
淄博市	Zibo	26	18	20	15
枣庄市	Zaozhuang	22	14	37	24
东营市	Dongying	13	9	11	8
烟台市	Yantai	30	11	27	12
潍坊市	Weifang	49	11	57	15
济宁市	Jining	46	13	66	15
泰安市	Tai'an	31	10	31	9
威海市	Weihai	12	8	12	8
日照市	Rizhao	15	7	20	10
临沂市	Linyi	61	15	109	27
德州市	Dezhou	31	7	40	11
聊城市	Liaocheng	35	12	63	20
滨州市	Binzhou	19	7	26	9
菏泽市	Heze	58	14	104	26
河南省	**Henan**				
郑州市	Zhengzhou	63	32	97	52
开封市	Kaifeng	34	12	50	16
洛阳市	Luoyang	43	12	61	19
平顶山市	Pingdingshan	36	7	55	10
安阳市	Anyang	39	11	63	18
鹤壁市	Hebi	11	5	16	7
新乡市	Xinxiang	44	8	64	11
焦作市	Jiaozuo	19	5	28	8
濮阳市	Puyang	28	11	43	11
许昌市	Xuchang	29	8	43	12
漯河市	Luohe	15	8	21	12
三门峡市	Sanmenxia	11	3	16	5
南阳市	Nanyang	83	18	122	25
商丘市	Shangqiu	51	11	84	18
信阳市	Xinyang	54	10	67	14
周口市	Zhoukou	67	4	96	6
驻马店市	Zhumadian	54	8	81	10
湖北省	**Hubei**				
武汉市	Wuhan	34	34	62	62
黄石市	Huangshi	14	4	23	6
十堰市	Shiyan	17	8	25	11
宜昌市	Yichang	12	6	17	8
襄阳市	Xiangyang	25	13	38	17
鄂州市	Ezhou	5	5	7	7
荆门市	Jingmen	10	3	14	4
孝感市	Xiaogan	18	5	28	5
荆州市	Jingzhou	23	5	31	6
黄冈市	Huanggang	31	2	45	3
咸宁市	Xianning	15	4	24	7
随州市	Suizhou	9	4	14	5

2-37 续表 4 continued

单位：万人 (10 000 persons)

城 市	City	普通中学 Regular Secondary Schools		普通小学 Regular Primary Schools	
		全市 Total City	市辖区 Districts under City	全市 Total City	市辖区 Districts under City
湖南省	**Hunan**				
长沙市	Changsha	42	23	67	38
株洲市	Zhuzhou	19	7	30	12
湘潭市	Xiangtan	12	3	16	6
衡阳市	Hengyang	43	7	57	11
邵阳市	Shaoyang	46	5	59	7
岳阳市	Yueyang	25	6	36	10
常德市	Changde	22	5	31	8
张家界市	Zhangjiajie	8	3	11	4
益阳市	Yiyang	19	6	27	9
郴州市	Chenzhou	34	8	47	11
永州市	Yongzhou	36	8	50	10
怀化市	Huaihua	25	5	38	7
娄底市	Loudi	24	5	36	8
广东省	**Guangdong**				
广州市	Guangzhou	53	53	110	110
韶关市	Shaoguan	16	6	26	9
深圳市	Shenzhen	48	48	107	107
珠海市	Zhuhai	10	10	18	18
汕头市	Shantou	37	37	56	56
佛山市	Foshan	37	37	62	62
江门市	Jiangmen	22	10	35	16
湛江市	Zhanjiang	40	12	72	20
茂名市	Maoming	44	15	68	26
肇庆市	Zhaoqing	23	8	40	15
惠州市	Huizhou	33	18	61	34
梅州市	Meizhou	24	6	37	9
汕尾市	Shanwei	17	3	28	4
河源市	Heyuan	20	5	31	8
阳江市	Yangjiang	14	7	26	12
清远市	Qingyuan	21	10	39	17
东莞市	Dongguan	35		84	
中山市	Zhongshan	17		33	
潮州市	Chaozhou	13	9	21	15
揭阳市	Jieyang	36	11	54	17
云浮市	Yunfu	14	2	26	7
广西壮族自治区	**Guangxi**				
南宁市	Nanning	45	27	73	46
柳州市	Liuzhou	23	15	32	19
桂林市	Guilin	26	8	40	13
梧州市	Wuzhou	21	5	31	8
北海市	Beihai	12	6	17	9
防城港市	Fangchenggang	6	4	11	6
钦州市	Qinzhou	24	10	40	17
贵港市	Guigang	37	16	48	19
玉林市	Yulin	45	9	71	13

2-37 续表 5 continued

单位：万人 (10 000 persons)

城市	City	普通中学 Regular Secondary Schools		普通小学 Regular Primary Schools	
		全市 Total City	市辖区 Districts under City	全市 Total City	市辖区 Districts under City
百色市	Baise	26	2	33	4
贺州市	Hezhou	13	6	24	12
河池市	Hechi	26	6	37	8
来宾市	Laibin	14	7	20	10
崇左市	Chongzuo	13	2	17	2
海南省	**Hainan**				
海口市	Haikou	13	13	22	22
三亚市	Sanya	4	4	8	8
三沙市	Sansha				
儋州市	Danzhou	6		9	
重庆市	**Chongqing**	**173**	**123**	**206**	**153**
四川省	**Sichuan**				
成都市	Chengdu	63	41	103	74
自贡市	Zigong	13	6	17	8
攀枝花市	Panzhihua	6	4	7	4
泸州市	Luzhou	38	10	34	10
德阳市	Deyang	13	4	18	5
绵阳市	Mianyang	25	14	28	13
广元市	Guangyuan	12	5	15	6
遂宁市	Suining	13	6	18	8
内江市	Neijiang	19	7	21	8
乐山市	Leshan	13	4	18	6
南充市	Nanchong	30	10	36	12
眉山市	Meishan	11	4	17	6
宜宾市	Yibin	28	13	37	16
广安市	Guang'an	20	1	24	1
达州市	Dazhou	34	10	39	11
雅安市	Ya'an	7	3	9	3
巴中市	Bazhong	18	7	20	7
资阳市	Ziyang	15	5	17	6
贵州省	**Guizhou**				
贵阳市	Guiyang	24	17	43	30
六盘水市	Liupanshui	21	6	32	8
遵义市	Zunyi	45	14	61	19
安顺市	Anshun	17	8	26	11
毕节市	Bijie	63	13	85	15
铜仁市	Tongren	31	6	34	6
云南省	**Yunnan**				
昆明市	Kunming	35	21	51	35
曲靖市	Qujing	43	10	52	11
玉溪市	Yuxi	11	4	14	5
保山市	Baoshan	15	5	19	7
昭通市	Zhaotong	41	7	53	9
丽江市	Lijiang	7	1	9	2
普洱市	Pu'er	12	2	19	3
临沧市	Lincang	13	3	20	3

2-37 续表 6 continued

单位：万人 (10 000 persons)

城市	City	普通中学 Regular Secondary Schools 全市 Total City	普通中学 Regular Secondary Schools 市辖区 Districts under City	普通小学 Regular Primary Schools 全市 Total City	普通小学 Regular Primary Schools 市辖区 Districts under City
西藏自治区	**Tibet**				
拉萨市	Lasa	4	3	6	4
日喀则市	Xigaze	5		8	1
昌都市	Qamdo	4		8	1
林芝市	Linzhi	1	1	2	1
山南市	Shannan	2	1	3	
那曲市	Naqu	4	1	7	2
陕西省	**Shaanxi**				
西安市	Xi'an	44	38	79	73
铜川市	Tongchuan	3	3	4	4
宝鸡市	Baoji	16	7	21	9
咸阳市	Xianyang	21	5	29	6
渭南市	Weinan	27	6	30	6
延安市	Yan'an	13	6	22	9
汉中市	Hanzhong	17	5	20	6
榆林市	Yulin	18	4	33	8
安康市	Ankang	15	6	19	7
商洛市	Shangluo	11	2	17	3
甘肃省	**Gansu**				
兰州市	Lanzhou	17	12	23	17
嘉峪关市	Jiayuguan	1		2	
金昌市	Jinchang	2	1	2	1
白银市	Baiyin	16	5	11	4
天水市	Tianshui	21	7	26	9
武威市	Wuwei	9	5	10	6
张掖市	Zhangye	8	4	5	2
平凉市	Pingliang	12	3	15	4
酒泉市	Jiuquan	6	2	7	3
庆阳市	Qingyang	14	3	20	5
定西市	Dingxi	14	2	19	3
陇南市	Longnan	15	4	22	5
青海省	**Qinghai**				
西宁市	Xining	12	6	16	8
海东市	Haidong	9	1	13	3
宁夏回族自治区	**Ningxia**				
银川市	Yinchuan	14	9	19	12
石嘴山市	Shizuishan	4	2	5	3
吴忠市	Wuzhong	10	3	13	4
固原市	Guyuan	10	4	12	5
中卫市	Zhongwei	8	2	10	3
新疆维吾尔自治区	**Xinjiang**				
乌鲁木齐市	Urumqi	17	17	23	23
克拉玛依市	Karamay	2	2	3	3
吐鲁番市	Turpan	4	2	7	3
哈密市	Hami	3	2	4	3

2-38 文化体育设施
Cultural and Sports Facilities

城　市	City	公共图书馆图书藏量（万册）Collections of Public Libraries (10 000 copies)		博物馆数（个）Number of Museums (unit)		体育场馆数(个) Number of Stadiums and Gymnasiums (unit)	
		全市 Total City	市辖区 Districts under City	全市 Total City	市辖区 Districts under City	全市 Total City	市辖区 Districts under City
北京市	**Beijing**	**7048**	**7048**	**179**	**179**		
天津市	**Tianjin**	**2099**	**2099**	**68**	**68**		
河北省	**Hebei**						
石家庄市	Shijiazhuang	421	296	11	7	42	22
唐山市	Tangshan	502	234	17	9	51	22
秦皇岛市	Qinhuangdao	174	134	5	5	18	15
邯郸市	Handan	215	83	13	4	22	22
邢台市	Xingtai	198	64	7	2	35	18
保定市	Baoding	256	97	23	10	29	11
张家口市	Zhangjiakou	163	105	9	3	24	16
承德市	Chengde	109	42	13	3	20	5
沧州市	Cangzhou	255		11		35	
廊坊市	Langfang	317	196	4	1	16	6
衡水市	Hengshui	111	43	4	2	14	2
山西省	**Shanxi**						
太原市	Taiyuan	811	757	17	16	16	13
大同市	Datong	112	75			39	29
阳泉市	Yangquan	75	52	2	2	2	1
长治市	Changzhi	230	120	22	6	23	12
晋城市	Jincheng	134	83	5	1	21	8
朔州市	Shuozhou	88	19	5	2	12	5
晋中市	Jinzhong	242	25	21		328	68
运城市	Yuncheng	162		23	1	14	2
忻州市	Xinzhou	101	19	16	1	25	3
临汾市	Linfen	207	67	18	5	39	14
吕梁市	Lvliang	141	12	9	2	10	3
内蒙古自治区	**Inner Mongolia**						
呼和浩特市	Hohhot	210	140	37	30	37	26
包头市	Baotou	1897	1572	3	1	37	27
乌海市	Wuhai	76	76	3	3	7	7
赤峰市	Chifeng	187	54	24	6	30	4
通辽市	Tongliao	157	24	10	1	35	16
鄂尔多斯市	Erdos	280	179	19	8		
呼伦贝尔市	Hulunbuir	172	7	42	6	33	11
巴彦淖尔市	Bayannur	80	9	13	4	50	2
乌兰察布市	Ulanqab	93	6	10	2	87	3
辽宁省	**Liaoning**						
沈阳市	Shenyang	1861	1804	14	14	11	9
大连市	Dalian	982	847	28	25	44	39
鞍山市	Anshan	324	258	6	3	8	7
抚顺市	Fushun	119	106	6	4	16	
本溪市	Benxi	169	133	6	2	2	2
丹东市	Dandong	141	120	3	2	16	11
锦州市	Jinzhou	156	105	7	3	10	4
营口市	Yingkou	166		5	2	19	10
阜新市	Fuxin	60	44	5	3		

2-38 续表 1 continued

城 市	City	公共图书馆图书藏量(万册) Collections of Public Libraries (10 000 copies)		博物馆数(个) Number of Museums (unit)		体育场馆数(个) Number of Stadiums and Gymnasiums (unit)	
		全市 Total City	市辖区 Districts under City	全市 Total City	市辖区 Districts under City	全市 Total City	市辖区 Districts under City
辽阳市	Liaoyang	840	689	4	4	9	7
盘锦市	Panjin	97	52	16	10		
铁岭市	Tieling	65	2	2	2	7	2
朝阳市	Chaoyang	99	46	15	6	12	3
葫芦岛市	Huludao	104	25	1		5	
吉林省	**Jilin**						
长春市	Changchun	559	473	23	16	86	74
吉林市	Jilin	370	199	16	10	27	20
四平市	Siping	70	46	5	1	10	3
辽源市	Liaoyuan	42	29	8	4	3	
通化市	Tonghua	104	49	10	4	28	12
白山市	Baishan	105	32	14	6	19	8
松原市	Songyuan	83	31	7	2	10	3
白城市	Baicheng	61	33	6	2	19	2
黑龙江省	**Heilongjiang**						
哈尔滨市	Harbin	988	929	72	62	54	42
齐齐哈尔市	Qiqihar	213	155	17		17	
鸡西市	Jixi	55	25	10	5	13	9
鹤岗市	Hegang	56	38	4	1	8	4
双鸭山市	Shuangyashan	622	33	4	1	7	5
大庆市	Daqing	166	13	10	6	66	59
伊春市	Yichun	102	38	9	3	23	16
佳木斯市	Jiamusi	87	37	7	2	12	7
七台河市	Qitaihe	35	20	1	1	5	4
牡丹江市	Mudanjiang		67	22	4	11	4
黑河市	Heihe	45	16	26	11	15	4
绥化市	Suihua	200	19	18	3		
上海市	**Shanghai**			**140**	**140**		
江苏省	**Jiangsu**						
南京市	Nanjing	2325	2325	66	66	103	103
无锡市	Wuxi	896	527	62	42	60	34
徐州市	Xuzhou	404	178	18	13	114	64
常州市	Changzhou	507	459	28	26	66	57
苏州市	Suzhou	3394	2297	46	29	155	86
南通市	Nantong	725	273	24	16	110	63
连云港市	Lianyungang	303	186	10	6	22	13
淮安市	Huai'an	417	309	11	7	78	65
盐城市	Yancheng	499	330	13	8	78	43
扬州市	Yangzhou	548	417	17	10	23	13
镇江市	Zhenjiang	412	231	14	6	135	76
泰州市	Taizhou	366	208	21	11	17	6
宿迁市	Suqian	252	169	13	7	16	7
浙江省	**Zhejiang**						
杭州市	Hangzhou	2557	2332	79	74	27	21
宁波市	Ningbo	1243	834	71	38	22	10
温州市	Wenzhou	1377	783	53	15	36	12
嘉兴市	Jiaxing	987	274	37	13	66	16

2–38 续表 2 continued

城市	City	公共图书馆图书藏量(万册) Collections of Public Libraries (10 000 copies)		博物馆数(个) Number of Museums (unit)		体育场馆数(个) Number of Stadiums and Gymnasiums (unit)	
		全市 Total City	市辖区 Districts under City	全市 Total City	市辖区 Districts under City	全市 Total City	市辖区 Districts under City
湖州市	Huzhou	285	159	31	13	45	17
绍兴市	Shaoxing	644	442	38	29	25	17
金华市	Jinhua	530	147	32	11	14	3
衢州市	Quzhou	316	187	6	4	5	1
舟山市	Zhoushan	216	167	14	12	8	6
台州市	Taizhou	869	325	49	16	49	14
丽水市	Lishui	272	74	20	5	16	4
安徽省	**Anhui**						
合肥市	Hefei	714	598	36	19		
芜湖市	Wuhu	264	124	13	6	72	50
蚌埠市	Bengbu	88	44	3	1	67	26
淮南市	Huainan	73	53	9	6		
马鞍山市	Maanshan	226	151	11	6	50	29
淮北市	Huaibei	101	88	10	7	8	5
铜陵市	Tongling	237	150	5	4	29	27
安庆市	Anqing	306	97	18	8	50	17
黄山市	Huangshan	126	69	52	25	20	13
滁州市	Chuzhou	220	52	11	1	68	10
阜阳市	Fuyang	171	24	11	5	51	20
宿州市	Suzhou	138	75	6	2	29	16
六安市	Lu'an	139	66	11	7	35	16
亳州市	Bozhou	120	81	4	2		
池州市	Chizhou	63	27	5	3	17	7
宣城市	Xuancheng	137	32	12	1	38	18
福建省	**Fujian**						
福州市	Fuzhou	1139	739	38	29	34	17
厦门市	Xiamen	709	709	4	4	59	59
莆田市	Putian	104	89	7	3	68	51
三明市	Sanming	282	61	13	2	29	3
泉州市	Quanzhou	625	217	17	4	92	30
漳州市	Zhangzhou	155	45	14	4	68	31
南平市	Nanping	225	73	14	6	40	8
龙岩市	Longyan	254	132	15	6	36	25
宁德市	Ningde	139	47	13	4	20	5
江西省	**Jiangxi**						
南昌市	Nanchang	224	193	18	15		
景德镇市	Jingdezhen	134	8	19	14	36	22
萍乡市	Pingxiang	269	158	5	3	17	11
九江市	Jiujiang	351	127	18	5	40	18
新余市	Xinyu	90	70	4	3		
鹰潭市	Yingtan	42	12	15	10		
赣州市	Ganzhou	512	104	22	6	89	22
吉安市	Ji'an	322	140	19	5	36	9
宜春市	Yichun	174	32	11	1	171	48
抚州市	Fuzhou	158	59	13	3	35	10
上饶市	Shangrao	167	72	19	3	52	9

2-38 续表 3 continued

城 市	City	公共图书馆图书藏量(万册) Collections of Public Libraries (10 000 copies)		博物馆数(个) Number of Museums (unit)		体育场馆数(个) Number of Stadiums and Gymnasiums (unit)	
		全市 Total City	市辖区 Districts under City	全市 Total City	市辖区 Districts under City	全市 Total City	市辖区 Districts under City
山东省	**Shandong**						
济南市	Jinan	1600	1561	46	44	24	21
青岛市	Qingdao	812	713	12	9	11	6
淄博市	Zibo	310	231	61	47	11	9
枣庄市	Zaozhuang	175	141	21	14	26	16
东营市	Dongying	318	232	13	8		
烟台市	Yantai	871	480	35	14	11	7
潍坊市	Weifang	503	155	50	16	7	1
济宁市	Jining	502	206	48	14	24	12
泰安市	Tai'an	274	153	42	24		
威海市	Weihai	366	258	8	5	7	5
日照市	Rizhao	132	88	4	2	42	27
临沂市	Linyi	364	131	49	15	14	5
德州市	Dezhou	186	41	15	4	20	12
聊城市	Liaocheng	406	67	17	7	15	10
滨州市	Binzhou	212	61	19	2	14	7
菏泽市	Heze	182	100	19	7	11	3
河南省	**Henan**						
郑州市	Zhengzhou	974	821	40	29	34	20
开封市	Kaifeng	113	100	33	30	13	3
洛阳市	Luoyang	438	258	77	61	25	13
平顶山市	Pingdingshan	195	101	14	1	23	6
安阳市	Anyang	236	142	15	8	8	4
鹤壁市	Hebi	74	56	5	3	5	5
新乡市	Xinxiang	164	101	13	5	15	5
焦作市	Jiaozuo	152	90	13	9	18	11
濮阳市	Puyang	237	190	11	3	6	3
许昌市	Xuchang	143	92	17	7	8	5
漯河市	Luohe	64	52	13	2	6	3
三门峡市	Sanmenxia	154	96	7	3	8	4
南阳市	Nanyang	255	135	20	4	64	31
商丘市	Shangqiu	107	35	14	5	4	1
信阳市	Xinyang	109	29	33	3	16	5
周口市	Zhoukou	108	42	16	3	15	3
驻马店市	Zhumadian	85	18	11	3	5	1
湖北省	**Hubei**						
武汉市	Wuhan	897	897	84	84		
黄石市	Huangshi	182	135	10	3	14	9
十堰市	Shiyan	161	97	12	3	42	11
宜昌市	Yichang	363	88	18	4	30	15
襄阳市	Xiangyang	268	142	11	2	59	33
鄂州市	Ezhou	107	107	1	1	1	1
荆门市	Jingmen	113	64	4	1	11	6
孝感市	Xiaogan	172	24	12	1	8	
荆州市	Jingzhou	138	80	9	3	13	3
黄冈市	Huanggang	307	13	22	3	5	2
咸宁市	Xianning	129	38	8	1	11	3
随州市	Suizhou	42	24	5	3	3	1

2–38 续表 4 continued

城 市	City	公共图书馆图书藏量(万册) Collections of Public Libraries (10 000 copies)		博物馆数(个) Number of Museums (unit)		体育场馆数(个) Number of Stadiums and Gymnasiums (unit)	
		全市 Total City	市辖区 Districts under City	全市 Total City	市辖区 Districts under City	全市 Total City	市辖区 Districts under City
湖南省	**Hunan**						
长沙市	Changsha	1113	983	19	8	128	63
株洲市	Zhuzhou	345	160	8	1	24	18
湘潭市	Xiangtan	164	78	5	2	13	11
衡阳市	Hengyang	250	105	17	5	288	26
邵阳市	Shaoyang	270	145	1	1	42	3
岳阳市	Yueyang	152	46	9	1	105	40
常德市	Changde	188	63	12	4	343	87
张家界市	Zhangjiajie	43	22	6	3	169	51
益阳市	Yiyang	133	62	9	5	43	27
郴州市	Chenzhou	162	66	11	11	37	13
永州市	Yongzhou	278	119	3	3	29	3
怀化市	Huaihua	202	24	10	1	13	2
娄底市	Loudi	109	15	4	2	20	6
广东省	**Guangdong**						
广州市	Guangzhou	3638	3638				
韶关市	Shaoguan	220	140	11	2		
深圳市	Shenzhen	4576	4576	52	52		
珠海市	Zhuhai	227	227	2	2		
汕头市	Shantou	497	386	9	9	10	9
佛山市	Foshan	1141	1141	23	23	10	10
江门市	Jiangmen	461	234	7	3	30	15
湛江市	Zhanjiang	205	110	8	1	29	21
茂名市	Maoming	155	90	7	4	4	2
肇庆市	Zhaoqing	343	165	14	5		
惠州市	Huizhou	247	148	10	5	36	10
梅州市	Meizhou	353	173	8	1	28	8
汕尾市	Shanwei	84	32	5	1	18	8
河源市	Heyuan	218	36	12	2	19	8
阳江市	Yangjiang	117	78	5	4	3	2
清远市	Qingyuan	223	85	9	3	23	6
东莞市	Dongguan	1152		53			
中山市	Zhongshan	488		6		65	
潮州市	Chaozhou	743	728	6	1	4	2
揭阳市	Jieyang	155	92	6	3	3	2
云浮市	Yunfu	104	44	5	2	14	3
广西壮族自治区	**Guangxi**						
南宁市	Nanning	1120	964	9	8	46	41
柳州市	Liuzhou	210	145	58	45	18	8
桂林市	Guilin	498	347	27	11	41	19
梧州市	Wuzhou	117	64	1	1	15	9
北海市	Beihai	76	53	1		9	6
防城港市	Fangchenggang	100	72	2	1	5	1
钦州市	Qinzhou	79	45	3		20	9
贵港市	Guigang	134	75	5	2	4	3
玉林市	Yulin	202	87	4	1	11	5

2–38 续表 5 continued

城　市	City	公共图书馆图书藏量(万册) Collections of Public Libraries (10 000 copies)		博物馆数(个) Number of Museums (unit)		体育场馆数(个) Number of Stadiums and Gymnasiums (unit)	
		全市 Total City	市辖区 Districts under City	全市 Total City	市辖区 Districts under City	全市 Total City	市辖区 Districts under City
百色市	Baise	212	66	15	2	14	4
贺州市	Hezhou	78	39	9	5	12	6
河池市	Hechi	133	42	13	2	13	3
来宾市	Laibin	124	69	6	1	20	7
崇左市	Chongzuo	100	20	5	1	24	12
海南省	**Hainan**						
海口市	Haikou	687	687	7	7	3	3
三亚市	Sanya	101	101	1	1	2	2
三沙市	Sansha	1				1	
儋州市	Danzhou	19		1			
重庆市	**Chongqing**	**1901**	**1665**	**104**	**86**	**110**	**82**
四川省	**Sichuan**						
成都市	Chengdu	3028	2323	155	112		
自贡市	Zigong	59	47	4	3	17	12
攀枝花市	Panzhihua	87	63			21	9
泸州市	Luzhou	131	89	15	9	17	5
德阳市	Deyang	104	23	11	3	8	2
绵阳市	Mianyang	217	91	15	4	16	6
广元市	Guangyuan	145	51	12	8	23	12
遂宁市	Suining	94	18	3		7	4
内江市	Neijiang	88	38	5	3	24	
乐山市	Leshan	107	52	10	6	12	4
南充市	Nanchong	219	96	8	2	16	9
眉山市	Meishan	47	13	6	1	7	3
宜宾市	Yibin	139	82	9	3	13	5
广安市	Guang'an	248	154	5	3	2	2
达州市	Dazhou	650	215	3	1	7	2
雅安市	Ya'an	99	55	12	2	21	5
巴中市	Bazhong	146	21	11	1	7	3
资阳市	Ziyang	150	88	1		20	9
贵州省	**Guizhou**						
贵阳市	Guiyang	670	431	9	5	14	9
六盘水市	Liupanshui	132	59	3	2	236	137
遵义市	Zunyi	251	41	17	4	35	14
安顺市	Anshun	60	30	3	2	6	3
毕节市	Bijie	136	61	3	1	4	2
铜仁市	Tongren	117	33	10	3	18	4
云南省	**Yunnan**						
昆明市	Kunming	442	310	37	30	17	7
曲靖市	Qujing	181	91	13	3		
玉溪市	Yuxi	149	31	7	2	13	4
保山市	Baoshan	82	13	18	4	26	8
昭通市	Zhaotong	103	11	3	1	9	
丽江市	Lijiang	69	11	6		9	2
普洱市	Pu'er	103	30	8		12	3
临沧市	Lincang	81	23	3	3	5	1

2–38 续表 6 continued

城　市	City	公共图书馆图书藏量(万册) Collections of Public Libraries (10 000 copies)		博物馆数(个) Number of Museums (unit)		体育场馆数(个) Number of Stadiums and Gymnasiums (unit)	
		全市 Total City	市辖区 Districts under City	全市 Total City	市辖区 Districts under City	全市 Total City	市辖区 Districts under City
西藏自治区	**Tibet**						
拉萨市	Lasa	53	53	8	8		
日喀则市	Xigaze	8		5	3	1	
昌都市	Qamdo	150	13	2	2	6	1
林芝市	Linzhi	10	1	2	2	8	1
山南市	Shannan	40	16	1	1	1	1
那曲市	Naqu	12					
陕西省	**Shaanxi**						
西安市	Xi'an	1444	1363	128	122		
铜川市	Tongchuan	69	64	10	8	8	4
宝鸡市	Baoji	194	106	33	10	11	7
咸阳市	Xianyang	218	80	27	1	22	6
渭南市	Weinan	141	14	5	1	26	3
延安市	Yan'an	450	340	47	5	28	5
汉中市	Hanzhong	99	33	20	1	55	9
榆林市	Yulin	165	19	28	11	16	3
安康市	Ankang	173	14	10	1	13	2
商洛市	Shangluo	69	21	8	1	15	2
甘肃省	**Gansu**						
兰州市	Lanzhou	171	145	29	20	10	5
嘉峪关市	Jiayuguan	38		7		14	
金昌市	Jinchang	75	55	5	1	3	2
白银市	Baiyin	291	244	6	3	12	6
天水市	Tianshui	99	62	12	6	10	5
武威市	Wuwei	55	36	11	6	9	4
张掖市	Zhangye	87	30	6	1	12	3
平凉市	Pingliang	108	39	8	8	12	4
酒泉市	Jiuquan	91	12	8	3	4	3
庆阳市	Qingyang	86	13	15	2	6	3
定西市	Dingxi	83	15	8	2	11	2
陇南市	Longnan	87	18	17	1	7	1
青海省	**Qinghai**						
西宁市	Xining	30	30	13	9		
海东市	Haidong	54	2	8	2	6	2
宁夏回族自治区	**Ningxia**						
银川市	Yinchuan	392	312	9	1	42	27
石嘴山市	Shizuishan	77	23	3	2	7	5
吴忠市	Wuzhong	164	7	5		9	5
固原市	Guyuan	93	30	7	2	6	1
中卫市	Zhongwei	68	34	8	4	16	8
新疆维吾尔自治区	**Xinjiang**						
乌鲁木齐市	Urumqi	360	360	6	6		
克拉玛依市	Karamay	284	284	2	2	9	9
吐鲁番市	Turpan	35	24	1		1	1
哈密市	Hami	22	17	4	2	4	4

2-39 医院、床位和医生数
Number of Hospitals, Beds and Doctors

城　市	City	医院数（个）Number of Hospitals (unit)		医院床位数（张）Number of Beds of Hospitals (bed)		执业(助理)医师数（人）Number of Licensed (Assistant) Doctors (person)	
		全市 Total City	市辖区 Districts under City	全市 Total City	市辖区 Districts under City	全市 Total City	市辖区 Districts under City
北京市	**Beijing**	**745**	**745**	**119574**	**119574**	**115771**	**115771**
天津市	**Tianjin**	**441**	**441**	**60990**	**60990**	**46421**	**46421**
河北省	**Hebei**						
石家庄市	Shijiazhuang	275	146	51288	34107	39508	24955
唐山市	Tangshan	212	97	37131	21173	24272	13064
秦皇岛市	Qinhuangdao	68	48	14282	10365	9850	6776
邯郸市	Handan	256	121	38888	19945	26065	13204
邢台市	Xingtai	199	49	29513	9281	21052	5663
保定市	Baoding	367	115	47662	19490	34071	12784
张家口市	Zhangjiakou	119	63	20921	11910	10749	5921
承德市	Chengde	86	32	17614	6636	11287	3720
沧州市	Cangzhou	191	22	34113	11708	22246	6074
廊坊市	Langfang	190	41	20252	5749	16171	4726
衡水市	Hengshui	152	39	16666	7049	13380	5460
山西省	**Shanxi**						
太原市	Taiyuan	158	118	38039	35935	24178	21871
大同市	Datong	132	102	18904	16021	10150	7920
阳泉市	Yangquan	47	39	6052	5222	4240	3039
长治市	Changzhi	159	66	12749	10719	9487	6197
晋城市	Jincheng	82	41	9842	5219	6075	2668
朔州市	Shuozhou	76	46	8128	3882	3821	1986
晋中市	Jinzhong	110	31	13631	4528	8022	2545
运城市	Yuncheng	274	105	24791	8965	13278	4396
忻州市	Xinzhou	113	35	10244	3233	6426	1763
临汾市	Linfen	194	65	18808	7768	11907	4206
吕梁市	Lvliang	108	23	10479	2182	8139	1329
内蒙古自治区	**Inner Mongolia**						
呼和浩特市	Hohhot	106	95	18537	16556	11571	10145
包头市	Baotou	103	86	16998	15701	9247	8295
乌海市	Wuhai	27	27	3089	3089	1629	1629
赤峰市	Chifeng	106	53	23693	12168	13662	6369
通辽市	Tongliao	85	48	14766	9324	20142	10215
鄂尔多斯市	Erdos	95	44	10593	5455	6229	2573
呼伦贝尔市	Hulunbuir	201	21	12584	3860	8212	2094
巴彦淖尔市	Bayannur	52	37	7710	2372	5250	2984
乌兰察布市	Ulanqab	48	16	7838	951	4498	780
辽宁省	**Liaoning**						
沈阳市	Shenyang	276	255	65540	62620	31834	28999
大连市	Dalian	200	156	45356	34286	22681	18579
鞍山市	Anshan	105	60	18937	12484	7081	4475
抚顺市	Fushun	54	42	11886	9251	5314	4240
本溪市	Benxi	43	30	10906	8481	4087	3066
丹东市	Dandong	53	33	11543	6368	6219	2839
锦州市	Jinzhou	76	44	15529	9543	6264	3978
营口市	Yingkou	132	80	14238	8294	6527	4126
阜新市	Fuxin	50	41	10001	7893	4423	2629

2–39 续表 1 continued

城市	City	医院数(个) Number of Hospitals (unit)		医院床位数(张) Number of Beds of Hospitals (bed)		执业(助理)医师数(人) Number of Licensed (Assistant) Doctors (person)	
		全市 Total City	市辖区 Districts under City	全市 Total City	市辖区 Districts under City	全市 Total City	市辖区 Districts under City
辽阳市	Liaoyang	59	45	12128	9603	5282	3776
盘锦市	Panjin	58	54	8847	7966	4142	3591
铁岭市	Tieling	65	48	12088	4744	5165	1516
朝阳市	Chaoyang	95	37	15500	6228	8138	2703
葫芦岛市	Huludao	97	62	12457	7448	5184	2783
吉林省	**Jilin**						
长春市	Changchun	188	139	51259	40661	25252	20014
吉林市	Jilin	170	104	26730	17223	13758	8954
四平市	Siping	79	38	15749	6980	7849	2669
辽源市	Liaoyuan	41	27	6065	4023	3131	1737
通化市	Tonghua	71	25	10869	4754	6112	1669
白山市	Baishan	39	19	7756	4301	3635	1770
松原市	Songyuan	81	35	10457	4751	6843	2816
白城市	Baicheng	48	25	7050	3196	5174	2011
黑龙江省	**Heilongjiang**						
哈尔滨市	Harbin	331	266	78888	69262	27972	22429
齐齐哈尔市	Qiqihar	133	69	29922		10755	
鸡西市	Jixi	68	36	11429	6260	4783	2332
鹤岗市	Hegang	47	31	8552	6383	3249	2120
双鸭山市	Shuangyashan	51	26	8867	4873	3564	950
大庆市	Daqing	116	90	16982	13919	9960	7096
伊春市	Yichun	43	30	6886	5365	2783	2075
佳木斯市	Jiamusi	95	54	15422	10337	6510	3610
七台河市	Qitaihe	28	24	4475	3680	1841	1441
牡丹江市	Mudanjiang	85	38	15674	10584	8347	4392
黑河市	Heihe	59	6	7677	910	4025	646
绥化市	Suihua	66	11			11125	1387
上海市	**Shanghai**	**387**	**387**	**136682**	**136682**	**77729**	**77729**
江苏省	**Jiangsu**						
南京市	Nanjing	248	248	53499	53499	35735	35735
无锡市	Wuxi	205	140	42210	28671	23166	14312
徐州市	Xuzhou	177	100	43616	27450	28042	13801
常州市	Changzhou	88	71	23036	20178	14831	12625
苏州市	Suzhou	221	115	60649	36947	35541	19450
南通市	Nantong	229	67	36461	17735	20851	8996
连云港市	Lianyungang	90	50	18972	11219	12870	6993
淮安市	Huai'an	70	46	19996	13455	14579	9743
盐城市	Yancheng	164	62	29368	12281	19583	7597
扬州市	Yangzhou	76	50	17788	11558	12557	7111
镇江市	Zhenjiang	53	30	11650	7041	8469	4207
泰州市	Taizhou	87	41	21562	10826	13309	5543
宿迁市	Suqian	235	76	29154	10192	13929	4834
浙江省	**Zhejiang**						
杭州市	Hangzhou	343	304	79957	73202	48962	44842
宁波市	Ningbo	180	118	37354	24683	29565	18651
温州市	Wenzhou	147	60	38313	19210	30136	12142
嘉兴市	Jiaxing	87	32	23744	9309	13422	4745

2-39 续表 2 continued

城 市	City	医院数(个) Number of Hospitals (unit)		医院床位数(张) Number of Beds of Hospitals (bed)		执业(助理)医师数(人) Number of Licensed (Assistant) Doctors (person)	
		全市 Total City	市辖区 Districts under City	全市 Total City	市辖区 Districts under City	全市 Total City	市辖区 Districts under City
湖州市	Huzhou	70	32	16925	8340	9422	4666
绍兴市	Shaoxing	89	46	22001	12379	16312	8842
金华市	Jinhua	145	40	30305	9667	18938	4986
衢州市	Quzhou	90	37	13363	6654	7453	3482
舟山市	Zhoushan	34	27	5632	4826	3883	3171
台州市	Taizhou	133	53	27762	9680	19258	6789
丽水市	Lishui	56	14	13097	5340	8318	3013
安徽省	**Anhui**						
合肥市	Hefei	199	131	52285	40334	26816	19633
芜湖市	Wuhu	79	51	18611	13425	9052	5869
蚌埠市	Bengbu	88	44	18086	10523	7818	4519
淮南市	Huainan	79	57	14991	10903	6494	4530
马鞍山市	Maanshan	64	37	8599	5203	5377	3229
淮北市	Huaibei	82	69	10406	7755	4942	3301
铜陵市	Tongling	30	24	7761	6327	3565	2610
安庆市	Anqing	85	29	17915	8003	9414	3002
黄山市	Huangshan	33	19	6970	4174	3698	1810
滁州市	Chuzhou	80	13	16437	4129	8357	1907
阜阳市	Fuyang	120	57	34938	14724	16217	6107
宿州市	Suzhou	89	28	17665	8221	9826	3952
六安市	Lu'an	37	23	13393	7903	9634	5090
亳州市	Bozhou	89	37	16448	5557	8374	2968
池州市	Chizhou	37	17	6550	3291	3091	1506
宣城市	Xuancheng	50	16	11741	4429	5699	1621
福建省	**Fujian**						
福州市	Fuzhou	140	82	33321	20521	24363	17694
厦门市	Xiamen	63	63	17539	17539	15207	15207
莆田市	Putian	54	44	16494	13996	5972	4731
三明市	Sanming	56	10	11466	3009	6406	1668
泉州市	Quanzhou	127	53	31051	14785	17783	6948
漳州市	Zhangzhou	89	31	21244	8605	10560	3991
南平市	Nanping	53	17	12400	4871	5885	2107
龙岩市	Longyan	47	25	17582	9652	6954	3880
宁德市	Ningde	49	12	11299	3035	6242	1637
江西省	**Jiangxi**						
南昌市	Nanchang	138	115	31082	26766	16778	13877
景德镇市	Jingdezhen	27	12	8009	4534	3495	1986
萍乡市	Pingxiang	33	23	7922	5896	4695	3006
九江市	Jiujiang	62	19	18798	8770	10942	3927
新余市	Xinyu	19	12	5245	3749	2713	2072
鹰潭市	Yingtan	29	19	5908	3864	2696	1756
赣州市	Ganzhou	101	28	31623	13022	16652	6676
吉安市	Ji'an	75	16	18231	4529	9171	2030
宜春市	Yichun	82	18	20889	6206	9797	2394
抚州市	Fuzhou	89	38	13844	7096	7304	3458
上饶市	Shangrao	152	62	28011	11022	12141	4405

2–39 续表 3 continued

城市	City	医院数(个) Number of Hospitals (unit)		医院床位数(张) Number of Beds of Hospitals (bed)		执业(助理)医师数(人) Number of Licensed (Assistant) Doctors (person)	
		全市 Total City	市辖区 Districts under City	全市 Total City	市辖区 Districts under City	全市 Total City	市辖区 Districts under City
山东省	**Shandong**						
济南市	Jinan	289	280	56315	52627	38267	36202
青岛市	Qingdao	427	292	58492	43069	37813	30366
淄博市	Zibo	157	126	24202	19432	17268	13511
枣庄市	Zaozhuang	81	50	18313	11856	11106	6882
东营市	Dongying	67	52	11502	8486	7948	5876
烟台市	Yantai	190	111	32017	14781	20434	9180
潍坊市	Weifang	214	91	46831	20132	29955	10631
济宁市	Jining	218	82	40788	18324	25334	10337
泰安市	Tai'an	110	46	25742	11686	15533	7186
威海市	Weihai	69	42	15869	11084	9964	6854
日照市	Rizhao	62	41	11048	6272	7867	4789
临沂市	Linyi	218	104	47543	19950	27376	11831
德州市	Dezhou	125	51	19206	7431	16215	5491
聊城市	Liaocheng	151	69	25978	12464	15403	6729
滨州市	Binzhou	98	48	16812	8878	11316	4707
菏泽市	Heze	242	70	37914	11919	23590	7399
河南省	**Henan**						
郑州市	Zhengzhou	255	179	87910	67206	44608	32865
开封市	Kaifeng	93	45	24098	11741	13322	6357
洛阳市	Luoyang	158	81	40061	22161	20866	10672
平顶山市	Pingdingshan	90	45	25204	10398	12543	4441
安阳市	Anyang	100	43	23702	12528	14926	6886
鹤壁市	Hebi	53	23	8124	4790	4215	2418
新乡市	Xinxiang	128	51	29147	10834	16073	5455
焦作市	Jiaozuo	91	53	18815	9813	9434	3795
濮阳市	Puyang	65	27	16378	7657	9200	3773
许昌市	Xuchang	103	53	18362	7655	10303	4177
漯河市	Luohe	63	38	11603	7755	5956	3932
三门峡市	Sanmenxia	53	18	12315	5796	6061	2435
南阳市	Nanyang	380	50	55331	16606	20182	7278
商丘市	Shangqiu	89	24	27999	7695	16212	4345
信阳市	Xinyang	314	71	19709	9964	13176	4366
周口市	Zhoukou	205	28	35858	5749	18574	3001
驻马店市	Zhumadian	138	17	32703	7356	13819	2696
湖北省	**Hubei**						
武汉市	Wuhan	407	407	82836	82836	41327	41327
黄石市	Huangshi	51	30	13405	8590	6486	3649
十堰市	Shiyan	59	24	20411	10293	10266	5950
宜昌市	Yichang	98	55	22093	12528	11507	6214
襄阳市	Xiangyang	81	48	25404	13725	14607	7164
鄂州市	Ezhou	23	23	4002	4002	2207	2207
荆门市	Jingmen	59	19	14147	6327	7312	2760
孝感市	Xiaogan	64	21	16646	5307	9679	2382
荆州市	Jingzhou	68	30	21915	9730	12569	4428
黄冈市	Huanggang	67	14	22489	3487	12319	1446
咸宁市	Xianning	38	12	10797	3797	7080	2017
随州市	Suizhou	39	27	7718	4806	5218	2370

2–39 续表 4 continued

城 市	City	医院数(个) Number of Hospitals (unit)		医院床位数(张) Number of Beds of Hospitals (bed)		执业(助理)医师数(人) Number of Licensed (Assistant) Doctors (person)	
		全市 Total City	市辖区 Districts under City	全市 Total City	市辖区 Districts under City	全市 Total City	市辖区 Districts under City
湖南省	**Hunan**						
长沙市	Changsha	237	182	64993	51292	32286	22702
株洲市	Zhuzhou	109	58	21611	12331	10978	5669
湘潭市	Xiangtan	74		16465		8118	4172
衡阳市	Hengyang	176	82	33966	15769	19486	6197
邵阳市	Shaoyang	136	39	33272	9806	16166	3601
岳阳市	Yueyang	114	19	23796	11029	14684	4498
常德市	Changde	111	56	25350	10819	18034	5434
张家界市	Zhangjiajie	30	14	6693	2978	4213	1743
益阳市	Yiyang	94	40	19422	8346	11032	4158
郴州市	Chenzhou	114	43	27237	13096	12310	4313
永州市	Yongzhou	142	43	29221	9401	14111	3954
怀化市	Huaihua	105	29	27411	6835	12430	3282
娄底市	Loudi	114	35	20707	7371	10456	2606
广东省	**Guangdong**						
广州市	Guangzhou	269	269	90940	90940	58671	58671
韶关市	Shaoguan	56	32	14263	7658	7655	3333
深圳市	Shenzhen	144	144	47366	47366	40315	40315
珠海市	Zhuhai	44	44	9186	9186	7740	7740
汕头市	Shantou	52	51	16872	16774	10980	10868
佛山市	Foshan	127	127	35530	35530	20937	20937
江门市	Jiangmen	48	24	17632	11085	10934	5676
湛江市	Zhanjiang	111	46	28501	13619	13517	6109
茂名市	Maoming	76	33	22536	10789	13257	6166
肇庆市	Zhaoqing	59	36	13791	7568	8471	4398
惠州市	Huizhou	78	52	16354	11270	13992	9413
梅州市	Meizhou	49	20	13430	7430	9661	3892
汕尾市	Shanwei	41	13	7618	2164	4760	1215
河源市	Heyuan	61	31	10243	4977	6593	2122
阳江市	Yangjiang	61	38	12348	7398	5738	3346
清远市	Qingyuan	62	36	12665	6389	8718	4093
东莞市	Dongguan	110		32181		20818	
中山市	Zhongshan	67		16008		9321	
潮州市	Chaozhou	32	28	4984	4138	4815	3967
揭阳市	Jieyang	66	32	15272	6799	10344	4046
云浮市	Yunfu	23	8	6631	2005	4868	1606
广西壮族自治区	**Guangxi**						
南宁市	Nanning	137	94	41058	32319	26995	21767
柳州市	Liuzhou	67	47	19864	14682	11939	8825
桂林市	Guilin	73	31	17919	9077	12608	5959
梧州市	Wuzhou	45	29	11650	8379	6643	4501
北海市	Beihai	28	18	6420	3150	4127	2545
防城港市	Fangchenggang	16	10	2805	1870	2185	1449
钦州市	Qinzhou	30	16	11008	5764	6302	3524
贵港市	Guigang	64	29	13609	6674	7862	3310
玉林市	Yulin	53	17	18461	8721	10147	3921

2-39 续表 5 continued

城市	City	医院数（个）Number of Hospitals (unit)		医院床位数（张）Number of Beds of Hospitals (bed)		执业(助理)医师数（人）Number of Licensed (Assistant) Doctors (person)	
		全市 Total City	市辖区 Districts under City	全市 Total City	市辖区 Districts under City	全市 Total City	市辖区 Districts under City
百色市	Baise	38	9	13067	4791	7291	2092
贺州市	Hezhou	34	20	6176	3944	3958	2423
河池市	Hechi	40	14	19262	8679	7178	3277
来宾市	Laibin	21	8	6404	2796	4055	1920
崇左市	Chongzuo	30	9	5458	1265	3801	838
海南省	**Hainan**						
海口市	Haikou	64	64	16388	16388	9601	9601
三亚市	Sanya	31	31	4764	4764	2708	2708
三沙市	Sansha	1		30		6	
儋州市	Danzhou	20		3212		1892	
重庆市	**Chongqing**	**847**	**702**	**171576**	**142442**	**83307**	**69293**
四川省	**Sichuan**						
成都市	Chengdu	629	442	123762	91056	68398	53260
自贡市	Zigong	72	42	18514	12587	7446	4591
攀枝花市	Panzhihua	31	19	9460	7977	2682	2040
泸州市	Luzhou	157	86	24750	14924	10953	6277
德阳市	Deyang	92	34	18101	6763	9616	3736
绵阳市	Mianyang	122	51	27265	13573	13588	6817
广元市	Guangyuan	79	43	17273	10750	6714	3438
遂宁市	Suining	76	45	14823	9010	7338	3616
内江市	Neijiang	76	34	15358	9144	5956	2921
乐山市	Leshan	105	52	18874	9669	8188	3917
南充市	Nanchong	166	79	32949	13388	14067	5778
眉山市	Meishan	86	67	12989	8359	6671	3215
宜宾市	Yibin	135	73	26470	16071	10109	5797
广安市	Guang'an	253	51	20626	7321	4640	1566
达州市	Dazhou	430	117	34773	14671	7587	3003
雅安市	Ya'an	45	20	11262	6511	4610	2341
巴中市	Bazhong	78	34	14954	6597	7002	3260
资阳市	Ziyang	51	26	12992	7033	5568	2423
贵州省	**Guizhou**						
贵阳市	Guiyang	189	153	34624	29159	19781	16915
六盘水市	Liupanshui	116	36	14484	5111	6089	2456
遵义市	Zunyi	207	98	40077	17177	17498	8374
安顺市	Anshun	78	51	11097	7257	4648	3024
毕节市	Bijie	527	82	41377	4854	11726	3557
铜仁市	Tongren	115	30	19703	6107	7523	2169
云南省	**Yunnan**						
昆明市	Kunming	314	229	56598	43681	31763	25936
曲靖市	Qujing	116	51	26681	8897	10976	4615
玉溪市	Yuxi	67	31	11117	5646	6659	3214
保山市	Baoshan	57	25	10699	4948	5848	2391
昭通市	Zhaotong	158	33	24083	6800	8232	2553
丽江市	Lijiang	38	20	5699	2105	2678	960
普洱市	Pu'er	62	24	12360	4488	4994	1757
临沧市	Lincang	53	14	9580	3643	3997	1397

2–39 续表 6 continued

城 市	City	医院数（个）Number of Hospitals (unit)		医院床位数（张）Number of Beds of Hospitals (bed)		执业(助理)医师数（人）Number of Licensed (Assistant) Doctors (person)	
		全市 Total City	市辖区 Districts under City	全市 Total City	市辖区 Districts under City	全市 Total City	市辖区 Districts under City
西藏自治区	**Tibet**						
拉萨市	Lasa	27		3368		3077	
日喀则市	Xigaze	30	13	2236	190	1724	73
昌都市	Qamdo	29	1	2482	396	1148	39
林芝市	Linzhi	69	12	1084	569	1170	517
山南市	Shannan	25	1	854	30	1899	140
那曲市	Naqu	25	5	1367		1065	291
陕西省	**Shaanxi**						
西安市	Xi'an	359	337	67238	64201	38469	36195
铜川市	Tongchuan	44	41	5435	5151	2662	2476
宝鸡市	Baoji	90	46	20860	11552	10739	6068
咸阳市	Xianyang	157	61	25149	11411	11834	5447
渭南市	Weinan	170	41	20833	6394	9724	4701
延安市	Yan'an	63	23	11460	5924	5264	2547
汉中市	Hanzhong	92	49	20197	8445	7806	3119
榆林市	Yulin	108	30	17493	5627	8722	2953
安康市	Ankang	55	22	12097	6253	5860	2677
商洛市	Shangluo	181	44	14986	4354	4889	1551
甘肃省	**Gansu**						
兰州市	Lanzhou	129	99	27532	23094	14337	12174
嘉峪关市	Jiayuguan	8		1564		1179	
金昌市	Jinchang	17	13	2795	2014	1856	1164
白银市	Baiyin	97	26	8014	3876	3807	1827
天水市	Tianshui	119	69	15882	9855	5991	3268
武威市	Wuwei	47	30	8847	5266	4322	2807
张掖市	Zhangye	47	32	9844	4317	3560	1911
平凉市	Pingliang	49	31	14700	4530	5433	2249
酒泉市	Jiuquan	40	24	6226	3160	2896	1381
庆阳市	Qingyang	44	17	9616	4450	5580	1700
定西市	Dingxi	51	12	9898	3642	5655	1553
陇南市	Longnan	59	2	9315	1345	4333	474
青海省	**Qinghai**						
西宁市	Xining	77	59	20206	17525	9836	8059
海东市	Haidong	56	15	4975	1090	3106	247
宁夏回族自治区	**Ningxia**						
银川市	Yinchuan	76	55	16125	13041	10321	8706
石嘴山市	Shizuishan	58	24	4526	3397	2321	1494
吴忠市	Wuzhong	50	24	5617	2430	3058	1366
固原市	Guyuan	11	3	4626	660	2977	1321
中卫市	Zhongwei	29	12	4174	2274	2082	972
新疆维吾尔自治区	**Xinjiang**						
乌鲁木齐市	Urumqi	137	128	29400	29235	16500	16412
克拉玛依市	Karamay	20	20	2383	2383	1303	1303
吐鲁番市	Turpan	20	12	3143	1621	1662	745
哈密市	Hami	34	30	3977	3731	2273	1965

2-40 社会保障主要指标
Main Indicators of Social Security

单位：人 (person)

城市	City	城镇职工基本养老保险参保人数 Number of Employees Joining Urban Basic Pension Insurance		城镇职工基本医疗保险参保人数 Number of Employees Joining Urban Basic Medical Care System		失业保险参保人数 Persons Covered of Unemployment Insurance	
		全市 Total City	市辖区 Districts under City	全市 Total City	市辖区 Districts under City	全市 Total City	市辖区 Districts under City
北京市	**Beijing**	**16516233**	**16516233**	**16825174**	**16825174**	**12947809**	**12947809**
天津市	**Tianjin**	**6955700**	**6955700**	**5950400**	**5950400**	**3355100**	**3355100**
河北省	**Hebei**						
石家庄市	Shijiazhuang	2681067	2062881	1691950	1373391	957380	824279
唐山市	Tangshan	2450555	1675169	1755625	1282944	976012	712429
秦皇岛市	Qinhuangdao	950665	773286	694528	592087	398226	338424
邯郸市	Handan	1586002	995398	938525	695798	613006	417689
邢台市	Xingtai	997794	337477	751663	347296	366000	185400
保定市	Baoding	1587494	784828	1343844	727636	583339	396663
张家口市	Zhangjiakou	1097312	721094	725228	513520	399024	312297
承德市	Chengde	800739	375865	468141	216948	251438	134543
沧州市	Cangzhou	1205020	182416	752314	211682	381012	61636
廊坊市	Langfang	973331	513435	717234	179192	367096	222762
衡水市	Hengshui	616218	294517	389555	126818	191113	103854
山西省	**Shanxi**						
太原市	Taiyuan	1557176	376017	1676199	1489849	1028757	224921
大同市	Datong	768524	570447			461808	397475
阳泉市	Yangquan	357453	269321	390786	324493	263754	218543
长治市	Changzhi	642000	440529	608982	116497	449190	317043
晋城市	Jincheng	504826	267999	468379	269139	321405	206575
朔州市	Shuozhou	304200	85876	208490	50500	187203	43800
晋中市	Jinzhong	609790	157001	596986	99851	331606	73950
运城市	Yuncheng	649223	54848	498622	30732	351903	23754
忻州市	Xinzhou	456134	43787	1688349	31220	218398	39928
临汾市	Linfen	634293	266799			367121	214776
吕梁市	Lvliang	463900	41700	354147	19103	327500	34200
内蒙古自治区	**Inner Mongolia**						
呼和浩特市	Hohhot	909648	759567	752493	637086	643569	578405
包头市	Baotou	1060700	970451	892000	836812	434000	411863
乌海市	Wuhai	188002	188002	201409	201409	86641	86641
赤峰市	Chifeng	797130	222688	624481	183871	264129	60742
通辽市	Tongliao	549800	138500	352073	51442	223100	66800
鄂尔多斯市	Erdos	506098	202983	457944	229953	272720	121875
呼伦贝尔市	Hulunbuir	756815	124942	587945	127872	307100	35370
巴彦淖尔市	Bayannur	371479	92535	240700	46063	99009	19770
乌兰察布市	Ulanqab	493650	65613	289500	41517	128600	19400
辽宁省	**Liaoning**						
沈阳市	Shenyang	4347389	4135500	3459146	3304282	1460050	1414058
大连市	Dalian	2169785	1864730	3410368	2903450	1601294	
鞍山市	Anshan	1219654	722418	962185	731038	530764	398565
抚顺市	Fushun	946400		863815		456004	
本溪市	Benxi	808700	639315	745636	583915	363932	319685
丹东市	Dandong	1103513	543435	760494	503473	218000	135000
锦州市	Jinzhou	818000	501025	951231	618478	310045	231735
营口市	Yingkou	853075	536421	874629	571676	239175	172008
阜新市	Fuxin	564806	415320	564806	415320	167061	124318

2—40 续表 1 continued

单位：人 (person)

城 市	City	城镇职工基本养老保险参保人数 Number of Employees Joining Urban Basic Pension Insurance		城镇职工基本医疗保险参保人数 Number of Employees Joining Urban Basic Medical Care System		失业保险参保人数 Persons Covered of Unemployment Insurance	
		全市 Total City	市辖区 Districts under City	全市 Total City	市辖区 Districts under City	全市 Total City	市辖区 Districts under City
辽阳市	Liaoyang	687280	240870	640103	519696	224023	75966
盘锦市	Panjin	659559	495792	589366	467068	352047	118259
铁岭市	Tieling	658174	240300	570620	216235	233300	
朝阳市	Chaoyang	425616	155776	447398	203522	212221	95209
葫芦岛市	Huludao	642400	167024	585236	105342	226000	31640
吉林省	**Jilin**						
长春市	Changchun	2250313	2025422			1060680	958284
吉林市	Jilin	1353588	860185	822642	576722	328761	228717
四平市	Siping	781368	336835	259699	145237	132907	59123
辽源市	Liaoyuan	342438	226592	208365	156526	88303	55703
通化市	Tonghua	708680	282574			146784	68706
白山市	Baishan	497100	147386			119716	30018
松原市	Songyuan	475780	219371	362105	220142	175577	174792
白城市	Baicheng	464927	166998			107124	46732
黑龙江省	**Heilongjiang**						
哈尔滨市	Harbin	2659190	2015390	2314402	2046496	1002100	1002100
齐齐哈尔市	Qiqihar	639500	332235	751537	532297	206900	168210
鸡西市	Jixi	339699	221296	373358	320386	160200	128000
鹤岗市	Hegang	197246	173748	261023	230370	80805	75035
双鸭山市	Shuangyashan	254874	178583	638747	196767	128400	83200
大庆市	Daqing	514641	387644	533609	438033	186919	170977
伊春市	Yichun	294834		350268	320540	126900	101235
佳木斯市	Jiamusi	296000	149000	377574	263738	149000	119220
七台河市	Qitaihe	182282	153637	152819	122034	101318	89318
牡丹江市	Mudanjiang	379636	294532			164650	129175
黑河市	Heihe	146239	43831	196879	56764	46100	17300
绥化市	Suihua	397781	33315	306811	36376	104536	18217
上海市	**Shanghai**	**15895700**	**15895700**	**15405323**	**15405323**	**9848600**	**9848600**
江苏省	**Jiangsu**						
南京市	Nanjing	3257200	3257200	4555845	4555845	3086400	3086400
无锡市	Wuxi	2817400	1758700	3747779	2367340	2311604	1539206
徐州市	Xuzhou	2060117	1337177	1596548	1161093	827084	554053
常州市	Changzhou	1624758	1446646	2214864	1971298	1316059	1202960
苏州市	Suzhou	5815169	824350	7608942	1203995	5182021	772794
南通市	Nantong	2399803	1124235	2260853	1015283	1190717	587190
连云港市	Lianyungang	1039562	698831	804518	592623	453162	343205
淮安市	Huai'an	922783	662907	888055	296690	514836	374074
盐城市	Yancheng	1206600	568300	1372943	638611	741217	398104
扬州市	Yangzhou	1569837	1004515	1428790	907820	725486	495681
镇江市	Zhenjiang	854376	367155	1010541	549640	540006	261992
泰州市	Taizhou	1357758	595515	1468866	681519	692437	320167
宿迁市	Suqian	812450	353118	580000	120000	360900	178900
浙江省	**Zhejiang**						
杭州市	Hangzhou	7046901	6519268	6711227	6281649	4866498	4626187
宁波市	Ningbo	4682466	2611702	4265971	2822970	2972095	1865596
温州市	Wenzhou	3158767	2291600	2109421	927702	1337079	603084
嘉兴市	Jiaxing	1876426	573492	2429910	754300	1490394	480300

2-40 续表 2 continued

单位：人 (person)

城市	City	城镇职工基本养老保险参保人数 Number of Employees Joining Urban Basic Pension Insurance		城镇职工基本医疗保险参保人数 Number of Employees Joining Urban Basic Medical Care System		失业保险参保人数 Persons Covered of Unemployment Insurance	
		全市 Total City	市辖区 Districts under City	全市 Total City	市辖区 Districts under City	全市 Total City	市辖区 Districts under City
湖州市	Huzhou	1617100	630357	1447652	575386	826970	342484
绍兴市	Shaoxing	2603275	1568737	2029936	1256753	1268108	831259
金华市	Jinhua	2462515	614582	1719700	454608	1037719	310264
衢州市	Quzhou	890558	396239	735363	390835	354125	187412
舟山市	Zhoushan	620734	481832	451909	361034	246080	208355
台州市	Taizhou	2437344	903161	1638498	661602	1000561	406834
丽水市	Lishui	802091	213414	473420	173648	273941	106914
安徽省	**Anhui**						
合肥市	Hefei	2656323	1793559	2156202	1761856	1746400	1524031
芜湖市	Wuhu	924198	653815	781084	606415	474946	360588
蚌埠市	Bengbu	717466		530676	406933	248600	
淮南市	Huainan	664338	484780	589025	482346	290425	234401
马鞍山市	Maanshan	703446	469197	512479	396485	271661	202496
淮北市	Huaibei	534029	396821	439259	388875	250256	208443
铜陵市	Tongling	320527	275791	361735	330676	165950	144264
安庆市	Anqing	774588		454770	249534	270502	
黄山市	Huangshan	281650	156094	226832	137326	117670	76478
滁州市	Chuzhou	623519	232960	486774	202931	247336	101800
阜阳市	Fuyang	617587	313131	472698	248109	294549	156008
宿州市	Suzhou	451760		337580	179277	131000	
六安市	Lu'an	480460		370854	198505	218719	
亳州市	Bozhou	408650		275876	141673	165282	
池州市	Chizhou	225932	123047	160733	90389	93581	57639
宣城市	Xuancheng	711473	127627	364475	125665	200994	27844
福建省	**Fujian**						
福州市	Fuzhou	2200902	1668025	1594228	1221433	1307643	1080875
厦门市	Xiamen	2927800	2927800	2738800	2738800	2406600	2406600
莆田市	Putian	389864	331330	320126	269181	239889	207970
三明市	Sanming	446666	124211	414391	160641	232982	83793
泉州市	Quanzhou	1493494	555871	960068	419355	728956	317172
漳州市	Zhangzhou	904878	246609	722381	305130	445286	201043
南平市	Nanping	545133	230635	415966	181435	244558	97609
龙岩市	Longyan	466998	215657	431648	236591	277802	197931
宁德市	Ningde	411482	136309	397878	154830	231682	115296
江西省	**Jiangxi**						
南昌市	Nanchang	2117652	745459	1319602	1173141	644316	577164
景德镇市	Jingdezhen	459255	207545	353155	246205	130507	82900
萍乡市	Pingxiang	557412	391968	287213	229585	160556	126532
九江市	Jiujiang	716432	296641	602422	294450	353360	174275
新余市	Xinyu	339258	283248	201337	173466	117524	103941
鹰潭市	Yingtan	254906	164248	152151	106492	95402	63401
赣州市	Ganzhou	1376822	536427	699622	123867	376323	118703
吉安市	Ji'an	852413	224179	433452	125554	235995	30800
宜春市	Yichun	1144622	171547	434719	47064	270865	25419
抚州市	Fuzhou	789200	205600	379818	173967	215761	89761
上饶市	Shangrao	1185882	407881	528102	190699	296181	105755

2-40 续表 3 continued

单位：人 (person)

城市	City	城镇职工基本养老保险参保人数 Number of Employees Joining Urban Basic Pension Insurance		城镇职工基本医疗保险参保人数 Number of Employees Joining Urban Basic Medical Care System		失业保险参保人数 Persons Covered of Unemployment Insurance	
		全市 Total City	市辖区 Districts under City	全市 Total City	市辖区 Districts under City	全市 Total City	市辖区 Districts under City
山东省	**Shandong**						
济南市	Jinan	4083321	3932819	2880425	2763883	1897049	1833122
青岛市	Qingdao	4571691	3660757	3886589	3292714	2393431	2011566
淄博市	Zibo	1274559	1016985	1377142	1153943	872509	700124
枣庄市	Zaozhuang	882198	563870	611942	434755	450099	317099
东营市	Dongying	616075	453556	482346	366117	312734	228487
烟台市	Yantai	2629004	1420111	2336867	1233592	1200792	712513
潍坊市	Weifang	2072520	821636	1928876	867715	1067220	435431
济宁市	Jining	1598788	723412	1188454	650316	848581	446404
泰安市	Tai'an	1414607	605666	1081816	613725	640635	323875
威海市	Weihai	1266625	816569	963875	474652	595964	413746
日照市	Rizhao	760998	525620	450399	308710	292002	202202
临沂市	Linyi	1616452	371670	1268754	321660	672452	135533
德州市	Dezhou	934743	198584	677847	131706	424964	76898
聊城市	Liaocheng	858985	353354	636561	335894	378772	136538
滨州市	Binzhou	828686	300608	640069	265695	414995	162747
菏泽市	Heze	1170383	400693	748748	268606	412753	156414
河南省	**Henan**						
郑州市	Zhengzhou	4558000	4103093	1989000	1478755	2120000	1858322
开封市	Kaifeng	469136	337935	634240	489715	237091	175755
洛阳市	Luoyang	880481	619960	1206862	867664	672088	442928
平顶山市	Pingdingshan	925333	447001	709295	483623	585016	433148
安阳市	Anyang	1048792	621549	615214	410971	422624	280996
鹤壁市	Hebi	263188	176291	233837	180695	140548	101406
新乡市	Xinxiang	1310959	727472	802318	474650	464119	220215
焦作市	Jiaozuo	778780	395230	585426	359478	367145	205475
濮阳市	Puyang	446249	136021	279704	142533	319497	167504
许昌市	Xuchang	789563	379886	447219	255036	285000	137120
漯河市	Luohe	264797	220268	317982	240444	183245	126245
三门峡市	Sanmenxia	460451	236578	410843	268053	237552	58487
南阳市	Nanyang	796834	387632	863046	340905	647511	230168
商丘市	Shangqiu	634845	266405	552656	218531	371353	145000
信阳市	Xinyang	570100	158000	449698	92278	346300	55700
周口市	Zhoukou	584135	223302	494139	188639	406080	63844
驻马店市	Zhumadian	473233	99899	496420	163644	409429	66812
湖北省	**Hubei**						
武汉市	Wuhan	4823000	4823000	4810200	4810200	2585600	2585600
黄石市	Huangshi	807332	519440	536412	381124	252612	187089
十堰市	Shiyan	572414	333094	497253	356003	252975	180004
宜昌市	Yichang	1242183	550261	1003494	588212	554723	332454
襄阳市	Xiangyang	1202818	660335	860489	532476	422700	283530
鄂州市	Ezhou	302100	302100	177020	177020	81810	81810
荆门市	Jingmen	806000	301000	409081	180035	201365	97311
孝感市	Xiaogan	768922	196877	379000	135782	242296	66440
荆州市	Jingzhou	1339107	525798	688430	393783	323875	145169
黄冈市	Huanggang	1006337	185715	486485	95241	233578	11457
咸宁市	Xianning	450700	153598	287909	114696	168997	70625
随州市	Suizhou	335282	106847	165211	98862	61816	45235

2-40 续表 4 continued

单位：人 (person)

城 市	City	城镇职工基本养老保险参保人数 Number of Employees Joining Urban Basic Pension Insurance		城镇职工基本医疗保险参保人数 Number of Employees Joining Urban Basic Medical Care System		失业保险参保人数 Persons Covered of Unemployment Insurance	
		全市 Total City	市辖区 Districts under City	全市 Total City	市辖区 Districts under City	全市 Total City	市辖区 Districts under City
湖南省	**Hunan**						
长沙市	Changsha	3548366	2323960	2658635	2150706	1659680	1310369
株洲市	Zhuzhou	1106400	732600	665100	487300	414800	333400
湘潭市	Xiangtan	682775	409797	502245	380492	342023	273412
衡阳市	Hengyang	1222418	521823	774059	421148	628716	344595
邵阳市	Shaoyang	389813	261460	555039	217378	321598	119389
岳阳市	Yueyang	1123000	193802	548600	318271	398600	223306
常德市	Changde	1313681	613843	576246	260935	328448	166600
张家界市	Zhangjiajie	219437	73940	137573	44450	107003	29716
益阳市	Yiyang	738369	299435	374158	232150	225113	93308
郴州市	Chenzhou	473500	226082	474580	267781	318588	197814
永州市	Yongzhou	578984	224666	386361	149545	320438	135562
怀化市	Huaihua	276853	88910	463094	114351	315228	104763
娄底市	Loudi	772901	243400	380108	157477	342101	170500
广东省	**Guangdong**						
广州市	Guangzhou	7689932	7689932	8031247	8031247	6442012	6442012
韶关市	Shaoguan	683112	352193	619011	384417	321094	205422
深圳市	Shenzhen	12136911	12136911	12395741	12395741	11666407	11666407
珠海市	Zhuhai	1350415	1350415	1348304	1348304	1086178	1086178
汕头市	Shantou	652437	652437	585071	585071	877314	877314
佛山市	Foshan	3202120	3202120	3476991	3476991	2832250	2832250
江门市	Jiangmen	1480297	850808	1419251	874285	890409	541218
湛江市	Zhanjiang	1017876	503203	79	47	466493	287898
茂名市	Maoming	783671	382455	512168	315525	314557	188845
肇庆市	Zhaoqing	736651	461265	542182	377010	542182	377010
惠州市	Huizhou	1590937		1720406		1373199	
梅州市	Meizhou	789362	352024	500280	239787	364331	185189
汕尾市	Shanwei	286896	98418	324138	124018	236790	88790
河源市	Heyuan	359547	100833	361799	104664	242288	86581
阳江市	Yangjiang	383890	242623	306655	196941	188783	132833
清远市	Qingyuan	771255	422989	667864	394065	437655	281785
东莞市	Dongguan	5771314		6154985		4311632	
中山市	Zhongshan	1866385		2837132		1579360	
潮州市	Chaozhou	458689	356797	361515	293478	377396	313805
揭阳市	Jieyang	387646	181796	318277	131800	265203	131553
云浮市	Yunfu	327600	109100	273733	101101	192600	73400
广西壮族自治区	**Guangxi**						
南宁市	Nanning	1565917	1290658	1146266	924728	621565	528811
柳州市	Liuzhou	1133848	894682	909315	760688	483842	407708
桂林市	Guilin	1003911	578928	774110	456086	451415	299602
梧州市	Wuzhou	453411	275774	330063	205466	161570	90901
北海市	Beihai	319618	228161	254436	185671	140826	111222
防城港市	Fangchenggang	147614	108290	119759	86363	75110	54072
钦州市	Qinzhou	295466	81265	224381	137739	102898	22159
贵港市	Guigang	339071	163753	238370	123210	112828	51878
玉林市	Yulin	588598	199762	427330	173948	180712	71901

2-40 续表 5 continued

单位：人 (person)

城市	City	城镇职工基本养老保险参保人数 Number of Employees Joining Urban Basic Pension Insurance		城镇职工基本医疗保险参保人数 Number of Employees Joining Urban Basic Medical Care System		失业保险参保人数 Persons Covered of Unemployment Insurance	
		全市 Total City	市辖区 Districts under City	全市 Total City	市辖区 Districts under City	全市 Total City	市辖区 Districts under City
百色市	Baise	405208	45507	373059	39005	179591	18394
贺州市	Hezhou	229769	140267	187681	121430	105832	69024
河池市	Hechi	403955	101620	315872	67107	150144	39628
来宾市	Laibin	250141	107770	194052	98328	109931	59768
崇左市	Chongzuo	255604	64050	202649	62891	93704	26221
海南省	**Hainan**						
海口市	Haikou	822140	822140	694433	694433	512761	512761
三亚市	Sanya	325360	325360	296376	296376	189816	189816
三沙市	Sansha	425		441		185	
儋州市	Danzhou	152038		128111		51983	
重庆市	**Chongqing**	**10152871**	**9061151**	**7206298**	**6607454**	**5149505**	**4785134**
四川省	**Sichuan**						
成都市	Chengdu	8873546	5453520	9236300		5386693	3565633
自贡市	Zigong	276779	215907	406857	317998	162074	119116
攀枝花市	Panzhihua	356538	64101	416404	375256		
泸州市	Luzhou	1158570	618484	525373	334438	298869	184538
德阳市	Deyang	714402	291461	810975	401109	370797	184612
绵阳市	Mianyang	1307104	675960	755513	244761	412487	292902
广元市	Guangyuan	631112	328879	319699	171374	159845	103089
遂宁市	Suining	768253	149601	293835	165271	132638	28296
内江市	Neijiang	425831	168219	443288	125818	177705	36981
乐山市	Leshan	764389	385766	631428	395307	246834	156356
南充市	Nanchong	1308984	561406	570286	160383	223881	120416
眉山市	Meishan	497273	211885	437118	194799	197490	77244
宜宾市	Yibin	1030203	612749	569081	395414	275538	201388
广安市	Guang'an	766947	233684	263073	37708	157123	40589
达州市	Dazhou	922253	269231	416873	78985	149033	36805
雅安市	Ya'an	494691	153351	259928	62640	116442	26593
巴中市	Bazhong	336215	162307	209431	55322	133811	59743
资阳市	Ziyang	514986	246282	231091	131132	108000	64000
贵州省	**Guizhou**						
贵阳市	Guiyang	2400129	2123000	1520468	1387335	858490	771925
六盘水市	Liupanshui	294023	33549	341300	38944	195908	28216
遵义市	Zunyi	1118799	572179	809900	483500	447315	241624
安顺市	Anshun	301571	204030	210038	140688	127943	79468
毕节市	Bijie	548800	96300	368400	50600	263100	39400
铜仁市	Tongren	289476	89778	216700	78974	120347	32737
云南省	**Yunnan**						
昆明市	Kunming	1759275	1526242	1711268	1465691	1190175	1028480
曲靖市	Qujing	490663	250487	449708	217250	257200	126800
玉溪市	Yuxi	346025	105088	288257	77213	171300	83018
保山市	Baoshan	237659	72760	171832	43219	98596	20706
昭通市	Zhaotong	333527	53028	245935	38194	145439	18464
丽江市	Lijiang	147326	34246	130729	28396	54167	17142
普洱市	Pu'er	282361	76999	218456	27411	124315	44300
临沧市	Lincang	119258	46600	159461	49900	102997	32142

2-40 续表 6 continued

单位：人 (person)

城市	City	城镇职工基本养老保险参保人数 Number of Employees Joining Urban Basic Pension Insurance		城镇职工基本医疗保险参保人数 Number of Employees Joining Urban Basic Medical Care System		失业保险参保人数 Persons Covered of Unemployment Insurance	
		全市 Total City	市辖区 Districts under City	全市 Total City	市辖区 Districts under City	全市 Total City	市辖区 Districts under City
西藏自治区	**Tibet**						
拉萨市	Lasa	82056		110244		74544	
日喀则市	Xigaze	17700	4064	56000	4064	34500	2578
昌都市	Qamdo	14338	3854	44329	3496	28167	2154
林芝市	Linzhi	13090	580	32129	3560	14749	1222
山南市	Shannan	10097	2496	37409	1455	11279	1013
那曲市	Naqu	7450				17213	
陕西省	**Shaanxi**						
西安市	Xi'an	4426900	4381500	3495727	1600670	2199900	2192200
铜川市	Tongchuan	208168	93566	200460	193555	97433	79139
宝鸡市	Baoji	758417	513569	5233806	416290	275048	207369
咸阳市	Xianyang	844355	373396	665200	341158	401987	205794
渭南市	Weinan	618020	198522	664253	202784	327022	101135
延安市	Yan'an	279005	57250	327658	34754	212554	37776
汉中市	Hanzhong	582000	278527	387700	76044	235300	37726
榆林市	Yulin	426779	48111	443901	35672	294528	19632
安康市	Ankang	240007	89764	209378	40158	120200	49769
商洛市	Shangluo	252600	38300	148353	21508	130400	20400
甘肃省	**Gansu**						
兰州市	Lanzhou	1030827	936966	1057869	979566	600165	568142
嘉峪关市	Jiayuguan	128780		107588		65451	
金昌市	Jinchang	92854	67146	122859	100252	67359	59829
白银市	Baiyin	157936	106387	240568	177687	123571	90257
天水市	Tianshui	245035	192771	278634	191836	135096	103453
武威市	Wuwei	145572	109276	144548	99271	96811	67688
张掖市	Zhangye	77185	24408	133978	30278	86020	19506
平凉市	Pingliang	214752	29245	137762	29354	90271	12530
酒泉市	Jiuquan	138267	52941	128697	29881	90775	23166
庆阳市	Qingyang	80743	6861	146317	16985	83477	5836
定西市	Dingxi	217950	33804	166915	26920	96348	15030
陇南市	Longnan	138335	7910	147354	19123	55418	7447
青海省	**Qinghai**						
西宁市	Xining	458541	214242	318396	267030	185000	185000
海东市	Haidong	104688	39482	78066	27368	47405	18047
宁夏回族自治区	**Ningxia**						
银川市	Yinchuan	942166	773575	826834	699184	562175	536704
石嘴山市	Shizuishan	298982	213209	208535	172739	132429	112307
吴忠市	Wuzhong	255627	124232	163423	78430	101046	37955
固原市	Guyuan	96744	56530	93947	50667	67878	43072
中卫市	Zhongwei	138148	78311	117966	56161	68435	37384
新疆维吾尔自治区	**Xinjiang**						
乌鲁木齐市	Urumqi	1530354	1530354	1355300	1355300	956697	956647
克拉玛依市	Karamay	85810	85810	231654	231654	159827	159827
吐鲁番市	Turpan	125868	34835	110486	29960	73615	18593
哈密市	Hami	248589	213322	208859	183896	115271	99850

(七)基础设施
Infrastructure

2-41 市政公用事业(市辖区)
Municipal Public Utilities(Districts under City)

城　　市	City	城市市政公用设施建设固定资产投资(万元) Investment in Municipal Public Infrastructure Construction (10 000 yuan)	年末实有城市道路面积(万平方米) Area of City Paved Roads at Year-end (10 000 sq.m)	排水管道长度(公里) Length of City Sewage Pipes (km)
北京市	**Beijing**		**10459**	**22585**
天津市	**Tianjin**	**3345304**		**22393**
河北省	**Hebei**			
石家庄市	Shijiazhuang	1451654	6243	2859
唐山市	Tangshan	250875	3931	2825
秦皇岛市	Qinhuangdao	99772	2378	713
邯郸市	Handan	160888	4173	1919
邢台市	Xingtai	313982	1681	1265
保定市	Baoding	331824	3275	1475
张家口市	Zhangjiakou	32120	2009	666
承德市	Chengde	114758	1171	566
沧州市	Cangzhou	312422	1264	731
廊坊市	Langfang	361387	1161	746
衡水市	Hengshui	129845	1172	727
山西省	**Shanxi**			
太原市	Taiyuan		6257	3264
大同市	Datong			635
阳泉市	Yangquan	121984	845	225
长治市	Changzhi	246100	1392	938
晋城市	Jincheng		744	516
朔州市	Shuozhou	82338	818	520
晋中市	Jinzhong			1088
运城市	Yuncheng		420	310
忻州市	Xinzhou	148624	782	742
临汾市	Linfen			265
吕梁市	Lvliang	65789	433	370
内蒙古自治区	**Inner Mongolia**			
呼和浩特市	Hohhot	2011239	2994	2100
包头市	Baotou	242265	3176	2452
乌海市	Wuhai	128432	1510	339
赤峰市	Chifeng	616278	2491	813
通辽市	Tongliao	87241	1226	781
鄂尔多斯市	Erdos	2985	2945	2195
呼伦贝尔市	Hulunbuir	56186	737	572
巴彦淖尔市	Bayannur		1120	568
乌兰察布市	Ulanqab	6404	1088	740
辽宁省	**Liaoning**			
沈阳市	Shenyang		8152	6553
大连市	Dalian	328909	4684	3119
鞍山市	Anshan		3144	1112
抚顺市	Fushun	191235	1466	982
本溪市	Benxi	54811	1091	511
丹东市	Dandong	18640	840	490
锦州市	Jinzhou		1029	680
营口市	Yingkou		1969	1781
阜新市	Fuxin	19161	946	623

2-41 续表 1 continued

城　市	City	城市市政公用设施建设固定资产投资（万元）Investment in Municipal Public Infrastructure Construction (10 000 yuan)	年末实有城市道路面积（万平方米）Area of City Paved Roads at Year-end (10 000 sq.m)	排水管道长度（公里）Length of City Sewage Pipes (km)
辽阳市	Liaoyang	49494	1423	1010
盘锦市	Panjin		1329	1239
铁岭市	Tieling			453
朝阳市	Chaoyang	11277	475	496
葫芦岛市	Huludao	1578	314	431
吉林省	**Jilin**			
长春市	Changchun	1079604	7638	5780
吉林市	Jilin	31179	1660	1120
四平市	Siping	43000	702	301
辽源市	Liaoyuan	119185	452	356
通化市	Tonghua	50221	431	257
白山市	Baishan	14210	428	218
松原市	Songyuan	32060	726	517
白城市	Baicheng	50312	351	351
黑龙江省	**Heilongjiang**			
哈尔滨市	Harbin	1225833	6642	3400
齐齐哈尔市	Qiqihar	53373	1246	975
鸡西市	Jixi	23810	729	335
鹤岗市	Hegang	30511	492	341
双鸭山市	Shuangyashan	54365	540	345
大庆市	Daqing	72510	3699	2549
伊春市	Yichun	34443	724	392
佳木斯市	Jiamusi		637	566
七台河市	Qitaihe		488	210
牡丹江市	Mudanjiang	33555	1070	718
黑河市	Heihe	19483	187	108
绥化市	Suihua		189	218
上海市	**Shanghai**	**5094523**	**12195**	**28233**
江苏省	**Jiangsu**			
南京市	Nanjing	6511683	16314	10221
无锡市	Wuxi	1182671	7262	13536
徐州市	Xuzhou	1343597	4783	2242
常州市	Changzhou	1380313	4977	6551
苏州市	Suzhou	2530419	11389	12322
南通市	Nantong	305356	3145	2498
连云港市	Lianyungang	205774	2651	2271
淮安市	Huai'an	707213	4053	3477
盐城市	Yancheng	1050547	3532	1589
扬州市	Yangzhou	624677	2912	2984
镇江市	Zhenjiang	848148	2609	2277
泰州市	Taizhou	568956	2961	2256
宿迁市	Suqian	135959	2083	939
浙江省	**Zhejiang**			
杭州市	Hangzhou	7065034	9341	9125
宁波市	Ningbo	2700427	4210	6277
温州市	Wenzhou	1556530	3587	3436
嘉兴市	Jiaxing	473389	1883	1919

2-41 续表 2 continued

城 市	City	城市市政公用设施建设固定资产投资(万元) Investment in Municipal Public Infrastructure Construction (10 000 yuan)	年末实有城市道路面积(万平方米) Area of City Paved Roads at Year-end (10 000 sq.m)	排水管道长度(公里) Length of City Sewage Pipes (km)
湖州市	Huzhou	309907		1971
绍兴市	Shaoxing	1302543	3464	4399
金华市	Jinhua	682004		2127
衢州市	Quzhou	142097	1345	1926
舟山市	Zhoushan	177475		1069
台州市	Taizhou	538859	2912	2695
丽水市	Lishui	208052	694	841
安徽省	**Anhui**			
合肥市	Hefei	2027788	8551	8285
芜湖市	Wuhu	529919	3757	2970
蚌埠市	Bengbu	324826	2550	1388
淮南市	Huainan	357754	2087	904
马鞍山市	Maanshan	330667	1623	1600
淮北市	Huaibei	333591	1511	1087
铜陵市	Tongling	56598	740	1662
安庆市	Anqing	307555	1476	1415
黄山市	Huangshan	143856	1122	826
滁州市	Chuzhou	792744	2234	2235
阜阳市	Fuyang	540069	2365	1282
宿州市	Suzhou	217616	1882	993
六安市	Lu'an	111149	1655	881
亳州市	Bozhou	163736	1439	1309
池州市	Chizhou	87657	818	799
宣城市	Xuancheng	391435	1256	1093
福建省	**Fujian**			
福州市	Fuzhou	3641700	4278	3837
厦门市	Xiamen	3389823	5825	3718
莆田市	Putian	743544	1482	1409
三明市	Sanming	93786	368	286
泉州市	Quanzhou	258893	3748	1670
漳州市	Zhangzhou	439526	1385	1019
南平市	Nanping	42565	459	275
龙岩市	Longyan	400215	976	585
宁德市	Ningde	169242	648	365
江西省	**Jiangxi**			
南昌市	Nanchang	7025897	3933	2961
景德镇市	Jingdezhen	531254	1485	872
萍乡市	Pingxiang	40229	1164	100
九江市	Jiujiang	914414	1774	1732
新余市	Xinyu	62085		1092
鹰潭市	Yingtan	9881	140	88
赣州市	Ganzhou	1844081	3681	2572
吉安市	Ji'an	357261	1185	791
宜春市	Yichun	218005	1748	1261
抚州市	Fuzhou	724856	1944	1382
上饶市	Shangrao	267189	2048	1616

2-41 续表 3 continued

城　市	City	城市市政公用设施建设固定资产投资（万元）Investment in Municipal Public Infrastructure Construction (10 000 yuan)	年末实有城市道路面积（万平方米）Area of City Paved Roads at Year-end (10 000 sq.m)	排水管道长度（公里）Length of City Sewage Pipes (km)
山东省	**Shandong**			
济南市	Jinan	3234758	12232	8887
青岛市	Qingdao		10227	9350
淄博市	Zibo	622977	5538	3558
枣庄市	Zaozhuang	287367	2804	1421
东营市	Dongying	224304	2860	1731
烟台市	Yantai	306437		5187
潍坊市	Weifang	276288	4275	2336
济宁市	Jining		5426	1454
泰安市	Tai'an	518059	3217	1564
威海市	Weihai	328115	3416	1669
日照市	Rizhao	339165	1985	2416
临沂市	Linyi	808769	5381	3789
德州市	Dezhou	136753	3012	1752
聊城市	Liaocheng	197574	2908	1950
滨州市	Binzhou	184283	2304	2017
菏泽市	Heze	303695	2587	1632
河南省	**Henan**			
郑州市	Zhengzhou		6297	4790
开封市	Kaifeng	268037	756	1152
洛阳市	Luoyang	9145964	3443	2150
平顶山市	Pingdingshan	94140	1497	710
安阳市	Anyang	156852	1491	1310
鹤壁市	Hebi	133005	1015	621
新乡市	Xinxiang	94816	1217	1061
焦作市	Jiaozuo	124541	1415	1124
濮阳市	Puyang	69729	991	761
许昌市	Xuchang		1973	1015
漯河市	Luohe	44	1163	1017
三门峡市	Sanmenxia			293
南阳市	Nanyang	345965	2293	1571
商丘市	Shangqiu	509504	3212	2315
信阳市	Xinyang	78151	939	357
周口市	Zhoukou	265313	981	778
驻马店市	Zhumadian	137648	1206	957
湖北省	**Hubei**			
武汉市	Wuhan	19620600	12361	10849
黄石市	Huangshi	284113	1897	1970
十堰市	Shiyan	272452	1761	1249
宜昌市	Yichang	520010	2786	1571
襄阳市	Xiangyang	204012	2346	2141
鄂州市	Ezhou	169962	593	846
荆门市	Jingmen	534400	1239	1014
孝感市	Xiaogan	68495	1516	1082
荆州市	Jingzhou	140255	1113	744
黄冈市	Huanggang	24128	1012	419
咸宁市	Xianning		1285	918
随州市	Suizhou	243615	719	461

2-41 续表 4 continued

城　市	City	城市市政公用设施建设固定资产投资（万元）Investment in Municipal Public Infrastructure Construction (10 000 yuan)	年末实有城市道路面积（万平方米）Area of City Paved Roads at Year-end (10 000 sq.m)	排水管道长度（公里）Length of City Sewage Pipes (km)
湖南省	**Hunan**			
长沙市	Changsha		4950	3198
株洲市	Zhuzhou	675231	2256	1512
湘潭市	Xiangtan	93799	2383	1258
衡阳市	Hengyang	18461	2267	1019
邵阳市	Shaoyang	49650	1058	630
岳阳市	Yueyang	90435	1433	1450
常德市	Changde	308427	1650	1781
张家界市	Zhangjiajie	127309	472	283
益阳市	Yiyang	98591	1273	1046
郴州市	Chenzhou	4559	533	2220
永州市	Yongzhou	40071	1196	652
怀化市	Huaihua	66791	849	507
娄底市	Loudi	842000	544	313
广东省	**Guangdong**			
广州市	Guangzhou			28793
韶关市	Shaoguan		848	723
深圳市	Shenzhen		11374	15201
珠海市	Zhuhai		6921	7479
汕头市	Shantou	518614	3540	6163
佛山市	Foshan	1160168		13173
江门市	Jiangmen	142112	2255	1648
湛江市	Zhanjiang	54870	1394	641
茂名市	Maoming	2042	1344	517
肇庆市	Zhaoqing			1170
惠州市	Huizhou	595280	4677	3100
梅州市	Meizhou		862	514
汕尾市	Shanwei	132740	572	329
河源市	Heyuan		612	494
阳江市	Yangjiang	51631	1401	1178
清远市	Qingyuan	8767	1155	911
东莞市	Dongguan			
中山市	Zhongshan			
潮州市	Chaozhou	54731	784	910
揭阳市	Jieyang	112499	1731	1770
云浮市	Yunfu	14949	292	259
广西壮族自治区	**Guangxi**			
南宁市	Nanning		5434	4865
柳州市	Liuzhou	725638	3244	1876
桂林市	Guilin	156503	1670	893
梧州市	Wuzhou	46785	815	494
北海市	Beihai	211588	1325	949
防城港市	Fangchenggang	138066	928	681
钦州市	Qinzhou	152634	1482	1109
贵港市	Guigang	423255	1447	813
玉林市	Yulin	218492	1233	853

2–41 续表 5 continued

城　市	City	城市市政公用设施建设固定资产投资（万元）Investment in Municipal Public Infrastructure Construction (10 000 yuan)	年末实有城市道路面积（万平方米）Area of City Paved Roads at Year-end (10 000 sq.m)	排水管道长度（公里）Length of City Sewage Pipes (km)
百色市	Baise	72561	798	631
贺州市	Hezhou	64725	782	624
河池市	Hechi	22085	834	840
来宾市	Laibin	77563	846	666
崇左市	Chongzuo	144387	410	430
海南省	**Hainan**			
海口市	Haikou	613710	1860	1609
三亚市	Sanya	340170	1016	1709
三沙市	Sansha			
儋州市	Danzhou			
重庆市	**Chongqing**		**22160**	**20839**
四川省	**Sichuan**			
成都市	Chengdu	9229760	12962	13632
自贡市	Zigong	896953	2077	524
攀枝花市	Panzhihua		1010	898
泸州市	Luzhou	644211	1766	1531
德阳市	Deyang	246585	1619	1548
绵阳市	Mianyang	355432	2675	2832
广元市	Guangyuan	430869	789	842
遂宁市	Suining		2470	1289
内江市	Neijiang	422945	972	
乐山市	Leshan	52268	1130	913
南充市	Nanchong	421560	2210	1845
眉山市	Meishan	208002	1000	839
宜宾市	Yibin	911392	2001	1500
广安市	Guang'an	8		
达州市	Dazhou	31	450	821
雅安市	Ya'an	83388	635	418
巴中市	Bazhong	105638	438	121
资阳市	Ziyang	424775	694	761
贵州省	**Guizhou**			
贵阳市	Guiyang	1774325	3040	3847
六盘水市	Liupanshui	597650	662	556
遵义市	Zunyi	950000	1290	610
安顺市	Anshun	123085	1130	697
毕节市	Bijie	328706	462	328
铜仁市	Tongren	112644	565	470
云南省	**Yunnan**			
昆明市	Kunming	2231334	3993	6041
曲靖市	Qujing	506080	1613	1093
玉溪市	Yuxi	66907	950	885
保山市	Baoshan	400000	669	286
昭通市	Zhaotong	27421	533	301
丽江市	Lijiang		208	655
普洱市	Pu'er	35728	448	574
临沧市	Lincang		301	282

2-41 续表 6 continued

城 市	City	城市市政公用设施建设固定资产投资(万元) Investment in Municipal Public Infrastructure Construction (10 000 yuan)	年末实有城市道路面积(万平方米) Area of City Paved Roads at Year-end (10 000 sq.m)	排水管道长度(公里) Length of City Sewage Pipes (km)
西藏自治区	**Tibet**			
拉萨市	Lasa			
日喀则市	Xigaze			
昌都市	Qamdo	9864	408	31
林芝市	Linzhi		190	105
山南市	Shannan		52	109
那曲市	Naqu		110	45
陕西省	**Shaanxi**			
西安市	Xi'an	3362595	11763	6261
铜川市	Tongchuan	13578	559	505
宝鸡市	Baoji		1386	628
咸阳市	Xianyang		505	239
渭南市	Weinan	729102	1662	765
延安市	Yan'an	10734	579	168
汉中市	Hanzhong	113770	598	364
榆林市	Yulin		1671	911
安康市	Ankang	41550	573	242
商洛市	Shangluo	160084	251	232
甘肃省	**Gansu**			
兰州市	Lanzhou	49	2820	1200
嘉峪关市	Jiayuguan			430
金昌市	Jinchang	10425	487	114
白银市	Baiyin	6572	719	303
天水市	Tianshui	376931	653	391
武威市	Wuwei	179335	52	217
张掖市	Zhangye	37899	374	403
平凉市	Pingliang	45904	711	506
酒泉市	Jiuquan	35488	612	331
庆阳市	Qingyang	84550	352	268
定西市	Dingxi	11877	293	155
陇南市	Longnan	14375	223	120
青海省	**Qinghai**			
西宁市	Xining	770600	1699	1469
海东市	Haidong		438	297
宁夏回族自治区	**Ningxia**			
银川市	Yinchuan	42316	2698	813
石嘴山市	Shizuishan	25870	1581	193
吴忠市	Wuzhong	15213		217
固原市	Guyuan	28771	815	419
中卫市	Zhongwei	67948	588	117
新疆维吾尔自治区	**Xinjiang**			
乌鲁木齐市	Urumqi	1669620	6617	2788
克拉玛依市	Karamay	7024	1225	533
吐鲁番市	Turpan	26891		193
哈密市	Hami	89693	588	407

2–42 公共汽车、出租车拥有情况(市辖区)
Number of Public Transportation Vehicles and Taxis (Districts under City)

城　市	City	年末实有公共汽(电)车营运车辆数(辆) Number of Buses and Trolley Buses under Operation at Year-end (unit)	全年公共汽(电)车客运总量(万人次) Total Annual Volume of Passengers Transported by Buses and Trolley Buses (10 000 person-times)	年末实有出租汽车营运车数(辆) Number of Taxis under Operation at Year-end (unit)
北京市	**Beijing**	**23010**	**313366**	**71517**
天津市	**Tianjin**	**12746**	**111058**	**31940**
河北省	**Hebei**			
石家庄市	Shijiazhuang	3886	37239	7895
唐山市	Tangshan	2244	20163	4985
秦皇岛市	Qinhuangdao	1390	11499	3815
邯郸市	Handan	2676	15139	5207
邢台市	Xingtai	1434	10675	2863
保定市	Baoding	1459	12071	3728
张家口市	Zhangjiakou	1417	13786	4204
承德市	Chengde	785	9045	2470
沧州市	Cangzhou	1382	12887	2458
廊坊市	Langfang	739	5980	8677
衡水市	Hengshui	1048	6206	1470
山西省	**Shanxi**			
太原市	Taiyuan	3533	34485	8292
大同市	Datong	1096	22168	4955
阳泉市	Yangquan	944	17062	1885
长治市	Changzhi	853	13534	2469
晋城市	Jincheng	595	6994	1453
朔州市	Shuozhou	280	2214	1274
晋中市	Jinzhong	687	4307	1330
运城市	Yuncheng	644	12279	1801
忻州市	Xinzhou	230	2022	712
临汾市	Linfen	423	6075	1862
吕梁市	Lvliang	268		453
内蒙古自治区	**Inner Mongolia**			
呼和浩特市	Hohhot	3178	37196	6568
包头市	Baotou	1315	23196	5827
乌海市	Wuhai	438	4511	1125
赤峰市	Chifeng	683	8816	3784
通辽市	Tongliao	457	5086	3059
鄂尔多斯市	Erdos	571	5556	3348
呼伦贝尔市	Hulunbuir	625	4345	3232
巴彦淖尔市	Bayannur	184	1153	1238
乌兰察布市	Ulanqab	327	5366	2177
辽宁省	**Liaoning**			
沈阳市	Shenyang	5904	110031	17544
大连市	Dalian	5683	92212	11632
鞍山市	Anshan			
抚顺市	Fushun	1007	24000	4106
本溪市	Benxi	643	16290	2784
丹东市	Dandong	975	15000	1932
锦州市	Jinzhou	805	12177	4018
营口市	Yingkou	878	9506	3243
阜新市	Fuxin	414	5187	2784

2-42 续表 1 continued

城 市	City	年末实有公共汽(电)车营运车辆数(辆) Number of Buses and Trolley Buses under Operation at Year-end (unit)	全年公共汽(电)车客运总量(万人次) Total Annual Volume of Passengers Transported by Buses and Trolley Buses (10 000 person-times)	年末实有出租汽车营运车数(辆) Number of Taxis under Operation at Year-end (unit)
辽阳市	Liaoyang	590	8101	2611
盘锦市	Panjin	718	9413	3281
铁岭市	Tieling	327	3580	2372
朝阳市	Chaoyang	313	4547	1968
葫芦岛市	Huludao	1137	12075	5247
吉林省	**Jilin**			
长春市	Changchun	4518	69132	18534
吉林市	Jilin	1415	24655	5259
四平市	Siping	596	7962	4724
辽源市	Liaoyuan	355	4716	1201
通化市	Tonghua	394	7402	1504
白山市	Baishan	366	4402	1402
松原市	Songyuan	474	5400	2177
白城市	Baicheng	206	986	1815
黑龙江省	**Heilongjiang**			
哈尔滨市	Harbin	7402	106093	17980
齐齐哈尔市	Qiqihar	895	11400	2019
鸡西市	Jixi	683	9414	2915
鹤岗市	Hegang	654	8923	2037
双鸭山市	Shuangyashan	500	5352	1100
大庆市	Daqing	1932	11896	4680
伊春市	Yichun	430	3624	2734
佳木斯市	Jiamusi	584	10000	2559
七台河市	Qitaihe	499	8216	1000
牡丹江市	Mudanjiang	810	13368	2919
黑河市	Heihe	99	712	967
绥化市	Suihua	502	252	2344
上海市	**Shanghai**	**17899**	**208500**	**39962**
江苏省	**Jiangsu**			
南京市	Nanjing	8700	91518	12083
无锡市	Wuxi	2995	35405	4040
徐州市	Xuzhou	2656	39237	4319
常州市	Changzhou	2395	24089	3319
苏州市	Suzhou	5995	53184	5638
南通市	Nantong	2169	13929	1468
连云港市	Lianyungang	1387	14484	1811
淮安市	Huai'an	2052	40049	1473
盐城市	Yancheng	1569	17963	1450
扬州市	Yangzhou	2651	20823	2461
镇江市	Zhenjiang	1577	14884	1623
泰州市	Taizhou	1284	14026	813
宿迁市	Suqian	1168	15040	770
浙江省	**Zhejiang**			
杭州市	Hangzhou	9744	95044	13761
宁波市	Ningbo	6147	42376	4780
温州市	Wenzhou	2534	27193	3870
嘉兴市	Jiaxing	1251	8415	1073

2-42 续表 2 continued

城　市	City	年末实有公共汽(电)车营运车辆数(辆) Number of Buses and Trolley Buses under Operation at Year-end (unit)	全年公共汽(电)车客运总量(万人次) Total Annual Volume of Passengers Transported by Buses and Trolley Buses (10 000 person-times)	年末实有出租汽车营运车数(辆) Number of Taxis under Operation at Year-end (unit)
湖州市	Huzhou	1020	6434	923
绍兴市	Shaoxing	2312	18032	1746
金华市	Jinhua	1101	8392	943
衢州市	Quzhou	295	4164	521
舟山市	Zhoushan	781	10140	922
台州市	Taizhou	1451	8215	1851
丽水市	Lishui	551	4383	409
安徽省	**Anhui**			
合肥市	Hefei	6059	56050	5890
芜湖市	Wuhu	1375	12690	3700
蚌埠市	Bengbu	1545	14227	2277
淮南市	Huainan	1003	10621	2910
马鞍山市	Maanshan	741	6154	2348
淮北市	Huaibei	408	4801	1637
铜陵市	Tongling	625	8550	1584
安庆市	Anqing	554	4653	1782
黄山市	Huangshan	315	1463	625
滁州市	Chuzhou	628	4871	1357
阜阳市	Fuyang	594	6918	1586
宿州市	Suzhou	492	4077	1110
六安市	Lu'an	1160	7384	2019
亳州市	Bozhou	746	1889	652
池州市	Chizhou	212	1841	600
宣城市	Xuancheng	385	1968	999
福建省	**Fujian**			
福州市	Fuzhou	4852	44620	6605
厦门市	Xiamen	4387	77552	5621
莆田市	Putian	1155	6702	810
三明市	Sanming	432	9407	404
泉州市	Quanzhou	1840	9739	1990
漳州市	Zhangzhou	665	5287	943
南平市	Nanping	562	6692	604
龙岩市	Longyan	547	765	380
宁德市	Ningde	404	5509	951
江西省	**Jiangxi**			
南昌市	Nanchang	3916	37521	5453
景德镇市	Jingdezhen	372	3457	762
萍乡市	Pingxiang	528	7679	700
九江市	Jiujiang	641	9561	1537
新余市	Xinyu	674	4500	679
鹰潭市	Yingtan	264	1953	312
赣州市	Ganzhou	1050	8540	1230
吉安市	Ji'an	466	6821	393
宜春市	Yichun	549	6139	504
抚州市	Fuzhou	636	11612	531
上饶市	Shangrao	661	6625	615

2-42 续表 3 continued

城 市	City	年末实有公共汽(电)车营运车辆数(辆) Number of Buses and Trolley Buses under Operation at Year-end (unit)	全年公共汽(电)车客运总量(万人次) Total Annual Volume of Passengers Transported by Buses and Trolley Buses (10 000 person-times)	年末实有出租汽车营运车数(辆) Number of Taxis under Operation at Year-end (unit)
山东省	**Shandong**			
济南市	Jinan	8168	84719	11019
青岛市	Qingdao	8489	108339	10877
淄博市	Zibo	2683	13680	6110
枣庄市	Zaozhuang	1568	6860	834
东营市	Dongying	1387	6636	3425
烟台市	Yantai	2305	30062	2182
潍坊市	Weifang	1552	12191	2283
济宁市	Jining	2786	10761	2060
泰安市	Tai'an	2403	8678	1292
威海市	Weihai	2257	22533	2488
日照市	Rizhao	1054	7724	1068
临沂市	Linyi	2268	9143	2750
德州市	Dezhou	704	3150	2405
聊城市	Liaocheng	1681	5402	1722
滨州市	Binzhou	472	2410	720
菏泽市	Heze	2013	7373	1668
河南省	**Henan**			
郑州市	Zhengzhou	6316	92807	10908
开封市	Kaifeng	1068	9139	3316
洛阳市	Luoyang	2848	22385	4268
平顶山市	Pingdingshan	1030	9932	2013
安阳市	Anyang	1097	8560	1355
鹤壁市	Hebi	700	3066	673
新乡市	Xinxiang	1036	9590	1768
焦作市	Jiaozuo	832	9152	1398
濮阳市	Puyang	940	3553	1745
许昌市	Xuchang	1348	7750	1396
漯河市	Luohe	830	5860	1100
三门峡市	Sanmenxia	402	5867	798
南阳市	Nanyang	1001	9200	1580
商丘市	Shangqiu	1987	9000	2875
信阳市	Xinyang	1149	6594	3840
周口市	Zhoukou	711	3340	928
驻马店市	Zhumadian	1007	5005	1548
湖北省	**Hubei**			
武汉市	Wuhan	9813	143092	17797
黄石市	Huangshi	1000	13694	1022
十堰市	Shiyan	1269	22706	961
宜昌市	Yichang	780	16050	1857
襄阳市	Xiangyang	1487	22012	2200
鄂州市	Ezhou	392	3900	641
荆门市	Jingmen	604	10000	800
孝感市	Xiaogan	402	4002	900
荆州市	Jingzhou	970	14377	1988
黄冈市	Huanggang	363	2232	693
咸宁市	Xianning	352	1785	656
随州市	Suizhou	363	5100	547

2-42 续表 4 continued

城 市	City	年末实有公共汽(电)车营运车辆数(辆) Number of Buses and Trolley Buses under Operation at Year-end (unit)	全年公共汽(电)车客运总量(万人次) Total Annual Volume of Passengers Transported by Buses and Trolley Buses (10 000 person-times)	年末实有出租汽车营运车数(辆) Number of Taxis under Operation at Year-end (unit)
湖南省	**Hunan**			
长沙市	Changsha	9596	67996	7795
株洲市	Zhuzhou	1444	18565	2215
湘潭市	Xiangtan	1087	10858	1344
衡阳市	Hengyang	1798	12314	1110
邵阳市	Shaoyang	703	8104	1100
岳阳市	Yueyang	982	18686	1742
常德市	Changde	792	11010	1139
张家界市	Zhangjiajie	410	7831	863
益阳市	Yiyang	1418	7600	867
郴州市	Chenzhou	4344	48344	1220
永州市	Yongzhou	756	10220	594
怀化市	Huaihua	315	5416	800
娄底市	Loudi	423	5600	950
广东省	**Guangdong**			
广州市	Guangzhou	15388	224090	20222
韶关市	Shaoguan			
深圳市	Shenzhen	38608	200321	
珠海市	Zhuhai	2437	39073	3618
汕头市	Shantou	2332	12432	1143
佛山市	Foshan	6831	55851	3302
江门市	Jiangmen	1105	8483	379
湛江市	Zhanjiang	788	5243	1031
茂名市	Maoming	661	3750	497
肇庆市	Zhaoqing	766	8073	161
惠州市	Huizhou	2139		1730
梅州市	Meizhou	1592	6156	387
汕尾市	Shanwei	652	1854	184
河源市	Heyuan	281	2141	306
阳江市	Yangjiang	334	3900	75
清远市	Qingyuan	656	3428	308
东莞市	Dongguan			
中山市	Zhongshan			
潮州市	Chaozhou	331	2111	632
揭阳市	Jieyang	540	3741	102
云浮市	Yunfu	122	533	105
广西壮族自治区	**Guangxi**			
南宁市	Nanning	3834	33107	6282
柳州市	Liuzhou	1206	17100	2998
桂林市	Guilin	1118	19119	2205
梧州市	Wuzhou	581	6984	620
北海市	Beihai	602	1515	555
防城港市	Fangchenggang	284	1228	337
钦州市	Qinzhou	268	1525	380
贵港市	Guigang	498	1614	517
玉林市	Yulin	271	2884	638

2-42 续表 5 continued

城 市	City	年末实有公共汽(电)车营运车辆数(辆) Number of Buses and Trolley Buses under Operation at Year-end (unit)	全年公共汽(电)车客运总量(万人次) Total Annual Volume of Passengers Transported by Buses and Trolley Buses (10 000 person-times)	年末实有出租汽车营运车数(辆) Number of Taxis under Operation at Year-end (unit)
百色市	Baise	214	1585	419
贺州市	Hezhou	264	1199	240
河池市	Hechi	225	2322	475
来宾市	Laibin	339	1350	442
崇左市	Chongzuo	78	358	51
海南省	**Hainan**			
海口市	Haikou	2122	14700	2129
三亚市	Sanya	1158	5427	2543
三沙市	Sansha			
儋州市	Danzhou			
重庆市	**Chongqing**	**9334**	**175112**	**15079**
四川省	**Sichuan**			
成都市	Chengdu	15948	164197	13044
自贡市	Zigong	1009	17281	1108
攀枝花市	Panzhihua	719	10978	1415
泸州市	Luzhou	1496	23181	1574
德阳市	Deyang	570	5342	892
绵阳市	Mianyang	1309	22735	2565
广元市	Guangyuan	392	5627	638
遂宁市	Suining	271	9241	769
内江市	Neijiang			
乐山市	Leshan	607	9615	1069
南充市	Nanchong	845	11792	1207
眉山市	Meishan	513		527
宜宾市	Yibin	886	15370	1448
广安市	Guang'an	229		1482
达州市	Dazhou	507	10497	504
雅安市	Ya'an	295	3828	546
巴中市	Bazhong	232	4369	771
资阳市	Ziyang	242	1683	438
贵州省	**Guizhou**			
贵阳市	Guiyang	3186	55357	11682
六盘水市	Liupanshui	962	14454	2362
遵义市	Zunyi	1034	29880	3174
安顺市	Anshun	773	6905	1064
毕节市	Bijie	436	7560	881
铜仁市	Tongren	206	3788	1006
云南省	**Yunnan**			
昆明市	Kunming	6154	75094	8137
曲靖市	Qujing	493	11514	1719
玉溪市	Yuxi	568	3613	722
保山市	Baoshan	274	1381	450
昭通市	Zhaotong	299	2500	1533
丽江市	Lijiang	418	4661	776
普洱市	Pu'er	177	1345	489
临沧市	Lincang	93	457	480

2–42 续表 6 continued

城 市	City	年末实有公共汽(电)车营运车辆数(辆) Number of Buses and Trolley Buses under Operation at Year-end (unit)	全年公共汽(电)车客运总量(万人次) Total Annual Volume of Passengers Transported by Buses and Trolley Buses (10 000 person-times)	年末实有出租汽车营运车数(辆) Number of Taxis under Operation at Year-end (unit)
西藏自治区	**Tibet**			
拉萨市	Lasa	548	8553	1670
日喀则市	Xigaze			
昌都市	Qamdo	14	725	140
林芝市	Linzhi	24	63	140
山南市	Shannan	40	56	84
那曲市	Naqu	18		287
陕西省	**Shaanxi**			
西安市	Xi'an	10179	140520	14763
铜川市	Tongchuan	357	4699	1041
宝鸡市	Baoji	1067	23197	1862
咸阳市	Xianyang	748	11084	1719
渭南市	Weinan	380	195	920
延安市	Yan'an	507	13205	1100
汉中市	Hanzhong	447	5668	649
榆林市	Yulin	356	9495	1061
安康市	Ankang	255	4235	726
商洛市	Shangluo	103	1722	319
甘肃省	**Gansu**			
兰州市	Lanzhou	3109	78335	10566
嘉峪关市	Jiayuguan	153	2124	807
金昌市	Jinchang	156	1851	1079
白银市	Baiyin	226	5397	1298
天水市	Tianshui	621	12600	1590
武威市	Wuwei	410	7095	1340
张掖市	Zhangye	258		1225
平凉市	Pingliang	292	6219	844
酒泉市	Jiuquan	220	2794	860
庆阳市	Qingyang	144	3216	1079
定西市	Dingxi	118	1546	598
陇南市	Longnan	1409	23467	676
青海省	**Qinghai**			
西宁市	Xining	1940	34048	5666
海东市	Haidong	227	1568	731
宁夏回族自治区	**Ningxia**			
银川市	Yinchuan	1756	29358	
石嘴山市	Shizuishan	240	962	2268
吴忠市	Wuzhong	343	3132	1042
固原市	Guyuan	194	2621	2602
中卫市	Zhongwei	277	1351	1138
新疆维吾尔自治区	**Xinjiang**			
乌鲁木齐市	Urumqi	4411	105061	13138
克拉玛依市	Karamay	523	3923	1519
吐鲁番市	Turpan	30	350	763
哈密市	Hami	302	4680	1088

2–43 按运输方式分类的客运量(全市)
Passenger Traffic by Mode of Transport(Total City)

单位：万人 (10 000 persons)

城　市	City	公路客运量 Highway Passenger Traffic	水运客运量 Waterway Passenger Traffic	民用航空客运量 Civil Aviation Passenger Traffic
北京市	**Beijing**	**48151**		**9242**
天津市	**Tianjin**	**12206**		**2069**
河北省	**Hebei**			
石家庄市	Shijiazhuang	3217		1192
唐山市	Tangshan	2768		51
秦皇岛市	Qinhuangdao	1625	1	51
邯郸市	Handan	4022		97
邢台市	Xingtai	1255		
保定市	Baoding	9907		
张家口市	Zhangjiakou	1383		30
承德市	Chengde	768		42
沧州市	Cangzhou	3990		
廊坊市	Langfang	1842		
衡水市	Hengshui	942		
山西省	**Shanxi**			
太原市	Taiyuan			1400
大同市	Datong			131
阳泉市	Yangquan			
长治市	Changzhi			86
晋城市	Jincheng			
朔州市	Shuozhou			
晋中市	Jinzhong			
运城市	Yuncheng	1706		248
忻州市	Xinzhou			49
临汾市	Linfen			77
吕梁市	Lvliang		9	46
内蒙古自治区	**Inner Mongolia**			
呼和浩特市	Hohhot	315		1315
包头市	Baotou	549		227
乌海市	Wuhai	73		52
赤峰市	Chifeng	1795		189
通辽市	Tongliao	1079		113
鄂尔多斯市	Erdos	560		270
呼伦贝尔市	Hulunbuir	784		308
巴彦淖尔市	Bayannur	611		43
乌兰察布市	Ulanqab	249		16
辽宁省	**Liaoning**			
沈阳市	Shenyang	13760		780
大连市	Dalian	7402	448	931
鞍山市	Anshan	5314		18
抚顺市	Fushun	1965		
本溪市	Benxi	2207		
丹东市	Dandong	3618	89	17
锦州市	Jinzhou	4271		39
营口市	Yingkou	2462		41
阜新市	Fuxin	1080		

2-43 续表 1 continued

单位：万人 (10 000 persons)

城　　市	City	公路客运量 Highway Passenger Traffic	水运客运量 Waterway Passenger Traffic	民用航空客运量 Civil Aviation Passenger Traffic
辽阳市	Liaoyang	2810		
盘锦市	Panjin	2015		
铁岭市	Tieling	3249		
朝阳市	Chaoyang	1868		
葫芦岛市	Huludao	2433	37	
吉林省	**Jilin**			
长春市	Changchun	5986	6	702
吉林市	Jilin	3232	53	
四平市	Siping	1954		
辽源市	Liaoyuan	793		
通化市	Tonghua	2105	14	7
白山市	Baishan	1474	4	27
松原市	Songyuan	2383		15
白城市	Baicheng	1266		7
黑龙江省	**Heilongjiang**			
哈尔滨市	Harbin	5472		1041
齐齐哈尔市	Qiqihar	2506		45
鸡西市	Jixi	2776		28
鹤岗市	Hegang	340	16	
双鸭山市	Shuangyashan	1203		
大庆市	Daqing	891	3	86
伊春市	Yichun	458		16
佳木斯市	Jiamusi	1091	103	80
七台河市	Qitaihe	490		
牡丹江市	Mudanjiang	796		1048
黑河市	Heihe	352	45	22
绥化市	Suihua	2241		
上海市	**Shanghai**	**3168**	**115**	**6121**
江苏省	**Jiangsu**			
南京市	Nanjing	8229	19	3058
无锡市	Wuxi	5148	408	797
徐州市	Xuzhou	9434		301
常州市	Changzhou	4063	310	405
苏州市	Suzhou	28951	651	
南通市	Nantong	6447	390	348
连云港市	Lianyungang	4063	21	192
淮安市	Huai'an	5678	14	235
盐城市	Yancheng	6088		209
扬州市	Yangzhou	2931	11	298
镇江市	Zhenjiang	2892		
泰州市	Taizhou	5907	265	298
宿迁市	Suqian	4644		
浙江省	**Zhejiang**			
杭州市	Hangzhou	9144	610	4011
宁波市	Ningbo	3829	183	1241
温州市	Wenzhou	21588	36	638
嘉兴市	Jiaxing	2971	330	

2-43 续表 2 continued

单位：万人 (10 000 persons)

城 市	City	公路客运量 Highway Passenger Traffic	水运客运量 Waterway Passenger Traffic	民用航空客运量 Civil Aviation Passenger Traffic
湖州市	Huzhou	5522	123	
绍兴市	Shaoxing	2001	107	
金华市	Jinhua	10563		203
衢州市	Quzhou	3886	1	40
舟山市	Zhoushan	2584	3234	152
台州市	Taizhou	8314	29	71
丽水市	Lishui	2315	133	
安徽省	**Anhui**			
合肥市	Hefei	6652	39	1228
芜湖市	Wuhu	2061	4	
蚌埠市	Bengbu	2058		
淮南市	Huainan	2689		
马鞍山市	Maanshan	1737		
淮北市	Huaibei	994		
铜陵市	Tongling	1076		
安庆市	Anqing	3934	2	59
黄山市	Huangshan	2972	111	87
滁州市	Chuzhou	3659		
阜阳市	Fuyang	4985		92
宿州市	Suzhou	2776		
六安市	Lu'an	3653	46	
亳州市	Bozhou	3194		
池州市	Chizhou	981	6	52
宣城市	Xuancheng	2223	14	
福建省	**Fujian**			
福州市	Fuzhou	9128	169	1476
厦门市	Xiamen	4137	752	2741
莆田市	Putian	1609	292	
三明市	Sanming	1588	62	26
泉州市	Quanzhou	4067	14	844
漳州市	Zhangzhou	1412	35	
南平市	Nanping	1889		64
龙岩市	Longyan	9	52	23
宁德市	Ningde	5324	304	
江西省	**Jiangxi**			
南昌市	Nanchang	2584		1364
景德镇市	Jingdezhen	1550		46
萍乡市	Pingxiang	5443		
九江市	Jiujiang	7591	68	
新余市	Xinyu	57903	923	
鹰潭市	Yingtan	1686		
赣州市	Ganzhou	7573	26	209
吉安市	Ji'an	4083	1	87
宜春市	Yichun	3583	10	78
抚州市	Fuzhou	3744		
上饶市	Shangrao	7020	44	50

2–43 续表 3 continued

单位：万人 (10 000 persons)

城 市	City	公路客运量 Highway Passenger Traffic	水运客运量 Waterway Passenger Traffic	民用航空客运量 Civil Aviation Passenger Traffic
山东省	**Shandong**			
济南市	Jinan	3244	68	936
青岛市	Qingdao	4593	186	2556
淄博市	Zibo	599		
枣庄市	Zaozhuang	2505	75	
东营市	Dongying	436	4	88
烟台市	Yantai	5098	734	459
潍坊市	Weifang	6053		47
济宁市	Jining	3730	312	149
泰安市	Tai'an	2951	5	
威海市	Weihai	2868	547	309
日照市	Rizhao	2474	43	102
临沂市	Linyi	5065	19	258
德州市	Dezhou	1904	10	
聊城市	Liaocheng	2086		
滨州市	Binzhou	1050		
菏泽市	Heze	4925		
河南省	**Henan**			
郑州市	Zhengzhou	7095		723
开封市	Kaifeng	3297	15	
洛阳市	Luoyang	10502	47	154
平顶山市	Pingdingshan	6336		
安阳市	Anyang	3981		
鹤壁市	Hebi	634		
新乡市	Xinxiang	5599		
焦作市	Jiaozuo	1535	33	
濮阳市	Puyang	3119	39	
许昌市	Xuchang	4550	19	
漯河市	Luohe	1852	2	
三门峡市	Sanmenxia	2294	15	
南阳市	Nanyang	9962	67	118
商丘市	Shangqiu	7494	4	
信阳市	Xinyang	3637	37	73
周口市	Zhoukou	5436	22	
驻马店市	Zhumadian	12547		
湖北省	**Hubei**			
武汉市	Wuhan	4883		1680
黄石市	Huangshi	2629		
十堰市	Shiyan	3278	11	152
宜昌市	Yichang	9483	416	326
襄阳市	Xiangyang	9568	19	190
鄂州市	Ezhou	1481	25	
荆门市	Jingmen	1834	11	
孝感市	Xiaogan	5796		
荆州市	Jingzhou	5591	28	
黄冈市	Huanggang	7883		
咸宁市	Xianning	5018		
随州市	Suizhou	2305	24	

2-43 续表 4 continued

单位：万人 (10 000 persons)

城 市	City	公路客运量 Highway Passenger Traffic	水运客运量 Waterway Passenger Traffic	民用航空客运量 Civil Aviation Passenger Traffic
湖南省	**Hunan**			
长沙市	Changsha	5351	21	1285
株洲市	Zhuzhou	5007	12	
湘潭市	Xiangtan	1238	9	
衡阳市	Hengyang	6924		76
邵阳市	Shaoyang	8594	23	39
岳阳市	Yueyang	7660	7	56
常德市	Changde	6803		111
张家界市	Zhangjiajie	7347	195	287
益阳市	Yiyang	4498	74	
郴州市	Chenzhou	3832	310	
永州市	Yongzhou	7851	199	7
怀化市	Huaihua	10603	638	61
娄底市	Loudi	4392	25	
广东省	**Guangdong**			
广州市	Guangzhou	25625	33	9630
韶关市	Shaoguan	5638		
深圳市	Shenzhen	6373	534	5568
珠海市	Zhuhai	2561	560	250
汕头市	Shantou	1676		334
佛山市	Foshan	4330	29	88
江门市	Jiangmen	8709	226	
湛江市	Zhanjiang	8691	758	
茂名市	Maoming	6721	32	
肇庆市	Zhaoqing	2717		
惠州市	Huizhou	4668	18	
梅州市	Meizhou	2589	9	67
汕尾市	Shanwei	1221		
河源市	Heyuan	2950	30	
阳江市	Yangjiang	1585	9	
清远市	Qingyuan	3024	226	
东莞市	Dongguan	3254	22	
中山市	Zhongshan	1369	119	
潮州市	Chaozhou	1941	12	
揭阳市	Jieyang	2398		735
云浮市	Yunfu	2972		
广西壮族自治区	**Guangxi**			
南宁市	Nanning	4972	9	808
柳州市	Liuzhou	1984	20	157
桂林市	Guilin	6686	295	855
梧州市	Wuzhou	1466		23
北海市	Beihai	1776	405	268
防城港市	Fangchenggang	748	17	
钦州市	Qinzhou	1384		
贵港市	Guigang	2459		
玉林市	Yulin	2714	1	

2–43 续表 5 continued

单位：万人 (10 000 persons)

城 市	City	公路客运量 Highway Passenger Traffic	水运客运量 Waterway Passenger Traffic	民用航空客运量 Civil Aviation Passenger Traffic
百色市	Baise	3530	1	23
贺州市	Hezhou	1035	2	
河池市	Hechi	3191	13	2
来宾市	Laibin	1457		
崇左市	Chongzuo	1137	4	
海南省	**Hainan**			
海口市	Haikou	2504	962	3617
三亚市	Sanya	907	512	576
三沙市	Sansha		3	
儋州市	Danzhou	809		
重庆市	**Chongqing**	**50990**	**756**	**3405**
四川省	**Sichuan**			
成都市	Chengdu	9139		6386
自贡市	Zigong	3313	34	
攀枝花市	Panzhihua	2360		
泸州市	Luzhou	5140	2	186
德阳市	Deyang	2891		
绵阳市	Mianyang	3280	13	416
广元市	Guangyuan	1466	53	49
遂宁市	Suining	1872	34	
内江市	Neijiang	12086	149	
乐山市	Leshan	3409	273	
南充市	Nanchong	4188	723	101
眉山市	Meishan	2979	27	
宜宾市	Yibin	3136	86	100
广安市	Guang'an	3820	60	
达州市	Dazhou	3710	159	57
雅安市	Ya'an	1736	149	
巴中市	Bazhong	2002	80	18
资阳市	Ziyang	2366		
贵州省	**Guizhou**			
贵阳市	Guiyang	83823	299	2191
六盘水市	Liupanshui		18	32
遵义市	Zunyi	56700	94	391
安顺市	Anshun	9102	139	37
毕节市	Bijie			122
铜仁市	Tongren	8690	294	92
云南省	**Yunnan**			
昆明市	Kunming	4540	123	4808
曲靖市	Qujing	4317	22	
玉溪市	Yuxi	1605		
保山市	Baoshan	4858		260
昭通市	Zhaotong	1379	40	37
丽江市	Lijiang	2625	41	717
普洱市	Pu'er	1192	70	63
临沧市	Lincang	4188	78	71

2-43 续表 6 continued

单位：万人 (10 000 persons)

城市	City	公路客运量 Highway Passenger Traffic	水运客运量 Waterway Passenger Traffic	民用航空客运量 Civil Aviation Passenger Traffic
西藏自治区	**Tibet**			
拉萨市	Lasa	393		
日喀则市	Xigaze	174		16
昌都市	Qamdo	897		37
林芝市	Linzhi	132		56
山南市	Shannan	113		457
那曲市	Naqu	29		
陕西省	**Shaanxi**			
西安市	Xi'an	15261		4722
铜川市	Tongchuan	1318		
宝鸡市	Baoji	8435		
咸阳市	Xianyang	8306		
渭南市	Weinan	9287	13	
延安市	Yan'an	2956		69
汉中市	Hanzhong	2171		65
榆林市	Yulin	2634	19	253
安康市	Ankang	3332	288	
商洛市	Shangluo	3929	40	
甘肃省	**Gansu**			
兰州市	Lanzhou	3613	50	1530
嘉峪关市	Jiayuguan	8357		58
金昌市	Jinchang	184		19
白银市	Baiyin	1865	50	
天水市	Tianshui	3598		20
武威市	Wuwei	3951		
张掖市	Zhangye	1336		21
平凉市	Pingliang	3223		
酒泉市	Jiuquan	9158		90
庆阳市	Qingyang	3463		
定西市	Dingxi	2148		
陇南市	Longnan	3360	3	28
青海省	**Qinghai**			
西宁市	Xining	2160		723
海东市	Haidong	1932		
宁夏回族自治区	**Ningxia**			
银川市	Yinchuan	1228	74	1058
石嘴山市	Shizuishan	496	93	
吴忠市	Wuzhong	559		
固原市	Guyuan			38
中卫市	Zhongwei	682	91	27
新疆维吾尔自治区	**Xinjiang**			
乌鲁木齐市	Urumqi	979		1231
克拉玛依市	Karamay	50		87
吐鲁番市	Turpan	364		
哈密市	Hami	390		28

2-44 按运输方式分类的货运量(全市)
Freight Traffic by Mode of Transport (Total City)

城 市	City	公路货运量 (万吨) Highway Freight Traffic (10 000 tons)	水运货运量 (万吨) waterway Freight Traffic (10 000 tons)	民用航空货邮运量 (吨) Civil Aviation Freight Traffic (ton)
北京市	**Beijing**	**22325**		**1661162**
天津市	**Tianjin**	**36710**	**8955**	**83300**
河北省	**Hebei**			
石家庄市	Shijiazhuang	51105		53230
唐山市	Tangshan	42220	2505	1058
秦皇岛市	Qinhuangdao	6697	578	379
邯郸市	Handan	22864		1026
邢台市	Xingtai	22770		
保定市	Baoding	12553		
张家口市	Zhangjiakou	13770		50
承德市	Chengde	4623		45
沧州市	Cangzhou	24952	1078	
廊坊市	Langfang	3870		
衡水市	Hengshui	6274		
山西省	**Shanxi**			
太原市	Taiyuan			57600
大同市	Datong			1924
阳泉市	Yangquan			
长治市	Changzhi			1046
晋城市	Jincheng			
朔州市	Shuozhou			
晋中市	Jinzhong		2	
运城市	Yuncheng	21531		6078
忻州市	Xinzhou			118
临汾市	Linfen			422
吕梁市	Lvliang			235
内蒙古自治区	**Inner Mongolia**			
呼和浩特市	Hohhot	11313		46157
包头市	Baotou	38211		7837
乌海市	Wuhai	7573		720
赤峰市	Chifeng	17356		2362
通辽市	Tongliao	11884		2043
鄂尔多斯市	Erdos	22257		10047
呼伦贝尔市	Hulunbuir	12830		24600
巴彦淖尔市	Bayannur	11352		808
乌兰察布市	Ulanqab	8182		219
辽宁省	**Liaoning**			
沈阳市	Shenyang	18958		73634
大连市	Dalian	30014	11736	74177
鞍山市	Anshan	21198		
抚顺市	Fushun	5761		
本溪市	Benxi	8543		
丹东市	Dandong	5004	338	429
锦州市	Jinzhou	16937	51	801
营口市	Yingkou	16005	279	1795
阜新市	Fuxin	5117		

2-44 续表 1 continued

城 市	City	公路货运量 (万吨) Highway Freight Traffic (10 000 tons)	水运货运量 (万吨) waterway Freight Traffic (10 000 tons)	民用航空货邮运量 (吨) Civil Aviation Freight Traffic (ton)
辽阳市	Liaoyang	5679		
盘锦市	Panjin	13820	41	
铁岭市	Tieling	7701		
朝阳市	Chaoyang	5473		
葫芦岛市	Huludao	12665	52	
吉林省	**Jilin**			
长春市	Changchun	11649		29347
吉林市	Jilin	4098		
四平市	Siping	7914		
辽源市	Liaoyuan	1280		
通化市	Tonghua	1516		
白山市	Baishan	958		110
松原市	Songyuan	7012		597
白城市	Baicheng	592	14	1
黑龙江省	**Heilongjiang**			
哈尔滨市	Harbin	7531	371	53000
齐齐哈尔市	Qiqihar	14152		949
鸡西市	Jixi	1607		239
鹤岗市	Hegang	714	40	
双鸭山市	Shuangyashan	1293		
大庆市	Daqing	4274	7	1300
伊春市	Yichun	601		26
佳木斯市	Jiamusi	4646	354	1098
七台河市	Qitaihe	746		
牡丹江市	Mudanjiang	1093		1290
黑河市	Heihe	789	67	36
绥化市	Suihua	2785		
上海市	**Shanghai**	**38750**	**69980**	**4057800**
江苏省	**Jiangsu**			
南京市	Nanjing	22121	19223	374634
无锡市	Wuxi	17386	3117	145128
徐州市	Xuzhou	27576	7216	12069
常州市	Changzhou	10258	2690	33161
苏州市	Suzhou	23831	1008	
南通市	Nantong	10281	8661	42263
连云港市	Lianyungang	11759	2280	3343
淮安市	Huai'an	4847	7784	10259
盐城市	Yancheng	11339	13120	8684
扬州市	Yangzhou	4898	6931	12400
镇江市	Zhenjiang	5613	1666	
泰州市	Taizhou	4979	19493	12441
宿迁市	Suqian	9688	2353	
浙江省	**Zhejiang**			
杭州市	Hangzhou	31731	4073	690276
宁波市	Ningbo	37036	29798	106120
温州市	Wenzhou	12097	4761	47506
嘉兴市	Jiaxing	14534	10466	

2–44 续表 2 continued

城 市	City	公路货运量（万吨）Highway Freight Traffic (10 000 tons)	水运货运量（万吨）waterway Freight Traffic (10 000 tons)	民用航空货邮运量（吨）Civil Aviation Freight Traffic (ton)
湖州市	Huzhou	13183	7819	
绍兴市	Shaoxing	13615	1662	
金华市	Jinhua	10887	37	23580
衢州市	Quzhou	13509	8	839
舟山市	Zhoushan	10374	31623	623
台州市	Taizhou	16330	13573	5596
丽水市	Lishui	5247	259	
安徽省	**Anhui**			
合肥市	Hefei	37801	6229	87102
芜湖市	Wuhu	8400	23292	
蚌埠市	Bengbu	22052	15257	1626
淮南市	Huainan	13419	7889	
马鞍山市	Maanshan	7757	7590	
淮北市	Huaibei	9006	161	
铜陵市	Tongling	3995	7513	
安庆市	Anqing	12118	3619	2310
黄山市	Huangshan	5787	59	2002
滁州市	Chuzhou	15868	1936	
阜阳市	Fuyang	32624	17637	569
宿州市	Suzhou	14489	1067	
六安市	Lu'an	18680	9655	
亳州市	Bozhou	19395	5494	
池州市	Chizhou	6846	7375	935
宣城市	Xuancheng	7405	10208	
福建省	**Fujian**			
福州市	Fuzhou	16604	14111	131072
厦门市	Xiamen	23159	11594	330100
莆田市	Putian	4011	299	
三明市	Sanming	8407		259
泉州市	Quanzhou	20009	14704	75295
漳州市	Zhangzhou	7030	170	
南平市	Nanping	3984	129	816
龙岩市	Longyan	10396		455
宁德市	Ningde	5142	1128	
江西省	**Jiangxi**			
南昌市	Nanchang	15350	1232	122500
景德镇市	Jingdezhen	4365	26	793
萍乡市	Pingxiang	4530		
九江市	Jiujiang	14939	1194	
新余市	Xinyu	499	53295	
鹰潭市	Yingtan	5262	283	
赣州市	Ganzhou	12903	958	5178
吉安市	Ji'an	14299	2198	414
宜春市	Yichun	26029	2903	344
抚州市	Fuzhou	19674	255	
上饶市	Shangrao	30051	900	154

2–44 续表 3 continued

城　市	City	公路货运量(万吨) Highway Freight Traffic (10 000 tons)	水运货运量(万吨) waterway Freight Traffic (10 000 tons)	民用航空货邮运量(吨) Civil Aviation Freight Traffic (ton)
山东省	**Shandong**			
济南市	Jinan	34392	113	67093
青岛市	Qingdao	29170	2493	26
淄博市	Zibo	20766		
枣庄市	Zaozhuang	7136	708	
东营市	Dongying	6926	56	3320
烟台市	Yantai	21218	4312	30700
潍坊市	Weifang	24858	3859	13845
济宁市	Jining	26985	3078	2975
泰安市	Tai'an	8623	18	
威海市	Weihai	8807	1917	9582
日照市	Rizhao	9723	767	1773
临沂市	Linyi	33282		10245
德州市	Dezhou	17286		
聊城市	Liaocheng	23622		
滨州市	Binzhou	14704	334	
菏泽市	Heze	17744	99	
河南省	**Henan**			
郑州市	Zhengzhou	29039		230000
开封市	Kaifeng	3978		
洛阳市	Luoyang	26737	79	1152
平顶山市	Pingdingshan	13644		
安阳市	Anyang	17646		
鹤壁市	Hebi	9530		
新乡市	Xinxiang	20590		
焦作市	Jiaozuo	16110		
濮阳市	Puyang	6481		
许昌市	Xuchang	11468		
漯河市	Luohe	6906	1347	
三门峡市	Sanmenxia	6534		
南阳市	Nanyang	21797	1111	1000
商丘市	Shangqiu	19362	565	
信阳市	Xinyang	5627	5826	
周口市	Zhoukou	16726	2700	
驻马店市	Zhumadian	16327	4934	
湖北省	**Hubei**			
武汉市	Wuhan	41778	17574	171938
黄石市	Huangshi	8413	583	
十堰市	Shiyan	7848	467	1042
宜昌市	Yichang	12602	4784	4597
襄阳市	Xiangyang	36439	450	2849
鄂州市	Ezhou	2185	652	
荆门市	Jingmen	3586	74	
孝感市	Xiaogan	4727	398	
荆州市	Jingzhou	9538	10033	
黄冈市	Huanggang	11364	5308	
咸宁市	Xianning	11790	22	
随州市	Suizhou	9539	158	

2-44 续表 4 continued

城 市	City	公路货运量 (万吨) Highway Freight Traffic (10 000 tons)	水运货运量 (万吨) waterway Freight Traffic (10 000 tons)	民用航空货邮运量 (吨) Civil Aviation Freight Traffic (ton)
湖南省	**Hunan**			
长沙市	Changsha	45179	2239	9
株洲市	Zhuzhou	14841	703	
湘潭市	Xiangtan	6833	756	
衡阳市	Hengyang	16852	1594	720
邵阳市	Shaoyang	8358	219	1
岳阳市	Yueyang	11537	9339	45
常德市	Changde	17430	2294	361
张家界市	Zhangjiajie	2026	69	1780
益阳市	Yiyang	14122	1395	
郴州市	Chenzhou	18288	150	
永州市	Yongzhou	6867	261	2
怀化市	Huaihua	6403	481	28
娄底市	Loudi	6945	536	
广东省	**Guangdong**			
广州市	Guangzhou	88352	44571	1398000
韶关市	Shaoguan	16998	5572	
深圳市	Shenzhen	25403	8579	1283200
珠海市	Zhuhai	9974	2909	2909
汕头市	Shantou	6643	890	18000
佛山市	Foshan	29150	4161	2658
江门市	Jiangmen	13226	3675	
湛江市	Zhanjiang	16921	5235	
茂名市	Maoming	11722	765	
肇庆市	Zhaoqing	6556	1954	
惠州市	Huizhou	12506	15347	
梅州市	Meizhou	9402	10	157
汕尾市	Shanwei	3061	10	
河源市	Heyuan	6850	29	
阳江市	Yangjiang	10485	53	
清远市	Qingyuan	11461	4734	
东莞市	Dongguan	11735	5918	
中山市	Zhongshan	10172	1357	
潮州市	Chaozhou	5205	1181	
揭阳市	Jieyang	4775	38	
云浮市	Yunfu	5778	1363	
广西壮族自治区	**Guangxi**			
南宁市	Nanning	36880	4221	122000
柳州市	Liuzhou	16340	875	8672
桂林市	Guilin	9560	58	30313
梧州市	Wuzhou	5558	3317	
北海市	Beihai	7178	831	7217
防城港市	Fangchenggang	4776	1750	
钦州市	Qinzhou	13452	2555	
贵港市	Guigang	11016	16795	
玉林市	Yulin	25969	153	

2-44 续表 5 continued

城市	City	公路货运量(万吨) Highway Freight Traffic (10 000 tons)	水运货运量(万吨) waterway Freight Traffic (10 000 tons)	民用航空货邮运量(吨) Civil Aviation Freight Traffic (ton)
百色市	Baise	11143	352	34
贺州市	Hezhou	5258	107	
河池市	Hechi	7946	37	
来宾市	Laibin	2279	777	
崇左市	Chongzuo	5243	41	
海南省	**Hainan**			
海口市	Haikou	5334	8408	418800
三亚市	Sanya	213		30223
三沙市	Sansha		3	
儋州市	Danzhou	426		
重庆市	**Chongqing**	**89965**	**21094**	**141638**
四川省	**Sichuan**			
成都市	Chengdu	30540		708000
自贡市	Zigong	6063	107	
攀枝花市	Panzhihua	11966	7	1700
泸州市	Luzhou	11573	1986	6645
德阳市	Deyang	9861		
绵阳市	Mianyang	8497		25960
广元市	Guangyuan	4367	695	381
遂宁市	Suining	4913	74	
内江市	Neijiang	42807	189	
乐山市	Leshan	16492	277	
南充市	Nanchong	10728	1477	2260
眉山市	Meishan	10197		
宜宾市	Yibin	6222	617	3396
广安市	Guang'an	4115	784	
达州市	Dazhou	12363	340	1300
雅安市	Ya'an	5901		
巴中市	Bazhong	4332		
资阳市	Ziyang	4581	149	
贵州省	**Guizhou**			
贵阳市	Guiyang	60082	14	120110
六盘水市	Liupanshui			55
遵义市	Zunyi	81600	291	4615
安顺市	Anshun	7005		347
毕节市	Bijie			743
铜仁市	Tongren	7265	5	93
云南省	**Yunnan**			
昆明市	Kunming	33377	12	415776
曲靖市	Qujing	21572		
玉溪市	Yuxi	13386		
保山市	Baoshan	7893		4561
昭通市	Zhaotong	5072	306	334
丽江市	Lijiang	4016	19	12600
普洱市	Pu'er	4250	156	1274
临沧市	Lincang	4935	93	820

2-44 续表 6 continued

城 市	City	公路货运量(万吨) Highway Freight Traffic (10 000 tons)	水运货运量(万吨) waterway Freight Traffic (10 000 tons)	民用航空货邮运量(吨) Civil Aviation Freight Traffic (ton)
西藏自治区	**Tibet**			
拉萨市	Lasa	1079		
日喀则市	Xigaze	424		430
昌都市	Qamdo	487		1330
林芝市	Linzhi	203		2526
山南市	Shannan	99966		39320
那曲市	Naqu	154		
陕西省	**Shaanxi**			
西安市	Xi'an	26901		381900
铜川市	Tongchuan	10536		
宝鸡市	Baoji	13018		
咸阳市	Xianyang	14251		
渭南市	Weinan	18965	72	
延安市	Yan'an	4961		1161
汉中市	Hanzhong	4615		2214
榆林市	Yulin	29968		8017
安康市	Ankang	3880	172	
商洛市	Shangluo	2701		
甘肃省	**Gansu**			
兰州市	Lanzhou	13281		72002
嘉峪关市	Jiayuguan	9981		1802
金昌市	Jinchang	1738		165
白银市	Baiyin	9312	45	
天水市	Tianshui	4816		176
武威市	Wuwei	6686		
张掖市	Zhangye	3822		
平凉市	Pingliang	5777		
酒泉市	Jiuquan	4255		603
庆阳市	Qingyang	4639		
定西市	Dingxi	4685		
陇南市	Longnan	1798		158
青海省	**Qinghai**			
西宁市	Xining	6547		41000
海东市	Haidong	4528		
宁夏回族自治区	**Ningxia**			
银川市	Yinchuan			61245
石嘴山市	Shizuishan	3626	399	
吴忠市	Wuzhong	8327		
固原市	Guyuan			65
中卫市	Zhongwei	6619	19	396
新疆维吾尔自治区	**Xinjiang**			
乌鲁木齐市	Urumqi	19303		85100
克拉玛依市	Karamay	4444		698
吐鲁番市	Turpan	1852		
哈密市	Hami	4209		797

2–45 邮政、电信业发展情况(全市)
Development of Postal and Telecommunications Industry (Total City)

城 市	City	邮政业务收入(万元) Revenue from Postal Services (10 000 yuan)	电信业务收入(万元) Revenue from Telecommunication Services (10 000 yuan)	移动电话年末用户数(万户) Number of Subscribers of Mobile Telephones at Year-end (10 000 households)	互联网宽带接入用户数(万户) Number of Subscribers of Internet Services (10 000 households)
北京市	**Beijing**	**3982057**	**6196743**	**4020**	**689**
天津市	**Tianjin**	**1159100**	**1419332**	**1705**	**524**
河北省	**Hebei**				
石家庄市	Shijiazhuang	894943	810957	1403	393
唐山市	Tangshan	219700	523089	974	261
秦皇岛市	Qinhuangdao	94893	222656	407	129
邯郸市	Handan	171221	444174	986	232
邢台市	Xingtai	238129	347858	668	196
保定市	Baoding	610280	679604	1173	339
张家口市	Zhangjiakou	82346	261880	440	132
承德市	Chengde	55178	219940	373	106
沧州市	Cangzhou	312934	422815	781	229
廊坊市	Langfang	401862	471328	623	206
衡水市	Hengshui	145722	206882	470	136
山西省	**Shanxi**				
太原市	Taiyuan	314200	519953	835	222
大同市	Datong	34320	633353	341	80
阳泉市	Yangquan	10289	700000	165	50
长治市	Changzhi	26555	186433	392	99
晋城市	Jincheng	14331	1211443	258	74
朔州市	Shuozhou	12492	98515	176	41
晋中市	Jinzhong	24808	947939	373	73
运城市	Yuncheng	112200	260272	455	154
忻州市	Xinzhou	46793	161561	316	69
临汾市	Linfen	43885		443	112
吕梁市	Lvliang	31073	2211963	323	90
内蒙古自治区	**Inner Mongolia**				
呼和浩特市	Hohhot	28173	1876353	459	242
包头市	Baotou	20266	221301	367	74
乌海市	Wuhai	14311	54587	79	22
赤峰市	Chifeng	78300	281169	454	91
通辽市	Tongliao	42860	199008	359	65
鄂尔多斯市	Erdos	38000	213000	276	56
呼伦贝尔市	Hulunbuir	22400	218200	308	68
巴彦淖尔市	Bayannur	16814	120000	173	36
乌兰察布市	Ulanqab	27611	109000	193	38
辽宁省	**Liaoning**				
沈阳市	Shenyang	532563	993768	1273	250
大连市	Dalian	393968	815600	889	200
鞍山市	Anshan	85720	271191	370	104
抚顺市	Fushun	36659	143890	209	66
本溪市	Benxi	36282	102047	144	46
丹东市	Dandong	59391	186033	227	72
锦州市	Jinzhou	52212	1456594	287	84
营口市	Yingkou	56588	206107	232	73
阜新市	Fuxin	24678	114682	175	56

2–45 续表 1 continued

城 市	City	邮政业务收入 (万元) Revenue from Postal Services (10 000 yuan)	电信业务收入 (万元) Revenue from Telecommunication Services (10 000 yuan)	移动电话年末用户数 (万户) Number of Subscribers of Mobile Telephones at Year-end (10 000 households)	互联网宽带接入用户数 (万户) Number of Subscribers of Internet Services (10 000 households)
辽阳市	Liaoyang	46112	131688	185	53
盘锦市	Panjin	65996	130480	158	43
铁岭市	Tieling	53982	149363	233	65
朝阳市	Chaoyang	38917	182945	245	74
葫芦岛市	Huludao	57065	159128	242	71
吉林省	**Jilin**				
长春市	Changchun	386495			
吉林市	Jilin	110660			
四平市	Siping	68680	150572	371	63
辽源市	Liaoyuan	31239		128	
通化市	Tonghua			222	52
白山市	Baishan	39404			
松原市	Songyuan	42200	127023	287	44
白城市	Baicheng	38378	97367	224	38
黑龙江省	**Heilongjiang**				
哈尔滨市	Harbin	587400	792206	1285	243
齐齐哈尔市	Qiqihar	59159	212434	423	96
鸡西市	Jixi	48457	226203	187	121
鹤岗市	Hegang	17653	54041	138	29
双鸭山市	Shuangyashan	20962	85613	155	32
大庆市	Daqing	78000	211475	376	68
伊春市	Yichun	13677	56721	111	38
佳木斯市	Jiamusi	15823	148700	283	68
七台河市	Qitaihe	7267	47730	91	20
牡丹江市	Mudanjiang	101375	211035	272	70
黑河市	Heihe	33081	76240	176	36
绥化市	Suihua	49953	189126	402	76
上海市	**Shanghai**	**13658685**	**5823170**	**4008**	**890**
江苏省	**Jiangsu**				
南京市	Nanjing	1224442	1462174	1308	537
无锡市	Wuxi	1017076	1047199	999	395
徐州市	Xuzhou	364111	689407	961	337
常州市	Changzhou	561547	705029	665	264
苏州市	Suzhou	2526194	2143212	1849	667
南通市	Nantong	654717	744740	847	354
连云港市	Lianyungang	215845	356152	470	175
淮安市	Huai'an	247115	356808	484	179
盐城市	Yancheng	247893	564560	696	282
扬州市	Yangzhou	319143	469212	525	185
镇江市	Zhenjiang	236960	332298	371	162
泰州市	Taizhou	251923	428538	490	206
宿迁市	Suqian	271507	384336	493	180
浙江省	**Zhejiang**				
杭州市	Hangzhou	4023039	2024100	1817	524
宁波市	Ningbo	1193910	1112733	1358	426
温州市	Wenzhou	919748	1218171	1216	405
嘉兴市	Jiaxing	78072	578686	705	187

2-45 续表 2 continued

城市	City	邮政业务收入(万元) Revenue from Postal Services (10 000 yuan)	电信业务收入(万元) Revenue from Telecommunication Services (10 000 yuan)	移动电话年末用户数(万户) Number of Subscribers of Mobile Telephones at Year-end (10 000 households)	互联网宽带接入用户数(万户) Number of Subscribers of Internet Services (10 000 households)
湖州市	Huzhou	315252	383080	463	204
绍兴市	Shaoxing	87536	551901	666	217
金华市	Jinhua	313088	802129	951	305
衢州市	Quzhou	89214	214039	245	88
舟山市	Zhoushan	16600	146576	174	56
台州市	Taizhou	106261	743127	961	253
丽水市	Lishui	138344	195304	264	99
安徽省	**Anhui**				
合肥市	Hefei	761674	892078	1045	348
芜湖市	Wuhu	193143	273902	396	135
蚌埠市	Bengbu	102679	210783	303	92
淮南市	Huainan	72811	196714	284	87
马鞍山市	Maanshan	59858	155653	239	77
淮北市	Huaibei	43413	121800	197	67
铜陵市	Tongling	42818	88587	132	45
安庆市	Anqing	152128	248591	391	125
黄山市	Huangshan	20135	103521	147	53
滁州市	Chuzhou	108444	241653	363	118
阜阳市	Fuyang	183160	414713	675	199
宿州市	Suzhou	127730	277695	475	146
六安市	Lu'an	113741	262981	391	114
亳州市	Bozhou	138299	249990	414	124
池州市	Chizhou	42470	89572	143	49
宣城市	Xuancheng	84382	180770	260	86
福建省	**Fujian**				
福州市	Fuzhou	608906	1065172	994	370
厦门市	Xiamen	1022500	5102200	649	236
莆田市	Putian	216031	721347	352	250
三明市	Sanming	86842	196047	263	103
泉州市	Quanzhou	1111813	969143	1033	385
漳州市	Zhangzhou	198056	412694	524	187
南平市	Nanping	51424	204642	282	107
龙岩市	Longyan	71235	435233	285	111
宁德市	Ningde	127186	249859	314	126
江西省	**Jiangxi**				
南昌市	Nanchang	496300	617000	709	265
景德镇市	Jingdezhen	112600	37473	183	54
萍乡市	Pingxiang	41400	129563	179	57
九江市	Jiujiang	38630	312583	463	137
新余市	Xinyu	36406	879000	119	39
鹰潭市	Yingtan	33238	76764	110	38
赣州市	Ganzhou	209639	562500	855	217
吉安市	Ji'an	109800	238758	384	116
宜春市	Yichun	102200	281979	447	141
抚州市	Fuzhou	73300	206304	298	85
上饶市	Shangrao	122885	291172	563	162

2-45 续表 3 continued

城 市	City	邮政业务收入（万元）Revenue from Postal Services (10 000 yuan)	电信业务收入（万元）Revenue from Telecommunication Services (10 000 yuan)	移动电话年末用户数（万户）Number of Subscribers of Mobile Telephones at Year-end (10 000 households)	互联网宽带接入用户数（万户）Number of Subscribers of Internet Services (10 000 households)
山东省	**Shandong**				
济南市	Jinan	695400	885692	1138	396
青岛市	Qingdao	816824	1073523	1246	380
淄博市	Zibo	158864	318895	521	154
枣庄市	Zaozhuang	102923	206857	375	122
东营市	Dongying	56013	189914	279	90
烟台市	Yantai	86666	494447	840	237
潍坊市	Weifang	435264	587135	1028	281
济宁市	Jining	221500	445060	807	225
泰安市	Tai'an	133000	267089	533	146
威海市	Weihai	157500	231307	374	111
日照市	Rizhao	69822	169953	309	89
临沂市	Linyi	418913	638746	1041	281
德州市	Dezhou	218800	271124	525	157
聊城市	Liaocheng	87488	271124	566	156
滨州市	Binzhou	114096	164400	461	152
菏泽市	Heze	222900	389038	790	212
河南省	**Henan**				
郑州市	Zhengzhou	2017190	12684189	1666	468
开封市	Kaifeng	6887	270866	436	115
洛阳市	Luoyang	216500	516467	740	236
平顶山市	Pingdingshan	88195	289701	483	71
安阳市	Anyang	125825	314703	535	159
鹤壁市	Hebi	16400	90262	164	48
新乡市	Xinxiang	202296	380407	625	183
焦作市	Jiaozuo	125544	217127	377	107
濮阳市	Puyang	47226	224678	383	103
许昌市	Xuchang	109580	262011	442	114
漯河市	Luohe	5777	148585	236	65
三门峡市	Sanmenxia	64967	1268872	220	66
南阳市	Nanyang	345400	4496800	878	209
商丘市	Shangqiu	120138	416254	729	190
信阳市	Xinyang	166800	370183	601	150
周口市	Zhoukou	108109	482300	731	210
驻马店市	Zhumadian	92570	380183	639	182
湖北省	**Hubei**				
武汉市	Wuhan	1389100	1517000	1577	532
黄石市	Huangshi	87147	523800	242	75
十堰市	Shiyan	46200	188651	313	139
宜昌市	Yichang	50880	313044	416	141
襄阳市	Xiangyang	83420	352041	522	173
鄂州市	Ezhou	51112	82557	98	38
荆门市	Jingmen	83262	175622	243	83
孝感市	Xiaogan	133824	238151	352	94
荆州市	Jingzhou	161362	334410	480	146
黄冈市	Huanggang	110800	306375	505	183
咸宁市	Xianning	66567	157994	248	79
随州市	Suizhou	59400	118780	193	57

2-45 续表 4 continued

城市	City	邮政业务收入（万元）Revenue from Postal Services (10 000 yuan)	电信业务收入（万元）Revenue from Telecommunication Services (10 000 yuan)	移动电话年末用户数（万户）Number of Subscribers of Mobile Telephones at Year-end (10 000 households)	互联网宽带接入用户数（万户）Number of Subscribers of Internet Services (10 000 households)
湖南省	**Hunan**				
长沙市	Changsha	747658	1125654	1308	380
株洲市	Zhuzhou	118715	289347	422	128
湘潭市	Xiangtan	55650	206695	296	101
衡阳市	Hengyang	151828	793112	592	140
邵阳市	Shaoyang	128082	316772	547	139
岳阳市	Yueyang	105750	333530	502	144
常德市	Changde	100740	337970	533	152
张家界市	Zhangjiajie	26540	112208	161	52
益阳市	Yiyang	97015	227751	378	103
郴州市	Chenzhou	100142	277224	453	126
永州市	Yongzhou	56672	251178	420	111
怀化市	Huaihua	86137	277932	438	115
娄底市	Loudi	71211	225010	361	100
广东省	**Guangdong**				
广州市	Guangzhou	6861781	3588831	3645	566
韶关市	Shaoguan	72164	206893	288	80
深圳市	Shenzhen	6082103	3923680	2896	533
珠海市	Zhuhai	265394	2892704	387	107
汕头市	Shantou	576696	478377	636	156
佛山市	Foshan	1100048	1407299	1288	307
江门市	Jiangmen	64197	487000	552	171
湛江市	Zhanjiang	164928	512000	698	178
茂名市	Maoming	132811	829198	546	133
肇庆市	Zhaoqing	127506	300000	395	
惠州市	Huizhou	430100	648080	737	220
梅州市	Meizhou	111318	1946800	384	105
汕尾市	Shanwei	85566	179964	240	61
河源市	Heyuan	67778	202859		
阳江市	Yangjiang	116305	200540	253	75
清远市	Qingyuan	81994	289170	387	91
东莞市	Dongguan	2382728	1770997	1788	181
中山市	Zhongshan	537894	654483	684	190
潮州市	Chaozhou	179532	199952	276	77
揭阳市	Jieyang	2852360	2903089	1017	135
云浮市	Yunfu	54050	1252419	228	62
广西壮族自治区	**Guangxi**				
南宁市	Nanning	542662	871621	1076	299
柳州市	Liuzhou	98667	332015	474	145
桂林市	Guilin	109526	3730969	531	162
梧州市	Wuzhou	30184	154587	281	74
北海市	Beihai	36576	155527	222	68
防城港市	Fangchenggang	10144	87992	120	35
钦州市	Qinzhou	51593	179647	293	82
贵港市	Guigang	73585	209282	357	97
玉林市	Yulin	98284	312816	506	139

2-45 续表 5 continued

城 市	City	邮政业务收入（万元） Revenue from Postal Services (10 000 yuan)	电信业务收入（万元） Revenue from Telecommunication Services (10 000 yuan)	移动电话年末用户数（万户） Number of Subscribers of Mobile Telephones at Year-end (10 000 households)	互联网宽带接入用户数（万户） Number of Subscribers of Internet Services (10 000 households)
百色市	Baise	45101	238611	354	106
贺州市	Hezhou	28034	109466	191	50
河池市	Hechi	47284	210774	340	90
来宾市	Laibin	29372	116304	211	57
崇左市	Chongzuo	26121	137327	223	59
海南省	**Hainan**				
海口市	Haikou	155070	392293	390	110
三亚市	Sanya	43028	148652	142	47
三沙市	Sansha		131		
儋州市	Danzhou	15816	70098	91	22
重庆市	**Chongqing**	**1291000**	**2610000**	**3679**	**1372**
四川省	**Sichuan**				
成都市	Chengdu	1602900	2176412	2617	782
自贡市	Zigong	58365	160101	272	85
攀枝花市	Panzhihua	51484	96306		
泸州市	Luzhou	104932	304353	469	136
德阳市	Deyang	105157	242160	439	135
绵阳市	Mianyang	57922	366280	577	184
广元市	Guangyuan	45429	169271	255	88
遂宁市	Suining	76052	320603	269	79
内江市	Neijiang	60984	180157	322	390
乐山市	Leshan	60902	253952	370	114
南充市	Nanchong	142322	1343252	571	161
眉山市	Meishan	89361	207805	314	111
宜宾市	Yibin	78937	291075	482	137
广安市	Guang'an	7	52792	321	127
达州市	Dazhou	55851	81520	415	104
雅安市	Ya'an	33691	793497	173	55
巴中市	Bazhong	57990	181468	283	79
资阳市	Ziyang	58871	128621	218	64
贵州省	**Guizhou**				
贵阳市	Guiyang	279537	677000	819	194
六盘水市	Liupanshui	35170	211900	351	67
遵义市	Zunyi	130000	498400	743	151
安顺市	Anshun	31976	174400	263	53
毕节市	Bijie	60500	386900	581	77
铜仁市	Tongren	42812	236000	358	75
云南省	**Yunnan**				
昆明市	Kunming	452032	998298	1160	275
曲靖市	Qujing	46399	324128	509	123
玉溪市	Yuxi	26627	158676	212	57
保山市	Baoshan	14466	164449	251	59
昭通市	Zhaotong	43800	278734	415	71
丽江市	Lijiang	22700	102146	119	30
普洱市	Pu'er	24823	196735	285	58
临沧市	Lincang	20007	176196	255	65

2-45 续表 6 continued

城市	City	邮政业务收入(万元) Revenue from Postal Services (10 000 yuan)	电信业务收入(万元) Revenue from Telecommunication Services (10 000 yuan)	移动电话年末用户数(万户) Number of Subscribers of Mobile Telephones at Year-end (10 000 households)	互联网宽带接入用户数(万户) Number of Subscribers of Internet Services (10 000 households)
西藏自治区	**Tibet**				
拉萨市	Lasa	20529	1103500	112	34
日喀则市	Xigaze	1670	55664	73	15
昌都市	Qamdo	3770	21490	39	10
林芝市	Linzhi	6635	41600	25	16
山南市	Shannan	4274	16010	26	7
那曲市	Naqu	3340	47401	32	5
陕西省	**Shaanxi**				
西安市	Xi'an	794400	1465282	1711	439
铜川市	Tongchuan	9315	55000	80	22
宝鸡市	Baoji	77500	237400	384	117
咸阳市	Xianyang	50800	304300	485	144
渭南市	Weinan	45876	312098	521	92
延安市	Yan'an	39950	208213	270	59
汉中市	Hanzhong	82100	211591	374	82
榆林市	Yulin	340000	308386	439	93
安康市	Ankang	33292	178824	264	68
商洛市	Shangluo	36900	1249300	181	40
甘肃省	**Gansu**				
兰州市	Lanzhou	35138	506649	647	195
嘉峪关市	Jiayuguan	8253	31700	48	18
金昌市	Jinchang	6529	355313	58	19
白银市	Baiyin	12709	906500	171	49
天水市	Tianshui	50000	159040	483	93
武威市	Wuwei	17500	91428	177	54
张掖市	Zhangye	16100	67829	123	82
平凉市	Pingliang	301700	287700	189	192
酒泉市	Jiuquan	16898	90696	132	51
庆阳市	Qingyang	20232	591319	237	68
定西市	Dingxi	22414	130236	239	68
陇南市	Longnan	15611	142400	252	66
青海省	**Qinghai**				
西宁市	Xining	53605	2283519	327	89
海东市	Haidong	10527		153	34
宁夏回族自治区	**Ningxia**				
银川市	Yinchuan	136000	294526	363	129
石嘴山市	Shizuishan	5897	51498	95	29
吴忠市	Wuzhong	1500	86500	150	40
固原市	Guyuan	12201	89222	117	31
中卫市	Zhongwei	4874	87000	111	26
新疆维吾尔自治区	**Xinjiang**				
乌鲁木齐市	Urumqi	48100	670500	715	200
克拉玛依市	Karamay	14085	61941	67	23
吐鲁番市	Turpan	19796	57202	94	22
哈密市	Hami	15432	77031	76	31

2-46 用电情况(全市)
Electricity Consumption(Total City)

单位：万千瓦时 (10 000kwh)

城 市	City	全社会用电量 Annual Electricity Consumption (10 000 kwh)	工业用电 Electricity Consumption for Industrial	城镇居民生活用电 Household Electricity Consumption for Urban and Rural Residential
		全 市 Total City	全 市 Total City	全 市 Total City
北京市	**Beijing**	**11663964**	**2990649**	**2049447**
天津市	**Tianjin**	**8784332**	**5571077**	**812239**
河北省	**Hebei**			
石家庄市	Shijiazhuang	5469998	3170416	326213
唐山市	Tangshan	8615362	7161031	250042
秦皇岛市	Qinhuangdao	1504480	927359	105293
邯郸市	Handan	4276139	2983634	197582
邢台市	Xingtai	2926301	1854359	167242
保定市	Baoding	3951635	1966030	337083
张家口市	Zhangjiakou	1770974	982957	138211
承德市	Chengde	1888415	1428471	77878
沧州市	Cangzhou	3613684	2424215	166796
廊坊市	Langfang	2867113	1640213	291645
衡水市	Hengshui	1616764	945054	105360
山西省	**Shanxi**			
太原市	Taiyuan	2879514	1748898	379514
大同市	Datong	1244565	797604	145441
阳泉市	Yangquan	827380	618154	50115
长治市	Changzhi	1783180	1408938	79488
晋城市	Jincheng	2111202	1851529	43599
朔州市	Shuozhou	883045	695870	38002
晋中市	Jinzhong	2144866	1627919	93058
运城市	Yuncheng	3023427	2260104	144506
忻州市	Xinzhou	1322421	844466	81929
临汾市	Linfen	2119276	1513108	123693
吕梁市	Lvliang	2146065	1690280	115379
内蒙古自治区	**Inner Mongolia**			
呼和浩特市	Hohhot	2778010	1999725	180488
包头市	Baotou	6748538	6312604	129993
乌海市	Wuhai	2244744	2003434	31666
赤峰市	Chifeng	1773282	1254277	129025
通辽市	Tongliao	4162337	3726959	78887
鄂尔多斯市	Erdos	7550552	6889730	85938
呼伦贝尔市	Hulunbuir	1167163	823876	102617
巴彦淖尔市	Bayannur	1570689	1240712	63751
乌兰察布市	Ulanqab	5201405	4866059	71578
辽宁省	**Liaoning**			
沈阳市	Shenyang	3660603	1705550	539039
大连市	Dalian	4047786	2643407	369351
鞍山市	Anshan	3042546	2542963	158806
抚顺市	Fushun	1105648	862235	100671
本溪市	Benxi	1382803	1194411	78960
丹东市	Dandong	1019701	702052	94364
锦州市	Jinzhou	9207774	518126	71452
营口市	Yingkou	2887615	2496869	87339
阜新市	Fuxin	541308	333649	63488

2-46 续表 1 continued

单位：万千瓦时 (10 000kwh)

城 市	City	全社会用电量 Annual Electricity Consumption (10 000 kwh) 全 市 Total City	工业用电 Electricity Consumption for Industrial 全 市 Total City	城镇居民生活用电 Household Electricity Consumption for Urban and Rural Residential 全 市 Total City
辽阳市	Liaoyang	1218819	982801	62608
盘锦市	Panjin	1025845	794611	49350
铁岭市	Tieling			
朝阳市	Chaoyang	1075615	779615	69344
葫芦岛市	Huludao	1056353	712497	59853
吉林省	**Jilin**			
长春市	Changchun	2541059	1295978	303259
吉林市	Jilin	1573345	1156929	130785
四平市	Siping	684119	373478	66766
辽源市	Liaoyuan	341699	245683	34777
通化市	Tonghua	558095	358565	66893
白山市	Baishan	322134	181402	53595
松原市	Songyuan	598786	336339	52542
白城市	Baicheng	496789	251811	53065
黑龙江省	**Heilongjiang**			
哈尔滨市	Harbin	2518649	1035922	401580
齐齐哈尔市	Qiqihar	947495	489076	149008
鸡西市	Jixi	478354	272230	40941
鹤岗市	Hegang	472467	332683	33472
双鸭山市	Shuangyashan	492108	372810	17884
大庆市	Daqing	2229572	1853345	118263
伊春市	Yichun	354682	250762	45316
佳木斯市	Jiamusi	468643	158814	76429
七台河市	Qitaihe	249581	189824	13174
牡丹江市	Mudanjiang	524946	249115	61479
黑河市	Heihe	355438	215688	43528
绥化市	Suihua	610136	269546	94723
上海市	**Shanghai**	**15685775**	**7483914**	**2413891**
江苏省	**Jiangsu**			
南京市	Nanjing	6215300	3272600	764772
无锡市	Wuxi	7508200	5633100	305099
徐州市	Xuzhou	3711300	2295400	280323
常州市	Changzhou	5058500	3852000	235765
苏州市	Suzhou	15444800	11998200	762058
南通市	Nantong	4515500	3074500	272578
连云港市	Lianyungang	1836700	1088900	153524
淮安市	Huai'an	1912600	1173700	175169
盐城市	Yancheng	3276900	2152200	214568
扬州市	Yangzhou	2594037	1719450	238670
镇江市	Zhenjiang	2643900	1901000	158737
泰州市	Taizhou	2960000	2123600	161424
宿迁市	Suqian	2092200	1375100	147788
浙江省	**Zhejiang**			
杭州市	Hangzhou	8167003	4330353	889165
宁波市	Ningbo	8079226	5901652	486838
温州市	Wenzhou	4410769	2574361	538011
嘉兴市	Jiaxing	5380258	4239876	277099

2-46 续表 2 continued

单位：万千瓦时 (10 000kwh)

城 市	City	全社会用电量 Annual Electricity Consumption (10 000 kwh)	工业用电 Electricity Consumption for Industrial	城镇居民生活用电 Household Electricity Consumption for Urban and Rural Residential
		全 市 Total City	全 市 Total City	全 市 Total City
湖州市	Huzhou	2950204	2155129	183257
绍兴市	Shaoxing	4623663	3563045	264162
金华市	Jinhua	3946681	2584609	334566
衢州市	Quzhou	1842468	1415074	85543
舟山市	Zhoushan	654955	259501	75299
台州市	Taizhou	3312213	2128694	253686
丽水市	Lishui	1124048	711983	21
安徽省	**Anhui**			
合肥市	Hefei	3754592	1863152	496872
芜湖市	Wuhu	2027286	1449122	116583
蚌埠市	Bengbu	892530	462122	93724
淮南市	Huainan	955503	562751	97388
马鞍山市	Maanshan	2105572	1746488	85802
淮北市	Huaibei	679930	438278	56831
铜陵市	Tongling	983000	788235	43611
安庆市	Anqing	1162032	694785	87379
黄山市	Huangshan	409888	193060	49842
滁州市	Chuzhou	1915805	1337897	102486
阜阳市	Fuyang	1590286	701946	125621
宿州市	Suzhou	960248	410726	110716
六安市	Lu'an	1037547	498531	83589
亳州市	Bozhou	749147	236078	93244
池州市	Chizhou	760330	580000	35970
宣城市	Xuancheng	1347564	957680	85284
福建省	**Fujian**			
福州市	Fuzhou	5173240	2990002	586544
厦门市	Xiamen	2829763	1376274	442390
莆田市	Putian	1436084	858378	113602
三明市	Sanming	1658127	1205134	141329
泉州市	Quanzhou	5152525	3426329	379871
漳州市	Zhangzhou	2571124	1491587	228456
南平市	Nanping	1165297	661842	150092
龙岩市	Longyan	1376416	887136	135596
宁德市	Ningde	2174900	1648900	167400
江西省	**Jiangxi**			
南昌市	Nanchang	2471959	1233718	378727
景德镇市	Jingdezhen	603417	379326	73084
萍乡市	Pingxiang	766059	516816	59487
九江市	Jiujiang	2136534	1524729	185398
新余市	Xinyu	909252	749378	51635
鹰潭市	Yingtan	519012	358917	37627
赣州市	Ganzhou	2089524	1086155	253859
吉安市	Ji'an	1192364	728144	112489
宜春市	Yichun	2027884	1413228	129856
抚州市	Fuzhou	942667	515538	111207
上饶市	Shangrao	1698360	999139	157156

2-46 续表 3 continued

单位：万千瓦时 (10 000kwh)

城市	City	全社会用电量 Annual Electricity Consumption (10 000 kwh) 全市 Total City	工业用电 Electricity Consumption for Industrial 全市 Total City	城镇居民生活用电 Household Electricity Consumption for Urban and Rural Residential 全市 Total City
山东省	**Shandong**			
济南市	Jinan	4143022	2215281	429982
青岛市	Qingdao	4578992	2446626	516704
淄博市	Zibo	3405656	2717738	209526
枣庄市	Zaozhuang	1559868	1056017	130823
东营市	Dongying	3084894	2682357	99560
烟台市	Yantai	5531898	4359227	274546
潍坊市	Weifang	5805592	4312394	361349
济宁市	Jining	3296156	2161555	271761
泰安市	Tai'an	2047233	1376235	175213
威海市	Weihai	1328103	788015	149439
日照市	Rizhao	2535454	2086432	106237
临沂市	Linyi	4871823	3512082	292427
德州市	Dezhou	2367089	1633725	160919
聊城市	Liaocheng	3078439	2339936	151526
滨州市	Binzhou	11798998	11263867	137230
菏泽市	Heze	2504578		219433
河南省	**Henan**			
郑州市	Zhengzhou	4856500	2032312	813633
开封市	Kaifeng	1197557	716979	107875
洛阳市	Luoyang	4422312	3396865	293269
平顶山市	Pingdingshan	2022199	1419655	146971
安阳市	Anyang	2105163	1388705	138918
鹤壁市	Hebi	598129	353199	43396
新乡市	Xinxiang	2610233	1658008	208925
焦作市	Jiaozuo	2436469	1893571	102395
濮阳市	Puyang	1116020	649299	94031
许昌市	Xuchang	1451086	860599	186184
漯河市	Luohe	766824	422933	80902
三门峡市	Sanmenxia	1166602	837477	69502
南阳市	Nanyang	2429827	1265665	278026
商丘市	Shangqiu	1777354	854911	206155
信阳市	Xinyang	1362130	531484	200648
周口市	Zhoukou	1254231	473169	144915
驻马店市	Zhumadian	1510794	743585	169483
湖北省	**Hubei**			
武汉市	Wuhan	6154628	2836647	1105286
黄石市	Huangshi	1483155	1141899	120127
十堰市	Shiyan	1031253	631301	144788
宜昌市	Yichang	2340514	1772682	179367
襄阳市	Xiangyang	1647645	984027	136325
鄂州市	Ezhou	738200	572200	59100
荆门市	Jingmen	1095263	756667	109590
孝感市	Xiaogan	1458436	922201	157540
荆州市	Jingzhou	1451518	770244	194593
黄冈市	Huanggang	1397834	765208	186241
咸宁市	Xianning	973027	589291	132960
随州市	Suizhou	459582	239223	78160

2-46 续表 4 continued

单位：万千瓦时 (10 000kwh)

城市	City	全社会用电量 Annual Electricity Consumption (10 000 kwh) 全市 Total City	工业用电 Electricity Consumption for Industrial 全市 Total City	城镇居民生活用电 Household Electricity Consumption for Urban and Rural Residential 全市 Total City
湖南省	**Hunan**			
长沙市	Changsha	3959312	1569024	751360
株洲市	Zhuzhou	1129502	535847	175444
湘潭市	Xiangtan	1272431	837816	110399
衡阳市	Hengyang	1667754	915624	193647
邵阳市	Shaoyang	990653	402681	156066
岳阳市	Yueyang	1567246	850272	151450
常德市	Changde	1247789	595300	119235
张家界市	Zhangjiajie	284035	69291	51670
益阳市	Yiyang	860321	394374	95020
郴州市	Chenzhou	1320617	911870	115682
永州市	Yongzhou	1025483	508449	161951
怀化市	Huaihua	1027994	462672	173691
娄底市	Loudi	1453289	999998	116603
广东省	**Guangdong**			
广州市	Guangzhou	10055838	4537710	1262698
韶关市	Shaoguan	1442539	980932	98178
深圳市	Shenzhen	9839910	5036852	1466394
珠海市	Zhuhai	1899061	1070206	143820
汕头市	Shantou	2119914	1272459	213097
佛山市	Foshan	7026511	4408678	538952
江门市	Jiangmen	2946423	2007854	239918
湛江市	Zhanjiang	2126527	1245773	208610
茂名市	Maoming	1236283	647064	132015
肇庆市	Zhaoqing	1804408	1210908	152598
惠州市	Huizhou	4258822	2928390	400700
梅州市	Meizhou	1046715	552516	146161
汕尾市	Shanwei	605378	215068	128691
河源市	Heyuan	973929	569621	102873
阳江市	Yangjiang	1342638	947246	116623
清远市	Qingyuan	2160295	1496714	187710
东莞市	Dongguan	8507151	6025301	551775
中山市	Zhongshan	3100500	1938100	117843
潮州市	Chaozhou			
揭阳市	Jieyang	1570640	927992	
云浮市	Yunfu	744550	469816	62973
广西壮族自治区	**Guangxi**			
南宁市	Nanning	2503122	822399	894
柳州市	Liuzhou	1891821	1214323	275066
桂林市	Guilin	1460305	708903	440
梧州市	Wuzhou	801346	497654	101447
北海市	Beihai	881007	535125	153943
防城港市	Fangchenggang	940178	721032	79892
钦州市	Qinzhou	1022834	666436	116012
贵港市	Guigang	1069605	631376	142831
玉林市	Yulin	995194	444000	154539

2–46 续表 5 continued

单位：万千瓦时 (10 000kwh)

城 市	City	全社会用电量 Annual Electricity Consumption (10 000 kwh)	工业用电 Electricity Consumption for Industrial	城镇居民生活用电 Household Electricity Consumption for Urban and Rural Residential
		全 市 Total City	全 市 Total City	全 市 Total City
百色市	Baise	3975557	3549348	133544
贺州市	Hezhou	802585	565130	381
河池市	Hechi	844627	451164	116451
来宾市	Laibin	1335856	1102082	67836
崇左市	Chongzuo	844840	615242	66112
海南省	**Hainan**			
海口市	Haikou	860509	132892	112163
三亚市	Sanya	457907	31150	113802
三沙市	Sansha			
儋州市	Danzhou	148425	34081	14648
重庆市	**Chongqing**	**11601939**	**6773827**	**1331731**
四川省	**Sichuan**			
成都市	Chengdu	6938431	3144389	1063578
自贡市	Zigong	426902	179339	103178
攀枝花市	Panzhihua	1352811	1188293	51353
泸州市	Luzhou	963831	540936	101985
德阳市	Deyang	1285725	864984	135625
绵阳市	Mianyang	1154644	626697	152969
广元市	Guangyuan	598569	331974	67276
遂宁市	Suining	506884	237626	76338
内江市	Neijiang	806652	523052	78437
乐山市	Leshan	2168115	1735876	113617
南充市	Nanchong	789909	309241	127299
眉山市	Meishan	1228204	872166	81056
宜宾市	Yibin	1019631	634216	115108
广安市	Guang'an			
达州市	Dazhou	916092	615878	55327
雅安市	Ya'an	1125100	911633	43689
巴中市	Bazhong	351582	107622	53809
资阳市	Ziyang	279156	90364	45138
贵州省	**Guizhou**			
贵阳市	Guiyang	2876497	1531585	600075
六盘水市	Liupanshui	1066212	684783	104696
遵义市	Zunyi	2498882	1325765	434858
安顺市	Anshun	697295	353905	85766
毕节市	Bijie	1019398	447365	
铜仁市	Tongren	960321	420260	183494
云南省	**Yunnan**			
昆明市	Kunming	3763719	2259453	415263
曲靖市	Qujing	2972111	2397287	100064
玉溪市	Yuxi	1450701	1129384	50266
保山市	Baoshan	807034	580401	85480
昭通市	Zhaotong	1442514	949914	93790
丽江市	Lijiang	410817	214875	26627
普洱市	Pu'er	484166	256215	33987
临沧市	Lincang	334986	149601	27726

2-46 续表 6 continued

单位：万千瓦时 (10 000kwh)

城市	City	全社会用电量 Annual Electricity Consumption (10 000 kwh) 全市 Total City	工业用电 Electricity Consumption for Industrial 全市 Total City	城镇居民生活用电 Household Electricity Consumption for Urban and Rural Residential 全市 Total City
西藏自治区	**Tibet**			
拉萨市	Lasa	381364	186491	47717
日喀则市	Xigaze			
昌都市	Qamdo			
林芝市	Linzhi	52200	8400	13300
山南市	Shannan			
那曲市	Naqu	46108	11121	9860
陕西省	**Shaanxi**			
西安市	Xi'an	4184997	1345516	806478
铜川市	Tongchuan	385051	288304	26333
宝鸡市	Baoji	978659	568578	93083
咸阳市	Xianyang	1395500	836200	173300
渭南市	Weinan	1570521	929958	70469
延安市	Yan'an	1106626	801524	63168
汉中市	Hanzhong	895806	523215	91705
榆林市	Yulin	3227418	2640682	94327
安康市	Ankang	540882	132524	89213
商洛市	Shangluo	452832	244286	47075
甘肃省	**Gansu**			
兰州市	Lanzhou	2754514	1944745	223837
嘉峪关市	Jiayuguan	2841763	2787811	20194
金昌市	Jinchang	748886	656312	19172
白银市	Baiyin	1132078	826946	34438
天水市	Tianshui	400161	119214	53528
武威市	Wuwei	496567	261524	11949
张掖市	Zhangye	463357	212554	23880
平凉市	Pingliang	356849	190541	40717
酒泉市	Jiuquan	563862	32445	31558
庆阳市	Qingyang	441468	257521	22592
定西市	Dingxi	513488	284675	30991
陇南市	Longnan	440737	238072	28185
青海省	**Qinghai**			
西宁市	Xining	4472802	4050128	150218
海东市	Haidong	1395600	1273000	30700
宁夏回族自治区	**Ningxia**			
银川市	Yinchuan	3910342	3549821	46400
石嘴山市	Shizuishan			
吴忠市	Wuzhong	1660453	1445574	28500
固原市	Guyuan	404068	293152	20753
中卫市	Zhongwei	2394701	2218607	10868
新疆维吾尔自治区	**Xinjiang**			
乌鲁木齐市	Urumqi	3796954	3046826	193082
克拉玛依市	Karamay	758276	655612	35695
吐鲁番市	Turpan	1736872	1539370	16397
哈密市	Hami	1016117	769277	27744

2-47 煤气及液化石油气供应及利用情况(市辖区)
Supply and Consumption of Coal Gas and Liquefied Petroleum Gas (Districts under City)

城　市	City	供气总量(人工、天然气)(万立方米) Total Gas Supply (Coal Gas, Natural Gas) (10 000 cubic meters)	居民家庭用量 Consumption of Gas for Residential Use	液化石油气供气总量(吨) Liquefied Petroleum Gas Supply (ton)	家庭用量 Consumption of Liquefied Petroleum Gas for Residential Use
北京市	**Beijing**	**1924347**	**145888**	**434286**	**114224**
天津市	**Tianjin**	**536544**	**73687**	**52996**	**33454**
河北省	**Hebei**				
石家庄市	Shijiazhuang	111908	6098	44380	8514
唐山市	Tangshan	84190	17438	18130	12582
秦皇岛市	Qinhuangdao	78904	6919	2128	1800
邯郸市	Handan	59750	27916	297	284
邢台市	Xingtai	26100	13500	890	890
保定市	Baoding	55353	24541	3498	3268
张家口市	Zhangjiakou	9999	3847	818	649
承德市	Chengde	7705	1409	4935	4716
沧州市	Cangzhou	13382	3866	1100	1100
廊坊市	Langfang	38875	10648	5420	2968
衡水市	Hengshui	12574	5301	4571	4566
山西省	**Shanxi**				
太原市	Taiyuan	103590	24669	32053	31873
大同市	Datong	22134	6597	6800	2000
阳泉市	Yangquan	142155	10048	800	118
长治市	Changzhi	19386	8561	4127	4100
晋城市	Jincheng	11722	4101	2552	677
朔州市	Shuozhou	4377	3600	2300	1100
晋中市	Jinzhong	11575	2877	1153	492
运城市	Yuncheng	12471	7320	10200	
忻州市	Xinzhou	3653	1645	4300	3481
临汾市	Linfen	9493	2203	1673	360
吕梁市	Lvliang	1594	995		
内蒙古自治区	**Inner Mongolia**				
呼和浩特市	Hohhot	72898	8312		
包头市	Baotou	109458	39487	11600	270
乌海市	Wuhai	12048	1645	650	640
赤峰市	Chifeng	3613	2174	17798	15613
通辽市	Tongliao	2248	1200	450	430
鄂尔多斯市	Erdos	10409	5654	3951	3949
呼伦贝尔市	Hulunbuir	643	584	4526	4495
巴彦淖尔市	Bayannur	5197	3026	3000	2500
乌兰察布市	Ulanqab	3282	550	3231	3080
辽宁省	**Liaoning**				
沈阳市	Shenyang	110062	39579	52799	30616
大连市	Dalian	62051	20714	451976	17075
鞍山市	Anshan	17210	8776	11130	4620
抚顺市	Fushun	49557	6476	30947	19964
本溪市	Benxi	10325	2458	4550	2008
丹东市	Dandong	6632	4114	6100	1600
锦州市	Jinzhou	12475	2762	79	51
营口市	Yingkou	20460	2623	7390	6600
阜新市	Fuxin	5854	550	5200	4960

2–47 续表 1 continued

城 市	City	供气总量（人工、天然气）（万立方米） Total Gas Supply (Coal Gas, Natural Gas) (10 000 cubic meters)	居民家庭用量 Consumption of Gas for Residential Use	液化石油气供气总量（吨） Liquefied Petroleum Gas Supply (ton)	家庭用量 Consumption of Liquefied Petroleum Gas for Residential Use
辽阳市	Liaoyang	14609	1430	7833	5718
盘锦市	Panjin	11182	9458	8458	5163
铁岭市	Tieling	11221	1344	2589	1159
朝阳市	Chaoyang	2556	877	2074	1495
葫芦岛市	Huludao	18001	3240	6604	4623
吉林省	**Jilin**				
长春市	Changchun	89875	20079	42230	6039
吉林市	Jilin	66657	5071	48831	622
四平市	Siping	5821	2828	870	770
辽源市	Liaoyuan	3638	332	722	305
通化市	Tonghua	5248	2507	1700	1400
白山市	Baishan	2851	458	2655	2284
松原市	Songyuan	10265	3043	3500	1800
白城市	Baicheng	2142	100	1720	1710
黑龙江省	**Heilongjiang**				
哈尔滨市	Harbin	83582	18445	64000	12000
齐齐哈尔市	Qiqihar	25535	3880	7347	910
鸡西市	Jixi	1897	332	8732	5340
鹤岗市	Hegang	1282	617	4665	4107
双鸭山市	Shuangyashan	726	167	6009	1769
大庆市	Daqing	31921	9794	6100	4090
伊春市	Yichun	159	5	10284	6797
佳木斯市	Jiamusi	5300	2100	22432	403
七台河市	Qitaihe	3008	1750	1380	1255
牡丹江市	Mudanjiang	3331	1559	7797	4210
黑河市	Heihe	125	9	1895	1641
绥化市	Suihua	2000	400	3500	3500
上海市	**Shanghai**	**973605**		**328008**	
江苏省	**Jiangsu**				
南京市	Nanjing	143428	58719	77511	27754
无锡市	Wuxi	112454	24518	34531	14919
徐州市	Xuzhou	52716	12929	25908	15538
常州市	Changzhou	135364	20380	135364	20380
苏州市	Suzhou	110081	22437	62334	47803
南通市	Nantong	38878	8581	19213	7877
连云港市	Lianyungang	35874	9497	32502	25361
淮安市	Huai'an	27386	12472	26031	16000
盐城市	Yancheng	20775	10298	28472	26053
扬州市	Yangzhou	26469	10547	14459	10071
镇江市	Zhenjiang	71015	7167		
泰州市	Taizhou	42424	6047	9542	7360
宿迁市	Suqian	31272	7495	5017	4081
浙江省	**Zhejiang**				
杭州市	Hangzhou	133731	32907	122438	51510
宁波市	Ningbo	105453	16848	120427	66728
温州市	Wenzhou	25995	3162	61282	32293
嘉兴市	Jiaxing	35072	4697	31450	12550

2–47 续表 2 continued

城 市	City	供气总量(人工、天然气)(万立方米) Total Gas Supply (Coal Gas, Natural Gas) (10 000 cubic meters)	居民家庭用量 Consumption of Gas for Residential Use	液化石油气供气总量(吨) Liquefied Petroleum Gas Supply (ton)	家庭用量 Consumption of Liquefied Petroleum Gas for Residential Use
湖州市	Huzhou	27332	4054	13163	9445
绍兴市	Shaoxing	101100	14366	65243	41612
金华市	Jinhua	18022	1688	14355	12556
衢州市	Quzhou	17519	1234	18276	1305
舟山市	Zhoushan	8090	2149	28826	28682
台州市	Taizhou	20857	1987	69021	55233
丽水市	Lishui	12227	1041	12611	11671
安徽省	**Anhui**				
合肥市	Hefei	116369	38573	48656	13653
芜湖市	Wuhu	34361	9530	23000	4656
蚌埠市	Bengbu	31234	11055	1895	1895
淮南市	Huainan	14075	5687	7050	6910
马鞍山市	Maanshan	29800	6145		
淮北市	Huaibei	14702	4898	4800	4800
铜陵市	Tongling	20299	3336	1030	230
安庆市	Anqing	10541	3000	10956	
黄山市	Huangshan	2690	453	7655	7655
滁州市	Chuzhou	22940	3426	2500	2040
阜阳市	Fuyang	12774	4385	15600	12000
宿州市	Suzhou	8610	3698	4566	4232
六安市	Lu'an	13845	3955	274	274
亳州市	Bozhou	7785	2601	5200	3330
池州市	Chizhou	4668	1294	2915	1920
宣城市	Xuancheng	9794	1739	4000	2580
福建省	**Fujian**				
福州市	Fuzhou	26931	7046	45735	13494
厦门市	Xiamen	34142	4732	116542	40177
莆田市	Putian	15790	2856	13600	11255
三明市	Sanming	2493	1468	1998	1968
泉州市	Quanzhou	22869	1191	37613	17749
漳州市	Zhangzhou	8706	1011	14445	11461
南平市	Nanping	1215	186	6595	5984
龙岩市	Longyan	2837	902	9978	6695
宁德市	Ningde	7354	583	5556	5526
江西省	**Jiangxi**				
南昌市	Nanchang	43995	13087	19657	19634
景德镇市	Jingdezhen	26170	1288	5100	2740
萍乡市	Pingxiang	27475	11169	28415	13792
九江市	Jiujiang	19440	4516	11943	3595
新余市	Xinyu	7760	3851	1300	1250
鹰潭市	Yingtan	3941	660	2589	1916
赣州市	Ganzhou	14220	4793	18849	16017
吉安市	Ji'an	3236	1758	12000	8000
宜春市	Yichun	12543	3000	15466	9002
抚州市	Fuzhou	6590	1516	25180	25153
上饶市	Shangrao	7653	2069	22560	14543

2-47 续表 3 continued

城 市	City	供气总量（人工、天然气）（万立方米） Total Gas Supply (Coal Gas, Natural Gas) (10 000 cubic meters)	居民家庭用量 Consumption of Gas for Residential Use	液化石油气供气总量（吨） Liquefied Petroleum Gas Supply (ton)	家庭用量 Consumption of Liquefied Petroleum Gas for Residential Use
山东省	**Shandong**				
济南市	Jinan	134733	45695	44467	25093
青岛市	Qingdao	131867	30377	30210	16679
淄博市	Zibo	114817	21481	9139	6011
枣庄市	Zaozhuang	11869	4821	9282	6641
东营市	Dongying	49283	15115	506	498
烟台市	Yantai	37090	8174	26380	11468
潍坊市	Weifang	40020	9006	10180	10180
济宁市	Jining	44506	16373	860	860
泰安市	Tai'an	40261	4802	1450	1100
威海市	Weihai	18918	4713	13734	3763
日照市	Rizhao	28609	7278	15566	8964
临沂市	Linyi	65606	10038	23034	22029
德州市	Dezhou	29894	7219	7630	7426
聊城市	Liaocheng	46528	6913	2730	2483
滨州市	Binzhou	22883	7643	7940	7935
菏泽市	Heze	4524	2581	20226	7370
河南省	**Henan**				
郑州市	Zhengzhou	63175	43206		
开封市	Kaifeng	18516	6148	26650	25600
洛阳市	Luoyang	49000	19600	64780	21316
平顶山市	Pingdingshan	14928	7897		
安阳市	Anyang	76019	12306	5710	2504
鹤壁市	Hebi	7800	5500	1000	995
新乡市	Xinxiang	25784	12664	1280	1180
焦作市	Jiaozuo	27395	6895		
濮阳市	Puyang	8452	5087		
许昌市	Xuchang	14131	7973	8470	3832
漯河市	Luohe	11998	6004	31025	15512
三门峡市	Sanmenxia	12892		3449	
南阳市	Nanyang	13363	8725	10873	10848
商丘市	Shangqiu	11633	2892	18360	16600
信阳市	Xinyang	16752	5791	8680	6780
周口市	Zhoukou	8333	5896	4600	4600
驻马店市	Zhumadian	7510	4572	3959	3959
湖北省	**Hubei**				
武汉市	Wuhan	270239	74858	167243	37086
黄石市	Huangshi	33854	3017	24992	9089
十堰市	Shiyan	13268	3903	9070	8505
宜昌市	Yichang	23202	7311	5038	5033
襄阳市	Xiangyang	32330	7872	13911	11056
鄂州市	Ezhou	7028	3649	4320	2800
荆门市	Jingmen	14916	4157	6513	6468
孝感市	Xiaogan	10855	2000	4800	4800
荆州市	Jingzhou	19929	5166	6313	6308
黄冈市	Huanggang	7050	1850	2355	1850
咸宁市	Xianning	18196	2620	4749	3644
随州市	Suizhou	7471	2415	2720	1980

2-47 续表 4 continued

城　　市	City	供气总量（人工、天然气）（万立方米）Total Gas Supply (Coal Gas, Natural Gas) (10 000 cubic meters)	居民家庭用量 Consumption of Gas for Residential Use	液化石油气供气总量（吨）Liquefied Petroleum Gas Supply (ton)	家庭用量 Consumption of Liquefied Petroleum Gas for Residential Use
湖南省	**Hunan**				
长沙市	Changsha	88998	37017	73572	56868
株洲市	Zhuzhou	26598	9356	5112	4436
湘潭市	Xiangtan	16700	6847	15695	15695
衡阳市	Hengyang	23993	7096	7530	6680
邵阳市	Shaoyang	5843	5830	4280	3500
岳阳市	Yueyang	24963	6589	23100	17300
常德市	Changde	15621	4621	10392	10339
张家界市	Zhangjiajie	3428	1862	8348	8097
益阳市	Yiyang	8099	3498	6269	5510
郴州市	Chenzhou	5770	5763	11350	11350
永州市	Yongzhou	3860	2896	8918	7916
怀化市	Huaihua	1652	815	18795	16013
娄底市	Loudi	5490	4358	9060	8130
广东省	**Guangdong**				
广州市	Guangzhou			758759	312879
韶关市	Shaoguan	9769	2930	14302	10520
深圳市	Shenzhen	365416	40210	335673	230157
珠海市	Zhuhai	19765	3208	128615	77734
汕头市	Shantou	7908	1544	207510	162149
佛山市	Foshan	225714	15922	515183	162271
江门市	Jiangmen	52671	1446	130363	32798
湛江市	Zhanjiang	12403	2962	50000	47000
茂名市	Maoming	3016	2631	32120	27633
肇庆市	Zhaoqing	35285	1887	18064	13192
惠州市	Huizhou	19683	6088	69249	54041
梅州市	Meizhou	2777	1149	20172	20110
汕尾市	Shanwei	858	329	2396	2396
河源市	Heyuan	3022	1256	9913	9474
阳江市	Yangjiang	10777	1204	111691	16195
清远市	Qingyuan	34850	2275	28183	12219
东莞市	Dongguan				
中山市	Zhongshan				
潮州市	Chaozhou	2063		64215	40561
揭阳市	Jieyang	7500	409	19187	16238
云浮市	Yunfu	4741	712	5443	5212
广西壮族自治区	**Guangxi**				
南宁市	Nanning	28642	13226	110753	59653
柳州市	Liuzhou	16810	7561	29071	20939
桂林市	Guilin	9716	4837	16166	15993
梧州市	Wuzhou	9214	1452	9298	8635
北海市	Beihai	4240	3300	21602	15000
防城港市	Fangchenggang	2085	770	4302	3768
钦州市	Qinzhou	3552	1321	19476	17750
贵港市	Guigang	1849	1106	15388	15382
玉林市	Yulin	3850	2015	19000	17000

2–47 续表 5 continued

城 市	City	供气总量（人工、天然气）（万立方米）Total Gas Supply (Coal Gas, Natural Gas) (10 000 cubic meters)	居民家庭用量 Consumption of Gas for Residential Use	液化石油气供气总量（吨）Liquefied Petroleum Gas Supply (ton)	家庭用量 Consumption of Liquefied Petroleum Gas for Residential Use
百色市	Baise	2095	357	6689	6666
贺州市	Hezhou	1601	35	11765	6451
河池市	Hechi	530	282	10238	9254
来宾市	Laibin	2311	959	2888	2808
崇左市	Chongzuo	453	449	3351	3350
海南省	**Hainan**				
海口市	Haikou	13562	5490	38754	38749
三亚市	Sanya	10261	1554	7443	1193
三沙市	Sansha				
儋州市	Danzhou				
重庆市	**Chongqing**	**538136**	**224500**	**61187**	**41633**
四川省	**Sichuan**				
成都市	Chengdu	387098	179349	119755	53646
自贡市	Zigong	45100	27712	7140	7053
攀枝花市	Panzhihua	14671	12802	2657	2242
泸州市	Luzhou	87107	10322	2147	1587
德阳市	Deyang	52473	7006	3599	1849
绵阳市	Mianyang	56124	17894	3011	2904
广元市	Guangyuan	15003	7007	1393	808
遂宁市	Suining	24031	6978	242	160
内江市	Neijiang	14547	6547	17187	6574
乐山市	Leshan	39841	9512	249	26
南充市	Nanchong	22290	9775	5877	4810
眉山市	Meishan	14393	7638	479	133
宜宾市	Yibin	29611	22929	1122	967
广安市	Guang'an				
达州市	Dazhou	12525	7424	2255	735
雅安市	Ya'an	6988	5878		
巴中市	Bazhong	15019	10993	3014	1984
资阳市	Ziyang	5851	3648	2700	2500
贵州省	**Guizhou**				
贵阳市	Guiyang	40612	19297	48000	12000
六盘水市	Liupanshui	5315	2289	1283	88
遵义市	Zunyi	27684	6050	16580	6810
安顺市	Anshun	3519	1680	16429	8147
毕节市	Bijie	1685	527	2685	2565
铜仁市	Tongren	1136	440	5248	3563
云南省	**Yunnan**				
昆明市	Kunming	27929	11825	102118	16705
曲靖市	Qujing	3214	202	6690	3303
玉溪市	Yuxi	1823	147	7802	3369
保山市	Baoshan	1559	506	3464	3262
昭通市	Zhaotong	996	240	350	332
丽江市	Lijiang	2643	216	3123	1790
普洱市	Pu'er	206	50	1980	1980
临沧市	Lincang	31	31	2201	1611

2-47 续表 6 continued

城 市	City	供气总量（人工、天然气）（万立方米） Total Gas Supply (Coal Gas, Natural Gas) (10 000 cubic meters)	居民家庭用量 Consumption of Gas for Residential Use	液化石油气供气总量（吨） Liquefied Petroleum Gas Supply (ton)	家庭用量 Consumption of Liquefied Petroleum Gas for Residential Use
西藏自治区	**Tibet**				
拉萨市	Lasa	3862	1491		
日喀则市	Xigaze				
昌都市	Qamdo			1900	1121
林芝市	Linzhi			4193	4193
山南市	Shannan			3658	2634
那曲市	Naqu	51	15	1079	540
陕西省	**Shaanxi**				
西安市	Xi'an	315238	101352	7078	4466
铜川市	Tongchuan	15484	4814	685	
宝鸡市	Baoji	29767	8457	103	
咸阳市	Xianyang	32762	13134	1850	1760
渭南市	Weinan	7021	3362	7897	6925
延安市	Yan'an	30661	16270	6440	4391
汉中市	Hanzhong	10958	7642	4881	3513
榆林市	Yulin	35696	13953	3617	646
安康市	Ankang	1317	681	2413	2260
商洛市	Shangluo	6004	3604	1667	1279
甘肃省	**Gansu**				
兰州市	Lanzhou	174396	32419	15477	8193
嘉峪关市	Jiayuguan	11730	2743	9630	643
金昌市	Jinchang	4644	350	897	215
白银市	Baiyin	11614	2036	1152	1015
天水市	Tianshui	9197	1843	2085	2073
武威市	Wuwei	4490	946	761	740
张掖市	Zhangye	5229	2421	2557	1868
平凉市	Pingliang	1970	617	114	110
酒泉市	Jiuquan	2103	353	2024	2023
庆阳市	Qingyang	2090	190	7960	4100
定西市	Dingxi	103	53	1298	1180
陇南市	Longnan	1240	300	1300	900
青海省	**Qinghai**				
西宁市	Xining	131900	17594	8000	6541
海东市	Haidong	13330	10005		
宁夏回族自治区	**Ningxia**				
银川市	Yinchuan	143566	16827	7211	2450
石嘴山市	Shizuishan	15818	8817	41	40
吴忠市	Wuzhong	9952	5324	1595	548
固原市	Guyuan	4500	2082	1930	1911
中卫市	Zhongwei	21660	7887	1670	780
新疆维吾尔自治区	**Xinjiang**				
乌鲁木齐市	Urumqi	303658	61187	43870	31487
克拉玛依市	Karamay	45466	7253	2497	
吐鲁番市	Turpan	6371	1308	620	610
哈密市	Hami	15206	2996	1000	898

三、县级城市统计资料

Statistical Data of County-level Cities

3-1 人口状况
Population

单位：人 (person)

城　市	City	年末户籍人口 Household Registered Population at Year-end
河北省	**Hebei**	
辛集市	Xinji	635495
晋州市	Jinzhou	577302
新乐市	Xinle	518624
遵化市	Zunhua	753466
迁安市	Qian'an	778197
滦州市	Luanzhou	573276
武安市	Wu'an	849314
南宫市	Nangong	508076
沙河市	Shahe	460654
涿州市	Zhuozhou	703555
定州市	Dingzhou	1240684
安国市	Anguo	411622
高碑店市	Gaobeidian	569985
平泉市	Pingquan	479686
泊头市	Botou	632135
任丘市	Renqiu	815469
黄骅市	Huanghua	485868
河间市	Hejian	907391
霸州市	Bazhou	658439
三河市	Sanhe	747366
深州市	Shenzhou	565496
山西省	**Shanxi**	
古交市	Gujiao	214766
高平市	Gaoping	487491
怀仁市	Huairen	293780
介休市	Jiexiu	441578
永济市	Yongji	442475
河津市	Hejin	400010
原平市	Yuanping	483760
侯马市	Houma	239312
霍州市	Huozhou	307215
孝义市	Xiaoyi	490319
汾阳市	Fenyang	434207
内蒙古自治区	**Inner Mongolia**	
霍林郭勒市	Huolinguole	83213
满洲里市	Manzhouli	172770
牙克石市	Yakeshi	321174
扎兰屯市	Zhalantun	404272
额尔古纳市	Eerguna	79155
根河市	Genhe	130722
丰镇市	Fengzhen	310364
乌兰浩特市	Wulanhaote	321230
阿尔山市	Aershan	44349
二连浩特市	Erlianhaote	35168
锡林浩特市	Xilinhaote	196117
辽宁省	**Liaoning**	
新民市	Xinmin	660584
瓦房店市	Wafangdian	984108
庄河市	Zhuanghe	885426
海城市	Haicheng	1067174
东港市	Donggang	592248
凤城市	Fengcheng	549634
凌海市	Linghai	498998
北镇市	Beizhen	497086
盖州市	Gaizhou	683295
大石桥市	Dashiqiao	685427
灯塔市	Dengta	434155
调兵山市	Diaobingshan	222530
开原市	Kaiyuan	556634
北票市	Beipiao	551920
凌源市	Lingyuan	635291
兴城市	Xingcheng	528549
吉林省	**Jilin**	
榆树市	Yushu	1223511
德惠市	Dehui	879577
蛟河市	Jiaohe	417312
桦甸市	Huadian	416935
舒兰市	Shulan	602412
磐石市	Panshi	503240
公主岭市	Gongzhuling	1028919
双辽市	Shuangliao	391555
梅河口市	Meihekou	588302
集安市	Ji'an	211064
临江市	Linjiang	153122
扶余市	Fuyu	710383
洮南市	Taonan	407877
大安市	Daan	378406
延吉市	Yanji	556374
图们市	Tumen	107885
敦化市	Dunhua	452711
珲春市	Hunchun	228169
龙井市	Longjing	151087
和龙市	Helong	164424
黑龙江省	**Heilongjiang**	
尚志市	Shangzhi	555278
五常市	Wuchang	894100
讷河市	Nehe	677559
虎林市	Hulin	273130
密山市	Mishan	388801
铁力市	Tieli	286370
同江市	Tongjiang	174999
富锦市	Fujin	452379
抚远市	Fuyuan	82587
绥芬河市	Suifenhe	69126
海林市	Hailin	360308
宁安市	Ning'an	408425
穆棱市	Muling	267469
东宁市	Dongning	201867
北安市	Bei'an	416724
五大连池市	Wudalianchi	333026
嫩江市	Nenjiang	461110

3-1 续表 1 continued

单位：人 (person)

城市	City	年末户籍人口 Household Registered Population at Year-end	城市	City	年末户籍人口 Household Registered Population at Year-end
安达市	Anda	446609	桐城市	Tongcheng	751847
肇东市	Zhaodong	854050	潜山市	Qianshan	583925
海伦市	Hailun	752776	天长市	Tianchang	635235
漠河市	Mohe	69343	明光市	Mingguang	644696
江苏省	**Jiangsu**		界首市	Jieshou	834060
江阴市	Jiangyin	1264100	宁国市	Ningguo	383096
宜兴市	Yixing	1079700	广德市	Guangde	520438
新沂市	Xinyi	1123200	**福建省**	**Fujian**	
邳州市	Pizhou	1941300	福清市	Fuqing	1391249
溧阳市	Liyang	790000	永安市	Yong'an	329531
常熟市	Changshu	1066900	石狮市	Shishi	351067
张家港市	Zhangjiagang	930400	晋江市	Jinjiang	1193686
昆山市	Kunshan	981300	南安市	Nan'an	1665102
太仓市	Taicang	501700	龙海市	Longhai	901602
启东市	Qidong	1103500	邵武市	Shaowu	303861
如皋市	Rugao	1413000	武夷山市	Wuyishan	246707
海门市	Haimen	993400	建瓯市	Jian'ou	549100
海安市	Haian	921600	漳平市	Zhangping	293583
东台市	Dongtai	1088600	福安市	Fu'an	676688
仪征市	Yizheng	557200	福鼎市	Fuding	604939
高邮市	Gaoyou	802700	**江西省**	**Jiangxi**	
丹阳市	Danyang	803200	乐平市	Leping	948050
扬中市	Yangzhong	282100	瑞昌市	Ruichang	462122
句容市	Jurong	586600	共青城市	Gongqingcheng	123696
兴化市	Xinghua	1542600	庐山市	Lushan	278735
靖江市	Jingjiang	655300	贵溪市	Guixi	649589
泰兴市	Taixing	1169100	瑞金市	Ruijin	709737
浙江省	**Zhejiang**		井冈山市	Jinggangshan	170938
建德市	Jiande	510697	丰城市	Fengcheng	1493144
余姚市	Yuyao	835927	樟树市	Zhangshu	607800
慈溪市	Cixi	1059605	高安市	Gaoan	877558
瑞安市	Rui'an	1258202	德兴市	Dexing	336136
乐清市	Yueqing	1314915	**山东省**	**Shandong**	
龙港市	Longgang	380691	胶州市	Jiaozhou	867200
海宁市	Haining	702549	平度市	Pingdu	1387967
平湖市	Pinghu	503225	莱西市	Laixi	743506
桐乡市	Tongxiang	704676	滕州市	Tengzhou	1756258
诸暨市	Zhuji	1084321	龙口市	Longkou	635325
嵊州市	Shengzhou	724124	莱阳市	Laiyang	851306
兰溪市	Lanxi	658025	莱州市	Laizhou	839328
义乌市	Yiwu	836093	蓬莱市	Penglai	401408
东阳市	Dongyang	850620	招远市	Zhaoyuan	560234
永康市	Yongkang	619226	栖霞市	Qixia	587293
江山市	Jiangshan	615510	海阳市	Haiyang	638237
温岭市	Wenling	1222068	青州市	Qingzhou	958506
临海市	Linhai	1204831	诸城市	Zhucheng	1119432
玉环市	Yuhuan	436589	寿光市	Shouguang	1109242
龙泉市	Longquan	289786	安丘市	Anqiu	977930
安徽省	**Anhui**		高密市	Gaomi	899000
巢湖市	Chaohu	860355	昌邑市	Changyi	585394

3-1 续表 2 continued

单位：人 (person)

城　市	City	年末户籍人口 Household Registered Population at Year-end	城　市	City	年末户籍人口 Household Registered Population at Year-end
曲阜市	Qufu	658323	武穴市	Wuxue	823186
邹城市	Zoucheng	1217889	赤壁市	Chibi	531524
新泰市	Xintai	1453917	广水市	Guangshui	912056
肥城市	Feicheng	984823	恩施市	Enshi	826924
荣成市	Rongcheng	656140	利川市	Lichuan	919297
乳山市	Rushan	542027	仙桃市	Xiantao	1529169
乐陵市	Laoling	722149	潜江市	Qianjiang	1004876
禹城市	Yucheng	541683	天门市	Tianmen	1606621
临清市	Linqing	840101	**湖南省**	**Hunan**	
邹平市	Zouping	746309	浏阳市	Liuyang	1491285
河南省	**Henan**		宁乡市	Ningxiang	1428939
巩义市	Gongyi	849081	醴陵市	Liling	1052264
荥阳市	Xingyang	714111	湘乡市	Xiangxiang	929647
新密市	Xinmi	900597	韶山市	Shaoshan	120252
新郑市	Xinzheng	640983	耒阳市	Leiyang	1417841
登封市	Dengfeng	731803	常宁市	Changning	957689
偃师市	Yanshi	635849	武冈市	Wugang	829181
舞钢市	Wugang	339624	邵东市	Shaodong	1338665
汝州市	Ruzhou	1179618	汨罗市	Miluo	764448
林州市	Linzhou	1140090	临湘市	Linxiang	542968
卫辉市	Weihui	543508	津市市	Jinshi	232046
辉县市	Huixian	929234	沅江市	Yuanjiang	728222
长垣市	Changyuan	1023095	资兴市	Zixing	374586
沁阳市	Qinyang	492996	洪江市	Hongjiang	497893
孟州市	Mengzhou	383001	冷水江市	Lengshuijiang	365256
禹州市	Yuzhou	1339000	涟源市	Lianyuan	1145928
长葛市	Changge	782151	吉首市	Jishou	312284
义马市	Yima	152853	**广东省**	**Guangdong**	
灵宝市	Lingbao	747582	乐昌市	Lechang	529591
邓州市	Dengzhou	1858153	南雄市	Nanxiong	492390
永城市	Yongcheng	1645304	台山市	Taishan	968011
项城市	Xiangcheng	1350103	开平市	Kaiping	687318
济源市	Jiyuan	728700	鹤山市	Heshan	381833
湖北省	**Hubei**		恩平市	Enping	501906
大冶市	Daye	996775	廉江市	Lianjiang	1854007
丹江口市	Danjiangkou	462684	雷州市	Leizhou	1852871
宜都市	Yidu	386388	吴川市	Wuchuan	1229022
当阳市	Dangyang	464561	高州市	Gaozhou	1847832
枝江市	Zhijiang	477041	化州市	Huazhou	1781011
老河口市	Laohekou	511811	信宜市	Xinyi	1503315
枣阳市	Zaoyang	1119525	四会市	Sihui	477613
宜城市	Yicheng	558365	兴宁市	Xingning	1169487
钟祥市	Zhongxiang	1039429	陆丰市	Lufeng	1913656
京山市	Jingshan	695757	阳春市	Yangchun	1223300
应城市	Yingcheng	646185	英德市	Yingde	1194437
安陆市	Anlu	628715	连州市	Lianzhou	544889
汉川市	Hanchuan	1069830	普宁市	Puning	2483109
石首市	Shishou	614966	罗定市	Luoding	1295168
洪湖市	Honghu	913172	**广西壮族自治区**	**Guangxi**	
松滋市	Songzi	822927	荔浦市	Lipu	385080
麻城市	Macheng	1153874	岑溪市	Cenxi	970350

3-1 续表 3 continued

单位：人 (person)

城市	City	年末户籍人口 Household Registered Population at Year-end
东兴市	Dongxing	157079
桂平市	Guiping	2044098
北流市	Beiliu	1549826
靖西市	Jingxi	664209
合山市	Heshan	134093
凭祥市	Pingxiang	116872
海南省	**Hainan**	
五指山市	Wuzhishan	105773
琼海市	Qionghai	522255
文昌市	Wenchang	602204
万宁市	Wanning	635382
东方市	Dongfang	460663
四川省	**Sichuan**	
都江堰市	Dujiangyan	622180
彭州市	Pengzhou	798654
邛崃市	Qionglai	651850
崇州市	Chongzhou	660917
简阳市	Jianyang	1503193
广汉市	Guanghan	600509
什邡市	Shifang	428390
绵竹市	Mianzhu	496254
江油市	Jiangyou	858272
射洪市	Shehong	950742
隆昌市	Longchang	763836
峨眉山市	Emeishan	427355
阆中市	Langzhong	831643
华蓥市	Huaying	353501
万源市	Wanyuan	568695
马尔康市	Maerkang	53674
康定市	Kangding	106591
西昌市	Xichang	690628
贵州省	**Guizhou**	
清镇市	Qingzhen	546757
盘州市	Panzhou	1305666
赤水市	Chishui	318944
仁怀市	Renhuai	733066
兴义市	Xingyi	933880
兴仁市	Xingren	573513
凯里市	Kaili	578895
都匀市	Duyun	508700
福泉市	Fuquan	340020
云南省	**Yunnan**	
安宁市	Anning	282703
宣威市	Xuanwei	1547961
腾冲市	Tengchong	688984
水富市	Shuifu	108210
楚雄市	Chuxiong	540632
个旧市	Gejiu	379378
开远市	Kaiyuan	286602
蒙自市	Mengzi	434491
弥勒市	Mile	550406
文山市	Wenshan	513229
景洪市	Jinghong	396509
大理市	Dali	645350
瑞丽市	Ruili	142325
芒市	Mangshi	405581
泸水市	Lushui	186134
香格里拉市	Shangri-la	151488
陕西省	**Shaanxi**	
兴平市	Xingping	554866
彬州市	Binzhou	364051
韩城市	Hancheng	395199
华阴市	Huayin	239547
子长市	Zichang	265977
神木市	Shenmu	456072
甘肃省	**Gansu**	
华亭市	Huating	190669
玉门市	Yumen	138901
敦煌市	Dunhuang	144037
临夏市	Linxia	279228
合作市	Hezuo	93727
青海省	**Qinghai**	
玉树市	Yushu	113776
格尔木市	Golmud	137719
德令哈市	Delingha	73408
茫崖市	Mangya	30417
宁夏回族自治区	**Ningxia**	
灵武市	Lingwu	250578
青铜峡市	Qingtongxia	278127
新疆维吾尔自治区	**Xinjiang**	
昌吉市	Changji	393983
阜康市	Fukang	162042
博乐市	Bole	258581
阿拉山口市	A la shan kou	1823
库尔勒市	Korla	477710
阿克苏市	Akesu	516180
阿图什市	Atus	285357
喀什市	Kashi	656900
和田市	Hetian	410190
伊宁市	Yining	582744
奎屯市	Kuitun	154100
霍尔果斯市	Horgos	65227
塔城市	Tacheng	147977
乌苏市	Wusu	214634
阿勒泰市	Aletai	196177
石河子市	Shihezi	475157
阿拉尔市	Alar	295949
图木舒克市	Tumushuke	245789
五家渠市	Wujiaqu	98993
北屯市	Beitun	53512
铁门关市	Tiemenguan	39189

3–2 劳动力就业状况
Labour Force and Employment

单位：人 (person)

城 市	City	第二产业 Secondary Industry	第三产业 Tertiary Industry
河北省	**Hebei**		
辛集市	Xinji		
晋州市	Jinzhou	143409	70123
新乐市	Xinle	113679	76559
遵化市	Zunhua	156612	130794
迁安市	Qian'an	169879	221033
滦州市	Luanzhou	124498	160954
武安市	Wu'an		
南宫市	Nangong	94237	84708
沙河市	Shahe	99100	123846
涿州市	Zhuozhou	94151	135128
定州市	Dingzhou		
安国市	Anguo	90099	48515
高碑店市	Gaobeidian	105463	84535
平泉市	Pingquan	84825	70448
泊头市	Botou	174973	115029
任丘市	Renqiu	178746	124317
黄骅市	Huanghua	118158	88686
河间市	Hejian	219396	161192
霸州市	Bazhou		
三河市	Sanhe		
深州市	Shenzhou	94049	105536
山西省	**Shanxi**		
古交市	Gujiao		
高平市	Gaoping	114283	71725
怀仁市	Huairen		
介休市	Jiexiu	73504	102527
永济市	Yongji	32241	81225
河津市	Hejin	38206	35762
原平市	Yuanping		
侯马市	Houma	24450	76312
霍州市	Huozhou	36128	72493
孝义市	Xiaoyi		
汾阳市	Fenyang	54558	63289
内蒙古自治区	**Inner Mongolia**		
霍林郭勒市	Huolinguole	28255	32609
满洲里市	Manzhouli	14766	111212
牙克石市	Yakeshi	58000	76000
扎兰屯市	Zhalantun	26069	67367
额尔古纳市	Eerguna	3963	18592
根河市	Genhe	2405	7452
丰镇市	Fengzhen	42086	37500
乌兰浩特市	Wulanhaote	19135	102726
阿尔山市	Aershan	1503	17733
二连浩特市	Erlianhaote	3443	33493
锡林浩特市	Xilinhaote	25096	111992
辽宁省	**Liaoning**		
新民市	Xinmin		
瓦房店市	Wafangdian		
庄河市	Zhuanghe		
海城市	Haicheng	231655	255551
东港市	Donggang	77989	144631
凤城市	Fengcheng	61550	96420
凌海市	Linghai		
北镇市	Beizhen		
盖州市	Gaizhou	63441	91584
大石桥市	Dashiqiao	86177	83209
灯塔市	Dengta	44534	60017
调兵山市	Diaobingshan		
开原市	Kaiyuan		
北票市	Beipiao		
凌源市	Lingyuan		
兴城市	Xingcheng		
吉林省	**Jilin**		
榆树市	Yushu	161310	159423
德惠市	Dehui	84975	123607
蛟河市	Jiaohe	31795	82200
桦甸市	Huadian	24065	58652
舒兰市	Shulan	29230	82595
磐石市	Panshi	57600	91800
公主岭市	Gongzhuling	74320	109136
双辽市	Shuangliao	16757	84318
梅河口市	Meihekou	73051	61913
集安市	Ji'an	26300	26999
临江市	Linjiang	22182	35878
扶余市	Fuyu	56132	105416
洮南市	Taonan	24068	67137
大安市	Daan	36180	32154
延吉市	Yanji	28519	171455
图们市	Tumen	4952	10443
敦化市	Dunhua	45771	80199
珲春市	Hunchun	29921	47403
龙井市	Longjing	7141	20776
和龙市	Helong	10372	30047
黑龙江省	**Heilongjiang**		
尚志市	Shangzhi	53565	118400
五常市	Wuchang	114167	122729
讷河市	Nehe	54348	58339
虎林市	Hulin	3477	11057
密山市	Mishan	7050	47825
铁力市	Tieli	1713	10525
同江市	Tongjiang	5907	22549
富锦市	Fujin	8780	37850
抚远市	Fuyuan	5057	32736
绥芬河市	Suifenhe	909	7601
海林市	Hailin	50180	62830
宁安市	Ning'an	34852	63658
穆棱市	Muling	45281	55586
东宁市	Dongning	8458	45522
北安市	Bei'an	28501	98950
五大连池市	Wudalianchi	13737	28075
嫩江市	Nenjiang	32729	55206

3-2 续表 1 continued

单位：人 (person)

城市	City	第二产业 Secondary Industry	第三产业 Tertiary Industry
安达市	Anda	7428	12337
肇东市	Zhaodong	12338	25158
海伦市	Hailun	48130	51021
漠河市	Mohe	3023	6425
江苏省	**Jiangsu**		
江阴市	Jiangyin	610700	340000
宜兴市	Yixing	400300	260400
新沂市	Xinyi	203800	212200
邳州市	Pizhou	321500	328600
溧阳市	Liyang	243000	141000
常熟市	Changshu	627100	381700
张家港市	Zhangjiagang	454300	277500
昆山市	Kunshan	731100	424700
太仓市	Taicang	262800	171700
启东市	Qidong	290900	221400
如皋市	Rugao	340500	224500
海门市	Haimen	309100	192400
海安市	Haian	282900	152000
东台市	Dongtai	232700	262100
仪征市	Yizheng	172400	152500
高邮市	Gaoyou	200600	168100
丹阳市	Danyang	323300	258300
扬中市	Yangzhong	112300	92500
句容市	Jurong	149600	152000
兴化市	Xinghua	253000	262000
靖江市	Jingjiang	207000	139000
泰兴市	Taixing	262000	227000
浙江省	**Zhejiang**		
建德市	Jiande	81800	99900
余姚市	Yuyao	444600	298800
慈溪市	Cixi	549000	209000
瑞安市	Rui'an	379880	322360
乐清市	Yueqing	296800	326500
龙港市	Longgang	107400	74600
海宁市	Haining	375507	234445
平湖市	Pinghu	232650	157207
桐乡市	Tongxiang	371646	262946
诸暨市	Zhuji	414400	270000
嵊州市	Shengzhou	247900	134800
兰溪市	Lanxi	164700	128600
义乌市	Yiwu	355600	523300
东阳市	Dongyang	215200	216600
永康市	Yongkang	302103	120319
江山市	Jiangshan	103600	70900
温岭市	Wenling	486700	273300
临海市	Linhai	311200	194900
玉环市	Yuhuan	256600	127100
龙泉市	Longquan	49600	63700
安徽省	**Anhui**		
巢湖市	Chaohu	213499	157998
桐城市	Tongcheng	60987	21579
潜山市	Qianshan	147526	158590
天长市	Tianchang	202234	146830
明光市	Mingguang	88578	116899
界首市	Jieshou	20935	20533
宁国市	Ningguo	94876	91832
广德市	Guangde	162112	147294
福建省	**Fujian**		
福清市	Fuqing	167230	231991
永安市	Yong'an	43201	48717
石狮市	Shishi	203500	133800
晋江市	Jinjiang	734189	355122
南安市	Nan'an	571268	308543
龙海市	Longhai	237255	221802
邵武市	Shaowu	20290	69918
武夷山市	Wuyishan	26139	52738
建瓯市	Jian'ou	55027	73682
漳平市	Zhangping	50813	45266
福安市	Fu'an	101230	86175
福鼎市	Fuding	105106	96135
江西省	**Jiangxi**		
乐平市	Leping	178531	197225
瑞昌市	Ruichang	71351	74165
共青城市	Gongqingcheng	33126	3623
庐山市	Lushan	52842	30349
贵溪市	Guixi	107200	140750
瑞金市	Ruijin	62483	103501
井冈山市	Jinggangshan	30168	33785
丰城市	Fengcheng	176980	328340
樟树市	Zhangshu	84377	157428
高安市	Gaoan	132948	188863
德兴市	Dexing	16588	16523
山东省	**Shandong**		
胶州市	Jiaozhou	260135	196497
平度市	Pingdu		
莱西市	Laixi	162198	99517
滕州市	Tengzhou	355280	385173
龙口市	Longkou		
莱阳市	Laiyang	184690	64983
莱州市	Laizhou	158879	159833
蓬莱市	Penglai	81332	85689
招远市	Zhaoyuan	125229	83792
栖霞市	Qixia	44007	176494
海阳市	Haiyang	156147	133427
青州市	Qingzhou	120022	202889
诸城市	Zhucheng	282676	242235
寿光市	Shouguang	210785	269550
安丘市	Anqiu	135014	98948
高密市	Gaomi	253926	157932
昌邑市	Changyi	158010	161690

3-2 续表 2 continued

单位：人 (person)

城　市	City	第二产业 Secondary Industry	第三产业 Tertiary Industry
曲阜市	Qufu	171012	130145
邹城市	Zoucheng	309500	316500
新泰市	Xintai	326527	336295
肥城市	Feicheng	127733	129765
荣成市	Rongcheng		
乳山市	Rushan		
乐陵市	Laoling		
禹城市	Yucheng		
临清市	Linqing		
邹平市	Zouping		
河南省	**Henan**		
巩义市	Gongyi	203911	196333
荥阳市	Xingyang	150298	169369
新密市	Xinmi	155988	258012
新郑市	Xinzheng	155202	211538
登封市	Dengfeng	25117	31629
偃师市	Yanshi	194409	97482
舞钢市	Wugang	28794	16345
汝州市	Ruzhou	179417	214122
林州市	Linzhou	112197	30275
卫辉市	Weihui	68191	65894
辉县市	Huixian	150772	145692
长垣市	Changyuan	261490	184046
沁阳市	Qinyang	36398	32158
孟州市	Mengzhou	102985	52862
禹州市	Yuzhou	253301	168868
长葛市	Changge	237050	189996
义马市	Yima	40390	25597
灵宝市	Lingbao	72241	60789
邓州市	Dengzhou	178323	297932
永城市	Yongcheng	310423	392532
项城市	Xiangcheng	264306	231052
济源市	Jiyuan	174246	210573
湖北省	**Hubei**		
大冶市	Daye	212430	309280
丹江口市	Danjiangkou	46650	32074
宜都市	Yidu	100852	119249
当阳市	Dangyang	99280	80655
枝江市	Zhijiang	110537	109341
老河口市	Laohekou	120835	128666
枣阳市	Zaoyang	238548	272663
宜城市	Yicheng	100361	145124
钟祥市	Zhongxiang	156033	252194
京山市	Jingshan	172541	151542
应城市	Yingcheng	170869	179602
安陆市	Anlu	227536	125332
汉川市	Hanchuan	278264	268605
石首市	Shishou	118564	136211
洪湖市	Honghu	184068	136647
松滋市	Songzi	146482	254653
麻城市	Macheng	174652	300976
武穴市	Wuxue	197762	152800
赤壁市	Chibi	70100	151800
广水市	Guangshui	168832	227453
恩施市	Enshi	100240	145016
利川市	Lichuan	163910	157065
仙桃市	Xiantao		
潜江市	Qianjiang	214600	256900
天门市	Tianmen	214736	235263
湖南省	**Hunan**		
浏阳市	Liuyang	373569	283154
宁乡市	Ningxiang	277520	330853
醴陵市	Liling	275600	199400
湘乡市	Xiangxiang	169978	134681
韶山市	Shaoshan	15700	11000
耒阳市	Leiyang	194147	335575
常宁市	Changning	77857	206095
武冈市	Wugang	107237	179954
邵东市	Shaodong	170616	153742
汨罗市	Miluo	168354	194486
临湘市	Linxiang	50100	65600
津市市	Jinshi	35806	29815
沅江市	Yuanjiang	92490	174576
资兴市	Zixing	97125	102641
洪江市	Hongjiang	43872	75427
冷水江市	Lengshuijiang	78695	51930
涟源市	Lianyuan	125600	116200
吉首市	Jishou	34780	120980
广东省	**Guangdong**		
乐昌市	Lechang	22788	40109
南雄市	Nanxiong	22083	51170
台山市	Taishan	109553	140184
开平市	Kaiping	129859	99449
鹤山市	Heshan	146655	70030
恩平市	Enping	43914	62772
廉江市	Lianjiang	150048	223732
雷州市	Leizhou	45831	252850
吴川市	Wuchuan	100151	91611
高州市	Gaozhou	138541	157481
化州市	Huazhou	127567	198508
信宜市	Xinyi	82829	214297
四会市	Sihui	178765	106918
兴宁市	Xingning	139007	192543
陆丰市	Lufeng	156919	210502
阳春市	Yangchun	46385	108360
英德市	Yingde	59211	131883
连州市	Lianzhou	26950	50307
普宁市	Puning	243847	301566
罗定市	Luoding	251960	146647
广西壮族自治区	**Guangxi**		
荔浦市	Lipu		
岑溪市	Cenxi	183267	87060

3-2 续表 3 continued

单位：人 (person)

城市	City	第二产业 Secondary Industry	第三产业 Tertiary Industry	城市	City	第二产业 Secondary Industry	第三产业 Tertiary Industry
东兴市	Dongxing	14050	21737	文山市	Wenshan	21601	56086
桂平市	Guiping	238853	359823	景洪市	Jinghong	2353	15744
北流市	Beiliu	232034	142987	大理市	Dali	101736	118693
靖西市	Jingxi			瑞丽市	Ruili	12760	109656
合山市	Heshan			芒市	Mangshi	44340	131198
凭祥市	Pingxiang	20108	22324	泸水市	Lushui	6764	33161
海南省	**Hainan**			香格里拉市	Shangri-la	16412	23731
五指山市	Wuzhishan	2944	6184	**陕西省**	**Shaanxi**		
琼海市	Qionghai	31831	113272	兴平市	Xingping	78131	85422
文昌市	Wenchang	39400	117500	彬州市	Binzhou	30642	27855
万宁市	Wanning	52124	130434	韩城市	Hancheng	96550	125256
东方市	Dongfang	16177	82494	华阴市	Huayin	33642	69729
四川省	**Sichuan**			子长市	Zichang	26362	24912
都江堰市	Dujiangyan	51915	100206	神木市	Shenmu	71145	143012
彭州市	Pengzhou	170106	160199	**甘肃省**	**Gansu**		
邛崃市	Qionglai	114536	187079	华亭市	Huating	27464	21143
崇州市	Chongzhou	292059	167540	玉门市	Yumen	25149	59292
简阳市	Jianyang	143572	391693	敦煌市	Dunhuang	8871	53404
广汉市	Guanghan	109029	145002	临夏市	Linxia	25832	132690
什邡市	Shifang	73976	100361	合作市	Hezuo	1161	10899
绵竹市	Mianzhu	92451	129750	**青海省**	**Qinghai**		
江油市	Jiangyou	183268	181257	玉树市	Yushu	367	4023
射洪市	Shehong	101454	148765	格尔木市	Golmud	17660	45800
隆昌市	Longchang	199100	216300	德令哈市	Delingha	5151	12587
峨眉山市	Emeishan	53000	103200	茫崖市	Mangya	5120	3841
阆中市	Langzhong	125900	256000	**宁夏回族自治区**	**Ningxia**		
华蓥市	Huaying	60525	58212	灵武市	Lingwu	61174	80429
万源市	Wanyuan	34200	131800	青铜峡市	Qingtongxia	37484	54945
马尔康市	Maerkang	2000	20400	**新疆维吾尔自治区**	**Xinjiang**		
康定市	Kangding	8200	46200	昌吉市	Changji	31527	81815
西昌市	Xichang	115500	267400	阜康市	Fukang	33231	38901
贵州省	**Guizhou**			博乐市	Bole	4916	41591
清镇市	Qingzhen	76400	122100	阿拉山口市	A la shan kou	8601	910
盘州市	Panzhou	238491	252481	库尔勒市	Korla	33590	56663
赤水市	Chishui	36352	71201	阿克苏市	Akesu	19386	60510
仁怀市	Renhuai	140250	132550	阿图什市	Atus	17258	25987
兴义市	Xingyi	139224	138540	喀什市	Kashi	51826	152852
兴仁市	Xingren	46873	86539	和田市	Hetian	11459	63679
凯里市	Kaili	42310	80133	伊宁市	Yining	36365	129423
都匀市	Duyun	37600	107700	奎屯市	Kuitun	8712	27714
福泉市	Fuquan	36726	53027	霍尔果斯市	Horgos	1008	11969
云南省	**Yunnan**			塔城市	Tacheng	2657	19645
安宁市	Anning	59722	89478	乌苏市	Wusu	5032	20105
宣威市	Xuanwei	154905	130257	阿勒泰市	Aletai	1398	26893
腾冲市	Tengchong	41734	71370	石河子市	Shihezi	48029	51055
水富市	Shuifu	11130	3820	阿拉尔市	Alar	35258	91374
楚雄市	Chuxiong	80104	231095	图木舒克市	Tumushuke	17327	43041
个旧市	Gejiu	65221	88473	五家渠市	Wujiaqu	20511	37321
开远市	Kaiyuan	37400	98600	北屯市	Beitun	6993	18658
蒙自市	Mengzi	37992	80124	铁门关市	Tiemenguan	4419	8589
弥勒市	Mile	7151	15544				

3-3 行政区域土地面积
Total Land Area of Administrative region

单位：平方公里 (sq.km)

城　市	City	行政区域土地面积 Total Land Area of Administrative region
河北省	**Hebei**	
辛集市	Xinji	951.0
晋州市	Jinzhou	619.0
新乐市	Xinle	525.0
遵化市	Zunhua	1513.6
迁安市	Qian'an	1227.2
滦州市	Luanzhou	1027.2
武安市	Wu'an	1806.0
南宫市	Nangong	861.3
沙河市	Shahe	858.9
涿州市	Zhuozhou	751.3
定州市	Dingzhou	1283.7
安国市	Anguo	486.0
高碑店市	Gaobeidian	620.0
平泉市	Pingquan	3294.1
泊头市	Botou	1009.0
任丘市	Renqiu	872.0
黄骅市	Huanghua	1717.5
河间市	Hejian	1322.4
霸州市	Bazhou	802.0
三河市	Sanhe	643.0
深州市	Shenzhou	1245.2
山西省	**Shanxi**	
古交市	Gujiao	1584.0
高平市	Gaoping	980.0
怀仁市	Huairen	1234.0
介休市	Jiexiu	741.0
永济市	Yongji	1208.0
河津市	Hejin	593.0
原平市	Yuanping	2550.0
侯马市	Houma	220.1
霍州市	Huozhou	765.4
孝义市	Xiaoyi	938.0
汾阳市	Fenyang	1179.0
内蒙古自治区	**Inner Mongolia**	
霍林郭勒市	Huolinguole	585.0
满洲里市	Manzhouli	465.0
牙克石市	Yakeshi	27802.8
扎兰屯市	Zhalantun	16784.6
额尔古纳市	Eerguna	28958.0
根河市	Genhe	20010.3
丰镇市	Fengzhen	2722.0
乌兰浩特市	Wulanhaote	2728.0
阿尔山市	Aershan	7409.0
二连浩特市	Erlianhaote	4015.0
锡林浩特市	Xilinhaote	14780.0
辽宁省	**Liaoning**	
新民市	Xinmin	3318.0
瓦房店市	Wafangdian	3643.0
庄河市	Zhuanghe	4114.0
海城市	Haicheng	2566.0
东港市	Donggang	2399.0
凤城市	Fengcheng	5515.3
凌海市	Linghai	2586.0
北镇市	Beizhen	1694.0
盖州市	Gaizhou	2946.0
大石桥市	Dashiqiao	1610.0
灯塔市	Dengta	1170.3
调兵山市	Diaobingshan	262.0
开原市	Kaiyuan	2838.0
北票市	Beipiao	4419.0
凌源市	Lingyuan	3282.0
兴城市	Xingcheng	2102.0
吉林省	**Jilin**	
榆树市	Yushu	4712.0
德惠市	Dehui	3461.0
蛟河市	Jiaohe	6370.0
桦甸市	Huadian	6624.9
舒兰市	Shulan	4559.0
磐石市	Panshi	3861.0
公主岭市	Gongzhuling	4110.6
双辽市	Shuangliao	3121.0
梅河口市	Meihekou	2179.0
集安市	Ji'an	3341.0
临江市	Linjiang	3009.0
扶余市	Fuyu	4654.0
洮南市	Taonan	5017.0
大安市	Daan	4879.0
延吉市	Yanji	1748.0
图们市	Tumen	1147.0
敦化市	Dunhua	11957.0
珲春市	Hunchun	5170.7
龙井市	Longjing	2208.8
和龙市	Helong	5069.0
黑龙江省	**Heilongjiang**	
尚志市	Shangzhi	8891.0
五常市	Wuchang	7502.0
讷河市	Nehe	6660.0
虎林市	Hulin	9334.0
密山市	Mishan	7731.0
铁力市	Tieli	3776.3
同江市	Tongjiang	6229.0
富锦市	Fujin	8224.0
抚远市	Fuyuan	6047.0
绥芬河市	Suifenhe	422.4
海林市	Hailin	8712.0
宁安市	Ning'an	7227.0
穆棱市	Muling	6040.0
东宁市	Dongning	7117.0
北安市	Bei'an	7194.0
五大连池市	Wudalianchi	8745.0
嫩江市	Nenjiang	15109.0

3-3 续表 1 continued

单位：平方公里 (sq.km)

城市	City	行政区域土地面积 Total Land Area of Administrative region
安达市	Anda	3586.0
肇东市	Zhaodong	4323.0
海伦市	Hailun	4667.0
漠河市	Mohe	18428.0
江苏省	**Jiangsu**	
江阴市	Jiangyin	987.0
宜兴市	Yixing	1997.0
新沂市	Xinyi	1592.0
邳州市	Pizhou	2085.0
溧阳市	Liyang	1535.0
常熟市	Changshu	1276.0
张家港市	Zhangjiagang	987.0
昆山市	Kunshan	932.0
太仓市	Taicang	810.0
启东市	Qidong	1715.0
如皋市	Rugao	1576.0
海门市	Haimen	1144.0
海安市	Haian	1184.0
东台市	Dongtai	3176.0
仪征市	Yizheng	816.0
高邮市	Gaoyou	1922.0
丹阳市	Danyang	1047.0
扬中市	Yangzhong	327.0
句容市	Jurong	1378.0
兴化市	Xinghua	2395.0
靖江市	Jingjiang	656.0
泰兴市	Taixing	1170.0
浙江省	**Zhejiang**	
建德市	Jiande	2314.0
余姚市	Yuyao	1501.0
慈溪市	Cixi	1361.0
瑞安市	Rui'an	1350.0
乐清市	Yueqing	1391.0
龙港市	Longgang	172.1
海宁市	Haining	863.0
平湖市	Pinghu	554.0
桐乡市	Tongxiang	727.0
诸暨市	Zhuji	2311.0
嵊州市	Shengzhou	1789.0
兰溪市	Lanxi	1312.0
义乌市	Yiwu	1104.5
东阳市	Dongyang	1747.0
永康市	Yongkang	1047.0
江山市	Jiangshan	2019.0
温岭市	Wenling	1073.6
临海市	Linhai	2250.6
玉环市	Yuhuan	509.6
龙泉市	Longquan	3044.0
安徽省	**Anhui**	
巢湖市	Chaohu	2046.0
桐城市	Tongcheng	1546.0
潜山市	Qianshan	1688.0
天长市	Tianchang	1754.0
明光市	Mingguang	2350.0
界首市	Jieshou	667.0
宁国市	Ningguo	2487.0
广德市	Guangde	2116.0
福建省	**Fujian**	
福清市	Fuqing	1701.0
永安市	Yong'an	2931.2
石狮市	Shishi	178.0
晋江市	Jinjiang	744.0
南安市	Nan'an	2024.0
龙海市	Longhai	1337.0
邵武市	Shaowu	2859.4
武夷山市	Wuyishan	2802.7
建瓯市	Jian'ou	4198.5
漳平市	Zhangping	2955.7
福安市	Fu'an	1810.0
福鼎市	Fuding	1526.0
江西省	**Jiangxi**	
乐平市	Leping	1980.0
瑞昌市	Ruichang	1419.0
共青城市	Gongqingcheng	308.9
庐山市	Lushan	641.0
贵溪市	Guixi	2493.0
瑞金市	Ruijin	2441.4
井冈山市	Jinggangshan	1298.0
丰城市	Fengcheng	2845.0
樟树市	Zhangshu	1289.0
高安市	Gaoan	2429.3
德兴市	Dexing	2079.8
山东省	**Shandong**	
胶州市	Jiaozhou	1324.0
平度市	Pingdu	3176.0
莱西市	Laixi	1568.0
滕州市	Tengzhou	1495.1
龙口市	Longkou	905.9
莱阳市	Laiyang	1730.5
莱州市	Laizhou	1931.2
蓬莱市	Penglai	1009.2
招远市	Zhaoyuan	1432.8
栖霞市	Qixia	2016.0
海阳市	Haiyang	1910.0
青州市	Qingzhou	1569.0
诸城市	Zhucheng	2151.0
寿光市	Shouguang	1990.1
安丘市	Anqiu	1711.6
高密市	Gaomi	1527.0
昌邑市	Changyi	1628.0

3–3 续表 2 continued

单位：平方公里 (sq.km)

城　市	City	行政区域土地面积 Total Land Area of Administrative region	城　市	City	行政区域土地面积 Total Land Area of Administrative region
曲阜市	Qufu	815.0	武穴市	Wuxue	1246.0
邹城市	Zoucheng	1617.0	赤壁市	Chibi	1723.0
新泰市	Xintai	1934.0	广水市	Guangshui	2646.0
肥城市	Feicheng	1277.0	恩施市	Enshi	4002.5
荣成市	Rongcheng	1527.7	利川市	Lichuan	4606.0
乳山市	Rushan	1665.0	仙桃市	Xiantao	2538.0
乐陵市	Laoling	1173.0	潜江市	Qianjiang	2004.0
禹城市	Yucheng	992.0	天门市	Tianmen	2622.0
临清市	Linqing	951.0	**湖南省**	**Hunan**	
邹平市	Zouping	1250.0	浏阳市	Liuyang	4997.4
河南省	**Henan**		宁乡市	Ningxiang	2906.0
巩义市	Gongyi	1043.0	醴陵市	Liling	2156.5
荥阳市	Xingyang	943.0	湘乡市	Xiangxiang	1966.6
新密市	Xinmi	1001.0	韶山市	Shaoshan	247.0
新郑市	Xinzheng	707.0	耒阳市	Leiyang	2648.3
登封市	Dengfeng	1216.8	常宁市	Changning	2047.9
偃师市	Yanshi	669.0	武冈市	Wugang	1539.0
舞钢市	Wugang	641.0	邵东市	Shaodong	1778.5
汝州市	Ruzhou	1572.0	汨罗市	Miluo	1669.9
林州市	Linzhou	2062.0	临湘市	Linxiang	1718.6
卫辉市	Weihui	859.0	津市市	Jinshi	556.2
辉县市	Huixian	1681.0	沅江市	Yuanjiang	2129.4
长垣市	Changyuan	1051.0	资兴市	Zixing	2730.4
沁阳市	Qinyang	594.9	洪江市	Hongjiang	2283.2
孟州市	Mengzhou	542.0	冷水江市	Lengshuijiang	437.9
禹州市	Yuzhou	1469.0	涟源市	Lianyuan	1830.0
长葛市	Changge	650.0	吉首市	Jishou	1078.0
义马市	Yima	112.0	**广东省**	**Guangdong**	
灵宝市	Lingbao	3011.0	乐昌市	Lechang	2419.3
邓州市	Dengzhou	2360.0	南雄市	Nanxiong	2326.0
永城市	Yongcheng	2012.0	台山市	Taishan	3287.8
项城市	Xiangcheng	1086.0	开平市	Kaiping	1656.9
济源市	Jiyuan	1898.7	鹤山市	Heshan	1082.7
湖北省	**Hubei**		恩平市	Enping	1693.6
大冶市	Daye	1566.0	廉江市	Lianjiang	2867.0
丹江口市	Danjiangkou	3121.0	雷州市	Leizhou	3709.0
宜都市	Yidu	1357.2	吴川市	Wuchuan	870.1
当阳市	Dangyang	2159.0	高州市	Gaozhou	3270.0
枝江市	Zhijiang	1374.5	化州市	Huazhou	2357.0
老河口市	Laohekou	1052.0	信宜市	Xinyi	3101.7
枣阳市	Zaoyang	3276.0	四会市	Sihui	1263.0
宜城市	Yicheng	2115.0	兴宁市	Xingning	2075.0
钟祥市	Zhongxiang	4488.0	陆丰市	Lufeng	1541.8
京山市	Jingshan	3743.0	阳春市	Yangchun	4054.0
应城市	Yingcheng	1103.0	英德市	Yingde	5634.0
安陆市	Anlu	1353.0	连州市	Lianzhou	2667.5
汉川市	Hanchuan	1659.0	普宁市	Puning	1620.0
石首市	Shishou	1406.0	罗定市	Luoding	2327.5
洪湖市	Honghu	2444.0	**广西壮族自治区**	**Guangxi**	
松滋市	Songzi	2177.0	荔浦市	Lipu	1759.7
麻城市	Macheng	3747.0	岑溪市	Cenxi	2770.2

3–3 续表 3 continued

单位：平方公里 (sq.km)

城 市	City	行政区域土地面积 Total Land Area of Administrative region	城 市	City	行政区域土地面积 Total Land Area of Administrative region
东兴市	Dongxing	588.8	文山市	Wenshan	2959.0
桂平市	Guiping	4070.5	景洪市	Jinghong	6867.0
北流市	Beiliu	2452.3	大理市	Dali	1815.0
靖西市	Jingxi	3325.6	瑞丽市	Ruili	945.0
合山市	Heshan	365.7	芒市	Mangshi	2901.0
凭祥市	Pingxiang	645.0	泸水市	Lushui	3088.2
海南省	**Hainan**		香格里拉市	Shangri-la	11419.0
五指山市	Wuzhishan	1144.0	**陕西省**	**Shaanxi**	
琼海市	Qionghai	1710.0	兴平市	Xingping	453.0
文昌市	Wenchang	2459.0	彬州市	Binzhou	1184.0
万宁市	Wanning	4681.0	韩城市	Hancheng	1621.0
东方市	Dongfang	2272.0	华阴市	Huayin	817.0
四川省	**Sichuan**		子长市	Zichang	2396.0
都江堰市	Dujiangyan	1208.4	神木市	Shenmu	7635.0
彭州市	Pengzhou	1421.4	**甘肃省**	**Gansu**	
邛崃市	Qionglai	1377.0	华亭市	Huating	1182.0
崇州市	Chongzhou	1090.0	玉门市	Yumen	13496.0
简阳市	Jianyang	2213.0	敦煌市	Dunhuang	31200.0
广汉市	Guanghan	549.0	临夏市	Linxia	89.0
什邡市	Shifang	820.0	合作市	Hezuo	2091.0
绵竹市	Mianzhu	1246.0	**青海省**	**Qinghai**	
江油市	Jiangyou	2720.2	玉树市	Yushu	15411.0
射洪市	Shehong	1496.0	格尔木市	Golmud	119263.0
隆昌市	Longchang	794.0	德令哈市	Delingha	27700.0
峨眉山市	Emeishan	1181.0	茫崖市	Mangya	49859.0
阆中市	Langzhong	1875.0	**宁夏回族自治区**	**Ningxia**	
华蓥市	Huaying	463.5	灵武市	Lingwu	3846.3
万源市	Wanyuan	4053.0	青铜峡市	Qingtongxia	2324.7
马尔康市	Maerkang	6626.0	**新疆维吾尔自治区**	**Xinjiang**	
康定市	Kangding	11486.0	昌吉市	Changji	8215.0
西昌市	Xichang	2657.0	阜康市	Fukang	8529.0
贵州省	**Guizhou**		博乐市	Bole	7990.0
清镇市	Qingzhen	1387.0	阿拉山口市	A la shan kou	1204.0
盘州市	Panzhou	4056.0	库尔勒市	Korla	7378.5
赤水市	Chishui	1852.0	阿克苏市	Akesu	15033.0
仁怀市	Renhuai	1788.0	阿图什市	Atus	16161.0
兴义市	Xingyi	2908.2	喀什市	Kashi	1059.0
兴仁市	Xingren	1778.4	和田市	Hetian	585.0
凯里市	Kaili	1570.0	伊宁市	Yining	761.0
都匀市	Duyun	2285.0	奎屯市	Kuitun	1171.0
福泉市	Fuquan	1692.0	霍尔果斯市	Horgos	1908.6
云南省	**Yunnan**		塔城市	Tacheng	4356.0
安宁市	Anning	1301.0	乌苏市	Wusu	14394.0
宣威市	Xuanwei	6053.0	阿勒泰市	Aletai	10826.0
腾冲市	Tengchong	5845.0	石河子市	Shihezi	460.0
水富市	Shuifu	440.0	阿拉尔市	Alar	6937.0
楚雄市	Chuxiong	4433.0	图木舒克市	Tumushuke	3664.0
个旧市	Gejiu	1587.0	五家渠市	Wujiaqu	740.0
开远市	Kaiyuan	1950.0	北屯市	Beitun	911.0
蒙自市	Mengzi	2228.0	铁门关市	Tiemenguan	563.0
弥勒市	Mile	4004.0			

3-4 地区生产总值
Gross Regional Product

单位：万元 (10 000 yuan)

城 市	City	地区生产总值 Gross Regional Product	第一产业增加值 Value-added of the Primary Industry	第二产业增加值 Value-added of the Secondary Industry
河北省	**Hebei**			
辛集市	Xinji	4169907	517523	2699560
晋州市	Jinzhou	1542222	376027	375805
新乐市	Xinle	1393397	329240	352847
遵化市	Zunhua	4242634	478270	1788049
迁安市	Qian'an	9577765	322898	6058834
滦州市	Luanzhou	3962438	462597	2311227
武安市	Wu'an	6381839	276296	3970303
南宫市	Nangong	1156294	196300	436002
沙河市	Shahe	1881460	67842	772632
涿州市	Zhuozhou	3367371	225814	654531
定州市	Dingzhou	3330429	698304	1271350
安国市	Anguo	1024320	201545	219934
高碑店市	Gaobeidian	1977581	148311	789695
平泉市	Pingquan	1350512	414847	280841
泊头市	Botou	2222780	184130	917524
任丘市	Renqiu	5900078	123155	2846603
黄骅市	Huanghua	2471298	316900	728194
河间市	Hejian	2360908	179669	825552
霸州市	Bazhou	4011543	115824	2051745
三河市	Sanhe	5048086	184875	1349735
深州市	Shenzhou	1540717	374904	409972
山西省	**Shanxi**			
古交市	Gujiao	438364	22836	214851
高平市	Gaoping	2293324	125217	1198027
怀仁市	Huairen	2280757	122647	1172835
介休市	Jiexiu	2448783	52208	1583108
永济市	Yongji	1268814	243988	384008
河津市	Hejin	2506408	90814	1514684
原平市	Yuanping	1434553	139300	727853
侯马市	Houma	1152131	35521	265499
霍州市	Huozhou	797037	33652	406342
孝义市	Xiaoyi	3197652	82197	1984241
汾阳市	Fenyang	2047890	77166	1197893
内蒙古自治区	**Inner Mongolia**			
霍林郭勒市	Huolinguole	1436300	24500	1048400
满洲里市	Manzhouli	1486372	36707	377289
牙克石市	Yakeshi	1062049	246200	149290
扎兰屯市	Zhalantun	1597492	497219	543806
额尔古纳市	Eerguna	405951	170576	45242
根河市	Genhe	320087	53989	57744
丰镇市	Fengzhen	853444	108288	411092
乌兰浩特市	Wulanhaote	1764840	137171	710296
阿尔山市	Aershan	193759	37204	25833
二连浩特市	Erlianhaote	662500	8100	92000
锡林浩特市	Xilinhaote	2133849	180778	747029
辽宁省	**Liaoning**			
新民市	Xinmin	2380742	760833	512041
瓦房店市	Wafangdian	7646358	1040077	3463945
庄河市	Zhuanghe	4947083	1204042	1842498
海城市	Haicheng	5519973	418142	1952107

3-4 续表 1 continued

单位：万元 (10 000 yuan)

城 市	City	地区生产总值 Gross Regional Product	第一产业增加值 Value-added of the Primary Industry	第二产业增加值 Value-added of the Secondary Industry
东港市	Donggang	2128451	761598	423625
凤城市	Fengcheng	1638555	286335	520827
凌海市	Linghai	1448545	517960	279271
北镇市	Beizhen	1052997	438168	99524
盖州市	Gaizhou	1581532	465510	406068
大石桥市	Dashiqiao	2748181	380823	1152914
灯塔市	Dengta	1505720	313255	525751
调兵山市	Diaobingshan	979977	32206	621288
开原市	Kaiyuan	1025689	353871	187938
北票市	Beipiao	1186403	348657	301595
凌源市	Lingyuan	1393363	432117	232232
兴城市	Xingcheng	1309000	319000	267000
吉林省	**Jilin**			
榆树市	Yushu	2216315	889556	226370
德惠市	Dehui	2348185	757812	340552
蛟河市	Jiaohe	899133	229130	187423
桦甸市	Huadian	943290	288211	200005
舒兰市	Shulan	1139229	440205	174068
磐石市	Panshi	1193518	301673	315100
公主岭市	Gongzhuling	3038466	794928	665712
双辽市	Shuangliao	871746	353700	135157
梅河口市	Meihekou	2888512	205089	1149201
集安市	Ji'an	550118	64868	96909
临江市	Linjiang	817739	73058	237870
扶余市	Fuyu	1444724	542786	137794
洮南市	Taonan	871274	268689	97910
大安市	Daan	908708	208913	204444
延吉市	Yanji	3199548	40738	1132988
图们市	Tumen	246640	11877	74411
敦化市	Dunhua	1318038	188577	411339
珲春市	Hunchun	934994	55760	476088
龙井市	Longjing	299924	34714	74425
和龙市	Helong	324775	45113	87023
黑龙江省	**Heilongjiang**			
尚志市	Shangzhi	1791746	607038	226613
五常市	Wuchang	2812468	1028818	350114
讷河市	Nehe	1166290	496900	196605
虎林市	Hulin	1543194	1004666	139578
密山市	Mishan	1375060	647989	121903
铁力市	Tieli	801586	379005	188462
同江市	Tongjiang	1040368	636633	59703
富锦市	Fujin	1404660	646942	149466
抚远市	Fuyuan	758405	557441	10324
绥芬河市	Suifenhe	546068	14028	79027
海林市	Hailin	1143597	286195	262337
宁安市	Ning'an	1131942	558908	75149
穆棱市	Muling	1189773	252863	446104
东宁市	Dongning	714556	246370	161463
北安市	Bei'an	1204787	317210	161211
五大连池市	Wudalianchi	1094763	611041	83646
嫩江市	Nenjiang	2243173	1128612	271558

3-4 续表 2 continued

单位：万元 (10 000 yuan)

城市	City	地区生产总值 Gross Regional Product	第一产业增加值 Value-added of the Primary Industry	第二产业增加值 Value-added of the Secondary Industry
安达市	Anda	1810299	388833	271140
肇东市	Zhaodong	2093144	896261	258340
海伦市	Hailun	1200336	761620	39826
漠河市	Mohe	328871	110027	101358
江苏省	**Jiangsu**			
江阴市	Jiangyin	40011200	360800	20420200
宜兴市	Yixing	17701200	499200	9242200
新沂市	Xinyi	6864000	856700	2654200
邳州市	Pizhou	9597100	1497300	3907400
溧阳市	Liyang	10105400	521400	5139600
常熟市	Changshu	22698200	389200	11232300
张家港市	Zhangjiagang	25472600	288200	13084800
昆山市	Kunshan	40450600	303400	20724900
太仓市	Taicang	13249800	325900	6511000
启东市	Qidong	11575500	796400	5812900
如皋市	Rugao	12151700	724000	5974400
海门市	Haimen	13523700	638500	6957200
海安市	Haian	11332100	661300	6110100
东台市	Dongtai	8414900	1095100	3129000
仪征市	Yizheng	7917200	230300	4230300
高邮市	Gaoyou	8187300	861500	4058600
丹阳市	Danyang	11220000	487100	5885700
扬中市	Yangzhong	4878400	155700	2623100
句容市	Jurong	6616300	479000	2867700
兴化市	Xinghua	8718200	1281200	3465500
靖江市	Jingjiang	9795700	257000	5409100
泰兴市	Taixing	10839000	654100	5562000
浙江省	**Zhejiang**			
建德市	Jiande	3832442	355404	1845255
余姚市	Yuyao	11662575	477416	6640798
慈溪市	Cixi	18986390	557174	11464007
瑞安市	Rui'an	10039628	250987	4601119
乐清市	Yueqing	12099290	203623	5574055
龙港市	Longgang	3005100	86900	1449500
海宁市	Haining	10265657	182739	5810593
平湖市	Pinghu	7657676	125454	4685262
桐乡市	Tongxiang	9681655	235076	5105047
诸暨市	Zhuji	13123640	477046	6468524
嵊州市	Shengzhou	5891476	391944	2836684
兰溪市	Lanxi	3856922	260866	2004374
义乌市	Yiwu	14211437	225828	4180290
东阳市	Dongyang	6384520	175400	2830974
永康市	Yongkang	6295621	82365	3419573
江山市	Jiangshan	3034087	226964	1361243
温岭市	Wenling	11051346	777049	5035624
临海市	Linhai	7119246	480241	3239564
玉环市	Yuhuan	6174999	371075	3398492
龙泉市	Longquan	1425500	152600	520500
安徽省	**Anhui**			
巢湖市	Chaohu	4334322	385138	1664396
桐城市	Tongcheng	3808693	312389	1972701

3-4 续表 3 continued

单位：万元 (10 000 yuan)

城　市	City	地区生产总值 Gross Regional Product	第一产业增加值 Value-added of the Primary Industry	第二产业增加值 Value-added of the Secondary Industry
潜山市	Qianshan	2078673	263619	931332
天长市	Tianchang	5241495	360962	3249656
明光市	Mingguang	2352672	381810	690017
界首市	Jieshou	3428624	291834	2028107
宁国市	Ningguo	3673186	233874	2103806
广德市	Guangde	3212359	242359	1547000
福建省	**Fujian**			
福清市	Fuqing	11501499	1005523	6042493
永安市	Yong'an	4316519	359272	2649261
石狮市	Shishi	9178433	250614	4297778
晋江市	Jinjiang	25461830	204343	15868856
南安市	Nan'an	12954359	305535	7703570
龙海市	Longhai	11004570	792166	6417697
邵武市	Shaowu	2442513	301823	1176640
武夷山市	Wuyishan	2071161	277642	820881
建瓯市	Jian'ou	2917225	517226	1201446
漳平市	Zhangping	2590538	352241	1133553
福安市	Fu'an	5690118	516475	3619673
福鼎市	Fuding	4180361	584585	2296637
江西省	**Jiangxi**			
乐平市	Leping	3402119	367342	1621909
瑞昌市	Ruichang	2577831	196441	1500190
共青城市	Gongqingcheng	1474495	70445	845759
庐山市	Lushan	1385276	96108	509873
贵溪市	Guixi	4906358	347640	3001256
瑞金市	Ruijin	1659203	248702	620590
井冈山市	Jinggangshan	678597	55048	116964
丰城市	Fengcheng	5175738	729218	2375708
樟树市	Zhangshu	4085869	406625	1867870
高安市	Gaoan	4487829	418348	1625544
德兴市	Dexing	1546612	192546	571444
山东省	**Shandong**			
胶州市	Jiaozhou	11475900	564900	5342900
平度市	Pingdu	6846700	1095500	2462100
莱西市	Laixi	5263500	668800	1930100
滕州市	Tengzhou	7483500	749900	3709200
龙口市	Longkou	10748132	336427	5301028
莱阳市	Laiyang	4384124	536345	1828520
莱州市	Laizhou	6636682	849866	2920275
蓬莱市	Penglai	3569547	509727	1177586
招远市	Zhaoyuan	6821576	463572	2975330
栖霞市	Qixia	2973547	589643	871968
海阳市	Haiyang	4348281	809467	1404081
青州市	Qingzhou	5493178	608178	2253000
诸城市	Zhucheng	6367505	697000	2381708
寿光市	Shouguang	7681100	1012300	3284800
安丘市	Anqiu	3191400	518600	881500
高密市	Gaomi	5001000	474000	1632000
昌邑市	Changyi	4440600	482300	1914600
曲阜市	Qufu	3550600	260600	1144800
邹城市	Zoucheng	8076400	585700	3919200

3-4 续表 4 continued

单位：万元 (10 000 yuan)

城 市	City	地区生产总值 Gross Regional Product	第一产业增加值 Value-added of the Primary Industry	第二产业增加值 Value-added of the Secondary Industry
新泰市	Xintai	5008000	553100	1945500
肥城市	Feicheng	6902800	555300	3441300
荣成市	Rongcheng	9307900	1277900	3222300
乳山市	Rushan	2773600	500700	963800
乐陵市	Laoling	2372500	401100	837400
禹城市	Yucheng	2423000	444100	730100
临清市	Linqing	2332500	307800	804700
邹平市	Zouping	5542600	305000	2912600
河南省	**Henan**			
巩义市	Gongyi	8012066	119093	4709807
荥阳市	Xingyang	5355188	270135	2647260
新密市	Xinmi	6830996	199743	3562524
新郑市	Xinzheng	12736634	250165	6627852
登封市	Dengfeng	4480592	162306	2301710
偃师市	Yanshi	4435738	217032	2455132
舞钢市	Wugang	1360739	120807	724318
汝州市	Ruzhou	4757299	397968	1943676
林州市	Linzhou	5358747	115862	2691541
卫辉市	Weihui	1706278	248567	656983
辉县市	Huixian	3388128	407656	1569441
长垣市	Changyuan	4693208	491405	2525651
沁阳市	Qinyang	4472770	216145	2649010
孟州市	Mengzhou	3734721	228977	2503850
禹州市	Yuzhou	8332050	310057	4717707
长葛市	Changge	7761178	282978	5579037
义马市	Yima	1409935	16163	926857
灵宝市	Lingbao	4365400	581792	2282796
邓州市	Dengzhou	4500418	946216	1461877
永城市	Yongcheng	6157900	779500	2658000
项城市	Xiangcheng	3741814	436703	1684064
济源市	Jiyuan	6869569	243608	4218898
湖北省	**Hubei**			
大冶市	Daye	6806900	462700	4117800
丹江口市	Danjiangkou	2906112	306091	1250754
宜都市	Yidu	6792406	486546	3555424
当阳市	Dangyang	5091866	825708	2178889
枝江市	Zhijiang	5806928	824131	2582305
老河口市	Laohekou	3886645	473032	1850961
枣阳市	Zaoyang	6749134	997616	3008921
宜城市	Yicheng	3677300	550600	1709900
钟祥市	Zhongxiang	5610300	759500	2784000
京山市	Jingshan	4301100	609100	2092000
应城市	Yingcheng	3962169	523096	1822918
安陆市	Anlu	2606991	371888	1069713
汉川市	Hanchuan	6776259	693168	3767977
石首市	Shishou	2234900	415900	821300
洪湖市	Honghu	3061500	832600	978800
松滋市	Songzi	3437800	443800	1566900
麻城市	Macheng	3741246	600546	1628000
武穴市	Wuxue	3244700	533900	1380500
赤壁市	Chibi	4668600	507100	2093700

3-4 续表 5 continued

单位：万元 (10 000 yuan)

城 市	City	地区生产总值 Gross Regional Product	第一产业增加值 Value-added of the Primary Industry	第二产业增加值 Value-added of the Secondary Industry
广水市	Guangshui	3565669	563769	1731200
恩施市	Enshi	3795200	307500	1523800
利川市	Lichuan	2048900	368700	341500
仙桃市	Xiantao	8684700	925100	4007200
潜江市	Qianjiang	8126300	808200	4079400
天门市	Tianmen	6508200	853200	3069300
湖南省	**Hunan**			
浏阳市	Liuyang	14088486	1078397	7163406
宁乡市	Ningxiang	10691033	1115427	4557331
醴陵市	Liling	7163501	605072	3709732
湘乡市	Xiangxiang	4830423	577521	2370979
韶山市	Shaoshan	922867	64329	405262
耒阳市	Leiyang	3679346	541439	1033322
常宁市	Changning	3331714	531381	1037441
武冈市	Wugang	1607257	502927	220951
邵东市	Shaodong	6056449	511427	1993766
汨罗市	Miluo	5056838	526800	2325388
临湘市	Linxiang	2992989	332703	1341367
津市市	Jinshi	1714904	233160	723079
沅江市	Yuanjiang	2581228	605966	1011920
资兴市	Zixing	3194109	285954	1709039
洪江市	Hongjiang	1604733	281423	610356
冷水江市	Lengshuijiang	2372569	103368	1064989
涟源市	Lianyuan	2904006	415086	1002830
吉首市	Jishou	1935560	83773	680896
广东省	**Guangdong**			
乐昌市	Lechang	1169500	254450	189445
南雄市	Nanxiong	1138422	318134	230211
台山市	Taishan	4522379	1015576	1739133
开平市	Kaiping	3824834	400188	1654372
鹤山市	Heshan	3619362	273667	1693800
恩平市	Enping	1869112	262859	518471
廉江市	Lianjiang	4935472	1271627	1774668
雷州市	Leizhou	3241311	1297647	333730
吴川市	Wuchuan	2720771	343198	851768
高州市	Gaozhou	6341912	1588891	1766645
化州市	Huazhou	5517638	1282669	1357339
信宜市	Xinyi	4871260	1248477	989934
四会市	Sihui	5879785	592912	3190361
兴宁市	Xingning	1748834	477257	304349
陆丰市	Lufeng	3429374	690460	1175977
阳春市	Yangchun	3260999	721758	878457
英德市	Yingde	3268320	638778	1197675
连州市	Lianzhou	1554754	419918	431296
普宁市	Puning	6307289	391620	2373962
罗定市	Luoding	2601844	512116	746622
广西壮族自治区	**Guangxi**			
荔浦市	Lipu	1476000	309000	424400
岑溪市	Cenxi	1919853	460168	603548
东兴市	Dongxing	807264	219780	137891

3-4 续表 6 continued

单位：万元 (10 000 yuan)

城 市	City	地区生产总值 Gross Regional Product	第一产业增加值 Value-added of the Primary Industry	第二产业增加值 Value-added of the Secondary Industry
桂平市	Guiping	3429050	746289	1061810
北流市	Beiliu	3089489	578230	952896
靖西市	Jingxi	1224229	181486	529400
合山市	Heshan	320408	45560	106410
凭祥市	Pingxiang	637269	60393	152233
海南省	**Hainan**			
五指山市	Wuzhishan	340048	70580	70669
琼海市	Qionghai	2832967	912134	360678
文昌市	Wenchang	2570186	876408	527978
万宁市	Wanning	2355749	700037	513408
东方市	Dongfang	1930775	484543	802129
四川省	**Sichuan**			
都江堰市	Dujiangyan	4245125	337561	1450276
彭州市	Pengzhou	5254836	633268	2827668
邛崃市	Qionglai	3307307	472671	1375555
崇州市	Chongzhou	3811099	443775	1788695
简阳市	Jianyang	5534075	954638	1675790
广汉市	Guanghan	4339666	358096	2387302
什邡市	Shifang	3585961	316868	1912583
绵竹市	Mianzhu	3400768	306894	1902538
江油市	Jiangyou	4562868	503590	1952167
射洪市	Shehong	4000918	614147	2057710
隆昌市	Longchang	2920584	414993	979610
峨眉山市	Emeishan	3284413	309570	1145635
阆中市	Langzhong	2540111	536842	850606
华蓥市	Huaying	1675056	142877	824592
万源市	Wanyuan	1312653	336807	337362
马尔康市	Maerkang	400925	33773	20818
康定市	Kangding	1048472	55316	380349
西昌市	Xichang	5673521	500724	2356391
贵州省	**Guizhou**			
清镇市	Qingzhen	2634262	301493	1101554
盘州市	Panzhou	5352100	639900	2755700
赤水市	Chishui	1005500	196500	370500
仁怀市	Renhuai	12970432	307254	9453400
兴义市	Xingyi	4653800	439900	1684700
兴仁市	Xingren	1824178	317746	732030
凯里市	Kaili	2719193	179828	563787
都匀市	Duyun	2135946	193936	392447
福泉市	Fuquan	1832932	174119	937714
云南省	**Yunnan**			
安宁市	Anning	5751400	181097	3625318
宣威市	Xuanwei	3602245	730639	1102898
腾冲市	Tengchong	2527299	468859	992160
水富市	Shuifu	733674	29526	498875
楚雄市	Chuxiong	4606261	340291	2264605
个旧市	Gejiu	3070802	181893	1542101
开远市	Kaiyuan	2468739	235271	972051
蒙自市	Mengzi	3551506	305371	1509786
弥勒市	Mile	3983758	367318	2033708

3-4 续表 7 continued

单位：万元 (10 000 yuan)

城 市	City	地区生产总值 Gross Regional Product	第一产业增加值 Value-added of the Primary Industry	第二产业增加值 Value-added of the Secondary Industry
文山市	Wenshan	3096857	235401	1315415
景洪市	Jinghong	2948331	468963	751220
大理市	Dali	4679413	231477	1558598
瑞丽市	Ruili	1490795	128155	262615
芒市	Mangshi	1561941	295572	287075
泸水市	Lushui	708473	96204	223318
香格里拉市	Shangri-la	1526046	59183	611694
陕西省	**Shaanxi**			
兴平市	Xingping	2416440	235461	1169050
彬州市	Binzhou	2311030	200990	1524480
韩城市	Hancheng	3518557	245308	2467807
华阴市	Huayin	707898	92518	91335
子长市	Zichang	1110650	73000	699790
神木市	Shenmu	13628777	226324	10626530
甘肃省	**Gansu**			
华亭市	Huating	651281	54450	394669
玉门市	Yumen	1724886	149024	1269819
敦煌市	Dunhuang	817800	99426	187154
临夏市	Linxia	904348	16219	134887
合作市	Hezuo	553976	33458	89871
青海省	**Qinghai**			
玉树市	Yushu	170709	67548	13214
格尔木市	Golmud	3772747	56405	2512206
德令哈市	Delingha	873316	70735	433357
茫崖市	Mangya	680010	1917	630275
宁夏回族自治区	**Ningxia**			
灵武市	Lingwu	5173836	112699	4303432
青铜峡市	Qingtongxia	1264699	197029	641158
新疆维吾尔自治区	**Xinjiang**			
昌吉市	Changji	4020391	384290	1227628
阜康市	Fukang	1938518	278633	1077461
博乐市	Bole	1645500	331200	437900
阿拉山口市	A la shan kou	794863		206376
库尔勒市	Korla	7036588	354698	4832468
阿克苏市	Akesu	2403808	242120	572558
阿图什市	Atus	647309	82762	132963
喀什市	Kashi	2279354	84654	468000
和田市	Hetian	1076629	37395	146280
伊宁市	Yining	2729426	65642	616311
奎屯市	Kuitun	1871945	77881	998633
霍尔果斯市	Horgos	1934642	79026	123070
塔城市	Tacheng	901500	246000	141300
乌苏市	Wusu	2051268	775182	548925
阿勒泰市	Aletai	933329	126282	144419
石河子市	Shihezi	3593599	168792	1907227
阿拉尔市	Alar	3094865	1313291	674415
图木舒克市	Tumushuke	1748850	519844	486412
五家渠市	Wujiaqu	1821279	91070	1263740
北屯市	Beitun	473400	75023	140946
铁门关市	Tiemenguan	764292	129921	431132

3–5 公共财政收支
Public Finance Income and Expenditure

单位：万元 (10 000 yuan)

城　市	City	一般公共预算收入 General public budget revenue	一般公共预算支出 General public budget Expenditure
河北省	**Hebei**		
辛集市	Xinji	240087	670690
晋州市	Jinzhou	104528	361058
新乐市	Xinle	101808	323511
遵化市	Zunhua	160588	469170
迁安市	Qian'an	630100	823069
滦州市	Luanzhou	221400	420399
武安市	Wu'an	483271	718744
南宫市	Nangong	46020	242155
沙河市	Shahe	127081	341500
涿州市	Zhuozhou	311941	500644
定州市	Dingzhou	243967	721109
安国市	Anguo	82304	259701
高碑店市	Gaobeidian	145128	353535
平泉市	Pingquan	63407	335568
泊头市	Botou	105239	324149
任丘市	Renqiu	401618	492779
黄骅市	Huanghua	206811	484390
河间市	Hejian	128257	513910
霸州市	Bazhou	284053	620859
三河市	Sanhe	612588	971971
深州市	Shenzhou	99109	396917
山西省	**Shanxi**		
古交市	Gujiao	161072	230574
高平市	Gaoping	220392	406240
怀仁市	Huairen	130571	294286
介休市	Jiexiu	213026	326452
永济市	Yongji	48507	261836
河津市	Hejin	158100	294317
原平市	Yuanping	85100	289900
侯马市	Houma	52923	177188
霍州市	Huozhou	54668	167921
孝义市	Xiaoyi	289237	359591
汾阳市	Fenyang	162349	320900
内蒙古自治区	**Inner Mongolia**		
霍林郭勒市	Huolinguole	101181	162379
满洲里市	Manzhouli	74335	382729
牙克石市	Yakeshi	31200	343100
扎兰屯市	Zhalantun	62452	409688
额尔古纳市	Erguna	15055	183801
根河市	Genhe	7103	160636
丰镇市	Fengzhen	47556	276939
乌兰浩特市	Wulanhaote	82874	336310
阿尔山市	Aershan	12604	172115
二连浩特市	Erlianhaote	36261	231175
锡林浩特市	Xilinhaote	195375	276877
辽宁省	**Liaoning**		
新民市	Xinmin	124077	479414
瓦房店市	Wafangdian	698013	726623
庄河市	Zhuanghe	275429	715723
海城市	Haicheng	325450	526075
东港市	Donggang	150142	478996
凤城市	Fengcheng	139931	398680
凌海市	Linghai	116386	419264
北镇市	Beizhen	58952	319587
盖州市	Gaizhou	96680	463317
大石桥市	Dashiqiao	223680	448415
灯塔市	Dengta	149576	270854
调兵山市	Diaobingshan	84212	153897
开原市	Kaiyuan	77331	331528
北票市	Beipiao	72795	530404
凌源市	Lingyuan	106227	452991
兴城市	Xingcheng	135914	459860
吉林省	**Jilin**		
榆树市	Yushu	114886	811319
德惠市	Dehui	153279	652659
蛟河市	Jiaohe	73534	368406
桦甸市	Huadian	74782	391583
舒兰市	Shulan	71404	476038
磐石市	Panshi	162215	420426
公主岭市	Gongzhuling	259595	851188
双辽市	Shuangliao	85436	468149
梅河口市	Meihekou	381530	642995
集安市	Ji'an	37287	280729
临江市	Linjiang	25345	260134
扶余市	Fuyu	108380	531489
洮南市	Taonan		448779
大安市	Daan	126012	515612
延吉市	Yanji	224105	564397
图们市	Tumen	14291	218815
敦化市	Dunhua	181020	566534
珲春市	Hunchun	89389	376000
龙井市	Longjing	22010	294623
和龙市	Helong	44076	311690
黑龙江省	**Heilongjiang**		
尚志市	Shangzhi	30583	404220
五常市	Wuchang	59177	378517
讷河市	Nehe	40406	518045
虎林市	Hulin	42207	293325
密山市	Mishan	38447	339802
铁力市	Tieli	31457	272837
同江市	Tongjiang	22581	281977
富锦市	Fujin	96824	595430
抚远市	Fuyuan	22910	279038
绥芬河市	Suifenhe	49377	240332
海林市	Hailin	48877	316388
宁安市	Ning'an	38645	374331
穆棱市	Muling	54519	352193
东宁市	Dongning	38006	236263
北安市	Bei'an	63902	421769
五大连池市	Wudalianchi	80418	371630
嫩江市	Nenjiang	91186	491674

3-5 续表 1 continued

单位：万元 (10 000 yuan)

城市	City	一般公共预算收入 General public budget revenue	一般公共预算支出 General public budget Expenditure
安达市	Anda	97139	520373
肇东市	Zhaodong	102077	549511
海伦市	Hailun	53319	650237
漠河市	Mohe	63778	220957
江苏省	**Jiangsu**		
江阴市	Jiangyin	2565800	2310984
宜兴市	Yixing	1238541	1510854
新沂市	Xinyi	355492	901963
邳州市	Pizhou	428651	1173578
溧阳市	Liyang	702736	1019095
常熟市	Changshu	2030175	2194992
张家港市	Zhangjiagang	2470018	2247736
昆山市	Kunshan	4073058	3424092
太仓市	Taicang	1629666	1432235
启东市	Qidong	706527	1018081
如皋市	Rugao	700134	1219426
海门市	Haimen	710229	1128850
海安市	Haian	626628	1174090
东台市	Dongtai	520016	1087027
仪征市	Yizheng	503700	676800
高邮市	Gaoyou	368023	799886
丹阳市	Danyang	620100	899964
扬中市	Yangzhong	340111	495672
句容市	Jurong	535045	733999
兴化市	Xinghua	397614	1112335
靖江市	Jingjiang	577072	862487
泰兴市	Taixing	805869	1064560
浙江省	**Zhejiang**		
建德市	Jiande	311008	541505
余姚市	Yuyao	1072259	1225924
慈溪市	Cixi	2016852	2165691
瑞安市	Rui'an	796399	1399213
乐清市	Yueqing	996893	1553827
龙港市	Longgang	84025	43570
海宁市	Haining	970200	1114158
平湖市	Pinghu	884488	1132556
桐乡市	Tongxiang	796500	1007196
诸暨市	Zhuji	898144	1105037
嵊州市	Shengzhou	457590	759482
兰溪市	Lanxi	282838	580971
义乌市	Yiwu	1012240	1312069
东阳市	Dongyang	699007	989680
永康市	Yongkang	599255	872802
江山市	Jiangshan	205409	676800
温岭市	Wenling	782700	1285553
临海市	Linhai	659900	1082989
玉环市	Yuhuan	539248	802082
龙泉市	Longquan	97900	573102
安徽省	**Anhui**		
巢湖市	Chaohu	231590	605142
桐城市	Tongcheng	313718	513900
潜山市	Qianshan	144249	486392
天长市	Tianchang	377244	712100
明光市	Mingguang	213436	418998
界首市	Jieshou	232776	621313
宁国市	Ningguo	309037	495236
广德市	Guangde	454717	541237
福建省	**Fujian**		
福清市	Fuqing	1392012	1170408
永安市	Yong'an	270172	324787
石狮市	Shishi	367535	432758
晋江市	Jinjiang	1379111	1382720
南安市	Nan'an	500506	790568
龙海市	Longhai	529863	713229
邵武市	Shaowu	188543	288934
武夷山市	Wuyishan	130145	277761
建瓯市	Jian'ou	146904	355301
漳平市	Zhangping	90804	246869
福安市	Fu'an		470453
福鼎市	Fuding	298125	404509
江西省	**Jiangxi**		
乐平市	Leping	316339	660858
瑞昌市	Ruichang	257842	479107
共青城市	Gongqingcheng	149922	293855
庐山市	Lushan	197080	287565
贵溪市	Guixi	373912	560534
瑞金市	Ruijin	140141	668138
井冈山市	Jinggangshan	68047	244542
丰城市	Fengcheng	496626	1050088
樟树市	Zhangshu	363272	665445
高安市	Gaoan	304249	687512
德兴市	Dexing	291243	575321
山东省	**Shandong**		
胶州市	Jiaozhou	1013877	1170272
平度市	Pingdu	580550	1020663
莱西市	Laixi	509591	749327
滕州市	Tengzhou	680016	886815
龙口市	Longkou	1010077	1006533
莱阳市	Laiyang	222226	446048
莱州市	Laizhou	400017	461105
蓬莱市	Penglai	330003	414697
招远市	Zhaoyuan	531231	600782
栖霞市	Qixia	153502	354378
海阳市	Haiyang	282020	422922
青州市	Qingzhou	488811	596254
诸城市	Zhucheng	653075	787968
寿光市	Shouguang	944116	1012670
安丘市	Anqiu	254800	486200
高密市	Gaomi	500108	538758
昌邑市	Changyi	320932	443383

3–5 续表 2 continued

单位：万元 (10 000 yuan)

城市	City	一般公共预算收入 General public budget revenue	一般公共预算支出 General public budget Expenditure	城市	City	一般公共预算收入 General public budget revenue	一般公共预算支出 General public budget Expenditure
曲阜市	Qufu	250000	482300	武穴市	Wuxue	203319	569056
邹城市	Zoucheng	777870	856436	赤壁市	Chibi	203582	459587
新泰市	Xintai	406789	716116	广水市	Guangshui	135557	499325
肥城市	Feicheng	404187	599196	恩施市	Enshi	228585	872287
荣成市	Rongcheng	636018	1034539	利川市	Lichuan	119476	726461
乳山市	Rushan	278898	379719	仙桃市	Xiantao	346300	928166
乐陵市	Laoling	126248	338149	潜江市	Qianjiang	275016	772093
禹城市	Yucheng	206290	371413	天门市	Tianmen	213554	886520
临清市	Linqing	178238	326168	**湖南省**	**Hunan**		
邹平市	Zouping	694778	694135	浏阳市	Liuyang	1284009	1420745
河南省	**Henan**			宁乡市	Ningxiang	880252	1052147
巩义市	Gongyi	482117	912585	醴陵市	Liling	439682	763676
荥阳市	Xingyang	500411	774625	湘乡市	Xiangxiang	222566	545380
新密市	Xinmi	371900	727049	韶山市	Shaoshan	77205	132298
新郑市	Xinzheng	804369	1197377	耒阳市	Leiyang	150427	661126
登封市	Dengfeng	294494	585761	常宁市	Changning	162700	563753
偃师市	Yanshi	245845	405269	武冈市	Wugang	110275	551282
舞钢市	Wugang	116526	240145	邵东市	Shaodong	274626	694326
汝州市	Ruzhou	331999	700516	汨罗市	Miluo	213816	577256
林州市	Linzhou	302612	666032	临湘市	Linxiang	117722	413644
卫辉市	Weihui	119073	353153	津市市	Jinshi	82473	265000
辉县市	Huixian	234619	458151	沅江市	Yuanjiang	125087	598050
长垣市	Changyuan	302968	619244	资兴市	Zixing	257797	425420
沁阳市	Qinyang	178428	323087	洪江市	Hongjiang	128249	415718
孟州市	Mengzhou	159888	272026	冷水江市	Lengshuijiang	186877	298390
禹州市	Yuzhou	230170	656717	涟源市	Lianyuan	135851	572089
长葛市	Changge	321952	520312	吉首市	Jishou	165403	441275
义马市	Yima	164016	203251	**广东省**	**Guangdong**		
灵宝市	Lingbao	239139	523286	乐昌市	Lechang	71338	428846
邓州市	Dengzhou	180158	821968	南雄市	Nanxiong	56319	383842
永城市	Yongcheng	450002	841526	台山市	Taishan	316523	697268
项城市	Xiangcheng	134081	604669	开平市	Kaiping	279547	511608
济源市	Jiyuan	570669	775093	鹤山市	Heshan	321696	449690
湖北省	**Hubei**			恩平市	Enping	120947	364587
大冶市	Daye	430200	815400	廉江市	Lianjiang	128233	893025
丹江口市	Danjiangkou	125039	506006	雷州市	Leizhou	58747	709138
宜都市	Yidu	235321	508005	吴川市	Wuchuan	100838	544887
当阳市	Dangyang	181100	458900	高州市	Gaozhou	177733	800429
枝江市	Zhijiang	190118	451668	化州市	Huazhou	129536	765594
老河口市	Laohekou	205181	544811	信宜市	Xinyi	110890	697783
枣阳市	Zaoyang	270468	837272	四会市	Sihui	253618	514614
宜城市	Yicheng	173000	589100	兴宁市	Xingning	102161	689216
钟祥市	Zhongxiang	206592	796966	陆丰市	Lufeng	80255	881565
京山市	Jingshan	167500	493307	阳春市	Yangchun	139408	695177
应城市	Yingcheng	171717	476574	英德市	Yingde	207244	740993
安陆市	Anlu	116215	273315	连州市	Lianzhou	71753	403119
汉川市	Hanchuan	256332	679508	普宁市	Puning	211869	932043
石首市	Shishou	86436	432453	罗定市	Luoding	134069	709651
洪湖市	Honghu	105501	571073	**广西壮族自治区**	**Guangxi**		
松滋市	Songzi	182100	594136	荔浦市	Lipu	104597	267168
麻城市	Macheng	208382	793075	岑溪市	Cenxi	78538	425049

3-5 续表 3 continued

单位：万元 (10 000 yuan)

城　市	City	一般公共预算收入 General public budget revenue	一般公共预算支出 General public budget Expenditure
东兴市	Dongxing	51467	211769
桂平市	Guiping	110603	817748
北流市	Beiliu	173790	716676
靖西市	Jingxi	157830	643976
合山市	Heshan	11691	110452
凭祥市	Pingxiang	45048	222192
海南省	**Hainan**		
五指山市	Wuzhishan	32272	293259
琼海市	Qionghai	149982	616270
文昌市	Wenchang	138684	726441
万宁市	Wanning	150313	622736
东方市	Dongfang	151668	574500
四川省	**Sichuan**		
都江堰市	Dujiangyan	575472	474848
彭州市	Pengzhou	357120	508769
邛崃市	Qionglai		502701
崇州市	Chongzhou		441334
简阳市	Jianyang	367698	983620
广汉市	Guanghan	214205	349421
什邡市	Shifang		373700
绵竹市	Mianzhu		361163
江油市	Jiangyou	227240	585366
射洪市	Shehong		550153
隆昌市	Longchang		374972
峨眉山市	Emeishan		285881
阆中市	Langzhong	130073	541160
华蓥市	Huaying	276221	286975
万源市	Wanyuan	48810	397122
马尔康市	Maerkang	185809	174267
康定市	Kangding	45803	224727
西昌市	Xichang	1027516	959372
贵州省	**Guizhou**		
清镇市	Qingzhen	178113	421971
盘州市	Panzhou	457324	1122155
赤水市	Chishui	62200	346400
仁怀市	Renhuai	722664	836415
兴义市	Xingyi	337889	986407
兴仁市	Xingren	150020	407025
凯里市	Kaili	159378	447321
都匀市	Duyun	169077	393054
福泉市	Fuquan	105313	307378
云南省	**Yunnan**		
安宁市	Anning	471386	504948
宣威市	Xuanwei	151236	1062379
腾冲市	Tengchong	189602	763588
水富市	Shuifu	36829	151079
楚雄市	Chuxiong	254087	541380
个旧市	Gejiu	132140	428854
开远市	Kaiyuan	154484	377698
蒙自市	Mengzi	159766	366965
弥勒市	Mile	190326	472607
文山市	Wenshan	223998	560369
景洪市	Jinghong	139629	451493
大理市	Dali	375166	803487
瑞丽市	Ruili	109465	298987
芒市	Mangshi	70171	326425
泸水市	Lushui	40705	475749
香格里拉市	Shangri-la	66276	488949
陕西省	**Shaanxi**		
兴平市	Xingping	48069	308908
彬州市	Binzhou	126163	277739
韩城市	Hancheng	353387	553084
华阴市	Huayin	24573	206192
子长市	Zichang	70916	269800
神木市	Shenmu	912187	1337864
甘肃省	**Gansu**		
华亭市	Huating	66505	198842
玉门市	Yumen	45267	205485
敦煌市	Dunhuang	54193	176130
临夏市	Linxia	50766	
合作市	Hezuo	21809	193797
青海省	**Qinghai**		
玉树市	Yushu	10610	281906
格尔木市	Golmud	157416	451998
德令哈市	Delingha	40181	258730
茫崖市	Mangya	19269	104519
宁夏回族自治区	**Ningxia**		
灵武市	Lingwu	271595	692938
青铜峡市	Qingtongxia	72381	321069
新疆维吾尔自治区	**Xinjiang**		
昌吉市	Changji	392393	589618
阜康市	Fukang	221363	289140
博乐市	Bole	114700	402700
阿拉山口市	A la shan kou	63064	129299
库尔勒市	Korla	337963	535508
阿克苏市	Akesu	208850	617811
阿图什市	Atus	41500	529400
喀什市	Kashi	152600	954600
和田市	Hetian	101600	651000
伊宁市	Yining	235057	541288
奎屯市	Kuitun	112100	243000
霍尔果斯市	Horgos	262204	301924
塔城市	Tacheng	45700	246100
乌苏市	Wusu	150645	320143
阿勒泰市	Aletai	60037	411313
石河子市	Shihezi	377445	868485
阿拉尔市	Alar	121817	1539410
图木舒克市	Tumushuke	49321	1023150
五家渠市	Wujiaqu	167512	1019094
北屯市	Beitun	44007	372401
铁门关市	Tiemenguan		

3–6 年末金融机构存贷款余额
Deposits and Loans of National Banking System at Year-end

单位：万元 (10 000 yuan)

城　市	City	住户储蓄存款余额 household saving deposits	年末金融机构各项贷款余额 Loans of National Banking System at Year-end	城　市	City	住户储蓄存款余额 household saving deposits	年末金融机构各项贷款余额 Loans of National Banking System at Year-end
河北省	**Hebei**			东港市	Donggang	4642543	2719786
辛集市	Xinji	3998571	2507405	凤城市	Fengcheng	3344383	1796652
晋州市	Jinzhou	2906226	1393420	凌海市	Linghai	2309416	837945
新乐市	Xinle	1912801	1121813	北镇市	Beizhen	2816100	1208700
遵化市	Zunhua	4887119	2535416	盖州市	Gaizhou	2846307	1604162
迁安市	Qian'an	7038983	4699790	大石桥市	Dashiqiao	4543226	3314867
滦州市	Luanzhou	3137392	1587299	灯塔市	Dengta	2125685	1232337
武安市	Wu'an	5719688	4245222	调兵山市	Diaobingshan	1851384	1168976
南宫市	Nangong	1998062	1325800	开原市	Kaiyuan	2121042	1296134
沙河市	Shahe	2757193	2395837	北票市	Beipiao	2133580	1108076
涿州市	Zhuozhou	4139841	5322247	凌源市	Lingyuan	2787880	1202818
定州市	Dingzhou	5044750	3086193	兴城市	Xingcheng	2994574	2804029
安国市	Anguo	1987982	1133762	**吉林省**	**Jilin**		
高碑店市	Gaobeidian	3911324	5584151	榆树市	Yushu	2697035	2406979
平泉市	Pingquan	2313581	2098445	德惠市	Dehui	2924573	1445902
泊头市	Botou	3181366	1168000	蛟河市	Jiaohe	1502218	882304
任丘市	Renqiu	5435849	2355045	桦甸市	Huadian	1426510	1113022
黄骅市	Huanghua	3071663	2784015	舒兰市	Shulan	1769571	1645770
河间市	Hejian	4002582	1538616	磐石市	Panshi	1587242	1384486
霸州市	Bazhou	5094897	4989607	公主岭市	Gongzhuling	3764318	2936964
三河市	Sanhe	6478596	17360226	双辽市	Shuangliao	1331541	1166459
深州市	Shenzhou	2155994	1621282	梅河口市	Meihekou	2777871	1641653
山西省	**Shanxi**			集安市	Ji'an	1286685	956652
古交市	Gujiao	1563311	1135814	临江市	Linjiang	757091	450868
高平市	Gaoping	2385366	1618022	扶余市	Fuyu	1433077	1181797
怀仁市	Huairen	2349563	877935	洮南市	Taonan	1012791	1108162
介休市	Jiexiu	2784829	2416219	大安市	Daan	1146348	1394078
永济市	Yongji	1476478	650360	延吉市	Yanji	5662160	5209192
河津市	Hejin	1758049	1165259	图们市	Tumen	639183	201463
原平市	Yuanping	2605532	1083400	敦化市	Dunhua	2247655	1786952
侯马市	Houma	1630645	1105695	珲春市	Hunchun	1454844	1766197
霍州市	Huozhou	1361826	807321	龙井市	Longjing	871920	257272
孝义市	Xiaoyi	4151863	2089132	和龙市	Helong	685184	621534
汾阳市	Fenyang	2166930	1030097	**黑龙江省**	**Heilongjiang**		
内蒙古自治区	**Inner Mongolia**			尚志市	Shangzhi	2018447	926607
霍林郭勒市	Huolinguole	659947	1217834	五常市	Wuchang	2396656	1268421
满洲里市	Manzhouli	1674861	1211446	讷河市	Nehe	1399192	1439183
牙克石市	Yakeshi	1601100	908000	虎林市	Hulin	1571000	2883000
扎兰屯市	Zhalantun	1196103	1586639	密山市	Mishan	1785170	712323
额尔古纳市	Eerguna	354716	340871	铁力市	Tieli	1442754	379752
根河市	Genhe	614243	338516	同江市	Tongjiang	485167	792105
丰镇市	Fengzhen	962046	610553	富锦市	Fujin	1224569	740125
乌兰浩特市	Wulanhaote	1925643	3746767	抚远市	Fuyuan	365901	345394
阿尔山市	Aershan	182453	416365	绥芬河市	Suifenhe	1081142	499299
二连浩特市	Erlianhaote	604444	716028	海林市	Hailin	1500824	377987
锡林浩特市	Xilinhaote	2077085	3653580	宁安市	Ning'an	1450312	433160
辽宁省	**Liaoning**			穆棱市	Muling	969723	288603
新民市	Xinmin	2626550	1641161	东宁市	Dongning	1298046	550427
瓦房店市	Wafangdian	6200081	5307629	北安市	Bei'an	1634479	2275874
庄河市	Zhuanghe	5415919	2945594	五大连池市	Wudalianchi	1109357	392013
海城市	Haicheng	8301792	4030627	嫩江市	Nenjiang	1699696	1041451

3-6 续表 1 continued

单位：万元 (10 000 yuan)

城　市	City	住户储蓄存款余额 household saving deposits	年末金融机构各项贷款余额 Loans of National Banking System at Year-end	城　市	City	住户储蓄存款余额 household saving deposits	年末金融机构各项贷款余额 Loans of National Banking System at Year-end
安达市	Anda	1532009	734691	桐城市	Tongcheng	3595946	3042265
肇东市	Zhaodong	2278457	1724146	潜山市	Qianshan	2001469	1398158
海伦市	Hailun	1674571	1511239	天长市	Tianchang	2762929	3099690
漠河市	Mohe	321679	283329	明光市	Mingguang	1711498	1920298
江苏省	**Jiangsu**			界首市	Jieshou	2279343	2413395
江阴市	Jiangyin	13842700	32272700	宁国市	Ningguo	1849436	2342758
宜兴市	Yixing	12291500	16968100	广德市	Guangde	1956000	2568000
新沂市	Xinyi	3007344	3830482	**福建省**	**Fujian**		
邳州市	Pizhou	4748539	5458747	福清市	Fuqing	9138900	10252100
溧阳市	Liyang	6372318	9976038	永安市	Yong'an	1467037	2053800
常熟市	Changshu	15388299	27119026	石狮市	Shishi	4911100	7015700
张家港市	Zhangjiagang	12889895	25125220	晋江市	Jinjiang	10272634	15031518
昆山市	Kunshan	15197640	37457482	南安市	Nan'an	7674675	8445384
太仓市	Taicang	6697363	15817303	龙海市	Longhai	3605232	7129799
启东市	Qidong	9822214	10413789	邵武市	Shaowu	1326500	1526541
如皋市	Rugao	9226984	10323594	武夷山市	Wuyishan	1209169	1505418
海门市	Haimen	9999835	11636475	建瓯市	Jian'ou	1781804	1555322
海安市	Haian	8762584	12192111	漳平市	Zhangping	909440	1097299
东台市	Dongtai	6776952	5902189	福安市	Fu'an	1802928	2571401
仪征市	Yizheng	3623200	5114500	福鼎市	Fuding	1979221	4634198
高邮市	Gaoyou	4525500	5125400	**江西省**	**Jiangxi**		
丹阳市	Danyang	7397099	11387465	乐平市	Leping	3011844	1978512
扬中市	Yangzhong	3376712	5280265	瑞昌市	Ruichang	1463539	1698649
句容市	Jurong	3963311	11220420	共青城市	Gongqingcheng	486169	1230612
兴化市	Xinghua	6732592	6425608	庐山市	Lushan	761975	886674
靖江市	Jingjiang	6120342	9858575	贵溪市	Guixi	1932131	2293745
泰兴市	Taixing	5801684	9646518	瑞金市	Ruijin	2088685	2702377
浙江省	**Zhejiang**			井冈山市	Jinggangshan	683030	953580
建德市	Jiande	3034027	4508151	丰城市	Fengcheng	4333407	4021640
余姚市	Yuyao	9893140	13610471	樟树市	Zhangshu	2634400	2898478
慈溪市	Cixi	14728382	22379123	高安市	Gaoan	3398028	4069940
瑞安市	Rui'an	11734900	13518300	德兴市	Dexing	1398555	1400372
乐清市	Yueqing	11033757	13847715	**山东省**	**Shandong**		
龙港市	Longgang	1401896	3952100	胶州市	Jiaozhou	5084409	8454106
海宁市	Haining	8600528	14432726	平度市	Pingdu	5526669	4628765
平湖市	Pinghu	4911456	9063892	莱西市	Laixi	3293234	4152438
桐乡市	Tongxiang	8186311	13157060	滕州市	Tengzhou	5721500	5382514
诸暨市	Zhuji	10025704	13947898	龙口市	Longkou	6095574	5947792
嵊州市	Shengzhou	5343882	6723336	莱阳市	Laiyang	3649296	2348726
兰溪市	Lanxi	3280438	4987092	莱州市	Laizhou	6133048	2900355
义乌市	Yiwu	18086123	28232257	蓬莱市	Penglai	3329723	3286063
东阳市	Dongyang	7953829	9375146	招远市	Zhaoyuan	4109193	2874859
永康市	Yongkang	7930950	10142107	栖霞市	Qixia	2463800	1245100
江山市	Jiangshan	3401153	4122606	海阳市	Haiyang	3398824	3036653
温岭市	Wenling	11623316	16105109	青州市	Qingzhou	6401699	5360763
临海市	Linhai	7172392	10550042	诸城市	Zhucheng	5648157	5790471
玉环市	Yuhuan	4763147	6372976	寿光市	Shouguang	6843230	8365701
龙泉市	Longquan	1414402	1714200	安丘市	Anqiu	3814314	4191105
安徽省	**Anhui**			高密市	Gaomi	4368000	5193000
巢湖市	Chaohu	3673131	5182680	昌邑市	Changyi	3598202	2914885

3-6 续表 2 continued

单位：万元 (10 000 yuan)

城　市	City	住户储蓄存款余额 household saving deposits	年末金融机构各项贷款余额 Loans of National Banking System at Year-end
曲阜市	Qufu	2802000	2075900
邹城市	Zoucheng	4622265	6847116
新泰市	Xintai	5638201	4280454
肥城市	Feicheng	4610000	3345699
荣成市	Rongcheng	5671369	6296456
乳山市	Rushan	3369659	2065364
乐陵市	Laoling	2080810	1698144
禹城市	Yucheng	1948071	1979841
临清市	Linqing	3449419	2485928
邹平市	Zouping	3830250	7026851
河南省	**Henan**		
巩义市	Gongyi	3344787	2789401
荥阳市	Xingyang	2883475	2975310
新密市	Xinmi	3592785	2445358
新郑市	Xinzheng	4019792	6402726
登封市	Dengfeng	2784171	2031103
偃师市	Yanshi	2824748	1712952
舞钢市	Wugang	1470966	1152991
汝州市	Ruzhou	2655822	2618456
林州市	Linzhou	4776776	2566248
卫辉市	Weihui	1424117	936618
辉县市	Huixian	3081509	1992418
长垣市	Changyuan	4023954	2415233
沁阳市	Qinyang	1577212	1371335
孟州市	Mengzhou	1228378	1020383
禹州市	Yuzhou	3620475	2551676
长葛市	Changge	2648016	2313133
义马市	Yima	804147	766478
灵宝市	Lingbao	2685713	1783496
邓州市	Dengzhou	3462040	2573220
永城市	Yongcheng	4294000	3395000
项城市	Xiangcheng	3374560	1341305
济源市	Jiyuan	3351236	3272667
湖北省	**Hubei**		
大冶市	Daye	2864900	4031900
丹江口市	Danjiangkou	2199373	2127857
宜都市	Yidu	2060251	2108501
当阳市	Dangyang	2409416	1833800
枝江市	Zhijiang	2471795	2151854
老河口市	Laohekou	1928518	1789615
枣阳市	Zaoyang	3756314	2631829
宜城市	Yicheng	2143516	1773000
钟祥市	Zhongxiang	4618199	2668492
京山市	Jingshan	2850279	2069550
应城市	Yingcheng	2340312	1637141
安陆市	Anlu	2032775	1671849
汉川市	Hanchuan	3145284	2445481
石首市	Shishou	2256309	1395447
洪湖市	Honghu	2339780	1589316
松滋市	Songzi	3198162	1808912
麻城市	Macheng	3585733	2778690
武穴市	Wuxue	2873801	1855123
赤壁市	Chibi	1870477	1882808
广水市	Guangshui	3316498	1443114
恩施市	Enshi	2611165	5290177
利川市	Lichuan	2061800	2006619
仙桃市	Xiantao	5359401	3489171
潜江市	Qianjiang	4790111	3021147
天门市	Tianmen	5661100	2794200
湖南省	**Hunan**		
浏阳市	Liuyang	5548243	7462316
宁乡市	Ningxiang	4814520	8342707
醴陵市	Liling	3038396	2654256
湘乡市	Xiangxiang	3054698	2187174
韶山市	Shaoshan	623834	697777
耒阳市	Leiyang	2594200	2427988
常宁市	Changning	1853164	2017473
武冈市	Wugang	2076000	1176200
邵东市	Shaodong	3892948	2726044
汨罗市	Miluo	1685038	1613151
临湘市	Linxiang	1338035	1199335
津市市	Jinshi	1009790	536464
沅江市	Yuanjiang	1910527	1370072
资兴市	Zixing	1597876	1166219
洪江市	Hongjiang	1528204	927868
冷水江市	Lengshuijiang	1693812	1580250
涟源市	Lianyuan	2265691	1649865
吉首市	Jishou	2065710	3092147
广东省	**Guangdong**		
乐昌市	Lechang	1478416	946342
南雄市	Nanxiong	1253201	707766
台山市	Taishan	4924377	4686419
开平市	Kaiping	4709800	4025800
鹤山市	Heshan	2489705	4071787
恩平市	Enping	2143673	1342926
廉江市	Lianjiang	3448592	2078150
雷州市	Leizhou	2454556	1657995
吴川市	Wuchuan	2160006	1104249
高州市	Gaozhou	4550002	2466587
化州市	Huazhou	3285794	1820512
信宜市	Xinyi	3230855	2050513
四会市	Sihui	3045317	4977249
兴宁市	Xingning	2718365	2002049
陆丰市	Lufeng	1469229	945090
阳春市	Yangchun	2779400	2247100
英德市	Yingde	3162301	2606986
连州市	Lianzhou	1574041	1049210
普宁市	Puning	6312926	3854570
罗定市	Luoding	2718808	2494310
广西壮族自治区	**Guangxi**		
荔浦市	Lipu	1163886	1669011
岑溪市	Cenxi	1898472	1857996

3-6 续表 3 continued

单位：万元 (10 000 yuan)

城 市	City	住户储蓄存款余额 household saving deposits	年末金融机构各项贷款余额 Loans of National Banking System at Year-end
东兴市	Dongxing	1329380	978465
桂平市	Guiping	3645454	2786731
北流市	Beiliu	3170998	3074834
靖西市	Jingxi	1018462	1104031
合山市	Heshan	316178	199842
凭祥市	Pingxiang	761986	445534
海南省	**Hainan**		
五指山市	Wuzhishan	448654	390224
琼海市	Qionghai	2605795	2123223
文昌市	Wenchang	2546318	1695892
万宁市	Wanning	1592300	1600963
东方市	Dongfang	832782	787297
四川省	**Sichuan**		
都江堰市	Dujiangyan	4654268	2882998
彭州市	Pengzhou	4656174	3231461
邛崃市	Qionglai	3379091	2360074
崇州市	Chongzhou	4164600	2145600
简阳市	Jianyang	6357364	5911601
广汉市	Guanghan	3997458	3357875
什邡市	Shifang	2351240	1735938
绵竹市	Mianzhu	2227387	1414883
江油市	Jiangyou	4272223	3040775
射洪市	Shehong	3324347	2212157
隆昌市	Longchang	2705822	1530238
峨眉山市	Emeishan	2942239	2372855
阆中市	Langzhong	3021186	2160014
华蓥市	Huaying	1531240	1016508
万源市	Wanyuan	1528461	1094473
马尔康市	Maerkang	320937	810798
康定市	Kangding	695057	2319759
西昌市	Xichang	3452158	5883822
贵州省	**Guizhou**		
清镇市	Qingzhen	1352700	3302300
盘州市	Panzhou	2586187	3844522
赤水市	Chishui	1162700	1606600
仁怀市	Renhuai	2412039	3250188
兴义市	Xingyi	3216236	6905511
兴仁市	Xingren	960843	1579984
凯里市	Kaili	2535545	4900789
都匀市	Duyun	2134926	4657411
福泉市	Fuquan	808256	1937628
云南省	**Yunnan**		
安宁市	Anning	2390926	3819503
宣威市	Xuanwei	2811468	1901375
腾冲市	Tengchong	2201525	2621570
水富市	Shuifu	389175	744566
楚雄市	Chuxiong	2449756	4055595
个旧市	Gejiu	2035858	2266449
开远市	Kaiyuan	1382022	1434600
蒙自市	Mengzi	2093201	4699132
弥勒市	Mile	1517457	1884157
文山市	Wenshan	2050928	3985840
景洪市	Jinghong	2595200	2998300
大理市	Dali	4370860	7781134
瑞丽市	Ruili	1574953	1607054
芒市	Mangshi	1338753	1823803
泸水市	Lushui	453072	868875
香格里拉市	Shangri-la	808651	2011267
陕西省	**Shaanxi**		
兴平市	Xingping	2174300	682000
彬州市	Binzhou	1361996	1131511
韩城市	Hancheng	2413211	1965204
华阴市	Huayin	943936	883891
子长市	Zichang	623900	394100
神木市	Shenmu	6903765	4942377
甘肃省	**Gansu**		
华亭市	Huating	807889	699198
玉门市	Yumen	599347	831916
敦煌市	Dunhuang	1699260	1716705
临夏市	Linxia	4966782	4529661
合作市	Hezuo	258460	811747
青海省	**Qinghai**		
玉树市	Yushu	306565	367132
格尔木市	Golmud	1264959	3345029
德令哈市	Delingha	482800	1512800
茫崖市	Mangya	88331	25195
宁夏回族自治区	**Ningxia**		
灵武市	Lingwu	1304153	1803102
青铜峡市	Qingtongxia	1052333	1546800
新疆维吾尔自治区	**Xinjiang**		
昌吉市	Changji	3545724	6158864
阜康市	Fukang	853690	153200
博乐市	Bole	1178500	1777200
阿拉山口市	A la shan kou		49800
库尔勒市	Korla	5234298	4939190
阿克苏市	Akesu	4303933	4225324
阿图什市	Atus	1036200	1005700
喀什市	Kashi	2616600	3267200
和田市	Hetian	1406900	944400
伊宁市	Yining	2860242	5660496
奎屯市	Kuitun	2536400	2751900
霍尔果斯市	Horgos	111911	136995
塔城市	Tacheng	816100	1140500
乌苏市	Wusu	1090608	1074382
阿勒泰市	Aletai	771471	1276559
石河子市	Shihezi	3316756	2944029
阿拉尔市	Alar	1775574	2815340
图木舒克市	Tumushuke	398763	395792
五家渠市	Wujiaqu	905781	1747013
北屯市	Beitun	717844	763802
铁门关市	Tiemenguan	132984	675015

3-7 规模以上工业企业情况
Basic Conditions of Industrial enterprises above Designated Size

单位：个 (unit)

城　　市	City	规模以上工业企业单位数（个）Number of Industrial Enterprises above Designated Size (unit)
河北省	**Hebei**	
辛集市	Xinji	257
晋州市	Jinzhou	238
新乐市	Xinle	93
遵化市	Zunhua	125
迁安市	Qian'an	136
滦州市	Luanzhou	83
武安市	Wu'an	105
南宫市	Nangong	73
沙河市	Shahe	80
涿州市	Zhuozhou	84
定州市	Dingzhou	196
安国市	Anguo	74
高碑店市	Gaobeidian	64
平泉市	Pingquan	51
泊头市	Botou	228
任丘市	Renqiu	261
黄骅市	Huanghua	114
河间市	Hejian	249
霸州市	Bazhou	193
三河市	Sanhe	131
深州市	Shenzhou	77
山西省	**Shanxi**	
古交市	Gujiao	29
高平市	Gaoping	75
怀仁市	Huairen	107
介休市	Jiexiu	123
永济市	Yongji	47
河津市	Hejin	83
原平市	Yuanping	41
侯马市	Houma	28
霍州市	Huozhou	18
孝义市	Xiaoyi	152
汾阳市	Fenyang	32
内蒙古自治区	**Inner Mongolia**	
霍林郭勒市	Huolinguole	40
满洲里市	Manzhouli	25
牙克石市	Yakeshi	10
扎兰屯市	Zhalantun	12
额尔古纳市	Eerguna	6
根河市	Genhe	5
丰镇市	Fengzhen	45
乌兰浩特市	Wulanhaote	31
阿尔山市	Aershan	1
二连浩特市	Erlianhaote	9
锡林浩特市	Xilinhaote	61
辽宁省	**Liaoning**	
新民市	Xinmin	84
瓦房店市	Wafangdian	182
庄河市	Zhuanghe	148
海城市	Haicheng	271
东港市	Donggang	119
凤城市	Fengcheng	87
凌海市	Linghai	51
北镇市	Beizhen	35
盖州市	Gaizhou	77
大石桥市	Dashiqiao	236
灯塔市	Dengta	36
调兵山市	Diaobingshan	22
开原市	Kaiyuan	40
北票市	Beipiao	45
凌源市	Lingyuan	44
兴城市	Xingcheng	74
吉林省	**Jilin**	
榆树市	Yushu	139
德惠市	Dehui	160
蛟河市	Jiaohe	20
桦甸市	Huadian	30
舒兰市	Shulan	50
磐石市	Panshi	44
公主岭市	Gongzhuling	156
双辽市	Shuangliao	24
梅河口市	Meihekou	159
集安市	Ji'an	24
临江市	Linjiang	31
扶余市	Fuyu	39
洮南市	Taonan	49
大安市	Daan	46
延吉市	Yanji	53
图们市	Tumen	17
敦化市	Dunhua	83
珲春市	Hunchun	57
龙井市	Longjing	13
和龙市	Helong	21
黑龙江省	**Heilongjiang**	
尚志市	Shangzhi	28
五常市	Wuchang	94
讷河市	Nehe	27
虎林市	Hulin	49
密山市	Mishan	40
铁力市	Tieli	13
同江市	Tongjiang	26
富锦市	Fujin	52
抚远市	Fuyuan	7
绥芬河市	Suifenhe	55
海林市	Hailin	27
宁安市	Ning'an	26
穆棱市	Muling	25
东宁市	Dongning	26
北安市	Bei'an	34
五大连池市	Wudalianchi	8
嫩江市	Nenjiang	24

3-7 续表 1 continued

单位：个 (unit)

城 市	City	规模以上工业企业单位数（个） Number of Industrial Enterprises above Designated Size (unit)	城 市	City	规模以上工业企业单位数（个） Number of Industrial Enterprises above Designated Size (unit)
安达市	Anda	36	桐城市	Tongcheng	403
肇东市	Zhaodong	38	潜山市	Qianshan	187
海伦市	Hailun	25	天长市	Tianchang	502
漠河市	Mohe	7	明光市	Mingguang	117
江苏省	**Jiangsu**		界首市	Jieshou	337
江阴市	Jiangyin	1837	宁国市	Ningguo	347
宜兴市	Yixing	1079	广德市	Guangde	355
新沂市	Xinyi	230	**福建省**	**Fujian**	
邳州市	Pizhou	299	福清市	Fuqing	416
溧阳市	Liyang	432	永安市	Yong'an	264
常熟市	Changshu	1540	石狮市	Shishi	419
张家港市	Zhangjiagang	1283	晋江市	Jinjiang	1769
昆山市	Kunshan	2216	南安市	Nan'an	843
太仓市	Taicang	1058	龙海市	Longhai	486
启东市	Qidong	521	邵武市	Shaowu	199
如皋市	Rugao	729	武夷山市	Wuyishan	63
海门市	Haimen	624	建瓯市	Jian'ou	174
海安市	Haian	953	漳平市	Zhangping	145
东台市	Dongtai	517	福安市	Fu'an	220
仪征市	Yizheng	393	福鼎市	Fuding	305
高邮市	Gaoyou	622	**江西省**	**Jiangxi**	
丹阳市	Danyang	727	乐平市	Leping	116
扬中市	Yangzhong	315	瑞昌市	Ruichang	191
句容市	Jurong	200	共青城市	Gongqingcheng	180
兴化市	Xinghua	506	庐山市	Lushan	77
靖江市	Jingjiang	523	贵溪市	Guixi	124
泰兴市	Taixing	544	瑞金市	Ruijin	72
浙江省	**Zhejiang**		井冈山市	Jinggangshan	34
建德市	Jiande	320	丰城市	Fengcheng	232
余姚市	Yuyao	1288	樟树市	Zhangshu	234
慈溪市	Cixi	1604	高安市	Gaoan	210
瑞安市	Rui'an	1071	德兴市	Dexing	151
乐清市	Yueqing	1348	**山东省**	**Shandong**	
龙港市	Longgang	237	胶州市	Jiaozhou	610
海宁市	Haining	1620	平度市	Pingdu	386
平湖市	Pinghu	809	莱西市	Laixi	270
桐乡市	Tongxiang	1212	滕州市	Tengzhou	254
诸暨市	Zhuji	1184	龙口市	Longkou	197
嵊州市	Shengzhou	719	莱阳市	Laiyang	174
兰溪市	Lanxi	440	莱州市	Laizhou	226
义乌市	Yiwu	614	蓬莱市	Penglai	103
东阳市	Dongyang	506	招远市	Zhaoyuan	215
永康市	Yongkang	776	栖霞市	Qixia	114
江山市	Jiangshan	295	海阳市	Haiyang	168
温岭市	Wenling	992	青州市	Qingzhou	345
临海市	Linhai	539	诸城市	Zhucheng	316
玉环市	Yuhuan	868	寿光市	Shouguang	347
龙泉市	Longquan	108	安丘市	Anqiu	273
安徽省	**Anhui**		高密市	Gaomi	308
巢湖市	Chaohu	138	昌邑市	Changyi	244

3-7 续表 2 continued

单位：个 (unit)

城　市	City	规模以上工业企业单位数 (个) Number of Industrial Enterprises above Designated Size (unit)	城　市	City	规模以上工业企业单位数 (个) Number of Industrial Enterprises above Designated Size (unit)
曲阜市	Qufu	152	武穴市	Wuxue	181
邹城市	Zoucheng	221	赤壁市	Chibi	227
新泰市	Xintai	213	广水市	Guangshui	206
肥城市	Feicheng	200	恩施市	Enshi	79
荣成市	Rongcheng	248	利川市	Lichuan	40
乳山市	Rushan	101	仙桃市	Xiantao	408
乐陵市	Laoling	74	潜江市	Qianjiang	253
禹城市	Yucheng	109	天门市	Tianmen	299
临清市	Linqing	189	**湖南省**	**Hunan**	
邹平市	Zouping	245	浏阳市	Liuyang	982
河南省	**Henan**		宁乡市	Ningxiang	618
巩义市	Gongyi	487	醴陵市	Liling	561
荥阳市	Xingyang	388	湘乡市	Xiangxiang	238
新密市	Xinmi	286	韶山市	Shaoshan	74
新郑市	Xinzheng	226	耒阳市	Leiyang	132
登封市	Dengfeng	296	常宁市	Changning	108
偃师市	Yanshi	295	武冈市	Wugang	82
舞钢市	Wugang	65	邵东市	Shaodong	553
汝州市	Ruzhou	197	汨罗市	Miluo	265
林州市	Linzhou	153	临湘市	Linxiang	160
卫辉市	Weihui	59	津市市	Jinshi	133
辉县市	Huixian	148	沅江市	Yuanjiang	158
长垣市	Changyuan	193	资兴市	Zixing	136
沁阳市	Qinyang	177	洪江市	Hongjiang	96
孟州市	Mengzhou	176	冷水江市	Lengshuijiang	105
禹州市	Yuzhou	479	涟源市	Lianyuan	152
长葛市	Changge	537	吉首市	Jishou	79
义马市	Yima	32	**广东省**	**Guangdong**	
灵宝市	Lingbao	83	乐昌市	Lechang	41
邓州市	Dengzhou	149	南雄市	Nanxiong	44
永城市	Yongcheng	260	台山市	Taishan	233
项城市	Xiangcheng	162	开平市	Kaiping	309
济源市	Jiyuan	234	鹤山市	Heshan	412
湖北省	**Hubei**		恩平市	Enping	123
大冶市	Daye	440	廉江市	Lianjiang	264
丹江口市	Danjiangkou	185	雷州市	Leizhou	74
宜都市	Yidu	261	吴川市	Wuchuan	156
当阳市	Dangyang	231	高州市	Gaozhou	274
枝江市	Zhijiang	220	化州市	Huazhou	155
老河口市	Laohekou	192	信宜市	Xinyi	117
枣阳市	Zaoyang	243	四会市	Sihui	435
宜城市	Yicheng	175	兴宁市	Xingning	63
钟祥市	Zhongxiang	286	陆丰市	Lufeng	83
京山市	Jingshan	325	阳春市	Yangchun	59
应城市	Yingcheng	164	英德市	Yingde	144
安陆市	Anlu	105	连州市	Lianzhou	41
汉川市	Hanchuan	415	普宁市	Puning	326
石首市	Shishou	107	罗定市	Luoding	75
洪湖市	Honghu	122	**广西壮族自治区**	**Guangxi**	
松滋市	Songzi	117	荔浦市	Lipu	63
麻城市	Macheng	284	岑溪市	Cenxi	109

3-7 续表 3 continued

单位：个 (unit)

城　　市	City	规模以上工业企业单位数（个）Number of Industrial Enterprises above Designated Size (unit)
东兴市	Dongxing	27
桂平市	Guiping	111
北流市	Beiliu	120
靖西市	Jingxi	37
合山市	Heshan	
凭祥市	Pingxiang	37
海南省	**Hainan**	
五指山市	Wuzhishan	4
琼海市	Qionghai	11
文昌市	Wenchang	17
万宁市	Wanning	10
东方市	Dongfang	14
四川省	**Sichuan**	
都江堰市	Dujiangyan	103
彭州市	Pengzhou	160
邛崃市	Qionglai	157
崇州市	Chongzhou	213
简阳市	Jianyang	159
广汉市	Guanghan	342
什邡市	Shifang	222
绵竹市	Mianzhu	138
江油市	Jiangyou	219
射洪市	Shehong	114
隆昌市	Longchang	106
峨眉山市	Emeishan	73
阆中市	Langzhong	83
华蓥市	Huaying	107
万源市	Wanyuan	56
马尔康市	Maerkang	4
康定市	Kangding	18
西昌市	Xichang	62
贵州省	**Guizhou**	
清镇市	Qingzhen	105
盘州市	Panzhou	197
赤水市	Chishui	63
仁怀市	Renhuai	89
兴义市	Xingyi	164
兴仁市	Xingren	85
凯里市	Kaili	62
都匀市	Duyun	57
福泉市	Fuquan	131
云南省	**Yunnan**	
安宁市	Anning	104
宣威市	Xuanwei	112
腾冲市	Tengchong	57
水富市	Shuifu	11
楚雄市	Chuxiong	78
个旧市	Gejiu	81
开远市	Kaiyuan	81
蒙自市	Mengzi	43
弥勒市	Mile	52
文山市	Wenshan	34
景洪市	Jinghong	64
大理市	Dali	68
瑞丽市	Ruili	29
芒市	Mangshi	30
泸水市	Lushui	14
香格里拉市	Shangri-la	21
陕西省	**Shaanxi**	
兴平市	Xingping	123
彬州市	Binzhou	47
韩城市	Hancheng	113
华阴市	Huayin	32
子长市	Zichang	31
神木市	Shenmu	257
甘肃省	**Gansu**	
华亭市	Huating	16
玉门市	Yumen	45
敦煌市	Dunhuang	19
临夏市	Linxia	9
合作市	Hezuo	6
青海省	**Qinghai**	
玉树市	Yushu	
格尔木市	Golmud	68
德令哈市	Delingha	32
茫崖市	Mangya	13
宁夏回族自治区	**Ningxia**	
灵武市	Lingwu	
青铜峡市	Qingtongxia	90
新疆维吾尔自治区	**Xinjiang**	
昌吉市	Changji	117
阜康市	Fukang	52
博乐市	Bole	44
阿拉山口市	A la shan kou	36
库尔勒市	Korla	78
阿克苏市	Akesu	73
阿图什市	Atus	14
喀什市	Kashi	28
和田市	Hetian	17
伊宁市	Yining	27
奎屯市	Kuitun	34
霍尔果斯市	Horgos	13
塔城市	Tacheng	7
乌苏市	Wusu	34
阿勒泰市	Aletai	10
石河子市	Shihezi	114
阿拉尔市	Alar	123
图木舒克市	Tumushuke	68
五家渠市	Wujiaqu	84
北屯市	Beitun	31
铁门关市	Tiemenguan	79

3-8 在校学生数
Number of Strdents Enrollment

单位：人 (person)

城 市	City	普通中学在校学生数 Total Enrollment of Regular Secondary Schools	普通小学在校学生数 Total Enrollment of Primary Schools
河北省	**Hebei**		
辛集市	Xinji	30583	47147
晋州市	Jinzhou	22070	43625
新乐市	Xinle	29325	53365
遵化市	Zunhua	45264	65086
迁安市	Qian'an	41249	71825
滦州市	Luanzhou	28592	41166
武安市	Wu'an	53160	91042
南宫市	Nangong	33530	41134
沙河市	Shahe	28919	44512
涿州市	Zhuozhou	29530	45752
定州市	Dingzhou	77698	92572
安国市	Anguo	25724	26899
高碑店市	Gaobeidian	31387	39050
平泉市	Pingquan	28305	29596
泊头市	Botou	39513	70631
任丘市	Renqiu	48113	91547
黄骅市	Huanghua	29571	44764
河间市	Hejian	33116	90382
霸州市	Bazhou	37737	78635
三河市	Sanhe	43329	78081
深州市	Shenzhou	23739	34996
山西省	**Shanxi**		
古交市	Gujiao	11469	16010
高平市	Gaoping	22425	22987
怀仁市	Huairen	51822	34812
介休市	Jiexiu	23690	36667
永济市	Yongji	15667	22845
河津市	Hejin	21930	27345
原平市	Yuanping	19977	26452
侯马市	Houma	8903	14512
霍州市	Huozhou	13284	20103
孝义市	Xiaoyi	30364	39704
汾阳市	Fenyang	21731	28280
内蒙古自治区	**Inner Mongolia**		
霍林郭勒市	Huolinguole	6893	8620
满洲里市	Manzhouli	9586	9103
牙克石市	Yakeshi	9661	7001
扎兰屯市	Zhalantun	12541	17497
额尔古纳市	Eerguna	2392	2558
根河市	Genhe	1907	1691
丰镇市	Fengzhen	8053	9975
乌兰浩特市	Wulanhaote	21537	20203
阿尔山市	Aershan	566	964
二连浩特市	Erlianhaote	4508	5474
锡林浩特市	Xilinhaote	18895	18887
辽宁省	**Liaoning**		
新民市	Xinmin	22895	24604
瓦房店市	Wafangdian	28906	43237
庄河市	Zhuanghe	24724	26893
海城市	Haicheng	30174	56502
东港市	Donggang	25476	21397
凤城市	Fengcheng	21687	19456
凌海市	Linghai	15747	15404
北镇市	Beizhen	18411	18107
盖州市	Gaizhou	13595	24789
大石桥市	Dashiqiao	24240	31061
灯塔市	Dengta	9304	15259
调兵山市	Diaobingshan	4568	7450
开原市	Kaiyuan	18933	20355
北票市	Beipiao	19137	20470
凌源市	Lingyuan	33350	37280
兴城市	Xingcheng	22249	24594
吉林省	**Jilin**		
榆树市	Yushu	47323	40922
德惠市	Dehui	37552	39576
蛟河市	Jiaohe	16307	15133
桦甸市	Huadian	18665	18939
舒兰市	Shulan	20843	22012
磐石市	Panshi	17585	20495
公主岭市	Gongzhuling	55799	56762
双辽市	Shuangliao	16650	19180
梅河口市	Meihekou	23474	24482
集安市	Ji'an	6897	6804
临江市	Linjiang	5467	4888
扶余市	Fuyu	29372	27185
洮南市	Taonan	14934	16133
大安市	Daan	7293	11354
延吉市	Yanji	24694	30914
图们市	Tumen	1831	2335
敦化市	Dunhua	17133	18215
珲春市	Hunchun	8090	10563
龙井市	Longjing	2500	3383
和龙市	Helong	3152	3681
黑龙江省	**Heilongjiang**		
尚志市	Shangzhi	12433	21645
五常市	Wuchang	20981	30202
讷河市	Nehe	22135	20656
虎林市	Hulin	11794	10510
密山市	Mishan	19437	12136
铁力市	Tieli	9865	7752
同江市	Tongjiang	7712	9844
富锦市	Fujin	22995	25664
抚远市	Fuyuan	3197	5673
绥芬河市	Suifenhe	5931	7276
海林市	Hailin	13327	11186
宁安市	Ning'an	14829	14334
穆棱市	Muling	10085	9810
东宁市	Dongning	9248	9091
北安市	Bei'an	8278	11674
五大连池市	Wudalianchi	10216	9703
嫩江市	Nenjiang	11747	16121

3-8 续表 1 continued

单位：人 (person)

城 市	City	普通中学在校学生数 Total Enrollment of Regular Secondary Schools	普通小学在校学生数 Total Enrollment of Primary Schools	城 市	City	普通中学在校学生数 Total Enrollment of Regular Secondary Schools	普通小学在校学生数 Total Enrollment of Primary Schools
安达市	Anda	15690	12849	桐城市	Tongcheng	27729	29484
肇东市	Zhaodong	26458	26061	潜山市	Qianshan	24703	25056
海伦市	Hailun	19447	19174	天长市	Tianchang	24191	27347
漠河市	Mohe	2407	557	明光市	Mingguang	27073	34083
江苏省	**Jiangsu**			界首市	Jieshou	32506	59522
江阴市	Jiangyin	61395	100592	宁国市	Ningguo	13663	19659
宜兴市	Yixing	42737	67037	广德市	Guangde	20666	26370
新沂市	Xinyi	69351	114535	**福建省**	**Fujian**		
邳州市	Pizhou	114000	182198	福清市	Fuqing	75245	122102
溧阳市	Liyang	28381	40621	永安市	Yong'an	17226	26704
常熟市	Changshu	49383	84318	石狮市	Shishi	36672	66296
张家港市	Zhangjiagang	50496	91759	晋江市	Jinjiang	94069	188304
昆山市	Kunshan	62607	155526	南安市	Nan'an	68937	134273
太仓市	Taicang	24401	50730	龙海市	Longhai	44253	72227
启东市	Qidong	29080	39243	邵武市	Shaowu	12847	19192
如皋市	Rugao	49196	65957	武夷山市	Wuyishan	11586	19133
海门市	Haimen	36361	49348	建瓯市	Jian'ou	23947	36239
海安市	Haian	26800	34017	漳平市	Zhangping	11986	21809
东台市	Dongtai	29388	37254	福安市	Fu'an	36656	55941
仪征市	Yizheng	19312	24001	福鼎市	Fuding	25452	46203
高邮市	Gaoyou	23921	28039	**江西省**	**Jiangxi**		
丹阳市	Danyang	36586	53732	乐平市	Leping	61188	85749
扬中市	Yangzhong	10636	15488	瑞昌市	Ruichang	32338	38143
句容市	Jurong	18255	27593	共青城市	Gongqingcheng	8302	14016
兴化市	Xinghua	42945	68320	庐山市	Lushan	15344	24028
靖江市	Jingjiang	24442	28665	贵溪市	Guixi	34176	45644
泰兴市	Taixing	41671	48777	瑞金市	Ruijin	49663	58470
浙江省	**Zhejiang**			井冈山市	Jinggangshan	10552	15823
建德市	Jiande	17348	22081	丰城市	Fengcheng	78757	98388
余姚市	Yuyao	39200	68900	樟树市	Zhangshu	33069	45687
慈溪市	Cixi	52631	85368	高安市	Gaoan	56289	71928
瑞安市	Rui'an	56261	89852	德兴市	Dexing	22333	27404
乐清市	Yueqing	63283	108945	**山东省**	**Shandong**		
龙港市	Longgang	20878	38032	胶州市	Jiaozhou	49582	62724
海宁市	Haining	29100	46300	平度市	Pingdu	58444	67972
平湖市	Pinghu	19300	31000	莱西市	Laixi	41252	31067
桐乡市	Tongxiang	31500	49100	滕州市	Tengzhou	81889	132613
诸暨市	Zhuji	74163	68796	龙口市	Longkou	32327	29103
嵊州市	Shengzhou	27085	32313	莱阳市	Laiyang	25738	29946
兰溪市	Lanxi	26365	31054	莱州市	Laizhou	37040	27130
义乌市	Yiwu	52712	112597	蓬莱市	Penglai	18067	14971
东阳市	Dongyang	47118	71001	招远市	Zhaoyuan	24652	18820
永康市	Yongkang	36000	60547	栖霞市	Qixia	18293	13502
江山市	Jiangshan	26901	30883	海阳市	Haiyang	26707	18692
温岭市	Wenling	54456	86242	青州市	Qingzhou	38359	54136
临海市	Linhai	60373	75792	诸城市	Zhucheng	66994	58168
玉环市	Yuhuan	24149	45303	寿光市	Shouguang	59034	70111
龙泉市	Longquan	15141	15810	安丘市	Anqiu	40857	48826
安徽省	**Anhui**			高密市	Gaomi	51652	57638
巢湖市	Chaohu	37397	40070	昌邑市	Changyi	27330	29648

3–8 续表 2 continued

单位：人 (person)

城 市	City	普通中学在校学生数 Total Enrollment of Regular Secondary Schools	普通小学在校学生数 Total Enrollment of Primary Schools
曲阜市	Qufu	28420	41443
邹城市	Zoucheng	50652	77564
新泰市	Xintai	80432	77171
肥城市	Feicheng	45273	55615
荣成市	Rongcheng	28542	25394
乳山市	Rushan	15141	11912
乐陵市	Laoling	33782	47581
禹城市	Yucheng	25223	33378
临清市	Linqing	44587	90952
邹平市	Zouping	38481	49292
河南省	**Henan**		
巩义市	Gongyi	38781	55385
荥阳市	Xingyang	35307	51085
新密市	Xinmi	49366	69329
新郑市	Xinzheng	54655	101835
登封市	Dengfeng	89163	89997
偃师市	Yanshi	27493	38644
舞钢市	Wugang	16445	31352
汝州市	Ruzhou	74615	125601
林州市	Linzhou	71055	109502
卫辉市	Weihui	37455	54389
辉县市	Huixian	65481	98039
长垣市	Changyuan	70388	99986
沁阳市	Qinyang	30537	35866
孟州市	Mengzhou	13267	21562
禹州市	Yuzhou	71480	107132
长葛市	Changge	31923	67767
义马市	Yima	4417	9219
灵宝市	Lingbao	29216	47211
邓州市	Dengzhou	85340	173086
永城市	Yongcheng	77891	155427
项城市	Xiangcheng	76124	108202
济源市	Jiyuan	40033	56840
湖北省	**Hubei**		
大冶市	Daye	46683	71429
丹江口市	Danjiangkou	16733	34547
宜都市	Yidu	10328	16035
当阳市	Dangyang	13639	17734
枝江市	Zhijiang	11652	16013
老河口市	Laohekou	22343	34122
枣阳市	Zaoyang	46634	70662
宜城市	Yicheng	21172	30797
钟祥市	Zhongxiang	34661	47948
京山市	Jingshan	18641	28379
应城市	Yingcheng	17404	25668
安陆市	Anlu	20838	29352
汉川市	Hanchuan	36465	62249
石首市	Shishou	19463	26698
洪湖市	Honghu	30357	44394
松滋市	Songzi	24856	32711
麻城市	Macheng	43494	61365
武穴市	Wuxue	40302	68592
赤壁市	Chibi	23930	37805
广水市	Guangshui	33451	50441
恩施市	Enshi	48533	53448
利川市	Lichuan	50493	69951
仙桃市	Xiantao	58700	88400
潜江市	Qianjiang	38688	53418
天门市	Tianmen	60049	76126
湖南省	**Hunan**		
浏阳市	Liuyang	74896	108841
宁乡市	Ningxiang	62532	82110
醴陵市	Liling	40047	68942
湘乡市	Xiangxiang	36520	46572
韶山市	Shaoshan	2416	5631
耒阳市	Leiyang	83526	121006
常宁市	Changning	53658	69767
武冈市	Wugang	50346	58880
邵东市	Shaodong	74646	87466
汨罗市	Miluo	30807	45047
临湘市	Linxiang	25507	34629
津市市	Jinshi	6121	8811
沅江市	Yuanjiang	22133	33994
资兴市	Zixing	16114	24857
洪江市	Hongjiang	16808	25943
冷水江市	Lengshuijiang	24266	35814
涟源市	Lianyuan	45267	61667
吉首市	Jishou	24601	36422
广东省	**Guangdong**		
乐昌市	Lechang	22995	39671
南雄市	Nanxiong	20212	31321
台山市	Taishan	36877	53558
开平市	Kaiping	39750	55337
鹤山市	Heshan	24253	40172
恩平市	Enping	21019	38743
廉江市	Lianjiang	79002	148186
雷州市	Leizhou	73170	131071
吴川市	Wuchuan	54503	90093
高州市	Gaozhou	102777	141826
化州市	Huazhou	101615	160529
信宜市	Xinyi	79730	121193
四会市	Sihui	28462	59930
兴宁市	Xingning	45203	74809
陆丰市	Lufeng	78667	123061
阳春市	Yangchun	51046	93682
英德市	Yingde	50343	94879
连州市	Lianzhou	18638	35471
普宁市	Puning	148899	214933
罗定市	Luoding	67652	112884
广西壮族自治区	**Guangxi**		
荔浦市	Lipu	16290	24311
岑溪市	Cenxi	59307	95010

3-8 续表 3 continued

单位：人 (person)

城市	City	普通中学在校学生数 Total Enrollment of Regular Secondary Schools	普通小学在校学生数 Total Enrollment of Primary Schools
东兴市	Dongxing	11260	25453
桂平市	Guiping	121295	168787
北流市	Beiliu	102272	157618
靖西市	Jingxi	32462	46071
合山市	Heshan	4598	9027
凭祥市	Pingxiang	5853	11318
海南省	**Hainan**		
五指山市	Wuzhishan	9247	8875
琼海市	Qionghai	32931	44855
文昌市	Wenchang	30752	44474
万宁市	Wanning	28741	46800
东方市	Dongfang	29197	39392
四川省	**Sichuan**		
都江堰市	Dujiangyan	24583	36384
彭州市	Pengzhou	24031	40304
邛崃市	Qionglai	22336	28591
崇州市	Chongzhou	21284	32100
简阳市	Jianyang	62392	75351
广汉市	Guanghan	17489	26905
什邡市	Shifang	13133	18376
绵竹市	Mianzhu	12239	19614
江油市	Jiangyou	28081	36820
射洪市	Shehong	32971	42206
隆昌市	Longchang	37454	41141
峨眉山市	Emeishan	14617	19623
阆中市	Langzhong	29141	34129
华蓥市	Huaying	15422	22354
万源市	Wanyuan	27630	33894
马尔康市	Maerkang	3809	3598
康定市	Kangding	8634	8945
西昌市	Xichang	56323	87392
贵州省	**Guizhou**		
清镇市	Qingzhen	30133	50446
盘州市	Panzhou	60752	97139
赤水市	Chishui	19422	22576
仁怀市	Renhuai	37542	57604
兴义市	Xingyi	100334	102826
兴仁市	Xingren	34831	50738
凯里市	Kaili	53334	63126
都匀市	Duyun	29056	35662
福泉市	Fuquan	14286	29302
云南省	**Yunnan**		
安宁市	Anning	18123	23755
宣威市	Xuanwei	105000	114026
腾冲市	Tengchong	51203	52911
水富市	Shuifu	11571	8483
楚雄市	Chuxiong	40795	36660
个旧市	Gejiu	20880	32101
开远市	Kaiyuan	16904	25784
蒙自市	Mengzi	26329	45947
弥勒市	Mile	31135	41701
文山市	Wenshan	39452	55465
景洪市	Jinghong	28507	44914
大理市	Dali	36629	45687
瑞丽市	Ruili	11030	19688
芒市	Mangshi	23897	37965
泸水市	Lushui	12297	17917
香格里拉市	Shangri-la	4977	12803
陕西省	**Shaanxi**		
兴平市	Xingping	23166	33877
彬州市	Binzhou	11369	28292
韩城市	Hancheng	17409	24443
华阴市	Huayin	9792	13341
子长市	Zichang	11580	19749
神木市	Shenmu	24020	49012
甘肃省	**Gansu**		
华亭市	Huating	10601	16659
玉门市	Yumen	7279	9741
敦煌市	Dunhuang	8429	8746
临夏市	Linxia	21675	30091
合作市	Hezuo	8899	8930
青海省	**Qinghai**		
玉树市	Yushu	6336	14198
格尔木市	Golmud	12060	18811
德令哈市	Delingha	2801	6293
茫崖市	Mangya	487	655
宁夏回族自治区	**Ningxia**		
灵武市	Lingwu	15466	22189
青铜峡市	Qingtongxia	14630	16643
新疆维吾尔自治区	**Xinjiang**		
昌吉市	Changji	30547	33759
阜康市	Fukang	7729	9029
博乐市	Bole	11193	16037
阿拉山口市	A la shan kou	275	598
库尔勒市	Korla	29151	50625
阿克苏市	Akesu	34918	68636
阿图什市	Atus	22292	35411
喀什市	Kashi	49100	103397
和田市	Hetian	23119	76265
伊宁市	Yining	44285	62256
奎屯市	Kuitun	15632	11832
霍尔果斯市	Horgos	2384	3028
塔城市	Tacheng	10171	9282
乌苏市	Wusu	12760	14915
阿勒泰市	Aletai	9552	11999
石河子市	Shihezi	27569	22612
阿拉尔市	Alar	17434	22692
图木舒克市	Tumushuke	19580	32658
五家渠市	Wujiaqu	15590	7337
北屯市	Beitun	4931	4953
铁门关市	Tiemenguan	1556	2407

附录　主要统计指标解释

Appendix
Explanatory Notes on Main Statistical Indicators

主要统计指标解释

行政区划

行政区划　指国家对行政区域的划分。根据有关法规规定，我国的行政区域划分如下：(1) 全国分为省、自治区、直辖市；(2) 省、自治区分为自治州、县、自治县、市；(3) 自治州分为县、自治县、市；(4) 县、自治县分为乡、民族乡、镇；(5) 直辖市和较大的市分为区、县；(6) 国家在必要时设立的特别行政区。

人口、资源和环境

年末户籍人口　指本市每年 12 月 31 日 24 时的户籍登记情况统计的人口数。

年平均人口　指一年内各个时点的人口的平均数。年平均人口数是综合反映年内的人口规模的主要指标，也是计算出生率、死亡率、自然增长率、人均国内生产总值等经济指标的必要指标。其计算方法可利用一年中 12 个月的月末人口相加除以 12 求得，在实际工作中，经常根据年初人口数加年末人口数除以 2 计算求得。

人口自然增长率　指在一定时期内（通常为一年）人口自然增加数（出生人数减死亡人数）与该时期内平均人数（或期中人数）之比，用千分率表示。

行政区域土地面积　指辖区内的全部陆地面积和水域面积。

建成区面积　指城市行政区内实际已成片开发建设、市政公用设施和公共设施基本具备的区域。

水资源总量　指当地降水形成的地表和地下产水总量，即地表径流量与降水入渗补给量之和。

城市建设用地面积　指城市内的居住用地、公共管理与公共服务设施用地、商业服务业设施用地、工业用地、物流仓储用地、道路交通设施用地、公用设施用地、绿地与广场用地等面积之和。

居住用地面积　指住宅和相应服务设施的用地。

绿地面积　指用作绿化的各种绿地面积。包括公园绿地、单位附属绿地、居住区绿地、生产绿地、防护绿地和风景林地的总面积。

公园绿地面积　指开放的各级各类公园绿地。

建成区绿化覆盖面积　根据《城市绿化条例》规定，建成区绿化覆盖面积包括公共绿地、居住区绿地、单位附属绿地、防护绿地、生产绿地、风景林地六类绿化面积之和。指城市中的乔木、灌木、草坪等所有植被的垂直投影面积。包括公园绿地、防护绿地、生产绿地、附属绿地、其他绿地的绿化种植覆盖面积、屋顶绿化覆盖面积以及零散树木的覆盖面积，不含各类绿地中的水域面积以及没有被植被覆盖的面积（硬化道路、无屋顶绿化的建筑物等）。乔木树冠下重迭的灌木和草本植物不能重复计算。

工业废水排放量　指经过工业企业厂区所有排放口排放到企业外部的全部废水总量。包括外排的生产废水和厂区生活污水，也包括外排的直接冷却水和矿区的超过排放标准的有毒有害的矿井地下水；不包括外排的间接冷却水。有些企业间接冷却水和直接冷却水混合排放分不开的，可以合并统计在内。

工业二氧化硫排放量　指工业企业在厂区内的生产工艺过程和燃料燃烧过程中排入大气的二氧化硫总量。

工业烟（粉）尘排放量 指报告期内企业在燃料燃烧和生产工艺过程中排入大气的烟尘及工业粉尘的总质量之和。

一般工业固体废物综合利用率 指一般工业固体废物综合利用量占一般固体废物产生量与综合利用往年贮存量之和的百分率。

污水处理厂集中处理率 指报告期内通过污水处理厂处理的污水量与污水排放总量的比率。

生活垃圾无害化处理率 指报告期生活垃圾无害化处理量与生活垃圾产生量的比率。

经济发展

地区生产总值（GRP） 指按市场价格计算的一个地区所有常住单位在一定时期内生产活动的最终成果。

地方一般公共预算收入 指属于地方一般公共预算的收入，包括地方企业上交利润，城市维护建设税（不含铁道部门、各银行总行、各保险公司总公司集中缴纳的部分），房产税，城镇土地使用税，土地增值税，车船税，耕地占用税，契税，烟叶税，印花税，增值税 25%部分，纳入共享范围的企业所得税 40%部分，个人所得税 40%部分，证券交易印花税 3%部分，海洋石油资源税以外的其他资源税，地方非税收入等。

地方一般公共预算支出 指一般公共服务，公共安全支出，地方统筹的各项社会事业支出等。

科学技术支出 即公共财政预算支出中的科学技术支出项目。指用于科学技术方面的支出，包括科学技术管理事务、基础研究、应用研究、技术研究与开发、科技条件与服务、社会科学、科学技术普及、科技交流与合作等。

教育支出 即公共财政预算支出中的教育支出项目。指政府教育事务支出，包括教育行政管理、学前教育、小学教育、初中教育、普通高中教育、普通高等教育、初等职业教育、中专教育、技校教育、职业高中教育、高等职业教育、广播电视教育、留学生教育、特殊教育、干部继续教育、教育机关服务等。

年末金融机构人民币各项存款余额 指企业、机关、团体和居民根据可以收回的原则，把人民币存入银行或其他信用机构保管并取得一定利息的年末人民币总量。

住户存款余额 指城乡居民在某一时点上,在银行和其他金融机构的本（人民币）、外币储蓄存款总额。不包括居民的手存现金和工矿企业、部队、机关、团体等单位存款。

年末金融机构人民币各项贷款余额 指年终时银行或其他信用机构根据必须归还的原则，按一定利率，为企业、个人等提供人民币贷款的总额。

固定资产投资（不含农户） 指以货币形式表现的在一定时期内建造和购置固定资产的工作量以及与此有关的费用的总称。包括城镇和农村各种登记注册类型的企业、事业、行政单位及城镇个体户进行的计划总投资 500 万元及 500 万元以上的建设项目投资和房地产开发投资。包括原口径的城镇固定资产投资加上农村企事业组织项目投资，不含农户投资。

房地产开发投资完成额 指各种登记注册类型的房地产开发公司、商品房建设公司及其他房地产开发法人单位和附属于其他法人单位实际从事房地产开发或经营活动的单位统一开发的包括统代建、拆迁还建的住宅、厂房、仓库、饭店、宾馆、度假村、写字楼、办公楼等房屋建筑物和配套的服务设施，土地开发工程（如道路、给水、排水、供电、供热、通讯、平整土地等基础设施工程）的投资；不包括单纯的土地交易活动。

住宅 指专供居住的房屋，包括别墅、公寓、职工家属宿舍和集体宿舍（包括职工单身宿舍和学生宿舍）等，但不包括住宅楼中作为人防用、不住人的地下室等。住宅按照性质可以划分为普通住房、经济适用住房和别墅、高档公寓。

当年实际使用外资金额 指批准的合同外资金额的实际执行数，外国投资者根据批准外商投资企业的合同（章程）的规定实际缴付的出资额和企业投资总额内外国投资者以自己的境外自有资金实际直接向企业提供的贷款。

工业企业数　指年主营业务收入2000万元以上的工业法人企业个数。包括独立核算法人工业企业和附营工业生产单位。独立核算法人工业企业是指从事生产经营活动的单位，它同时具备以下条件：(1) 依法成立，有自己的名称、组织机构和场所，能够独立承担民事责任；(2) 独立拥有和使用资产，承担负债，有权与其他单位签订合同；(3) 会计上独立核算，能够编制资产负债表。

流动资产　资产满足以下条件之一应归为流动资产：(1) 预计在一个正常营业周期中变现、出售或耗用，主要包括存货、应收账款等；(2) 主要为交易目的而持有；(3) 预计在资产负债表日起一年内（含一年）变现；(4) 自资产负债日起一年内，交换其他资产或清偿负债的能力不受限制的现金或现金等价物。包括货币资金、应收票据、应收账款、存货等项目。根据会计"资产负债表"中"流动资产合计"项目的期末余额数填报。

固定资产　指企业为生产商品、提供劳务、出租或经营管理而持有的，使用寿命超过一个会计年度的有形资产。包括使用期限超过一年的房屋、建筑物、机器、机械、运输工具以及其他与生产、经营有关的设备、器具、工具等。固定资产合计是时点指标，表示固定资产经过扣减折旧、减值准备等后的期末余额。根据会计"资产负债表"中"固定资产"项目的期末余额数填报。

主营业务税金及附加　指企业经营主要业务应负担的营业税、消费税、城市维护建设税、教育费附加等。根据会计"主营业务税金及附加"科目的期末借方余额（结转前）填报。

利润总额　指企业在一定会计期间的经营成果，是生产经营过程中各种收入扣除各种耗费后的盈余，反映企业在报告期内实现的盈亏总额。来源于会计"利润表"中"利润总额"项目的本年累计数。

社会消费品零售总额　指企业（单位、个体户）通过交易直接售给个人、社会集团非生产、非经营用的实物商品金额，以及提供餐饮服务所取得的收入金额。个人包括城乡居民和入境人员，社会集团包括机关、社会团体、部队、学校、企事业单位、居委会或村委会等。

限额以上批发零售业商品销售总额　限额以上批发和零售业统计单位是指：批发业，年主营业务收入2000万元及以上；零售业，年主营业务收入500万元及以上。商品销售额指对本单位以外的单位和个人出售的商品金额（包括售给本单位消费用的商品，含增值税）。商品销售包括：(1) 售给城乡居民和社会集团消费用的商品；(2) 售给农业、工业、建筑业、服务业等国民经济各行业用于生产、经营用的商品，包括售予批发和零售业作为转卖或加工后转卖的商品；(3) 对国（境）外直接出口的商品。商品销售不包括：(1) 未通过买卖行为付出的商品，如随机构变动移交给其他企业单位的商品、借出的商品、归还受其他单位委托代保管的商品、付出的加工原料和赠送给其他单位的样品等；(2) 经本单位介绍，由买卖双方直接结算，本单位只收取手续费的业务；(3) 购货退回的商品；(4) 商品损耗和损失；(5) 出售本单位自用的废旧物资。

科技创新

R&D人员　指单位内部从事基础研究、应用研究和试验发展三类活动的人员。包括直接参加上述三类项目活动的人员以及这三类项目的管理人员和直接服务人员。为研发活动提供直接服务的人员包括直接为研发活动提供资料文献、材料供应、设备维护等服务的人员。

人民生活

城镇单位从业人员期末人数　指报告期末最后一日24时在本单位工作，并取得工资或其他形式劳动报酬的人员数。该指标为时点指标，不包括最后一日当天及以前已经与单位解除劳动合同关系的人员，是在岗职工、劳务派遣人员及其他从业人员之和。从业人员不包括：1.离开本单位仍保留劳动关系，并定期领取生活费的人员；2.利用课余时间打工的学生及在本单位实习的各类在校学生；3.本单位因劳务外包而使用的人员，如：建筑业整建制使用的人员。

城镇私营和个体就业人员 城镇私营就业人员指在工商管理部门注册登记，其经营地址设在县城关镇(含县城关镇)以上的私营企业就业人员，包括私营企业投资者和雇工。城镇个体就业人员指在工商管理部门注册登记，并持有城镇户口或在城镇长期居住，经批准从事个体工商经营的就业人员，包括个体经营者和在个体工商户劳动的家庭帮工和雇工。

城镇登记失业人员数 指有非农业户口，在一定的劳动年龄内（16 周岁至退休年龄），有劳动能力，无业而要求就业，并在当地就业服务机构进行求职登记的人员数量。

在岗职工平均人数 指报告期内平均拥有的在岗职工数。在岗职工是指在本单位工作且与本单位签订劳动合同，并由单位支付各项工资和社会保险、住房公积金的人员，以及上述人员中由于学习、病伤、产假等原因暂未工作仍由单位支付工资的人员。在岗职工还包括：（1）应订立劳动合同而未订立劳动合同人员（如使用的农村户籍人员）；（2）处于试用期人员；（3）编制外招用的人员，如临时人员；（4）派往外单位工作，但工资仍由本单位发放的人员（如挂职锻炼、外派工作等情况）。在岗职工不包括：（1）本单位使用的且由本单位直接支付工资的劳务派遣人员，应统计在本单位“劳务派遣人员”指标中；（2）本单位因劳务外包而使用的人员，由承包劳务的单位统计为在岗职工。年平均人数是以 12 个月的平均人数相加之和除以 12 求得，或以 4 个季度的平均人数之和除以 4 求得。

在岗职工工资总额 指本单位在报告期内直接支付给本单位全部在岗职工的劳动报酬总额。在岗职工工资总额由基本工资、绩效工资、工资性津贴和补贴、其他工资四部分组成。工资总额不包括病假、事假等情况的扣款。各单位在填报在岗职工工资总额四项构成时，应根据实际情况调整对应项目；如不能确定调整项，可扣减基本工资项。

公共服务

普通高等学校 指通过国家普通高等教育招生考试、招收高级中等学校毕业生为主要培养对象，实施高等学历教育的全日制大学、独立设置的学院和高等专科学校、高等职业学校和其他机构。

中等职业教育学校 指按国家规定的设置标准和审批程序批准建立的，招收初中（或部分高中）毕业生或同等学历者，实施中等职业技术教育，培养中等职业技术人才的学校。招收初中毕业生的，修业年限一般为三至四年；招收高中毕业生的，修业年限一般为二年至三年。包括中等专业学校、技工学校、职业中学（高中）等。

普通中学 指经过县及县以上教育部门批准，以招收小学毕业生为主实施中学教学计划的学校数，包括初级中学和完全中学。

普通小学 指经过县及县以上教育部门批准，以招收适龄儿童为主，实施小学教学计划的学校。

专任教师 指具有教师资格、专门从事教学工作的人员。包括临时（一年以内）调去帮助做其他工作的教学人员。

在校学生数 指具有学籍并在本学年进行在校学习的学生数。

公共图书馆图书总藏量 指图书馆已编目的古籍、图书、期刊和报纸的合订本、小册子、手稿以及缩微制品、录像带、录音带、光盘等听视文献资料数量总和。

城镇职工基本养老保险参保人数 指报告期末按照法律、法规和有关政策规定参加城镇基本养老保险并在社保经办机构已建立缴费记录档案的职工人数（包括中断缴费但未终止养老保险关系的职工人数，不包括只登记未建立缴费记录档案的人数）和离休、退休和退职人员的人数。取自人力资源和社会保障部统计年报。

失业保险参保人数 指报告期末按照法律、法规和有关政策规定参加了失业保险的城镇企业、事业单位的职工及地方政府规定参加失业保险的其他人员的人数。取自人力资源和社会保障部统计年报。

基础设施

年末实有城市道路面积 指道路实际铺装面积和与道路相通的广场、桥梁、隧道的铺装面积（统计时，将人行道面积单独统计）。人行道面积按道路两侧面积相加计算，包括步行街和广场，不含人车混行的道路。

排水管道长度 指所有排水总管、干管、支管、检查井以及连接井进出口等长度之和。

年末实有公共汽（电）车运营车辆数 指城市公共交通企业可参加营运的全部车辆数。包括技术完好的、在修的、待修的、长期停驶的，以及拟报废尚未经上级主管部门批准报废的运营车辆数。不包括公交企业的油罐车、货车和其他专用车等非运营车，也不包括借入、租入的客运车辆。

全年公共汽（电）车客运总量 指运送乘客的总人数。包括普通票乘客人次，月票乘客人次和包车乘客人次。普通票乘客人次按上车付现金购票，一张票计算一个人次；月票日乘车次按 5 个人次计算；团体包车，一个乘客按一个人次计算，往返按二个人次计算。

年末实有出租汽车数 指经有关部门批准的专门从事出租业务的一切营业车辆。包括轿车、面包车、大客车。

货（客）运量 指在一定时期内，各种运输工具实际运送的货物重量（旅客数量）。该指标是反映运输业为国民经济和人民生活服务的数量指标，也是制定和检查运输生产计划、研究运输发展规模和速度的重要指标。货运按吨计算，客运按人计算。货物不论运输距离长短、货物类别，均按实际重量统计。旅客不论行程远近或票价多少，均按一人一次客运量统计；半价票、小孩票也按一人统计。

邮政、电信业务收入 指邮电、通信企业通过生产经营活动所取得的全部业务收入，包括邮政、长途电信、本地电话等各项主营业务收入和地方国有通信收入。统计范围改为全社会所有从事电信运营的企业（即中国电信、中国移动、中国联通三家基础电信企业），邮政企业和年业务收入 200 万元以上的快递企业。

移动电话用户 指在电信运营企业营业网点办理开户登记手续，通过移动电话交换机进入移动电话网，占用移动电话号码的各类电话用户。包括各类签约用户，智能网预付费用户、无线上网卡用户。

互联网宽带接入用户 指报告期末在电信企业登记注册，通过 XDSL、FTTX+LAN、WLAN 等方式接入中国互联网的用户，主要包括 XDSL 用户、LAN 专线用户、LAN 终端用户及无线接入用户。

居民生活用水量 指城市范围内所有居民家庭的日常生活用水。包括城市居民、农民家庭、公共供水站用水。

全社会用电量 指各行业用电量和城乡居民生活用电量合计。

供气总量（人工、天然气） 指城市煤气企业向城市生产用户、家庭用户和其他用户供应的全部煤气量，包括外购及损失量。

Explanatory Notes on Main Statistical Indicators

Divisions of Administrative Areas of Cities in China

Divisions of Administrative Areas refer to the division of administrative areas by the State. The relative laws stipulate that (1) the whole country is divided into provinces, autonomous regions and municipalities directly under the Central Government; (2) provinces and autonomous regions are further divided into autonomous prefectures, counties, autonomous counties and cities; (3) autonomous prefectures are further divided into counties, autonomous counties and cities; (4) counties and autonomous counties are further divided into townships, ethnic townships and towns; (5) municipalities directly under the Central Government and large cities are divided into districts and counties; (6) the State shall, when necessary, establish special administrative regions.

Population, Resources and Environment

Total Registered Population at Year-end refer to the population at the 24 clock, December 31, of the reporting year. The data are register population from public security department.

Annual average population refer to the average number of the population at every time point. This index is the main index to illustrate synthetically the population of the reporting year, and it is the necessary index to calculate the birth rate, death rate, natural growth rate, per capita GDP and so on. The calculating method is the sum of the 12 months of population at month-end which is divided by 12. In the practical work, the index is the number population early and late which is divided by 2.

Natural Growth Rate of Population refer to the ratio of natural increase in population (number of births minus number of deaths) in a certain period of time (usually a year) to the average population (or mid-period population) of the same period, expressed in ‰.

Total Land Area of Administrative Region refer to the all land and water area under city.

Area of Land Used for Urban Construction refer to the total area of all kinds of lands such as the residential land, the land for public administration and public service facilities , the land for commercial service facilities, industrial land, the land for logistics and warehouse, the land for road traffic facilities, the land for public facilities, green space and square land.

Total Water Resources refer to total volume of surface water and groundwater and is measured as run-off for surface water and replenishment of groundwater with rainfall in local area.

Built-up Area refer to the total area that were actually developed and constructed, with the basic municipal public facilities.

Residential Land Area refer to the area of the residences and residential service facilities, roads, green spaces and so on.

Area of Urban Green Land refer to the total area occupied for green projects at the end of the reference period, including park green land, production green land, protection green land, green land attached to institutions, and other green areas.

Park Green Area refer to the green area of various open parks.

Green Coverage Area of built-up area refer to the vertical projection area of trees, shrubs, lawns and other vegetation in **construction land area**, including are public green area, residential area, green land attached to institutions, protection green land, production green land, and scenic forest land, according to the Urban Greening

Regulations.

Volume of Industrial Waste Water Discharged refer to the aggregate of waste water discharged to outsides through all factory drains by industrial enterprises. Included are discharged waste water of production and factory sanitary drainage, direct cooling water, and the poisonous and harmful mine groundwater discharged by mining areas. Excluded are the indirect cooling water discharged to outsides.

Volume of Industrial Sulfur Dioxide Discharged refer to the aggregate of sulfur dioxide emission to the air during the production and fuels combustion at factory.

Volume of Industrial Soot(Dust) Emission refer to the aggregate of industrial soot(dust) emission to the air during the production and fuels combustion at factory.

Comprehensively Utilized Rate of General Industrial Solid Wastes refer to the percentage ratio of general industrial solid waste comprehensively utilized to the sum of production amount of general solid waste and the previous storage capacity.

Centralized Treatment Rate of Waste-water Treatment Plants refer to the ratio of waste treated by waste-water treatment plants to the quantity of wastewater effluent during the reporting period.

Domestic Garbage Harmless Treatment rate refer to the ratio of households garbage harmless treated to domestic garbage output.

Economic Development

Gross Regional Product(GRP) or Regional GDP refer to the final products at market prices produced by all resident units in a region during a certain period of time.

Local general public budget income refer to the income belonging to the local general public budget, including the profits by local enterprises, the tax for urban maintenance and construction (excluding the centralized payment by the railway departments, the head offices of banks and the insurance company's head offices), property tax, the tax for town land use, land value-added tax, vehicle and vessel tax, cultivated land occupation tax, deed tax, tobacco leaf tax, stamp duty, 25% of value-added tax, 40% of corporate income tax included in the shared scope, 40% of personal income tax, 3% of securities transaction stamp tax, other resource taxes other than offshore petroleum resources tax, local non-tax income, etc.

Local general public budget expenditure refer to general public services, public security expenditures, and local coordinated social expenditures.

Expenditure for Science and technology one item of expenditure of the local governments, refer to the spending on science and technology, including the science and technology management, basic research, applied research, technology research and development, science and technology condition and services, social science, science and technology popularization, technology exchanges and cooperation, etc.

Expenditure for Education one item of expenditure of the local governments, refer to the government spending on education affairs, including education administration, pre-school education, primary education, junior middle school education, ordinary senior high school education, ordinary higher education, elementary vocational education, secondary professional education, vocational education, vocational high school education, higher vocational education, broadcasting television education, foreign students education, special education, continuing education for cadre, education services, etc.

Deposits of National Banking System at Year-end refer to CNY aggregates at year-end that had been deposited banks or taken good care by other financial institutions at a certain interest by enterprise, state organs, public organizations and citizens, on the basis of the principle of can take back.

Household Saving Deposits at Year-end refer to CNY aggregates at year-end that had been deposited banks or other financial institutions by urban and rural residents, excluding the cash in hand of the residents and the units' deposits of industrial and mining enterprises, troops, offices, groups, etc.

Loans of National Banking System at Year-end refer to the total amount of RMB at year-end loaned to enterprises or individuals provided by banks and other financial institution at a certain interest rate according to the principle of compulsory return at the end of the year.

Investment in Real Estate Development refer to investment by real estate development companies, commercialized buildings constructions and other estate development units of various types of ownership in the construction of buildings, such as residential buildings, factory buildings, warehouses, hotels, guesthouses, holiday villages, office buildings, the complementary service facilities and land development projects, such as roads, water supply, water drainage, power supply, heating supply, telecommunications, land leveling and other infrastructural projects. It does not include activities in pure land transactions.

Residential Buildings refer to the buildings specially for living, including houses, apartments, dormitory and staff dormitories, excluding the basements of residential buildings for civil air defense and without people living. residential buildings can be classified four types: ordinary apartments, affordable apartments and villas, and luxury apartments.

Amount of Foreign Capital Actually Utilized refer to the foreign capital actually utilized of approved contracts, which are the actual payment amount by foreign investors according to the regulations of approved contracts, and one part of the total amount of enterprise investment-loans from foreign investors' own funds overseas.

Number of Industrial Enterprises refer to all industrial enterprises with revenue from principal business above 20 million yuan, include independent accounting corporate industrial enterprises and affiliated industrial production units. Independent accounting corporate industrial enterprises refer to the units engaging in the production and business operation activities, which also meet the following conditions:1) Established in accordance with the law, with their own name, organization and location, can independently bear civil liability; (2) independently having and using the assets, bearing the liability, and having the right to sign a contract with other units; (3) independently accounting on accounting, can prepare Assets and Liability Table.

Total Current Assets refer to the assets that meet one of the following requirements:(1)expected to be cashed, sold or used in a normal operating cycle, mainly including inventory and accounts receivable; (2) be owned for trading purposes mainly; (3) expected to be cashed in one year(including one year) from the day of the Assets and Liability Table; (4) unlimited cash or cash equivalents that can be exchanged with other assets or being capable of setting debts during one year since the day of Assets and Liability Table. Monetary assets, notes receivable, accounts receivable and inventories are included. Data on this indicator can be abstained by the year-end figures of total liabilities from the Assets and Liability Table of the accounting records of enterprises.

Total Fixed Assets refer to the amount of the tangible assets which service life is over a fiscal year. Enterprise hold them for producing goods, providing labor services, renting or business management. Including some things which service life is more than a year, such as houses, buildings, machines, machinery, transportation facilities and other equipment, instruments, tools that related to production and management . The indicator of fixed assets is a point indicator, and is the ending balance after deducting the depreciation and impairment. Data on this indicator can be abstained by the year-end figures of total liabilities from the Assets and Liability Table of the accounting records of enterprises.

Tax and Extra Charges from Principal Business refer to the sales tax, consumption tax, urban maintenance and construction tax and education expenses shouldered by the enterprise from its principal business. Data are obtained from the year-end debit balance of "tax and extra charges from principal business" in the accounting record of enterprise.

Total Profits refer to the operation results in a certain accounting period, and it is the balance of various incomes minus various spending in the course of operation, reflecting the total profits and losses of enterprises in reference period. Data are obtained from the amount of "total profits" in the "profit table" of the accounting record of enterprise.

Total sales of Commodities of Enterprises above Designated Size in Wholesale and Retail Trades the criteria for wholesale and retail trades above designated size are as follows: wholesale trade with annual principal business sales over 20 million yuan; retail trade, with annual principal business sales over 5 million yuan. Total sales of commodities refer to value of commodities sold by the establishments to other establishments and individuals(including goods sold for self consumption, including the value-added tax). The commodities include: (1) commodities sold to urban and rural residents and social groups for their consumption; (2)commodities sold to establishments in all industries for their production, and catering services including commodities sold to wholesale and retail establishments for reselling, with or without further processing; and(3)commodities for direct export to abroad. Excluded are (1)extended commodities without trading, such as goods handed over to other enterprises and institutions because of the change of organizations, lent goods, returned goods preserved for others, extended processing materials and samples donated to others;(2) goods of direct settlement between buyer and seller with handing fees introduced by others;(3) goods returned after purchase;(4) damaged and spoiled goods;(5) waste and used goods of self use.

Total Retail Sales of Consumer Goods refer to the amount obtained by enterprises(units, self-employed individuals) through direct sales of non-production and non-business physical commodity to individuals, social institutions, and revenue from providing catering services. Individuals include rural and urban households, population from abroad, social institutions include government agencies, social organizations, military units, schools, institutions, and neighborhood (village) committees.

Scientific and Technological Innovation

R&D personnel refer to the personnel engaged in basic research, applied research and experimental development in units, including personnel who directly participate in the above three types of project activities, as well as managers and direct service personnel of these three types of projects. Personnel providing direct services to R&D activities include those who provide information, material supply, equipment maintenance and other services directly to R&D activities.

People's Livelihood

Persons Employed in Various Units at Year-end refer to the total number of employees who work at his unit and obtain wages or other forms of payment at the end of the reporting period. This indicator is a kind of time point index and it equals to the sum of the number of employed staff and workers, labor dispatch personnel and other employed persons. Employed persons do not include: (1)persons who have left their working units while keeping their labor contract (employment relation) unchanged and receiving regular alimony; (2)students who do part-time jobs in spare time and all kinds of enrolled students who do internship in various units; (3)persons employed due to labor outsourcing; (4)persons who dissolve labor contracts with their units on the last day of reporting or before.

Persons Employed in Private Enterprises and Self-Employed Individuals in Urban Areas refer to the persons employed in the private enterprises which have been registered at the departments of industrial and commercial administration for which the business operation are situated at a county town (i.e. a town where the county government is located), or at urban areas with administrative hierarchy higher than a county town. The self-employed individuals in urban areas refer to persons who hold the certificates of residence in urban areas or have resided in the urban areas for a long time and have been registered at the departments of industrial and commercial administration and approved to be engaged in individual industrial or commercial business, including self-employed persons as well as helpers and hired laborers who work in individual households.

Registered Unemployed Persons in Urban Areas refer to the persons with non-agricultural household registration at certain working ages (16 years old to retirement age), who are capable of working, unemployed and willing to work, and have been registered at local employment service agencies to apply for a job.

The Average Number of Employed Staff and Workers refer to the average number of employed staff and workers, employed staff and workers refer to persons who signed labor contracts with working units would pay wages, social insurance and housing funds for them. Persons who have their work posts but are temporarily absent from work for reasons of study or on sick, injury or maternal leave and still receive wages from their working units are also included. Employed staff and workers also include: (1)persons who should have signed the labor contracts but not (like people with rural household registration); (2)Employees on probation; (3) Employees beyond the staffing quota; (4)employees who are sent to other working units but still obtain wages from their original units (situations like on-the-job placement, expatriated assignment, etc.). Employed Staff and Workers do not include: (1)dispatched personnel who work and are paid directly by the working units; they should be counted into "labor dispatch personnel" of working units; (2)personnel through labor outsourcing, they shall be counted into "Employed Staff and Worker" of the units which contracted them. The annual average number is equal to the sum of 12 months divided by 12 or the sum of 4 quarters divided by 4.

Total Wage Bill of Employed Staff and Workers refer to the total remuneration payment to all employed staff and workers during the reporting year, including basic salary, performance salary, salary allowances and subsidies, and excluding the deductions for personal leave, sick leave and so on. Units should adjust the corresponding projects when calculating the compositions of total wage bill, and they can minus the basic salary if they can't identify the adjusting projects.

Public Service

Regular Institutions of Higher Education refer to educational establishments recruiting graduates from senior secondary schools as the main target through National Matriculation TEST. They include full-time universities, independently established colleges, colleges, and institutions of higher professional education, institutions of higher vocational education and others.

Vocational Secondary Schools refer to educational establishments founded according to the set standards of the state and approval procedures, recruiting graduates from junior high schools (partly senior high schools) or people at the same degree, with the secondary vocational education. The period of schooling for recruiters from junior high schools is 3-4years, and the period of schooling for recruiters from senior high schools is 2-3years. Included are secondary vocational schools, technical schools, vocational high school (high school).

Number of Regular Secondary Schools refer to educational establishments founded by the approval of education sector at the county level and above, recruiting graduates from primary schools, with middle school teaching plan. Included are junior high school and six-year high school.

Number of Regular Primary Schools refer to educational establishments founded by the approval of education sector at the county level and above, mainly recruiting children of school age, with primary school teaching plan.

Number of Full-time teachers refer to staff who have teaching certificate, mainly engaged in teaching work. The teaching staff sent to help to do other work temporarily(within a year) are included .

Number of Students Enrollment refer to the total number of various of students enrolled in kinds of school, including repeated students, not including the tutorial raw.

Total Collection of Public Libraries refer to the total number of material that have been cataloged by libraries, such as the ancient books, books, periodicals and newspapers volume, pamphlets, manuscripts and miniature products, video tapes, disks.

Number of Staff and Workers Covered by the Urban Basic Pension Insurance refer to staff and workers or retirees participating in the basic pension insurance for urban staff and workers programme according to national laws, regulations and related policies at the end of reference period, who have already had payment records in social security management agencies, including those who interrupt payment without terminating the insurance programme. Those who have registered in the programme but without payment records are not included.

Number of People Covered by Unemployment Insurance refer to staff and workers in urban enterprises or institutions who have participated in the unemployment insurance programme according to related policies and regulations and other people who have participated according to local government regulations at the end of reference period.

Infrastructure

Area of Urban Paved Roads at Year-end refer to the actual area of paved roads and square, bridges, and parking area with connected to the roads.

Length of Urban Sewage Pipes refer to the total length of general drainage, trunks, branch and inspection wells, connection wells, inlets and outlets, etc.

Number of Buses and Trolley buses under operation at year-end refer to the total number of vehicles under operation by public transport enterprises (units) at the end of year, on the basis of the records of operational vehicles by the enterprises(units). Included are the vehicles of technology intact, the vehicles in repair, the vehicles being repaired, the vehicles stopped for a long time, and the vehicles under operation that have not yet been approved scrap by the competent department. Excluded are the oil tank trucks, trucks and other special vehicles that are not under operation and owned by bus companies, and the borrowing, leasing, passenger vehicles.

Passenger Traffic by Public Buses and Trolley Buses refer to number of passengers transported by public buses and trolley buses. Included are ordinary tickets passengers, commuters and passenger chartered. Ordinary ticket passengers purchase tickets by cash when getting on buses, one ticket is calculated as one passenger; The passengers of commuters are calculated as five passengers daily; passengers chartered are calculated as one passenger when one way, and as two passengers when round trip.

Number of Taxis at Year-end refer to various vehicles specializing in rental services with the approval of related departments. Included are cars, vans, and buses.

Freight(Passenger) Traffic refer to the weight of freight(number of passenger) transported with various means within a specific period of time. This indicator reflects the service of transport industry towards the national economy and people’s living conditions, as well as an important indictor used in formulating and monitoring transport production plans and research into the scale and pace of transport development. Freight transport is calculated in tons and passenger traffic is calculated in terms of number of persons. Freight transport is calculated in terms of the actual weight of the goods and takes no account of the type of freight and distance of travel. Passenger traffic is calculated by the principal that one person can be counted only once in one trip and takes no account of the travelling distance and ticket price. The passengers who travel with a half price ticket or a child’s ticket is also calculated as one person.

Revenue from Postal Services and Telecommunication Services refer to all business income of post and communication enterprises by production and operation activities, including the revenue from the principal business such as the postal service, long-distance telecommunications, local telephone call, and the revenue from local state-owned telecommunication.

Number of Mobile Telephone Subscribers refer to persons at year-end who have gone through registration procedures in the operation points of enterprises engaged in telecommunications and are hence connected to the mobile telephone communications network through telephone switchboards and occupy mobile phone numbers. Included are various of types of subscriber, prepaid users for intelligent network and wireless network card users.

Subscribers of Internet Service refer to all subscribers at year-end who have gone through registration procedures in the operation points of enterprises engaged in telecommunications and are hence connected to Chinese internets。Included are XDSL subscribers, LAN individual line subscribers, LAN terminal subscribers and wireless subscribers.

Consumption of Water for Households Use refer to consumption of water for daily life of all households in cities, including households of urban residents and farmers, and public water supply stations.

Annual Electricity Consumption refer to combination of various industries electricity power consumption and living power of urban and rural residents.

Total Volume of Gas Supply refer to the total volume of gas provided to users by gas-producing enterprises(units) during the reporting period, including the volume sold and the volume lost.